本書出版獲得國家古籍整理出版基金的資助

中國古代磚刻銘文集

胡海帆　湯燕　編著

［上］

文物出版社

圖書在版編目（CIP）數據

中國古代磚刻銘文集 / 胡海帆，湯燕編著 .—北京：文物
出版社，2008.8（2021.3 重印）
ISBN 978-7-5010-1439-2
I. 中…　II. ①胡…　②湯…　III. 古磚—古文字—中國
IV.K877.9
中國版本圖書館 CIP 數據核字（2003）第 003609 號

中國古代磚刻銘文集

編　著	胡海帆　　湯燕
書名題字	宿　白
攝　影	鄭　華
英文提要	湯　燕
封面設計	張希廣
責任印製	張道奇
責任編輯	李　穆

出版發行	文物出版社
社　　址	北京市東直門內北小街 2 號樓
郵政編碼	100007
網　　址	http://www.wenwu.com
經　　銷	新華書店
制版印刷	鑫藝佳利（天津）印刷有限公司
開　　本	889毫米×1194毫米　1/16
印　　張	66.5
版　　次	2008年8月第1版
印　　次	2021年3月第3次印刷
書　　號	ISBN 978-7-5010-1439-2
定　　價	398.00圓

目　　録

序　言

北京大學圖書館胡海帆、湯燕同志，經過長期努力，廣徵博收，彙集古代磚刻文字，將全國各地歷來流傳的與近五十年中出土的磚刻約二千種彙於一處，加以考釋、說明、編排，成《中國古代磚刻銘文集》一書。洋洋大觀，出版在即，造福學林，貽惠千秋。誠華夏古代文明遺物之又一檢閱，盛世文化建設之又一功業。磚刻文字，寂寞千載，今日竟得以躋身於藝術堂奧，致力於研究道途，實令人感慨萬分，不勝歡欣之至。

我在十餘年前曾與海帆同志一起整理過北大館藏拓片。對海帆同志工作的認真、執著深有感受。他們的成果來自多年耕耘的辛勞，具有相當的學術水平。今日海帆同志命我作序，自感學力不逮，數辭不獲，勉力為之，庶幾無見笑於大方之家。

彙集考釋古代的銘文資料，是具有悠久歷史傳統的中國儒家學術一大特點。儒家"尚古"，自其創始人孔子開始，就一直把上古的賢君作為政治與道德上效法的榜樣。追溯這種秉持祖宗章法的思想根源，大概是來自商周時期定型的血緣宗法制度乃至更早的史前社會中的祖先崇拜。這樣，在幾千年的古代社會中，古人的言談著作常常成為後人的行為規範。而彙集古代的銘刻材料來證史誨人，也成為文人學術活動中一個重要的方面。就現有材料，漢代司馬遷在《史記》一書中已開其端。南朝有過梁元帝編集的《碑英》一百二十卷。宋代金石學興起，收藏各種類型的古代銘刻，加以編集、考釋、題跋……，就成為金石學研究的主要內容。有關的各種著錄數以百計。但是可能由於擁有豐富的傳世文獻，學術界在相當長的時間內對古代銘刻材料重視不足，當然，這也與舊學術受封建統治思想的束縛，強調"證經補史"的習慣有關。

與擁有豐富史料的中國古代歷史研究相比，西方學者在研究古代史時可以使用的傳世文獻比較少，因此，他們就更看重古代的銘刻材料，如埃及的古代石刻、兩河流域的泥版銘文等，並且從對這些銘刻的研究中改變了對歷史的認識，改進了學術研究的方法與目的。這些新的研究方法與研究手段，在二十世紀初，開始影響中國學術界。古代銘刻材料的重要性隨之增加。王國維提出著名的"二重證據法"就代表了這種新的認識。

最早的金石學研究，以青銅器銘文與石刻為主，磚刻是不登大雅之堂的。清代以來，特別是進入二十世紀後，由於出土的古代銘刻材料日益增多，學術研究方法與研究目的明顯改變，古代銘刻的收錄與研究範圍也急劇擴大。甲骨文、簡牘帛書、璽印、錢幣、瓦當、磚瓦文字等都陸續成為專門的收錄與研究對象。有些門類的銘刻研究甚至發展成為重要的專門學科，如甲骨學、簡牘學、石刻學等。所以，在二十世紀中，延續上千年的古代銘刻材料彙編形式有了一個重要的變化。以往將各種不同門類的銘刻材料統稱為金石材料，共同彙編成書的做法逐漸消失了。代之而起的是各個門類獨自成編的專項著錄。二十世紀八十年代以來，這樣的專項著錄已經發展到極致，在學術界的長期努力下，出版了《甲骨文合集》、《金文集成》、《古璽彙編》、《北京圖書館藏中國歷代石刻拓本彙編》、《隋唐五代墓誌彙編》等大型圖錄與一系列出土簡牘專集。這些成果，將現存的古代銘刻中各主要門類的材料盡可能地搜集與發表出來，為學術界提供了十分全面的原始資料，已經成為有關學科研究的基礎。

歷數近年問世的這些大型著錄，可以看到：在古代銘刻的各門類中，甲骨文、金文以及璽印、陶文、瓦當等有了基本完備的彙集著錄。簡牘除一系列專門的出土材料專集外，還有了《中國簡牘集成》這樣的彙集。石刻雖然還沒有一種完備的綜合圖錄，但是其主要的內容大多也在各種不同的彙編中得到反映。只有磚刻這一門類長期以來沒有一個比較完備的彙編，令人感到美中不足。《中國古代磚刻銘文集》的問世，填補了這一空白，為中國古代銘刻材料的研究提供了更全面的條件。

有關磚銘的收錄與研究，主要是在清代後期，乾嘉考據學派產生以後才開始形成的。現在所能見到的金石著錄中，比較早的有清代嚴福基的《嚴氏古磚存》（道光二十一年原拓本）、吳廷康的《慕陶軒古磚圖錄》（咸豐元年刻本）、丁晏的《淮安府城南宋古磚記》（咸豐七年刻本）、陳璜的《百甓齋古磚錄》、陸心源的《千甓亭古磚圖釋》與《千甓亭磚錄》、《千甓亭磚錄續錄》、呂佺孫的《百磚考》、吳隱的《遯庵古磚存》、馮登府的《浙江磚錄》、宋經畬的《磚文考略》、孫貽讓的《溫州古甓記》、吳大澂的《愙齋專瓦錄》等。收錄範圍比較廣泛的則要數端方的《陶齋藏磚記》與高鴻裁的《上匋室專瓦文捃》。限於當時的印刷條件，這些著錄，大多只是集取銘刻的釋文，有些附上原磚瓦的拓本，有些通過刻版傳印原磚的圖案、文字等，但是由於翻刻而來，有所失真。因此，這些著錄發表的材料質量並不很高。特別是這些著錄多是個人的收藏，內容有限，而且受舊金石學的影響，往往只注重于記載銘文內容，對材料的原始出土地點、有關出土情況等重要的研究資料都很少涉及。從而降低了這些古代銘刻資料的使用價值。

以上金石著作中，有一部分主要收集了江南一帶從東漢末年到南朝期間流行的模製墓磚。如《千甓亭古磚圖釋》、《千甓亭磚錄》、《千甓亭磚錄續錄》、《遯庵古磚存》、《浙江磚錄》、《溫州古甓記》等。這些在燒製以前用模具壓製成花紋的磚，主要是用於建築當時流行於江南至蜀中一帶的磚室墓。銘文與花紋壓製在磚的側面，銘文內容主要是程式化的吉祥語與紀年等文字。這種習俗大概源于東漢流行的壁畫墓、畫像石墓與畫像磚墓，並成為當時南方墓葬的明顯特徵。這些著錄反映了這一風貌，頗具參考價值，但是收錄範圍過窄，雷同者多見，是其局限之處。

而《陶齋藏磚記》與《上匋室專瓦文捃》等書，收錄的範圍擴大，如磚刻的墓誌、鎮墓文、題記、陶文、瓦當文字等都有所採錄。但是收錄比較龐雜，釋文有誤，使用時仍有些不便。

二十世紀初葉，隨著古代文物收藏的一度升溫，又有幾種印刷精美、圖文並茂的磚瓦銘文著錄問世。象鄒安的《廣倉磚錄》、王樹枏的《漢魏六朝專文》、王振鐸的《漢代壙磚集錄》、羅振玉的《恒農專錄》、《楚州城專錄》、《專志徵存》等，尤其是出現了結合科學考古調查發掘的出土磚銘彙集，如黃文弼的《高昌磚集》。這些收錄範圍廣泛的著錄，使用當時先進的石印、影印技術，將磚刻的原貌完整地反映出來，從而使磚瓦銘刻開始列為古代銘刻中獨立的一個門類。這時著錄的收錄範圍也有廣、狹兩種，狹義者如《恒農專錄》、《楚州城專錄》、《專志徵存》、《高昌磚集》等，收錄一時一地的材料，廣義者如《廣倉磚錄》、《漢魏六朝專文》等，從吉語磚、墓磚到畫像磚等均有所收錄。

值得注意的是，隨著出土材料的日益增多，磚刻銘文開始成為獨立的一個門類。以往學術界對於磚刻、瓦文、陶器銘文等往往沒有明確的劃分，有時把它們統稱為陶文，有時又有磚、瓦當等單獨的名稱。所以有些名為陶文彙編的著錄中連磚、瓦文字也一併收入。如《秦代陶文》一書中就收入了陶俑身上的刻文、磚文、瓦文、陶器文字等多種類型的銘刻。現在看來，有必要根據其材料形制進一步具體劃分為磚銘、瓦銘、瓦當銘、陶器銘文等類別。統稱為陶文，顯然已經不適應當前材料眾多的狀況。就是在同一類型中，例如磚文，也是由於模印與刻劃的不同用途，而在內容、書體等方面有著明顯的區別。所以，《中國古代磚刻銘文集》一書中明確提出了刻銘磚文與模印磚的區別，並且以收錄刻劃的磚銘為限，是將有關磚銘的研究與分類進一步深化的體現。

二十世紀五十年代以來，在考古發掘中陸續出土了不少歷代的磚刻銘文材料，有些還是很重要的學術研究資料，引起過有關方面的專題研討，例如在河南偃師出土的漢刑徒磚、安徽亳縣出土的曹操宗族墓磚、陝西岐山等地出土的宋代漏澤園磚銘等。但是相應的彙集整理卻遲遲未見。近年來見到有一些有關磚文的著作，如《中國磚銘文字徵》、《中國磚銘》、《中國磚瓦陶文大字典》等，但是它們的主要目的是為書法愛好者服務，主要是提供具體的字形，體例不夠完備。《中國古代磚刻銘文集》一書正彌補了這一空白，可以說是對現有古代磚刻材料的一個總結。

磚作為一種大量使用的建築材料，很早就已經產生。但是在它上面出現文字，主要還是秦漢以來的現象。究其來源，應該是出自當時"物勒工名"的生產管理制度。這在戰國時期的陶器銘文中可以見其端倪。陶文有模印與刻劃兩種，主要的內容是年代、工匠姓名、地名、器物名稱等。例如傳世齊國銘文"王孫陳棱立事歲左里敀亳區（見《新編全本季木藏陶》0003）"，秦陶文"咸陽亭久（見《關中秦漢陶錄》卷一）"等。早期的磚銘內容與此相似，多為模印的官司名、地名等，如秦始皇陵1號兵馬俑坑出土的模印磚銘"都倉"。漢代以來，利用磚材加以刻劃、形成磚銘的現象逐漸增多。根據其文字內容，大致可以分為以下幾種：

一、利用建築用磚或特別製作的磚作為材地，刻寫銘文，表達一定的實用內容，如漢代的刑徒磚銘，自漢代興起後長期流行的買地券、鎮墓券，漢代的墓磚題記，南北朝以來廣泛使用的磚墓誌等。

二、表明工匠製作生產時的有關記錄文字，如數量、日期、工匠姓名、有司名稱、地名等。有些要在建築時按照一定順序砌置的磚材上還刻寫有編號、位置、次序等字樣。

三、工匠在製作磚坯時隨意刻畫的文字。它們中大多是沒有任何實際意義的隨筆。像安徽亳縣曹操宗族墓出土的很多件磚刻就是如此。

有學者曾經指出：磚瓦文字與甲骨文、青銅器銘文以及大部分石刻銘文不同。那些材料主要是官僚貴族使用的，文詞典雅、書體華麗，反映著古代社會上層的文化生活。而磚瓦材料簡陋易得，廣泛使用在社會下層中。通過它們反映的多是古代社會中人數最多的下層平民、奴隸的生活面貌。因此，雖然它們的內容簡單，但仍然有一些其他銘刻不能取代的研究價值。如通過它可以具體反映古代的生產狀況與階級形態，使用時期悠久，可以綜觀一種習俗的演變過程，以及擁有豐富多彩的多種書體等等。在對古代社會的研究日益深入朕理的今天，我們開始重視任何可以反映古代社會具體側面的材料。如此豐富的磚刻銘文材料中，還有很多值得研究的問題有待於我們的探索。

磚刻銘文值得重視的另一個方面，應該是它的書法藝術價值。中國古代的書法藝術，是古人留給我們的一份寶貴遺產，獨步于世界文化之林。日常多見的古人書法佳作，主要是歷代名人的書帖與碑刻拓本，表達了文人雅士的文化修養。而磚刻的銘文作者，多為下層平民與工匠，書體或朴拙無華，或自由奔放。從書法欣賞的角度來看，另有一番情致。由於磚刻延續的時間長達數千年，其中使用的字體也多種多樣，自小篆、隸書至楷書、行草，充分反映了書體的變遷歷史。它在中國書法史研究上的重要作用自不待言。

最後必須提及，《中國古代磚刻銘文集》一書體例嚴謹，將原磚材料的出處、尺寸、出土地點、時代等一一附及。釋文清晰，編排有序，並且附有索引，便於查找。這是當代資料彙集中為學者重視的基本要求，也是值得其他類似編纂中效法的。

當前全球化、現代化的進程，已經造成大量各民族傳統文化的消亡。搶救人類物質與非物質文化遺產的呼聲正響徹全球。整理彙集古代的各種銘刻材料，傳諸後世，也是保存中華傳統文化遺產，將之發揚光大的一件必不可少的工作。這些基礎材料的價值，會隨著時間的逝去而越來越重要。這是一些追風趨時、浮華空洞的論著所無法相比的。

趙　超

2003 年 12 月 30 日

凡　例

1. 本書收錄刻劃漢字的中國古代磚文。

2. 模印、範製及書寫的磚文概不收錄。

3. 雖為刻劃磚文，但下列情況者亦付闕如，第一，未收集到拓片或實物圖像者；第二，帶有磚雕、匾額、榜書性質的磚刻文字；第三，具有文人墨客賞玩性質的題跋、法帖以及磚硯銘文等磚刻文字；第四，翻刻、偽刻。

4. 字數極少，且資料價值不高的刻劃磚文，僅選有代表性者收錄。

5. 本書共收錄磚文 2005 種（乾刻 1338 種、濕刻 667 種）。時代上起戰國，下迄清朝。其中戰國 2 種；秦 7 種；漢 694 種；三國魏 16 種；三國吳 8 種；晉 123 種；十六國 15 種；南朝宋 11 種；南朝齊 15 種；南朝梁 7 種；南朝（無紀年）17 種；北魏 77 種；東魏 13 種；西魏 3 種；北齊 37 種；北周 4 種；北朝（無紀年）25 種；高昌 28 種；隋 36 種；鄭 1 種；唐 124 種；渤海 1 種；五代 2 種；十國 11 種；宋 587 種；遼 8 種；金 15 種；元 48 種；明 51 種；大順 1 種；清 18 種。

6. 每種磚文均配有拓片（或實物）圖版與說明文字。

7. 磚文說明文字包括以下內容：

　　（1）序號；

　　（2）刻字磚名稱；

　　（3）磚文中有記載的撰文、書寫、鐫刻者；

　　（4）磚刻年代；

　　（5）出土時間、地點、流傳及現存情況；

　　（6）磚文刻劃類型，分為濕刻銘文（濕磚坯上刻字）、乾刻銘文（成品磚或乾燥磚坯上刻字）兩類；

　　（7）磚文書體、行款和字數；

　　（8）有字磚面的拓片或實物尺寸（高×廣×厚），以厘米（cm）計；

　　（9）釋文；

　　（10）著錄文獻；

　　（11）附註。

8. 正文條目依磚刻年代先後排序，無紀年者排在同朝代或同一歷史時期之後。同一地點出土的同類、同朝代無紀年磚刻相對集中。

9. 本書採取傳統的概括方法擬定磚刻名稱。墓誌類磚刻，墓主名稱均取其諱。婦人名前，除無考外，均冠以其夫姓名。

10. 同一墓主不止一塊墓誌（記）磚時，以（第一种）、（第二种）……區別。

11. 公元紀年、各項目中需要註釋、補充説明的内容置於（）號中；考證得出的紀年和磚文内容置於［］號中；殘缺不可辨識的字以□代之，可確認的殘字置於方框中；釋文有疑問的字，其後加"（？）"號表示。

12. 釋文遇通假字、避諱字、簡體字、異體字照錄。遇錯字、俗字、碑別字、武則天造字、少筆劃的避諱字，均改為規範字。

13. 由於所收殘磚較多，為避免贅文，本書僅按磚面存銘文釋錄，一般不再標明殘磚（上缺）、（下缺）等上下文缺字情況。必要時以"……"號代之。

14. 古代碑文中紀年、紀月、紀日與干支不合的現象較多見，本書以數字為準，不合之處，不再一一指出。

15. 為便於檢索，後附磚名拼音索引、磚刻出土地索引。

磚 刻 朝 代 目 次

1. 姚孝經買地券磚　東漢永平十六年(73)　河南偃師出土　〔0020〕

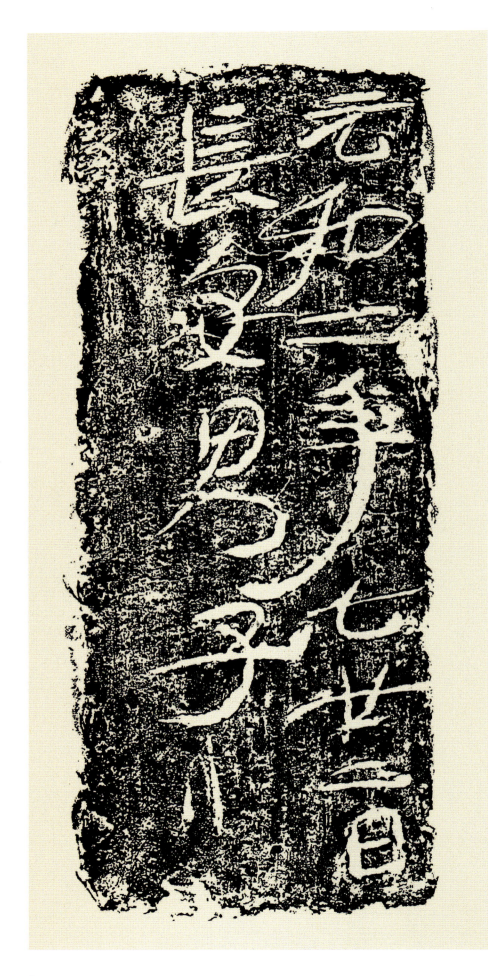

2. 長安男子張磚　東漢元和二年
（85）　陝西西安出土　〔0023〕

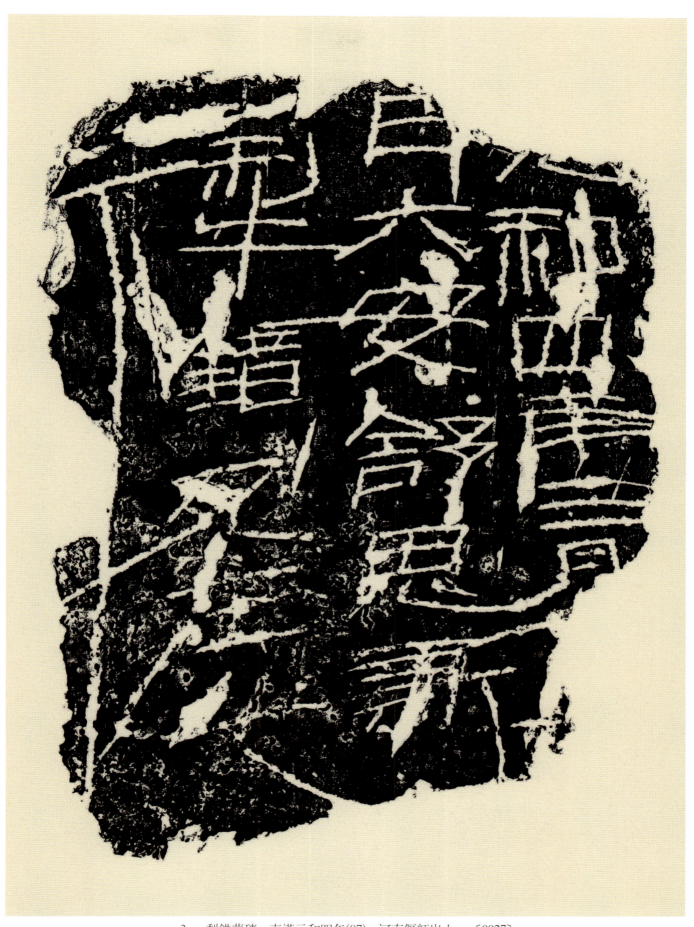

3. 犁錯葬磚　東漢元和四年(87)　河南偃師出土　〔0027〕

閩齋藏石記稱此磚精整無稍缺泐書勢勁逸絕倫如橘枝貼人不可蹂躪既以蜀中馮沈二闕方之風格似先而姿采弗如也洵為雁論嵃安浚閩齋藏物流入外國不能計紀此磚不知尚在人間否右拓片傜吳窰齋兩藏第二行旦字尚未全泐嵃閩齋浚則已剝蝕矣此新拓片上不易浮顧與好古者共寶之

4. 梁東葬磚　東漢永元元年(89)　河南偃師出土　〔0048〕

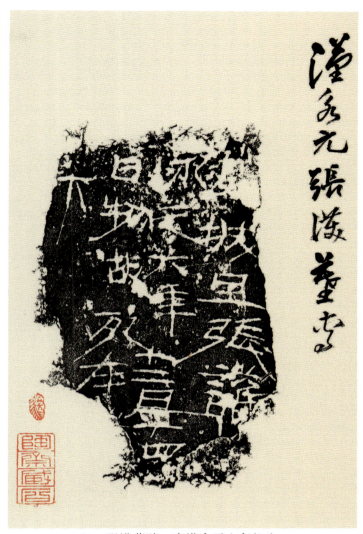

5. 左章葬磚(正、側)　東漢章和元年(87)
　　河南偃師出土　　〔0030〕

6. 張護葬磚　東漢永元六年(94)
　　河南偃師出土　　〔0084〕

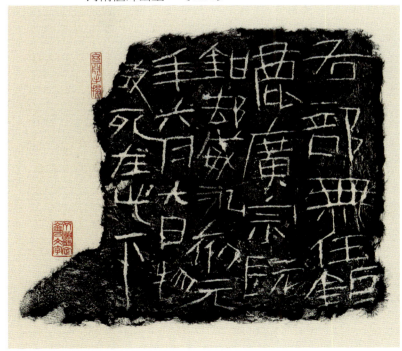

7. 却威葬磚　東漢永初元年(107)　河南偃師出土　　〔0128〕

8. 關元葬磚　東漢(25～220)
　　河南偃師出土　　〔0248〕

5

9. 馬君興作磚　東漢延熹五年(162)　内蒙古托克托出土　〔0177〕

10. 延熹七年紀雨磚　東漢延熹七年(164)　河北定州出土　〔0179〕

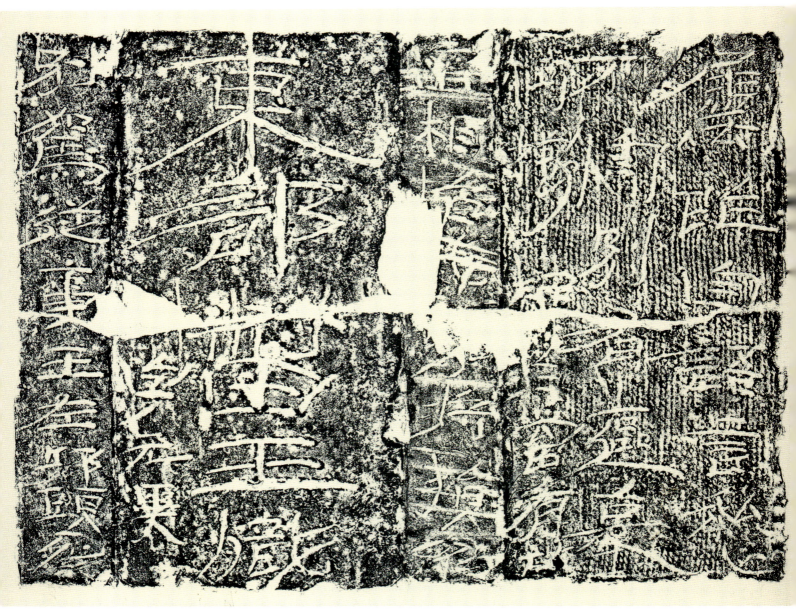

11. 東部督王熾字元異磚(正、背、兩側) 東漢(25～220) 安徽亳州出土 〔0355-0358〕

12. 一日持書磚　東漢(25～220)　安徽亳州出土　〔0386〕

13. 必忠磚　東漢(25～220)　安徽亳州出土　〔0364〕

14. 會稽明府早棄春秋磚　東漢(25～220)
安徽亳州出土　〔0439〕

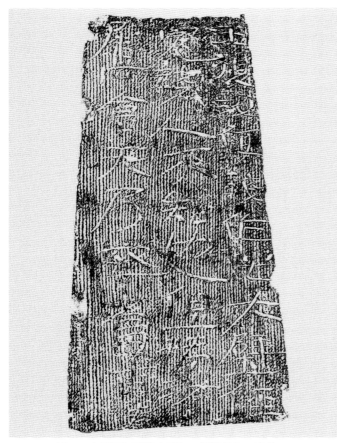

15. 倉天乃死等字磚　東漢(25～220)
安徽亳州出土　〔0464〕

16. 九布磚　東漢(25～220)　廣東番禺出土　〔0600〕

17.　成孰磚　東漢(25～220)　廣東番禺出土　〔0589〕

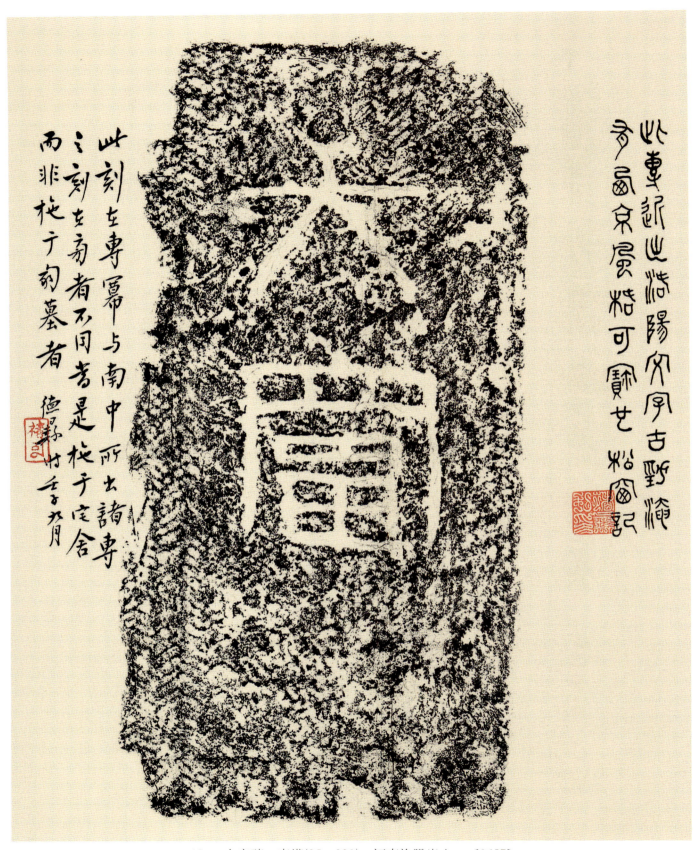

此專近世造陽城宇古野濱
多有之惟粘可寶也松窗記

此刻左專冪与南中所出諸專
之刻左者者不同者是拓于定舍
而非拓于窮墓者
德疇村壬子九月

18. 大富磚 東漢(25~220) 河南洛陽出土 〔0657〕

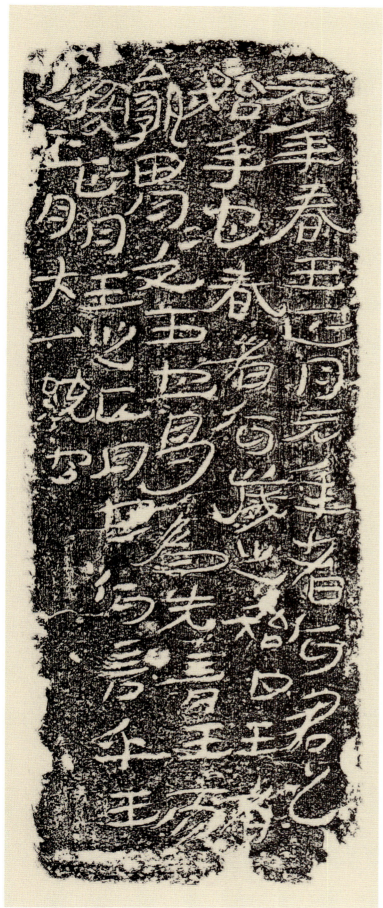

19. 公羊傳磚　東漢(25～220)　陝西西安出土　〔0664〕　　20. 强無婦但得女兒磚　東漢(25～220)　〔0682〕

21. 弟子諸磚　東漢(25～220)　〔0662〕

22. 吳强工作磚　東漢(25～220)　〔0689〕

23. 五曹治磚　東漢(25～220)　北京懷柔出土　〔0690〕

24. 小子阿奴磚　東漢(25～220)　〔0695〕

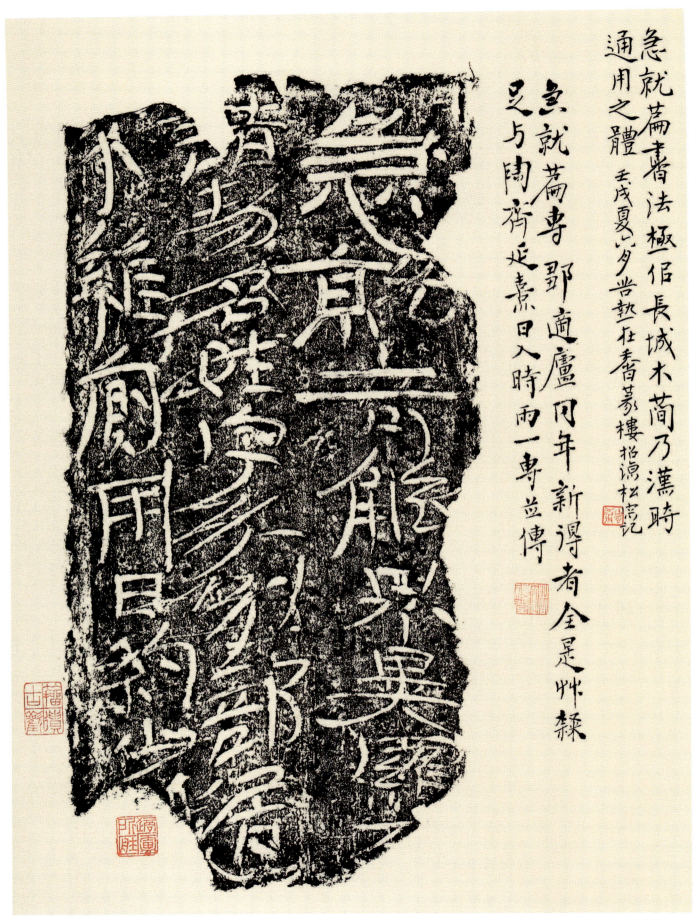

急就篇書法極似長城木簡乃漢時
通用之體　壬戌夏心夕嘗塾在香夢樓招諒松葊記

急就篇專　郡適廬同年新得者全是此類
足与陶齋延熹日入時雨一專並傳

25.　急就章磚　東漢(25～220)　河南洛陽出土　〔0672〕

25. 急就章磚(實物)　東漢(25～220)　河南洛陽出土　〔0672〕

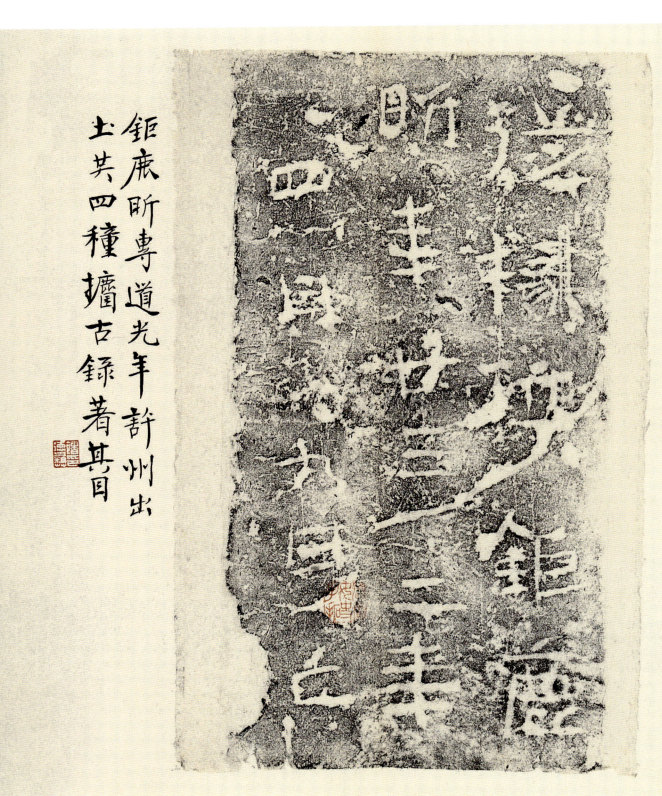

鉅鹿昕專道光年許州出
土共四種攂古錄著其目

光緒廿六年洛陽北邙
山相近又此眾人塟專鼓
十種多章和永元時物皆
在此專之後矣　錨籨

26. 口昕墓記磚　三國·魏(220～265)　河南許昌出土　〔0710〕

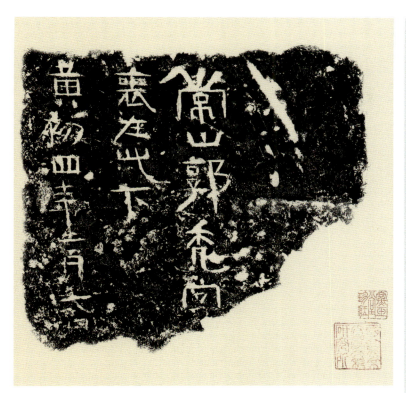

27. 郭禿墓記磚　三國・魏黃初四年(223)　〔0704〕

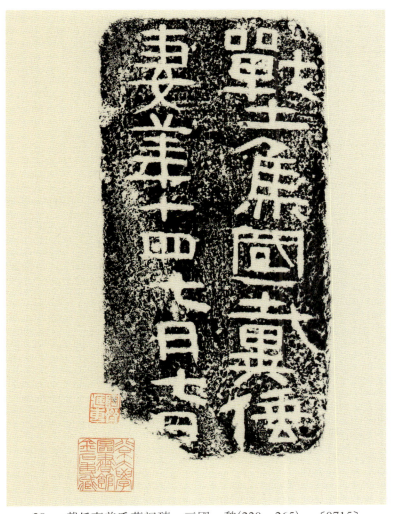

28. 戴偅妻姜氏墓記磚　三國・魏(220～265)　〔0715〕

29. 黃甫買地券磚(第一種)　三國・吳五凰元
年(254)　江蘇南京出土　〔0721〕

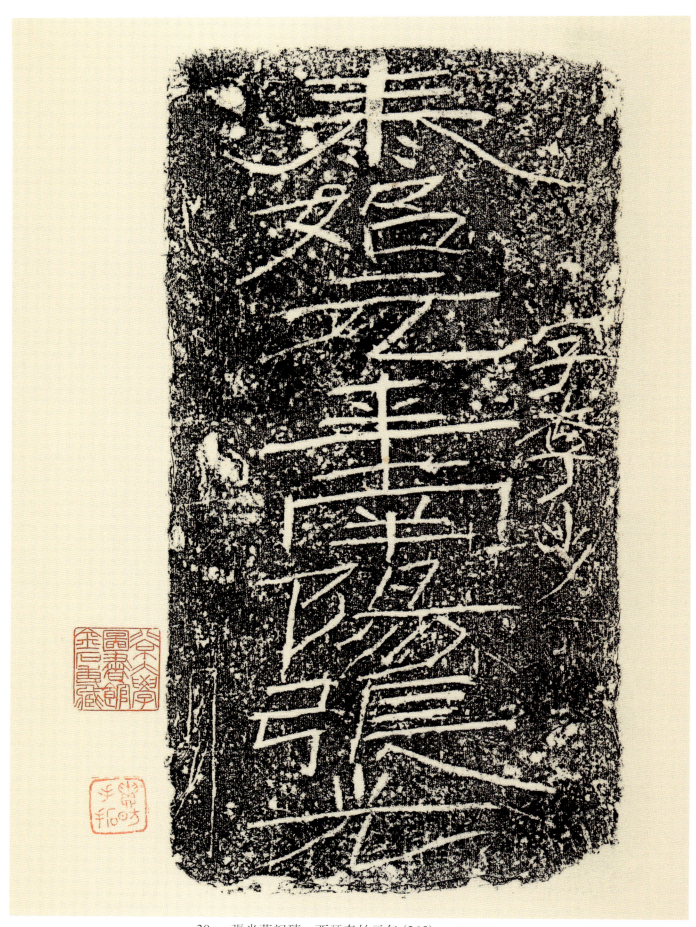

30. 張光墓記磚　西晉泰始元年 (265)　〔0728〕

31. 王泰墓記磚　西晉泰始七年 (271)
河南洛陽出土　〔0730〕

33. 咸寧五年閏月十八日作磚　西晉咸寧
五年 (279)　〔0738〕

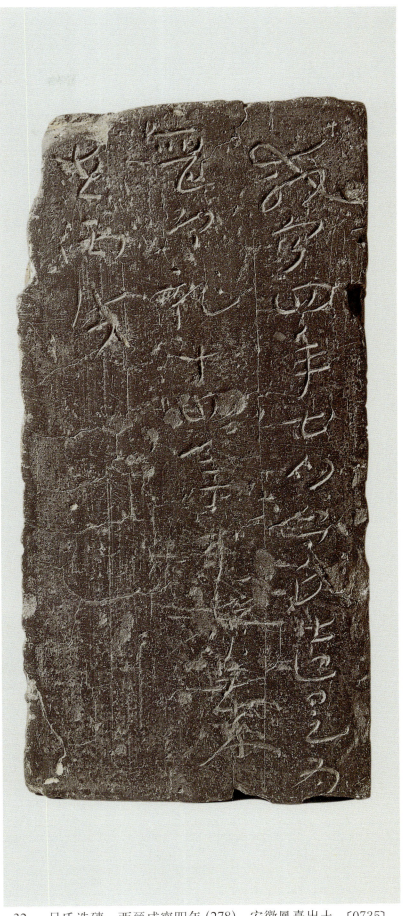

32. 呂氏造磚　西晉咸寧四年 (278)　安徽鳳臺出土　〔0735〕

34. 左棻墓記磚(正)　西晉永康元年(300)　河南偃師出土　〔0765〕

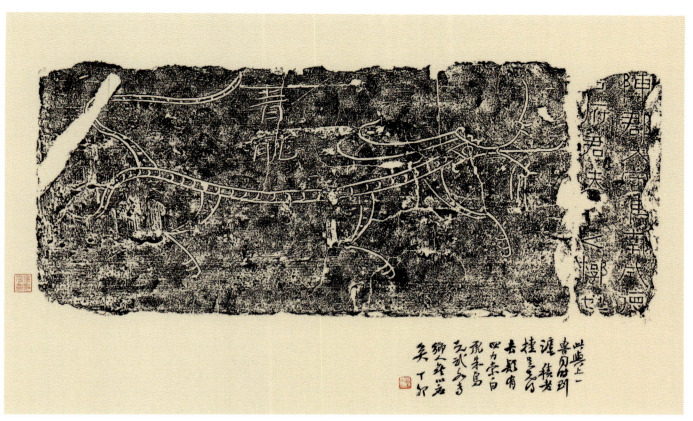

35. 呂府君夫人墓青龍畫像磚(正、側)　西晉(265～316)　安徽鳳臺出土　〔0776〕

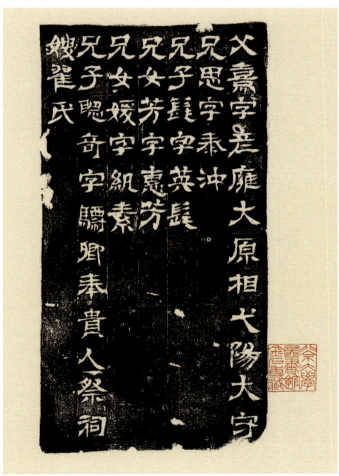

34.　左棻墓記磚(背)　西晉永康元年(300)
　　河南偃師出土　〔0765〕

36.　獨良良磚　西晉(265～316)　〔0779〕

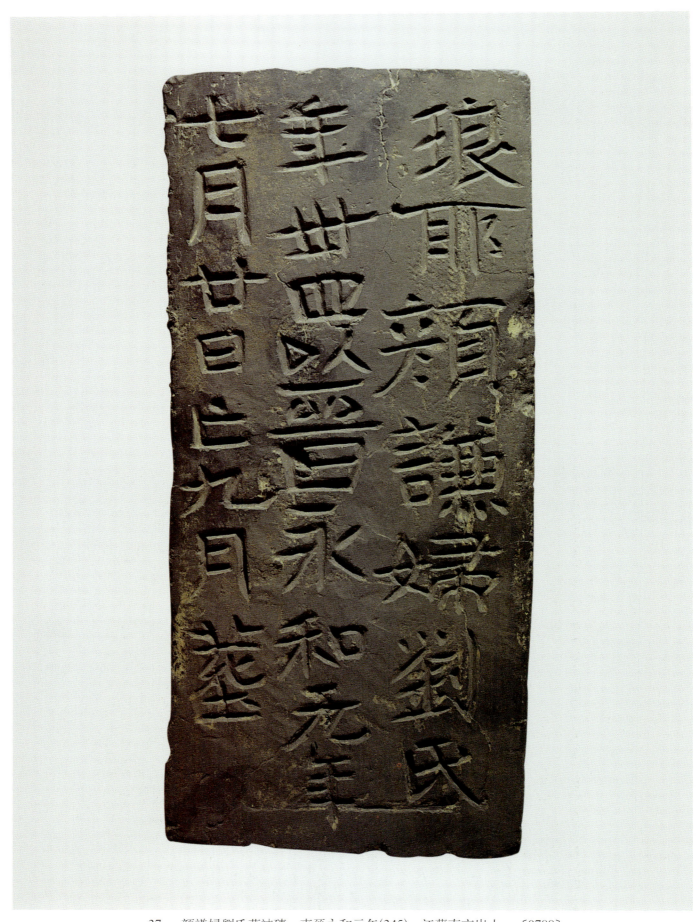

37. 顏謙婦劉氏墓誌磚　東晉永和元年(345)　江蘇南京出土　〔0788〕

38. 王丹虎墓誌磚　東晉升平三年(359)　江蘇南京出土　〔0798〕

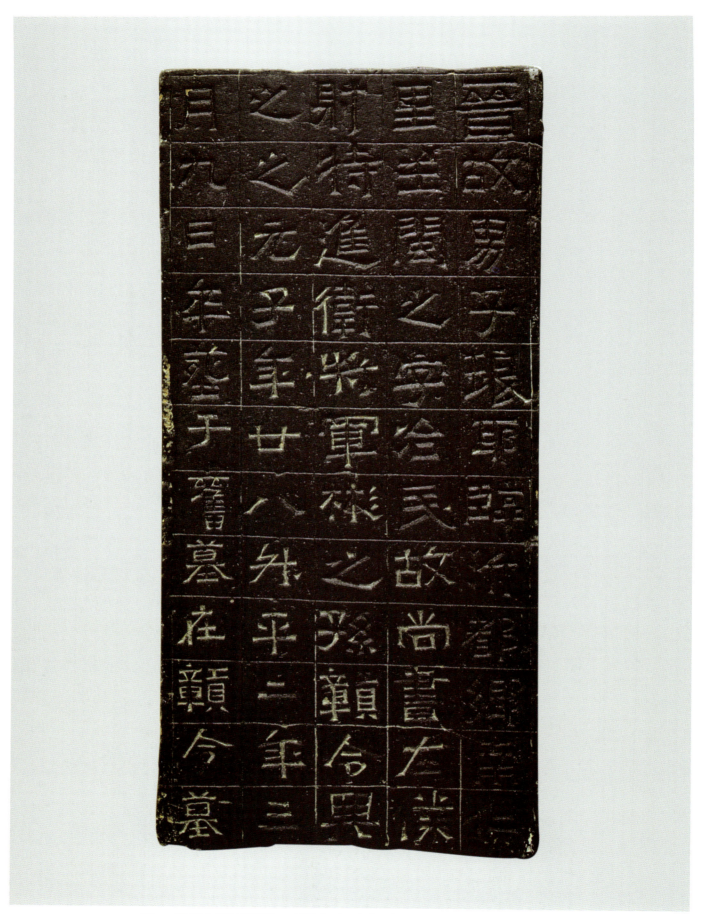

39. 王閩之墓誌磚(正)　東晉升平二年(358)　江蘇南京出土　〔0797〕

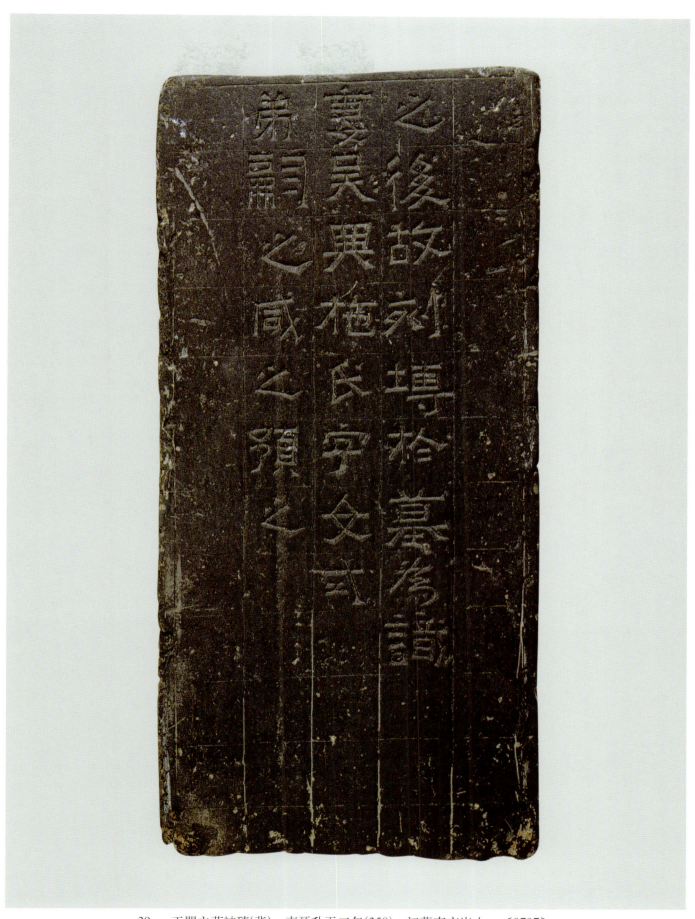

39. 王閩之墓誌磚(背)　東晉升平二年(358)　江蘇南京出土　〔0797〕

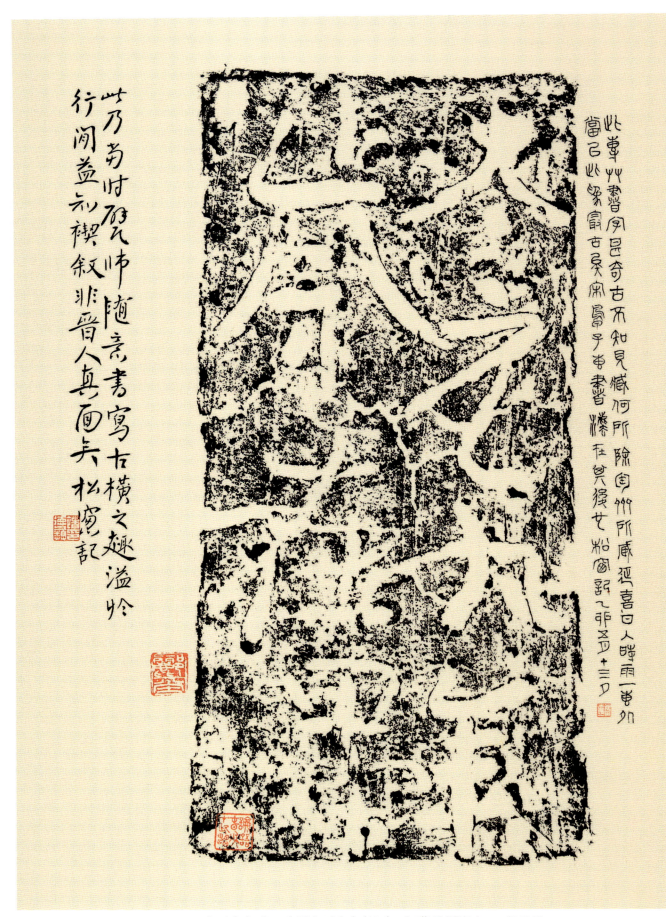

此乃為時賢帥隨意書寫古橫之趣溢於行間蓋亦襍敘非晉人真面矣松窗記

此專州書晉人昆奇古不知見藏何所除岢州所威延喜曰人時雨一專外當已此像冢古吳家子專書檂在其後女松窗記乙卯五月十三日

40. 太元九年磚　東晉太元九年(384)　江蘇吳縣出土　〔0809〕

28

41. 王彬繼室夏金虎墓誌磚　東晉太元十七年(392)　江蘇南京出土　〔0811〕

43. 盧奴民磚　晉(265~420)　〔0832〕

42. 宋鴨子磚　東晉(317~420)　浙江臨海出土　〔0824〕

44. 吳没囗磚　晉(265~420)
江蘇吳縣出土　〔0847〕

45. 宋乞墓誌磚(第一種) 南朝・宋元嘉二年(425) 江蘇南京出土 〔0867〕

45. 宋乞墓誌磚(第二種)　南朝·宋元嘉二年(425)
江蘇南京出土　〔0868〕

45. 宋乞墓誌磚(第三種)　南朝·宋元嘉二年(425)
江蘇南京出土　〔0869〕

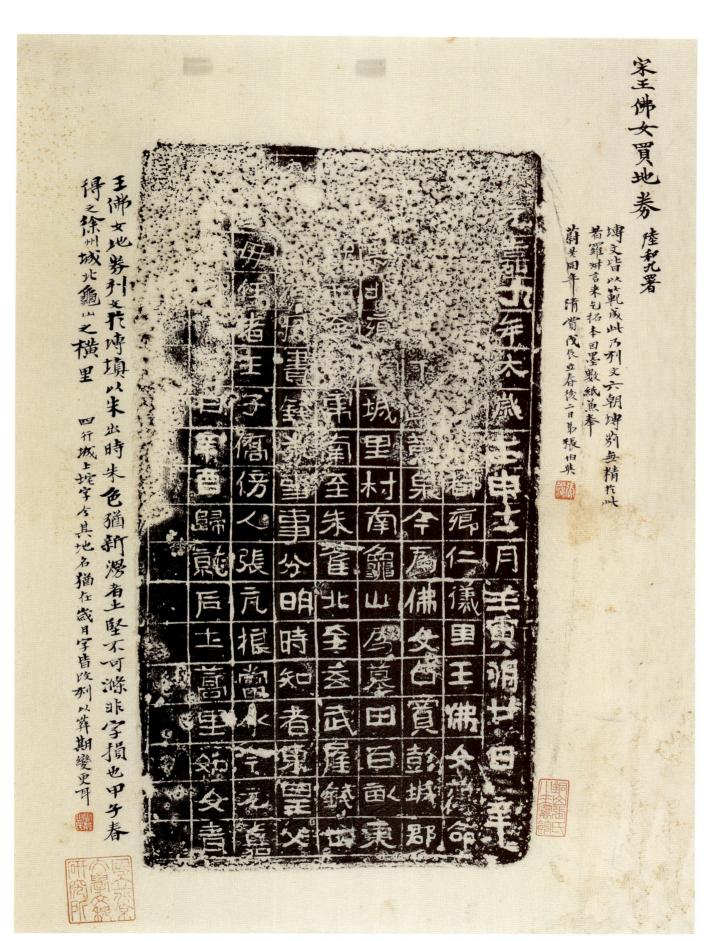

宋王佛女買地券　陸和九署

券文皆以範成此乃列之六朝壙別無精於此
曾羅叔言来乞拓本回墨數紙見奉

戴芝同年清賞戊辰立春後二日弟張相彝

王佛女地券列文花磚填以朱出時朱色猶新澀者土堅不可滌非字損也甲子春

得之徐州城北龜山之橫里

四行城上蛇字今其地名猶在歲月字皆改列以祘期變更丹

46.　王佛女買地券磚　南朝・宋元嘉九年(431)　江蘇徐州出土　〔0871〕

48. 孫惠妻李氏墓記磚
南朝‧宋元嘉十八年(441) 〔0872〕

47. 元嘉九年九月壬寅朔磚
南朝‧宋元嘉九年(431) 〔0870〕

49. 張承世師磚 南朝‧梁(502～557)
江蘇南京出土 〔0892〕

34

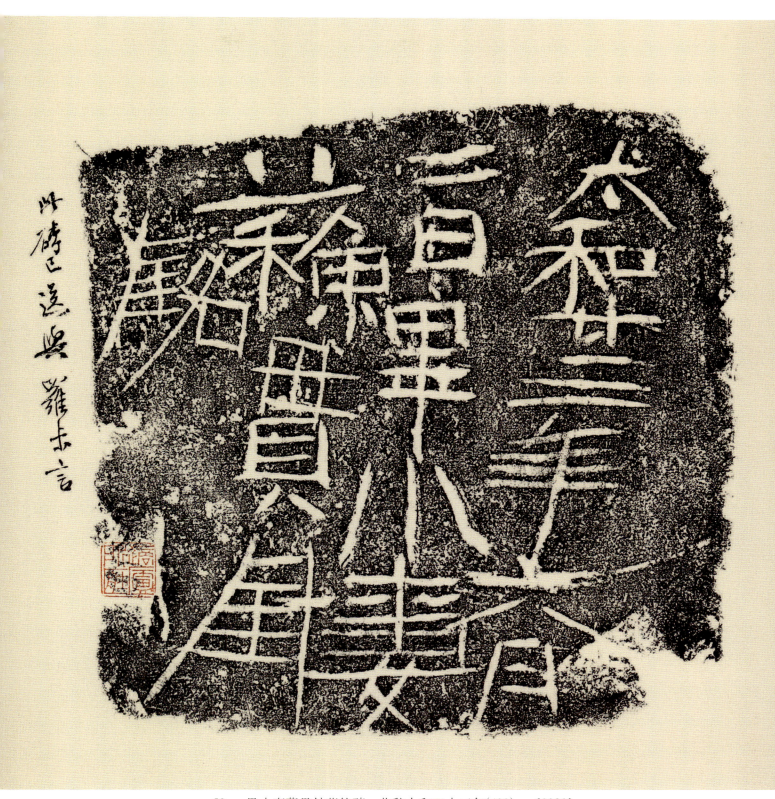

50. 畢小妻蘇貫針墓銘磚　北魏太和二十三年(499)　〔0929〕

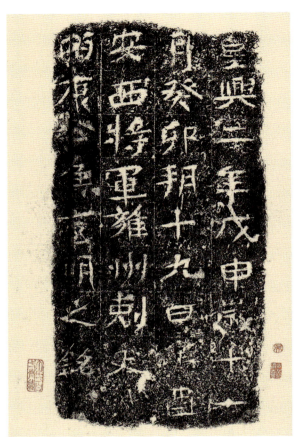

51. 魚玄明墓銘磚　北魏皇興二年(468)　〔0919〕

53. 元達豆官妻楊貴姜墓銘磚　北魏正始
四年(507)　〔0941〕

52. 負欄墓誌磚　北魏景明三年(502)　寧夏彭陽出土　〔0936〕

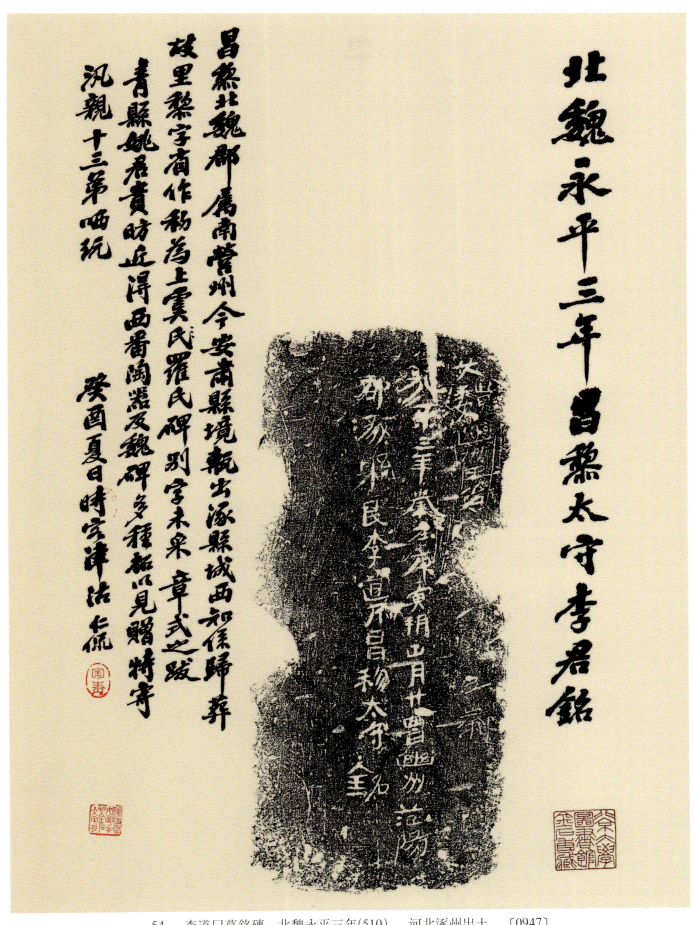

北魏永平三年昌黎太守李君銘

昌黎北魏郡屬南營州今安肅縣境輒出涿縣城西郊俟歸葬故里黎字商作秾為上雲氏羅氏碑別字未來章式之跋青縣姚君貴昳近淂西番陶器及魏碑多種拓以見贈特寺汜親十三第西玩

癸酉夏日時宇津法仁倪

54．李道口墓銘磚　北魏永平三年(510)　河北涿州出土　〔0947〕

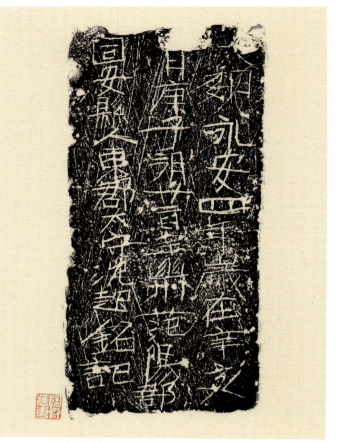

55. 張洛都塚記磚　北魏正始五年(508)　　　　　57. 沈起墓銘磚　北魏永安四年(531)　　〔0972〕
　　河南洛陽出土　　〔0943〕

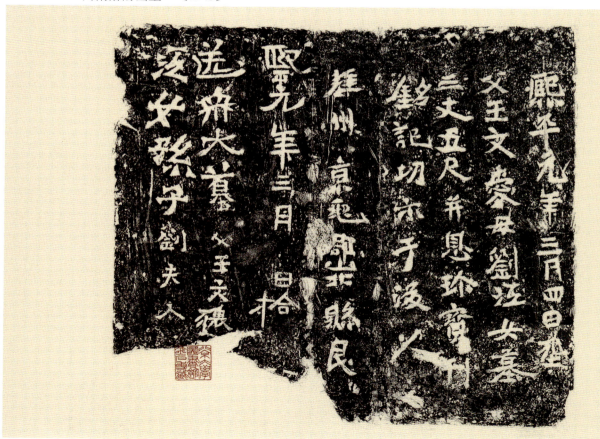

56. 王文愛及妻劉江女墓銘磚(正、背、側)　北魏熙平元年(516)　〔0950〕

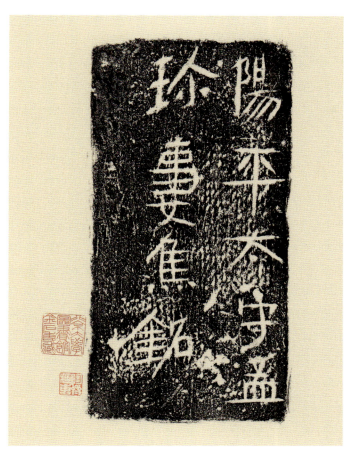

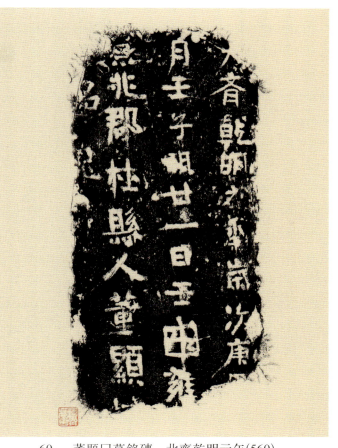

58. 孟琜妻焦氏墓銘磚　北魏(386～534)　〔0985〕

60. 董顯口墓銘磚　北齊乾明元年(560)
　　陝西西安出土　〔1027〕

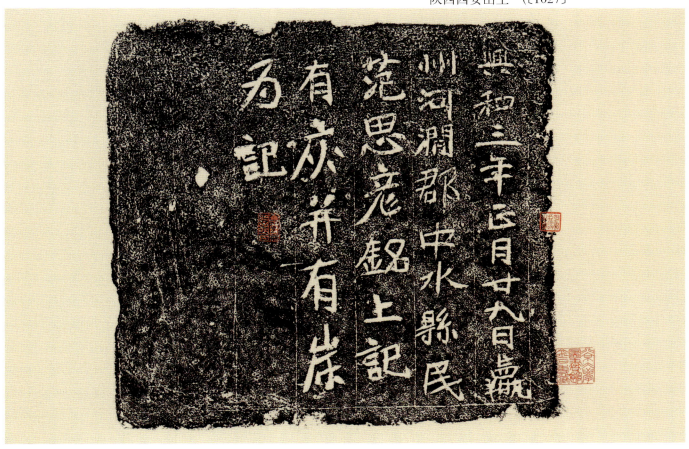

59. 范思彥墓銘磚　東魏興和三年(541)　河南安陽出土　〔0996〕

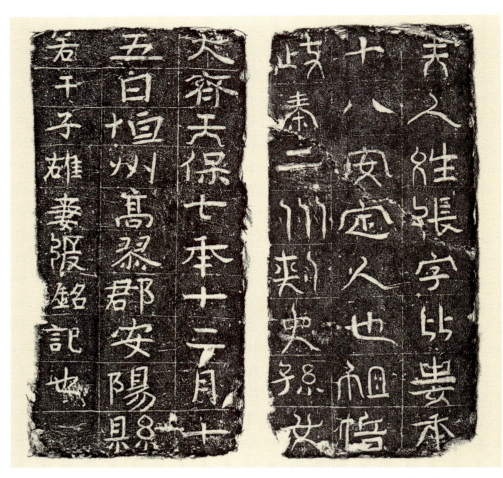

61. 若干子雄妻張比妻墓銘磚
　　北齊天保七年(556)
　　河南安陽出土　　〔1020〕

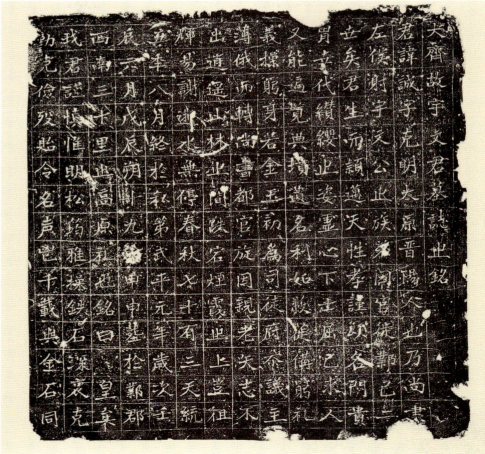

62. 宇文誠墓誌磚
　　北齊武平元年(570)
　　河南安陽出土　　〔1040〕

63. 氾靈岳墓表磚
　　高昌章和十八年(548)
　　新疆吐魯番出土　　〔1079〕

64. 周賢文妻范氏墓表磚
　　高昌延昌二十六年(586)
　　新疆吐魯番出土　　〔1092〕

65. 陶智洪買地券磚　隋大業六年(610)　湖南湘陰出土　〔1129〕

66. 張伏奴墓銘磚　隋大業元年(605)　〔1120〕

67. 甄元希墓銘磚　隋大業六年(610)　〔1130〕

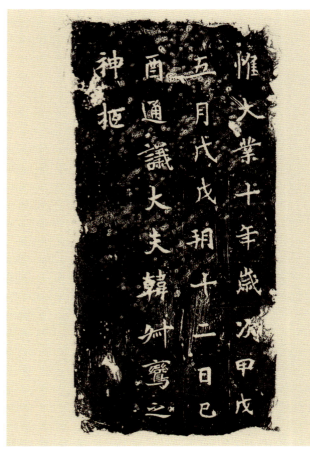

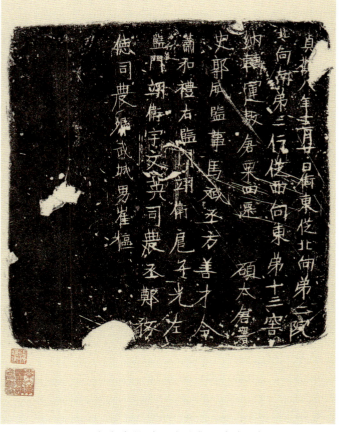

68. 韓叔鸞神柩磚　隋大業十年(614)
　　河南洛陽出土　〔1134〕

69. 太倉窖銘磚　唐貞觀八年(634)
　　陝西西安出土　〔1143〕

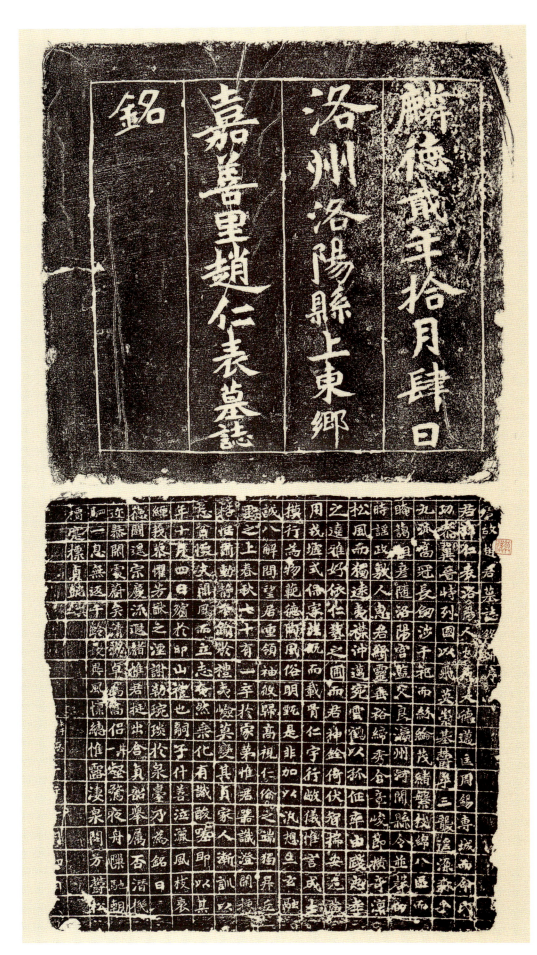

70. 趙仁表墓誌磚（蓋、誌）
唐麟德二年(665)
河南洛陽出土　〔1152〕

44

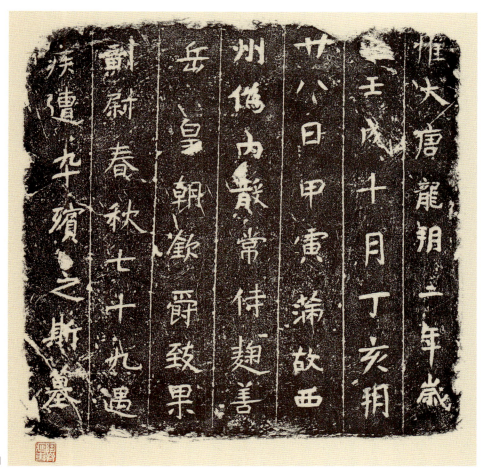

71. 麴善岳墓誌磚
　　唐龍朔二年(662)
　　新疆吐魯番出土　〔1151〕

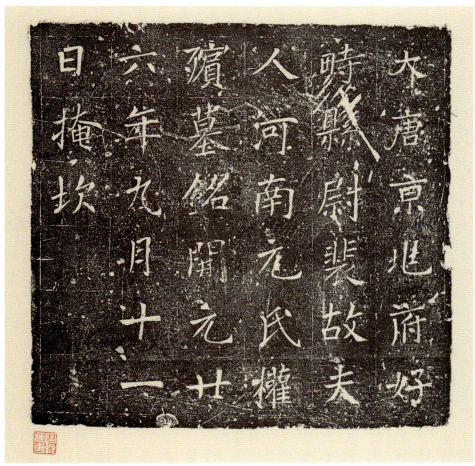

72. 裴夫人元氏墓銘磚　唐開
　　元二十六年(738)　〔1184〕

73. 馬君夫人令狐氏墓誌磚　唐儀鳳元年(676)　陝西岐山出土　〔1156〕

龍鳳博立濠州之開元寺南唐先主李昇

74．龍鳳磚　十國・南唐(937～975)　安徽鳳陽出土　〔1267〕

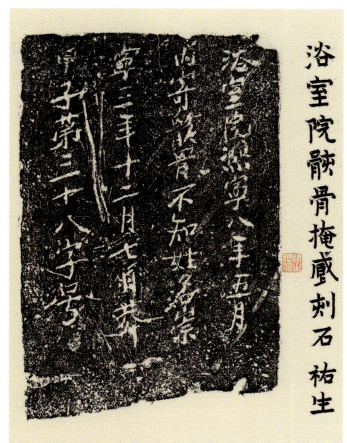

浴室院骸骨掩藏刻石祐生

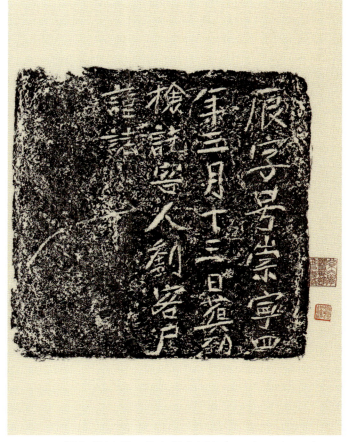

75．無名氏墓記磚(甲子第三十八字號)　北宋崇寧三
　　年(1104)　四川綿竹出土　〔1294〕

76．劉客墓記磚　北宋崇寧四年(1105)　〔1296〕

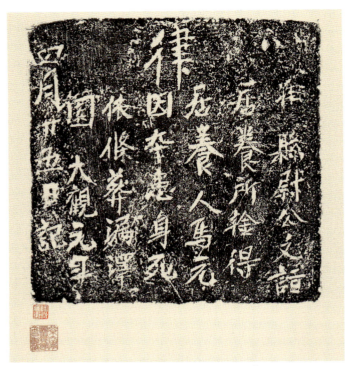

77. 馬元墓記磚　北宋大觀元年(1107)　〔1327〕

78. 口見千重山疊疊七言詩磚　宋(960～1279)
　　廣東廣州出土　〔1817〕

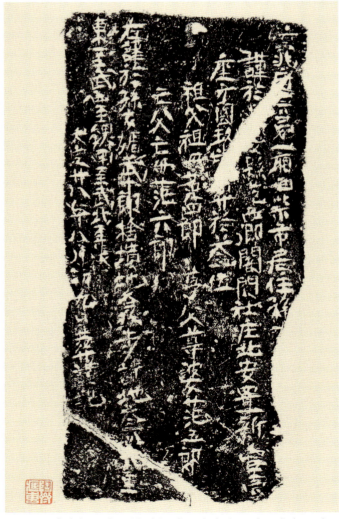

79. 武十郎及妻捨墳地記磚　金大定二十八年(1188)
　　陝西西安出土　〔1879〕

80. 重修鎮戎城記磚　明景泰二年(1451)
　　寧夏固原出土　〔1940〕

0001　戰國墓記磚(第一種，正、背)　戰國(前 475～前 221)

0002　戰國墓記磚(第二種，正、背)　戰國(前 475～前 221)

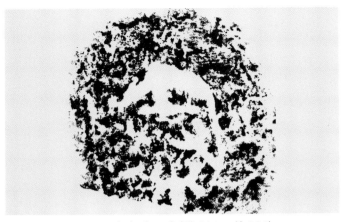

0003　秦字磚　秦(前221～前206)

0004　珎字磚　秦(前221～前206)

0005　羊字磚　秦(前221～前206)

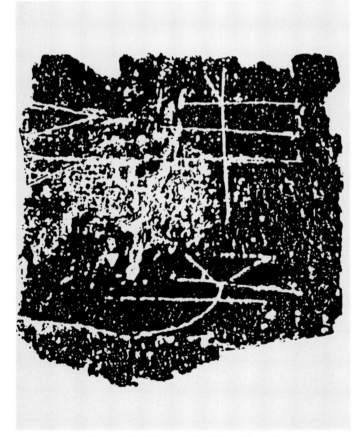

0006　羊子磚　秦(前221～前206)

0007　楚字磚　秦(前221～前206)

0008　三百等字磚　秦(前221〜前206)

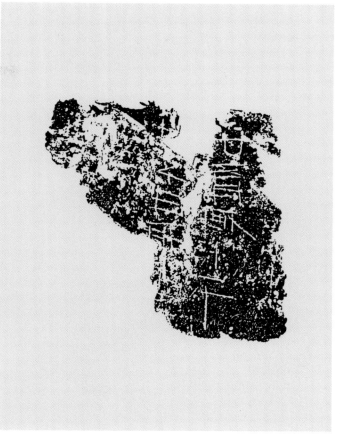

0009　廿五日取米等字磚　秦(前221〜前206)

0010　西周、八年等字磚　西漢(前206〜8)

0011　千秋萬年磚(正、側)　西漢(前206～8)

0012　百卅二磚　西漢(前206～8)

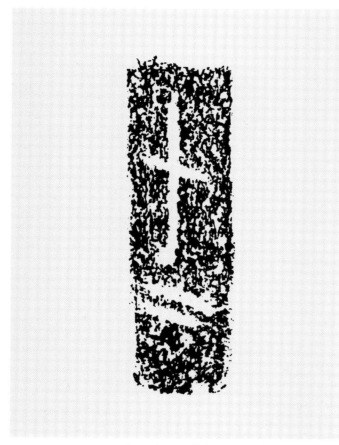

0013　十二磚　西漢(前206～8)

0014　十三磚　西漢(前206～8)

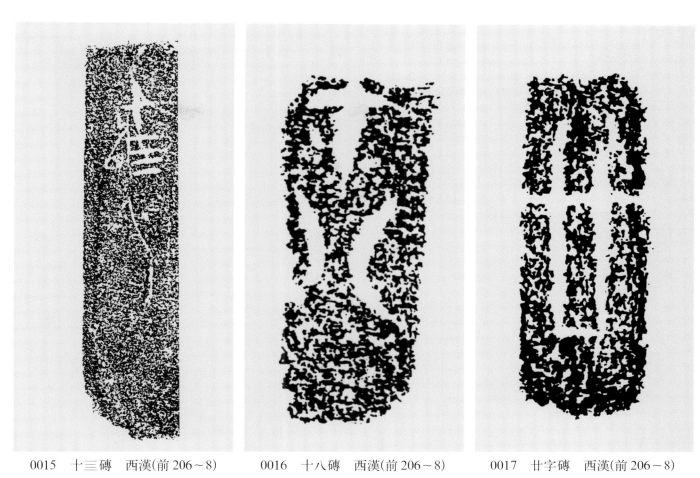

0015　十三磚　西漢(前206~8)　　0016　十八磚　西漢(前206~8)　　0017　廿字磚　西漢(前206~8)

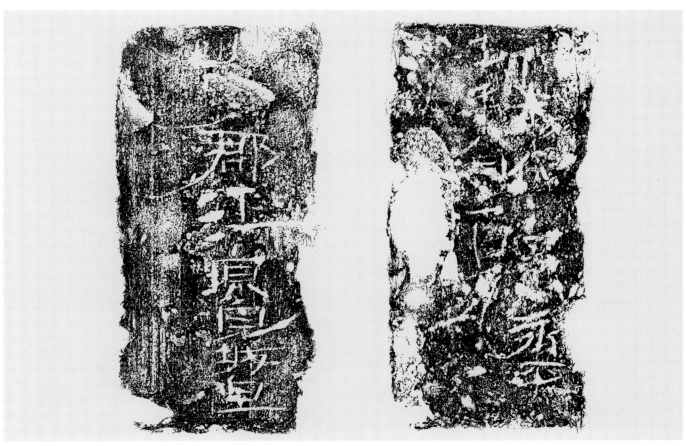

0018　蜀郡江原完城旦葬磚(正、背)　東漢永平五年(62)

0019　文平磚　東漢永平十三年(70)　　　　　0020　姚孝經買地券磚　東漢永平十六年(73)

0021　建初元年七月十四日治磚　東漢建初元年(76)　　　　0022　建初五年八月十一日造磚　東漢建初五年(80)

0023　長安男子張磚　東漢元和二年(85)

0024　元和三年、南陽等字葬磚(正、側)　東漢元和三年(86)

0025　史仲葬磚(正、側)　東漢元和三年(86)

0026　元和三年殘葬磚　東漢元和三年(86)

0027　犁錯葬磚　東漢元和四年(87)

0028　張國葬磚(正、側)　東漢元和四年(87)

0029　元和殘葬磚　東漢元和(84～86)

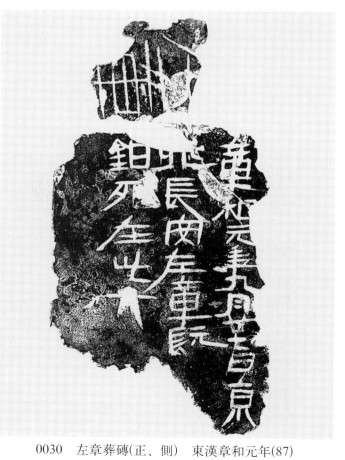

0030　左章葬磚(正、側)　東漢章和元年(87)

0031　章和元、北海昌等字殘葬磚　東漢章和元年(87)

0032　和元年、日京等字殘葬磚　東漢章和元年(87)

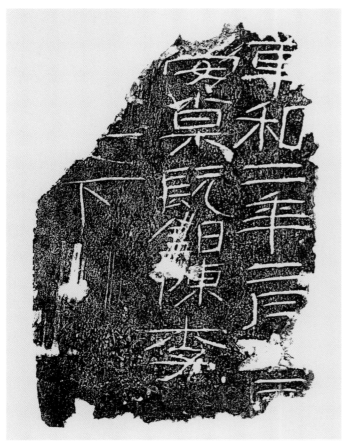

0033　陳李葬磚　東漢章和二年(88)

0034　鄭口葬磚　東漢章和二年(88)

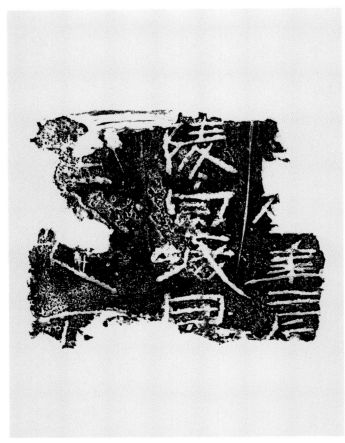

0035　陵完城旦等字殘葬磚　東漢章和二年(88)

0036　程陽葬磚　東漢章和二年(88)

0037　章和二年、月廿三日等字殘葬磚　東漢章和二年(88)

0038　章和二、陵髠鉗等字殘葬磚　東漢章和二年(88)

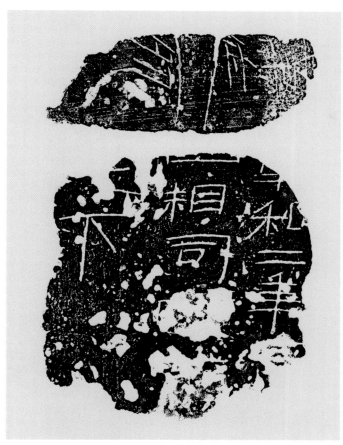

0039　蕭延葬磚(正、側)　東漢章和二年(88)

0040　章和殘葬磚　東漢章和(87～88)

0041　章、廿二字殘葬磚(正、側)　東漢章和(87～88)

0042　章、日二字殘葬磚(正、側)　東漢章和(87～88)

0043　邯鄲髡鉗等字殘葬磚　東漢永元元年(89)

0044　畢通葬磚　東漢永元元年(89)

0045　杜倪葬磚(正、側)　東漢永元元年(89)

0046　吳顔葬磚(正、側)　東漢永元元年(89)

0047　常山等字殘葬磚　東漢永元元年(89)

0048　梁東葬磚(正、側)　東漢永元元年(89)

0049　永元元年、二日西平等字殘葬磚　東漢永元元年(89)

0050　永元元年、東郡聊城等字殘葬磚　東漢永元元年(89)

0051　元元年等字殘葬磚　東漢永元元年(89)

0052　元元二字殘葬磚　東漢永元元年(89)

0053　俵升葬磚(第一種)　東漢永元二年(90)

0054　俵升葬磚(第二種)　東漢[永元二年(90)]

0055　永元二年八、東郡完等字殘葬磚　東漢永元二年(90)

0056　口霸葬磚　東漢永元二年(90)

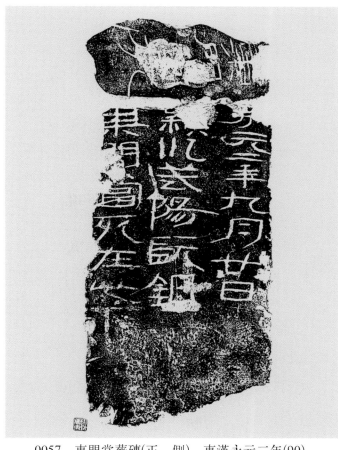

0057　東門當葬磚(正、側)　東漢永元二年(90)

0058　蔡口葬磚　東漢永元二年(90)

0059　張嬈葬磚(正、側)　東漢永元二年(90)

0060　元二年殘葬磚　東漢永元二年(90)

0061　元二年、夏安等字殘葬磚　東漢永元二年(90)

0062　永元三年四月十等字殘葬磚　東漢永元三年(91)

0063　范仲葬磚(正、側)　東漢永元三年(91)

0064　貴谷葬磚(正、側)　東漢永元三年(91)

0065　永元三年、六日殘葬磚　東漢永元三年(91)

0066　永元三年殘葬磚　東漢永元三年(91)

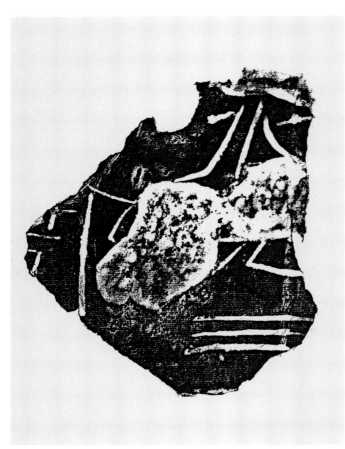

0067　永元三殘葬磚　東漢永元三年(91)

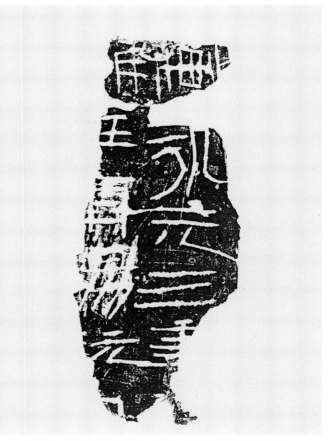

0068　董世葬磚(正、側)　東漢永元三年(91)

0069　嚴仲葬磚(正、側)　東漢永元四年(92)

0070　廬江六安髡鉗葬磚　東漢永元四年(92)

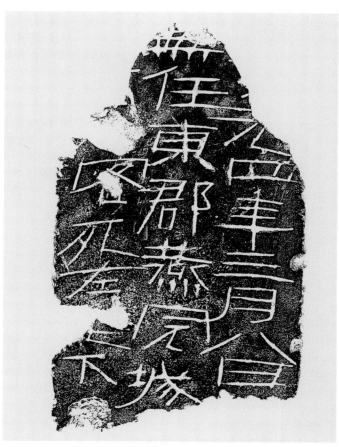

0071　口客葬磚　東漢永元四年(92)

0072　口胡葬磚　東漢永元四年(92)

0073　魏蘭葬磚　東漢永元四年(92)

0074　朱次葬磚　東漢永元四年(92)

0075　衛仲葬磚　東漢永元四年(92)

0076　永元四年、陳留等字殘葬磚　東漢永元四年(92)

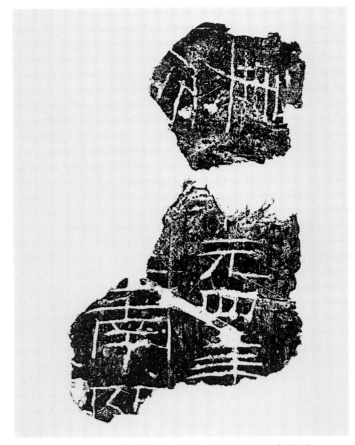

0077　畢口葬磚(正、側)　東漢永元四年(92)

0078　元四年、無任等字殘葬磚　東漢永元四年(92)

20

0079　張仲葬磚　東漢永元五年(93)

0080　永元五年、月廿等字殘葬磚　東漢永元五年(93)

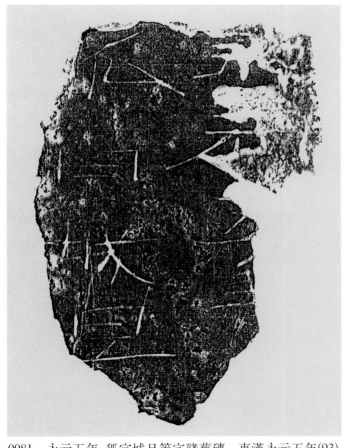

0081　永元五年、狐完城旦等字殘葬磚　東漢永元五年(93)

0082　元五年、無任汝南等字殘葬磚　東漢永元五年(93)

0083　封平葬磚(正、側)　東漢永元六年(94)

0084　張護葬磚(正、側)　東漢永元六年(94)

0085　黃丸葬磚　東漢永元六年(94)

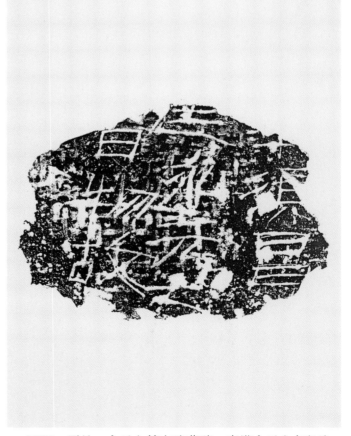

0086　須昌、永元七等字殘葬磚　東漢永元七年(95)

0087　永元七年、死此下等字殘葬磚　東漢永元七年(95)

0088　陽髡、元七年故等字殘葬磚　東漢永元七年(95)

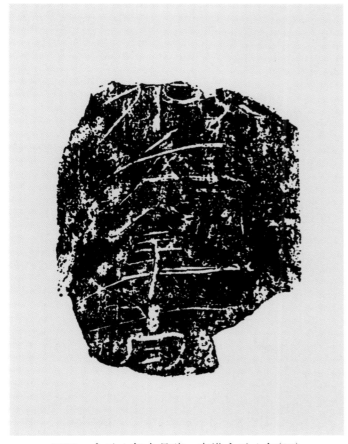

0089　永元八年十月磚　東漢永元八年(96)

0090　馮倀埋古中磚　東漢永元九年(97)

0091 永元口年四月廿四日殘葬磚 東漢永元口年(89～98)

0092 周陽葬磚 東漢永元十年(98)

0093 左口葬磚 東漢永元十三年(101)

0094 三男子磚 東漢永元十五年(103)

24

0095　永元十、作壁曰等字磚　東漢永元十(98~104)

0096　貫兒葬磚(正、側)　東漢永元(89~104)

0097　何陽殘葬磚(正、側)　東漢永元(89~104)

0098　呂通葬磚(正、側)　東漢永元(89~104)

0099　駱麻葬磚(正、側)　東漢永元(89～104)

0100　馬字殘葬磚　東漢永元(89～104)

0101　毛元葬磚(正、側)　東漢永元(89～104)

0102　龐文葬磚(正、側)　東漢永元(89～104)

0103　永元、任南等字殘葬磚　東漢永元(89～104)

0104　薛口葬磚(正、側)　東漢永元(89～104)

0105　顏季葬磚(正、側)　東漢永元(89～104)

0106　永字殘葬磚(正、側)　東漢永元(89～104)

0107　永字殘葬磚(正、側)　東漢永元(89～104)

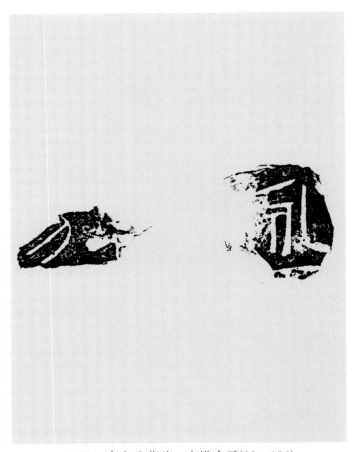

0108　永字殘葬磚　東漢永元(89～104)

0109　永元、月廿等字殘葬磚　東漢永元(89～104)

0110　永元、馬月等字殘葬磚(正、側)　東漢永元(89～104)

28

0111 永、髡二字殘葬磚 東漢永元(89～104)

0113 元興元年七月等字殘葬磚 東漢元興元年(105)

0112 張常葬磚 東漢元興[元]年(105)

0114 齊祚葬磚 東漢延平元年(106)

0115　李陵葬磚　東漢延平元年(106)

0116　永初元年二月十二日殘葬磚　東漢永初元年(107)

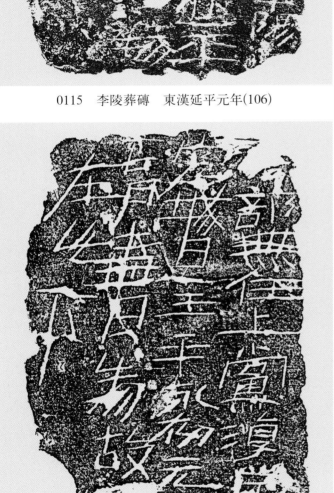

0117　王平葬磚　東漢永初元年(107)

0118　郭仲葬磚　東漢永初元年(107)

0119　尹孝葬磚　東漢永初元年(107)

0120　任克葬磚　東漢永初元年(107)

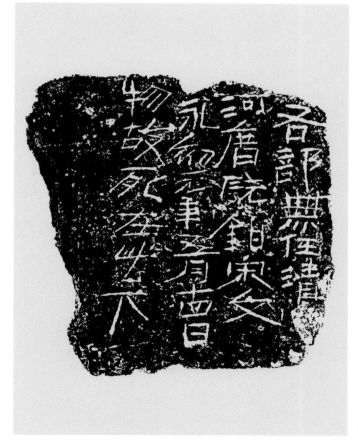

0121　宋文葬磚　東漢永初元年(107)

0122　趙棠葬磚　東漢[永初元年(107)]

0123　謝金葬磚　東漢永初元年(107)

0124　陳便葬磚(第一種)　東漢永初元年(107)

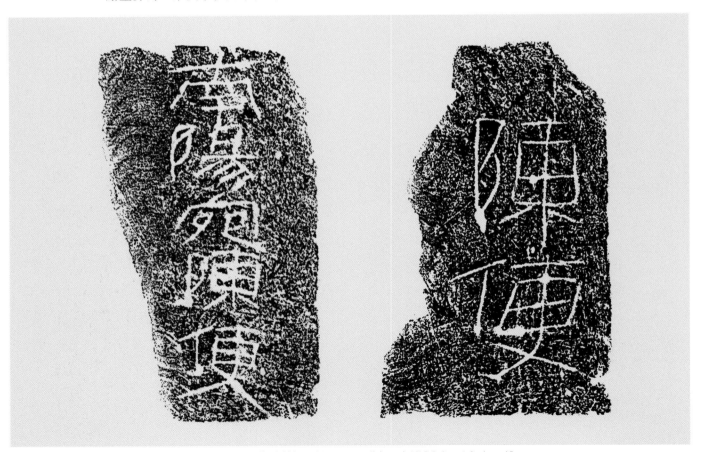

0125　　陳便葬磚(第二種，正、背)　東漢[永初元年(107)]

0126　仇平葬磚　東漢[永初元年(107)]

0127　張便葬磚　東漢永初元年(107)

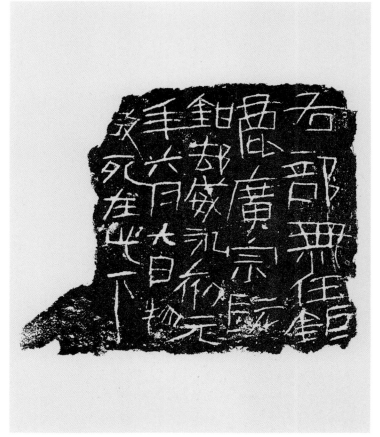

0128　却威葬磚　東漢永初元年(107)

0129　周捐葬磚　東漢永初元年(107)

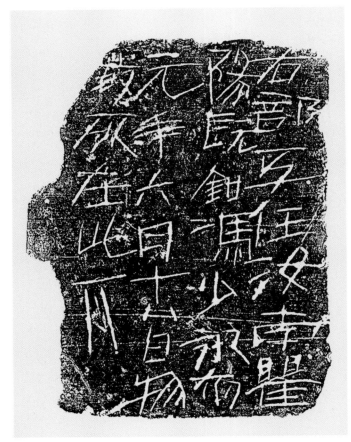

0130　馮少葬磚　東漢永初元年(107)

0131　范雍葬磚　東漢永初元年(107)

0132　曹福葬磚　東漢永初元年(107)

0133　李小葬磚　東漢永初元年(107)

0134　謝郎葬磚(第一種)　東漢永初元年(107)　　　　0135　謝郎葬磚(第二種)　東漢[永初元年(107)]

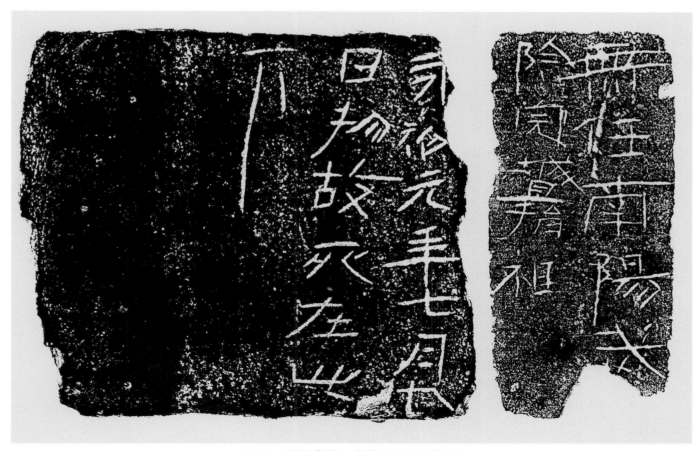

0136　捐祖葬磚　東漢永初元年(107)

0137　謝亥葬磚　東漢永初二年(108)

0138　時赦葬磚　東漢永初二年(108)

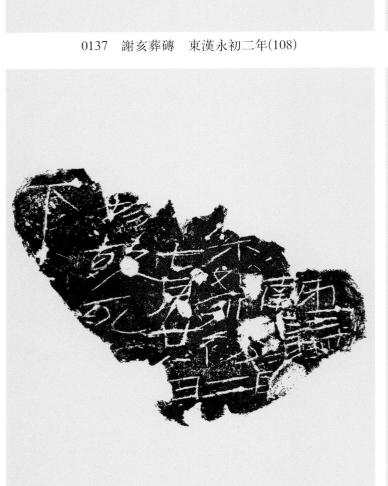

0139　梁始葬磚　東漢永初二年(108)

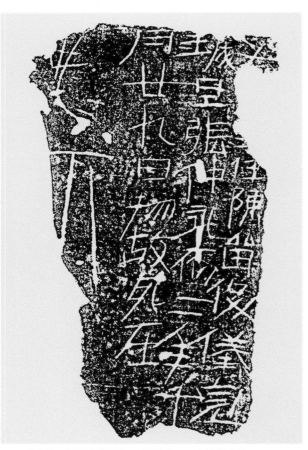

0140　張仲葬磚　東漢永初二年(108)

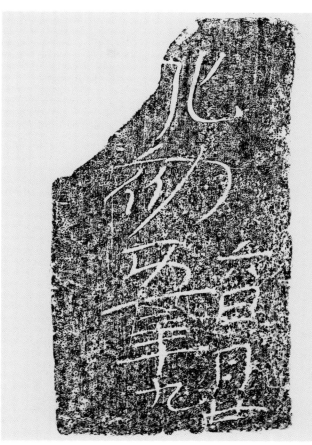

0141　永初五年磚　東漢永初五年(111)

0142　番禺男磚　東漢永初五年(111)

0143　審正葬磚　東漢永初六年(112)

0144　田文葬磚　東漢永初六年(112)

0145　師昌葬磚　東漢永初六年(112)

0146　□驕葬磚　東漢永初六年(112)

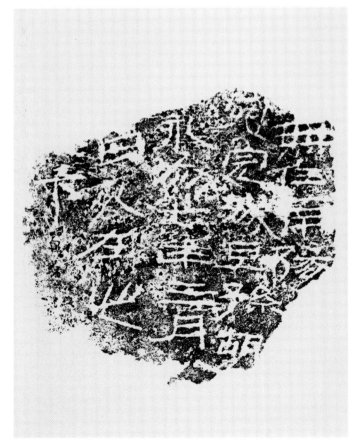

0147　孫胡葬磚　東漢永初七年(113)

0148　閻淵葬磚　東漢永初七年(113)

0149　武丑葬磚　東漢永初□年(107～113)

0150　毛輔葬磚　東漢元初元年(114)

0151　元初元年磚　東漢元初元年(114)

0152　螯金葬磚　東漢元初二年(115)

0153　向利葬磚　東漢元初二年(115)

0154　丁熊葬磚　東漢元初二年(115)

0155　丁何葬磚　東漢元初二年(115)

0156　胡開葬磚　東漢元初二年(115)

0157　王貴葬磚　東漢元初二年(115)

0158　元初二年六月二日等字葬磚　東漢元初二年(115)

0159　太史少葬磚　東漢元初二年(115)

0160　周恩葬磚　東漢元初六年(119)

0161　黃武葬磚　東漢元初六年(119)

0162　郭難葬磚　東漢元初六年(119)

0163　趙巨葬磚　東漢元初六年(119)

0164　王勤葬磚　東漢元初六年(119)

0165　胡生葬磚(正、側)　東漢元初六年(119)　　　　0167　乾慮葬磚　東漢元初六年(119)

0166　木召葬磚　東漢元初六年(119)　　　　0168　張午葬磚　東漢元初六年(119)

0169　吴捐葬磚　東漢元初六年(119)

0170　董未葬磚　東漢元初六年(119)

0171　池建葬磚　東漢元初六年(119)

0172　委文葬磚　東漢永寧元年(120)

0173　梁奴葬磚　東漢延光四年(125)

0174　陽嘉元年磚　東漢陽嘉元年(132)

0175　永和元年三月七日磚　東漢永和元年(136)

0176　李君墓記磚　東漢和平元年(150)

0177　馬君興作磚　東漢延熹五年(162)　　　　0178　延熹七年元月磚　東漢延熹七年(164)

0179　延熹七年紀雨磚　東漢延熹七年(164)　　　0180　延熹九年磚　東漢延熹九年(166)

0181　紆便葬磚　東漢建寧元年(168)

0182　李農葬磚　東漢建寧三年(170)

0183　建寧三年四月四日磚　東漢建寧三年(170)

0184　宣曉葬磚　東漢熹平元年(172)

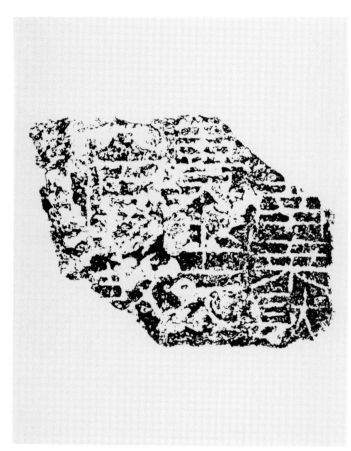

0185　南桑髡、熹平元等字殘葬磚　東漢熹平元年(172)

0187　中平四年七月廿三日作磚　東漢中平四年(187)

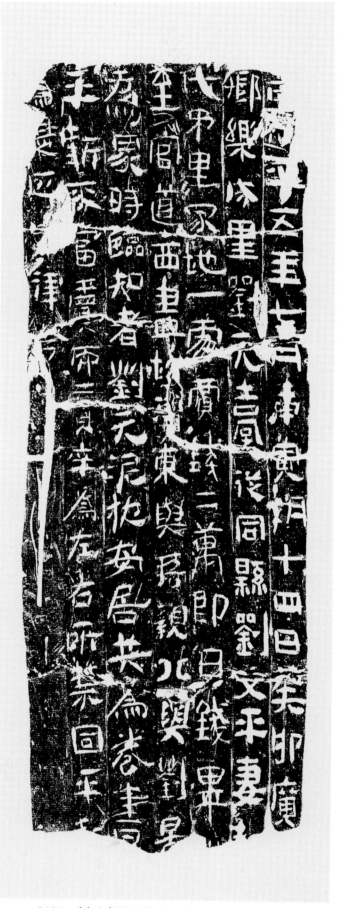

0186　劉元臺買地券磚　東漢熹平五年(176)

0188　扶風武江完城旦殘葬磚　東漢(25～220)

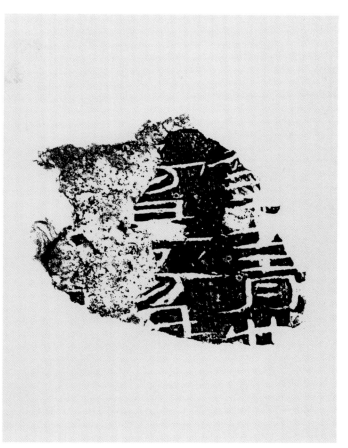

0189　二年三月廿等字殘葬磚　東漢(25～220)

0190　二年三月卅日、南征等字殘葬磚　東漢(25～220)

0191　二年三、新成完城旦等字殘葬磚(正、側)　東漢(25～220)

0192　二年四月、陽宛等字殘葬磚　東漢(25～220)

0193　□開葬磚　東漢(25～220)

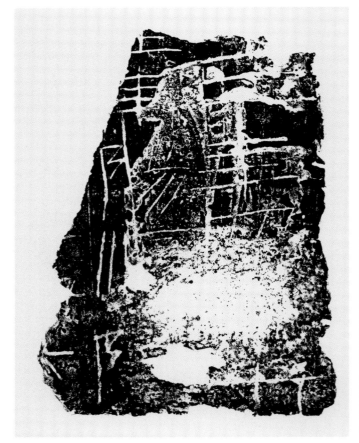

0194　三年四月十等字殘葬磚　東漢(25～220)

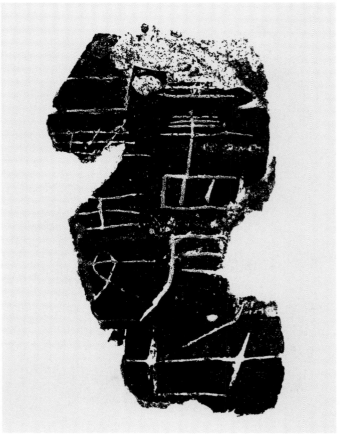

0195　三年四月廿日、無任汝南等字殘葬磚　東漢(25～220)

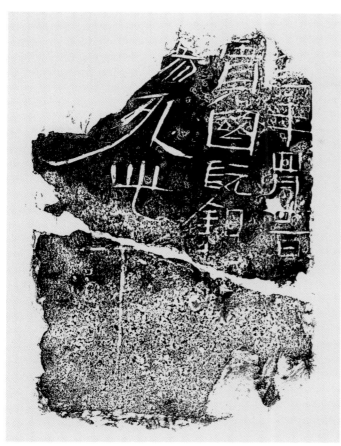

0196　口陽葬磚　東漢(25～220)

0197　三年四、無任等字殘葬磚　東漢(25～220)

0198　田口葬磚　東漢(25～220)

0199　張少葬磚　東漢(25～220)

0200　四年六月二日無等字殘葬磚　東漢(25～220)

0201　崔元葬磚(正、側)　東漢(25～220)

0202　口世葬磚　東漢(25～220)

0203　七年四月十一日等字殘葬磚　東漢(25～220)

0204　車少葬磚　東漢(25～220)

0205　二月、陽陳等字殘葬磚　東漢(25～220)

0206　三月十、南陽葉髡等字殘葬磚　東漢(25～220)

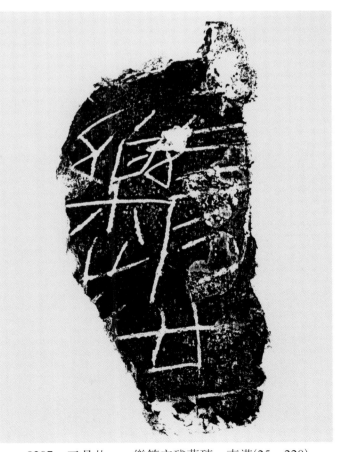

0207　三月廿一、樂等字殘葬磚　東漢(25～220)

0208　四月十等字殘葬磚　東漢(25～220)

0209　四月十、樂城等字殘葬磚　東漢(25～220)

0210　六月十四日等字殘葬磚(正、側)　東漢(25～220)

0211　六月廿日、郡口髡鉗等字殘葬磚　東漢(25～220)

54

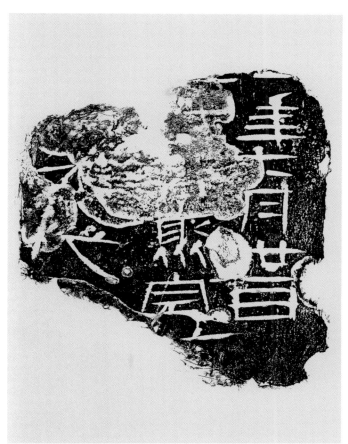

0212　六月廿一日、聚完等字殘葬磚　東漢(25～220)

0213　六月廿四日、陽髡鉗等字殘葬磚　東漢(25～220)

0214　六月廿九、雒陽完城旦殘葬磚　東漢(25～220)

0215　六月等字殘葬磚　東漢(25～220)

0216　七月廿七、陽完城旦等字殘葬磚　東漢(25～220)

0217　八月廿六日、髡鉗等字殘葬磚　東漢(25～220)

0218　九月四日、平完城旦等字殘葬磚　東漢(25～220)

0219　九月殘葬磚　東漢(25～220)

0220　年九、陽宛等字殘葬磚　東漢(25～220)

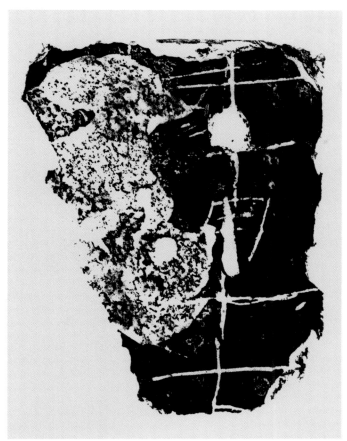

0221　十月十七等字殘葬磚　東漢(25～220)

0222　張永葬磚　東漢(25～220)

0223　十二月八日、髡鉗等字殘葬磚　東漢(25～220)

0224　十二月十八日等字殘葬磚　東漢(25～220)

0225 十二月廿、完城旦等字殘葬磚　東漢(25～220)

0226 高仲葬磚　東漢(25～220)

0227 十二月卅日、河內汲鬼新等字殘葬磚　東漢(25～220)

0228 閏月四日、濕陰等字殘葬磚　東漢(25～220)

0229　二日、酈髡等字殘葬磚　東漢(25～220)

0230　三日濟等字殘葬磚　東漢(25～220)

0231　六日、旦等字殘葬磚　東漢(25～220)

0232　六日貝等字殘葬磚　東漢(25～220)

0233　田幼葬磚　東漢(25～220)

0234　口文葬磚　東漢(25～220)

0236　十二日、鬼等字殘葬磚　東漢(25～220)

0235　月十、陽等字殘葬磚　東漢(25～220)

0237　張口葬磚　東漢(25～220)

0238　新野髡等字殘葬磚　東漢(25～220)

0239　十五日、完城旦等字殘葬磚　東漢(25～220)

0240　十五日等字殘葬磚　東漢(25～220)

0241　車弘葬磚(正、側)　東漢(25～220)

0242　陳敝葬磚　東漢(25～220)

0243　城旦在此四字殘葬磚　東漢(25～220)

0244　崔伯葬磚　東漢(25～220)

0245　戴字殘葬磚　東漢(25～220)

0246　口當葬磚　東漢(25～220)

0247　東阿、死三字殘葬磚　東漢(25～220)

0248　關元葬磚　東漢(25～220)

0249　和成等字殘葬磚　東漢(25～220)

0250　淮阻等字殘葬磚　東漢(25～220)

0251　後儀髡、死在此等字殘葬磚　東漢(25～220)

0252　黃字殘葬磚　東漢(25～220)

0253　江陵等字殘葬磚　東漢(25～220)

0254　將字殘葬磚　東漢(25～220)　　　　　　　0255　焦少等字殘葬磚　東漢(25～220)

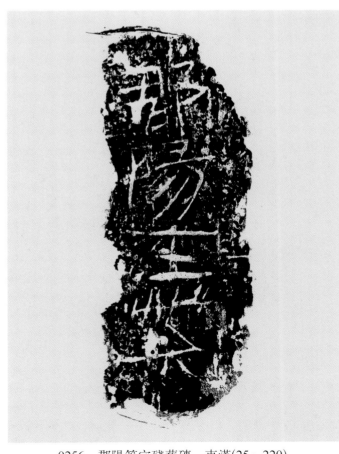

0256　郡陽等字殘葬磚　東漢(25～220)　　　　　　0257　郡字殘葬磚　東漢(25～220)

0258　髡鉗、此下等字殘葬磚　東漢(25～220)

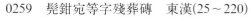

0259　髡鉗宛等字殘葬磚　東漢(25～220)

0260　口郎葬磚　東漢(25～220)

0261　老無等字葬磚　東漢(25～220)

0262　李代葬磚　東漢(25～220)

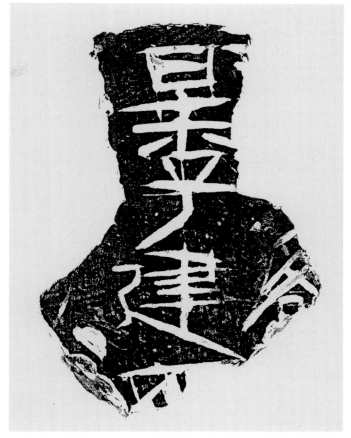

0263　李建葬磚　東漢(25～220)

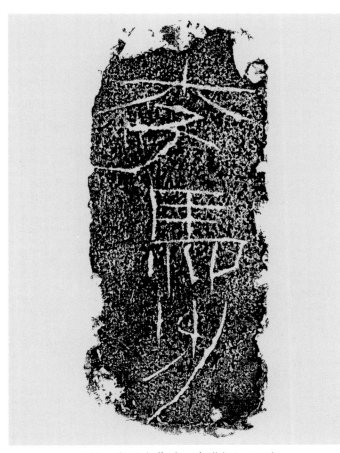

0264　李馬少葬磚　東漢(25～220)

0265　李鄭少葬磚　東漢(25～220)

0266　臨沮、死在此下等字殘葬磚　東漢(25～220)

0267　馬保葬磚　東漢(25～220)

0268　馬富葬磚　東漢(25～220)

0269　馬孫葬磚　東漢(25～220)

0270　毛始葬磚　東漢(25～220)

0271　蒙惠葬磚　東漢(25～220)

0272　南郡襄等字殘葬磚　東漢(25～220)

0273　南平陰髡等字殘葬磚　東漢(25～220)

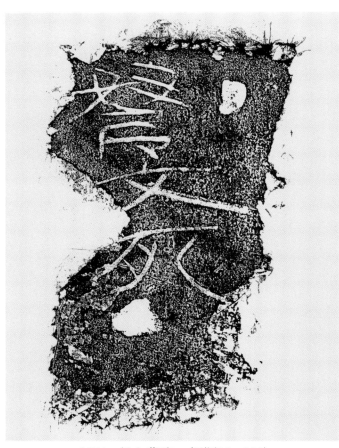

0274　弩文葬磚　東漢(25～220)

0275　囗平殘葬磚　東漢(25～220)

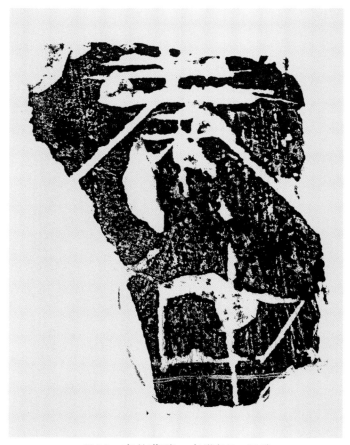

0276　秦仲葬磚　東漢(25～220)

0277　秦邻葬磚　東漢(25～220)

0278　日無兩字殘葬磚　東漢(25～220)

0279　日無兩字殘葬磚　東漢(25～220)

0280　日瀉、髡鉗等字殘葬磚　東漢(25～220)

0281　日豫、髡鉗等字殘葬磚　東漢(25～220)

0282　日左、髡鉗等字殘葬磚　東漢(25～220)

0283　口桑葬磚　東漢(25～220)

0284　口世葬磚　東漢(25～220)

0285　叔紆葬磚　東漢(25～220)

0286　司寇等字殘葬磚　東漢(25～220)

0287　司寇、此下等字殘葬磚　東漢(25～220)

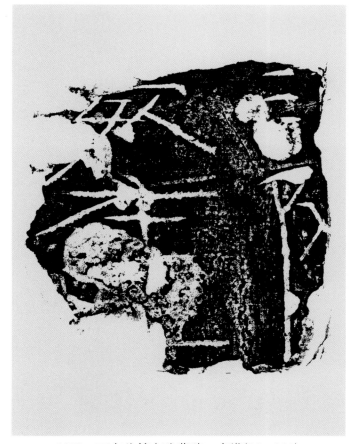

0288　死在此等字殘葬磚　東漢(25～220)

0289　死在此等字殘葬磚　東漢(25～220)

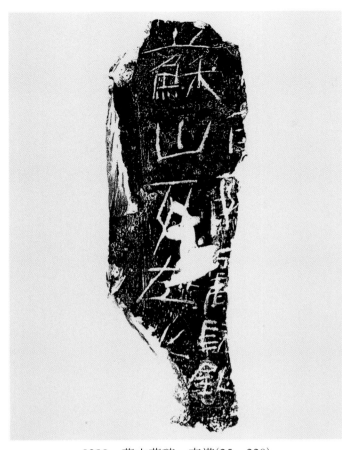

0290　蘇山葬磚　東漢(25～220)

0291　蘇松葬磚　東漢(25～220)

0292　孫字殘葬磚　東漢(25～220)

0293　孫成葬磚　東漢(25～220)

0294　孫客葬磚　東漢(25～220)

0295　瓦死兩字殘葬磚　東漢(25～220)

0296　宛完等字殘葬磚　東漢(25～220)

0297　宛威葬磚(正、側)　東漢(25～220)

0298　王富葬磚　東漢(25～220)

0299　王富葬磚　東漢(25～220)

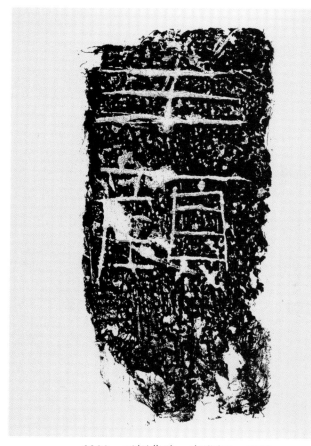

0300　王顔葬磚　東漢(25～220)

0301　王子等字殘葬磚　東漢(25～220)

0302　王字殘葬磚　東漢(25～220)

0303　口吳葬磚　東漢(25～220)

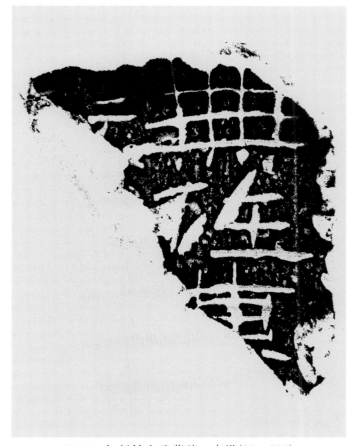

0304　無任等字殘葬磚　東漢(25～220)

0305　無、死在此等字殘葬磚　東漢(25～220)

0306　武陸、日物故死等字殘葬磚　東漢(25～220)

0307　謝浮兩字殘葬磚　東漢(25～220)

0308　徐萌葬磚　東漢(25～220)

0309　陽此下等字殘葬磚　東漢(25～220)

0310　陽完城、在此下等字殘葬磚　東漢(25～220)

0311　尹仲葬磚　東漢(25～220)

0312　永字殘葬磚　東漢(25～220)

0313　元東二字殘葬磚　東漢(25～220)

0314　袁萪葬磚　東漢(25～220)

0315　在此等字殘葬磚　東漢(25～220)

0316　張字殘葬磚　東漢(25～220)

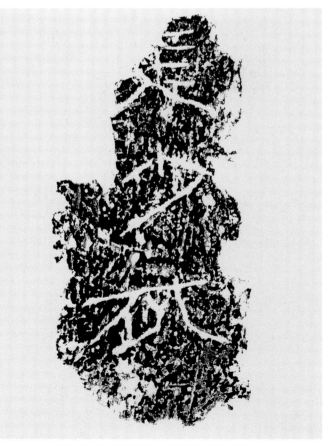

0317　張少葬磚　東漢(25～220)

0318　張少葬磚　東漢(25～220)

0319　張文葬磚　東漢(25～220)

0320　張武葬磚　東漢(25～220)

0321　張仲葬磚　東漢(25～220)

0322　張彤葬磚　東漢(25～220)

0323　張口兩字殘葬磚　東漢(25～220)

0324　張口葬磚　東漢(25～220)

0325　趙伯葬磚　東漢(25～220)

0326　趙從葬磚　東漢(25～220)

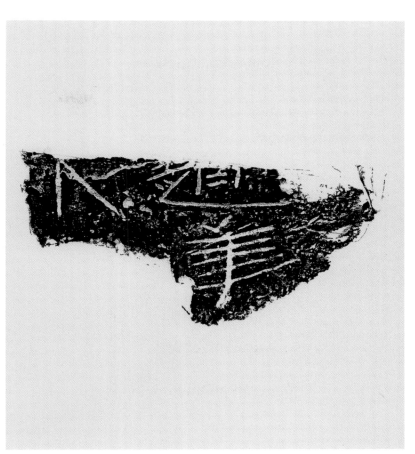

0327　趙年葬磚　東漢(25～220)

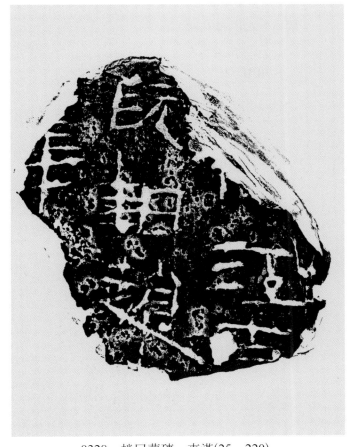

0328　趙口葬磚　東漢(25～220)

0329　鄭開葬磚　東漢(25～220)

0330　鄭少葬磚　東漢(25~220)

0331　鄭、死在此等字殘葬磚　東漢(25~220)

0332　子字殘葬磚　東漢(25~220)

0333　宗死兩字殘葬磚　東漢(25~220)

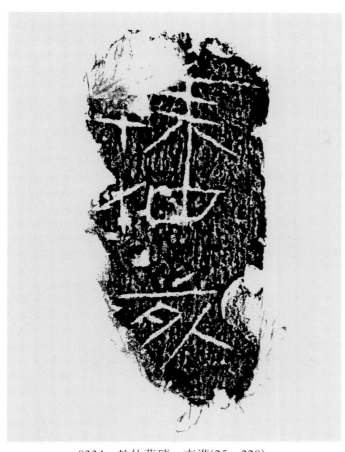

0334　榦仲葬磚　東漢(25～220)

0335　費免葬磚　東漢(25～220)

0336　張達葬磚　東漢(25～220)

0337　潘釘葬磚　東漢(25～220)

0338　趙孟葬磚　東漢(25～220)

0339　倉寄葬磚　東漢(25～220)

0340　戴雅葬磚　東漢(25～220)

0341　龔伯葬磚　東漢(25～220)

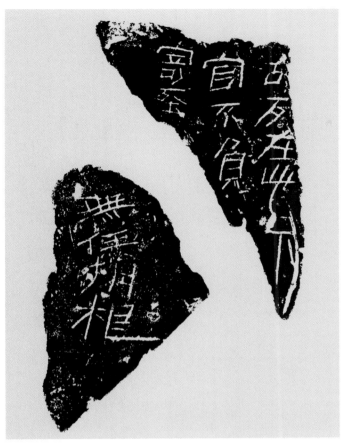

0342　捐根葬磚(正、背)　東漢(25～220)

0343　王苛葬磚　東漢(25～220)

0344　夏伯葬磚　東漢(25～220)

0345　趙仲葬磚　東漢(25～220)

0346 趙齋葬磚 東漢(25~220)

0347 任小等字殘葬磚 東漢(25~220)

0348 陳宗葬磚 東漢(25~220)

0349 李英葬磚 東漢(25~220)

0350　零陵營道口口代雷益葬磚　東漢(25～220)

0351　任珎葬磚　東漢(25～220)

0352　唐衆葬磚　東漢(25～220)

0353　熾叩頭死罪磚　東漢(25～220)

0354　爲曹侯作壁磚　東漢(25～220)

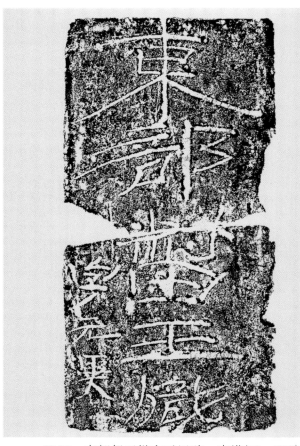

0355　東部督王熾字元異磚　東漢(25～220)

0356　別駕從事王左叩頭磚　東漢(25～220)

0357　留相焰等字磚　東漢(25～220)　　　　　　　　　0358　屬昨自語言等字磚　東漢(25～220)

0359　公門磚　東漢(25～220)

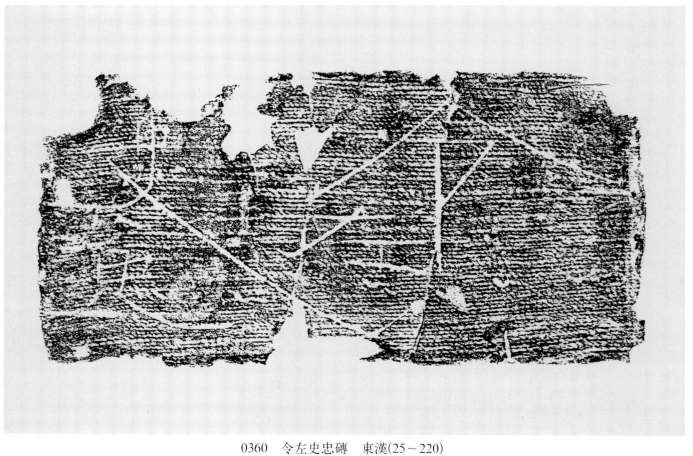

0360　令左史忠磚　東漢(25～220)

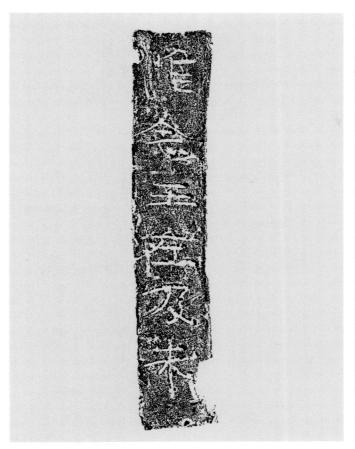

0361　唯念王左磚　東漢(25～220)

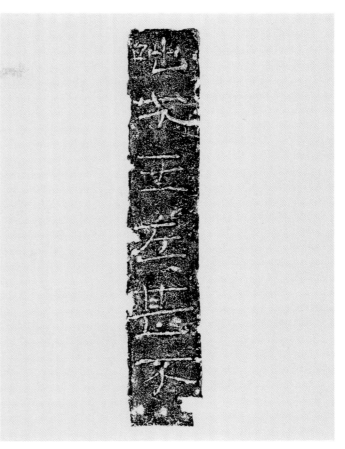

0362　咄戈王左磚　東漢(25～220)

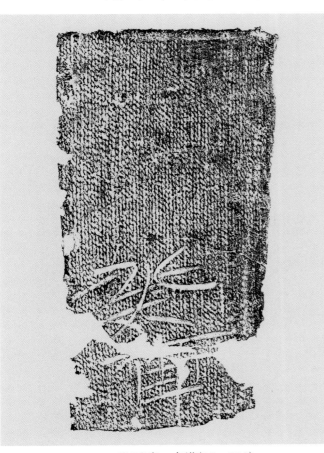

0363　癸酉磚　東漢(25～220)

0364　必忠磚　東漢(25～220)

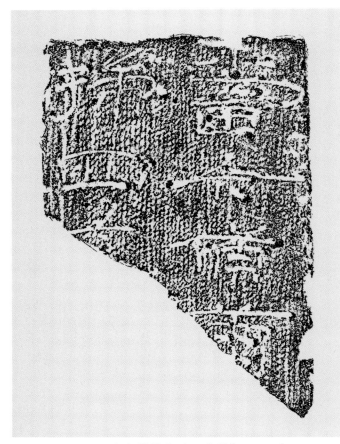

0365　當令備等字磚　東漢(25～220)

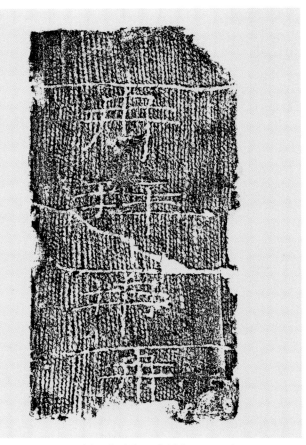

0366　再拜再再磚　東漢(25～220)

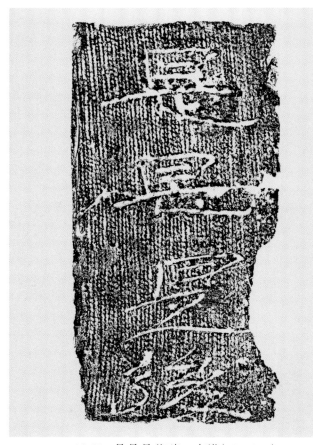

0367　是是是後磚　東漢(25～220)

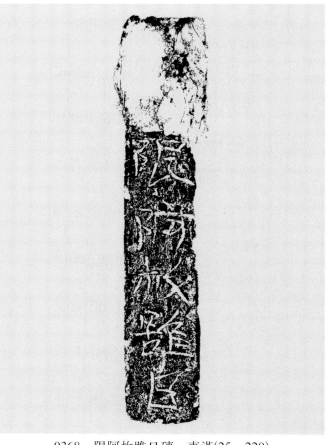

0368　限阿枚雖日磚　東漢(25～220)

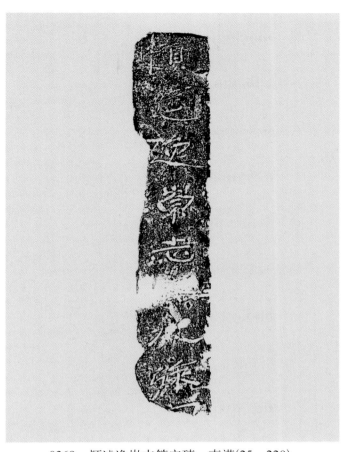

0369　穎遣逸崇志等字磚　東漢(25～220)

0370　作苦心丸磚　東漢(25～220)

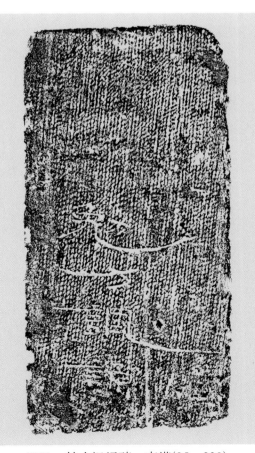

0371　勉力諷誦磚　東漢(25～220)

0372　頃不想思磚　東漢(25～220)

0373　大須自有磚　東漢(25～220)

0374　樓阿枚丸磚　東漢(25～220)

0375　使仁勤勮劇磚　東漢(25～220)

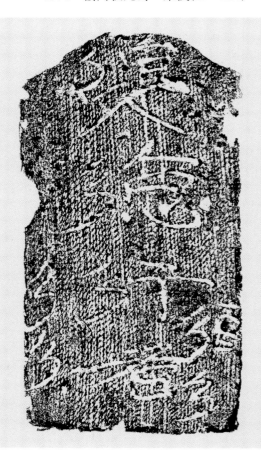

0376　復德行者磚　東漢(25～220)

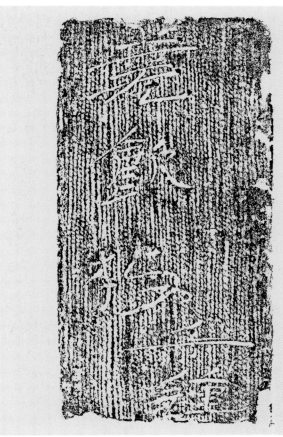

0377　堯飲枚千鍾磚　東漢(25～220)

0378　曰夙且休干等字磚　東漢(25～220)

0379　當起送無有朽磚　東漢(25～220)

0380　黃枒一枚磚　東漢(25～220)

0381　酸醶五升配酖磚　東漢(25～220)

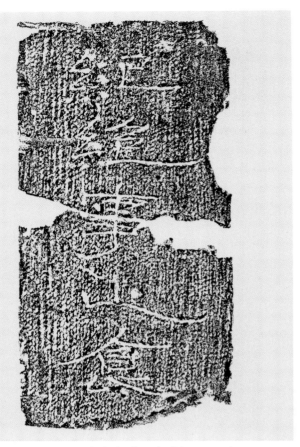

0382　紀絶事止食磚　東漢(25～220)

0383　自知久勿還磚　東漢(25～220)

0384　當若然等字磚　東漢(25～220)

0385　令曰組助路等字磚　東漢(25～220)

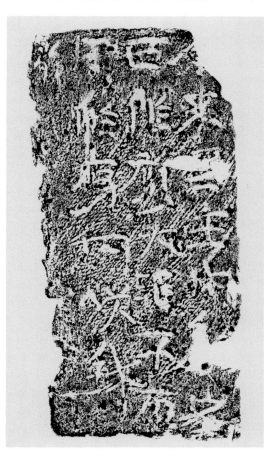

0387　今來至王成家等字磚　東漢(25～220)

0386　一日持書磚　東漢(25～220)

0389　亥子月磚　東漢(25～220)

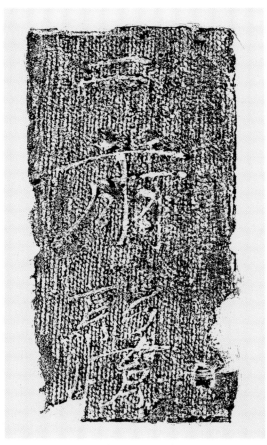

0388　置掾景興侍者等字磚　東漢(25～220)

0390　二齒躬育磚　東漢(25～220)

0391　得湯都磚　東漢(25～220)

0392　高光水郢磚　東漢(25～220)

0393　居張薩羊休磚　東漢(25～220)

0394　敬持枝磚　東漢(25～220)

0395　卒史儔磚　東漢(25～220)

0396　𡨄子磚　東漢(25～220)

0397　具口磚　東漢(25～220)

0398　如狭具木磚　東漢(25～220)

0399　敬君磚　東漢(25～220)

0400　孤子磚　東漢(25～220)

0401　沐疾磚　東漢(25～220)

0402　覃卿磚　東漢(25～220)

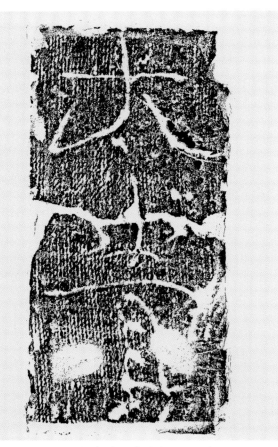

0403　大貴磚　東漢(25～220)

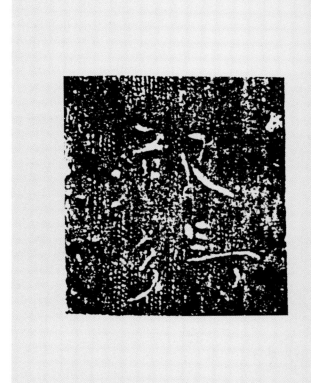

0404　欲得磚　東漢(25～220)

0405　異異磚　東漢(25～220)

0406　枚歹磚　東漢(25～220)

0407　發千支磚　東漢(25～220)

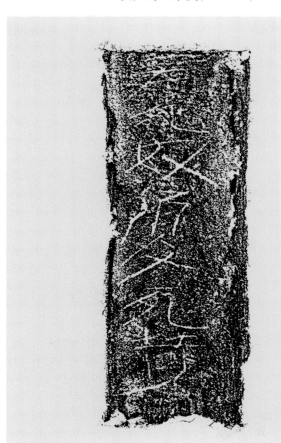

0408　王左死奴復死磚　東漢(25～220)

0409　繆嬰公侍磚　東漢(25～220)

0410　祭酒磚　東漢(25～220)

0411　吳敬高大土大夫磚　東漢(25～220)

0412　君侯磚　東漢(25～220)

0413　平倉磚　東漢(25～220)

0414　成壁但冤余磚　東漢(25～220)

0415　六月七日來磚　東漢(25～220)

0416　七月晦日良磚　東漢(25～220)

0417　七月九日下坯磚　東漢(25～220)

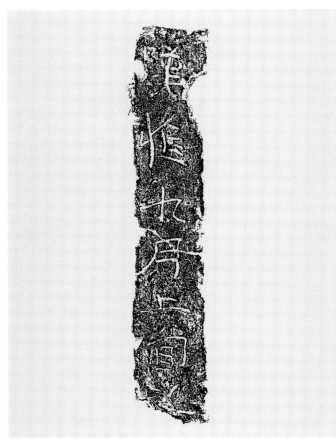

0418　嘆惟九月上旬磚　東漢(25～220)

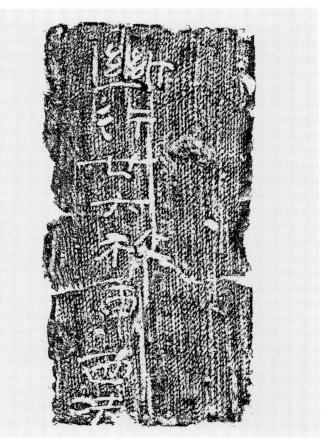

0419　斷行廿六枚磚　東漢(25～220)

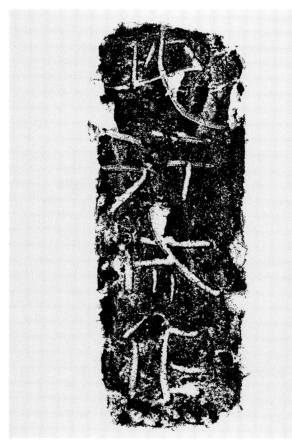

0420　此行成作磚　東漢(25～220)

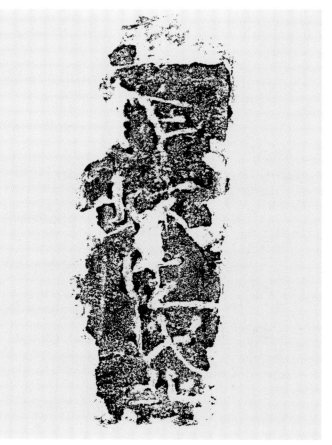

0421　作坯從此北磚　東漢(25～220)

0422　此上後日作磚　東漢(25～220)　　　0423　公丈作此磚　東漢(25～220)　　　0424　遷字磚　東漢(25～220)

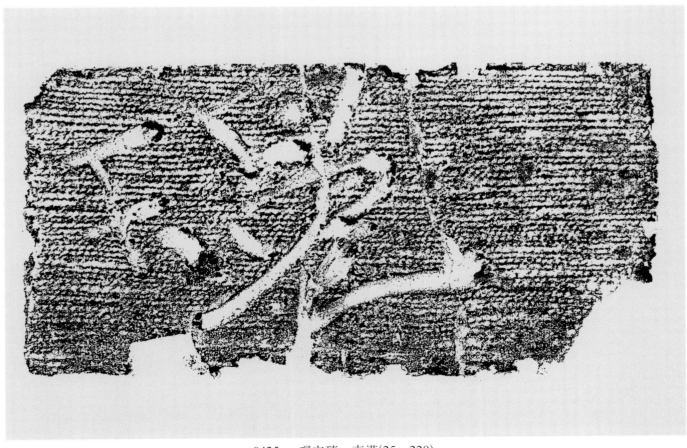

0425　瑰字磚　東漢(25～220)

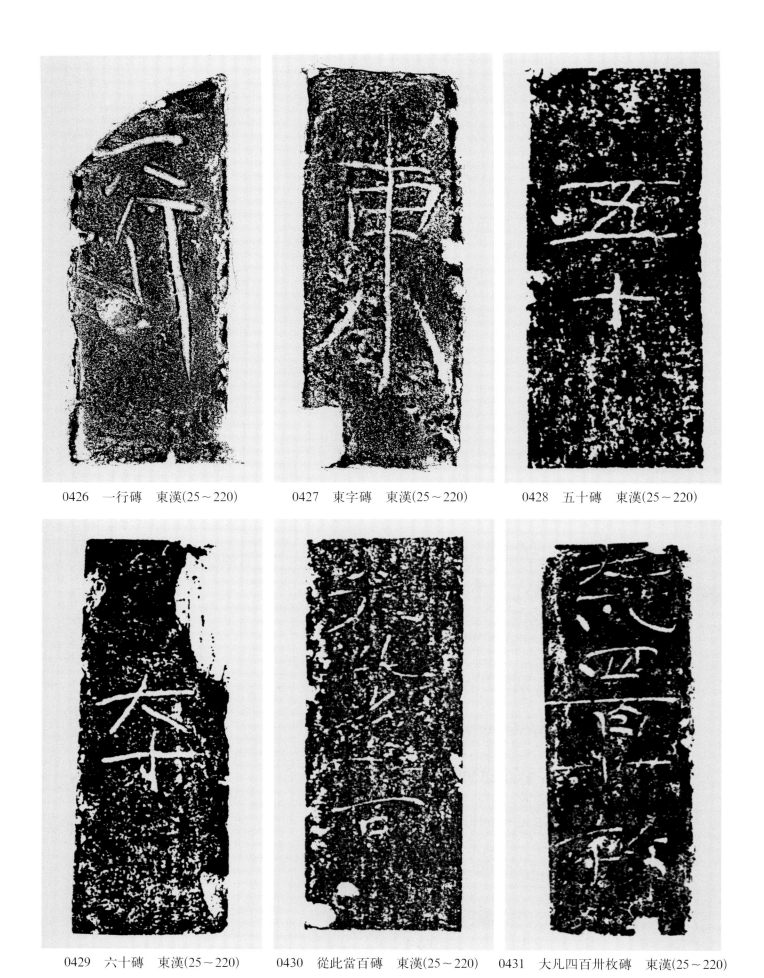

0426　一行磚　東漢(25～220)　　　0427　東字磚　東漢(25～220)　　　0428　五十磚　東漢(25～220)

0429　六十磚　東漢(25～220)　　　0430　從此當百磚　東漢(25～220)　　　0431　大凡四百卅枚磚　東漢(25～220)

0432　二千八百磚　東漢(25～220)　　　　0433　乙吾磚　東漢(25～220)

0434　會稽磚　東漢(25～220)　　　　　　0435　會稽曹君磚　東漢(25～220)

0436　會稽曹君喪軀磚　東漢(25～220)　　　　0437　會稽曹君天年不幸喪軀磚　東漢(25～220)

0438　念會稽府君磚　東漢(25～220)　　　　　0439　會稽明府棄早春秋磚　東漢(25～220)

0440　會各磚　東漢(25～220)

0441　稽留比、左君等字磚　東漢(25～220)

0442　曹騰字季興磚　東漢(25～220)

0443　故穎川、曹褒等字磚　東漢(25～220)

114

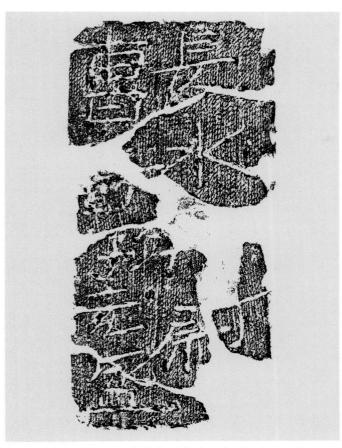

0444　長水校尉曹熾字元盛磚　東漢(25～220)

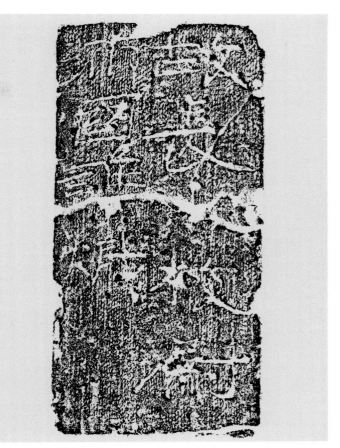

0445　故長水校尉沛國譙熾磚　東漢(25～220)

0446　爲漢所熾磚　東漢(25～220)

0447　河閒明府磚　東漢(25～220)

0448　吳郡太守曹鼎字景節磚　東漢(25～220)

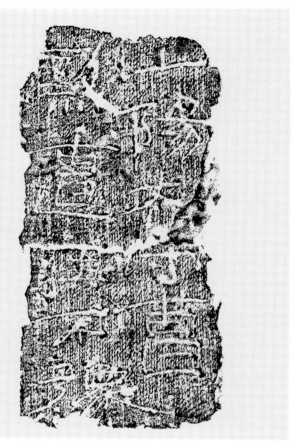

0449　山陽太守曹勳磚　東漢(25～220)

0450　曹呂磚　東漢(25～220)

0451　丁次豪致獨曹侯女孝磚　東漢(25～220)

0452　郡太守譙曹鸞磚　東漢(25～220)

0453　牛頭也曹君磚　東漢(25～220)

0454　譙功曹史曹湖磚　東漢(25～220)

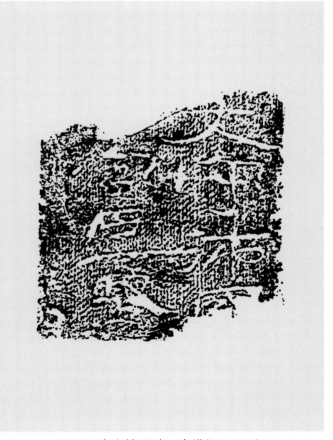

0455　太守沛國磚　東漢(25～220)

0456　沛相磚　東漢(25～220)

0457　沛相孟郁字敬達磚　東漢(25～220)

0458　譙令中山盧奴尉敦享敷磚　東漢(25～220)

0459　長安左丞歹治磚　東漢(25～220)

0460　夏侯君磚　東漢(25～220)

0461　吾本自平原磚　東漢(25～220)

0462　歲不得陼等字磚　東漢(25～220)

0463　頃不相見磚　東漢(25～220)

0465　不得自廢也磚　東漢(25～220)

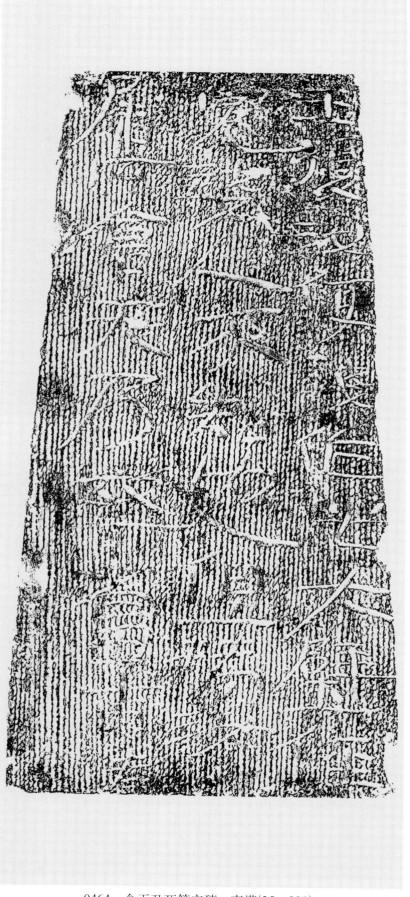

0464　倉天乃死等字磚　東漢(25～220)

0466　當奈何磚　東漢(25～220)

0468　沽酒各半各磚　東漢(25～220)

0467　掩辛間五内等字磚　東漢(25～220)

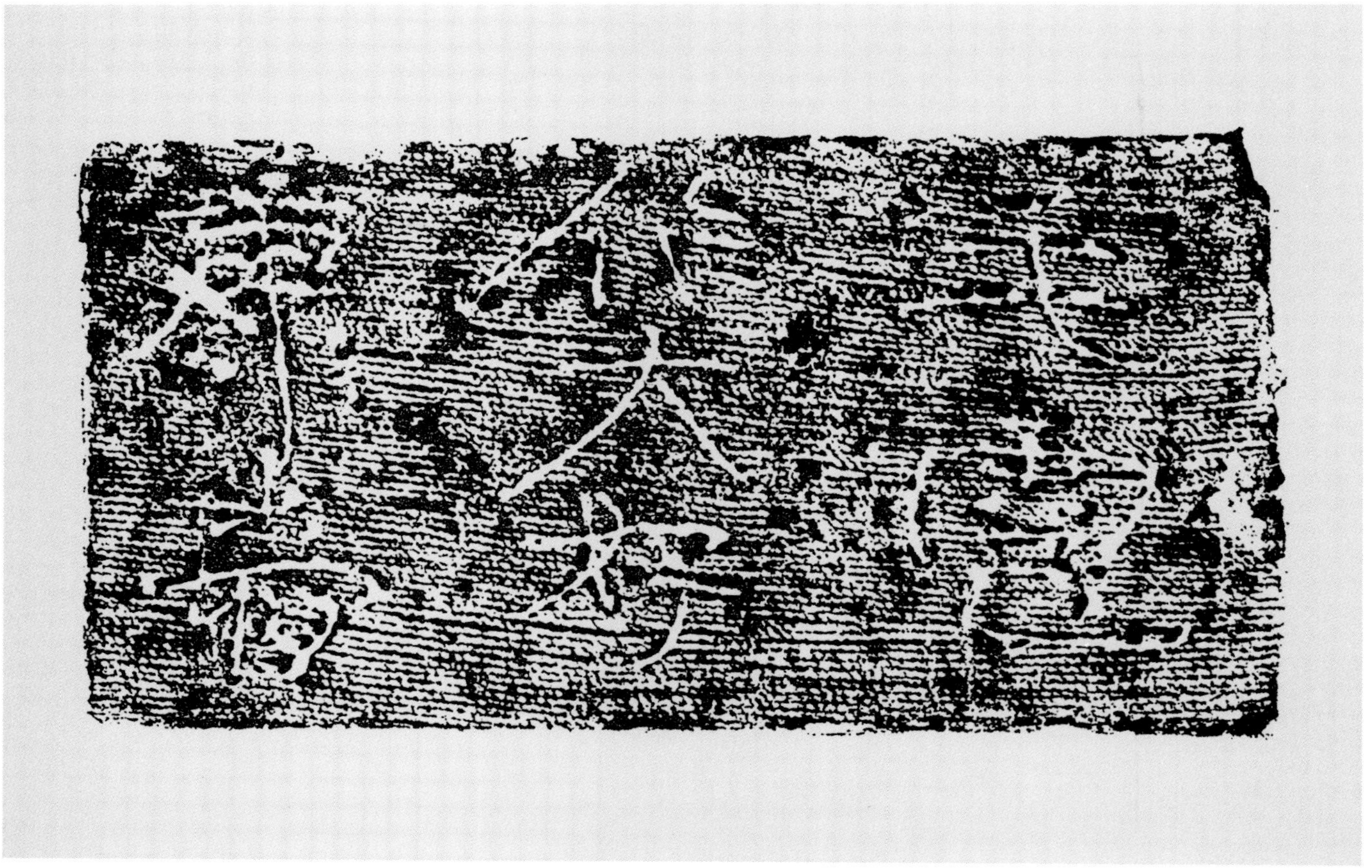

0469　毛雹作大好康當磚　東漢(25～220)

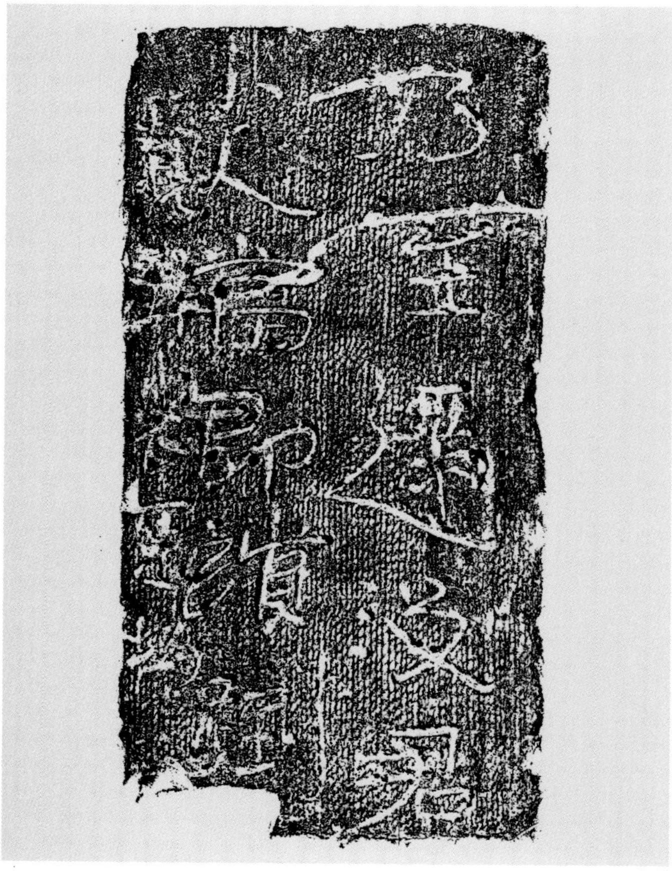

0470　親拜喪磚　東漢(25～220)

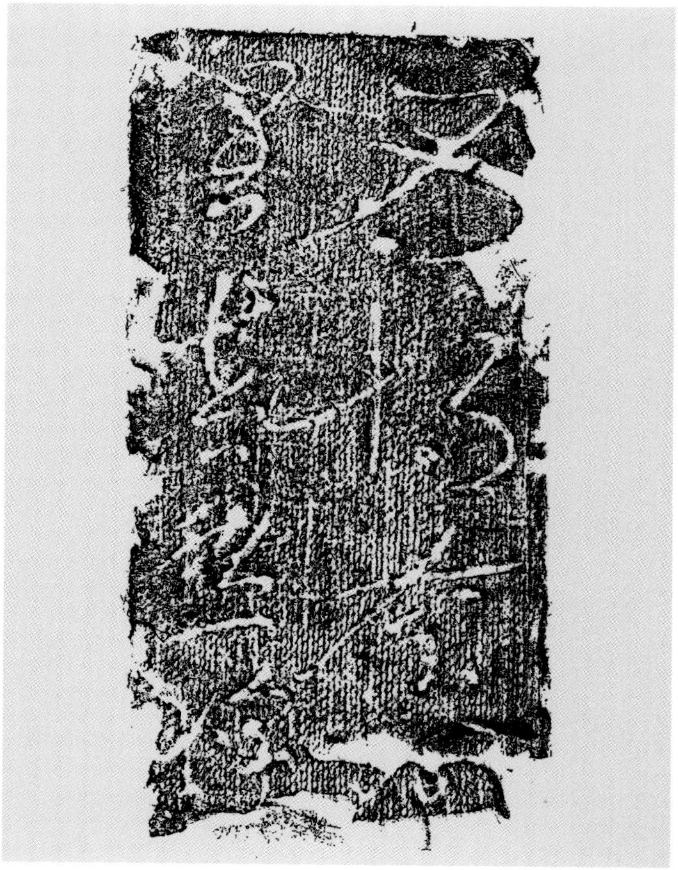

0471　爲將奈何磚　東漢(25～220)

0472　辰象爲保温潤磚　東漢(25～220)

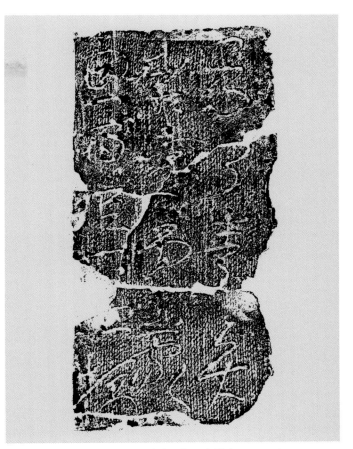

0473　爲蒙恩當報磚　東漢(25～220)

0474　月月磚　東漢(25～220)

0475　兒汝磚　東漢(25～220)

123

0476 倪郎磚 東漢(25～220)

0477 愁庰、揚汲等字磚 東漢(25～220)

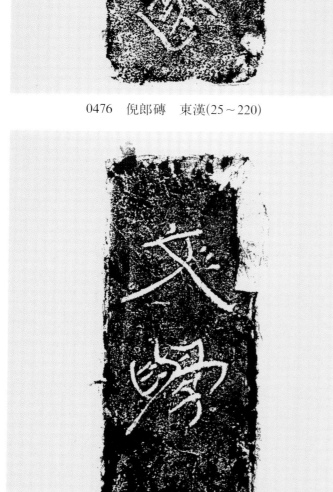

0478 文學磚 東漢(25～220)

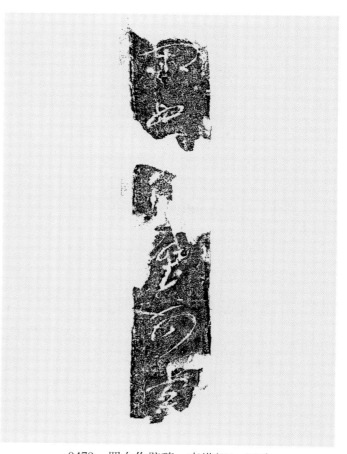

0479 買女作壁磚 東漢(25～220)

0480 壁不知口磚 東漢(25～220)

0481 當如此磚 東漢(25～220)

0482 乃字磚 東漢(25～220)

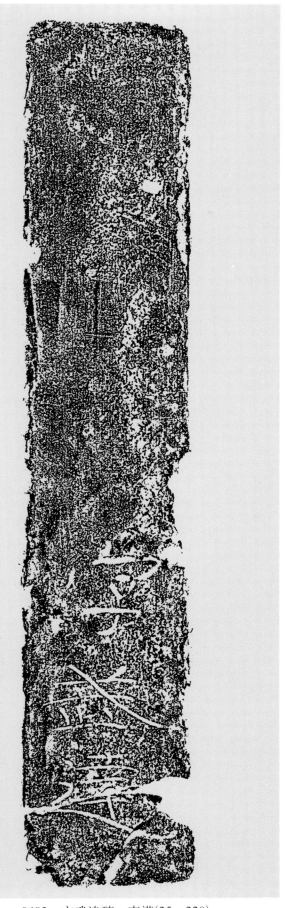

0483 字武達磚 東漢(25～220)

0484　陳元坦磚　東漢(25～220)

0485　陳瓖白磚　東漢(25～220)

0486　張寧磚　東漢(25～220)

0487　丁次豪磚　東漢(25～220)

0488　了忽焉磚　東漢(25～220)

0489　寫進遺遺緣磚　東漢(25～220)

0490　無想俱然之磚　東漢(25～220)

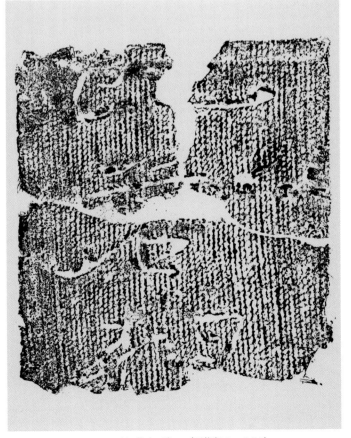

0491　比若相磚　東漢(25～220)

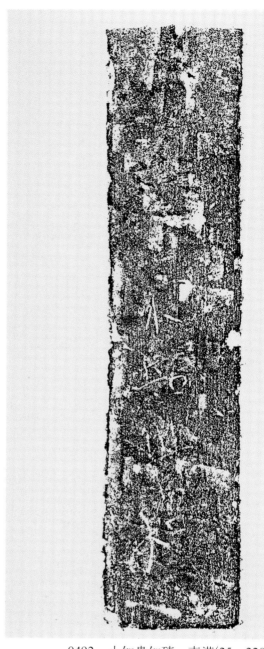

0492　小知貴知磚　東漢(25～220)

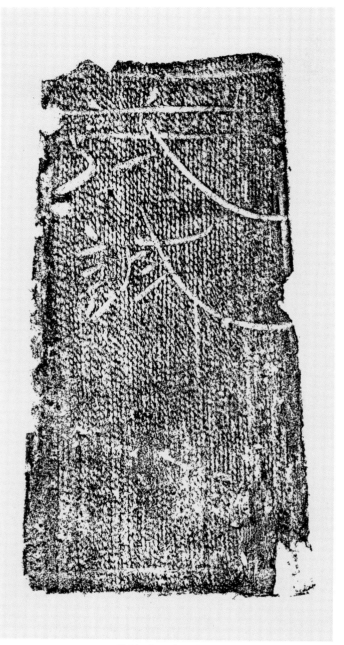

0493　茂誠磚　東漢(25～220)

0494　東西磚　東漢(25～220)

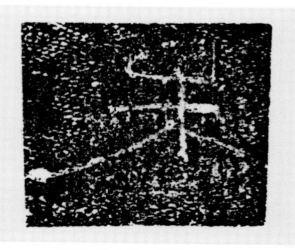

0495　朱字磚　東漢(25～220)

0496　日沮羌羌磚　東漢(25～220)

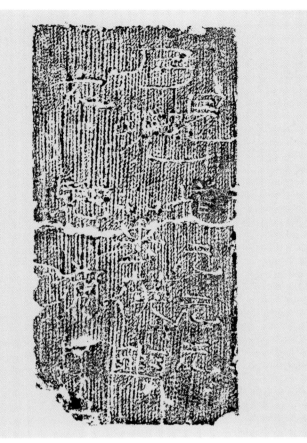

0497　見馗元元元等字磚　東漢(25～220)

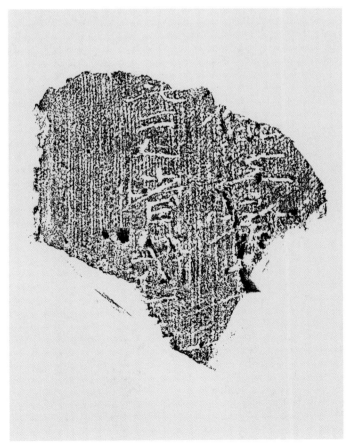

0498　此二人者等字磚　東漢(25～220)

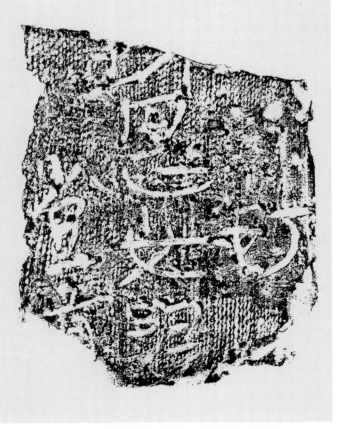

0499　恩文汩等字磚　東漢(25～220)

0500　争炎湯等字磚　東漢(25～220)

0501　有倭人等字磚　東漢(25～220)

0502　獨字磚　東漢(25～220)

130

0503　皆字磚　東漢(25～220)

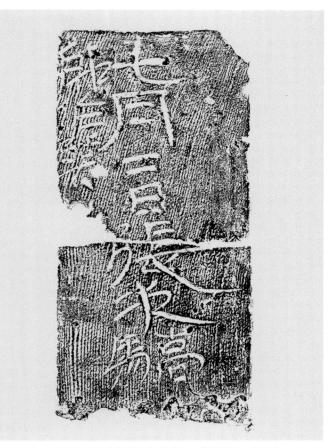

0504　真月其月磚　東漢(25～220)

0505　以五月十二日作磚　東漢(25～220)

0506　張次驕所作壁磚　東漢(25～220)

0507　黿可作磚　東漢(25～220)

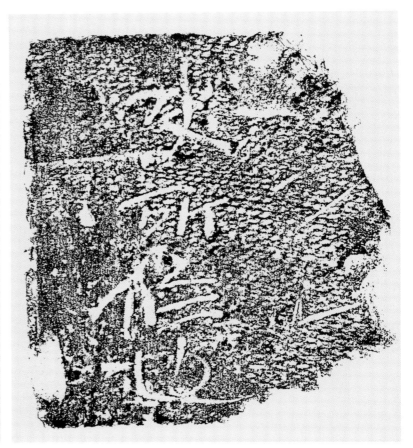

0508　史所作也磚　東漢(25～220)

0509　長百一十磚　東漢(25～220)

0510　六十磚　東漢(25～220)

0511　冊磚　東漢（25～220）　　　0512　五十磚　東漢(25～220)　　　0513　百字磚　東漢(25～220)

0514　百一十磚　東漢(25～220)　　　　　　　0515　四百廿磚　東漢(25～220)

0516 凡五百良磚 東漢(25～220)

0517 費亭侯曹忠字巨高磚 東漢(25～220)

0518 菅舉辟磚 東漢(25～220)

0519 費阿旦磚 東漢(25～220)

0520　口百等字磚　東漢(25～220)

0521　口兼等字磚　東漢(25～220)

0522　費口月十四日紀耳磚　東漢(25～220)

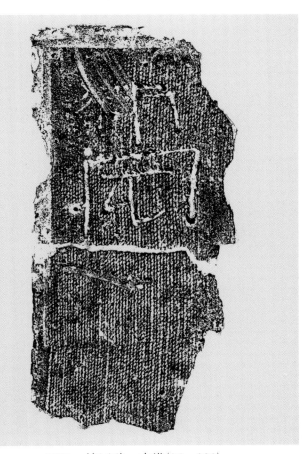

0523　沛冢磚　東漢(25～220)

0524　錢百等字磚　東漢(25～220)

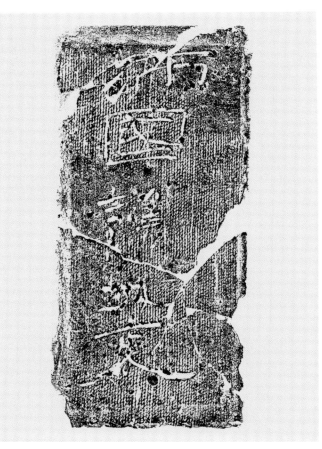

0525　沛國譙□□磚　東漢(25～220)

0526　次□等字磚　東漢(25～220)

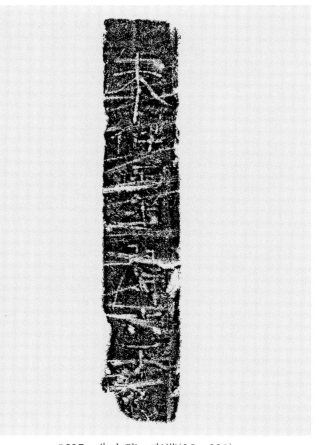

0527　朱字磚　東漢(25～220)

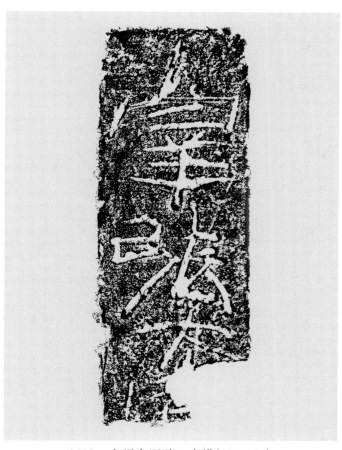

0528 宰張大口磚 東漢(25～220)

0529 芊更之等字磚 東漢(25～220)

0530 一百等字磚 東漢(25～220)

0531 多作此等字磚 東漢(25～220)

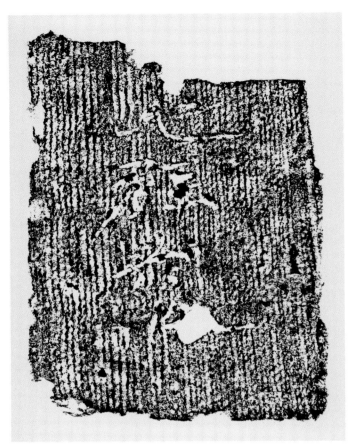

0532　此辟磚　東漢(25～220)

0533　七尺八寸磚　東漢(25～220)

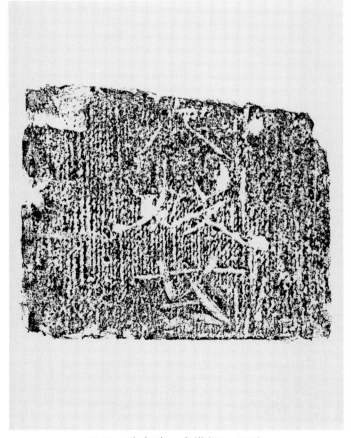

0534　殘字磚　東漢(25～220)

0535　此行調直磚　東漢(25～220)

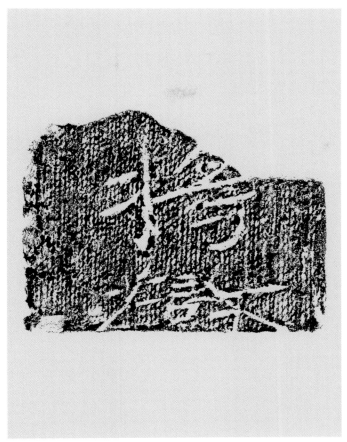

0536　將熾磚　東漢(25～220)

0537　左作磚　東漢(25～220)

0538　作牛頭此故大磚　東漢(25～220)

0539　牛頭壁磚　東漢(25～220)

0540　頃不相等字磚　東漢(25～220)

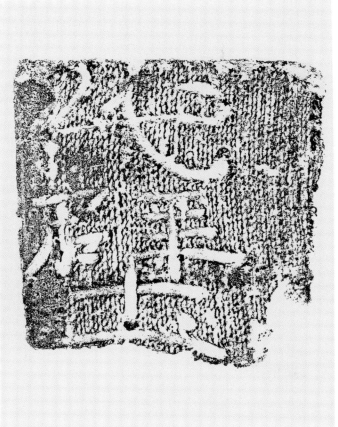

0541　代壁磚　東漢(25～220)

0542　王有興磚　東漢(25～220)

0543　至喪磚　東漢(25～220)

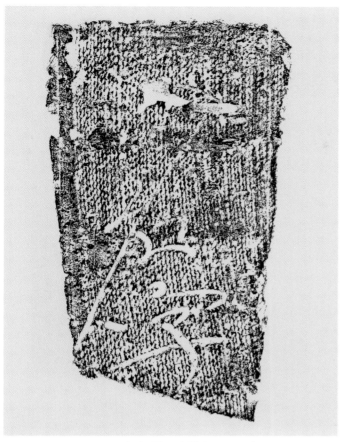

0544　名字磚　東漢(25～220)　　　　　　　　　0545　弟子磚　東漢(25～220)

0546　君侯家作磚　東漢(25～220)　　　　　　　0547　君叩頭磚　東漢(25～220)

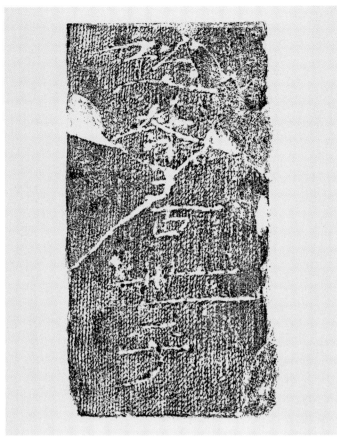

0548　愁奇居世乎磚　東漢(25～220)

0549　戴子石豪磚　東漢(25～220)

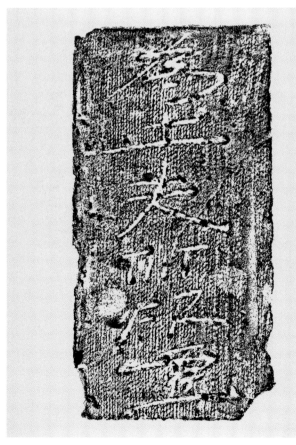

0550　爲上大夫作壁磚　東漢(25～220)

0551　九月七日作磚　東漢(25～220)

0552　大者磚　東漢(25～220)　　　　　　0553　豫州刺史曹水有陵朱謙磚　東漢(25～220)

0554　會稽磚　東漢(25～220)　　　　　　0555　爲字磚　東漢(25～220)

0556　郎中磚　東漢(25～220)

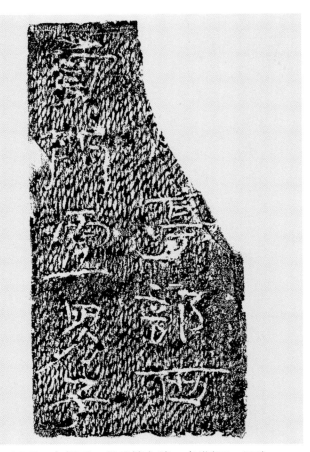

0557　亭部西、男子等字磚　東漢(25～220)

0558　草隸磚　東漢(25～220)

0559　男子王泉等字磚　東漢(25～220)

0560　王泉叩頭磚　東漢(25～220)

0562　家口口作壁等字磚　東漢(25～220)

0561　心倚者頃不相見磚　東漢(25～220)

0563　草隸磚　東漢(25～220)

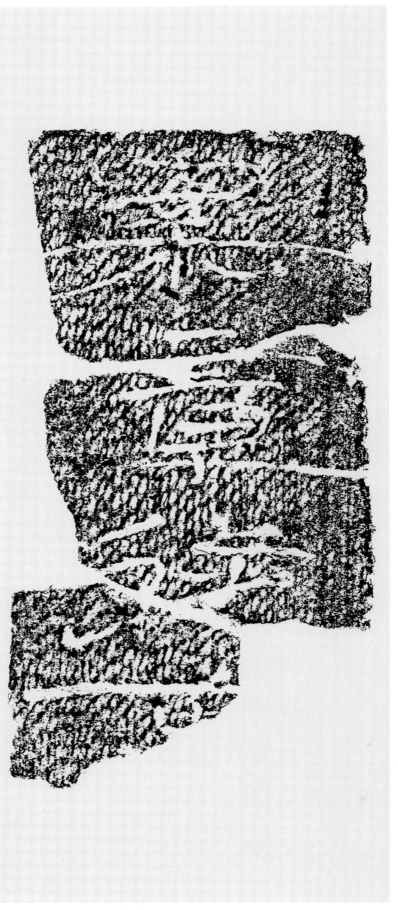

0565　譙口里南北七十三磚　東漢(25～220)　　　　0564　案章從一磚　東漢(25～220)

0566　再拜叩頭磚　東漢(25～220)

0567　易含五常何磚　東漢(25～220)

0568　譙令鄒口磚　東漢(25~220)

0569　八月廿四日磚　東漢(25~220)

0570　口貧等字磚　東漢(25~220)

0571　二山等字磚　東漢(25~220)

0572　譙在帚等字磚　東漢(25~220)

0573　自虞磚　東漢(25～220)

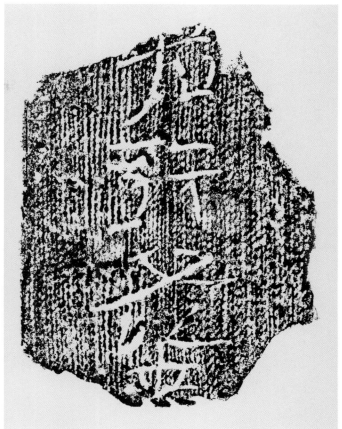

0574　右行磚　東漢(25～220)

0575　當口索磚　東漢(25～220)

0576　草隸磚　東漢(25～220)

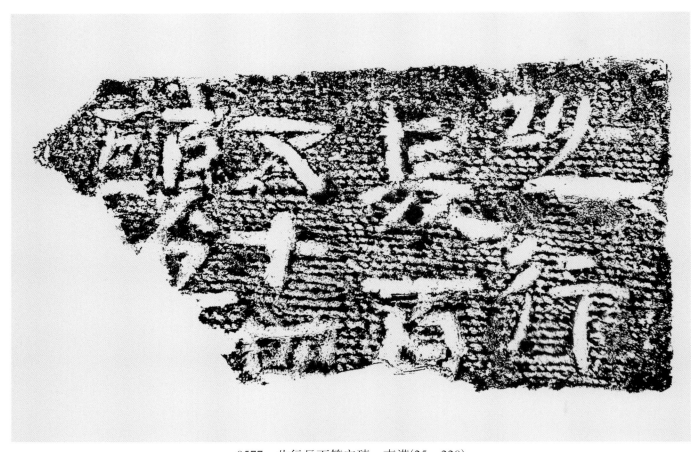

0577　此行長百等字磚　東漢(25～220)

0578　自謂還等字磚　東漢(25～220)

0579　四人具作磚　東漢(25～220)

0580　越騎校尉寵磚　東漢(25～220)

0581　漢子勞獨作磚　東漢(25～220)

0582　譙令磚　東漢(25～220)

0583　豫州從事史磚　東漢(25～220)

0584　周字磚　東漢(25～220)

0585　待事史磚　東漢(25～220)

0586　鳥口磚　東漢(25～220)

0587　七月三磚　東漢(25～220)

0588　一千磚　東漢(25～220)

0589　成臯磚　東漢(25～220)

0591　黄苗磚　東漢(25～220)

0590　番禺都亭長陳誦磚　東漢(25～220)

0592　番禺磚　東漢(25～220)

0593　郭用等字磚　東漢(25～220)

0594　書史誦磚　東漢(25～220)

0595　畫字磚　東漢(25～220)

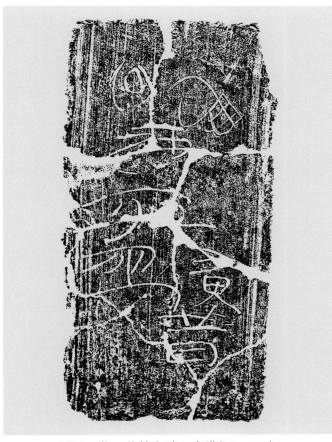

0596　黄、昔等字磚　東漢(25～220)

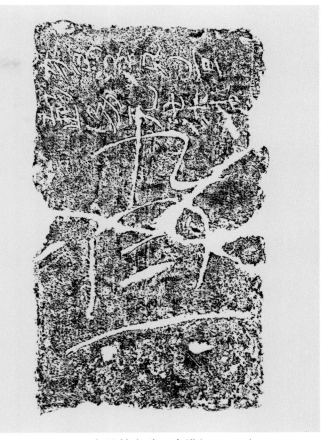

0597　九具等字磚　東漢(25～220)

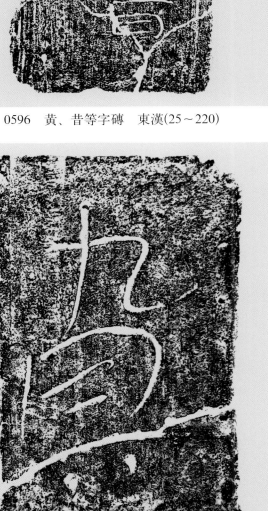

0598　九具磚　東漢(25～220)

0599　期會磚　東漢(25～220)

0600　九布磚　東漢(25～220)

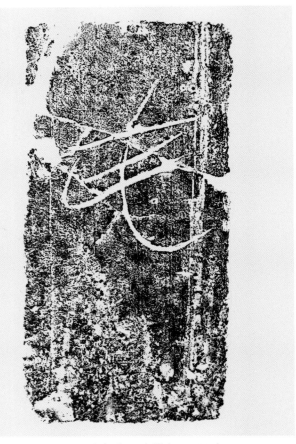

0601　氏字磚　東漢(25～220)

0602　丸字磚　東漢(25～220)

0603　物字磚　東漢(25～220)

0604　相見磚　東漢(25～220)

0605　用九具磚　東漢(25～220)

0606　載君行磚　東漢(25～220)

0607　子字磚　東漢(25～220)

0608　大吉昌宜磚　東漢(25～220)　　　　　　　　0609　九頭磚　東漢(25～220)

0610　九十三頭磚　東漢(25～220)　　　　　　　0611　萬頭六磚　東漢(25～220)

0612　萬五千磚　東漢(25～220)

0614　平頭磚　東漢(25～220)

0613　四萬五千頭磚　東漢(25～220)

0615　文平善磚　東漢(25〜220)

0616　文平日磚　東漢(25〜220)

0617　王乃磚　東漢(25〜220)

0618　十千磚　東漢(25〜220)

0619　九十磚　東漢(25～220)

0620　文平相磚　東漢(25～220)

0621　子口磚　東漢(25～220)

0622　口文磚　東漢(25～220)

0623　侍者磚　東漢(25～220)

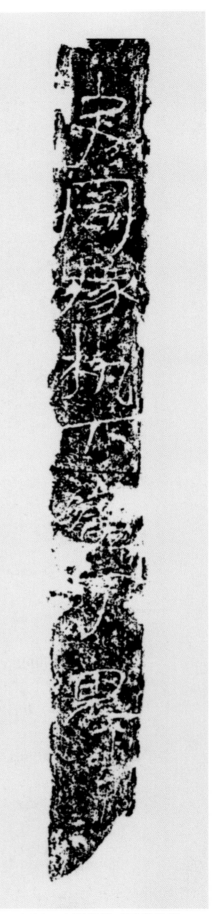

0625　九字磚　東漢(25～220)　　0626　六十四磚　東漢(25～220)　　0624　史周掾機下口萬界磚
東漢(25～220)

0627　五十磚　東漢(25～220)

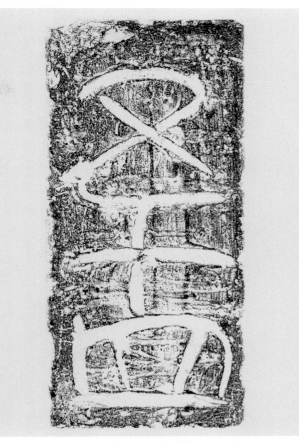

0628　五十四磚　東漢(25～220)

0629　七十二磚　東漢(25～220)

0630　九十八磚　東漢(25～220)

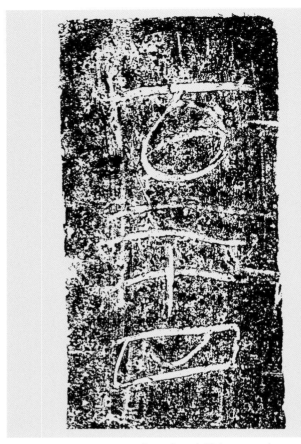

0631　百二十四磚　東漢(25～220)

0632　侯口磚　東漢(25～220)

0633　二百磚　東漢(25～220)

0634　二百卅枚磚　東漢(25～220)

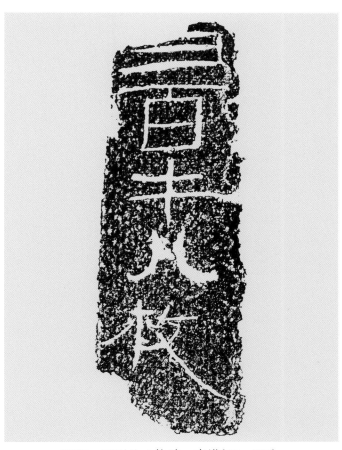

0635　三百廿八枚磚　東漢(25～220)

0636　三百六十八枚磚　東漢(25～220)

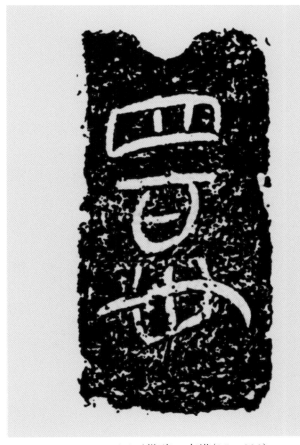

0637　四百卅磚　東漢(25～220)

0638　五百廿磚　東漢(25～220)

0639　六百七十磚　東漢(25～220)

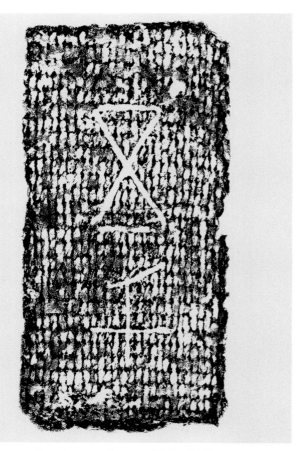

0640　五千磚　東漢(25～220)

0641　安憙丞劉磚　東漢(25～220)

0642　八月大吉磚　東漢(25～220)

0643　鮑朱囗墓銘磚　東漢(25～220)

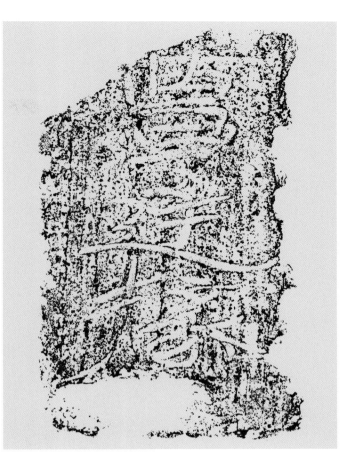

0644　曹廷掾磚　東漢(25～220)

0645　昌囗磚　東漢(25～220)

0646　好隗磚　東漢(25～220)

0647　乃敢自磚　東漢(25～220)

0648　師爲磚　東漢(25～220)

0649　乘字磚　東漢(25～220)

0650　貴人大壽磚　東漢(25～220)

0651　乘法口訣磚　東漢(25～220)

0652　次鳥大工磚　東漢(25～220)

0653　大百卅冶等字磚　東漢(25～220)

0654　大富磚(甲種)　東漢(25～220)

0655　大富磚(乙種)　東漢(25～220)

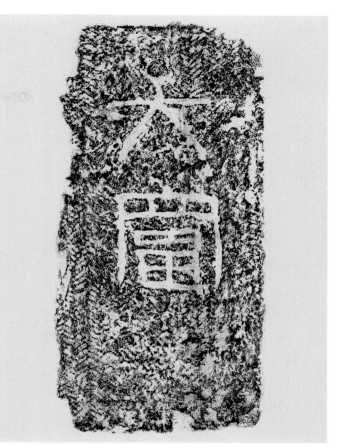

0656　大富磚(丙種)　東漢(25～220)　　　　　0657　大富磚(丁種)　東漢(25～220)

0658　大吉利磚　東漢(25～220)　　　　　0659　大吉利長生磚　東漢(25～220)

0660　大女史息婦墓記磚　東漢(25～220)

0661　弟子磚　東漢(25～220)

0662　弟子諸磚　東漢(25～220)

0663　丁賣磚　東漢(25～220)

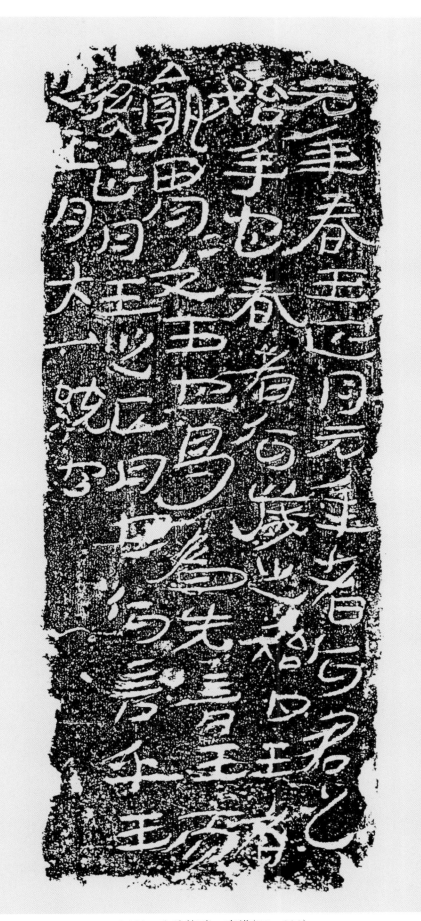

0664　公羊傳磚　東漢(25～220)

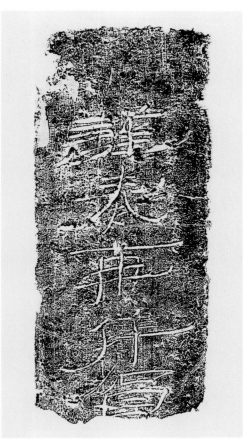

0665　謹奏再拜賀磚　東漢(25～220)

0666　鼓吹種多磚　東漢(25～220)

173

0667　韓朗口墓記磚　東漢(25～220)

0668　胡功曹墓記磚　東漢(25～220)

0669　犍爲武陽磚　東漢(25～220)

0670　黃法行孝女磚(第一種)　東漢(25～220)

0671 黃法行孝女磚(第二種) 東漢(25～220)

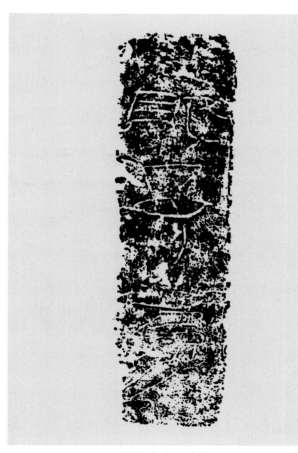

0673 賤子扁磚 東漢(25～220)

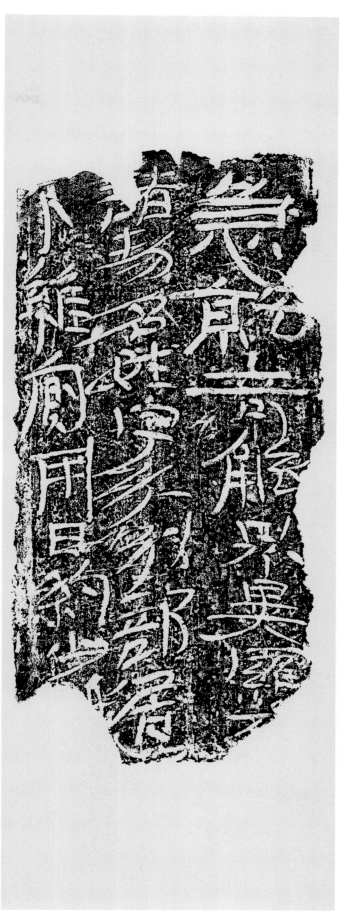

0672 急就章磚 東漢(25～220)

0674　錯得磚　東漢(25～220)

0675　叩頭曰磚　東漢(25～220)

0676　孔子磚　東漢(25～220)

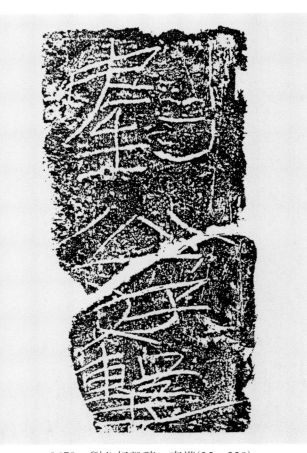

0678　劉公好墼磚　東漢(25～220)

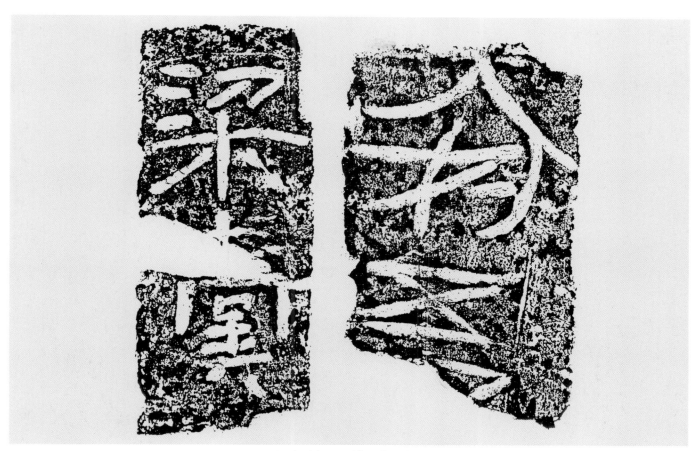

0677　梁虞磚(正、背)　東漢(25～220)

0679　劉十磚　東漢(25～220)

0680　口支磚　東漢(25～220)

0681　鹿鹿完口磚　東漢(25～220)

0682　强無婦但得女兒磚　東漢(25～220)

0683　任順叩頭磚　東漢(25～220)

0684　日入千萬磚　東漢(25～220)

0685　少王邵明等字祭文磚(正、側)　東漢(25～220)

0686　叔孫彥卿太凡作磚　東漢(25～220)

0687　萬歲磚　東漢(25～220)

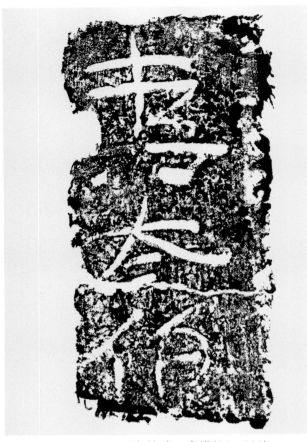

0688　王太伯磚　東漢(25～220)

0689　吳强工作磚　東漢(25～220)

0690　五曹治磚　東漢(25～220)

0691　毌丘歡洛磚　東漢(25～220)

0692　仙陽弟子字仁作磚　東漢(25～220)

0693　惠字磚　東漢(25～220)

0694　小兒父子磚　東漢(25～220)

0695　小子阿奴磚　東漢(25～220)

0696　衣石自愛磚　東漢(25～220)

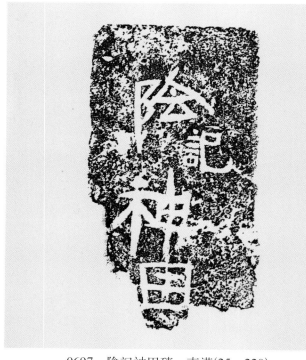

0697　陰記神田磚　東漢(25～220)

0698　尹尹二字磚　東漢(25～220)

0699　責容口磚　東漢(25～220)

0700　朱巖妻却墓記磚　東漢(25～220)

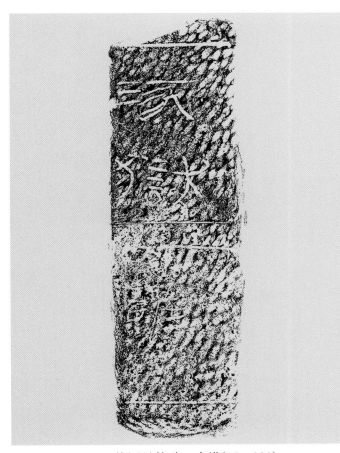

0701　雄涿獄範磚　東漢(25～220)

0702　雌鶩範磚　東漢(25～220)

0703　二年九月搖錢樹座　東漢(25～220)

0704　郭禿墓記磚　三國·魏黃初四年(223)

0705　陳王曹植陵磚(正、背、側)　三國·魏太和七年(233)

0706　宋異墓記磚　三國·魏青龍二年(234)

0707　陳禮墓記磚　三國·魏青龍二年(234)

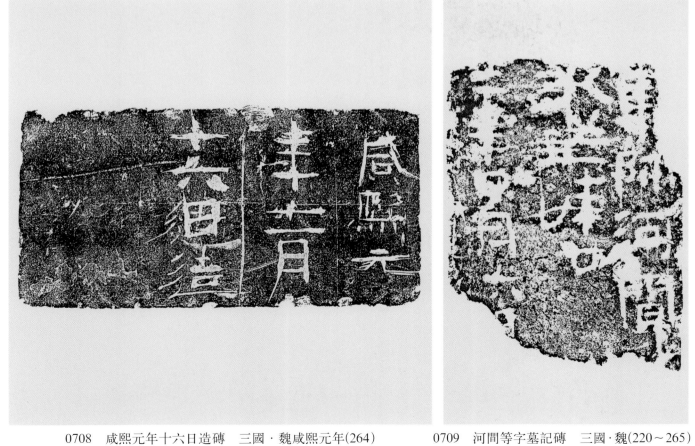

0708　咸熙元年十六日造磚　三國·魏咸熙元年(264)

0709　河間等字墓記磚　三國·魏(220～265)

0710　口昕墓記磚　三國·魏(220～265)

0711　口柱墓記磚　三國·魏(220～265)

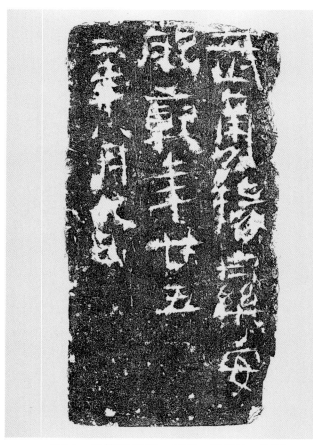

0712　肥範墓記磚　三國·魏(220～265)

0713　尹尚墓記磚　三國·魏(220～265)

0714　張興墓記磚　三國・魏（220～265）

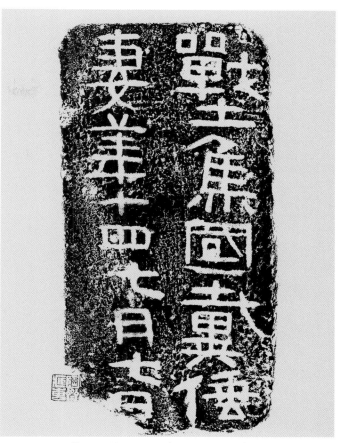

0715　戴倠妻姜氏墓記磚　三國・魏（220～265）

0716　邵巨墓記磚　三國・魏（220～265）

0717　上黨等字殘墓記磚　三國・魏（220～265）

0718 郝方墓記殘磚 三國·魏(220～265)

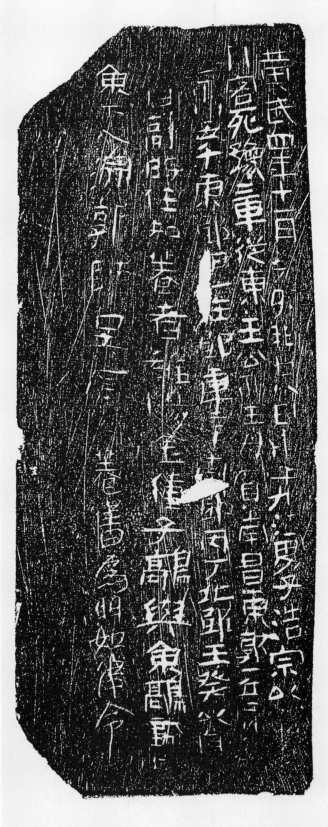

0719 五隋合三千七百等字磚(正、背) 三國·魏(220～265)　　0720 浩宗買地券磚 三國·吳黃武四年(225)

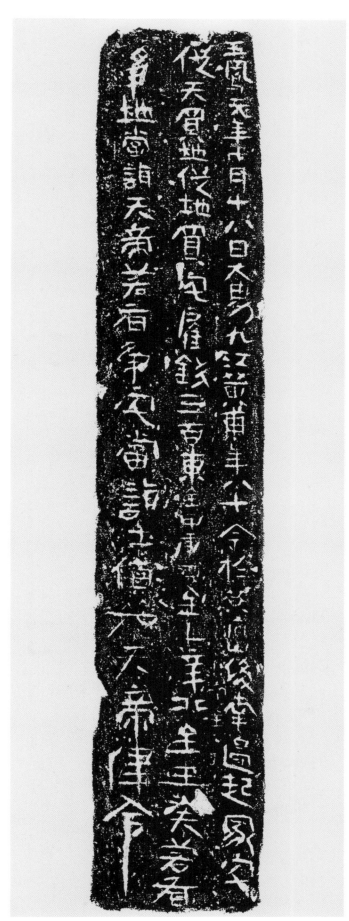

0721　黃甫買地券磚(第一種)　三國・吳五鳳元年(254)

0722　黃甫買地券磚(第二種)　三國・吳五鳳元年(254)

0723　潘億墓記磚(第一種，正、側)　三國・吳太平二年(257)

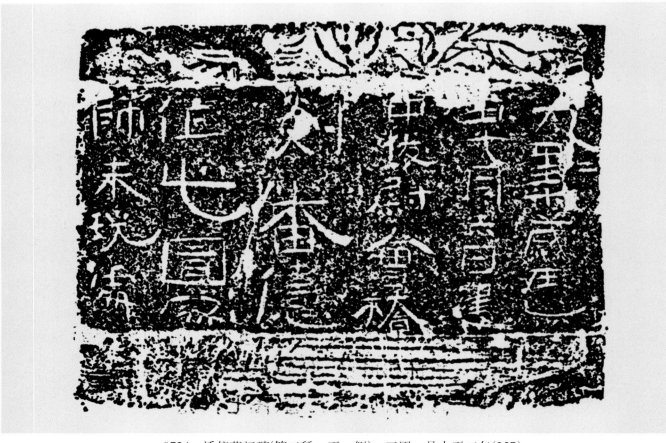

0724　潘億墓記磚(第二種，正、側)　三國・吳太平二年(257)

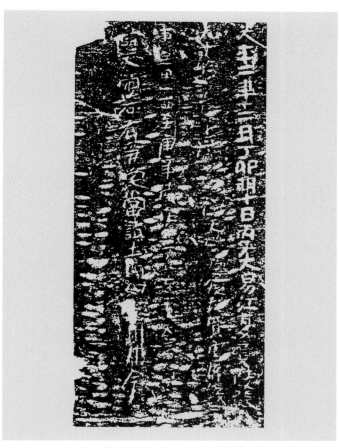

0725　太平二年買地券磚　三國·吳太平二年(257)

0726　陳重買地券磚　三國·吳永安二年(259)

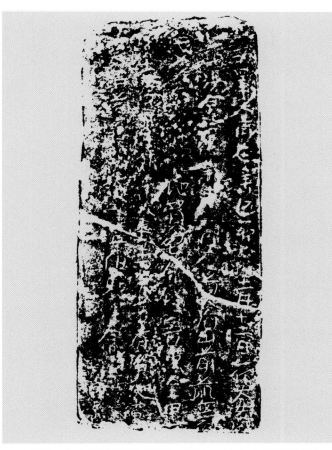

0727　永安四年買地券磚　三國·吳永安四年(261)

0728　張光墓記磚　西晉泰始元年(265)

0729　泰始七年夏四月作磚　西晉泰始七年(271)

0730　王泰墓記磚　西晉泰始七年(271)

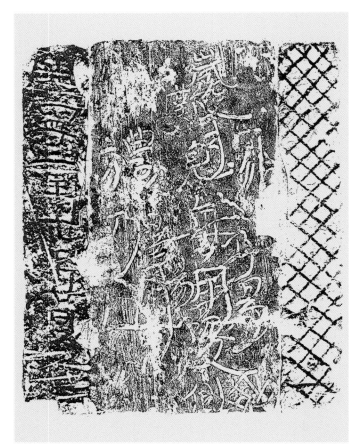

0731　歲嘆息等字磚(正、側)　西晉咸寧三年(277)

0732　此塼凡有三千二百等字磚　西晉咸寧三年(277)

0733　咸寧三年作磚　西晉咸寧三年(277)

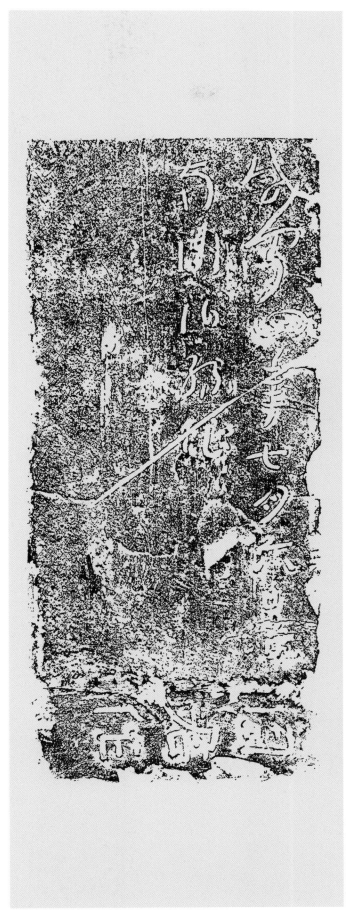

0734　周伯孫作磚(正、側)　西晉咸寧四年(278)　　　　0735　呂氏造磚　西晉咸寧四年(278)

0736　咸寧五年七月七磚　西晉咸寧五年(279)

0737　咸寧五年七月磚　西晉咸寧五年(279)

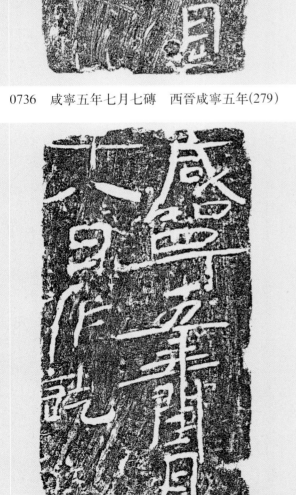

0738　咸寧五年閏月十八日作磚　西晉咸寧五年(279)

0739　郭市妻女墓記磚　西晉咸寧五年(279)

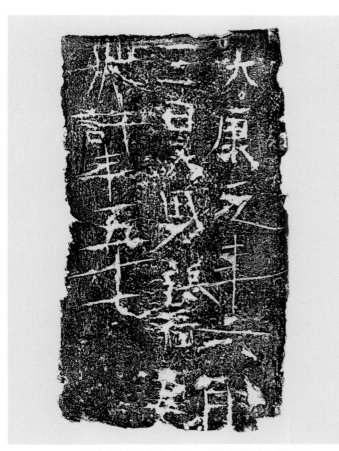

0740　張位妻□許墓記磚　西晉太康元年(280)

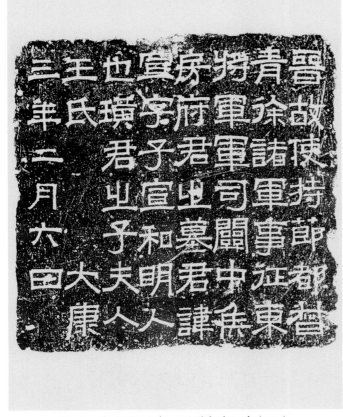

0741　房宣墓記磚　西晉太康三年(282)

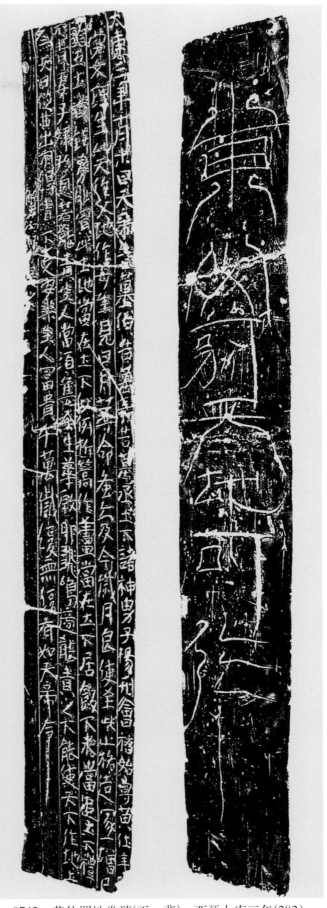

0742　黄仕買地券磚(正、背)　西晉太康三年(282)

惟晉太康三年冬十月我王皇
姚大妃王氏薨春三月協槻子
皇孝大常戴焦陵王孝慕受極
遂乃命有司致力于陵泣化營域永
夷邗功九朝遺使臨為國卿一
世

令二以統事旣冠其功大祉宣
流上寧先靈下陣福休子二孫
二夫地相侔

隴西國人造

0743　王大妃墓誌磚(正、背)　西晉太康四年(283)

0744　太康六年作磚　西晉太康六年(285)

0745　蘇華芝墓記磚(第一種，正、背)　西晉太康八年(287)

0746　蘇華芝墓記磚(第二種，正、背)　西晉太康八年(287)

0747　張儁妻劉氏墓記磚(第一種)
西晉太康九年(288)

0748　張儁妻劉氏墓記磚(第二種)　西晉[太康九年(288)]

0749　張儁妻劉氏墓記磚(第三種)　西晉[太康九年(288)]

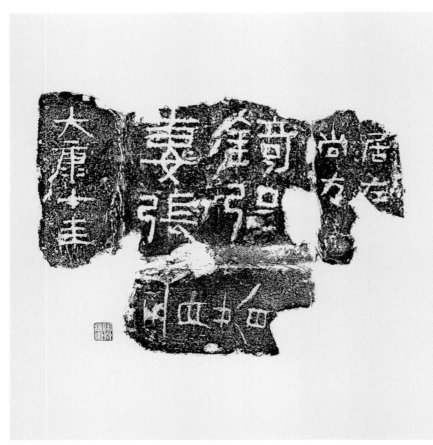

0750　錡強妻張氏墓記磚(正、側)　西晉太康十年(289)

0751　蔣之神柩磚　西晉元康元年(291)

0752　李泰墓記磚　西晉元康三年(293)

0753　樂生柩銘磚　西晉元康三年(293)

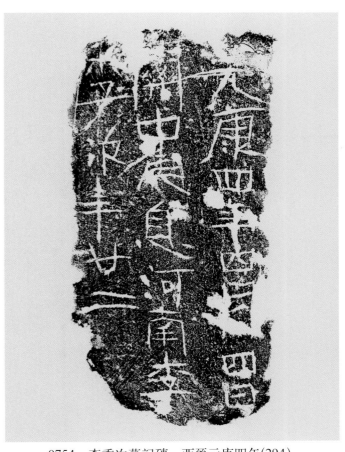

0754　李季次墓記磚　西晉元康四年(294)

0755　囗柳墓記磚(正、側)　西晉元康五年(295)

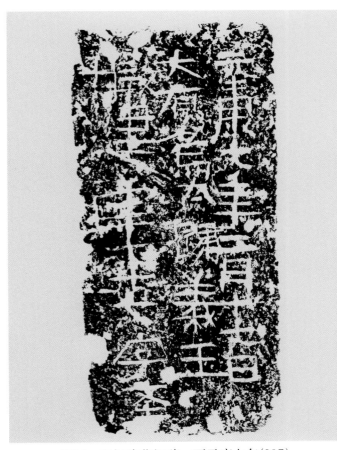

0756　王振建墓記磚　西元康七年(297)

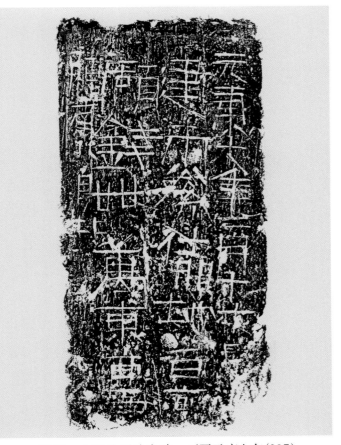

0757　公孫仕買地券磚　西晉元康七年(297)

0758　鄧元女墓記磚(正、側)　西晉元康七年(297)

0759　齊蒠妻陳氏墓記磚(第一種)　西晉元康七年(297)

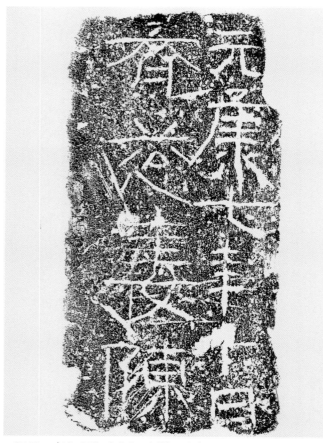

0760　齊蒠妻陳氏墓記磚(第二種)　西晉元康七年(297)

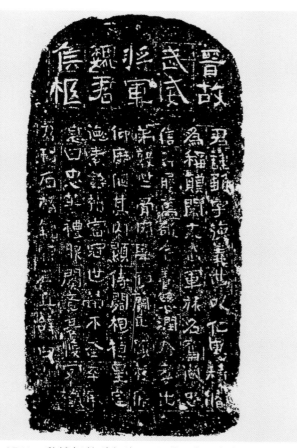

0761　魏雛柩銘磚(正)　西晉[元康八年(298)]

0761　魏雛柩銘磚(背)　西晉[元康八年(298)]

0762　張世陵磚　西晉元康八年(298)

0763　魏君妻張氏墓記磚　西晉元康九年(299)

0764　劉詢墓記磚　西晉元康九年(299)

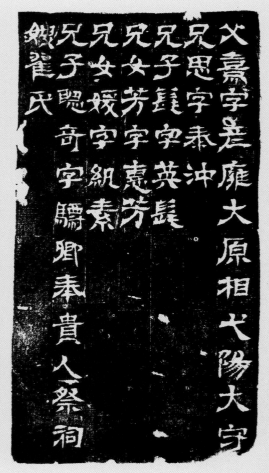

左棻字蘭芝齊國臨菑人
晉武帝貴人也永康元年
三月十八日薨四月廿五
日葬峻陽陵西徼道內

父嘉字差靡大原相弋陽大守
兄思字未沖
兄子髭字英長
兄女芳字惠芳
兄女媛字紀素
兄子愍奇字驥卿奉貴人祭祠
弟麗雀氏

0765　左棻墓記磚(正、背)　西晉永康元年(300)

0766　永康元年九月十八日造磚　西晉永康元年(300)

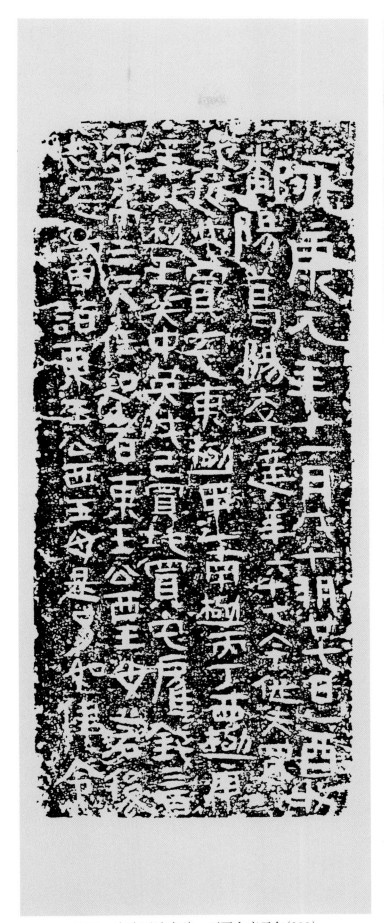

0767　李達買地券磚　西晉永康元年(300)

0768　黃宗息女來墓記磚　西晉永寧元年(301)

0769　李君墓記磚　西晉永寧元年(301)

0770　張嬰墓記磚　西晉大安三年(304)

0771　趙氏妻公孫倍喪柩磚　西晉永嘉二年(308)

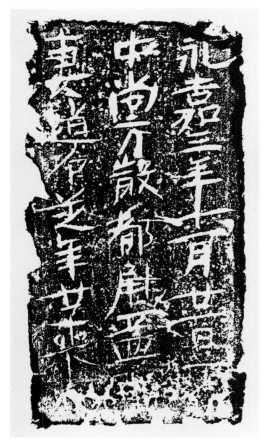

0772　孟□妻趙令芝墓記磚　西晉永嘉三年(309)

0773　石氏磚　西晉(265～316)

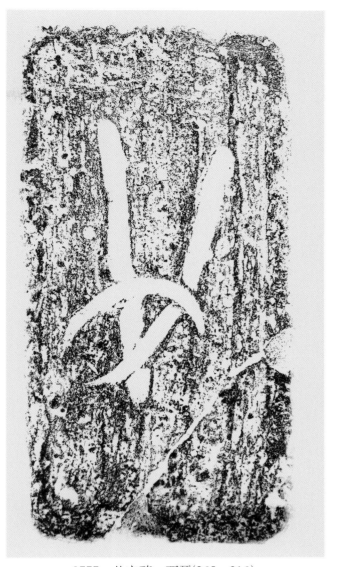

0774　君白木作磚
　　　西晉(265～316)

0775　馬計君磚
　　　西晉(265～316)

0777　廿字磚　西晉(265～316)

0776　呂府君夫人墓青龍畫像磚(正、側)　西晉(265～316)

205

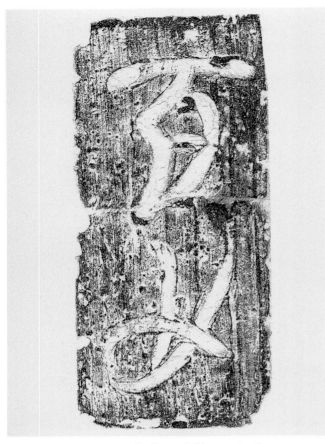

0778　百廿磚　西晉(265～316)

0779　獨良良磚　西晉(265～316)

0780　李進玄孫墓記磚　西晉(265～316)

0781　魯政妻許國暘墓記磚　西晉(265～316)

0782　孟敞墓記磚　西晉(265～316)

0783　王初墓記磚　西晉(265～316)

0784　貫泰柩銘磚　西晉(265～316)

0785　温嶠墓誌磚　東晉[咸和四年(329)]

0786　咸和六年墓記磚　東晉咸和六年(331)

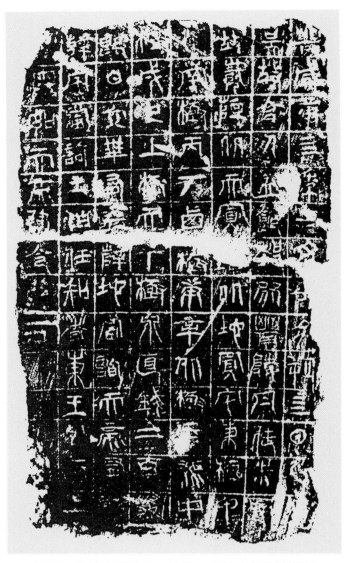

0787　朱曼妻薛氏買地券磚　東晉咸康四年(338)

0788　顏謙婦劉氏墓誌磚　東晉永和元年(345)

0789　永和十一年囗月十七日磚　東晉永和十一年(354)

0790　高崧妻謝氏墓誌磚　東晉永和十二年(356)

0791　王康之墓誌磚　東晉永和十二年(356)

0792　劉剋墓誌磚(第一種，正、背)　東晉升平元年(357)

0793　劉剋墓誌磚(第二種，正、背)　東晉升平元年(357)

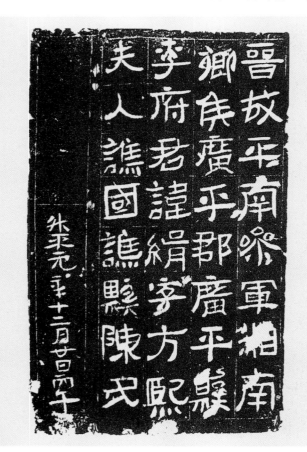

0794　李緝墓誌磚(正、側)　東晉升平元年(357)　　　0795　李纂妻武氏墓誌磚(正、側)　東晉升平元年(357)

210

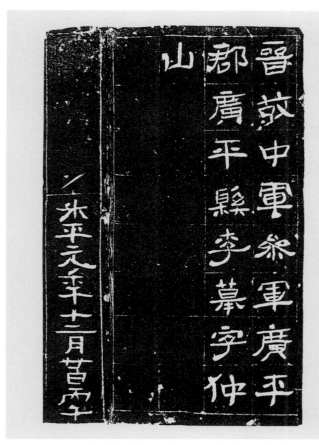

0796　李𦬬墓誌磚(正、側)　東晉升平元年(357)　　　　　0798　王丹虎墓誌磚　東晉升平三年(359)

0797　王閩之墓誌磚(正、背)　東晉升平二年(358)

0799　卞氏王夫人墓記磚　東晉太和元年(366)

0800　高崧墓誌磚　東晉太和元年(366)

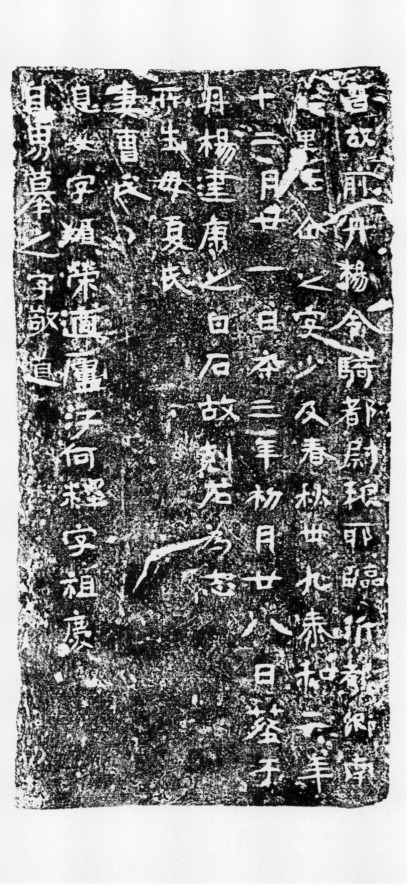

0801　王仚之墓誌磚　東晉太和三年(368)

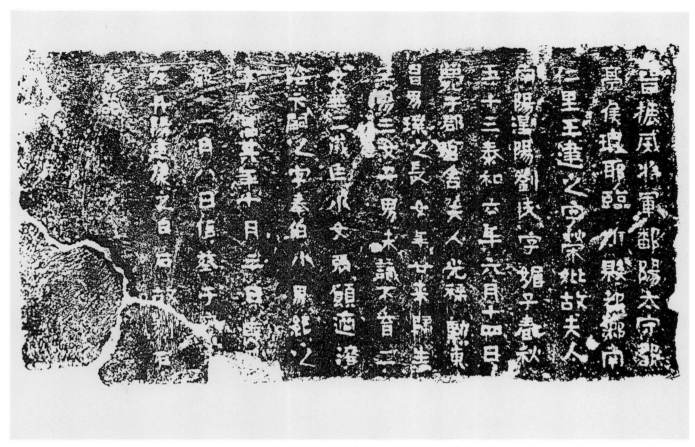

0802　王建之妻劉媚子墓誌磚　東晉太和六年(371)

0803　李纂墓誌磚　東晉寧康三年(375)

0804　孟府君墓誌磚(第一種)　東晉太元元年(376)

0805　孟府君墓誌磚(第二種)　東晉太元元年(376)

0806　孟府君墓誌磚(第三種)　東晉太元元年(376)

0807　孟府君墓誌磚(第四種)　東晉太元元年(376)

0808　孟府君墓誌磚(第五種)　東晉太元元年(376)

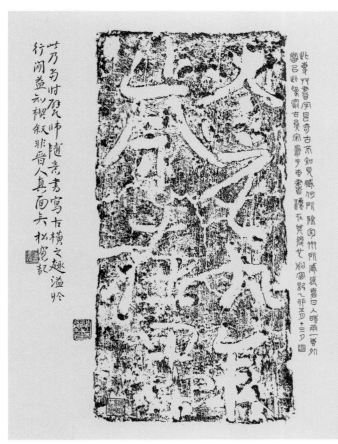

乃為時賀帥隨意書寫古橫之趣溢於行間益初視叙非晉人真面尖 松窗記

0809　太元九年磚　東晉太元九年(384)

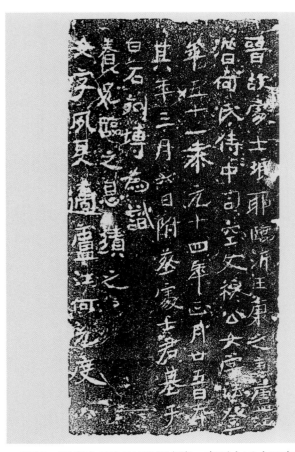

0810　王康之妻何法登墓誌磚　東晉太元十四年(389)

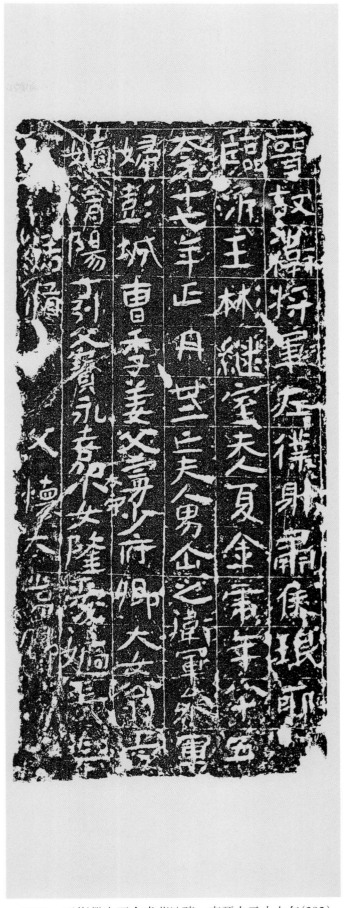

0811　王彬繼室夏金虎墓誌磚　東晉太元十七年(392)

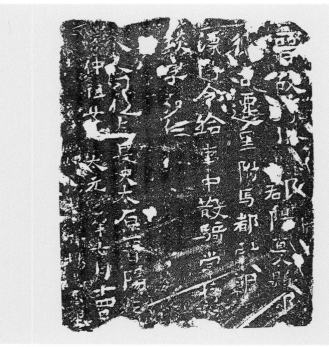

0812　謝琰墓誌磚　東晉太元二十一年(396)

0813　謝温墓誌磚　東晉義熙二年(406)

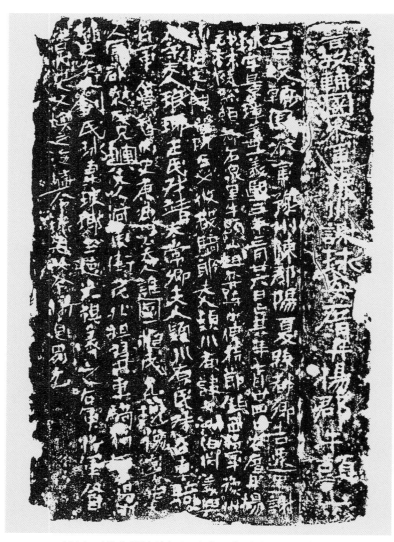

0814　謝球墓誌磚(正、側)　東晉義熙三年(407)

0815　謝球妻王德光墓誌磚　東晉義熙十二年(416)

0816　李纂妻何氏墓記磚　東晉(317～420)

0817　劉䫻妻徐氏墓記磚(第一種)　東晉(317～420)

0818　劉䫻妻徐氏墓記磚(第二種)　東晉(317～420)

0819　劉庚墓記磚(第一種)　東晉(317～420)

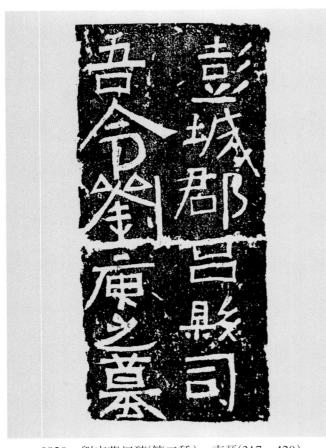

0820　劉庚墓記磚（第二種）　東晉（317～420）

0821　劉庚墓記磚（第三種）　東晉（317～420）

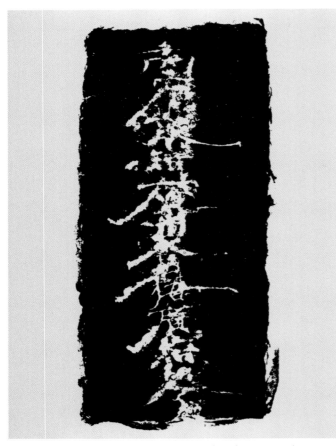

0822　廣州蒼梧廣信侯磚　東晉（317～420）

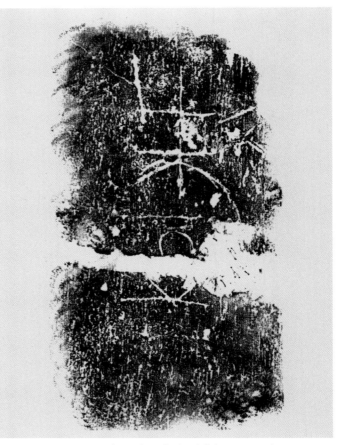

0823　未豆磚　當東晉時（317～420）

0825　徐司馬墓記磚　東晉(317～420)

0824　宋鴨子磚　東晉(317～420)

0826　謝氏墓記磚　東晉(317～420)

0827　甄君妻解夫人墓記磚(正、背)　東晉(317～420)

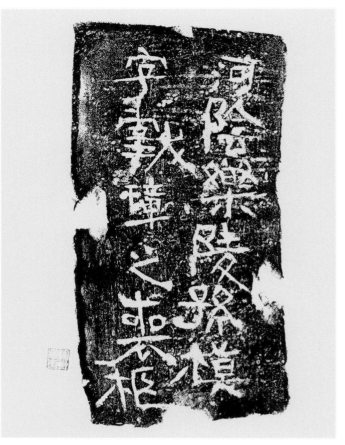

0828　孫模喪柩磚　晉(265～420)

0829　元二年殘磚　晉(265～420)

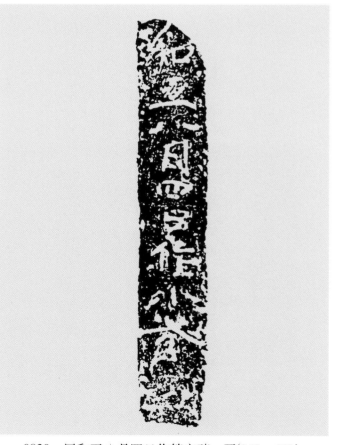

0830　口和五八月四日作等字磚　晉(265～420)

0831 九月十日等字磚 晉(265~420)

0832 盧奴民磚 晉(265~420)

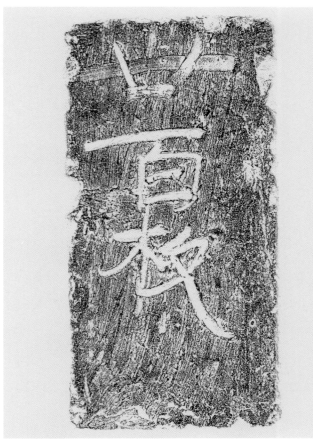

0833 廿百枚磚 晉(265~420)

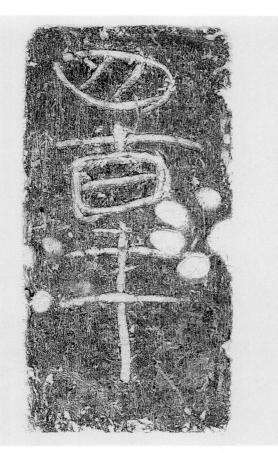

0834 四百二十磚 晉(265~420)

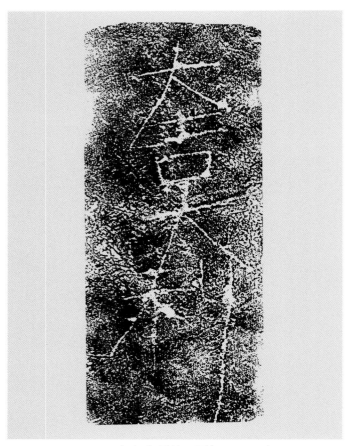

0835　大吉大利磚　晉(265～420)

0836　當爲磚　晉(265～420)

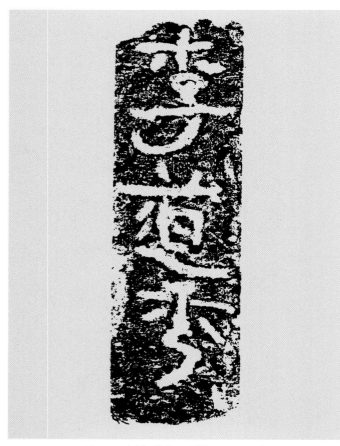

0837　李道秀磚　晉(265～420)

0838　梁長口磚　晉(265～420)

0839　六平磚(甲種)　晉(265～420)

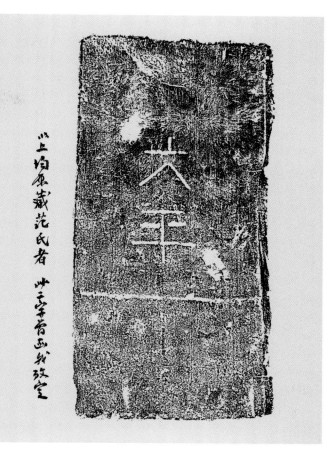

0840　六平磚(乙種)　晉(265～420)

0841　羅君婦張武墓記磚　晉(265～420)

0842　農字磚　晉(265～420)

0843　韓弘墓記磚　晉(265～420)

0844　邳集墓記磚　晉(265～420)

0845　邳口墓記磚　晉(265～420)

0846　司馬炎磚　晉(265～420)

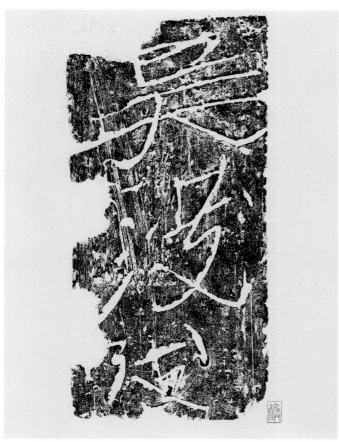

0847　吳沒口磚　晉(265～420)

0848　賢夫人磚　晉(265～420)

0849　徐臬磚　晉(265～420)

0850　卌二等字磚　晉(265～420)

0851　張長元墓記磚　十六國・漢(前趙)光初十年(327)

0852　建武元年三月二日作磚　十六國・後趙建武元年(335)

0853　李虔墓記磚　十六國・前燕永昌三年(324)

0854　馬遠越造陶作磚　十六國・前燕元璽四年(355)

0855　建熙七年磚　十六國·前燕建熙七年(366)

0856　瞿威然墓記磚　十六國·前秦甘露三年(361)

0857　朱圮妻張氏墓記磚
　　　十六國·前秦建元十四年(378)

0858　朱丈墓記磚(正、背)　十六國·前秦(350～394)

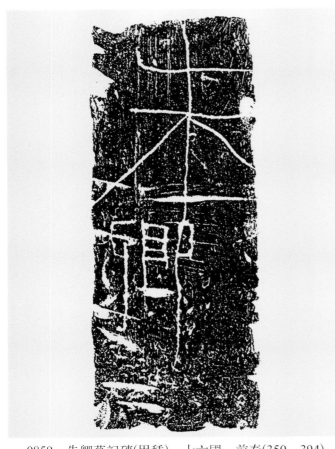

0859　朱卿墓記磚(甲種)　十六國·前秦(350～394)

0860　朱卿墓記磚(乙種)　十六國·前秦(350～394)

0861　朱苟、朱德墓記磚(正、背)　十六國·前秦(350～394)

0862　朱口墓記磚　十六國·前秦(350～394)

0863 丁好思大墓記磚　十六國・前秦(350～394)

0864 字字思祖墓記磚　十六國・前秦(350～394)

0865 田𡋃墓銘磚　十六國・夏[真興]二年(420)

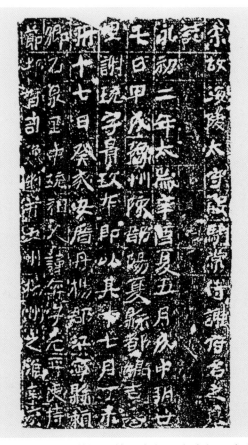

0866 謝琉墓誌磚(第一磚)　南朝・宋永初二年(421)

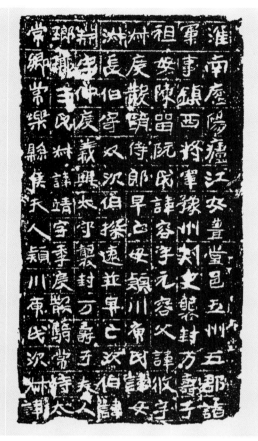

0866　謝珫墓誌磚(第二磚)　南朝·宋永初二年(421)

0866　謝珫墓誌磚(第三磚)　南朝·宋永初二年(421)

0866　謝珫墓誌磚(第四磚)　南朝·宋永初二年(421)

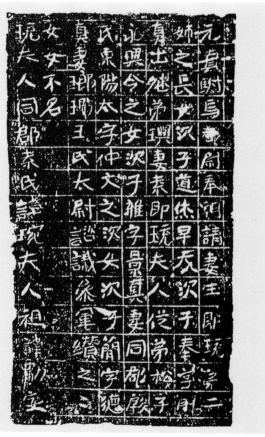

0866　謝珫墓誌磚(第五磚)　南朝·宋永初二年(421)

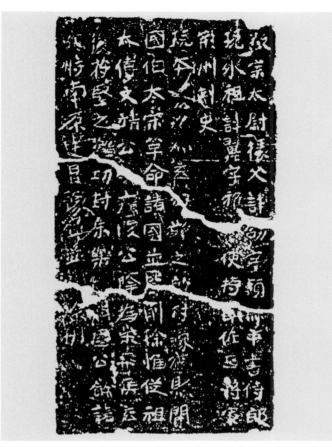

0866　謝琉墓誌磚(第六磚)　南朝·宋永初二年(421)

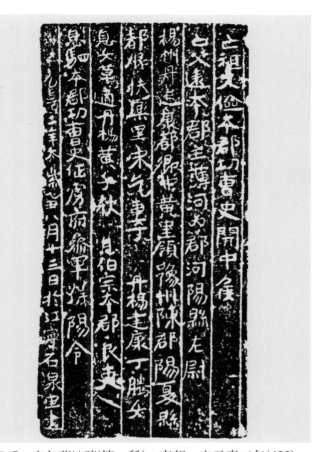

0867　宋乞墓誌磚(第一種)　南朝·宋元嘉二年(425)

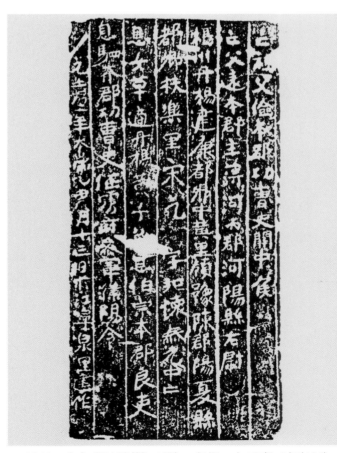

0868　宋乞墓誌磚(第二種)　南朝·宋元嘉二年(425)

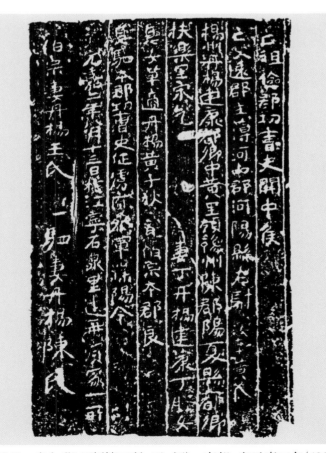

0869　宋乞墓誌磚(第三種,正、側)　南朝·宋元嘉二年(425)

0870　元嘉九年九月壬寅朔磚　南朝・宋
元嘉九年(431)

0872　孫惠妻李氏墓記磚
南朝・宋元嘉十八年(441)

0871　王佛女買地券磚　南朝・宋元嘉九年(431)

232

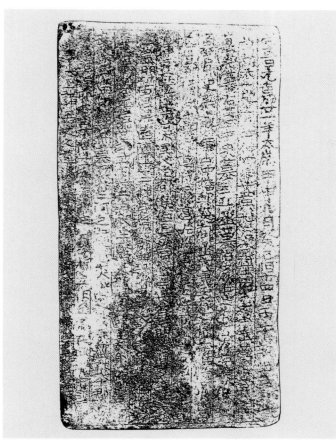

0873　元嘉廿一年買地券磚　南朝・宋元嘉廿一年(444)

0874　元嘉廿七年磚　南朝宋元嘉廿七年(450)

0875　求闊久每委積磚　南朝・宋(420～479)

0876　以我惜遲後出出磚　南朝・宋(420～479)

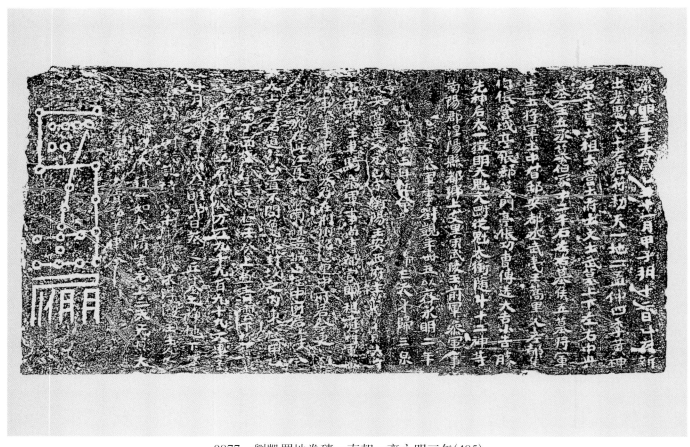

0877　劉凱買地券磚　南朝・齊永明三年(485)

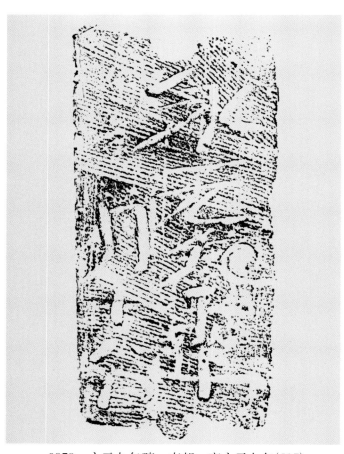

0878　永元九年磚　南朝・齊永元九年(507)

0879　左師子上行第十五磚　南朝・齊(479～502)

234

0880 向下行第廿六磚 南朝·齊(479～502)

0881 大虎上行冊三磚 南朝·齊(479～502)

0882 毯下行第卅四磚 南朝·齊(479～502)

0883 右師子下行磚 南朝·齊(479～502)

0884　大虎上行第二磚　南朝·齊(479～502)

0885　嵇下行第廿四磚　南朝·齊(479～502)

0886　天人右磚　南朝·齊(479～502)

0887　右具張第二磚　南朝·齊(479～502)

0888　右垣戟第三磚
　　　南朝・齊(479～502)

0889　朱鳥等字磚　南朝・齊(479～502)

0890　左家脩第十二磚
　　　南朝・齊(479～502)

0891　右散迅第一磚　南朝・齊(479～502)

0892　張承世師磚　南朝・梁(502～557)

0893　此是和僧等字磚　南朝・梁(502～557)

0894　苦人同等字磚　南朝・梁(502～557)

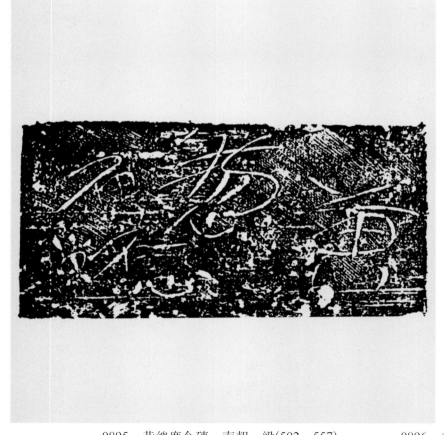

0895　黃總廣念磚　南朝・梁(502～557)

0896　書來得音問廿字詩磚　南朝・梁(502～557)

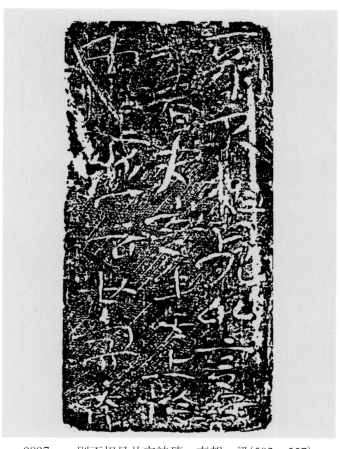

0897　一別不相見廿字詩磚　南朝・梁(502～557)

0898　下樂村營家還等字磚　南朝・梁(502～557)

0899　蔡冰墓記磚　南朝(420～589)

0900　周叔宣母黃天墓記磚　南朝(420～589)

0901　右師子下行第五磚　南朝(420~589)

0902　右師子下行十六磚　南朝(420~589)

0903　向上行第卅一磚　南朝(420~589)

0904　右師子·中磚　南朝(420~589)

0905　右師子下行十磚
南朝(420～589)

0906　大虎下行卅一磚
南朝(420～589)

0907　大龍下廿九磚
南朝(420～589)

0908　重九十二口磚　南朝(420～589)

0909　大道磚　南朝(420～589)

0910　丁日泉磚　南朝(420～589)

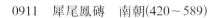

0911　犀尾鳳磚　南朝(420～589)

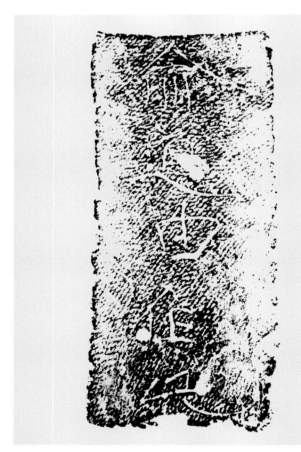

0912　俞道由作磚　南朝(420～589)

0913　袁慶墓記磚　南朝(420～589)

0914　曾謙磚　南朝(420～589)

0915　朱武子磚
南朝(420～589)

0916　天興三年八月磚
北魏天興三年(400)

0917　萬縱口妻樊合會墓記磚　北魏太延二年(436)

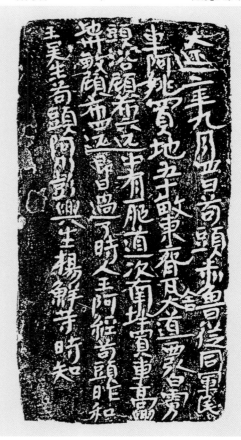

0918　苟頭赤魯買地券磚　北魏太延二年(436)

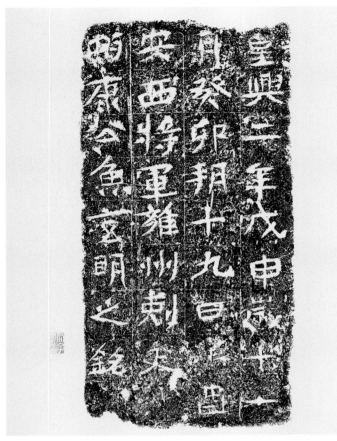

0919　魚玄明墓銘磚　北魏皇興二年(468)

0920　王源妻曹氏墓記磚　北魏延興三年(473)

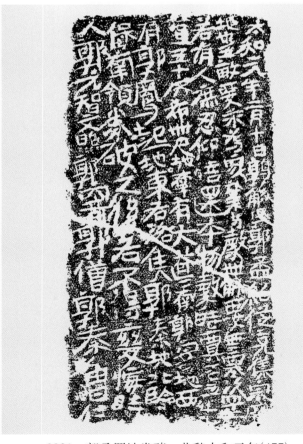

0921　郭孟買地券磚　北魏太和元年(477)

0922　上官何陰妻劉安妙娥墓記磚　北魏太和元年(477)

244

0923　宋紹祖柩銘磚　北魏太和元年(477)

0924　屈突隆業塚記磚　北魏太和十四年(490)

0925　趙阿祥妻石定姬墓記磚(正、背)　北魏太和十九年(495)

0926 惠口口墓銘磚 北魏太和二十年(496)

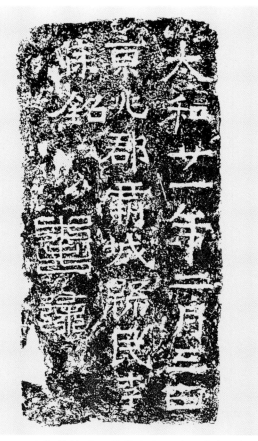

0927 李徐墓銘磚 北魏太和二十一年(497)

0928 未玄慶墓記磚 北魏太和廿二年(498)

0929 畢小妻蘇貫針墓銘磚 北魏太和二十三年(499)

0930　廉凉州妻姚齊姬墓記磚　北魏太和二十三年(499)　　　0931　孫紹兒婦栗妙朱墓銘磚　北魏太和二十三年(499)

0932　李詵墓記磚　北魏太和二十三年(499)

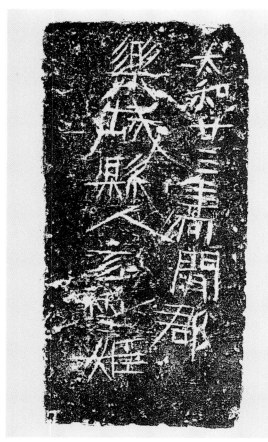

0933　玄口姬墓記磚　北魏太和廿三年(499)

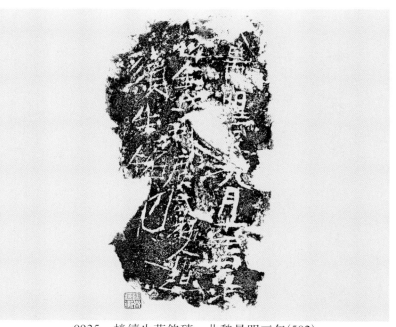

0935　趙續生墓銘磚　北魏景明三年(502)

0934　張林長墓銘磚　北魏景明三年(502)

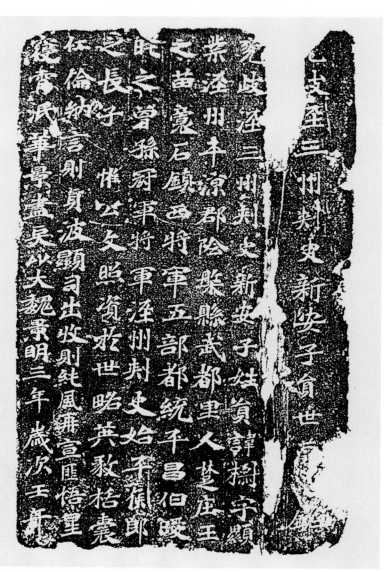

0936　貟橛墓誌磚(正、側)　北魏景明三年(502)

0937　許和世墓銘磚　北魏正始元年(504)

0938　正始元年十二月等字殘墓記磚
北魏正始元年(504)

0939　車伯生息妻鄯月光墓銘磚　北魏正始二年(505)

0940　虎洛仁妻孫氏墓記磚　北魏正始三年(506)

0941　元達豆官妻楊貴姜墓銘磚
北魏正始四年(507)

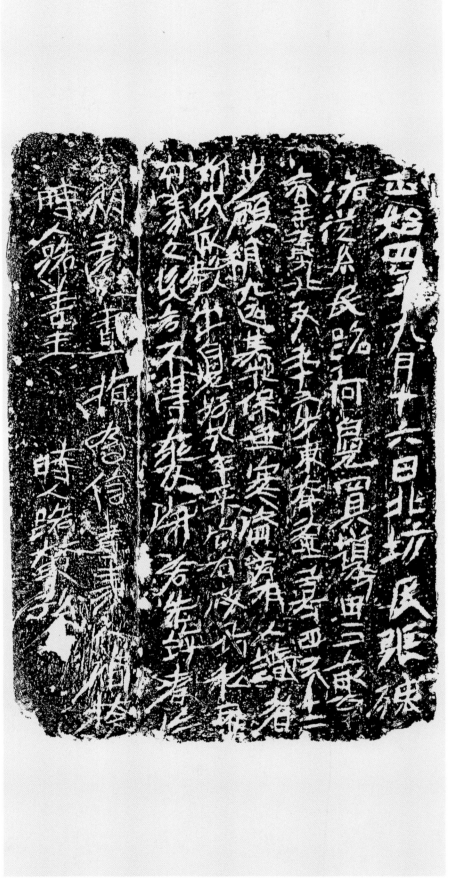

0943　張洛都塚記磚　北魏正始五年(508)

0942　張神洛買地券磚(正、側)　北魏正始四年(507)

0944　永平二年五月十四日墓記磚(正、背)　北魏永平二年(509)

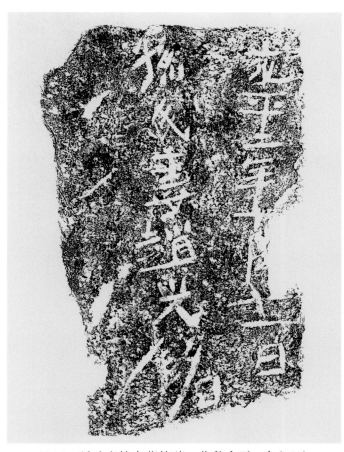

0945　孫氏妻趙光墓銘磚　北魏永平二年(509)

0946　元德墓銘磚　北魏永平二年(509)

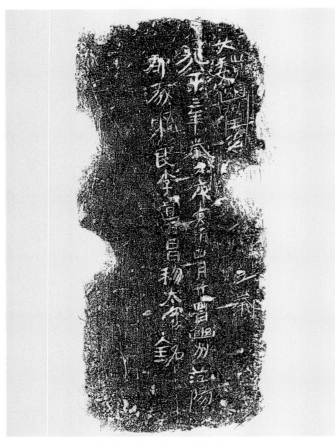

0947　李道口墓銘磚　北魏永平三年(510)

0948　靳杜生妻馬阿媚墓銘磚　北魏永平四年(511)

0949　叔孫可知陵妻靳彥姬墓記磚
　　　　北魏延昌元年(512)

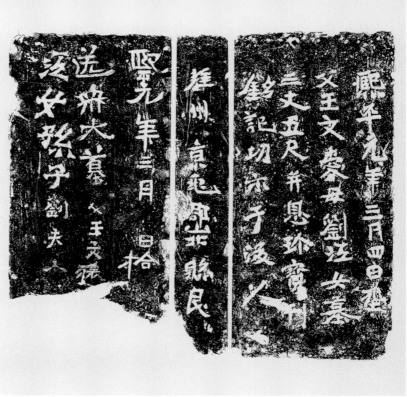

0950　王文愛及妻劉江女墓銘磚(正、背、側)　北魏熙平元年(516)

252

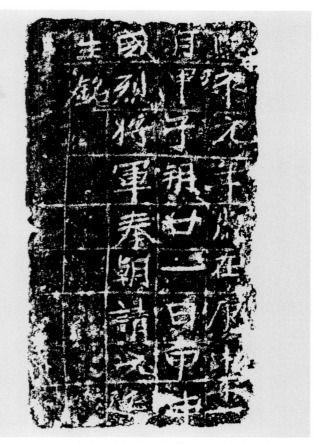

0951　王遵敬及妻薛氏墓銘磚　北魏熙平元年(516)

0953　元延生墓銘磚　北魏熙平元年(516)

0952　劉顔墓誌磚　北魏熙平元年(516)

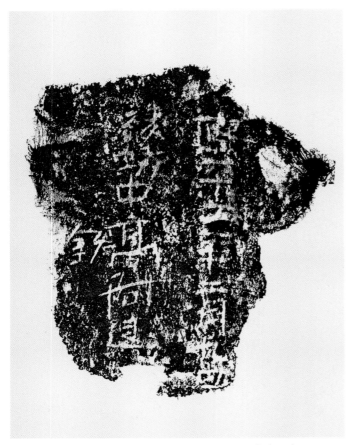

0954　高阿逮墓銘磚　北魏熙平二年(517)

0955　張雷墓銘磚　北魏熙平二年(517)

0956　劉榮先妻馬羅墓記磚　北魏神龜二年(519)

0957　孔潤生墓記磚　北魏神龜三年(520)

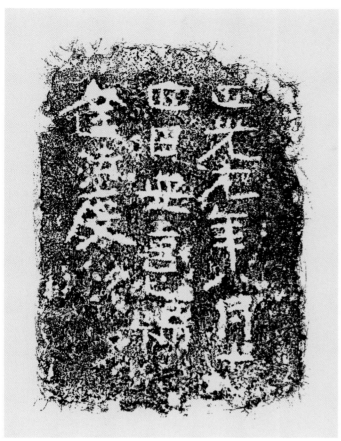

0958　達法度墓銘磚　北魏正光元年(520)

0959　鮮于高頭鋪記磚　北魏正光二年(521)

0960　段華息妻范氏墓記磚　北魏正光二年(521)

0961　王平造像磚　北魏正光二年(521)

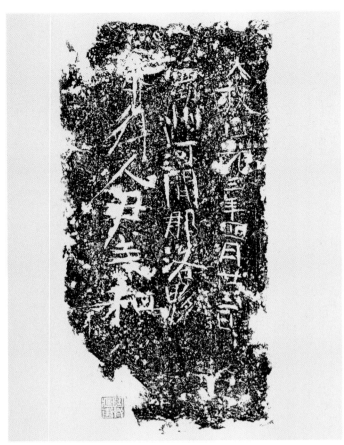

0962 尹弍和墓記磚 北魏正光三年(522)

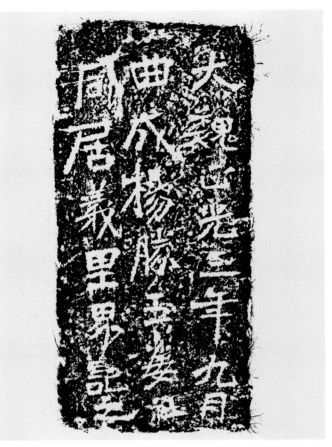

0963 義里界記磚 北魏正光三年(522)

0964 姬伯度墓銘磚 北魏正光四年(523)

0965 平玒顯妻李貞姬墓記磚 北魏正光四年(523)

0966　王僧玉妻杜延登墓記磚　北魏正光五年(524)　　　　0967　元伏生妻輿龍姬墓銘磚　北魏孝昌二年(526)

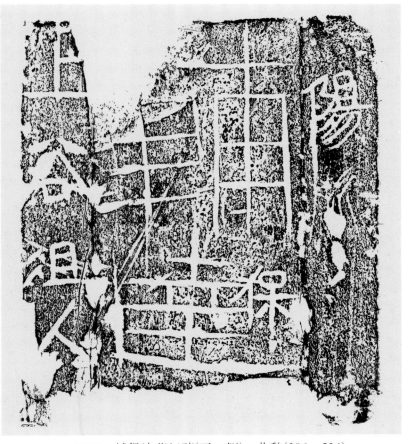

0968　張神龍息口口墓銘磚
北魏孝昌三年(527)

0969　輔保達墓記磚(正、側)　北魏(386～534)

0970　鮑必墓銘磚　北魏建義元年(528)

0971　王舒墓誌磚　北魏永安三年(530)

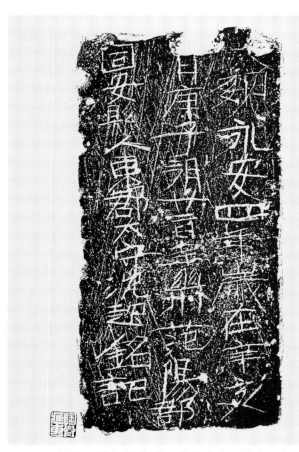

0972　沈起墓銘磚　北魏永安四年(531)

0973　鄭胡墓銘磚(正、背)　北魏太昌元年(532)

0974　李爰婦趙樹墓記磚　北魏永興二年(533)

0975　王相買地券磚　北魏永興二年(533)

0976　吳名桃妻郎口墓記磚　北魏(386～534)

0977　定州中山郡口口妻墓記磚　北魏(386～534)

0978　韓無忌墓銘磚　北魏(386～534)

0979　矯軍妻王氏墓記磚　北魏(386～534)

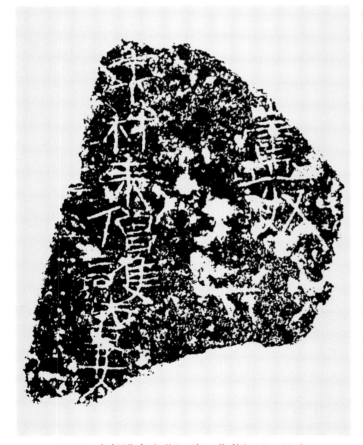

0980　來僧護夫妻墓記磚　北魏(386～534)

0981　李榮妻郎山暉墓記磚　北魏(386～534)

0982　劉夫生女墓記磚　北魏(386～534)

0983　劉平頭妻傅雙之墓記磚　北魏(386～534)

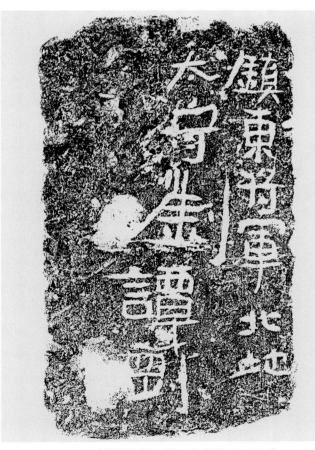

0984　劉譚剛墓記磚　北魏(386～534)

0985　孟珎妻焦氏墓銘磚　北魏(386～534)

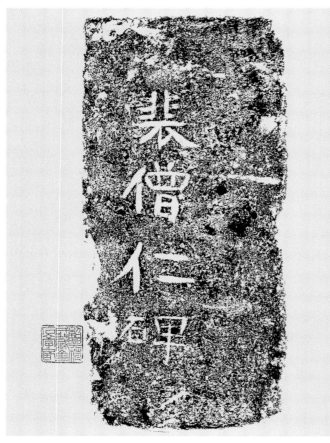

0986　裴僧仁墓記磚　北魏(386～534)

0987　宿光明塚記磚　北魏(386～534)

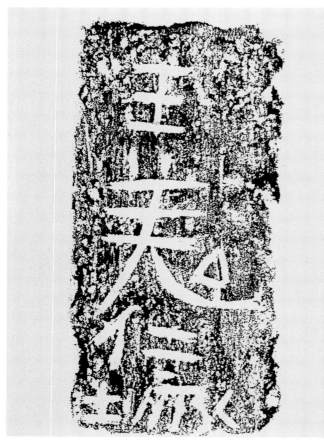

0988　王羌仁塚記磚　北魏(386～534)

0989　晏崇妻墓記磚　北魏(386～534)

0990　楊難受、楊敬德賜記磚
　　　　北魏(386～534)

0991　張智囗造像磚　北魏(386～534)

0992　趙國墓銘磚　北魏(386～534)

0993　張保妻墓銘磚　東魏元象元年(538)

0994　大將軍等字殘磚　東魏興和二年(540)　　　　0995　王立周妻口敬妃墓銘磚　東魏興和二年(540)

0996　范思彥墓銘磚　東魏興和三年(541)　　　　0997　賈尼墓銘磚　東魏武定二年(544)

0998　張氏妻赫連阿妃墓銘磚　東魏武定二年(544)

0999　羅家娣訾要墓銘磚　東魏武定二年(544)

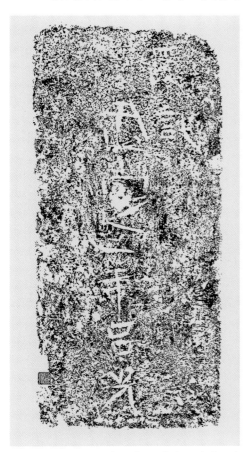

1000　呂光墓記磚　東魏武定二年(544)

1001　可足渾桃杖墓誌磚　東魏武定四年(546)

1002　喬貳仁塚記磚　東魏武定五年(547)

1003　王顯明墓銘磚　東魏武定六年(548)

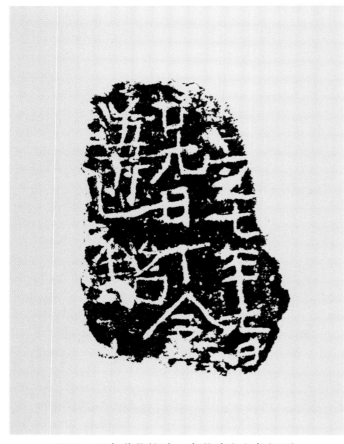

1004　丁今遵墓銘磚　東魏武定七年(549)

1005　石紹妻王阿妃墓銘磚　東魏武定八年(550)

1006　蔣黑墓銘磚　西魏大統七年(541)　　　　1007　任小香墓記磚　西魏大統十五年(549)

1008　謝婆仁墓銘磚　西魏大統十六年(551)　　　1009　張海欽妻蘇綉墓銘磚　北齊天保元年(550)

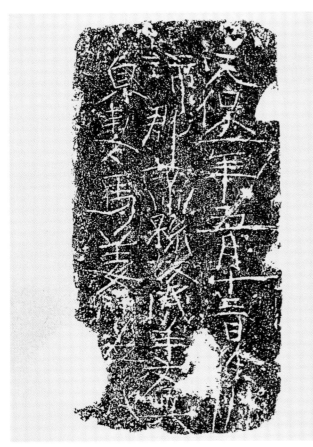

1010　羊文興息妻馬姜墓銘磚　北齊天保元年(550)

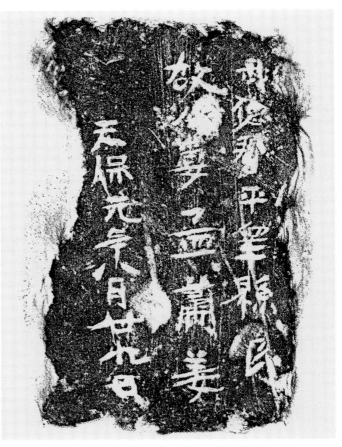

1011　孟蕭姜墓記磚　北齊天保元年(550)

1012　惠感造像磚　北齊天保二年(551)

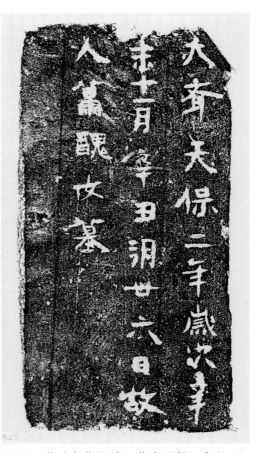

1013　蕭醜女墓記磚　北齊天保二年(551)

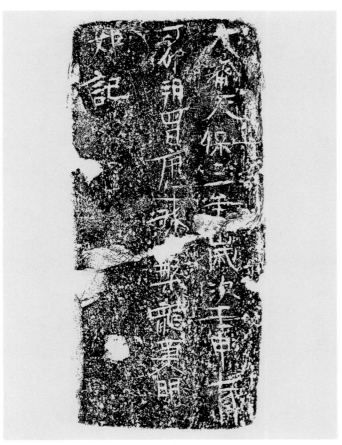

1014　孫槃龍妻明姬墓記磚　北齊天保三年(552)

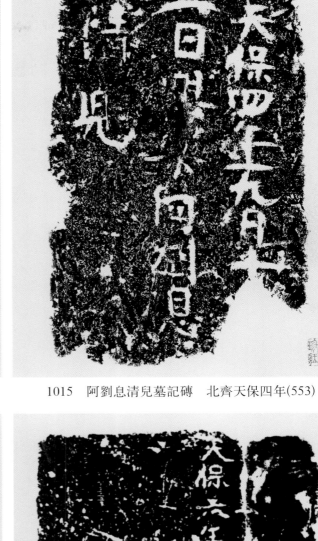

1015　阿劉息清兒墓記磚　北齊天保四年(553)

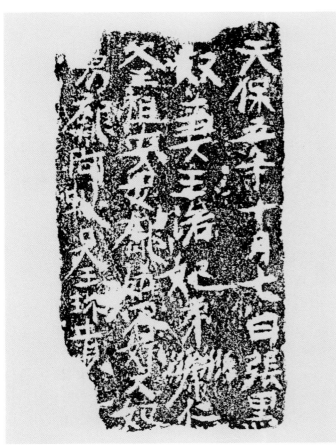

1016　張黑奴妻王洛妃墓記磚　北齊天保五年(554)

1017　天保六年正月十五日磚(正、側)　北齊天保六年(555)

1018　李識蓄墓銘磚　北齊天保七年(556)

1019　魏世儁妻車延暉墓銘磚　北齊天保七年(556)

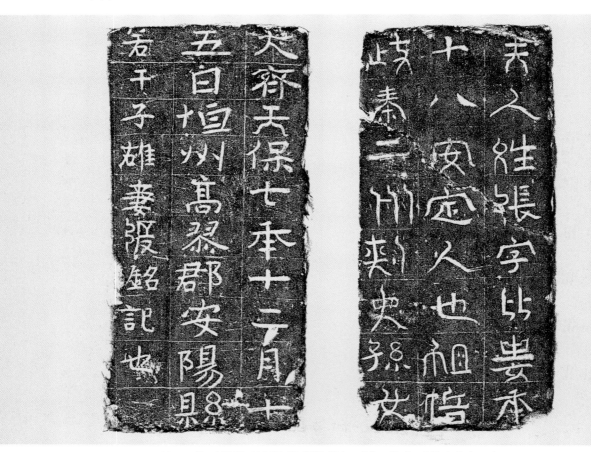

1020　若干子雄妻張比婁墓銘磚(二磚)　北齊天保七年(556)

1021　纂息奴子墓記磚　北齊天保八年(557)

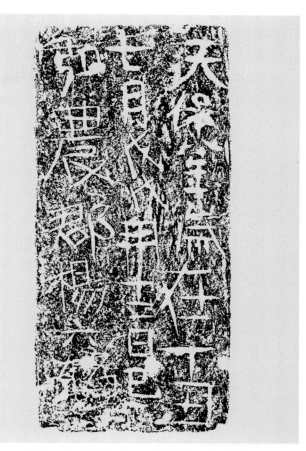

1022　楊六墓銘磚　北齊天保八年(557)

1023　秘天興墓記磚　北齊天保八年(557)

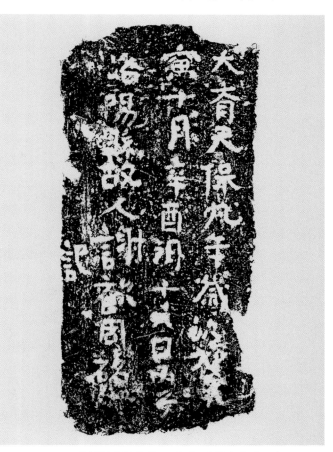

1024　謝歡同墓銘磚　北齊天保九年(558)

1025　張承墓銘磚　北齊天保十年(559)

1026　劉景墓銘磚　北齊乾明元年(560)

1027　董顯□墓銘磚　北齊乾明元年(560)

1028　輔□念墓銘磚　北齊皇建二年(561)

272

1029　封胤墓記磚　北齊大(太)寧二年(562)

1030　張胡仁墓記磚　北齊河清元年(562)

1031　孫龍貴妻墓記磚　北齊河清三年(564)

1032　宋迎男墓記磚　北齊河清四年(565)

1033　兗衆敬墓記磚
　　　北齊天統元年(565)

1034　刁翔墓誌磚　北齊天統元年(565)

1035　宇文妻呂氏墓記磚
　　　北齊天統二年(566)

1036　郭小伯妻徐氏墓記磚
　　　北齊天統四年(568)

1037　戴仲和墓銘磚
　　　北齊天統五年(569)

1038　扈歲墓銘磚　北齊天統五年(569)

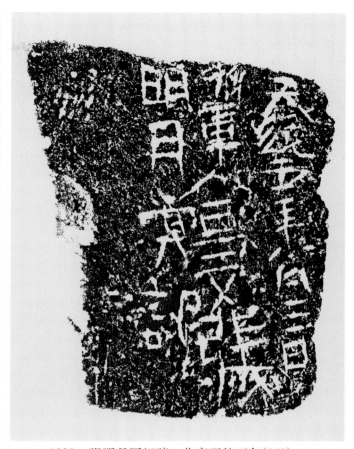

1039　張明月冥記磚　北齊天統五年(569)

1040　宇文誠墓誌磚　北齊武平元年(570)

1041　李彥休墓記磚　北齊武平元年(570)

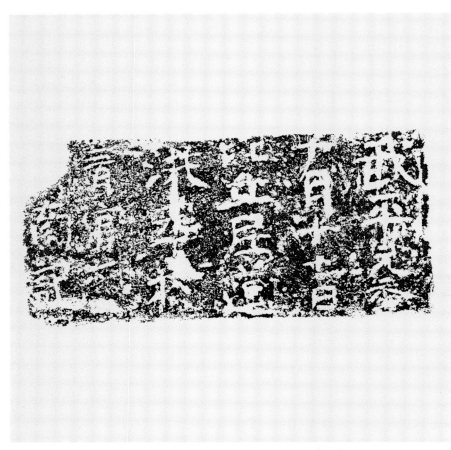

1042　道洪墓記磚　北齊武平元年(570)　　　　　1044　李好信墓記磚　北齊武平二年(571)

1043　傅隆顯墓銘磚(正、背)　附北齊武平二年(571)

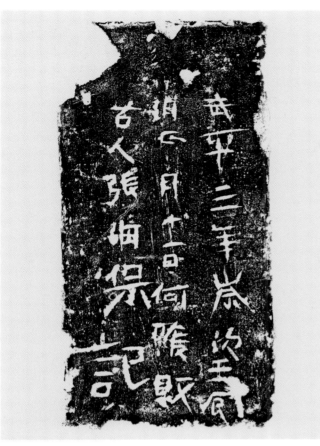
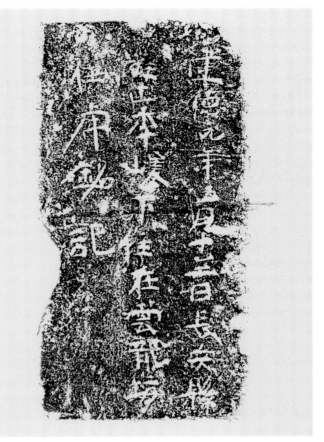

1045　張佃保墓記磚　北齊武平三年(572)　　　　　　1047　任虎墓銘磚　北周建德元年(572)

1046　張祥造像磚(正、側)　北周天和三年(568)

1048　何口宗墓銘磚　北周建德元年(572)

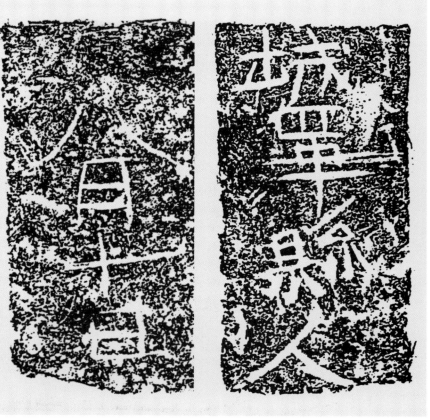

1049　大利稽冒頓墓誌磚　北周建德元年(572)

1050　曹永康墓記磚　北朝·魏(386～556)

1051　城皋縣人墓記磚(正、背)　北朝·魏(386～556)

1052　董保和墓記磚　北朝・魏(386～556)

1053　董康生妻墓記磚　北朝・魏(386～556)

1054　劉登墓記磚　北朝・魏(386～556)

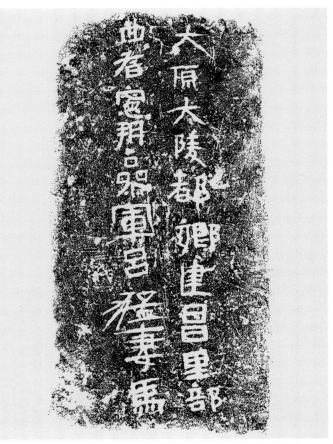

1055　呂猛妻馬氏墓記磚　北朝・魏(386～556)

1056　明副恭墓記磚　北朝・魏(386～556)

1057　宋義墓記磚　北朝・魏(386～556)

1058　孫烏路墓記磚　北朝・魏(386～556)

1059　孫口殘磚　北朝・魏(386～556)

1060　田鸞墓記磚　北朝・魏(386～556)

1061　信始將墓記磚　北朝・魏(386～556)

1062　楊興墓記磚　北朝・魏(386～556)

1063　張景和墓記磚　北朝・魏(386～556)

1064　張虎妻趙氏墓記磚(正、側)　北朝・魏(386～556)

1065　趙豪妻公乘墓記磚　北朝・魏(386～556)

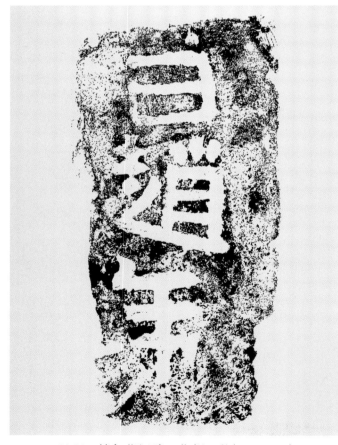

1066　趙年墓記磚　北朝・魏(386～556)

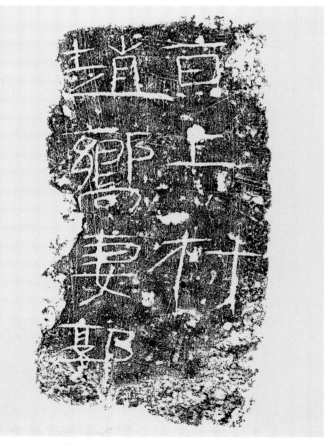

1067　趙鄉妻郭氏墓記磚　北朝・魏(386～556)

1068　安德縣等字墓記磚　北朝(386～581)

1069　杜羅侯墓記磚　北朝(386～581)

1070　苟大亮磚　北朝(386～581)

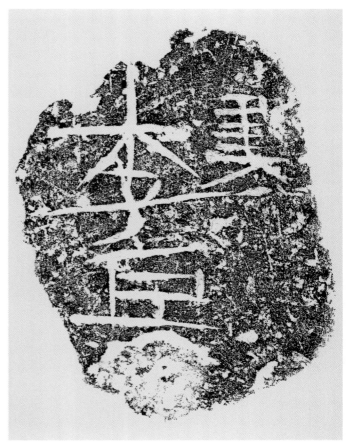

1071　李巨妻墓記磚　北朝(386～581)

1072　孫休延墓銘磚　北朝(386～581)

1073　朱阿買夫婦墓銘磚　北朝(386～581)

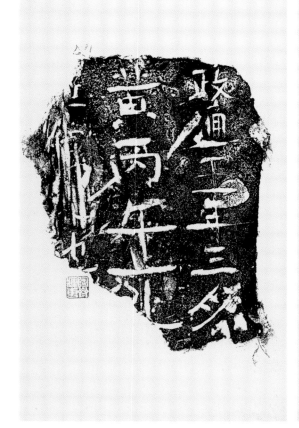

1074　黃丙午墓記磚　附北朝(386～581)

1075　朱阿定墓表磚　高昌章和八年(538)

1076　宋阿虎墓表磚　高昌章和八年(538)

1077　張洪妻焦氏墓表磚　高昌章和十三年(543)

1078　畫承墓表磚　高昌章和十六年(546)

1079　氾靈岳墓表磚　高昌章和十八年(548)

1080　田元初墓表磚　高昌永平元年(549)　　　　1081　任叔達妻袁氏墓表磚　高昌建昌二年(556)

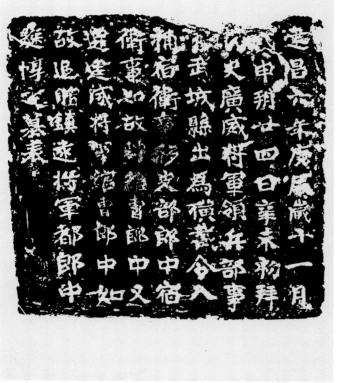

1082　張遁墓表磚　高昌建昌四年(558)　　　　　1083　麴惇墓表磚　高昌建昌六年(560)

1084　張洪妻焦氏墓表磚　高昌延昌二年(562)　　　　1085　張氏墓表磚(附：索演孫墓表)　高昌延昌三年(563)

1086　張孝真及妻索氏墓表磚　高昌延昌四年(564)　　　　1087　張連思墓表磚　高昌延昌六年(566)

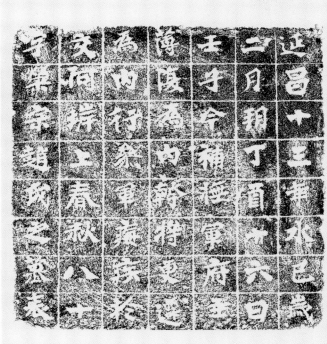

1088　王元祉墓表磚　高昌延昌十一年(571)

1089　趙榮宗墓表磚　高昌延昌十三年(573)

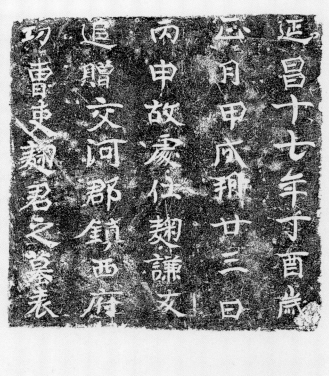

1090　張僧惠墓表磚　高昌延昌十六年(576)

1091　麴謙友墓表磚　高昌延昌十七年(577)

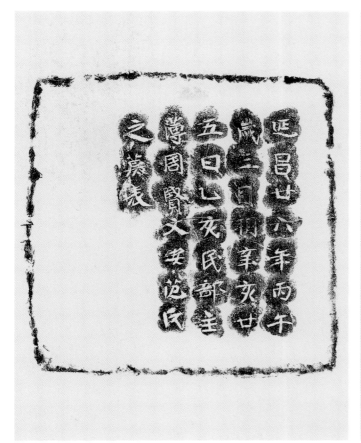

1092　周賢文妻范氏墓表磚　高昌延昌二十六年(586)

1093　麴懷祭妻王氏墓表磚　高昌延昌二十九年(589)

1094　任顯文墓表磚　高昌延昌三十年(590)

1095　和都子墓表磚　高昌延昌三十二年(592)

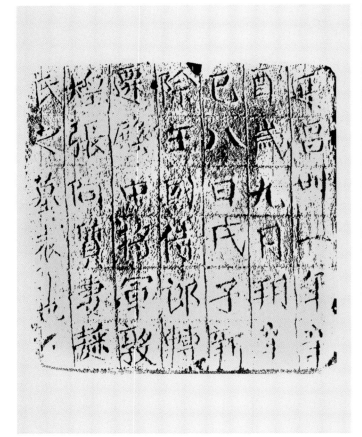

1096　張阿質妻麴氏墓表磚　高昌延昌四十一年(601)

1097　張武忠墓表磚　高昌延和六年(607)

1098　張仲慶妻焦居獵墓表磚　高昌延和十一年(612)

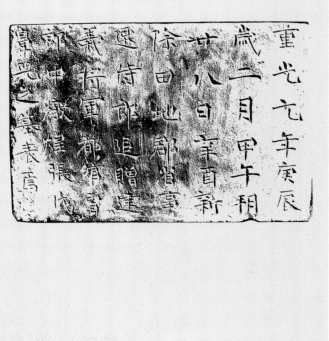

1099　張鼻兒墓表磚　高昌重光元年(620)

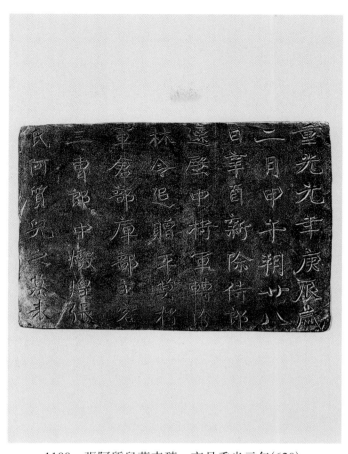

1100　張阿質兒墓表磚　高昌重光元年(620)

1101　張仲慶墓表磚　高昌重光元年(620)

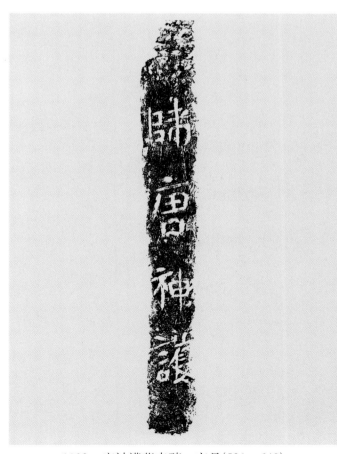

1102　唐神護墓表磚　高昌(531～640)

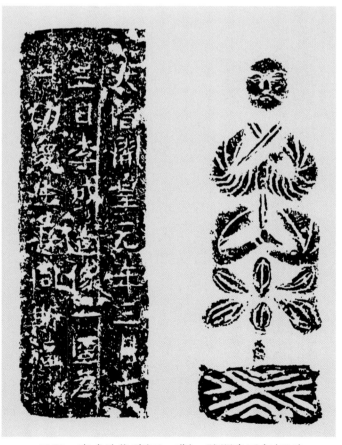

1103　李成造像磚(正、背)　隋開皇元年(581)

1104 楊元伯妻邸肵肵墓記磚　隋開皇二年(582)

1105 邵咸墓誌磚　隋開皇三年(583)

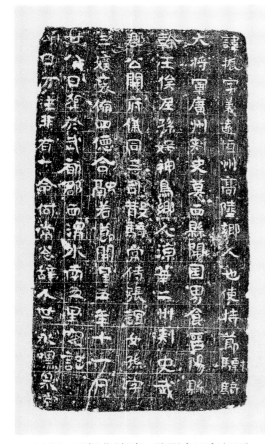

1106 王振墓誌磚　隋開皇五年(585)

1107 郁久閭伏仁墓誌磚　隋開皇六年(586)

1108　李氏婦馬希孃墓銘磚　隋開皇七年(587)

1109　呂杏洛息妻路蘭墓銘磚　隋開皇八年(588)

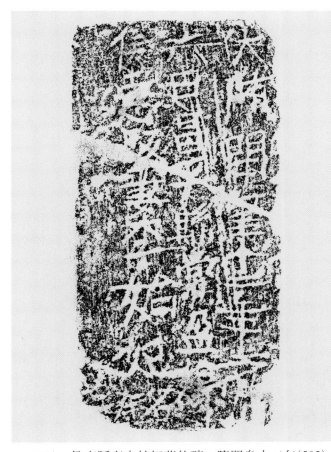

1110　侯惠阪妻李始妃墓銘磚　隋開皇十二年(592)

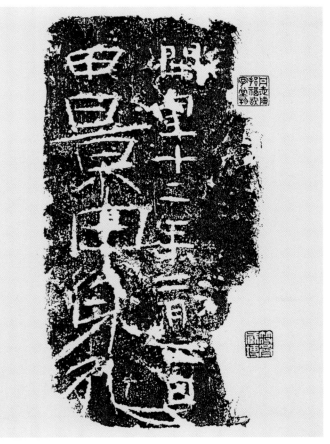

1111　田景申墓記磚　隋開皇十二年(592)

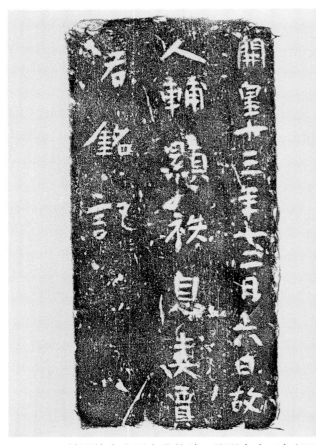

1112　輔顯族息妻賈右墓銘磚　隋開皇十三年(593)

1113　梁龕墓銘磚　隋開皇十四年(594)

1114　董季禄妻郝令墓銘磚　隋開皇十四年(594)

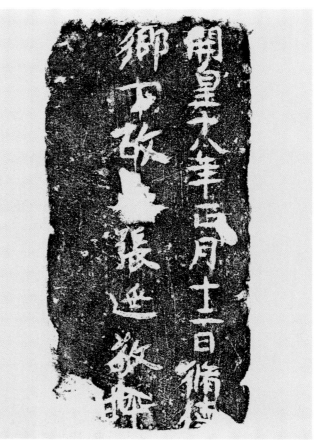

1115　張延敬墓記磚　隋開皇十八年(598)

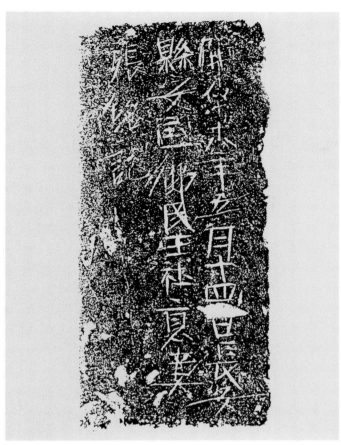

1116　王社惠妻張氏墓銘磚　隋開皇十八年(598)　　　　　　1118　郭定洛墓記磚　隋大業元年(605)

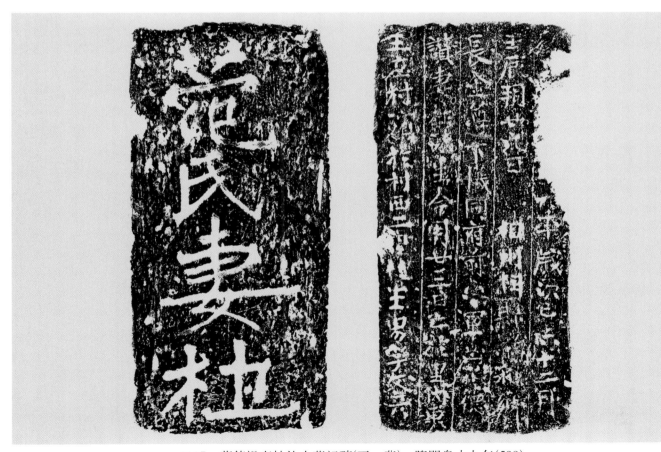

1117　菀德讚妻杜法生墓記磚(正、背)　隋開皇十九年(599)

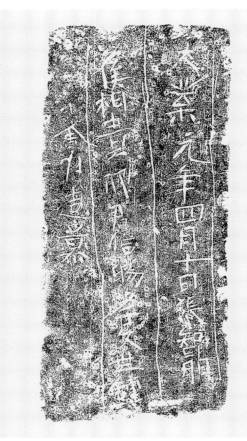

1119 張智明等造墓磚 隋大業元年(605)

1120 張伏奴墓銘磚 隋大業元年(605)

1121 李奴奴墓記磚 隋大業三年(607)

1122 王釗墓誌磚 隋大業三年(607)

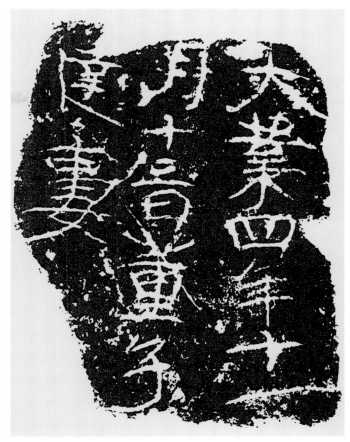

1123　郭雲墓銘磚　隋大業三年(607)　　　　　1124　董子達妻墓記磚　隋大業四年(608)

1125　窖倉銘文磚　隋大業四年(608)　　　　　1126　劉君霜墓銘磚　隋大業五年(609)

1127　蘇金封墓銘磚　隋大業五年(609)

1129　陶智洪買地券磚　隋大業六年(610)

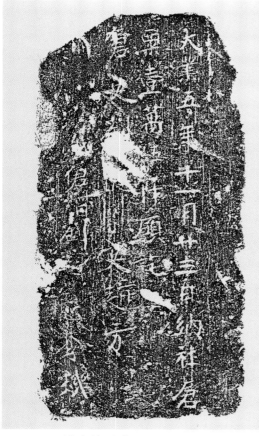

1128　社倉納粟磚　隋大業五年(609)

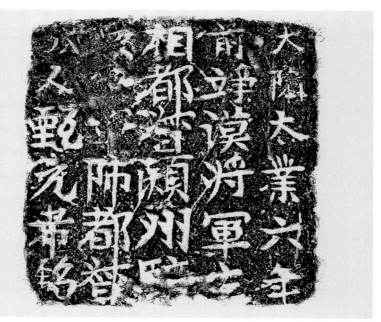

1130　甄元希墓銘磚　隋大業六年(610)

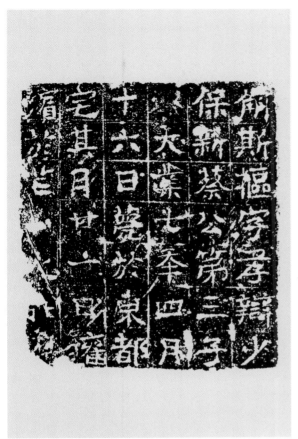

1131　斛斯樞墓誌磚　隋大業七年(611)

1132　□睦墓誌磚　隋大業七年(611)

1133　賀叔達妻張客孃墓記磚　隋大業九年(613)

1134　韓叔鸞神柩磚　隋大業十年(614)

1135　張琰妻王法愛墓誌磚(正、背)　隋大業口年(605～614)

1136　大悲菩薩磚(甲種)　隋(581～619)

1137　大悲菩薩磚(乙種)　隋(581～619)

1138　張字墓記磚　隋(581~619)

1139　王仲墓誌磚　鄭開明二年(620)

1140　吳景達妻劉氏墓銘磚　唐貞觀四年(630)

1141　盧野客墓誌磚　唐貞觀七年(633)

1142　韓仁師墓銘磚　唐貞觀八年(634)

1143　太倉窖銘磚　唐貞觀八年(634)

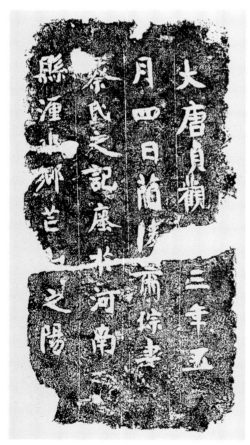

1144　蕭琮妻蔡氏墓記磚　唐貞觀十三年(639)

1145　張隆悦妻麴文姿墓表磚　唐貞觀十六年(642)

1146　劉世通妻王氏墓銘磚　唐永徽元年(650)

1147　劉君妻郝氏墓誌磚　唐永徽三年(652)

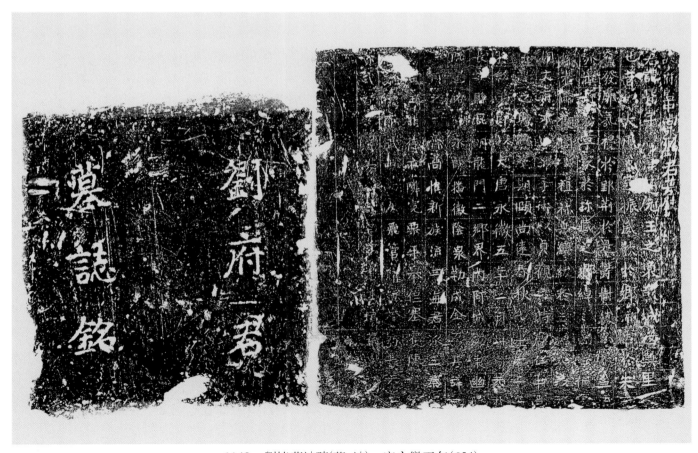

1148　劉皆墓誌磚(蓋、誌)　唐永徽五年(654)

1149　程平遼祖母李氏柩銘磚
　　　唐顯慶四年(659)

1150　孫君妻祖氏墓銘磚　唐顯慶六年(661)

1151　麴善岳墓誌磚　唐龍朔二年(662)

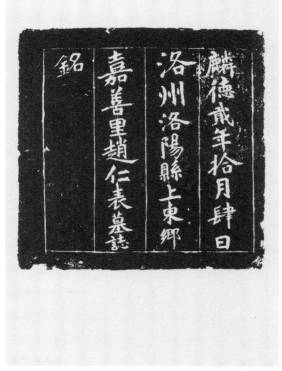

1152　趙仁表墓誌磚(蓋)　唐麟德二年(665)

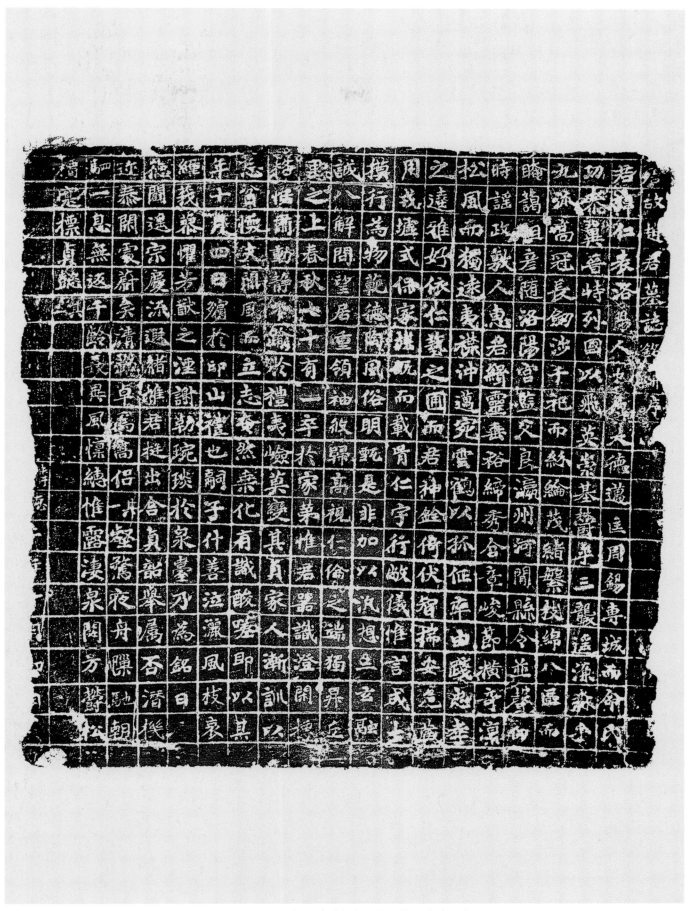

1152　趙仁表墓誌磚(誌)　唐麟德二年(665)

1153　王仁表墓誌磚　唐麟德二年(665)

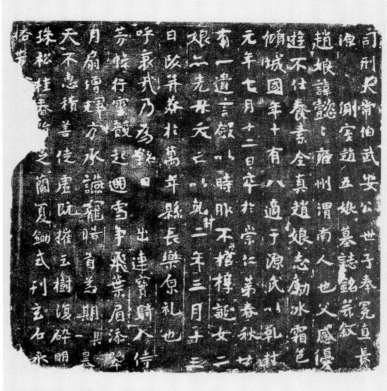

1154　源君側室趙懿懿墓誌磚　唐乾封二年(667)

1155　咸亨二年殘墓記磚　唐咸亨二年(671)

1156　馬君夫人令狐氏墓誌磚　唐儀鳳元年(676)

1157　許崇藝妻弓氏墓誌磚　唐儀鳳三年(678)

1158　穆宜長墓銘磚　唐儀鳳三年(678)

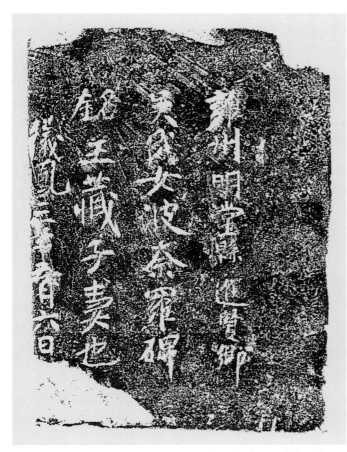

1159　王藏子妻吳波奈羅墓銘磚　唐儀鳳三年(678)

1160　含嘉倉銘磚(調露口年)　唐調露口年(679)

1161　游公妻甄氏神柩磚　唐永隆元年(680)

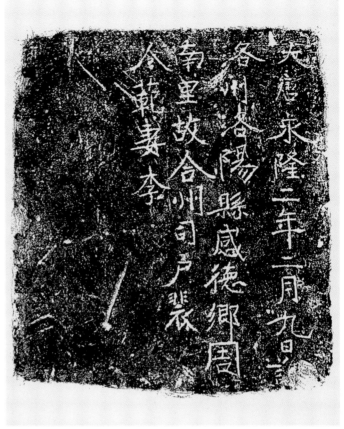

1162　裴令范妻李氏墓記磚　唐永隆二年(681)

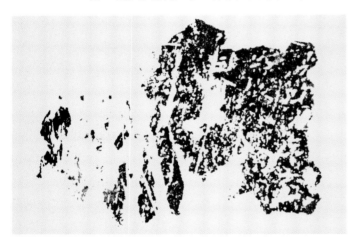

1163　含嘉倉銘磚(光宅元年)　唐光宅元年(684)

1164　垂拱四年五月磚　唐垂拱四年(688)

1165　孫師均墓記磚　唐載初元年(689)

1166　含嘉倉銘磚(天授元年)　武周天授元年(690)　　　　1167　含嘉倉銘磚(長壽二年)　武周長壽二年(693)

1168　伍松超買地券磚(二磚)　武周延載元年(694)

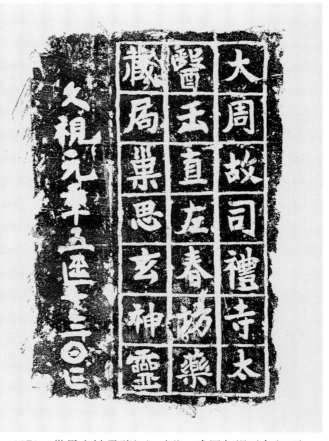

1169　含嘉倉銘磚(聖曆二年)　武周聖曆二年(699)　　　　　1171　巢思玄神靈磚(正、側)　武周久視元年(700)

1170　陳玄潔妻張氏墓銘磚(蓋、誌)　武周聖曆三年(700)

1172　侯令璋墓銘磚　武周長安四年(704)

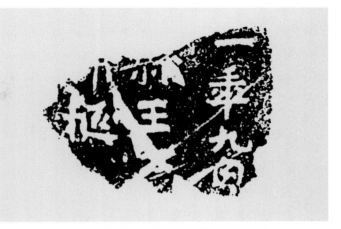

1173　王口神柩磚　武周(690～704)

1174　桓君墓誌蓋磚　武周(690～704)

1175　吉州明信里口口神柩磚　唐開元二年(714)

1176　含嘉倉銘磚(開元四年)　唐開元四年(716)

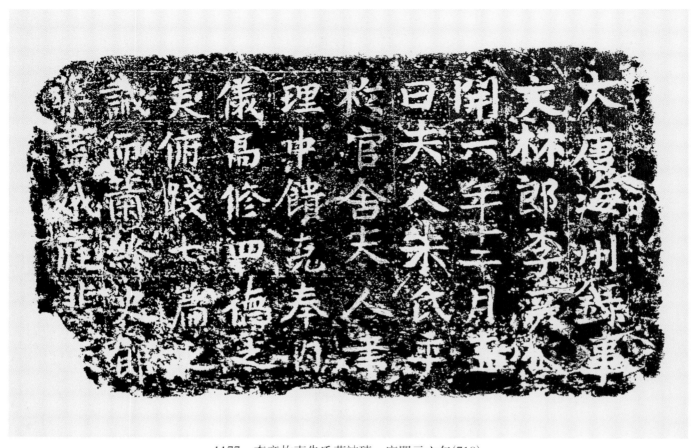

1177　李彥枚妻朱氏墓誌磚　唐開元六年(718)

1178　口大高墓誌磚　唐開元十年(722)

1179　李文幹妻張氏墓銘磚　唐開元十五年(727)

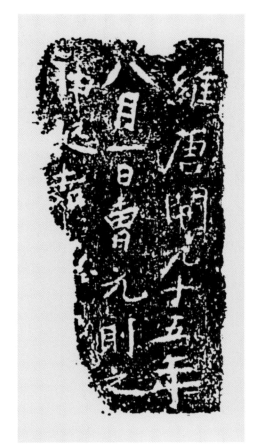

1180　曹元則神柩磚　唐開元十五年(727)　　　　　1181　毌丘令恭墓記磚　　唐開元十八年(730)

1182　口寶口殘墓記磚　唐開元十八年(730)　　　　1183　駱湜墓銘磚　唐開元二十二年(734)

1184　裴夫人元氏墓銘磚　唐開元二十六年(738)

1185　韋必復墓誌磚　唐開元二十七年(739)

1186　楊大娘墓記磚　唐開元廿八年(740)

1187　維唐開等字殘墓記磚　唐開元(713～741)

1188　張子文及妻沈氏墓誌磚　唐天寶二年(743)

1189　張友用造像磚(四面)　唐天寶五年(746)

1190　大唐舍利塔碑(正、背、側)　唐天寶六年(747)

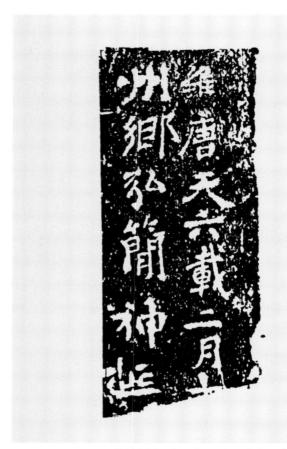

1191　弘簡神柩磚　唐天寶六年(747)

1192　天寶六年殘墓記磚　唐天寶六年(747)

1193　陸萬昭墓記磚　唐天寶六年(747)

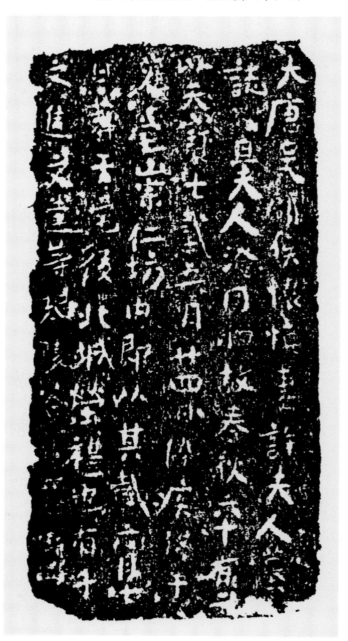

1194　侯懷慎妻許氏墓誌磚　唐天寶七年(748)

1195 奚賓墓誌磚 唐天寶十年(751)

1196 陳氏夫人墓記磚 唐天寶十四年(755)

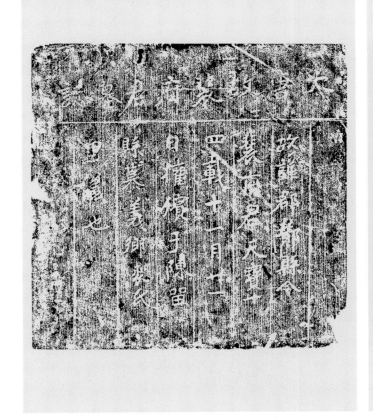

1197 裴裕墓誌磚 唐天寶十四年(755)

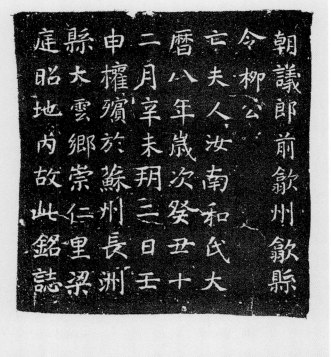

1198 柳君妻和氏墓誌磚 唐大曆八年(773)

1199　賈瑜墓誌磚　唐貞元七年(791)

1200　王巨川妻口氏墓誌磚　唐貞元七年(791)

1201　張清源妻何氏墓誌磚　唐元和五年(810)

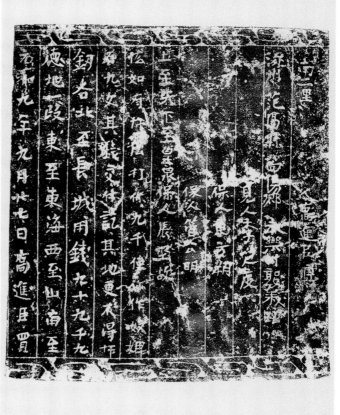

1202　喬進臣買地券磚　唐元和九年(814)

1203　賈君墓誌磚　唐元和十二年(817)

1204　張君妻呂氏墓誌磚(蓋、誌)　唐元和十二年(817)

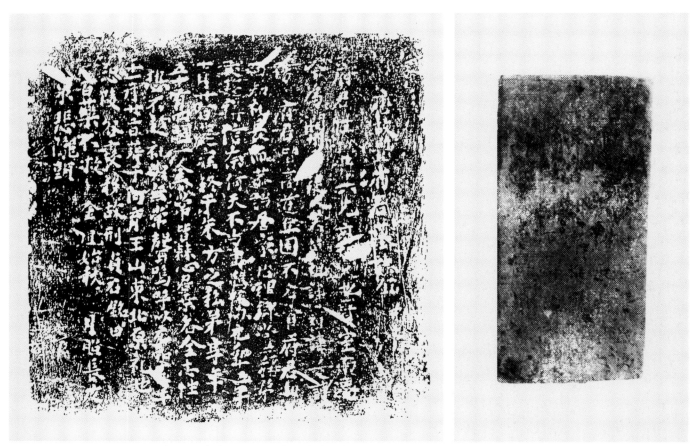

1205 口府君墓誌磚 唐元和十二年(817)　　　　1206 沈氏二口墓誌磚 唐元和十二年(817)

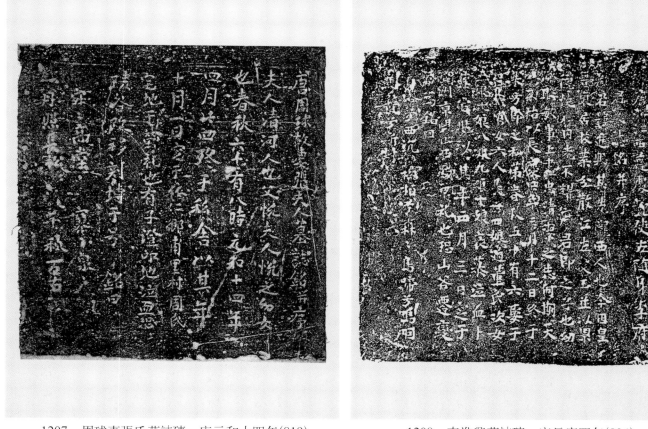

1207 周球妻張氏墓誌磚 唐元和十四年(819)　　　　1208 李進興墓誌磚 唐長慶四年(824)

1209　沈朝墓誌磚　唐寶曆元年(825)

1210　薛夫人墓誌磚　唐太和元年(827)

1211　吳天成造像磚　唐太和元年(827)

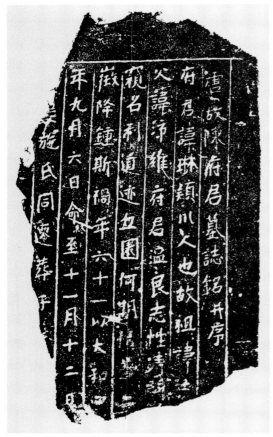

1212　陳琳墓誌磚　唐太和四年(830)

1214　聚慶墓誌磚　唐太和六年(832)

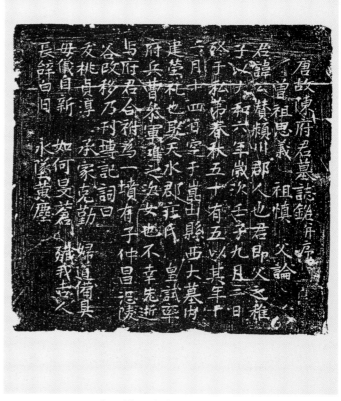

1213　陳琳妻施小光墓誌磚　唐太和四年(830)

1215　陳公贊墓誌磚　唐太和六年(832)

1216　許君妻王氏墓誌磚　唐會昌元年(841)　　　　　　　1217　王叔寧妻弘氏墓誌磚　唐會昌六年(846)

1218　王君妻于令淑墓誌磚(蓋、誌)　唐大中元年(847)

1219　劉元簡爲父買地券磚　唐大中元年(847)

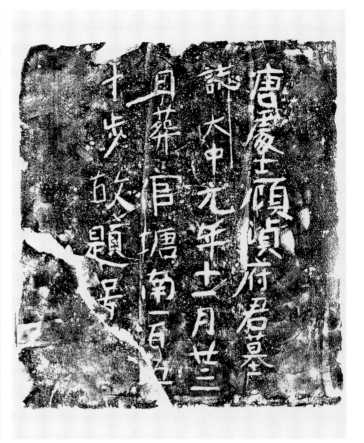

1220　顧崇倩墓誌磚(蓋)　唐大中元年(847)

1220　顧崇倩墓誌磚(誌)　唐大中元年(847)

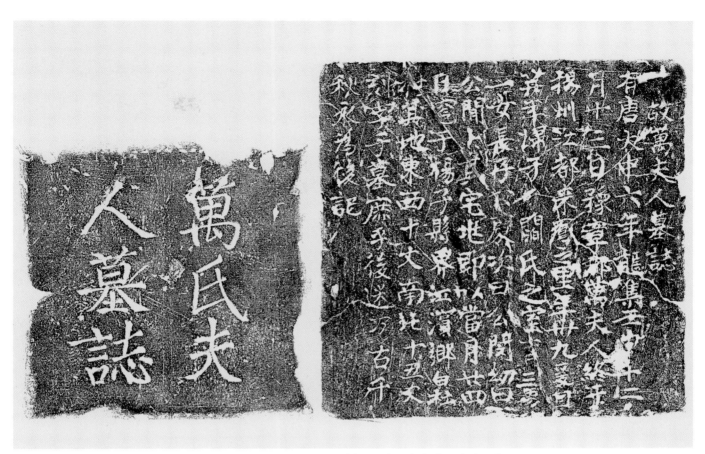

1221　閻君妻萬氏墓誌磚(蓋、誌)　唐大中六年(852)

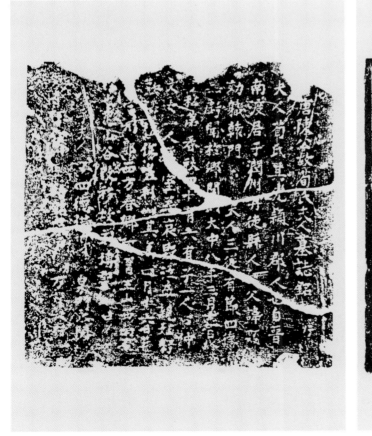

1222　陳君妻荀氏墓誌磚　唐大中八年(854)

1223　顏幼明墓誌磚　唐咸通七年(866)

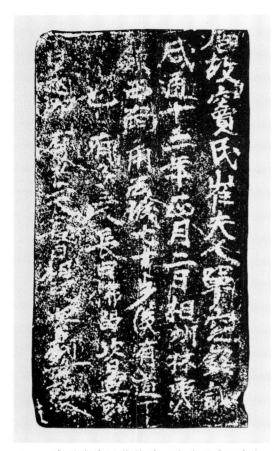

1224　竇君妻崔氏墓銘磚　唐咸通十三年(872)

1225　證果禪師塔銘磚　唐咸通十四年(873)

1226　孟元簡阿娘墓記磚　唐咸通十五年(874)

1227　楊君妻蘇氏墓誌磚　唐乾符五年(878)

1228　崔貽孫墓誌磚　唐廣明元年(880)

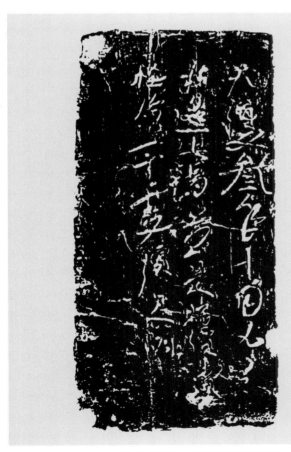

1229　唐國寺塔磚　唐天復三年(903)

1230　張氏墓誌磚　唐(618～907)

1231　姚夫人殘墓誌磚　唐(618～907)

1232　田師愍磚　唐(618～907)

1233　潞城縣陳口磚
　　　唐(618～907)

1234　宿歹見盈等字殘磚　唐(618～907)

1235　吳咸二字殘磚　唐(618～907)

1236　含嘉倉銘磚(東從西等字)　唐(618～907)

1237　含嘉倉銘磚(冀州等字)　唐(618～907)

1238　含嘉倉銘磚(向東等字)　唐(618～907)

1239　含嘉倉銘磚(含嘉倉等字)　唐(618～907)

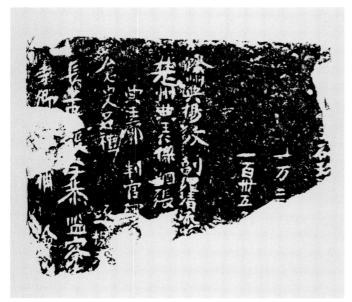

1240　含嘉倉銘磚(滁州等字)　唐(618～907)

1241　含嘉倉銘磚(三行從西等字)　唐(618～907)

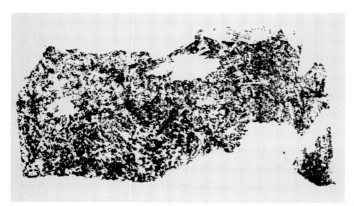

1242　含嘉倉銘磚(倉州等字)　唐(618～907)

1243　蔡新殘墓記磚　唐(618～907)

1244　阿珠殘墓記磚　唐(618～907)

1245　七十二等字殘墓記磚　唐(618～907)

1246　朔廿六日等字殘墓記磚　唐(618～907)

1247　囗庭殘神柩磚　唐(618～907)

1248　尹彭氏殘墓記磚　唐(618～907)

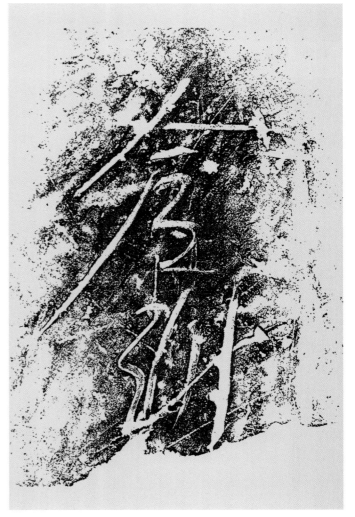

1249　倉囗磚　唐(618～907)

1250　杜景達墓記磚　唐(618～907)

1251　馮思誨墓記磚　唐(618～907)

1252　户二五百廿口等字磚　唐(618～907)

1253　公吉磚　唐(618～907)

1254　李氏馬夫人墓銘磚　唐(618～907)

1255　李要磚　唐(618～907)

1256　南平鄉人殘墓誌磚　唐(618～907)

1257　孫繼卿妻崔氏墓記磚　唐(618～907)

1258　田小口磚　唐(618～907)

1259　吳興殘墓誌磚　唐(618～907)

1260　劉沙彌磚　唐(618～907)

1261　竇晙墓記磚　唐(618～907)

1262　元智惠墓銘磚　唐(618～907)

1263　趙洪達墓記磚　唐(618～907)

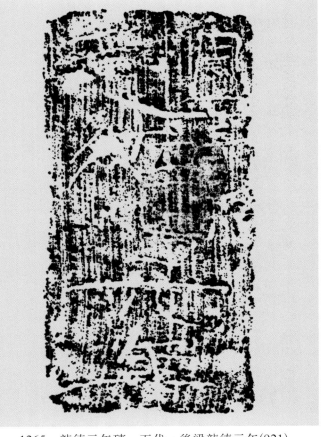

1264　會邦于二磚　渤海[大興五十六年(792)]

1265　龍德元年磚　五代·後梁龍德元年(921)

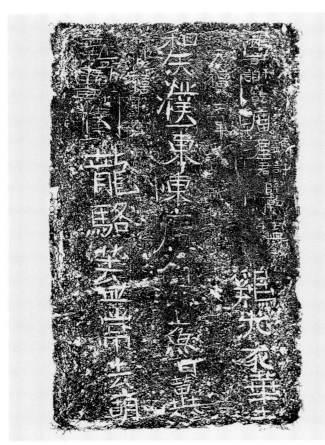

1266　天福二年等字磚　五代·後晉天福二年(937)　　　　1268　錢氏作磚　十國·吳越寶正四年(929)

1267　龍鳳磚　十國·南唐(937～975)

1269　王林及妻何四娘造像磚(正、背)　十國·吳越顯德五年(958)

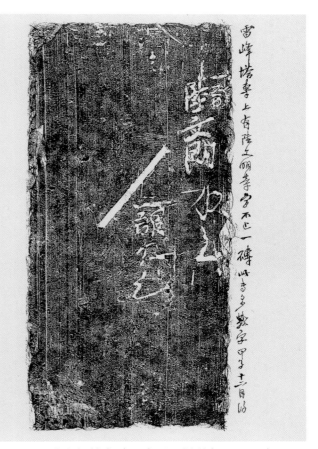

1270　陸文朗等字磚　十國·吳越(907～978)

1271　當遷當磚　十國·吳越(907～978)

1272　雷峰塔磚　十國·吳越(907～978)

1273　大漢白龍磚　十國・南漢白龍元年(925)

1274　雲母山長口造佛像磚　十國・南漢乾和十五年(957)

1275　乾和十六年殘墓記磚　十國・南漢乾和十六年(958)

1276　龔澄樞題記殘磚　十國・南漢大寶六年(963)

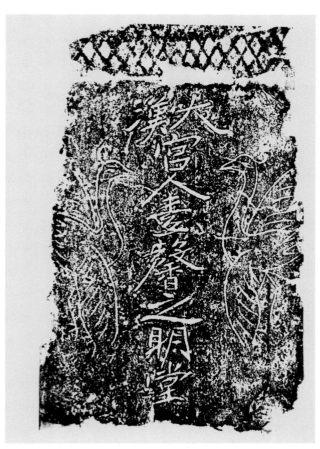

1277　王丘馨明堂磚　十國・南漢(917～971)

1279　乙丑年磚　北宋乾德三年(965)

1278　造塔興工七言詩磚　北宋乾德三年(965)

1280　馬隱等賣地券磚　北宋太平興國九年(984)

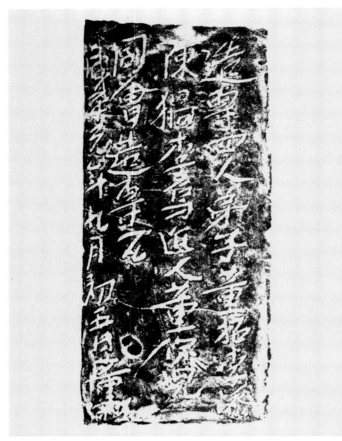

1281　董招四人造專瓦題記磚　北宋咸平元年(998)

1282　李烏題記磚
　　　北宋咸平元年(998)

1283　李烏磚
　　　北宋咸平元年(998)

1284　大中祥符二年塔磚　北宋大中祥符二年(1009)

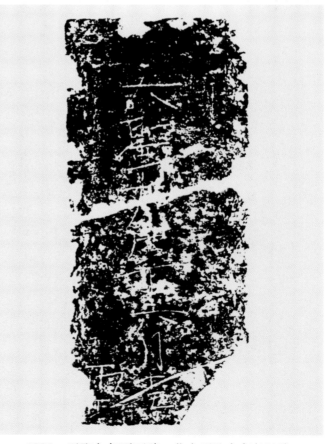

1285　天聖九年雨下磚　北宋天聖九年(1032)

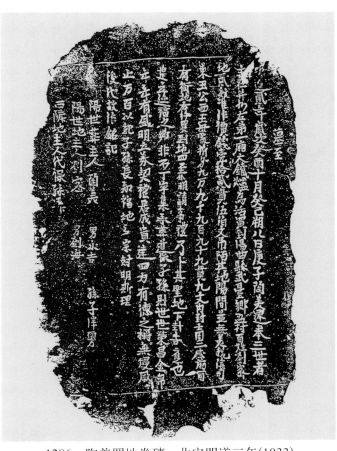

1286　陶美買地券磚　北宋明道二年(1033)

1287　寶元貳年等字磚　北宋寶元二年(1039)

1288　張酒子題名磚　北宋熙寧元年(1068)

1289　柴公墓記磚　北宋熙寧十年(1077)

1290　口晏家族墓誌磚　北宋元豐元年(1078)

1291　楊遇墓誌磚(正、側)　北宋元祐四年(1089)

1292　寶林寺塔銘磚　北宋元祐七年(1092)

1293　王宗奉爲父母買地券磚　北宋元符二年(1099)

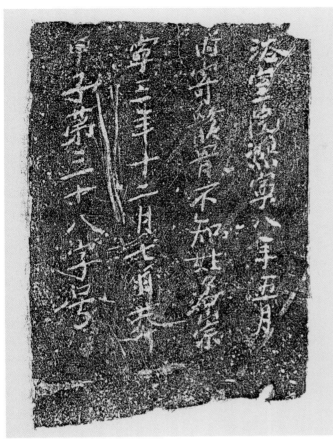

1294　無名氏墓記磚(甲子第三十八字號)　北宋崇寧三年(1104)

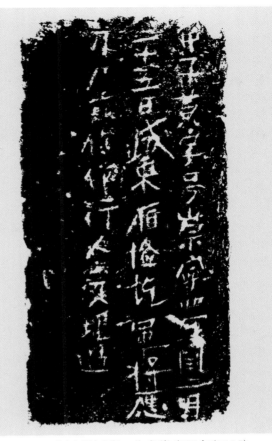

1295　應□墓記磚　北宋崇寧四年(1105)

1296　劉客墓記磚　北宋崇寧四年(1105)

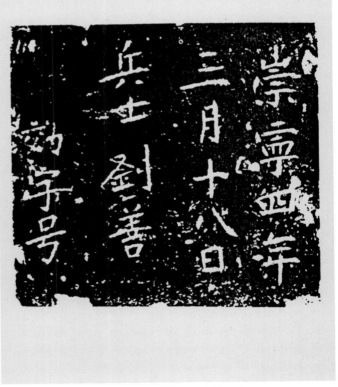

1297　劉善墓記磚　北宋崇寧四年(1105)

1298　無名氏軍人墓記磚(甲子生字號第一種)
　　　北宋[崇寧四年(1105)]

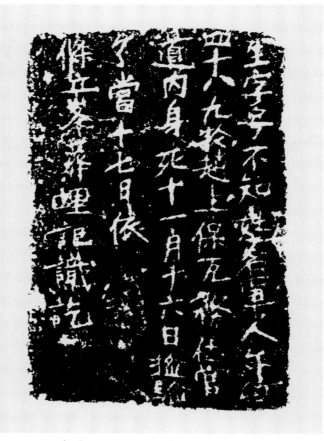

1299　無名氏軍人墓記磚(甲子生字號第二種)
　　　北宋[崇寧四年(1105)]

1300　無名氏軍人墓記磚(甲子生字號第三種)
　　　北宋[崇寧四年(1105)]

1301　無名氏軍人墓記磚(甲子生字號第四種)
　　　北宋崇寧四年(1105)

1302　阿劉墓記磚(第一種)　北宋[崇寧四年(1105)]

1303　阿劉墓記磚(第二種)　北宋[崇寧四年(1105)]

1304　阿劉墓記磚(第三種)　北宋崇寧四年(1105)

1305　遇厄墓記磚(第一種)　北宋[崇寧四年(1105)]

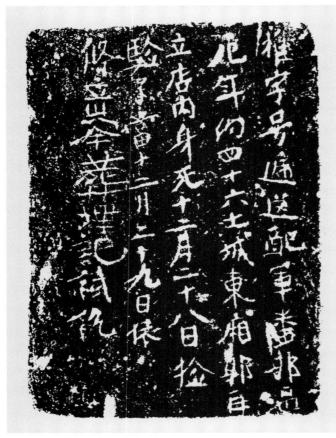

1306　遇厄墓記磚(第二種)　北宋[崇寧四年(1105)]

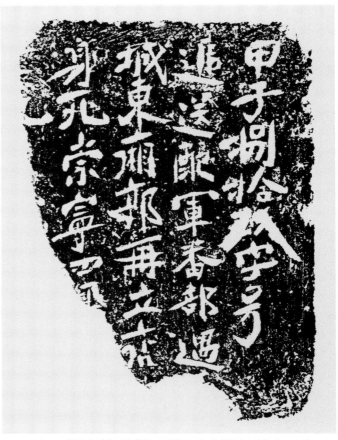

1307　遇厄墓記磚(第三種)　北宋崇寧四年(1105)

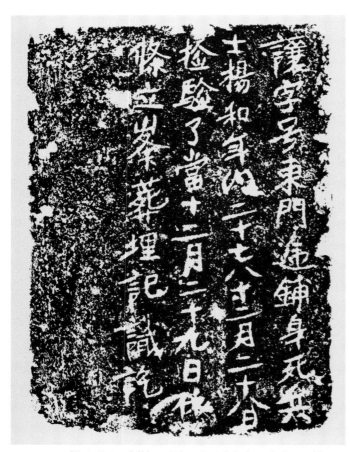

1308　楊和墓記磚(第一種)　北宋[崇寧四年(1105)]

1309　楊和墓記磚(第二種)　北宋崇寧四年(1105)

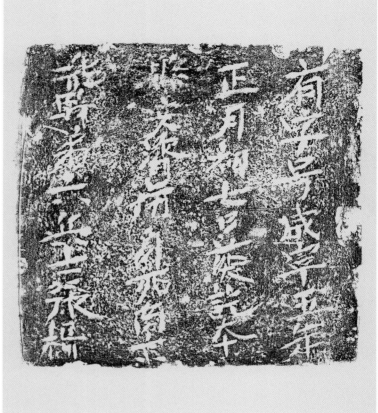

1310　崇寧四年十二月殘墓記磚　北宋崇寧四年(1105)　　　　1311　張口墓記磚　北宋崇寧五年(1106)

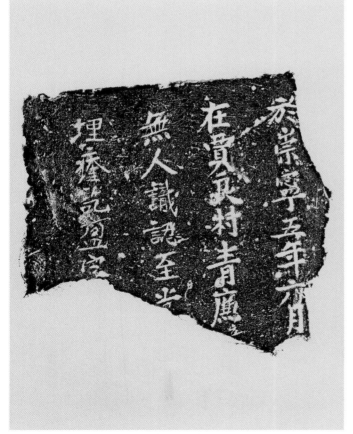

1312　無名氏殘墓記磚(盈字號)　北宋崇寧五年(1106)　　　1313　無名氏男子墓記磚(關字號)　北宋崇寧五年(1106)

1314　無名氏軍人墓記磚(光字號)　北宋崇寧五年(1106)

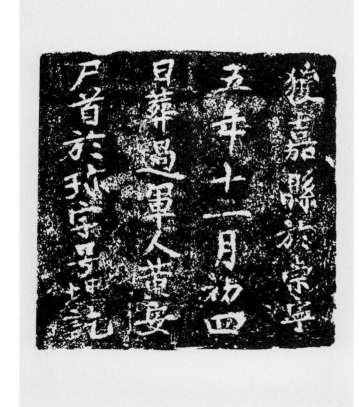

1315　李二哥墓記磚　北宋崇寧五年(1106)

1316　黃安墓記磚　北宋崇寧五年(1106)

1317　唐吉墓記磚(第一種)　北宋崇寧五年(1106)

1318　唐吉墓記磚(第二種)　北宋崇寧五年(1106)

1319　無名氏軍人墓記磚(甲子丙寅拾二字號)
　　　北宋崇寧五年(1106)

1320　趙信墓記磚　北宋崇寧[五]年(1106)

1321　張寧墓記磚(第一種)　北宋崇寧五年(1106)

1322　張寧墓記磚(第二種)　北宋[崇寧五年(1106)]

1324　無名氏軍人墓記磚(甲子空字號第一種)
　　　北宋崇寧五年(1106)

1323　張仁福墓記磚　北宋崇寧五年(1106)

1325　無名氏軍人墓記磚(甲子空字號第二種)
　　　北宋崇寧五年(1106)

1326　崇寧五年殘墓記磚　北宋崇寧五年(1106)

1327　馬元墓記磚　北宋大觀元年(1107)

1328　無名氏墓記磚(羔字號)　北宋大觀元年(1107)

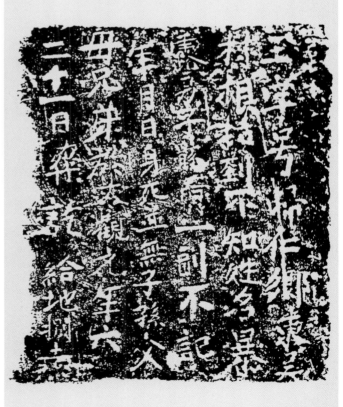

1329　無名氏墓記磚(王字號)　北宋大觀元年(1107)

1330　王普墓記磚　北宋大觀元年(1107)

1331　張元墓記磚　北宋大觀元年(1107)

1332　無名氏墓記磚（名字號）　北宋大觀元年(1107)

1333　張忙歌墓記磚　北宋大觀元年(1107)

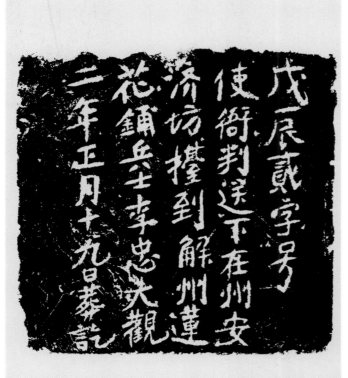

1334　李忠墓記磚　北宋大觀二年(1108)

1335　商文墓記磚　北宋大觀二年(1108)

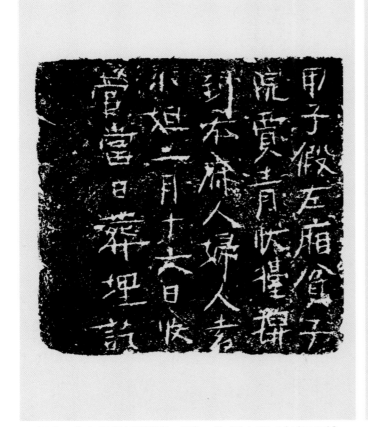

1336　袁小姐墓記磚(第一種)　北宋[大觀三年(1109)]

1337　袁小姐墓記磚(第二種)　北宋大觀三年(1109)

1338　袁小姐墓記磚(第三種)　北宋[大觀三年(1109)]

1339　無名氏墓記磚(丙寅德字號)　北宋大觀三年(1109)

1340　鄭吉墓記磚　北宋大觀三年(1109)

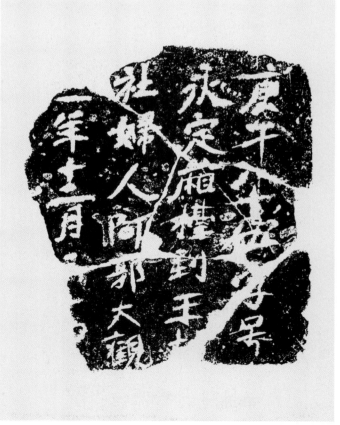

1341　阿郭墓記磚　北宋大觀三年(1109)

1342　戴青墓記磚　北宋大觀三年(1109)

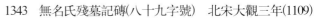

1343　無名氏殘墓記磚(八十九字號)　北宋大觀三年(1109)

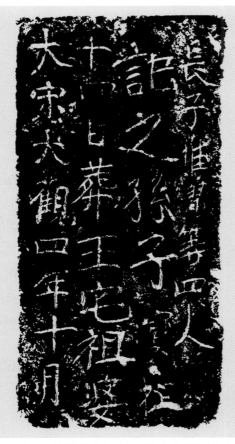

1344　王惟習母祖婆墓記磚　北宋大觀四年(1110)

1345　周臻等重建塔記磚　北宋政和元年(1111)

1346 無名氏墓記磚(丙寅□字號) 北宋政和二年(1112)　　　　1347 彭琮墓記磚 北宋政和三年(1113)

1348 無名氏墓記磚(乙亥五十一字號)
　　　北宋政和四年(1114)

1349 太平坊街砌街施主題名磚(第一磚) 北宋政和四年(1114)

1349　太平坊街砌街施主題名磚(第二磚)
　　　北宋政和四年(1114)

1350　政和四年十月十八日殘墓
　　　記磚　北宋政和四年(1114)

1351　政和四年十月殘墓記磚
　　　北宋政和四年(1114)

1352　張辛墓記磚　北宋政和四年(1114)

1353　聶真墓記磚　北宋[政]和四年(1114)

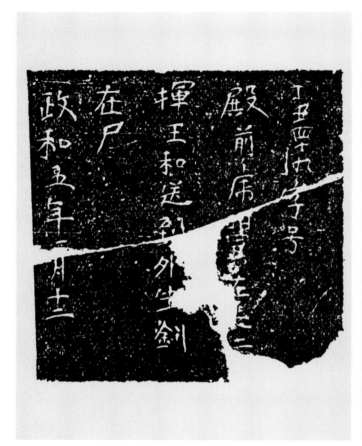

1354　劉在墓記磚　北宋政和五年(1115)

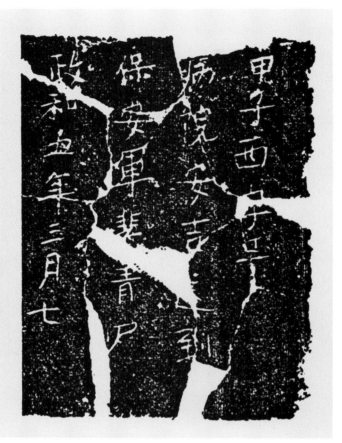

1355　裴青墓記磚(第一種)　北宋政和五年(1115)

1356　裴青墓記磚(第二種)　北宋政和五年(1115)

1357　口千墓記磚　北宋政和五年(1115)

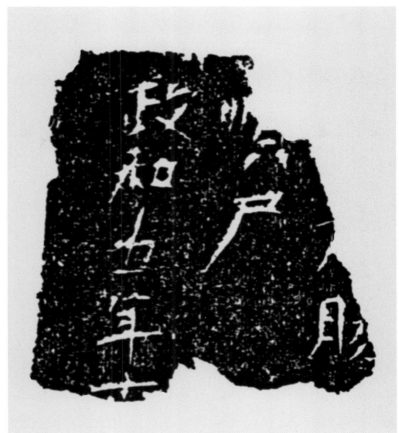

1358　政和五年十月八日殘墓記磚　北宋政和五年(1115)　　　1359　口順殘墓記磚　北宋政和五年(1115)

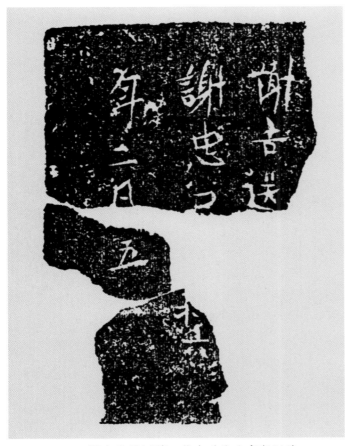

1360　謝忠殘墓記磚　北宋政和六年(1116)　　　1361　路吉殘墓記磚　北宋政和六年(1116)

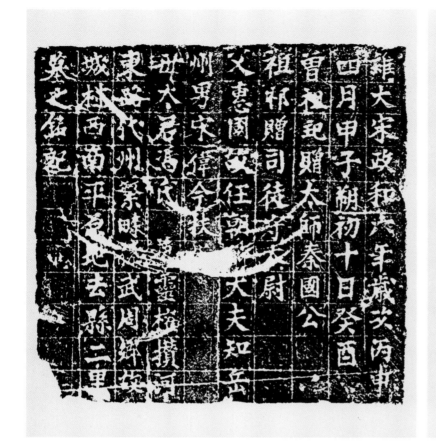

1362　宋惠國妻馮氏墓銘磚　北宋政和六年(1116)

1363　政和六年四月十四日殘墓記磚　北宋政和六年(1116)

1364　無名氏墓記磚(丁丑口字號)　北宋政和六年(1116)

1365　王信墓記磚　北宋政和七年(1117)

1366　□青妻阿李墓記磚　北宋政和七年(1117)

1367　胡光國墓記磚　北宋政和七年(1117)

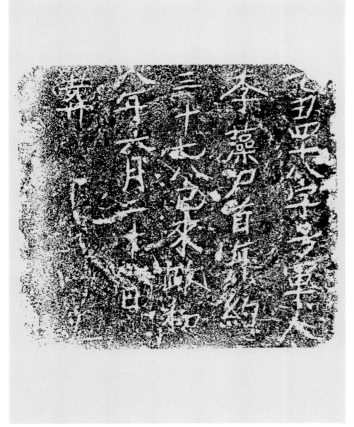

1368　李藻墓記磚　北宋政和八年(1118)

1369　王德墓記磚　北宋政和八年(1118)

1370　伊德墓記磚　北宋政和八年(1118)

1371　聶青墓記磚　北宋政和八年(1118)

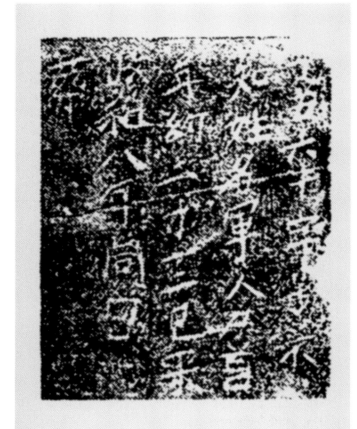

1372　無名氏軍人墓記磚(乙丑六十字號)　北宋政和八年(1118)

1373　政和年殘墓記磚　北宋政和(1111～1117)

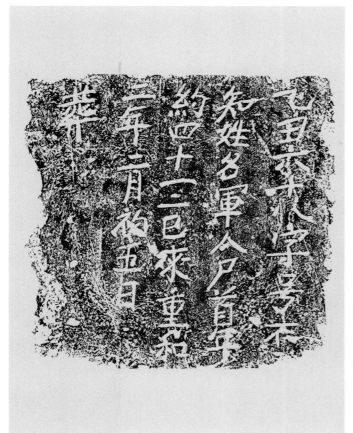

1374　無名氏軍人墓記磚(乙丑六十八字號)
　　　　北宋重和二年(1119)

1375　王立墓記磚　北宋重和二年(1119)

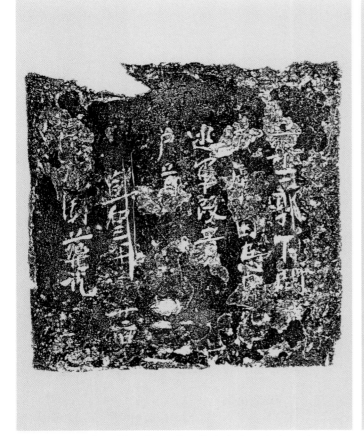

1376　藥三等人墓記磚　北宋宣和三年(1121)

1377　王諫、王義墓記磚　北宋宣和五年(1123)

1378　吳大墓記磚　北宋宣和六年(1124)

1380　張德墓記磚　北宋宣和六年(1124)

1379　閻氏十八娘買地券磚　北宋宣和六年(1124)

1381　李旺墓記磚　北宋宣和六年(1124)

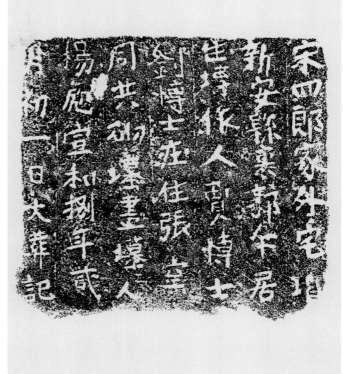

1382　宋四郎葬記磚　北宋宣和八年(1126)

1383　□德殘墓記磚
　　　北宋宣和(1119～1125)

1384　應天佛塔磚
　　　北宋(960～1126)

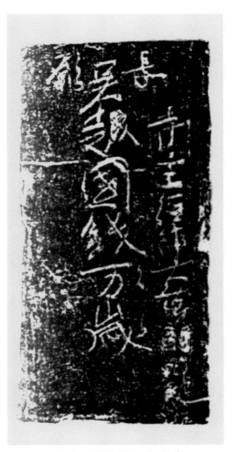

1385　願吳越國萬歲磚
　　　北宋(960～1126)

1386 吳越過四代王磚 北宋(960～1126)

1387 敬顯題記磚 北宋(960～1126)

1388 紹宗號記磚 北宋(960～1126)

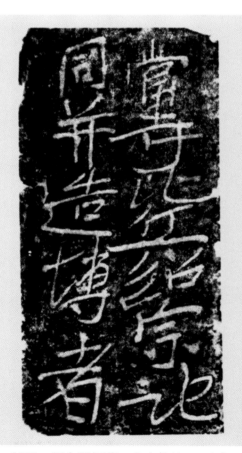

1389 紹宗題記磚 北宋(960～1126)

1390　鄔觜、蔣巳兒題名磚　北宋(960~1126)

1391　僧一金題名磚　北宋(960~1126)

1392　紹麟題記磚　北宋(960~1126)

1393　靈石寺磚　北宋(960~1126)

1394　座主大師題名磚　北宋(960～1126)

1395　上大人磚　北宋(960～1126)

1396　長江後浪催前浪磚　北宋(960～1126)

1397　世上人我見朝磚　北宋(960～1126)

1398　有願不借各磚　北宋(960～1126)

1399　委要知磚　北宋(960～1126)

1400　均州居住記磚　北宋(960～1126)

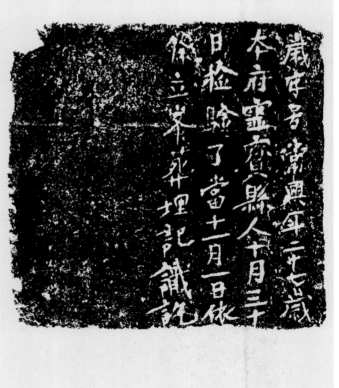

1401　常興墓記磚(第一種)　北宋(960～1126)

1402 常興墓記磚(第二種) 北宋(960～1126)

1403 侯進墓記磚(第一種) 北宋(960～1126)

1404 侯進墓記磚(第二種) 北宋(960～1126)

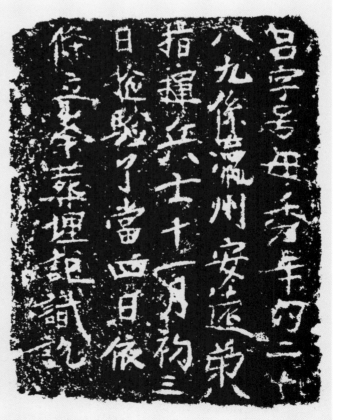

1405 冊秀墓記磚(第一種) 北宋(960～1126)

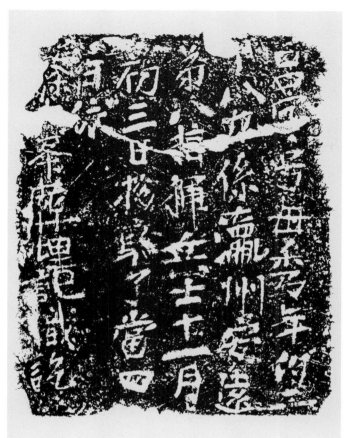

1406　冊秀墓記磚(第二種)　北宋(960～1126)

1407　冊秀墓記磚(第三種)　北宋(960～1126)

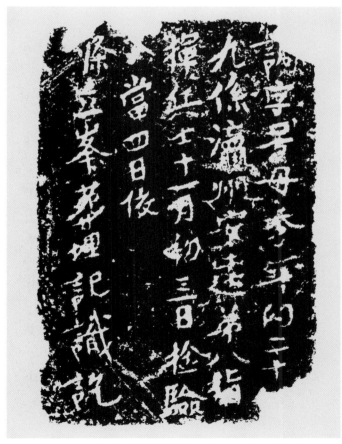

1408　冊秀墓記磚(第四種)　北宋(960～1126)

1409　張進墓記磚　北宋(960～1126)

1410　劉進墓記磚　北宋(960～1126)　　　　1411　無名氏婦人墓記磚(甲子雲字號第一種)　北宋(960～1126)

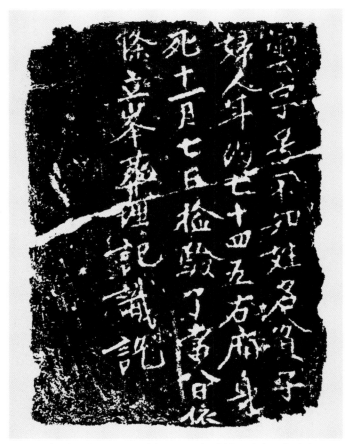

1412　無名氏婦人墓記磚(甲子雲字號第二種)　北宋(960～1126)　　1413　張青墓記磚(第一種)　北宋(960～1126)

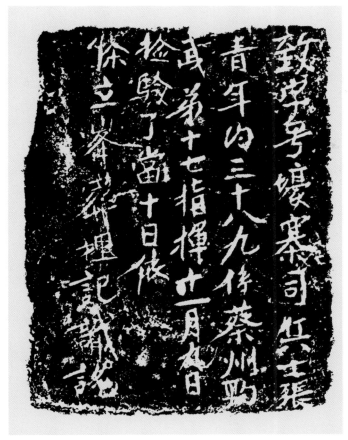

1414　張青墓記磚(第二種)　北宋(960～1126)

1415　張青墓記磚(第三種)　北宋(960～1126)

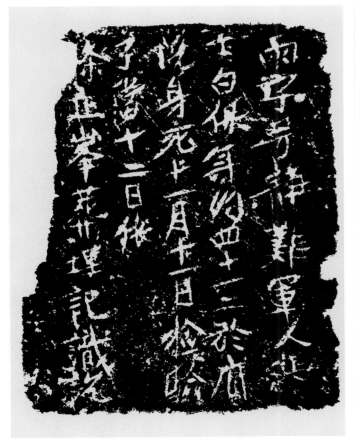

1416　白保墓記磚(第一種)　北宋(960～1126)

1417　白保墓記磚(第二種)　北宋(960～1126)

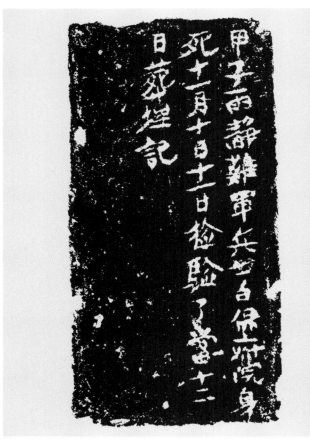

1418　白保墓記磚(第三種)　北宋(960～1126)

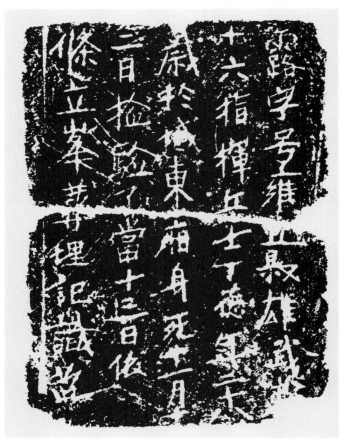

1419　丁德墓記磚(第一種)　北宋(960～1126)

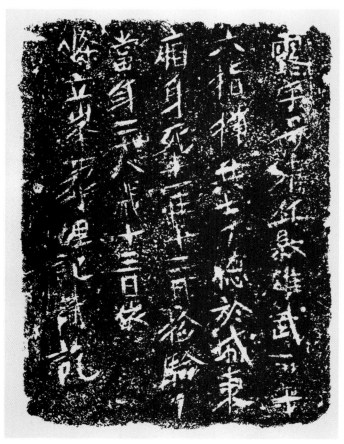

1420　丁德墓記磚(第二種)　北宋(960～1126)

1421　阿梁墓記磚(第一種)　北宋(960～1126)

374

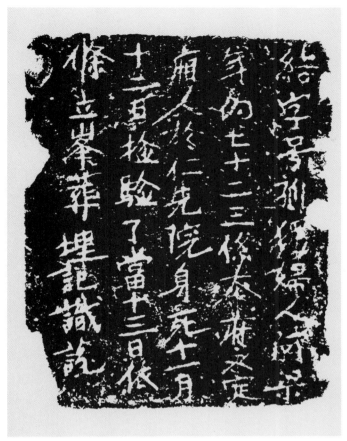

1422 阿梁墓記磚(第二種) 北宋(960～1126)

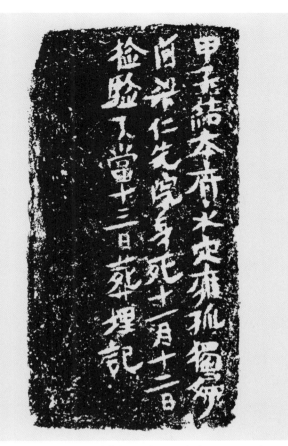

1423 阿梁墓記磚(第三種) 北宋(960～1126)

1424 頓梟墓記磚 北宋(960～1126)

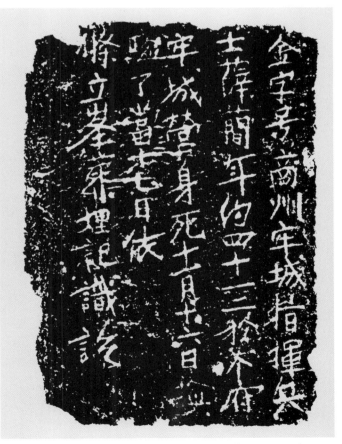

1425 薛簡墓記磚(第一種) 北宋(960～1126)

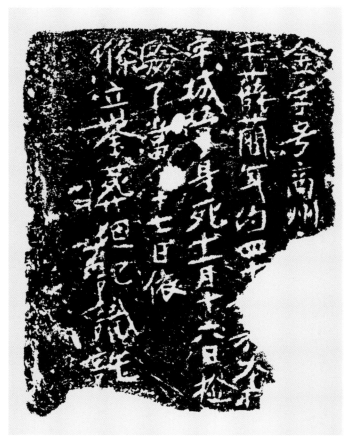

1426　薛簡墓記磚(第二種)　北宋(960～1126)

1427　薛簡墓記磚(第三種)　北宋(960～1126)

1428　無名氏軍人墓記磚(甲子麗字號第一種)
　　　北宋(960～1126)

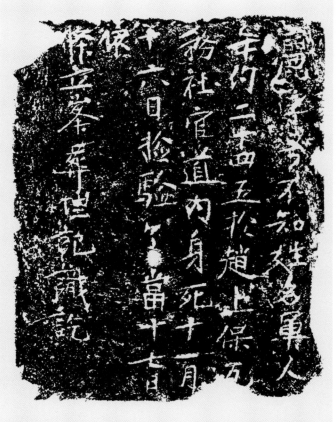

1429　無名氏軍人墓記磚(甲子麗字號第二種)
　　　北宋(960～1126)

1430　無名氏軍人殘墓記磚(甲子·麗字號第三種)
北宋(960～1126)

1431　無名氏軍人墓記磚(甲子·水字號第一種)
北宋(960～1126)

1432　無名氏軍人墓記磚(甲子·水字號第二種)
北宋(960～1126)

1433　無名氏軍人墓記磚(甲子·水字號第三種)
北宋(960～1126)

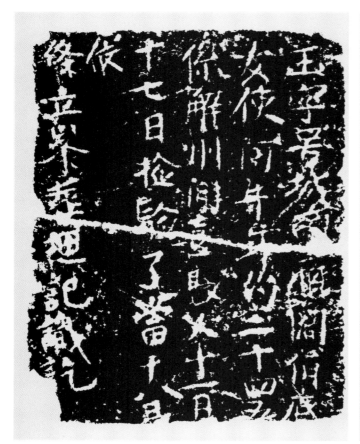

1434　阿牛墓記磚(第一種)　北宋(960～1126)

1435　阿牛墓記磚(第二種)　北宋(960～1126)

1436　王貴墓記磚　北宋(960～1126)

1437　康信墓記磚(第一種)　北宋(960～1126)

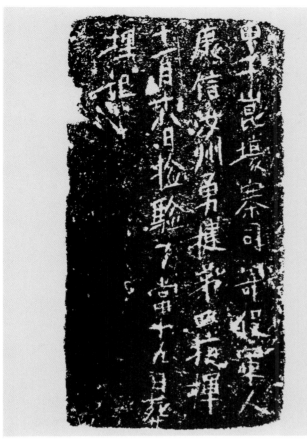

1438　康信墓記磚(第二種)　北宋(960～1126)

1439　無名氏婦人墓記磚(甲子崗字號第一種)
北宋(960～1126)

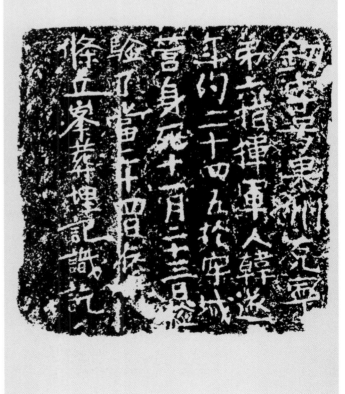

1440　無名氏婦人墓記磚(甲子崗字號第二種)
北宋(960～1126)

1441　韓遂墓記磚(第一種)　北宋(960～1126)

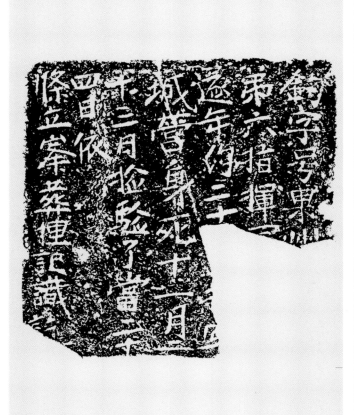

1442 韓遂墓記磚(第二種) 北宋(960～1126)

1443 喬忠墓記磚(第一種) 北宋(960～1126)

1444 喬忠墓記磚(第二種) 北宋(960～1126)

1445 裴四姐墓記磚 北宋(960～1126)

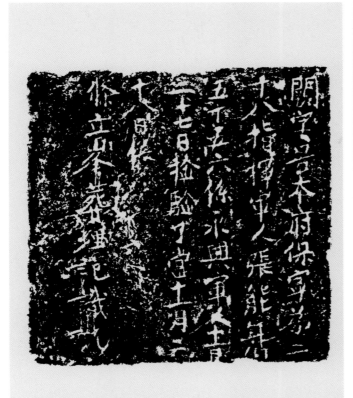

1446 張能墓記磚 北宋(960～1126)

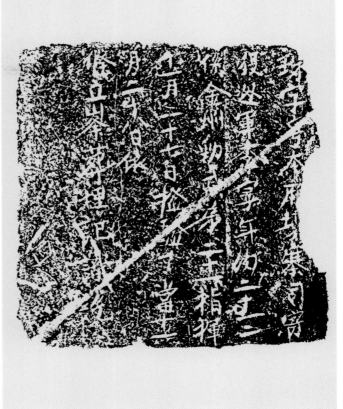

1447 李寧墓記磚 北宋(960～1126)

1448 張吉墓記磚(第一種) 北宋(960～1126)

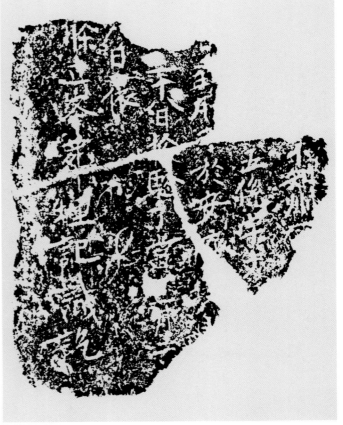

1449 張吉墓記磚(第二種) 北宋(960～1126)

1450　桯吉墓記磚(第一種)　北宋(960～1126)

1451　桯吉墓記磚(第二種)　北宋(960～1126)

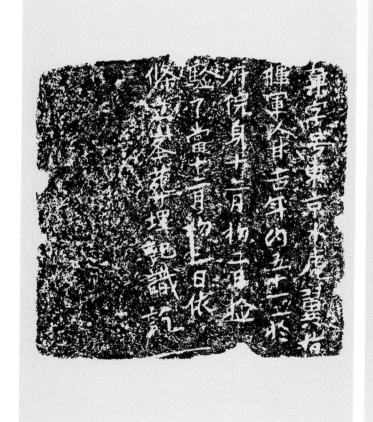

1452　甘吉墓記磚　北宋(960～1126)

1453　孫貴墓記磚(第一種)　北宋(960～1126)

1454　孫貴墓記磚(第二種)　北宋(960～1126)

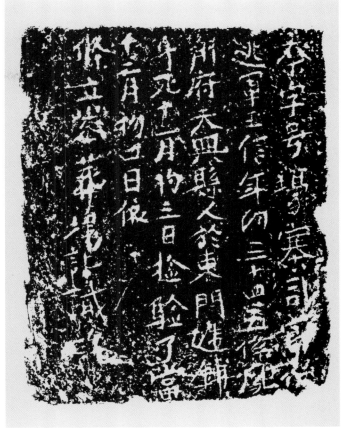

1455　王信墓記磚　北宋(960～1126)

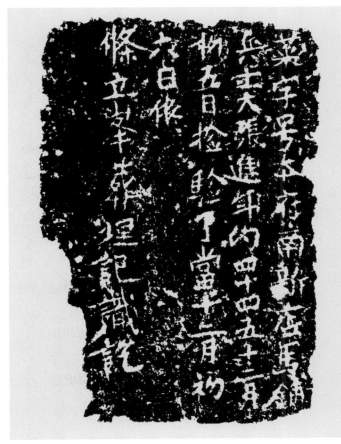

1456　大張進墓記磚　北宋(960～1126)

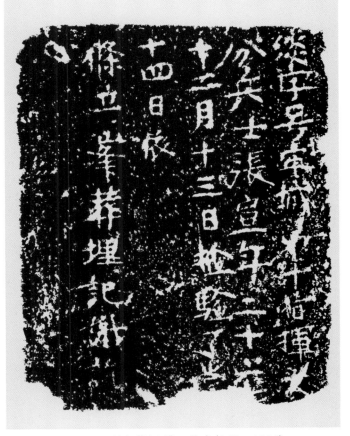

1457　張宣墓記磚　北宋(960～1126)

1458　李菜墓記磚　北宋(960～1126)

1459　張進墓記磚　北宋(960～1126)

1460　毛過墓記磚　北宋(960～1126)

1461　張聰墓記磚(第一種)　北宋(960～1126)

1462　張聰墓記磚(第二種)　北宋(960～1126)

1464　無名氏墓記磚(崇武指揮)　北宋(960～1126)

1463　成吉墓記磚　北宋(960～1126)

1465　張文墓記磚　北宋(960～1126)

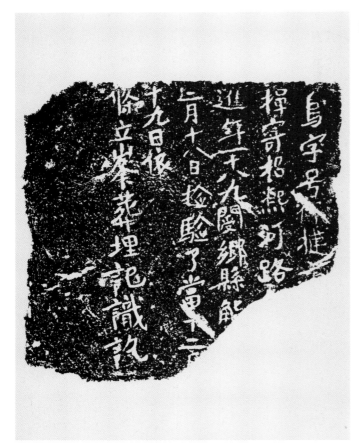

1466　口進墓記磚　北宋(960～1126)

1467　阿皇墓記磚(第一種)　北宋(960～1126)

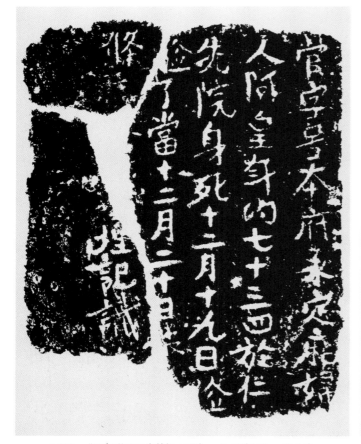

1468　阿皇墓記磚(第二種)　北宋(960～1126)

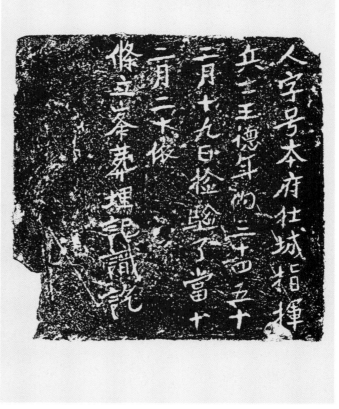

1469　王德墓記磚(第一種)　北宋(960～1126)

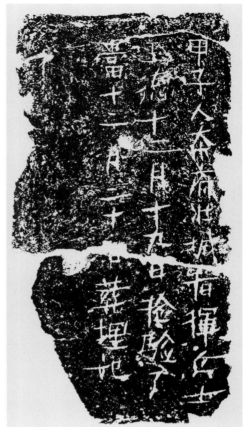

1470　王德墓記磚(第二種)　北宋(960～1126)　　　　1471　王德墓記磚(第三種)　北宋(960～1126)

1472　王德墓記磚(第四種)　北宋(960～1126)　　　　1473　張和墓記磚(第一種)　北宋(960～1126)

1474　張和墓記磚(第二種)　北宋(960～1126)

1475　阿馬墓記磚(第一種)　北宋(960～1126)

1476　阿馬墓記磚(第二種)　北宋(960～1126)

1477　無名氏軍人墓記磚(甲子文字號第一種)　北宋(960～1126)

1478　無名氏軍人墓記磚(甲子文字號第二種)　北宋(960～1126)

1479　楊元墓記磚(第一種)　北宋(960～1126)

1480　楊元墓記磚(第二種)　北宋(960～1126)

1481　董成墓記磚(第一種)　北宋(960～1126)

1482　董成墓記磚(第二種)　北宋(960～1126)

1483　賈全墓記磚　北宋(960～1126)

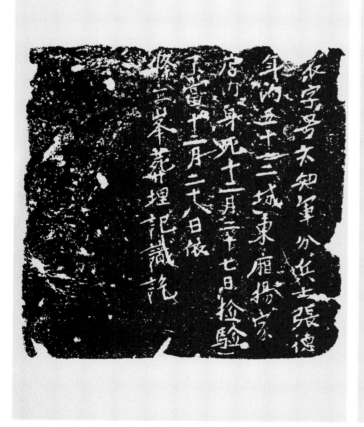

1484　張德墓記磚(第一種)　北宋(960～1126)

1485　張德墓記磚(第二種)　北宋(960～1126)

390

1486　香麥墓記磚　北宋(960～1126)

1487　無名氏軍人墓記磚(甲子國字號)　北宋(960～1126)

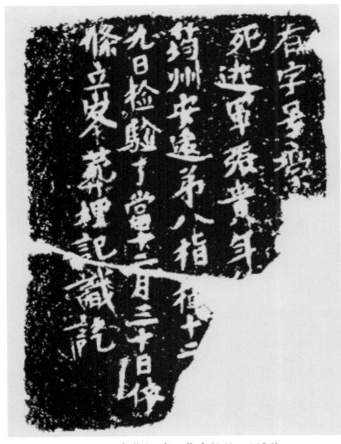

1488　張貴墓記磚　北宋(960～1126)

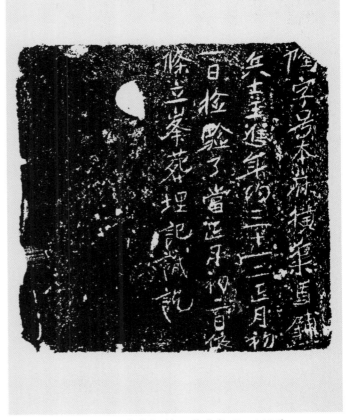

1489　王進墓記磚　北宋(960～1126)

1490　陳進墓記磚　北宋(960～1126)

1491　朱成墓記磚　北宋(960～1126)

1492　李青墓記磚　北宋(960～1126)

1493　阿陳墓記磚　北宋(960～1126)

1494　無名氏軍人墓記磚(甲子殷字號第一種)
　　　北宋(960～1126)

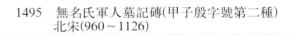

1495　無名氏軍人墓記磚(甲子殷字號第二種)
　　　北宋(960～1126)

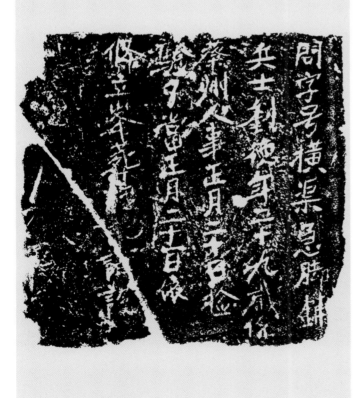

1496　劉德墓記磚　北宋(960～1126)

1497　苟又墓記磚　北宋(960～1126)

1498　杜用墓記磚　北宋(960～1126)

1499　蔡辛墓記磚　北宋(960～1126)

1500　陳進妻阿趙墓記磚　北宋(960～1126)

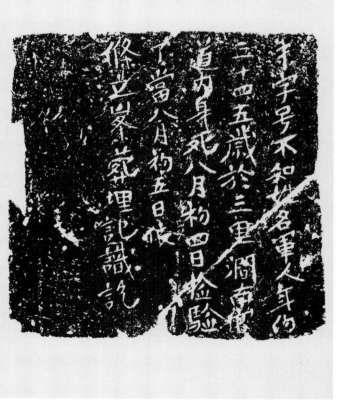

1501　無名氏軍人墓記磚(甲子才字號)　北宋(960～1126)

1502　田閏墓記磚　北宋(960～1126)

1503　大阿王墓記磚　北宋(960～1126)

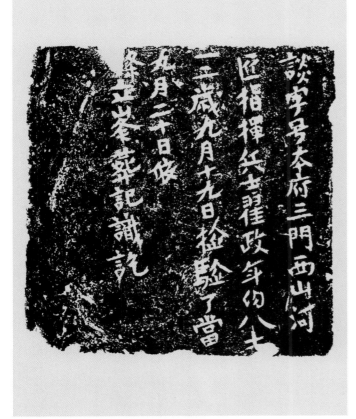

1504　翟政墓記磚　北宋(960～1126)

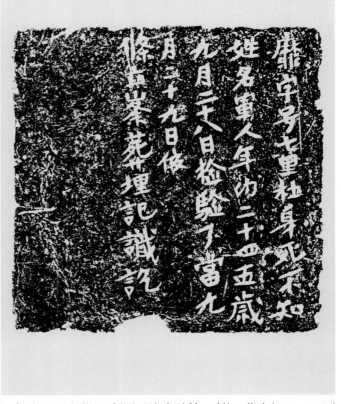

1505　無名氏軍人墓記磚(甲子靡字號第一種)　北宋(960～1126)

1506　無名氏軍人墓記磚(甲子麢字號第二種)
　　　北宋(960～1126)

1507　無名氏軍人墓記磚(甲子巳字號)　北宋(960～1126)

1508　無名氏軍人墓記磚(甲子器字號)　北宋(960～1126)

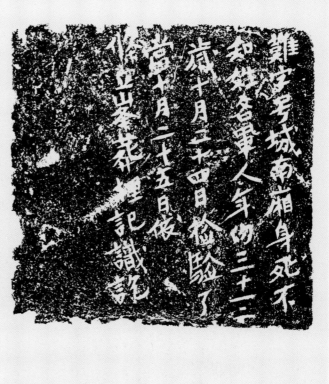

1509　無名氏軍人墓記磚(甲子難字號)　北宋(960～1126)

1510　梁支墓記磚　北宋(960～1126)

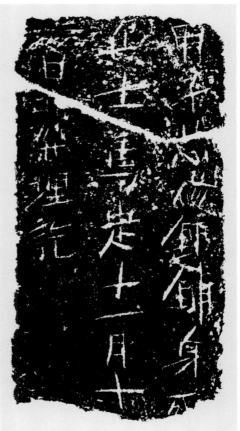

1511　馬定墓記磚　北宋(960～1126)

1512　陳吉墓記磚　北宋(960～1126)

1513　冦口珂墓記磚　北宋(960～1126)

1514　無名氏百姓墓記磚(甲子羔字號)　北宋(960～1126)

1515　郭元墓記磚(第一種)　北宋(960～1126)

1516　郭元墓記磚(第二種)　北宋(960～1126)

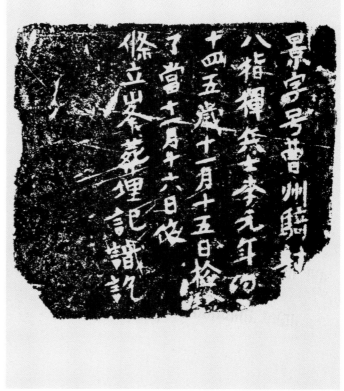

1517　李元墓記磚(第一種)　北宋(960～1126)

1518　李元墓記磚(第二種)　北宋(960～1126)

1519　無名氏軍人墓記磚(甲子行字號第一種)
北宋(960～1126)

1520　無名氏軍人墓記磚(甲子行字號第二種)
北宋(960～1126)

1521　無名氏軍人墓記磚(甲子維字號第一種)
北宋(960～1126)

1522 無名氏軍人墓記磚(甲子維字號第二種)
　　　北宋(960～1126)

1523 田吉墓記磚(第一種)　北宋(960～1126)

1524 田吉墓記磚(第二種)　北宋(960～1126)

1525 袁順墓記磚(第一種)　北宋(960～1126)

400

1526　袁順墓記磚(第二種)　北宋(960~1126)

1527　無名氏墓記磚(甲子念字號第一種)　北宋(960~1126)

1528　無名氏墓記磚(甲子念字號第二種)
　　　北宋(960~1126)

1529　無名氏軍人墓記磚(甲子傅字號第一種)
　　　北宋(960~1126)

1530　無名氏軍人墓記磚(甲子傳字號第二種)
北宋(960～1126)

1531　柴安兒墓記磚(第一種)　北宋(960～1126)

1532　柴安兒墓記磚(第二種)　北宋(960～1126)

1533　阿李墓記磚　北宋(960～1126)

1534　許×墓記磚　北宋(960~1126)

1535　張×墓記磚　北宋(960~1126)

1536　李二君墓記磚　北宋(960~1126)

1537　無名氏殘墓記磚(甲子定字號)　北宋(960~1126)

1538　樊宜娘墓記磚(第一種)　北宋(960～1126)

1539　樊宜娘殘墓記磚(第二種)　北宋(960～1126)

1540　無名氏百姓墓記磚(甲子榮字號第一種)
　　　北宋(960～1126)

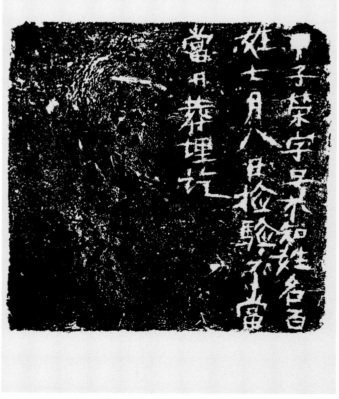

1541　無名氏百姓墓記磚(甲子榮字號第二種)
　　　北宋(960～1126)

1542　馮貴墓記磚(第一種)　北宋(960~1126)

1543　馮貴墓記磚(第二種)　北宋(960~1126)

1544　楊×墓記磚(第一種)　北宋(960~1126)

1545　楊×墓記磚(第二種)　北宋(960~1126)

1546　韓三墓記磚　北宋(960～1126)

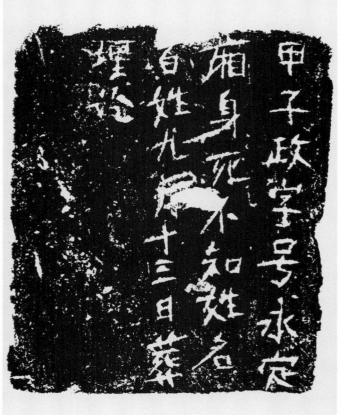

1547　無名氏百姓墓記磚(甲子政字號第一種)
北宋(960～1126)

1548　無名氏百姓墓記磚(甲子政字號第二種)
北宋(960～1126)

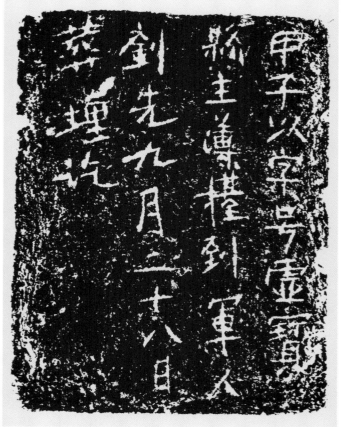

1549　劉先墓記磚(第一種)　北宋(960～1126)

1550　劉先墓記磚(第二種)　北宋(960～1126)

1551　阿許墓記磚　北宋(960～1126)

1552　夏小六墓記磚(第一種)　北宋(960～1126)

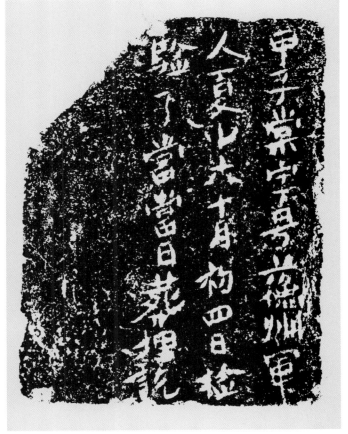

1553　夏小六墓記磚(第二種)　北宋(960～1126)

1554　趙吉墓記磚　北宋(960～1126)

1555　庚昌墓記磚(第一種)　北宋(960～1126)

1556　庚昌墓記磚(第二種)　北宋(960～1126)

1557　庚昌墓記磚(第三種)　北宋(960～1126)

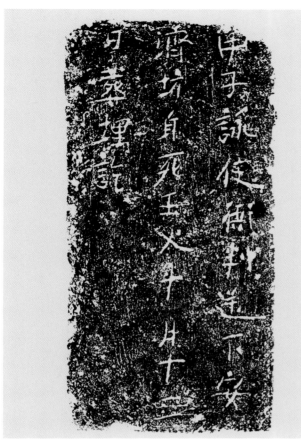

1558 王×墓記磚 北宋(960～1126)

1559 蘇連安墓記磚 北宋(960～1126)

1560 周小二墓記磚(第一種) 北宋(960～1126)

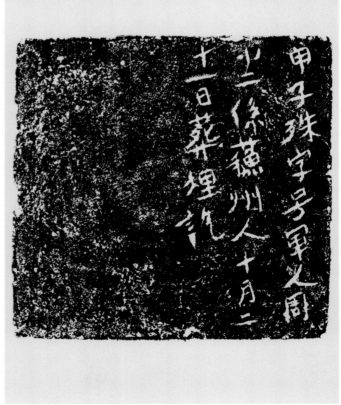

1561 周小二墓記磚(第二種) 北宋(960～1126)

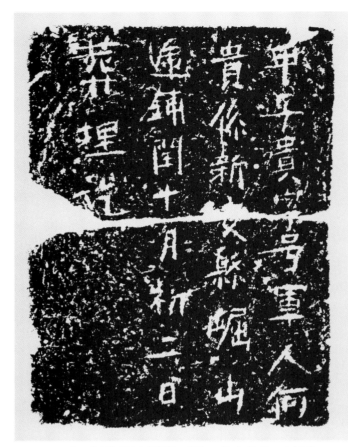

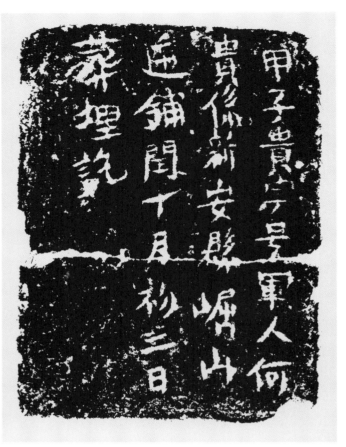

1562　何貴墓記磚(第一種)　北宋(960～1126)　　　　　1563　何貴墓記磚(第二種)　北宋(960～1126)

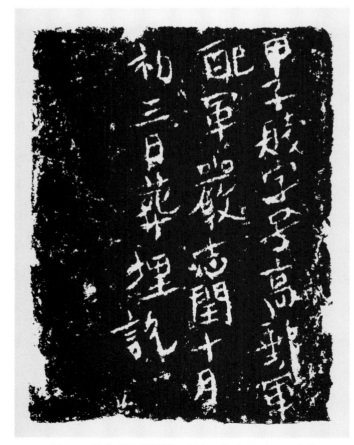

1564　嚴志墓記磚(第一種)　北宋(960～1126)　　　　　1565　嚴志墓記磚(第二種)　北宋(960～1126)

1566　阿姚墓記磚(第一種)　北宋(960～1126)

1567　阿姚墓記磚(第二種)　北宋(960～1126)

1568　丁德墓記磚(第一種)　北宋(960～1126)

1569　丁德墓記磚(第二種)　北宋(960～1126)

1570 李百墓記磚 北宋(960～1126)

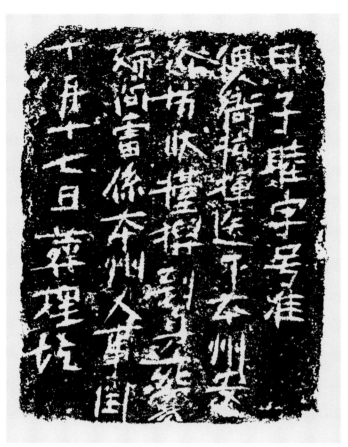

1571 阿雷墓記磚(第一種) 北宋(960～1126)

1572 阿雷墓記磚(第二種) 北宋(960～1126)

1573 楊海墓記磚(第一種) 北宋(960～1126)

1574　楊海墓記磚(第二種)　北宋(960～1126)

1575　馬秀墓記磚　北宋(960～1126)

1576　阿降墓記磚　北宋(960～1126)

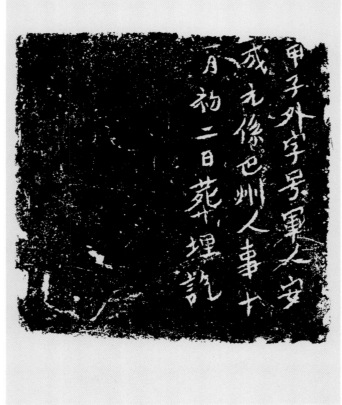

1577　安成墓記磚(第一種)　北宋(960～1126)

1578 安成墓記磚(第二種) 北宋(960～1126)

1579 祝信墓記磚 北宋(960～1126)

1580 楊元墓記磚 北宋(960～1126)

1581 楊美墓記磚 北宋(960～1126)

1582　梁德墓記磚(第一種)　北宋(960～1126)

1583　梁德墓記磚(第二種)　北宋(960～1126)

1584　王吉墓記磚(第一種)　北宋(960～1126)

1585　王吉墓記磚(第二種)　北宋(960～1126)

1586　劉貴墓記磚(第一種)　北宋(960～1126)

1587　劉貴墓記磚(第二種)　北宋(960～1126)

1588　廉順墓記磚(第一種)　北宋(960～1126)

1589　廉順墓記磚(第二種)　北宋(960～1126)

1590 無名氏墓記磚(戊辰肆字號)
　　　北宋(960～1126)

1591 董安墓記磚　北宋(960～1126)

1592 阿黨墓記磚　北宋(960～1126)

1593 無名氏百姓墓記磚(甲子浮字號)　北宋(960～1126)

417

1594 張逺墓記磚(第一種) 北宋(960～1126)　　　　1595 張逺墓記磚(第二種) 北宋(960～1126)

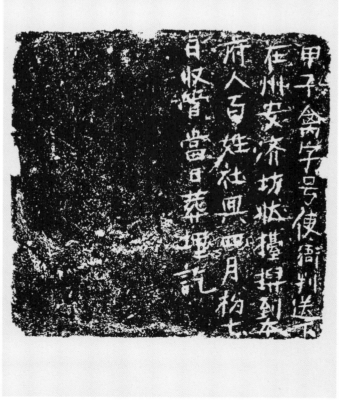

1596 社興墓記磚(第一種) 北宋(960～1126)　　　　1597 社興墓記磚(第二種) 北宋(960～1126)

1598　王吉墓記磚　北宋(960～1126)

1599　畢徇墓記磚(第一種)　北宋(960～1126)

1600　畢徇墓記磚(第二種)　北宋(960～1126)

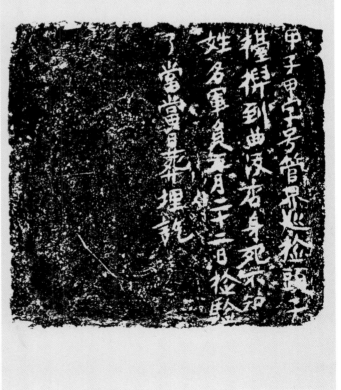

1601　無名氏軍員墓記磚(甲子·甲字號)　北宋(960～1126)

1602　無名氏軍員殘墓記磚(甲子甲字號第二種)　北宋
　　　(960～1126)

1603　無名氏軍人墓記磚(甲子皷第一種)　北宋(960～1126)

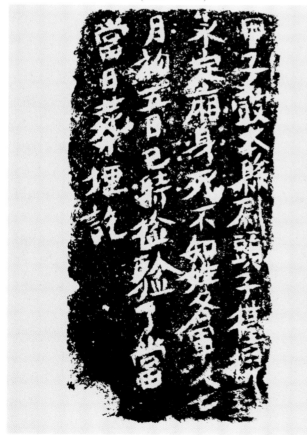

1604　無名氏軍人墓記磚(甲子皷第二種)　北宋(960～1126)

1605　三阿杜墓記磚(第一種)　北宋(960～1126)

1606　三阿杜墓記磚(第二種)　北宋(960～1126)

1607　三阿杜墓記磚(第三種)　北宋(960～1126)

1608　崔立墓記磚(第一種)　北宋(960～1126)

1609　崔立墓記磚(第二種)　北宋(960～1126)

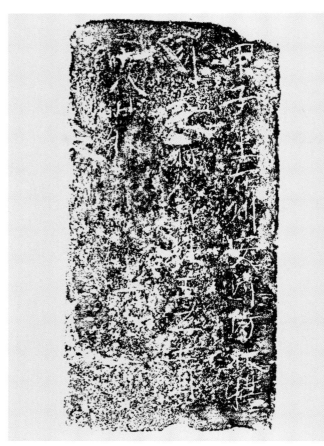

1610　王立墓記磚　北宋(960～1126)

1611　五阿杜墓記磚(第一種)　北宋(960～1126)

1612　五阿杜墓記磚(第二種)　北宋(960～1126)

1613　無名氏殘墓記磚(甲子階字號)　北宋(960～1126)

1614　張明墓記磚(第一種)　北宋(960～1126)

1615　張明墓記磚(第二種)　北宋(960～1126)

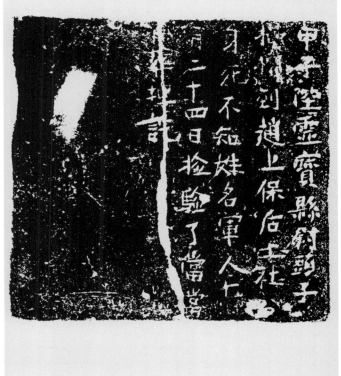

1616　無名氏軍人墓記磚(甲子陛第一種)　北宋(960～1126)

1617　無名氏軍人墓記磚(甲子陛第二種)　北宋(960～1126)

1618　二十一阿張墓記磚　北宋(960～1126)

1619　袁莫墓記磚　北宋(960～1126)

1620　王方德墓記磚(第一種)　北宋(960～1126)

1621　王方德墓記磚(第二種)　北宋(960～1126)

1622　無名氏兵士墓記磚(甲子營)　北宋(960～1126)

1623　無名氏殘墓記磚(甲子公字號)　北宋(960～1126)

1624　徐泰墓記磚　北宋(960～1126)

1625　張亨墓記磚　北宋(960～1126)

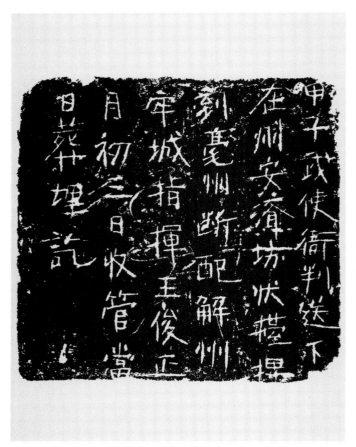

1626　王俊墓記磚　北宋(960～1126)

1627　無名氏墓記磚(甲子趙)　北宋(960～1126)

1628　解德墓記磚　北宋(960～1126)

1629　孟進墓記磚　北宋(960～1126)

1630　秦寧墓記磚(第一種)　北宋(960～1126)

1631　秦寧墓記磚(第二種)　北宋(960～1126)

1632　徐清墓記磚　北宋(960～1126)

1633　阿郭墓記磚　北宋(960～1126)

1634　謝□墓記磚　北宋(960～1126)

1635　杜成墓記磚　北宋(960～1126)

1636　杜十墓記磚　北宋(960～1126)

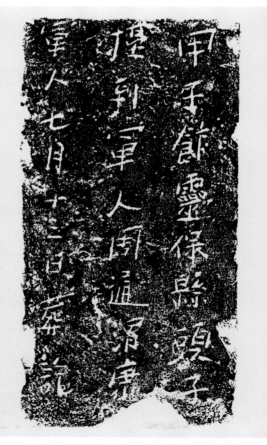

1637　周通墓記磚　北宋(960～1126)

1638 周立墓記磚 北宋(960～1126)

1639 李進墓記磚 北宋(960～1126)

1640 胡方墓記磚 北宋(960～1126)

1641 何方墓記磚 北宋(960～1126)

1642　張德墓記磚　北宋(960～1126)

1643　符千墓記磚　北宋(960～1126)

1644　口昌墓記磚　北宋(960～1126)

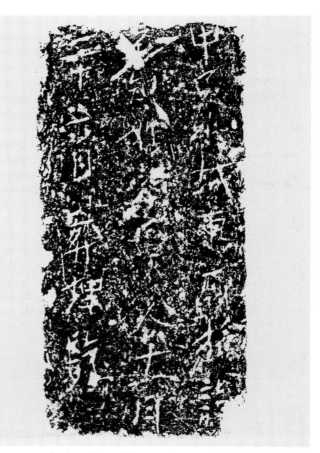

1645　無名氏墓記磚(甲子紙)　北宋(960～1126)

1646　高福墓記磚　北宋(960～1126)

1647　李昌墓記磚　北宋(960～1126)

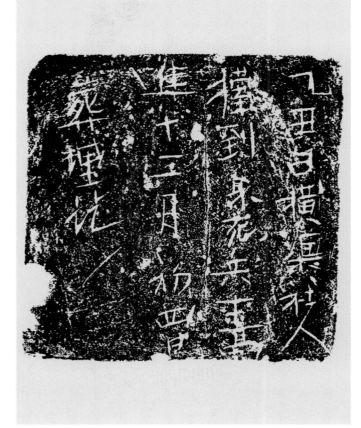

1648　高進墓記磚　北宋(960～1126)

1649　口千墓記磚　北宋(960～1126)

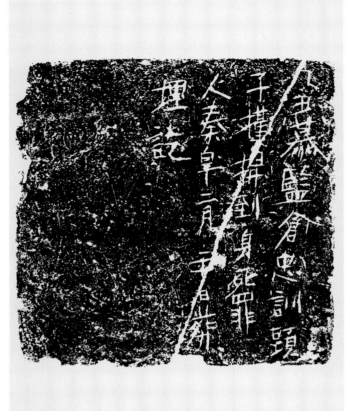

1650　秦皋墓記磚　北宋(960～1126)

1651　張進墓記磚　北宋(960～1126)

1652　阿趙墓記磚　北宋(960～1126)

1653　楊元墓記磚　北宋(960～1126)

1654　無名氏百姓墓記磚(乙丑瑟)　北宋(960～1126)

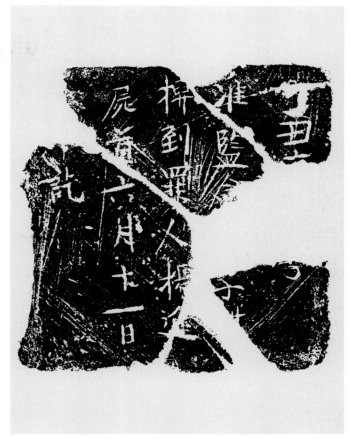

1655　楊進墓記磚　北宋(960～1126)

1656　己丑廿二字號殘墓記磚　北宋(960～1126)

1657　五年十月八等字殘墓記磚　北宋(960～1126)

1658　史貴墓記磚　北宋(960～1126)

1659　亥七十八字號殘墓記磚　北宋(960～1126)

1660　成指揮等字殘墓記磚　北宋(960～1126)

1661　方全寨等字殘墓記磚　北宋(960～1126)

1662　田丘殘墓記磚　北宋(960～1126)

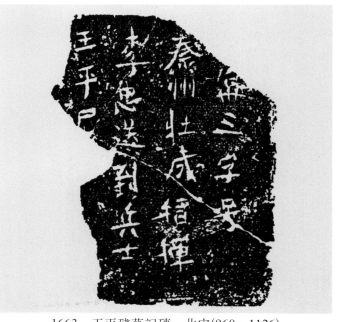

1663　王平殘墓記磚　北宋(960～1126)

1664　王信殘墓記磚　北宋(960～1126)

1666　周進殘墓記磚　北宋(960～1126)

1665　小薛殘墓記磚　北宋(960～1126)

1667　閔子騫磚　北宋(960～1126)

1668　趙三□月磚　北宋(960～1126)

1669　朱近買地券磚　南宋紹興九年(1139)

1670　婁元墓誌磚　南宋紹興十五年(1145)

1671　紹興壬申磚　南宋紹興二十二年(1152)

1672　羅再昌買地券磚　南宋紹興二十七年(1157)

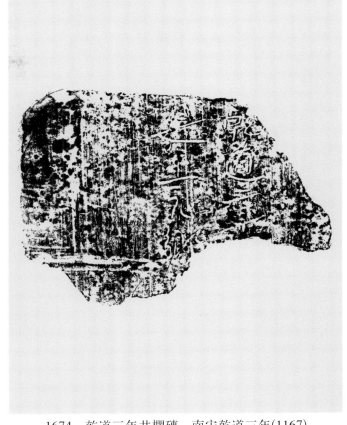

1674　乾道三年井欄磚　南宋乾道三年(1167)

1673　修塔題記磚　南宋隆興二年(1164)

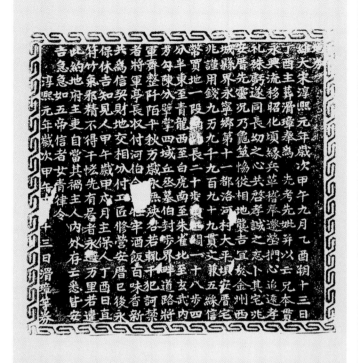

1675　滑璋買地券磚　南宋淳熙元年(1174)

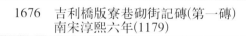

1676　吉利橋版寮巷砌街記磚(第一磚)
南宋淳熙六年(1179)

1676　吉利橋版寮巷砌街記磚(第二磚)
南宋淳熙六年(1179)

1676　吉利橋版寮巷砌街記磚(第三磚)
南宋淳熙六年(1179)

1677　張公殘墓記磚　南宋淳熙十三年(1186)

1678　許念七娘墓記磚　南宋紹熙四年(1193)

1679　嚴解元造磚　南宋紹定三年(1230)

1680　黃日華爲母王氏買地券磚　南宋紹定五年(1232)

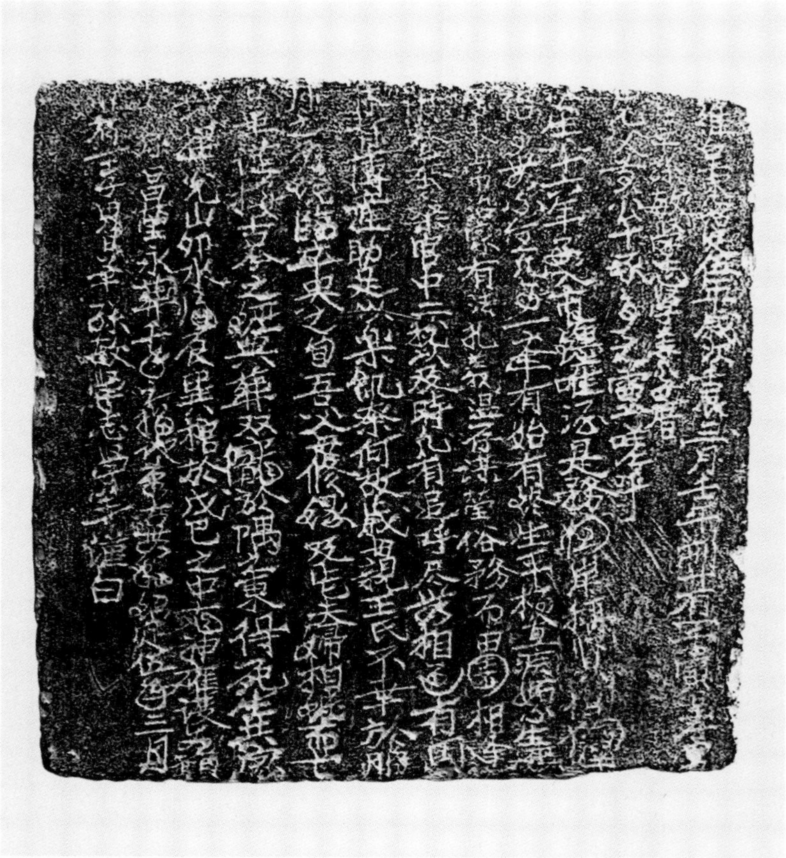

1681　黄日華爲父黄公買地券磚　南宋紹定五年(1232)

1682　楊夢斗爲母吴氏買地券磚
南宋景定二年(1261)

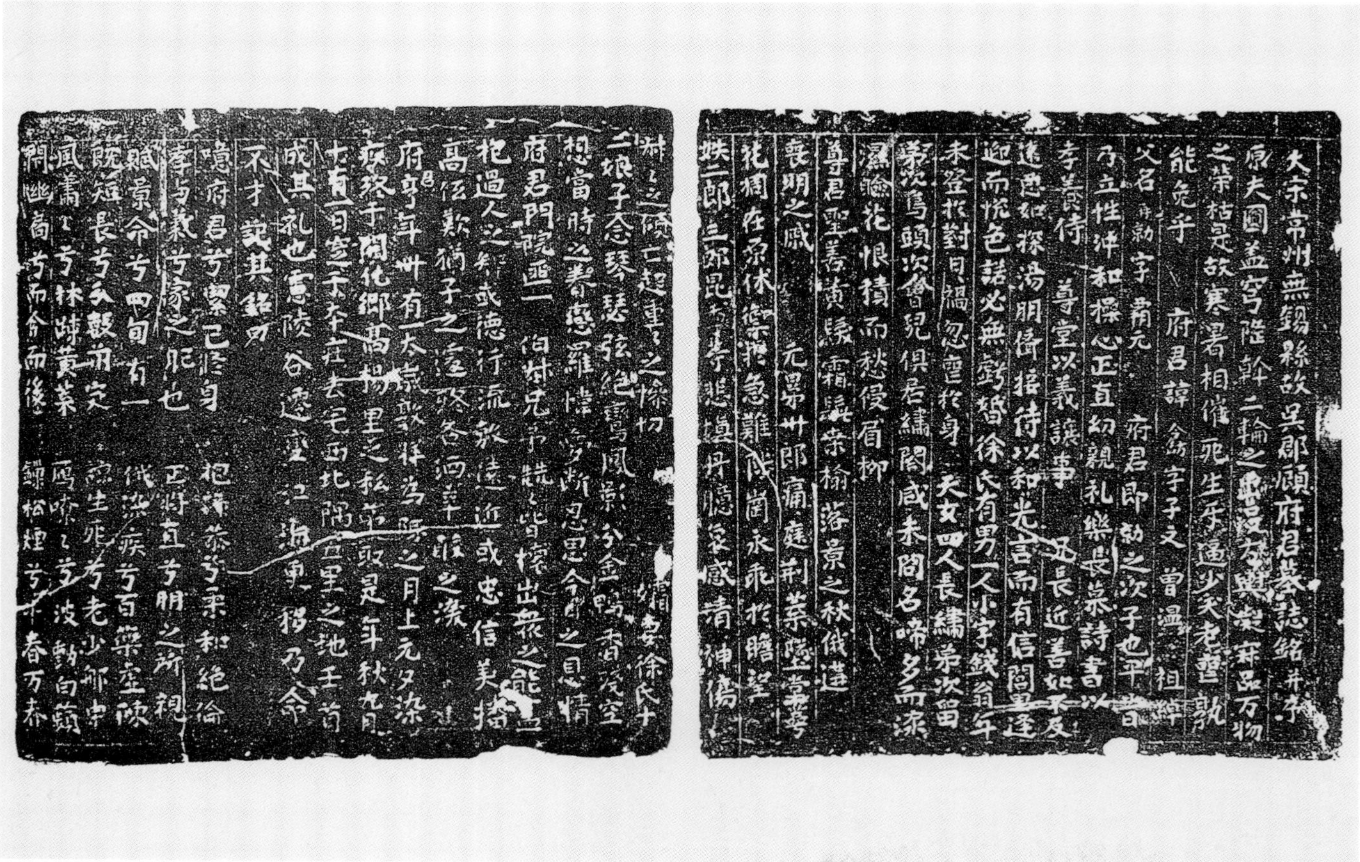

1683　顧今鈁墓誌磚(正、背)　南宋(1127～1279)

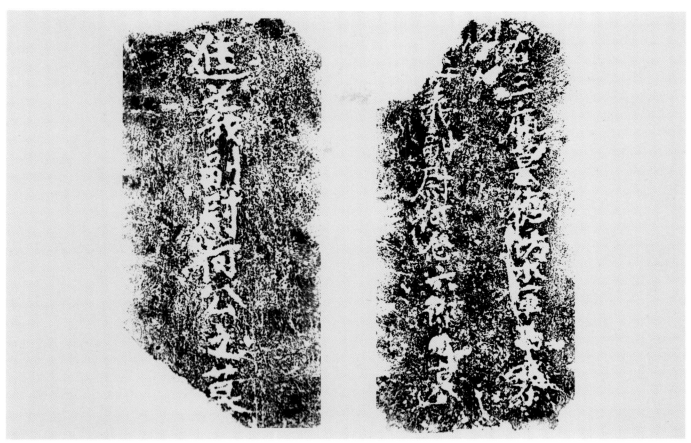

1684　何念六郎墓記磚(正、背)　南宋(1127～1279)

1685　黃念二娘墓記磚　南宋(1127～1279)

1686　甲冬磚　南宋(1127～1279)

1687　甲日磚　南宋(1127～1279)

1688　甲閏磚　南宋(1127～1279)

1689　甲盈磚　南宋(1127～1279)

1690　甲成磚　南宋(1127～1279)

1691　甲藏磚　南宋(1127～1279)

1692　甲呂磚　南宋(1127～1279)

1693　甲地磚　南宋
　　　(1127～1279)

1694　甲歲磚　南宋
　　　(1127～1279)

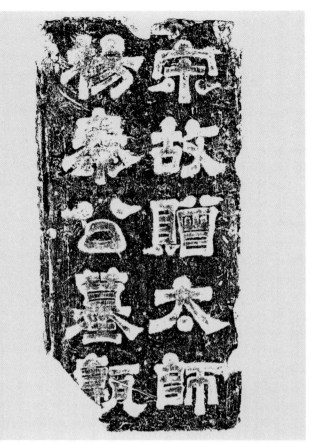

1695　楊泰公墓磚　南宋(1127～1279)

1696　揚國夫人趙氏墓磚　南宋(1127～1279)

1697　陳阿善題名磚　宋(960～1279)

1698　陳二娘題名磚　宋(960～1279)

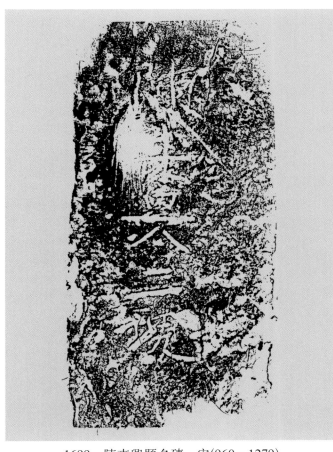

1699　陳來興題名磚　宋(960～1279)

1700　竇氏題名磚　宋(960～1279)

1701 范秀一娘題名磚 宋(960～1279)

1702 方伏題名磚 宋(960～1279)

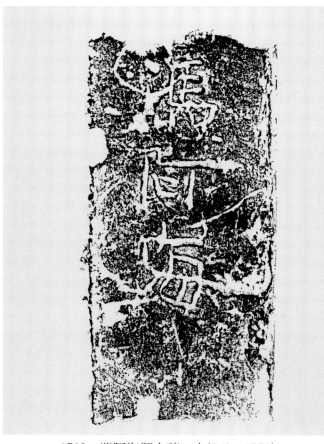

1703 馮阿海題名磚 宋(960～1279)

1704 馮子敬題名磚 宋(960～1279)

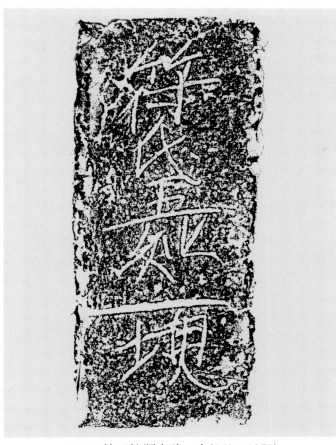

1705　符五娘題名磚　宋(960～1279)

1706　傅妙名題名磚　宋(960～1279)

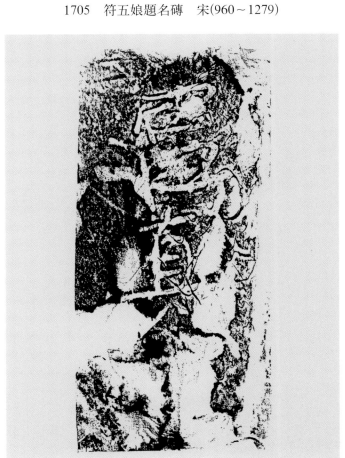

1707　富真題名磚　宋(960～1279)

1708　富妙真題名磚　宋(960～1279)

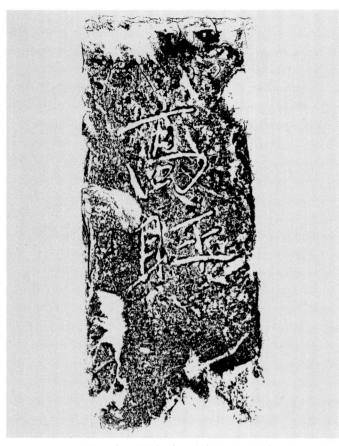

1709 高旺題名磚 宋(960～1279)

1710 顧福五題名磚 宋(960～1279)

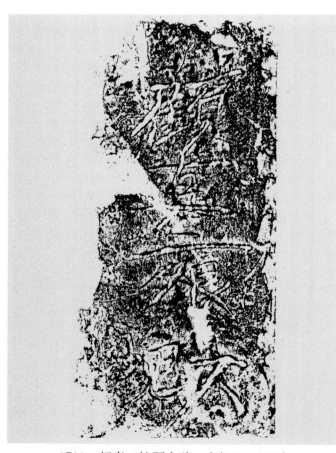

1711 顧真二娘題名磚 宋(960～1279)

1712 郭道誠題名磚 宋(960～1279)

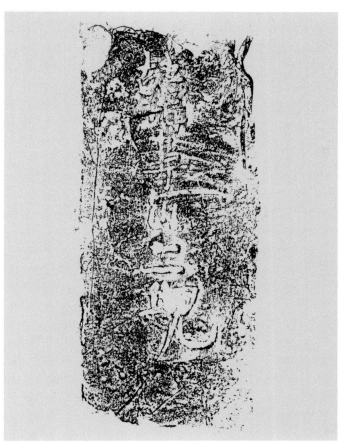

1713　韓壽山題名磚　宋(960～1279)

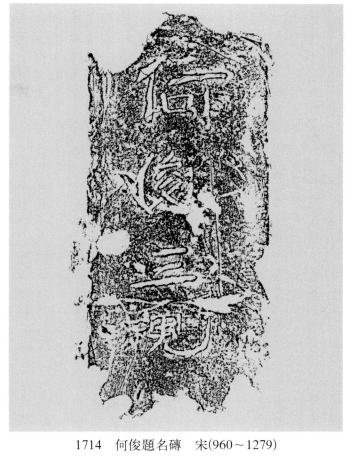

1714　何俊題名磚　宋(960～1279)

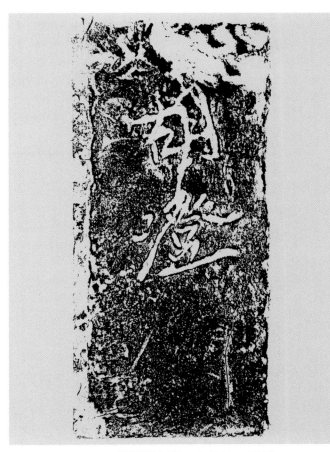

1715　胡澄題名磚　宋(960～1279)

1716　胡顯方題名磚　宋(960～1279)

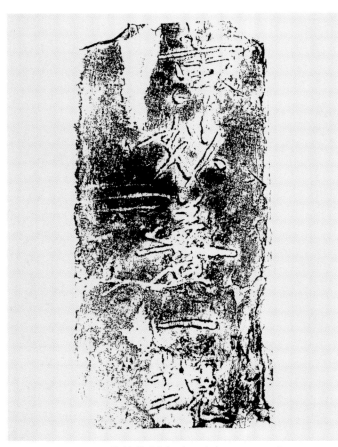

1717　黄妙善題名磚　宋(960～1279)

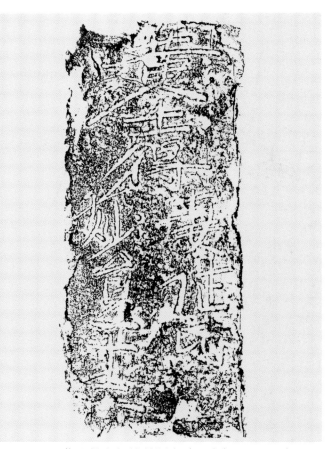

1718　黄士得妻征妙員題名磚　宋(960～1279)

1719　黄淑真題名磚　宋(960～1279)

1720　黄鐵良題名磚　宋(960～1279)

1721　蔣妙清題名磚　宋(960～1279)

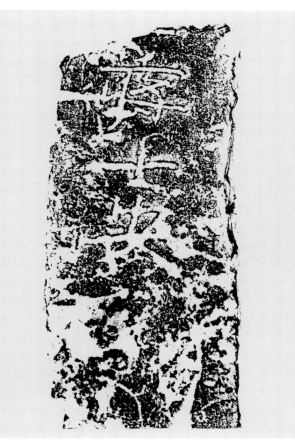

1722　蔣士安題名磚　宋(960～1279)

1723　金妙善題名磚　宋(960～1279)

1724　金文名題名磚　宋(960～1279)

1725　金信題名磚　宋(960～1279)

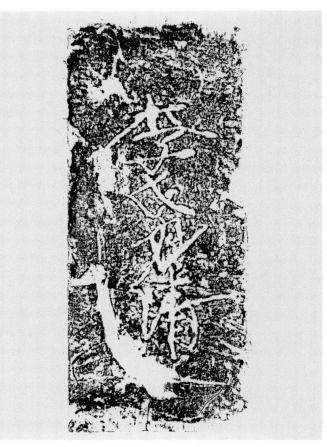

1726　李妙清題名磚　宋(960～1279)

1727　李妙員題名磚　宋(960～1279)

1728　李昇題名磚　宋(960～1279)

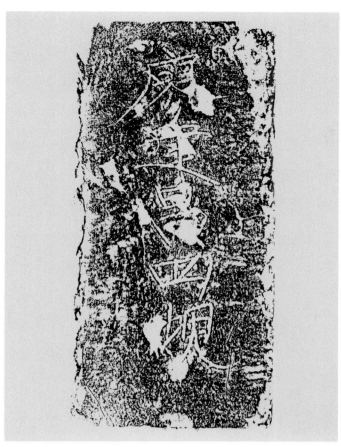

1729　廖建昌題名磚　宋(960～1279)

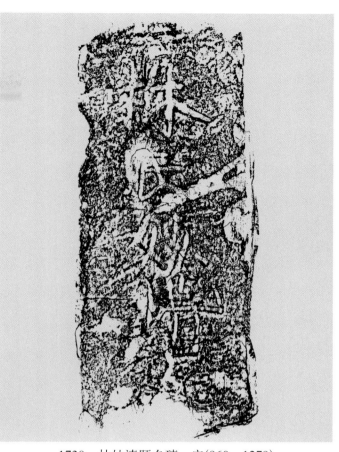

1730　林妙清題名磚　宋(960～1279)

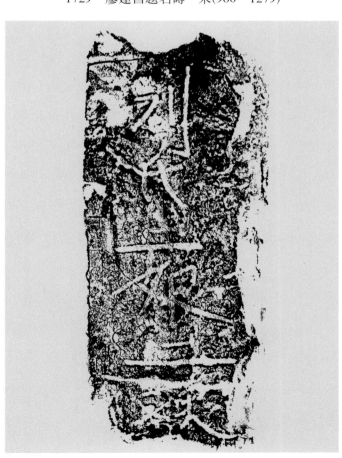

1731　劉二娘題名磚　宋(960～1279)

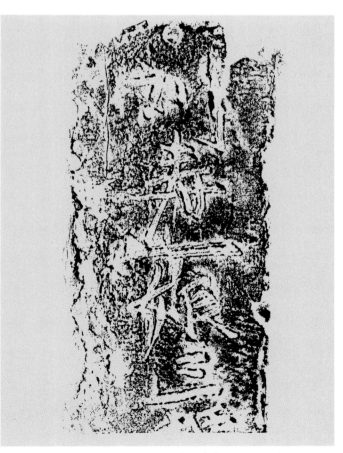

1732　劉壽一娘題名磚　宋(960～1279)

1733　留繼宗題名磚　宋(960～1279)

1734　魯文顯題名磚　宋(960～1279)

1735　魯秀一娘題名磚　宋(960～1279)

1736　陸阿福題名磚　宋(960～1279)

1737　陸妙福題名磚　宋(960〜1279)

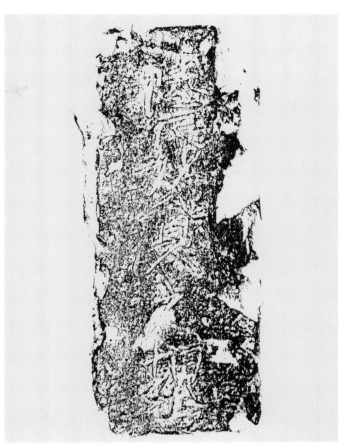

1738　陸妙員題名磚　宋(960〜1279)

1739　陸名題名磚　宋(960〜1279)

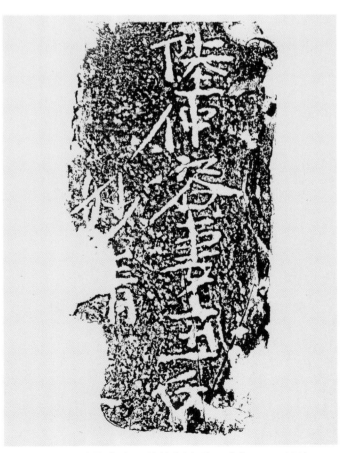

1740　陸仲容妻王妙清題名磚　宋(960〜1279)

1741　呂妙清題名磚　宋(960～1279)

1742　倪悌題名磚　宋(960～1279)

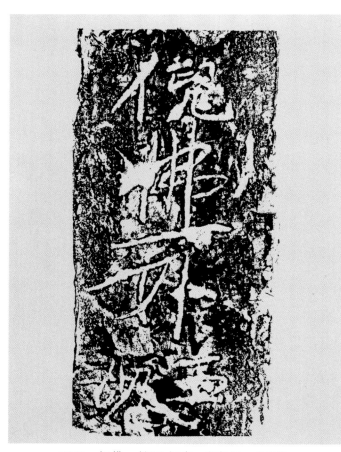

1743　倪佛一娘題名磚　宋(960～1279)

1744　裴仁題名磚　宋(960～1279)

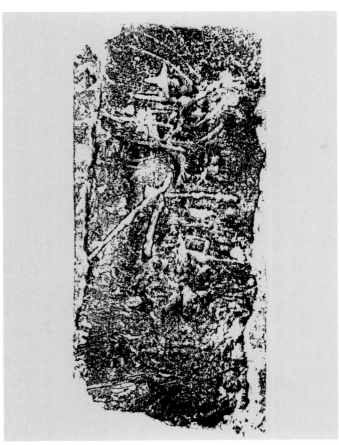

1745　彭信題名磚　宋(960～1279)

1746　平一娘題名磚　宋(960～1279)

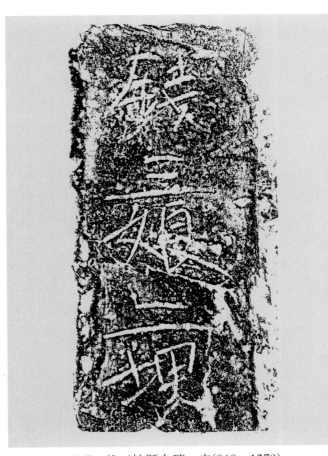

1747　錢三娘題名磚　宋(960～1279)

1748　秦妙善題名磚　宋(960～1279)

1749　瞿妙喜題名磚　宋(960～1279)

1750　邵海堂題名磚　宋(960～1279)

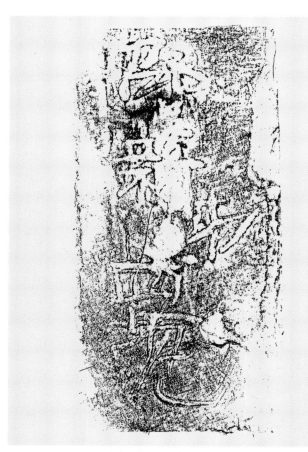

1751　邵新弟題名磚　宋(960～1279)

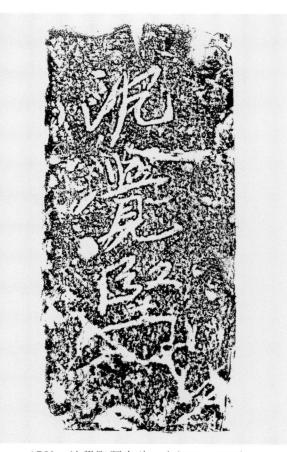

1752　沈覺堅題名磚　宋(960～1279)

1753　沈濟長題名磚　宋(960～1279)

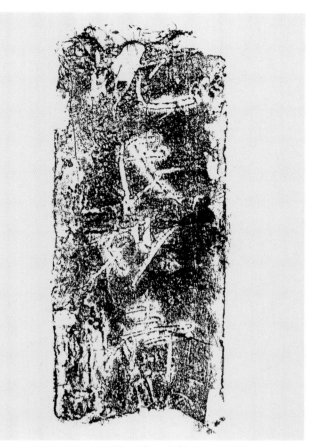

1754　沈妙清題名磚　宋(960～1279)

1755　沈二娘題名磚　宋(960～1279)

1756　沈秀二娘題名磚　宋(960～1279)

1757　施阿仁題名磚　宋(960～1279)

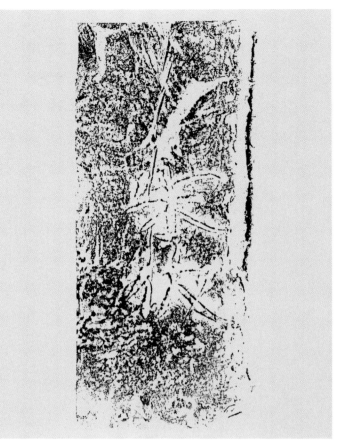

1758　宋伏題名磚　宋(960～1279)

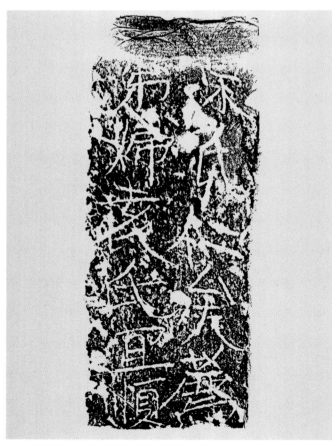

1759　宋仁美薦袁宜順題名磚　宋(960～1279)

1760　宋三娘題名磚　宋(960～1279)

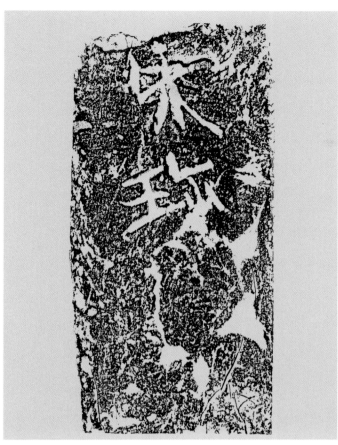

1761　宋珠題名磚　宋(960～1279)

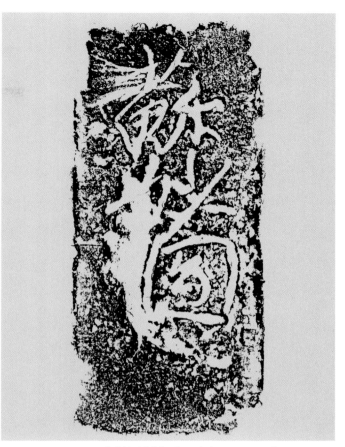

1762　蘇妙圓題名磚　宋(960～1279)

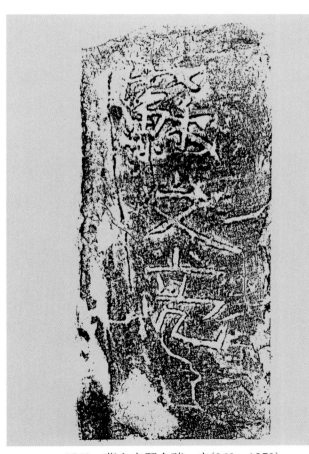

1763　蘇文亮題名磚　宋(960～1279)

1764　蘇正題名磚　宋(960～1279)

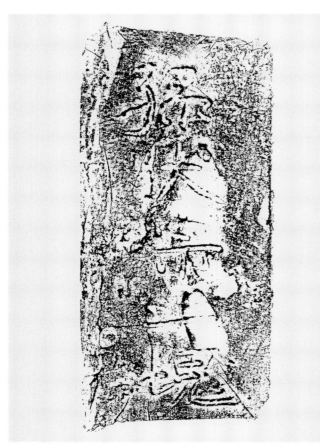

1765　孫伏宗題名磚　宋(960～1279)

1766　孫顯題名磚　宋(960～1279)

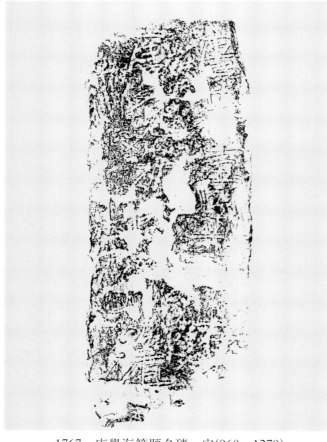

1767　唐覺海等題名磚　宋(960～1279)

1768　王伯通題名磚　宋(960～1279)

1769　王賢題名磚　宋(960～1279)

1770　未妙賢題名磚　宋(960～1279)

1771　吳妙正題名磚　宋(960～1279)

1772　吳氏題名磚　宋(960～1279)

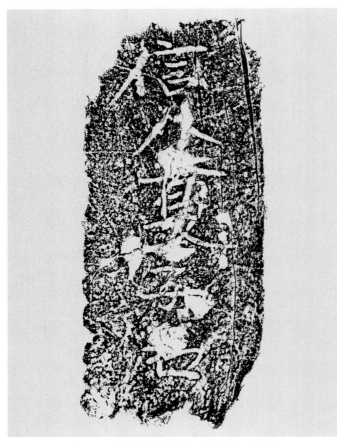

1773　夏子名題名磚　宋(960～1279)

1774　謝温題名磚　宋(960～1279)

1775　徐瑛題名磚　宋(960～1279)

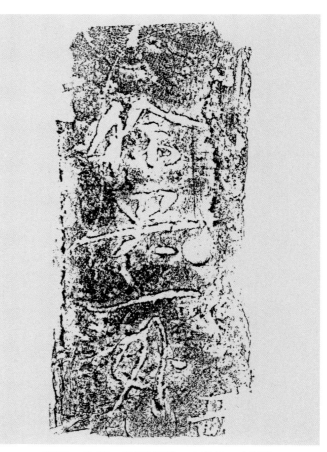

1776　徐興一娘題名磚　宋(960～1279)

1777　許師免題名磚　宋(960～1279)

1778　楊必達題名磚　宋(960～1279)

1779　楊道源題名磚　宋(960～1279)

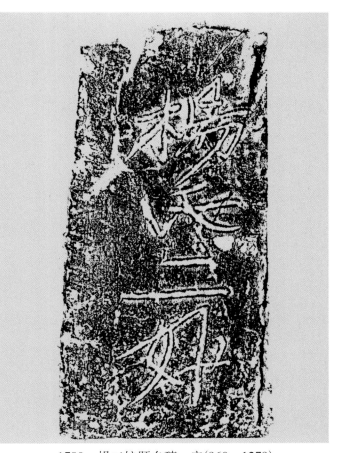

1780　楊二娘題名磚　宋(960～1279)

1781　楊妙員題名磚　宋(960～1279)

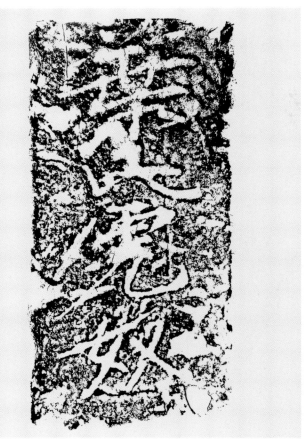

1782　葉虎奴題名磚　宋(960～1279)

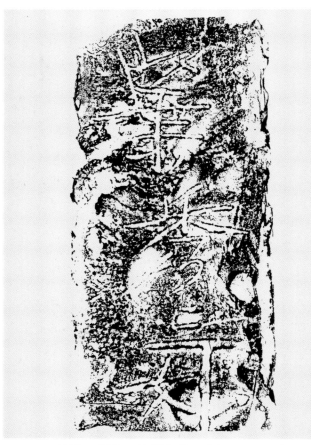

1783　葉秀二娘題名磚　宋(960～1279)

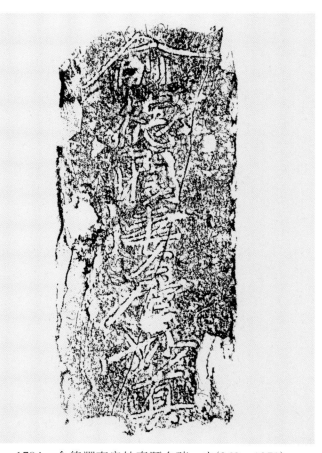

1784　俞德潤妻扈妙真題名磚　宋(960～1279)

1785　俞口温妻李氏、嚴氏題名磚　宋(960～1279)

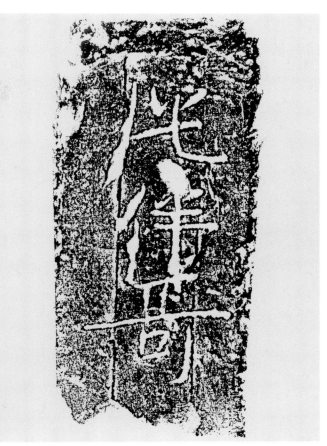

1786　張伴哥題名磚　宋(960～1279)

1787　張道安題名磚　宋(960～1279)

1788　張浩題名磚　宋(960～1279)

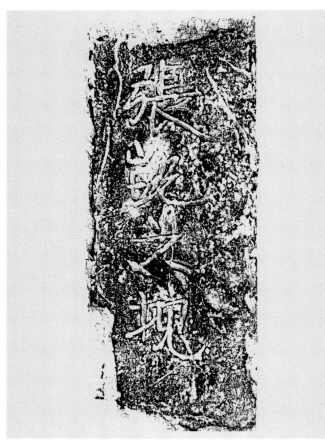

1789 張凱題名磚 宋(960～1279)

1790 張妙淨題名磚 宋(960～1279)

1791 張妙員題名磚 宋(960～1279)

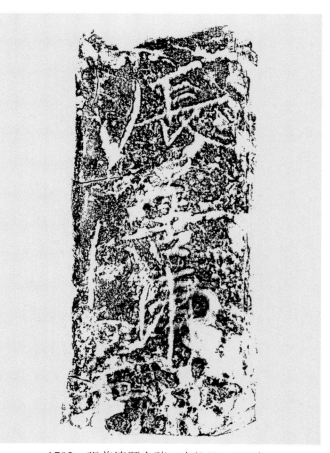

1792 張善清題名磚 宋(960～1279)

1793　張二娘題名磚　宋(960～1279)

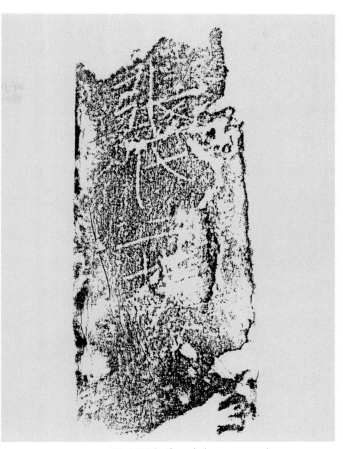

1794　張氏題名磚　宋(960～1279)

1795　張士能男張淵題名磚(第一種)　宋(960～1279)

1796　張士能男張淵題名磚(第二種)　宋(960～1279)

1797　張淑清題名磚　宋(960～1279)

1798　張賢題名磚　宋(960～1279)

1799　張裕陸氏題名磚　宋(960～1279)

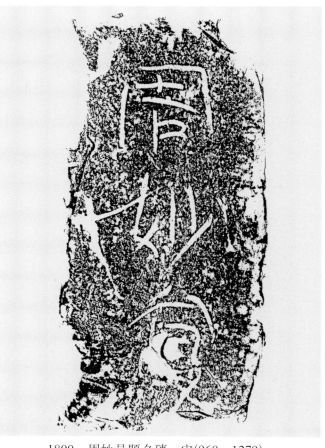

1800　周妙員題名磚　宋(960～1279)

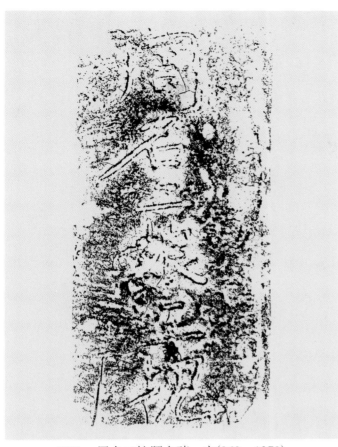

1801　周名二娘题名砖　宋(960～1279)

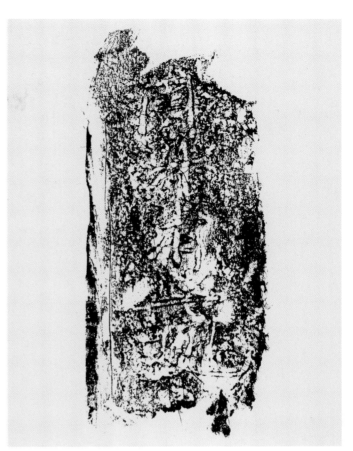

1802　周淑清题名砖　宋(960～1279)

1803　周文正题名砖　宋(960～1279)

1804　朱净真题名砖　宋(960～1279)

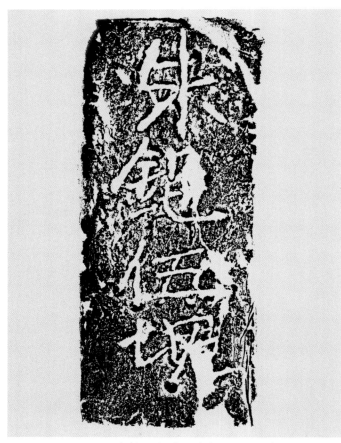

1805　朱鉋題名磚　宋(960～1279)

1806　諸妙真題名磚　宋(960～1279)

1807　莊文二娘題名磚　宋(960～1279)

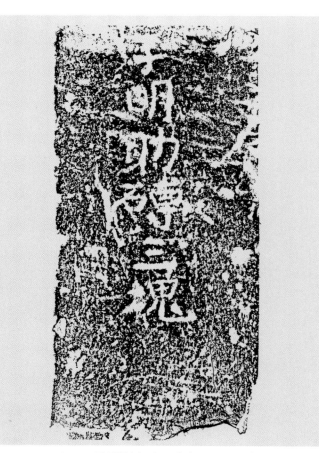

1808　子明題名磚　宋(960～1279)

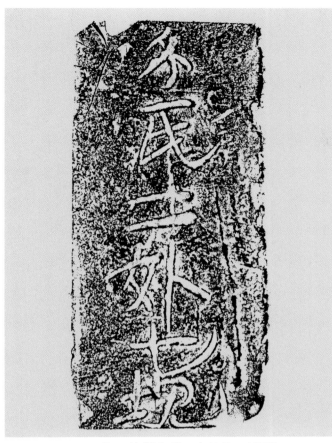

1809　錢二娘題名磚　宋(960～1279)

1810　口清題名磚　宋(960～1279)

1811　口何轉題名磚　宋(960～1279)

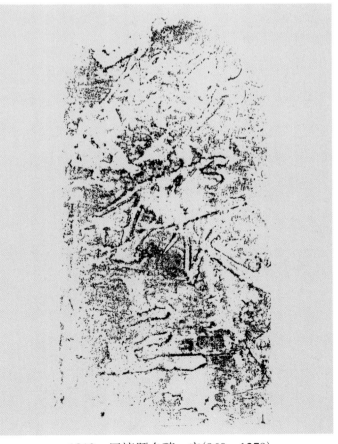

1812　口讓題名磚　宋(960～1279)

1813 顏老師買地券磚 宋(960～1279)

1814 陳宣教墓記磚 宋(960～1279)

1815 魯國墓記磚 宋(960～1279)

1816　似從工作到如今七言詩磚　宋(960～1279)

1817　口見千重山疊疊七言詩磚　宋(960～1279)

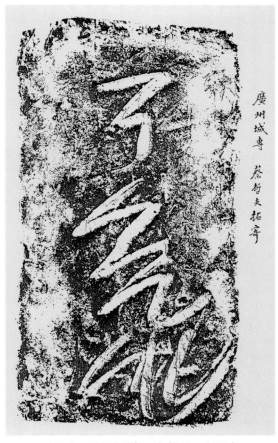

1818　了氣口磚　宋(960～1279)

1819　溫畫磚　宋(960～1279)

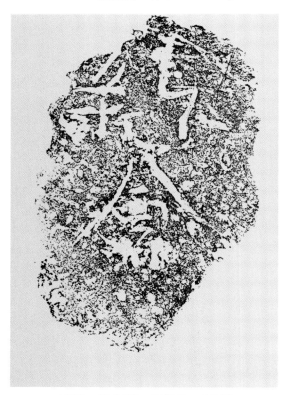

1820　新會磚　宋(960～1279)

1821　白雲晚望海天清詩磚　宋(960～1279)

1822　誰能立志磚　宋(960～1279)

1823　武引三相等字磚　宋(960～1279)

1824　增城等字磚　宋(960～1279)

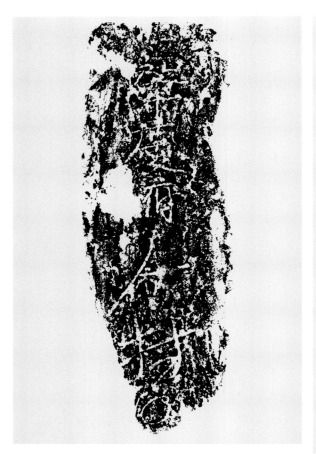

1825　肇慶府等字磚　宋(960～1279)

1826　肇慶磚
　　　宋(960～1279)

1827　肇慶府磚
　　　宋(960～1279)

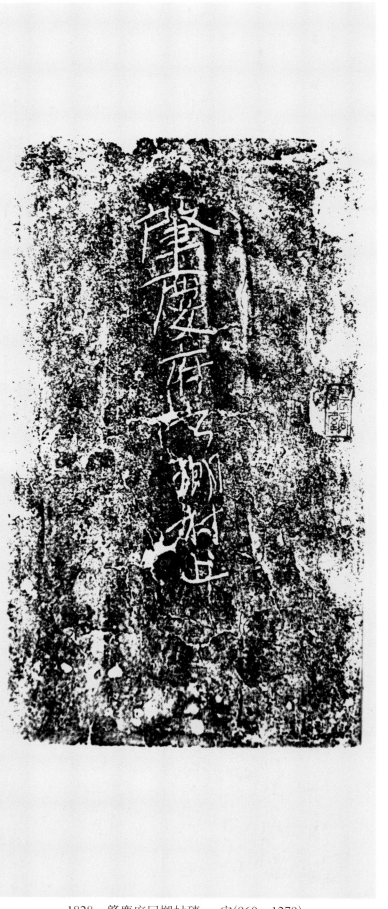

1828　肇慶府口榭村磚　宋(960～1279)

1829　水軍磚　宋(960~1279)　　　　　　　1830　水軍磚　宋(960~1279)

1831　官在磚　宋(960~1279)　　　　　　　1832　官中磚　宋(960~1279)

1833　乙酉歲冬江夏子磚
宋(960～1279)

1834　辛亥磚
宋(960～1279)

1835　口州大塼陳口磚
宋(960～1279)

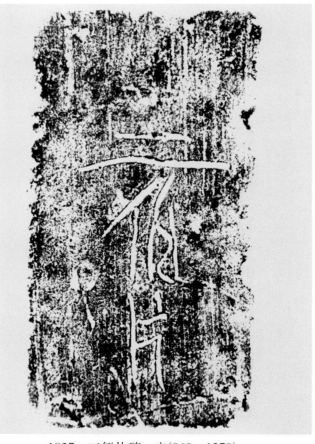

1836　今時所作磚　宋(960～1279)

1837　二佰片磚　宋(960～1279)

1838　大吉磚　宋(960～1279)

1839　大吉磚　宋(960～1279)

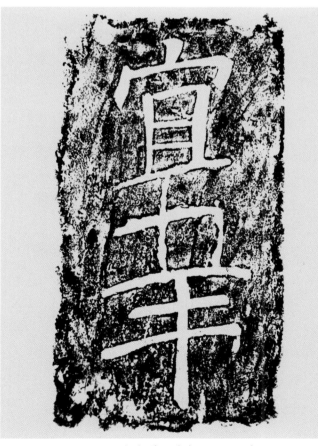

1840　宜辛磚　宋(960～1279)

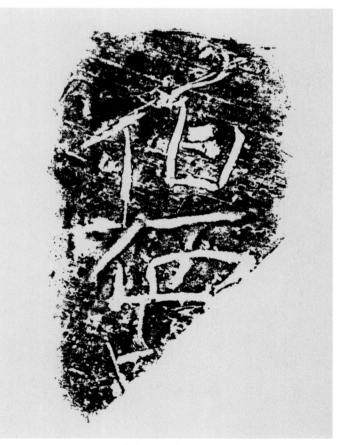

1841　伯伍磚　宋(960～1279)

1842　李十三磚　宋(960～1279)

1843　劉二一磚　宋(960～1279)

1844　户丁梁各等字磚　宋(960～1279)

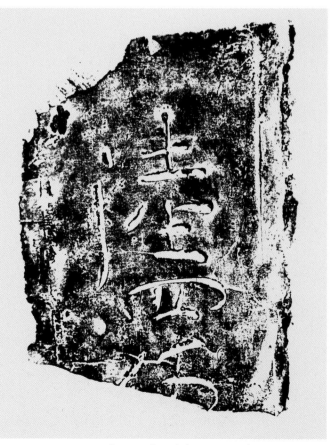

1845　陸四口磚　宋(960～1279)

1846　户龍口磚　宋(960～1279)　　　　　　　1847　黎口磚　宋(960～1279)

1848　口張磚　宋(960～1279)　　　　　　　1849　鐵城磚　宋(960～1279)

1850　陳道磚　宋(960～1279)

1851　郎口磚　宋(960～1279)

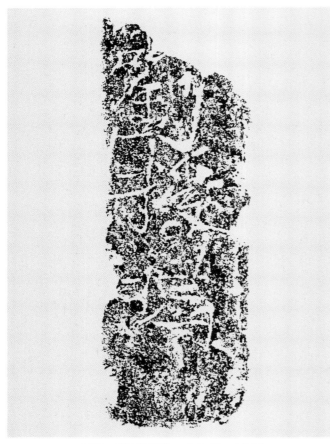

1852　劉授口磚　宋(960～1279)

1853　彭黑磚　宋(960～1279)

1854　囗梁囗磚　宋(960～1279)

1855　全月初磚　宋(960～1279)

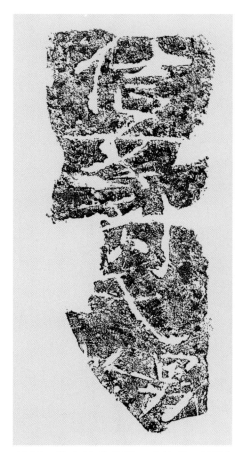

1856　信女囗氏殘磚　宋(960～1279)

1857　二塊等字殘磚　宋(960～1279)

1858　氏五塊殘磚　宋(960～1279)

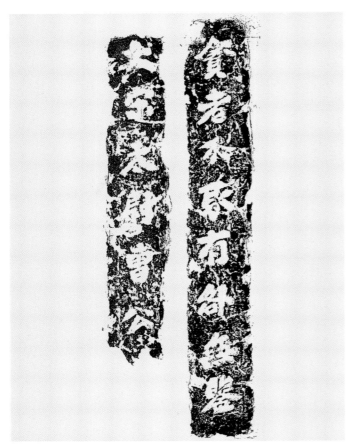

1859　曹公墓磚　宋(960～1279)

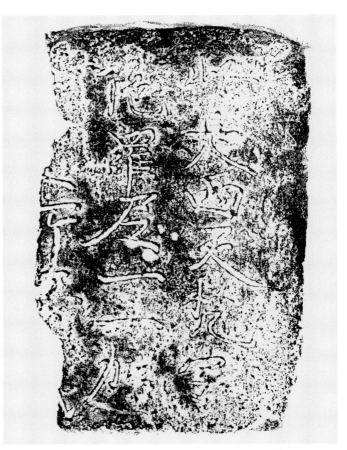

1860　此是西天梵字磚　宋(960～1279)

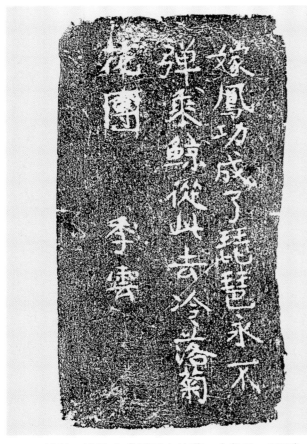

1861　嫁鳳功成了五言詩磚　宋(960～1279)

1862　僧有磚　宋(960～1279)

1863　夏字磚　宋(960～1279)

1864　張漢墓記磚　宋(960～1279)

1865　王志昆造像磚　遼天贊元年(922)

1866　再葬舍利記磚　遼重熙十二年(1043)

1867　章聖皇太后特建舍利塔碑(正、側)　遼重熙十八年(1049)

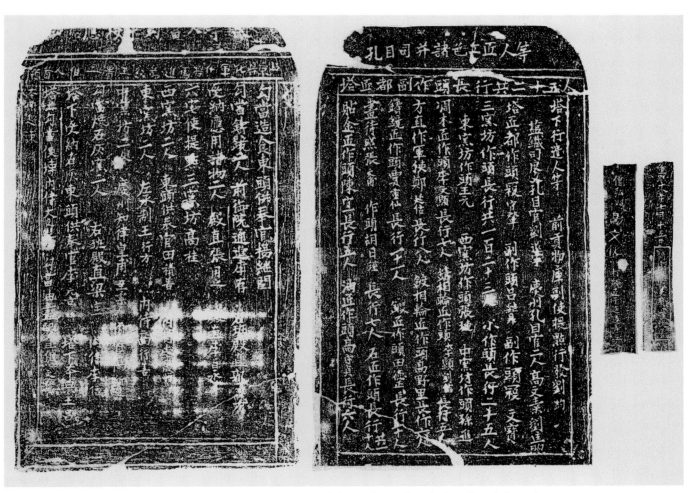

1868　建舍利塔官員工匠題名碑(正、背、側)　遼重熙十八年(1049)

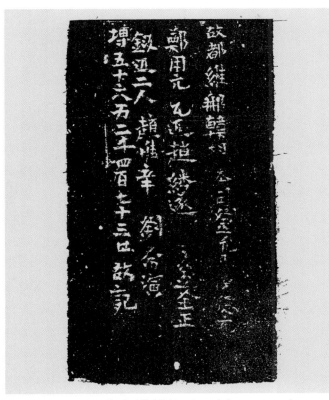

1869　重修舍利塔題記磚　遼(974～1125)

1870　第三度重修舍利塔題記磚　遼(974～1125)

1871　國五戒磚
　　　　遼(974～1125)

1872　五戒田爲大磚
　　　　遼(974～1125)

1873　錢擇買地券磚　金天德二年(1150)

1874　申通妻李氏墓記磚　金天德十年(1158)

1875　王宣墓記磚　金正隆四年(1159)

1876　王吉墓誌磚　金大定十五年(1175)

1877　段楫預修墓記磚　金大定二十一年(1181)

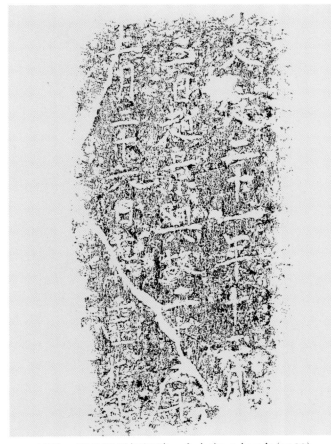

1878　趙景興靈柩記磚　金大定二十二年(1182)

1879　武十郎及妻捨墳地記磚　金大定二十八年(1188)

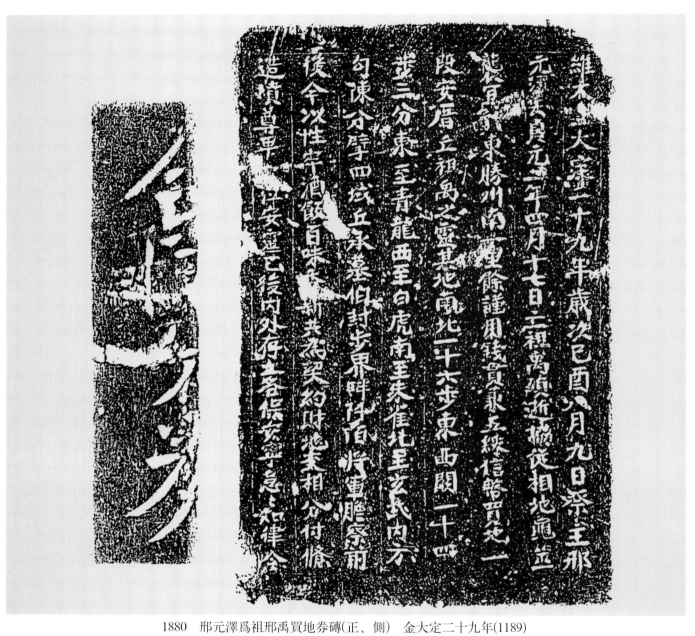

1880　邢元澤爲祖邢禹買地券磚(正、側)　金大定二十九年(1189)

1881　大定磚　金大定(1161~1189)

1882　趙海買地券磚　金明昌四年(1193)

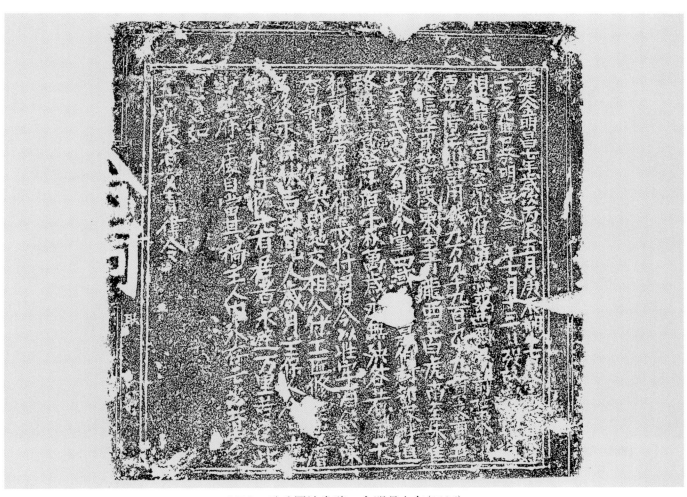

1883　元氏買地券磚　金明昌七年(1196)

1884　董氏家族墓室磚刻(部分)　金明昌七年(1196)

1885　崔仙奴墓記磚　金泰和二年(1202)

1887　李氏墓記磚　金(1115～1234)

1886　段氏祖傳湯方磚(正、側)　金(1115～1234)

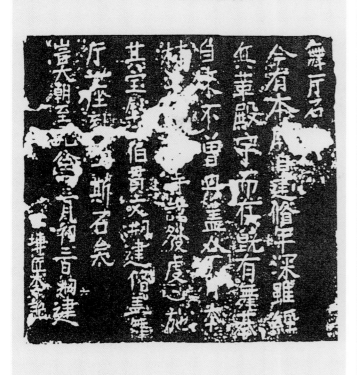

1888　舞廳石磚　元至元八年(1271)　　　　　　1889　輔昌墓誌磚　元至元十七年(1280)

1890　至元廿二年磚　　　　　　　　　　　1891　劉用墓記磚　元至元卅一年(1294)
　　　元至元二十二年(1285)

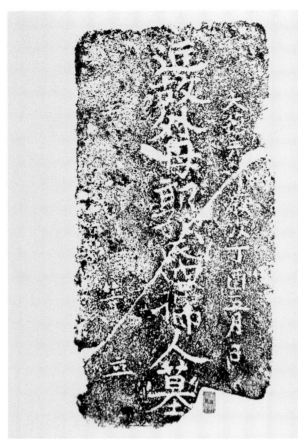

1892　郭四孺人墓記磚　元大德元年(1297)　　　　1893　田惟城鎮墓券磚　元大德元年(1297)

1894　張輔臣壙記磚(三磚)　元大德二年(1298)

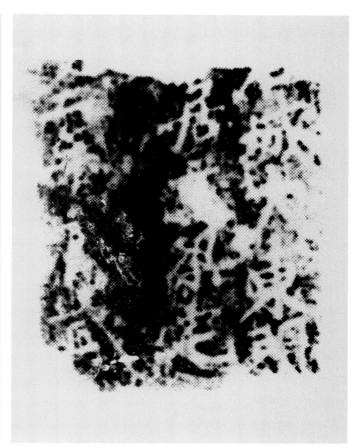

1895　至大叁年記下磚
　　　元至大三年(1310)

1896　至大三年記下磚
　　　元至大三年(1310)

1897　梁氏墓記磚　元[泰]定二年(1325)

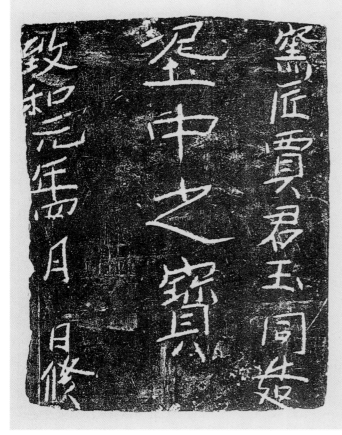

1898　賈玉同造堲中之寶磚　元致和元年(1328)

1899　賈潤僧墓記磚　元至正二年(1342)

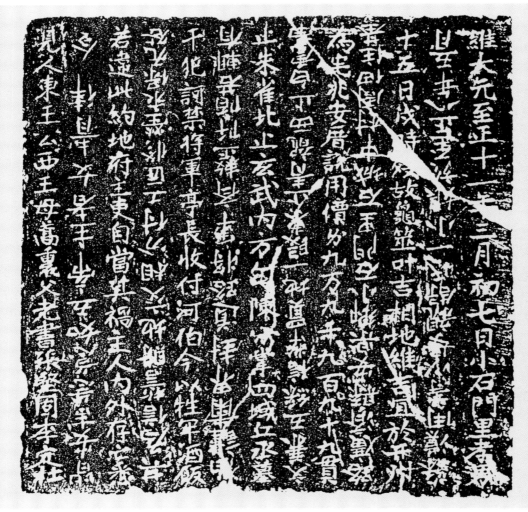

1900　蘇漢用等爲母舒氏一小娘買地券磚　元至正十一年(1351)

1901　史孝恭等爲父母買地券磚　元至正十三年(1353)

1902　史氏家族墓誌磚　元至正十三年(1353)

1903　孫副使墓記磚　元(1271～1368)　　1904　吳相高墓記磚　元(1271～1368)　　1905　胡子·通墓記磚　元(1271～1368)

1906　李孝口墓記磚　元(1271～1368)　　1907　使同千年記下磚　　　　1908　子字畫像磚　元(1271～1368)
　　　　　　　　　　　　　　　　　　　　　　　　元(1271～1368)

1909　丑字畫像磚　元(1271～1368)

1910　卯字畫像磚　元(1271～1368)

1911　辰字畫像磚　元(1271～1368)

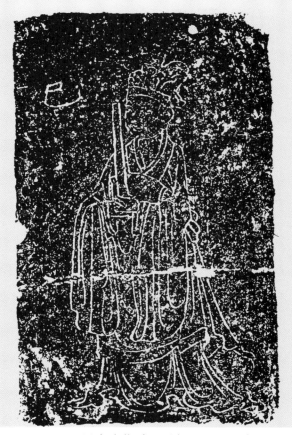

1912　巳字畫像磚　元(1271～1368)

1913　午字畫像磚　元(1271～1368)

1914　未字畫像磚　元(1271～1368)

1915　申字畫像磚　元(1271～1368)

1916　酉字畫像磚　元(1271～1368)

1917　亥字畫像磚　元(1271～1368)

1918　青龍畫像磚　元(1271～1368)

1919　朱雀畫像磚　元(1271～1368)

1920　玄武畫像磚　元(1271～1368)

1921　勾陳畫像磚　元(1271～1368)

1923　金鷄畫像磚　元(1271～1368)

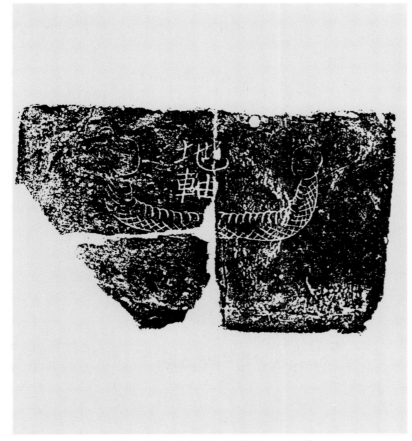

1922　地軸畫像磚　元(1271～1368)

1924　玉犬畫像磚　元(1271～1368)

1925　墓門判官畫像磚　元(1271～1368)

1926　張堅固畫像磚　元(1271～1368)

1927　覆聽畫像磚　元(1271～1368)

1928　嵩里父老畫像磚　元(1271～1368)

1929　左屈客畫像磚　元(1271～1368)

1930　右屈客畫像磚　元(1271～1368)

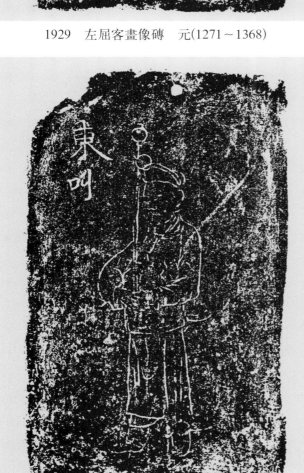

1931　東叫畫像磚　元(1271～1368)

1932　西應畫像磚　元(1271～1368)

1933 喚婢畫像磚 元(1271～1368)

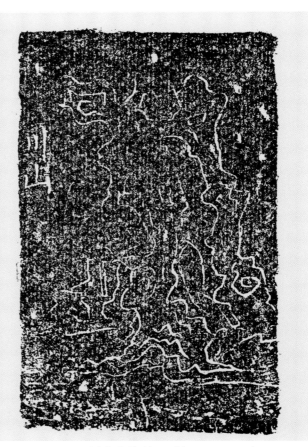

1934 川山畫像磚 元(1271～1368)

1935 伏尸畫像磚 元(1271～1368)

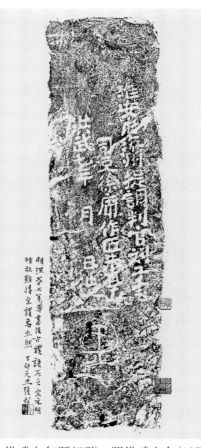

1936 洪武七年題記磚 明洪武七年(1374)

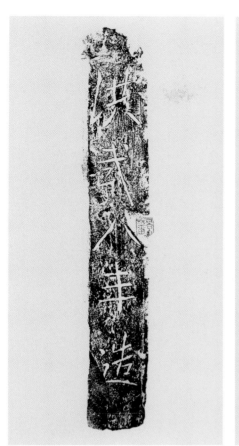

1937　洪武八年造磚　明洪武八年(1375)　　　1938　李瑛爲母王妙安買地券磚　明洪武三十年(1397)

1939　陶時買地券磚(正、背)　明正統九年(1444)

1940　重修鎮戎城記磚　明景泰二年(1451)

1941　胡義等爲父胡熙買地券磚　明成化六年(1470)

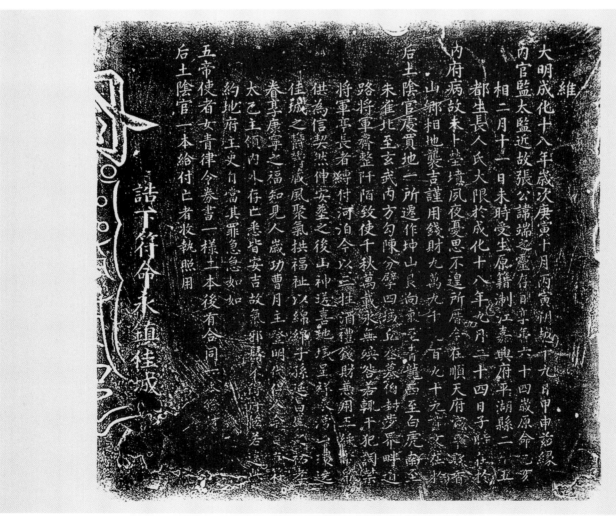

1942　張端買地券磚　明成化十八年(1482)

1943　王鈞妻羅氏墓誌磚　明正德六年(1511)

1944　王粲等爲父王道買地券磚　明正德八年(1513)

1945　李公買地券磚　明正德十一年(1516)

1946　劉端等爲劉法傳、許氏買地券磚(第一種)　明正德十二年(1517)

1947　劉端等爲劉法傳、許氏買地券磚(第二種)
　　　明正德十二年(1517)

1948　張朝祖墓記磚　明正德十四年(1519)

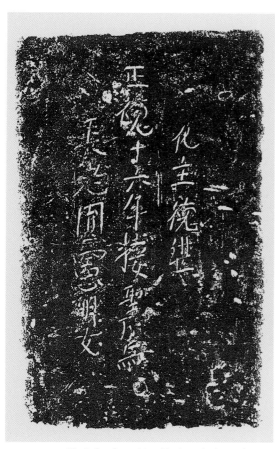

1949　接聖駕磚　明正德十六年(1521)

1950　黃海峯買地券磚　明嘉靖二年(1523)

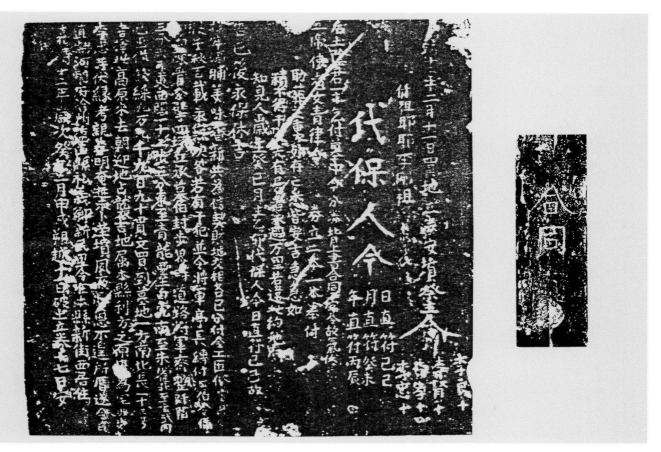

1951　李忠等爲父李明買地券磚(正、側)　明嘉靖十二年(1533)

1952　朱怡僎墓誌磚　明嘉靖十八年(1539)

1953　朱東溟墓誌磚　明嘉靖十八年(1539)

1954　柳濟民墓誌磚(蓋、誌)　明嘉靖二十一年(1542)

1954　柳濟民墓誌磚(誌第二面)　明嘉靖二十一年(1542)

1955　張郁等布施記磚　明嘉靖二十八年(1549)

1956　喻氏地券磚　明嘉靖三十一年(1552)

1957　張荃買地券磚　明嘉靖四十四年(1565)

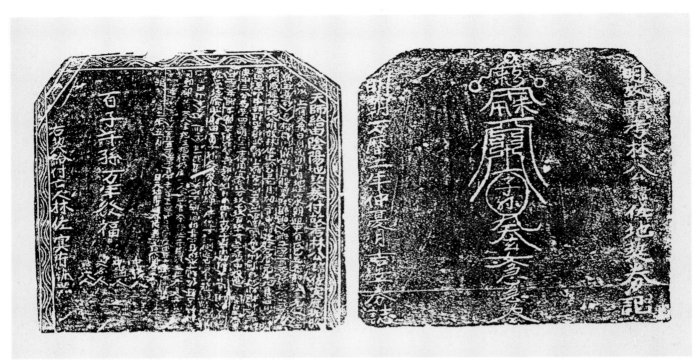

1958　林佐買地券磚(正、背)　明萬曆二年(1574)

1959　孫大墓鎮墓券磚　明萬曆六年(1578)

1960　李元齡爲父李廷聲買地券磚　明萬曆八年(1580)

1961　工價麥四石磚　明萬曆十年(1582)

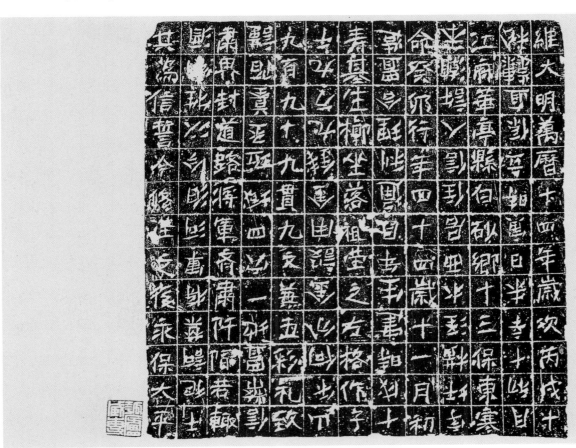

1962　許潮生壙買地券磚　明萬曆十四年(1586)

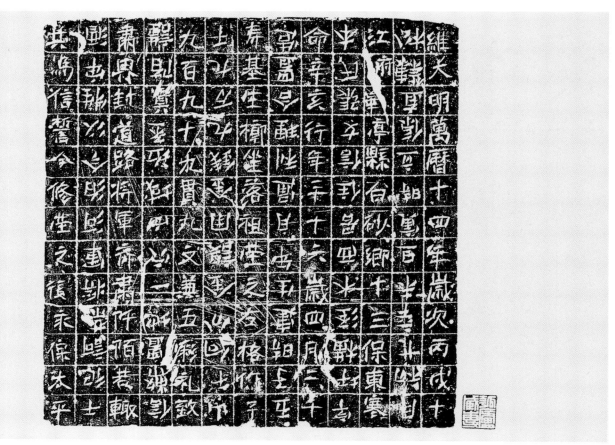

1963　許潮妻張氏生壙買地券磚（萬曆十四年）　明萬曆十四年(1586)

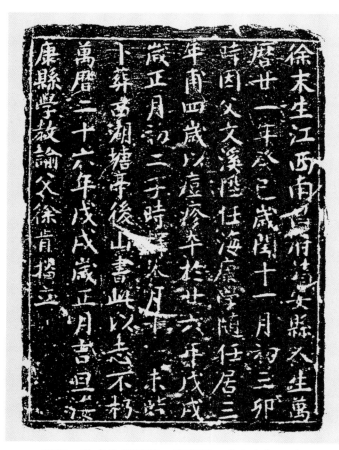

1964　徐末生墓誌磚　明萬曆二十六年(1598)

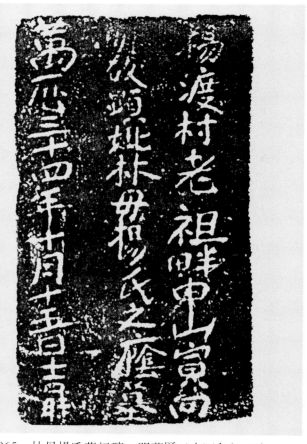

1965　林母楊氏墓記磚　明萬曆三十四年(1606)

514

1966　阮汝鳴墓誌磚　明萬曆三十八年(1610)

1968　王氏買地券磚　明萬曆四十四年(1616)

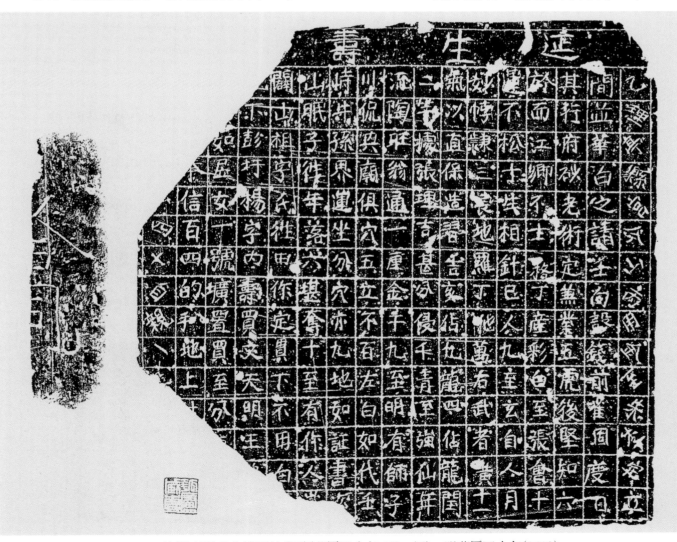

1967　許潮妻張氏生壙買地券磚(萬曆四十年，正、側)　明萬曆四十年(1612)

1969　　後學儒墓誌磚(正、背)　明天啓四年(1624)

1970　孫尚喜等題名磚　明崇禎三年(1630)

1971　郎朝用買地券磚　明崇禎六年(1633)

1972　陳宗孔買地券磚　明崇禎九年(1636)

1973　沈培沈莊爲父沈公母葛氏買地券磚　明崇禎九年(1636)

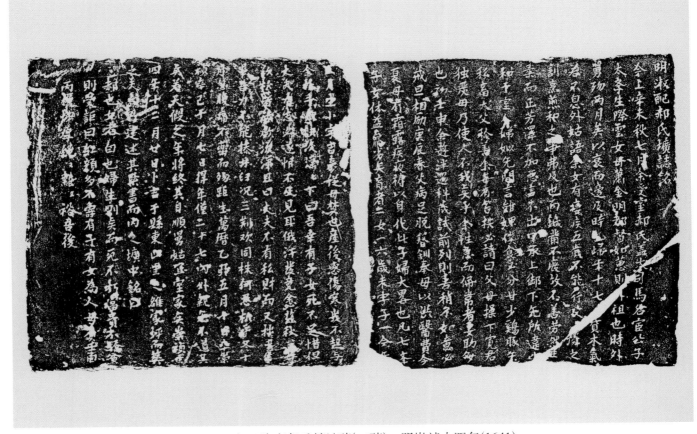

1974　白乃建妻郝氏壙誌磚(二磚)　明崇禎十四年(1641)

1975　夏允彝妻陸氏生壙買地券磚(券、蓋)
　　　明崇禎十六年(1643)

1976　告白善男信女磚　明(1368～1644)

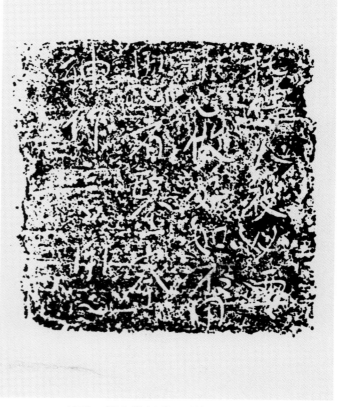

1977　捨水之人積福磚　明(1368～1644)

1978　用心做好磚　明(1368～1644)

1979　豆子蚌磚　明(1368～1644)

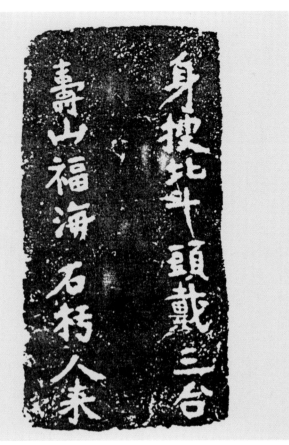

1980　身披北斗八言聯磚　明(1368～1644)

1981　八卦鎮墓券磚　明(1368～1644)

1982　八卦鎮墓券磚　明(1368～1644)

1983　八卦鎮墓券磚　明(1368～1644)　　　　1985　史瑄墓買地券磚　明(1368～1644)

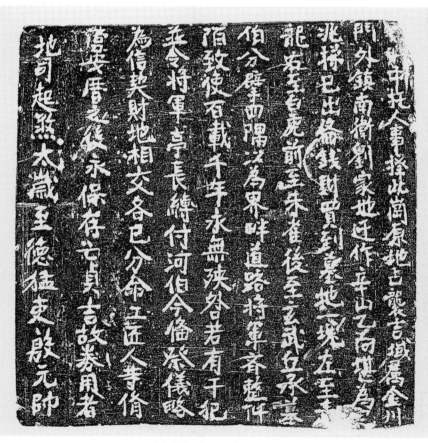

1984　買地券磚　明(1368～1644)

1986　昶墓記磚　明(1368～1644)

1987　鄧應魁及妻王氏墓誌磚　大順永昌元年(1644)

1988　程之璋爲父程衡母鄧氏買地券磚　清康熙十八年(1679)

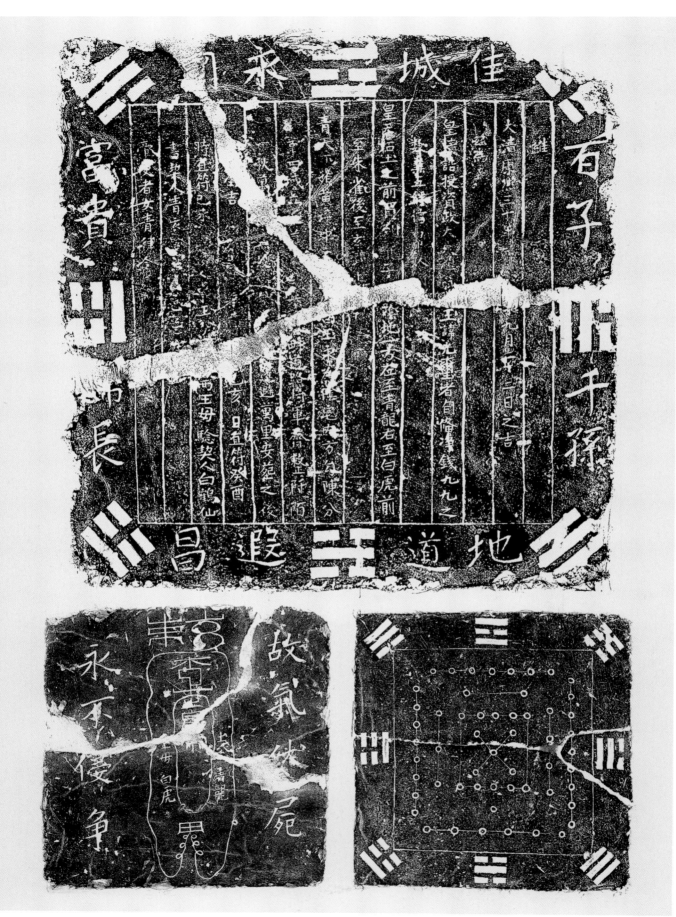

1989 祖光璽買地券磚(正、背、蓋) 清康熙三十年(1691)

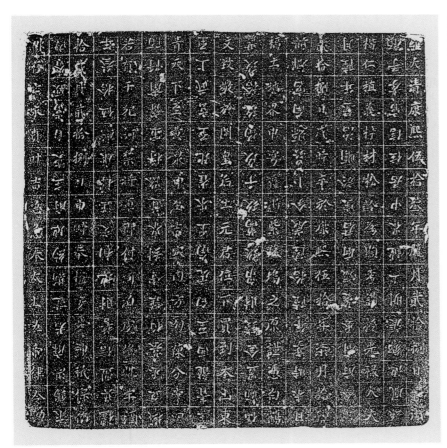

1990　顧楷仁爲父買地券磚　清康熙五十三年(1714)

1991　顧楷仁爲母張氏買地券磚
清康熙五十三年(1714)

1992　黄玉田等監修題記磚
清乾隆五十三年(1788)

1993　姚丙興墓誌磚　清乾隆五十五年(1790)

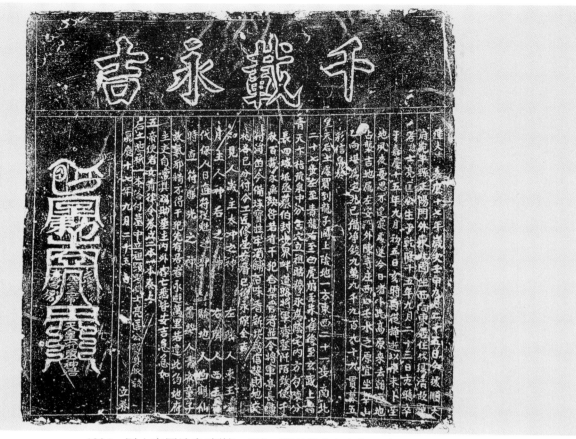

1994　匡士亮買地券磚(第一種)　清嘉慶十七年(1812)

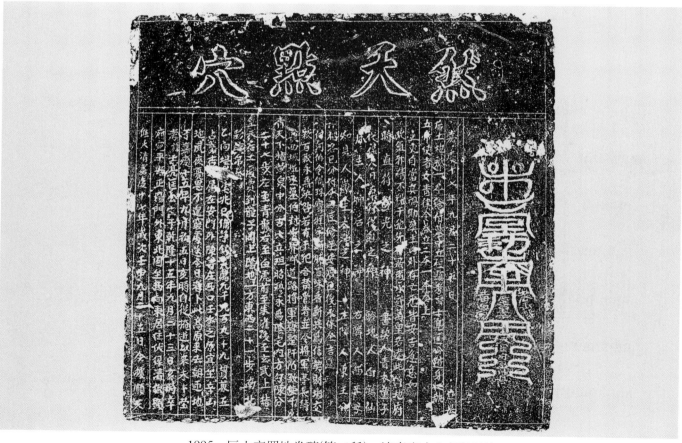

1995　匡士亮買地券磚(第二種)　清嘉慶十七年(1812)

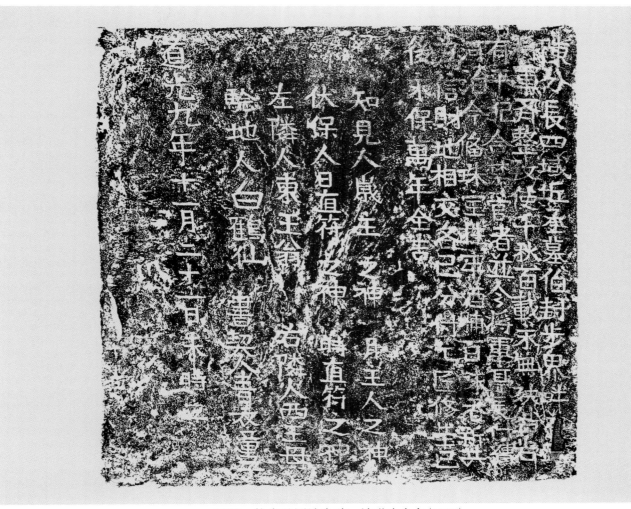

1996　佚名氏買地券磚　清道光九年(1829)

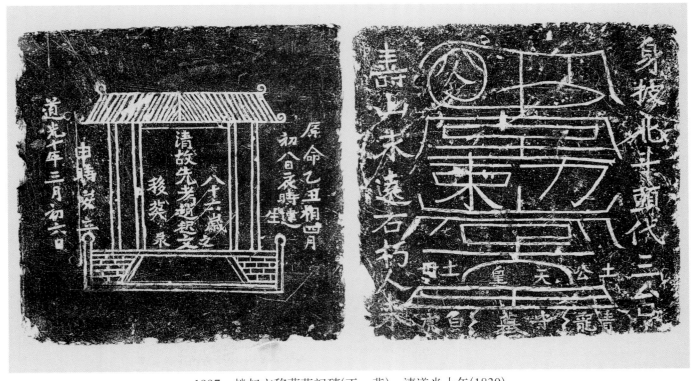

1997　趙起文移葬墓記磚(正、背)　清道光十年(1830)

1998　張彥茂墓記磚　清光緒十三年(1887)

1999　世流千古磚　清(1636～1911)

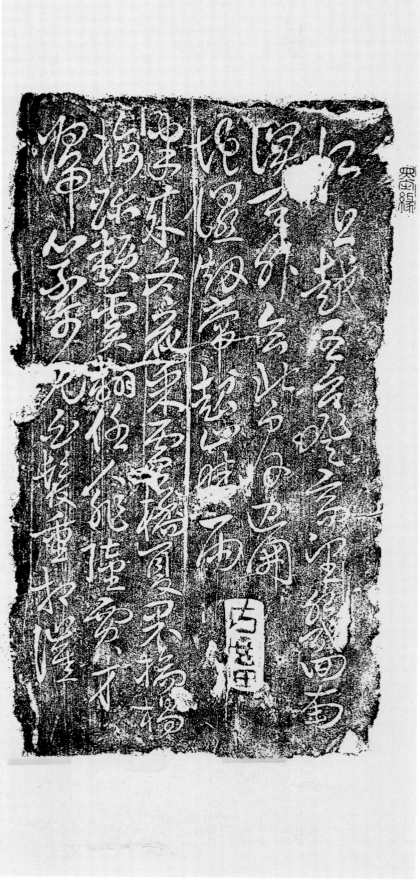

2000　宋之問登越王臺五言詩磚　清(1636～1911)

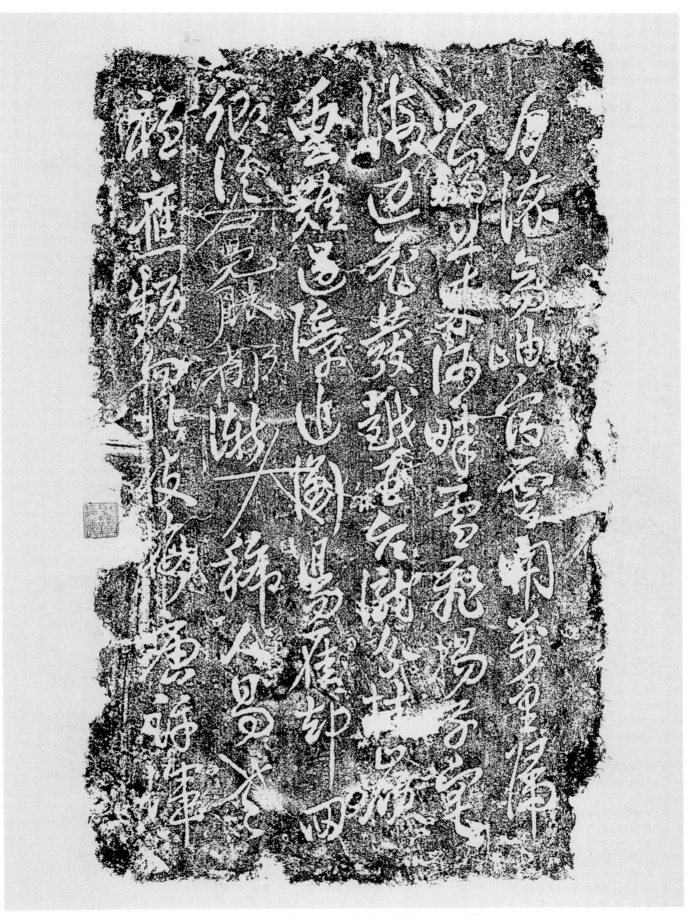

2001　許渾登越王臺七言詩磚　清(1636～1911)

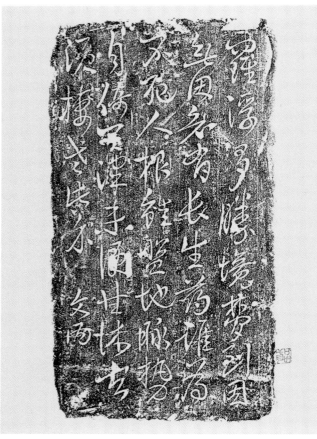

2002　文丙羅浮山五言詩磚　清(1636～1911)

2003　吳隱之飲貪泉五言詩磚　清(1636～1911)

2004　米壽都及妻趙氏墓鎮墓券磚　清(1636～1911)

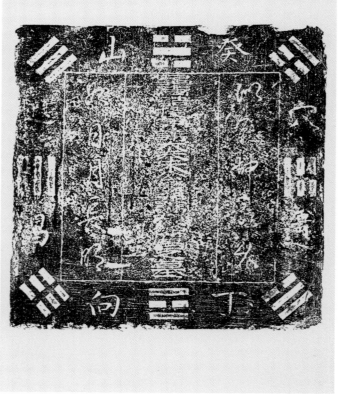

2005　朱麟墓券磚　清(1636～1911)

中國古代磚刻銘文集

胡海帆　湯燕　編著

[下]

文物出版社

圖　版　説　明

戰　國

0001　戰國墓記磚（第一種）
戰國（前 475～前 221）
山東鄒城張莊戰國邾城遺址出土，1987 年
　　徵集。
乾刻銘文。兩面刻，篆書，正面 3 行，行
　　4 字，計 11 字；背面 3 行，行 4 字，
　　計 11 字。25×12×5cm。
釋文：正面："□之母之/疾死，其子/在
　　其北。"
　　　　背面："□之母之/疾死，其子/在
　　其北。"
著錄：鄭建芳《最早的墓誌——戰國刻銘
　　墓磚》（《中國文物報》1994.6.19）；
　　李學勤《也談鄒城張莊的磚文》
　　（《中國文物報》1994.8.14）；《中國
　　磚銘》圖版 4（正面）、圖版 6（背
　　面）。

0002　戰國墓記磚（第二種）
戰國（前 475～前 221）
山東鄒城張莊戰國邾城遺址出土，1987 年
　　徵集。
乾刻銘文。兩面刻，篆書，正面 2 行，行
　　3 字，計 6 字；背面 2 行，行 5、6
　　字，計 11 字。25×12×5cm。

釋文：正面："□之母/之疾死。"
　　　　背面："□之母之疾/死，其子在其
　　北。"
著錄：鄭建芳《最早的墓誌——戰國刻銘
　　墓磚》（《中國文物報》1994.6.19）；
　　李學勤《也談鄒城張莊的磚文》
　　（《中國文物報》1994.8.14）；《中國
　　磚銘》圖版 8（正面）、圖版 10（背
　　面）。

秦

0003　秦字磚
秦（前 221～前 206）
1974 年至 1984 年間陝西咸陽胡家溝出土。
乾刻銘文。篆書，存 1 字。尺寸不詳。
釋文："秦"
著錄：《秦代陶文》圖版 1117；《中國磚
　　銘》圖版 24。
附註：或為戳印範磚。

0004　琜字磚
秦（前 221～前 206）
1974 年至 1984 年間陝西咸陽秦都宮殿遺
　　址出土。
乾刻銘文。草篆，存 1 字。尺寸不詳。
釋文："琜"
著錄：《秦代陶文》圖版 1183；《中國磚

銘》圖版 28。

0005　羊字磚
　　　　秦（前 221～前 206）
　　　　乾刻銘文。篆隸，1 字。尺寸不詳。
　　　　釋文：“羊”
　　　　著錄：《中國磚銘》圖版 36。

0006　羊子磚
　　　　秦（前 221～前 206）
　　　　乾刻銘文。篆隸，2 字。尺寸不詳。
　　　　釋文：“羊子。”
　　　　著錄：《中國磚銘》圖版 36。

0007　楚字磚
　　　　秦（前 221～前 206）
　　　　1982 年前後河南商水縣舒莊扶蘇村出土。
　　　　乾刻銘文。草篆，1 字。尺寸不詳。
　　　　釋文：“楚”
　　　　著錄：商水縣文管會《河南商水縣戰國城
　　　　　　　址調查記》（《考古》1983 年 9 期）；
　　　　　　　《中國磚銘》圖版 24。
　　　　附註：或為早期漢刻。

0008　三百等字磚
　　　　秦（前 221～前 206）
　　　　濕刻銘文。篆隸，2 行，計 5 字。尺寸不
　　　　　　　詳。
　　　　釋文：“三百墼一/万。”
　　　　著錄：《中國磚銘》圖版 35。
　　　　附註：或為早期漢刻。

0009　廿五日取米等字磚
　　　　秦（前 221～前 206）
　　　　乾刻銘文。篆隸，2 行，行字不等，計 12
　　　　　　　字。尺寸不詳。

　　　　釋文：“廿五日取米一斗/廿五日取米。”
　　　　著錄：《中國磚銘》圖版 35。
　　　　附註：或為早期漢刻。

西　漢

0010　西周、八年等字磚
　　　　西漢（前 206～公元 8）八年
　　　　河南洛陽出土。
　　　　濕刻銘文。篆、隸書，兩面刻，一側橫刻
　　　　　　　4 字；一側豎刻 2 字，共計 6 字。38
　　　　　　　×11×12.5cm。
　　　　釋文：一側：“西周攀□。”
　　　　　　　一側：“八年。”
　　　　著錄：《草隸存》卷 4/1；《中國古代磚
　　　　　　　文》（概說插圖 32）。
　　　　附註：磚呈長條梯形，側有豎槽兩道。疑
　　　　　　　偽。

0011　千秋萬年磚
　　　　西漢（前 206～公元 8）
　　　　1986 年陝西咸陽市二道原出土。
　　　　濕刻銘文。篆書，面 1 行 3 字，側 1 行 4
　　　　　　　字，共計 7 字。32.8×11.3×6.5cm。
　　　　釋文：面：“千秋萬”
　　　　　　　側：“億年無極。”
　　　　著錄：陝西省考古研究所《陝西省煤炭工
　　　　　　　業學校漢窯及漢唐墓葬清理報告》
　　　　　　　（《考古與文物》2004 年增刊）。

0012　百卅二磚
　　　　西漢（前 206～公元 8）
　　　　1987 年陝西西安東郊出土。
　　　　濕刻銘文。隸書，1 行 3 字。尺寸不詳。
　　　　釋文：“百卅二。”
　　　　著錄：陝西省考古研究所、西安交通大學

《西安交通大學西漢壁畫墓發掘簡報》
（《考古與文物》1990 年 4 期）。

0013　十二磚

西漢（前 206～公元 8）

1972 年河南洛陽東周王城遺址區內出土。

乾刻銘文。隸書，1 行 2 字。刻於磚側。
尺寸不詳。

釋文：“十二。”

著錄：霍宏偉《洛陽東周王城遺址區鑄錢
遺存及其相關問題》（《耕耘論叢》
（一）43 頁）。

附註：此為鑄錢陶範磚。

0014　十三磚

西漢（前 206～公元 8）

1972 年河南洛陽東周王城遺址區內出土。

乾刻銘文。隸書，1 行 2 字。刻於磚側。
尺寸不詳。

釋文：“十三。”

著錄：霍宏偉《洛陽東周王城遺址區鑄錢
遺存及其相關問題》（《耕耘論叢》
（一）43 頁）。

附註：此為鑄錢陶範磚。

0015　十三磚

西漢（前 206～公元 8）

1972 年河南洛陽東周王城遺址區內出土。

乾刻銘文。隸書，1 行 2 字。刻於磚側。
尺寸不詳。

釋文：“十三。”

著錄：霍宏偉《洛陽東周王城遺址區鑄錢
遺存及其相關問題》（《耕耘論叢》
（一）43 頁）。

附註：此為鑄錢陶範磚。

0016　十八磚

西漢（前 206～公元 8）

1972 年河南洛陽東周王城遺址區內出土。

乾刻銘文。隸書，1 行 2 字。刻於磚側。
尺寸不詳。

釋文：“十八。”

著錄：霍宏偉《洛陽東周王城遺址區鑄錢
遺存及其相關問題》（《耕耘論叢》
（一）43 頁）。

附註：此為鑄錢陶範磚。

0017　廿字磚

西漢（前 206～公元 8）

1972 年河南洛陽東周王城遺址區內出土。

乾刻銘文。隸書，1 字。刻於磚側。尺寸
不詳。

釋文：“廿。”

著錄：霍宏偉《洛陽東周王城遺址區鑄錢
遺存及其相關問題》（《耕耘論叢》
（一）43 頁）。

附註：此為鑄錢陶範磚。

東　漢

0018　蜀郡江原完城旦葬磚

東漢永平五年（62）八月二日

浭陽端方舊藏，後歸南皮張仁蠡，又歸北
京大學文研所，1952 年後藏故宮博物
院。

乾刻銘文。隸書，兩面刻，正面 1 行 7
字；背面 2 行，計存 9 字。共存 16
字。26×13cm。

釋文：正面：“蜀郡江原完城旦。”
　　　　背面：“永平／五年八月二日死。”

著錄：《陶齋藏甎記》上卷/1；《北京圖書
館藏墓誌拓片目錄》448 頁。

附註：此為刑徒葬磚。

0019　文平磚

東漢永平十三年（70）

1980 年陝西咸陽秦宮殿遺址漢墓出土。

濕刻銘文。隸書，1 行 7 字。33.5×15cm。

釋文："永平十三年文平。"

著錄：咸陽秦都考古工作站《咸陽秦都漢
墓清理簡報》（《考古與文物》1986
年 6 期）；《秦都咸陽考古報告》694
頁；《中國古代磚文》圖版 41；《中
國磚銘》圖版 110。

0020　姚孝經買地券磚

東漢永平十六年（73）四月二十二日

1990 年河南偃師城關鎮北窯村出土，藏偃
師商城博物館。

乾刻銘文。隸書，6 行，行 5 至 8 字不等，
計 39 字。40×40×5cm。

釋文："永平十六年四月廿／二日，姚孝經
買樀／偉冢地約畝（？），出／地有名
者，以卷（券）／書從事，历□／中□
弟□周文功。"

著錄：偃師商城博物館《河南偃師東漢姚
孝經墓》（《考古》1992 年 3 期）；洛
陽市第二文物工作隊《洛陽碑誌選刊》
（《書法叢刊》1996 年 2 期）；《洛陽新
獲墓誌》圖版 1；《中國磚銘》圖版
111；涂白奎《〈姚孝經磚文〉性質簡
說》（《華夏考古》）2005 年 1 期）。

0021　建初元年七月十四日治磚

東漢建初元年（76）七月十四日造

1956 年廣東廣州東郊麻鷹崗出土，廣州博
物館藏。

濕刻銘文。隸書，1 行 13 字。刻於磚側。

尺寸不詳。

釋文："建初元年七月十四日甲寅治塼。"

著錄：《廣州漢墓》379 頁；《廣州出土漢代陶
屋》53 頁；《廣東歷代書法圖錄》44 頁。

0022　建初五年八月十一日造磚

東漢建初五年（80）八月十一日造

1953 年～1955 年廣東廣州小北蟹崗出土。

濕刻銘文。隸書，1 行 15 字。刻於磚側。
尺寸不詳。

釋文："建初五年八月十一日造治，此宜
官秩。"

著錄：廣州市文物管理委員會《三年來廣
州市古墓葬的清理和發現》（《文物參
考資料》1956 年 5 期）；《廣州漢墓》
381 頁；《中國古代磚文》圖版 47。

0023　長安男子張磚

東漢元和二年（85）七月二十二日

1925 年陝西西安西南鄉出土。三原于右任
舊藏。

濕刻銘文。隸書，2 行，行字不等，計 13
字。33.5×13.5cm。

釋文："元和二年七（漏刻"月"字）廿
二日，／長安男子張。"

著錄：《關中秦漢陶錄》補編；《中國書法
全集》卷 9／圖版 83；《中國磚銘》圖
版 123。

附註：《關中秦漢陶錄》陳直跋："漢元和
二年及公羊草隸磚。一九二五年西安
西南鄉，曾出草隸磚一批，共三十餘
方。有元和年號及公羊經文者兩方，
歸三原于氏。第一方兩行，第一行 8
字，第二行 5 字，文云'元和二年七
（原文脫月字）廿二日長安男子張'。"

0024　元和三年、南陽等字葬磚

東漢元和三年（86）閏十月

清末河南偃師縣出土，曾歸浭陽端方，後歸南皮張仁蠡，又歸北京大學文研所，1952年後藏故宮博物院。

乾刻銘文。隸書，兩面刻，面3行，計存14字；側1行存2字。磚下半殘缺。24×23×10.5cm。

釋文：面："元和三年閏／□南陽□完／□死在此"

　　側："□死。"

附註：此為刑徒葬磚。

0025　史仲葬磚

東漢元和三年（86）□月七日

清末河南偃師縣出土，曾歸浭陽端方，後歸南皮張仁蠡，又歸北京大學文研所，1952年後藏故宮博物院。

乾刻銘文。隸書，兩面刻，面4行，計存21字；側1行3字。25×22.5×10cm。

釋文：面："元和三年／□月七日，弘農／盧氏完城旦／史仲，死在此下。"

　　側："史仲死。"

著錄：《陶齋藏甎記》上卷/5；《草隸存》卷4/4；《中國古代磚文》圖版52；《中國磚銘》圖版126。

附註：此為刑徒葬磚。

0026　元和三年殘葬磚

東漢元和三年（86）

清末河南偃師縣出土，曾歸浭陽端方，後歸南皮張仁蠡，又歸北京大學文研所，1952年後藏故宮博物院。

乾刻銘文。隸書，存1行4字。僅存右上角碎塊。12.5×6.5cm。

釋文："元和三年"

著錄：《陶齋藏甎記》上卷/2；《雪堂專錄·恒農專錄》1葉。

附註：此為刑徒葬磚。

0027　犁錯葬磚

東漢元和四年（87）三月（下缺）日

清末河南偃師縣出土，曾歸浭陽端方，後歸南皮張仁蠡，又歸北京大學文研所，1952年移交北大歷史系。

乾刻銘文。隸書，4行，計存18字。30×22cm。

釋文："元和四年三月／日，六安舒鬼新／犁錯，死在此／下。"

著錄：《陶齋藏甎記》上卷/5；《雪堂專錄·恒農專錄》1葉；《中國磚銘》圖版127。

附註：此為刑徒葬磚。

0028　張國葬磚

東漢元和四年（87）

清末河南偃師縣出土，曾歸浭陽端方，又歸南皮張仁蠡，後歸北京大學文研所，1952年後藏故宮博物院。

乾刻銘文。隸書，兩面刻，面存2行，可辨4字；側1行存2字。僅存右上角碎塊。22×13×11cm。

釋文：面："元和四年／□□"

　　側："張國"

著錄：《陶齋藏甎記》上卷/2（無側）；《草隸存》卷4/4（無側）。

附註：此為刑徒葬磚。

0029　元和殘葬磚

東漢元和（84~86）

清末河南偃師縣出土，曾歸浭陽端方，後

歸南皮張仁蠡，又歸北京大學文研
所，1952 年後藏故宮博物院。

乾刻銘文。隸書，存 1 行 2 字。僅存碎
塊。11×8.5cm。

釋文："元和"

著錄：《陶齋藏甎記》上卷/2；《雪堂專
錄·恒農專錄》1 葉

附註：此為刑徒葬磚。

0030　左章葬磚

東漢章和元年（87）九月廿七日

清末河南偃師縣出土，曾歸涇陽端方，後
歸南皮張仁蠡，又歸北京大學文研
所，1952 年後藏故宮博物院。

乾刻銘文。隸書，面 3 行，計 21 字；側
存 1 行 2 字。32×22.5×10.5cm。

釋文：面："章和元年九月廿七日，京/兆
長安左章，髡/鉗，死在此下。"
側："左章"

著錄：《陶齋藏甎記》上卷/4；《雪堂專
錄·恒農專錄》1 葉；《中國書法全
集》卷 9/圖版 86；《中國磚銘》圖版
128。

附註：此為刑徒葬磚。綴合補全右上角
"章"字。

0031　章和元、北海昌等字殘葬磚

東漢章和元年（87）

清末河南偃師縣出土，曾歸涇陽端方，後
歸南皮張仁蠡，又歸北京大學文研
所，1952 年後藏故宮博物院。

乾刻銘文。隸書，存 2 行，行存 3 字。磚
存右上碎塊。計存 6 字。15×12cm。

釋文："章和元/北海昌"

著錄：《陶齋藏甎記》上卷/2；《雪堂專
錄·恒農專錄》1 葉；《中國磚銘》

圖版 129；《中國書法藝術·秦漢》
332 頁。

附註：此為刑徒葬磚。

0032　和元年、日京等字殘葬磚

東漢[章] 和元年（87）

清末河南偃師縣出土，曾歸涇陽端方，後
歸南皮張仁蠡，又歸北京大學文研
所，1952 年後藏故宮博物院。

乾刻銘文。隸書，存 3 行，可辨 5 字。磚
存右上碎塊。8×13cm。

釋文："和元年/日京/□□"

著錄：《雪堂專錄·恒農專錄》3 葉（附
章和）。

附註：此為刑徒葬磚。

0033　陳李葬磚

東漢章和二年（88）二月□日

清末河南偃師縣出土，曾歸涇陽端方，後
歸南皮張仁蠡，又歸北京大學文研
所，1952 年移交北大歷史系。

乾刻銘文。隸書，3 行，計存 15 字。31×
22cm。

釋文："章和二年二月□日/安巢髡鉗陳李
/此下。"

著錄：《陶齋藏甎記》上卷/2；《雪堂專
錄·恒農專錄》1 葉；《恒農冢墓遺
文》；《草隸存》卷 4/5；《中國磚銘》
圖版 130。

附註：此為刑徒葬磚。

0034　鄭□葬磚

東漢[章] 和二年（88）二月二十五日

清末河南偃師縣出土，曾歸涇陽端方，後
歸南皮張仁蠡，又歸北京大學文研
所，1952 年後藏故宮博物院。

乾刻銘文。隸書，3 行，計存 18 字。磚上半殘缺。24.5 × 21.5cm。

釋文："和二年二月廿五日，左馮/重泉鬼新鄭/在此下。"

著錄：《陶齋藏甎記》上卷/4；《雪堂專錄·恒農專錄》3 葉；《恒農冢墓遺文》；《中國磚銘》圖版 242。

附註：此為刑徒葬磚。

0035　陵完城旦等字殘葬磚

東漢[章]和二年（88）二月

清末河南偃師縣出土，曾歸渭陽端方，後歸南皮張仁蠡，又歸北京大學文研所，1952 年後藏故宮博物院。

乾刻銘文。隸書，3 行，計存 13 字。上下均殘缺。17 × 21.5cm。

釋文："□和二年二月/陵完城旦/在此下。"

著錄：《雪堂專錄·恒農專錄》2 葉；《恒農冢墓遺文》3 葉；《中國磚銘》圖版 232。

附註：此為刑徒葬磚。

0036　程陽葬磚

東漢[章]和二年（88）十月八日

清末河南偃師縣出土，曾歸渭陽端方，後歸南皮張仁蠡，又歸北京大學文研所，1952 年後藏故宮博物院。

乾刻銘文。隸書，3 行，計存 15 字。上下均殘缺。31 × 22cm。

釋文："和二年十月八日，/□□髡鉗程陽，/在□"

著錄：《陶齋藏甎記》上卷/4。

附註：此為刑徒葬磚。

0037　章和二年、月廿三日等字殘葬磚

東漢章和二年（88）□月廿三日

清末河南偃師縣出土，曾歸渭陽端方，後歸南皮張仁蠡，又歸北京大學文研所，1952 年後藏故宮博物院。

乾刻銘文。隸書，存 3 行，僅存右上角碎塊。計存 11 字。23.5 × 18cm。

釋文："章和二年/月廿三日，/完城旦"

著錄：《陶齋藏甎記》上卷/3；《草隸存》卷 4/5；《雪堂專錄·恒農專錄》2 葉。

附註：此為刑徒葬磚。

0038　章和二、陵髡鉗等字殘葬磚

東漢章和二年（88）

清末河南偃師縣出土，曾歸渭陽端方，後歸南皮張仁蠡，又歸北京大學文研所，1952 年後藏故宮博物院。

乾刻銘文。隸書，3 行，計存 7 字。磚下半殘缺。11.5 × 22cm。

釋文："章和二/陵髡鉗/下。"

著錄：《陶齋藏甎記》上卷/3；《雪堂專錄·恒農專錄》2 葉；《中國磚銘》圖版 131。

附註：此為刑徒葬磚。

0039　蕭延葬磚

東漢章和二年（88）

清末河南偃師縣出土，曾歸渭陽端方，後歸南皮張仁蠡，又歸北京大學文研所，1952 年後藏故宮博物院。

乾刻銘文。隸書，兩面刻，面 3 行，計存 12 字；側 1 行 3 字。磚下半殘缺。20 × 20 × 7.5cm。

釋文：面："章和二年□/□相司寇□/此下。"

側："蕭延死。"

著錄：《陶齋藏甎記》上卷/3；《中國磚
銘》圖版131。

附註：此為刑徒葬磚。

0040　章和殘葬磚

東漢章和（87～88）

清末河南偃師縣出土，曾歸涇陽端方，後
歸南皮張仁蠡，又歸北京大學文研
所，1952年後藏故宮博物院。

乾刻銘文。隸書，存1行2字。僅存右上
角碎塊。23×11cm。

釋文："章和"

著錄：《陶齋藏甎記》上卷/4；《雪堂專
錄·恒農專錄》2葉。

附註：此為刑徒葬磚。

0041　章、廿二字殘葬磚

東漢章〔和〕（87～88）

清末河南偃師縣出土，曾歸涇陽端方，後
歸南皮張仁蠡，又歸北京大學文研
所，1952年後藏故宮博物院。

乾刻銘文。隸書，兩面刻，面存3行，計
存4字；側存1字。僅存右上角碎
塊。6.5×12×11.5cm。

釋文：面："章/廿二/□"

側："死"

著錄：《雪堂專錄·恒農專錄》2葉。

附註：此為刑徒葬磚。

0042　章、日二字殘葬磚

東漢章〔和〕（87～88）

清末河南偃師縣出土，曾歸涇陽端方，後
歸南皮張仁蠡，又歸北京大學文研
所，1952年後藏故宮博物院。

乾刻銘文。隸書，面存2行，計存2字；

側1行存2字。僅存右上角碎塊。7
×14×11cm。

釋文：面："章/日"

側："□死"

著錄：《雪堂專錄·恒農專錄》2葉。

附註：此為刑徒葬磚。

0043　邯鄲髡鉗等字殘葬磚

東漢永元元年（89）正月廿三日

清末河南偃師縣出土，曾歸涇陽端方，後
歸南皮張仁蠡，又歸北京大學文研
所，1952年移交北大歷史系。

乾刻銘文。隸書，3行，計存19字。磚左
上角缺。35×22cm。

釋文："永元元二年正月廿三日，/□邯鄲
髡鉗□/□在此下。"

著錄：《陶齋藏甎記》上卷/5；《雪堂專
錄·恒農專錄》4葉（作"永元元二
年……魏國……死在此下"，係綴和
之誤）；《恒農冢墓遺文》6葉。

附註：此為刑徒葬磚。"元年"二字之間
衍刻"二"字。

0044　畢通葬磚

東漢永元元年（89）四月四日

清末河南偃師縣出土，曾歸涇陽端方，後
歸南皮張仁蠡，又歸北京大學文研
所，上半1952年歸故宮博物院，下
半留北大歷史系。

乾刻銘文。隸書，3行，計21字。上截
15.5×21.5cm；下截23×22cm。

釋文："永元元年四月四日，/左馮翊萬年
髡鉗/畢通，死在此下。"

著錄：《陶齋藏甎記》上卷/8和4；《雪堂
專錄·恒農專錄》3葉；《恒農冢墓
遺文》4葉；《中國磚銘》圖版235

（下半）。

　　附註：此為刑徒葬磚。磚斷為二截，《陶
　　　　齋藏甎記》分別著錄，《雪堂專錄·
　　　　恒農專錄》、《恒農冢墓遺文》綴合後
　　　　著錄。

0045　杜倪葬磚

東漢［永］元元年（89）四月十一日

清末河南偃師縣出土，曾歸溳陽端方，後
　　歸南皮張仁蠡，又歸北京大學文研
　　所，1952 年後藏故宮博物院。

乾刻銘文。隸書，兩面刻，面 3 行，計存
　　19 字；側 1 行存 2 字。磚右上、右下
　　角均缺。35.5×22.5×11cm。

釋文：面：“元元年四月十一日，/穎（潁）
　　川郟完城旦/杜倪，在此下。”
　　　　側：“倪死。”

著錄：《陶齋藏甎記》下卷/2；《雪堂專
　　錄·恒農專錄》3 葉；《恒農冢墓遺
　　文》4 葉；《中國磚銘》圖版 238。

附註：此為刑徒葬磚。

0046　吳顏葬磚

東漢永元元年（89）七月

清末河南偃師縣出土，曾歸溳陽端方，後
　　歸南皮張仁蠡，又歸北京大學文研
　　所，1952 年後藏故宮博物院。

乾刻銘文。隸書，兩面刻，面 3 行，計存
　　18 字；側 1 行存 3 字。磚右下角缺。
　　34×22×10cm。

釋文：面：“永元元年七月/留酸棗完城旦
　　吳顏，/死在此下。”
　　　　側：“吳顏死。”

著錄：《陶齋藏甎記》上卷/6；《雪堂專
　　錄·恒農專錄》3 葉；《恒農冢墓遺
　　文》3 葉。

附註：此為刑徒葬磚。“棗”字補刻在第
　　　　二、三行之間。

0047　常山等字殘葬磚

東漢永元元年（89）十月五日

清末河南偃師縣出土，曾歸溳陽端方，後
　　歸南皮張仁蠡，又歸北京大學文研
　　所，1952 年後藏故宮博物院。

乾刻銘文。隸書，3 行，計存 13 字。磚存
　　右上殘塊。21.5×22.5cm。

釋文：“永元元年十月/五日，常山/□□
　　□”

著錄：《陶齋藏甎記》上卷/7；《雪堂專
　　錄·恒農專錄》4 葉；《恒農冢墓遺
　　文》5 葉。

附註：此為刑徒葬磚。

0048　梁東葬磚

東漢永元元年（89）十一月八日

清末河南偃師縣出土，曾歸溳陽端方，後
　　歸南皮張仁蠡，又歸北京大學文研
　　所，1952 年後藏故宮博物院。

乾刻銘文。隸書，兩面刻，面 2 行，計存
　　18 字；側 1 行 3 字。37×22×10cm。

釋文：面：“永元元年十一月八日，豫/章
　　宜春完城旦梁東。”
　　　　側：“梁東死。”

著錄：《陶齋藏甎記》上卷/6；《雪堂專
　　錄·恒農專錄》3 葉；《恒農冢墓遺
　　文》5 葉；《草隸存》卷 4/6；《專門
　　名家·廣倉磚錄》第 2 集；《中國古
　　代磚文》圖版 53；《磚文拓片選》
　　（《書法叢刊》1998 年 1 期）；《北京
　　大學圖書館藏歷代金石拓本菁華》
　　33；《中國磚銘》圖版 134、135。

附註：此為刑徒葬磚。

0049 永元元年、二日西平等字殘葬磚

東漢永元元年（89）二日

清末河南偃師縣出土，曾歸溳陽端方，後歸南皮張仁蠡，又歸北京大學文研所，1952 年後藏故宮博物院。

乾刻銘文。隸書，存 3 行，計存 11 字。磚存右上角殘塊。22.5 × 21cm。

釋文："永元元年/二日，西平西/□□"

著錄：《陶齋藏甎記》上卷/7。

附註：此為刑徒葬磚。

0050 永元元年、東郡聊城等字殘葬磚

東漢永元元年（89）

清末河南偃師縣出土，曾歸溳陽端方，後歸南皮張仁蠡，又歸北京大學文研所，1952 年後藏故宮博物院。

乾刻銘文。隸書，存 3 行，計存 11 字。磚存右上角殘塊。27 × 21.5cm。

釋文："永元元年/東郡聊城/□□在"

著錄：《陶齋藏甎記》上卷/7；《雪堂專錄·恒農專錄》4 葉。

附註：此為刑徒葬磚。

0051 元元年等字殘葬磚

東漢永元元年（89）

清末河南偃師縣出土，曾歸溳陽端方，後歸南皮張仁蠡，又歸北京大學文研所，1952 年後藏故宮博物院。

乾刻銘文。隸書，存 2 行，計存 6 字。僅存碎塊。13.5 × 14cm。

釋文："元元年/國□□"

附註：此為刑徒葬磚。

0052 元元二字殘葬磚

東漢［永］元元年（89）

清末河南偃師縣出土，曾歸溳陽端方，後

歸南皮張仁蠡，又歸北京大學文研所，1952 年後藏故宮博物院。

乾刻銘文。隸書，存 1 行 2 字。僅存碎塊。10 × 7.5cm。

釋文："元元"

附註：此為刑徒葬磚。

0053 傁升葬磚（第一種）

東漢永元二年（90）八月十二日

清末河南偃師縣出土，曾歸溳陽端方，後歸南皮張仁蠡，又歸北京大學文研所，1952 年後藏故宮博物院。

乾刻銘文。隸書，3 行，計 19 字。29 × 22.5cm。

釋文："永元二年八月十二/日，陳國長平/完城旦傁升死。"

著錄：《陶齋藏甎記》上卷/8；《雪堂專錄·恒農專錄》4 葉；《恒農冢墓遺文》6 葉。

附註：此為刑徒葬磚。

0054 傁升葬磚（第二種）

東漢［永元二年（90）］

清末河南偃師縣出土，曾歸溳陽端方，後歸南皮張仁蠡，又歸北京大學文研所，1952 年後藏故宮博物院。

乾刻銘文。隸書，1 行 3 字。22 × 11cm。

釋文："傁升死。"

著錄：《陶齋藏甎記》上卷/11；《雪堂專錄·恒農專錄》4 葉；《恒農冢墓遺文》6 葉。

附註：此為刑徒葬磚。

0055 永元二年八、東郡完等字殘葬磚

東漢永元二年（90）八月

清末河南偃師縣出土，曾歸溳陽端方，後

歸南皮張仁蠡，又歸北京大學文研
所，1952 年後藏故宮博物院。

乾刻銘文。隸書，存 3 行，計存 9 字。僅
存右上半碎塊。19×17cm。

釋文："永元二年八/東郡完/□"

著錄：《陶齋藏甎記》上卷/13；《雪堂專
錄·恒農專錄》5 葉。

附註：此為刑徒葬磚。

0056　□霸葬磚

東漢永元二年（90）九月七日

清末河南偃師縣出土，曾歸澠陽端方，後
歸南皮張仁蠡，又歸北京大學文研
所，1952 年後藏故宮博物院。

乾刻銘文。隸書，3 行，計 20 字。磚上半
殘缺。45×22cm。

釋文："永元二年九月七日，/江夏靳春
司寇/□霸，死在此下。"

著錄：《陶齋藏甎記》上卷/8；《雪堂專
錄·恒農專錄》5 葉；《恒農冢墓遺
文》7 葉；《草隸存》卷 4/6。

附註：此為刑徒葬磚。

0057　東門當葬磚

東漢永元二年（90）九月二十日

清末河南偃師縣出土，曾歸澠陽端方，後
歸南皮張仁蠡，又歸北京大學文研
所，1952 年後藏故宮博物院。

乾刻銘文。隸書，兩面刻，面 3 行，計 21
字，側 1 行 4 字。40×22×11cm。

釋文：面："永元二年九月廿日，/穎（潁）
川武陽髡鉗/東門當，死在此下。"
　　　側："東門當死。"

著錄：《陶齋藏甎記》上卷/9；《雪堂專
錄·恒農專錄》5 葉；《恒農冢墓遺
文》7 葉；《草隸存》卷 4/7；《中國

古代磚文》圖版 54；《中國磚銘》圖
版 135。

附註：此為刑徒葬磚。

0058　蔡□葬磚

東漢［永］元二年（90）十日

清末河南偃師縣出土，曾歸澠陽端方，後
歸南皮張仁蠡，又歸北京大學文研
所，1952 年後藏故宮博物院。

乾刻銘文。隸書，存 4 行，計存 10 字。
僅存右上半碎塊。11.5×21.5cm。

釋文："元二年/十日，南/髡鉗蔡/□"

著錄：《雪堂專錄·恒農專錄》5 葉。

附註：此為刑徒葬磚。

0059　張嬈葬磚

東漢永元二年（90）

清末河南偃師縣出土，曾歸澠陽端方，後
歸南皮張仁蠡，又歸北京大學文研
所，1952 年後藏故宮博物院。

乾刻銘文。隸書，兩面刻，面 3 行，計存
11 字；側 1 行 6 字。磚下半殘缺。10
×22×11cm。

釋文：面："永元二年/河南□/張嬈，死
在"
　　　側："張嬈死在此下。"

著錄：《陶齋藏甎記》上卷/14；《雪堂專
錄·恒農專錄》4 葉；《中國磚銘》
圖版 136。

附註：此為刑徒葬磚。

0060　元二年殘葬磚

東漢［永］元二年（90）

清末河南偃師縣出土，曾歸澠陽端方，後
歸南皮張仁蠡，又歸北京大學文研
所，1952 年後藏故宮博物院。

乾刻銘文。隸書，存 1 行 3 字。僅存碎
塊。9.5×5cm。

釋文："□元二年"

著錄：《雪堂專錄·恒農專錄》5 葉。

附註：此為刑徒葬磚。

0061　元二年、夏安等字殘葬磚

東漢［永］元二年（90）

清末河南偃師縣出土，曾歸涇陽端方，後
　　歸南皮張仁蠡，又歸北京大學文研
　　所，1952 年後藏故宮博物院。

乾刻銘文。隸書，3 行，計存 7 字。僅存
　　碎塊。11×22cm。

釋文："元二年/夏安/□□"

著錄：《雪堂專錄·恒農專錄》5 葉。

附註：此為刑徒葬磚。

0062　永元三年四月十等字殘葬磚

東漢永元三年（91）四月十（下缺）

清末河南偃師縣出土，曾歸涇陽端方，後
　　歸南皮張仁蠡，又歸北京大學文研
　　所，1952 年後藏故宮博物院。

乾刻銘文。隸書，存 2 行，計存 14 字。
　　存大半。30×22cm。

釋文："永元三年四月十□□/菓（？）薄
　　完城旦"

著錄：《雪堂專錄·恒農專錄》5 葉。

附註：此為刑徒葬磚。

0063　范仲葬磚

東漢永元三年（91）四月

清末河南偃師縣出土，曾歸涇陽端方，後
　　歸南皮張仁蠡，又歸北京大學文研
　　所，1952 年後藏故宮博物院。

乾刻銘文。隸書，兩面刻，面 4 行，計存
　　16 字；側 1 行 2 字。磚斷為二，左上

角缺。上截 6.5×11×11cm；下截 22
　　×21cm。

釋文：面："永元三年四月/陳國扶樂/完
　　城旦范仲，/下。"

　　　側："范仲。"

著錄：《陶齋藏甎記》上卷/9；《雪堂專
　　錄·恒農專錄》6 葉；《恒農冢墓遺
　　文》8 葉。

附註：此為刑徒葬磚。

0064　貴谷葬磚

東漢永元三年（91）六月十□日

清末河南偃師縣出土，曾歸涇陽端方，後
　　歸南皮張仁蠡，又歸北京大學文研
　　所，1952 年後藏故宮博物院。

乾刻銘文。隸書，兩面刻，面 3 行，計存
　　21 字；側存 1 字。32.5×22×9cm。

釋文：面："永元三年六月十/□日，無
　　任，陳留尉/之完城旦貴谷死。"

　　　側："谷"

著錄：《陶齋藏甎記》上卷/9；《雪堂專
　　錄·恒農專錄》6 葉；《恒農冢墓遺
　　文》8 葉；《草隸存》卷 4/7；《中國
　　磚銘》圖版 137。

附註：此為刑徒葬磚。

0065　永元三年、六日殘葬磚

東漢永元三年（91）六日

清末河南偃師縣出土，曾歸涇陽端方，後
　　歸南皮張仁蠡，又歸北京大學文研
　　所，1952 年後藏故宮博物院。

乾刻銘文。隸書，存 2 行，計存 7 字。僅
　　存右上角殘塊。19×15cm。

釋文："永元三年/六日無"

著錄：《雪堂專錄·恒農專錄》6 葉。

附註：此為刑徒葬磚。

0066　永元三年殘葬磚
　　　東漢永元三年（91）
　　　清末河南偃師縣出土，曾歸涇陽端方，後
　　　　　歸南皮張仁蠡，又歸北京大學文研
　　　　　所，1952 年後藏故宮博物院。
　　　乾刻銘文。隸書，存 2 行，計存 7 字。僅
　　　　　存右上角殘塊。19×10cm。
　　　釋文："永元三年/□南□"
　　　著錄：《雪堂專錄·恒農專錄》6 葉。
　　　附註：此為刑徒葬磚。

0067　永元三殘葬磚
　　　東漢永元三年（91）
　　　清末河南偃師縣出土，曾歸涇陽端方，後
　　　　　歸南皮張仁蠡，又歸北京大學文研
　　　　　所，1952 年後藏故宮博物院。
　　　乾刻銘文。隸書，存 2 行，計存 4 字。僅
　　　　　存右上角殘塊。12×10.5cm。
　　　釋文："永元三/□"
　　　著錄：《雪堂專錄·恒農專錄》6 葉。
　　　附註：此為刑徒葬磚。

0068　董世葬磚
　　　東漢永元三年（91）
　　　清末河南偃師縣出土，曾歸涇陽端方，後
　　　　　歸南皮張仁蠡，又歸北京大學文研
　　　　　所，1952 年後藏故宮博物院。
　　　乾刻銘文。隸書，兩面刻，面存 2 行，計
　　　　　存 9 字；側存 1 行 2 字。僅存右上角
　　　　　殘塊。20×10×4cm。
　　　釋文：面："永元三年/任南陽髡□"
　　　　　　　側："董世"
　　　著錄：《陶齋藏甎記》上卷/10 上。
　　　附註：此為刑徒葬磚。

0069　嚴仲葬磚
　　　東漢永元四年（92）二月二十八日
　　　清末河南偃師縣出土，曾歸涇陽端方，後
　　　　　歸南皮張仁蠡，又歸北京大學文研
　　　　　所，1952 年移交北大歷史系。
　　　乾刻銘文。隸書，兩面刻，面 3 行，計 26
　　　　　字，側 1 行 3 字。36×21×10.5cm。
　　　釋文：面："永元四年二月廿八日，/無
　　　　　任，廬江六安完城/旦嚴仲，死在此
　　　　　下。"
　　　　　　側："嚴仲死。"
　　　著錄：《陶齋藏甎記》上卷/10；《草隸存》
　　　　　卷 4/8；《中國磚銘》圖版 139；《中
　　　　　國書法藝術·秦漢》332 頁。
　　　附註：此為刑徒葬磚。

0070　廬江六安髡鉗葬磚
　　　東漢永元四年（92）三月七日
　　　清末河南偃師縣出土，曾歸涇陽端方，後
　　　　　歸南皮張仁蠡，又歸北京大學文研
　　　　　所，1952 年移交北大歷史系。
　　　乾刻銘文。隸書，3 行，行 7 字，計 21
　　　　　字。32.5×21cm。
　　　釋文："永元四年三月七/日，無任，廬江
　　　　　六安/髡鉗□□，死在此"
　　　著錄：《陶齋藏甎記》上卷/11（誤作"廬
　　　　　江太守"）。
　　　附註：此為刑徒葬磚。

0071　□客葬磚
　　　東漢永元四年（92）三月八日
　　　清末河南偃師縣出土，曾歸涇陽端方，後
　　　　　歸南皮張仁蠡，又歸北京大學文研
　　　　　所，1952 年後藏故宮博物院。
　　　乾刻銘文。隸書，3 行，計 22 字。38×

22.5cm。

釋文："永元四年三月八日，/無任，東
郡燕完城/□□客，死在此下。"

著錄：《陶齋藏甎記》上卷/14；《雪堂專
錄·恒農專錄》6葉；《草隸存》卷
4/8；《中國磚銘》圖版140。

附註：此為刑徒葬磚。

0072　□胡葬磚

東漢［永］元四年（92）三月九日

清末河南偃師縣出土，曾歸涇陽端方，後
歸南皮張仁蠡，又歸北京大學文研
所，1952年後藏故宮博物院。

乾刻銘文。隸書，3行，計存18字。磚上
半殘缺。32×22cm。

釋文："元四年三月九日，/河內山陽髡鉗
/胡，死在此下。"

著錄：《陶齋藏甎記》下卷/2（上截，作
"漢山陽殘葬磚"）；《雪堂專錄·恒農
專錄》6葉（上截）；《雪堂專錄·恒
農專錄》17葉（下截）；《中國磚銘》
圖版141。

附註：此為刑徒葬磚。磚斷作二截，《陶
齋藏甎記》分別著錄，《雪堂專錄·
恒農專錄》、《恒農冢墓遺文》綴合後
著錄。

0073　魏蘭葬磚

東漢永元四年（92）五月十六日

清末河南偃師縣出土，曾歸涇陽端方，後
歸南皮張仁蠡，又歸北京大學文研
所，1952年移交北大歷史系。

乾刻銘文。隸書，3行，計存22字。33×
20.5cm。

釋文："永元四年五月十六日，□/南陽宛
完城旦/魏蘭，死在此下。"

著錄：《陶齋藏甎記》上卷/11；《雪堂專
錄·恒農專錄》7葉；《草隸存》卷
4/9。

附註：此為刑徒葬磚。

0074　朱次葬磚

東漢永元四年（92）七月二十六日

清末河南偃師縣出土，曾歸涇陽端方，後
歸南皮張仁蠡，又歸北京大學文研
所，1952年後藏故宮博物院。

乾刻銘文。隸書，3行，計22字。32.5×
22.5cm。

釋文："永元四年七月廿六日，/無任，樂
成阜城髡/鉗朱次，死在此。"

著錄：《雪堂專錄·恒農專錄》7葉。

附註：此為刑徒葬磚。

0075　衛仲葬磚

東漢［永］元四年（92）十一月

清末河南偃師縣出土，曾歸涇陽端方，後
歸南皮張仁蠡，又歸北京大學文研
所，1952年後藏故宮博物院。

乾刻銘文。隸書，存4行，計存15字。
存右上半殘塊。23×19cm。

釋文："元四年十一月，/無任，汝南/髡
鉗衛仲，/下。"

著錄：《雪堂專錄·恒農專錄》7葉；《恒
農冢墓遺文》9葉（附永元）。

附註：此為刑徒葬磚。

0076　永元四年、陳留等字殘葬磚

東漢永元四年（92）

清末河南偃師縣出土，曾歸涇陽端方，又
歸南皮張仁蠡，後歸北京大學文研
所，1952年移交北大歷史系。

乾刻銘文。隸書，存2行，計存9字。存

右上角碎塊。22×14.5cm。

釋文："永元四年□月/任陳留"

附註：此為刑徒葬磚。

0077　畢□葬磚

東漢永元四年（92）

清末河南偃師縣出土，曾歸涇陽端方，又歸南皮張仁蠡，後歸北京大學文研所，1952年後藏故宮博物院。

乾刻銘文。隸書，兩面刻，面2行，計存7字；側1行2字。存右上角碎塊。17×16×10.5cm。

釋文：面："永元四年/任南陽"側："畢□"

著錄：《雪堂專錄·恒農專錄》7葉。

附註：此為刑徒葬磚。

0078　元四年、無任等字殘葬磚

東漢［永］元四年（92）

清末河南偃師縣出土，曾歸涇陽端方，又歸南皮張仁蠡，後歸北京大學文研所，1952年後藏故宮博物院。

乾刻銘文。隸書，存2行，計存6字。存右上角碎塊。10×10.5cm。

釋文："元四年/無任□"

著錄：《雪堂專錄·恒農專錄》7葉。

附註：此為刑徒葬磚。

0079　張仲葬磚

東漢永元五年（93）二月七日

清末河南偃師縣出土，曾歸涇陽端方，又歸南皮張仁蠡，後歸北京大學文研所，1952年後藏故宮博物院。

乾刻銘文。隸書，3行，計21字。44×22.5cm。

釋文："永元五年二月七日，/無任，江夏安陸鬼/新張仲，死此中。"

著錄：《陶齋藏甎記》上卷/11；《草隸存》卷4/9；《中國磚銘》圖版143。

附註：此為刑徒葬磚。

0080　永元五年、月廿等字殘葬磚

東漢永元五年（93）（上缺）月二十六日

清末河南偃師縣出土，曾歸涇陽端方，又歸南皮張仁蠡，後歸北京大學文研所，1952年移交北大歷史系。

乾刻銘文。隸書，存3行，計存8字。存右上角碎塊。18×13cm。

釋文："永元五年/月廿六/任"

著錄：《陶齋藏甎記》上卷/12；《雪堂專錄·恒農專錄》8葉。

附註：此為刑徒葬磚。

0081　永元五年、狐完城旦等字殘葬磚

東漢永元五年（93）

清末河南偃師縣出土，曾歸涇陽端方，又歸南皮張仁蠡，後歸北京大學文研所，1952年後藏故宮博物院。

乾刻銘文。隸書，存2行，計存8字。存右上角碎塊。17.5×12cm。

釋文："永元五年/狐完城旦"

著錄：《雪堂專錄·恒農專錄》8葉。

附註：此為刑徒葬磚。

0082　元五年、無任汝南等字殘葬磚

東漢［永］元五年（93）

清末河南偃師縣出土，曾歸涇陽端方，又歸南皮張仁蠡，後歸北京大學文研所，1952年後藏故宮博物院。

乾刻銘文。隸書，存3行，計存11字。存上半殘塊。16×20cm。

釋文："元五年/無任汝南/完城旦□"

著錄：《雪堂專錄·恒農專錄》8葉。

附註：此為刑徒葬磚。

0083　封平葬磚

東漢永元六年（94）閏〔十一〕月廿八日

清末河南偃師縣出土，曾歸涇陽端方，又
　歸南皮張仁蠡，後歸北京大學文研
　所，1952 年後藏故宮博物院。

乾刻銘文。隸書，兩面刻，面 3 行，行 7
　字，計 20 字，側 1 行 3 字。26×20×
　10cm。

釋文：面：“無任，河南雒陽/髡鉗封平，
　死。永元/六年閏月廿八日。”
　　　側：“封平死。”

著錄：《陶齋藏甎記》上卷/12；《雪堂專
　錄·恒農專錄》8 葉。

附註：此為刑徒葬磚。

0084　張護葬磚

東漢永元六年（94）十二月十四日

清末河南偃師縣出土，曾歸涇陽端方，又
　歸南皮張仁蠡，後歸北京大學文研
　所，1952 年後藏故宮博物院。

乾刻銘文。隸書，兩面刻，面 4 行，行字
　不等，計 21 字，側 1 行 5 字。22×14
　×8cm。

釋文：面：“完城旦張護，/永元六年十二
　月十四/日物故，死在此/下。”
　　　側：“張護死在此。”

著錄：《陶齋藏甎記》上卷/12；《雪堂專
　錄·恒農專錄》9 葉；《中國磚銘》
　圖版 147。

附註：此為刑徒葬磚。

0085　黃丸葬磚

東漢永元六年（94）月三日

清末河南偃師縣出土，曾歸涇陽端方，又

歸南皮張仁蠡，後歸北京大學文研
　所，1952 年後藏故宮博物院。

乾刻銘文。隸書，存 3 行，計存 14 字。
　存左下角殘塊。18.5×15cm。

釋文：“任南陽/黃丸，以永元六/月三日
　物故，/下。”

著錄：《雪堂專錄·恒農專錄》8 葉；《恒
　農冢墓遺文》9 葉；《中國磚銘》圖
　版 147。

附註：此為刑徒葬磚。

0086　須昌、永元七等字殘葬磚

東漢永元七年（95）

清末河南偃師縣出土，曾歸涇陽端方，又
　歸南皮張仁蠡，後歸北京大學文研
　所，1952 年後藏故宮博物院。

乾刻銘文。隸書，存 3 行，計存 10 字。
　僅存殘塊。15×22cm。

釋文：“□須昌/□，永元七/日物故”

著錄：《陶齋藏甎記》上卷/13；《雪堂專
　錄·恒農專錄》9 葉。

附註：此為刑徒葬磚。

0087　永元七年、死此下等字殘葬磚

東漢永元七年（95）

清末河南偃師縣出土，曾歸涇陽端方，又
　歸南皮張仁蠡，後歸北京大學文研
　所，1952 年後藏故宮博物院。

乾刻銘文。隸書，存 4 行，計存 9 字。僅
　存殘塊。18×22cm。

釋文：“□/□，永元七年/死此/下。”

著錄：《雪堂專錄·恒農專錄》9 葉。

附註：此為刑徒葬磚。

0088　陽髡、元七年故等字殘葬磚

東漢〔永〕元七年（95）

清末河南偃師縣出土，曾歸溳陽端方，又
　　歸南皮張仁蠡，後歸北京大學文研
　　所，1952 年後藏故宮博物院。
乾刻銘文。隸書，存 3 行，計存 7 字。僅
　　存殘塊。14×18cm。
釋文："陽髡/元七年/故"
著錄：《雪堂專錄·恒農專錄》9 葉。
附註：此為刑徒葬磚。

0089　永元八年十月磚
　　東漢永元八年（96）十月
　　廣東佛山市郊瀾石公社出土。
　　濕刻銘文。隸書，存 1 行 6 字。僅存殘
　　　　塊。尺寸不詳。
　　釋文："永元八年十月"
　　著錄：廣東省博物館《廣東佛山市郊瀾石
　　　　東漢墓清理簡報》（《文物資料叢刊》
　　　　4 集，1981 年）；《中國磚銘》圖版
　　　　149。

0090　馮佷埋古中磚
　　東漢永元九年（97）九月二日
　　1953 年～1955 年廣東廣州孖魚崗出土。
　　濕刻銘文。隸書，左行，2 行，計 13 字。
　　　　尺寸不詳。
　　釋文："永元九年九月二日，/馮佷埋古
　　　　中。"
　　著錄：廣州市文物管理委員會《三年來廣
　　　　州市古墓葬的清理和發現》（《文物參
　　　　考資料》1956 年 5 期）；《廣州漢墓》
　　　　381 頁。

0091　永元□年四月廿四日殘葬磚
　　東漢永元□年（89～98）四月二十四日
　　清末河南偃師縣出土，曾歸溳陽端方，又
　　　　歸南皮張仁蠡，後歸北京大學文研

所，1952 年後藏故宮博物院。
乾刻銘文。隸書，3 行，計存 19 字。磚上
　　半殘缺。29.5×17cm。
釋文："永 元 □年四月廿四日，/郡□平
　　完城旦/死在此下。"
附註：此為刑徒葬磚。

0092　周陽葬磚
　　東漢永元十年（98）五月廿五日
　　清末河南偃師縣出土，曾歸溳陽端方，又
　　　　歸南皮張仁蠡，後歸北京大學文研
　　　　所，1952 年移交北大歷史系。
　　乾刻銘文。隸書，3 行，行 8、9 字，計 23
　　　　字。22.5×13cm。
　　釋文："南陽宛完城旦周陽，/永元十年五
　　　　月廿五日/物故，死在此下。"
　　著錄：《陶齋藏甎記》上卷/13；《雪堂專
　　　　錄·恒農專錄》9 葉；《草隸存》卷
　　　　4/10。
　　附註：此為刑徒葬磚。

0093　左□葬磚
　　東漢永元十三年（101）七月□日
　　民國年間河南洛陽地區出土。
　　乾刻銘文。隸書，殘存 5 行，計存 20 字。
　　　　尺寸不詳。
　　釋文："□□南□/完城旦左/永元十三/年
　　　　七月日/故，死在此"
　　著錄：《中國古代磚文》圖版 62；《中國
　　　　磚銘》圖版 157。
　　附註：此為刑徒葬磚。疑偽。

0094　三男子磚
　　東漢永元十五年（103）八月廿九日
　　1998 年廣東番禺鍾村鎮屏山二村出土，藏
　　　　番禺博物館。

濕刻銘文。草隸，2 行，計 13 字。35×22
×5.5cm。

釋文："永元十五年八月廿九日/三男子。"

著錄：廣州市文物考古研究所、番禺博物
館《廣東番禺市屏山東漢墓發掘報
告》（《考古學集刊》第 14 集，2004
年）。

0095　永元十、作壁曰等字磚

東漢永元十（98～104）

20 世紀 80 年代中期山東兗州磁山出土。

濕刻銘文。隸書，存 3 行，行存 3 字，計
存 9 字。磚下半殘缺。15×16cm。

釋文："永元十……/日具享……/作壁曰
……"

著錄：樊英民《山東兗州嶧山出土漢代刻
字磚》（《文物》1996 年 2 期）；《中
國磚銘》圖版 155。

0096　貫兒葬磚

東漢永元（89～104）

清末河南偃師縣出土，曾歸涇陽端方，又
歸南皮張仁蠡，後歸北京大學文研
所，1952 年後藏故宮博物院。

乾刻銘文。隸書，兩面刻，面 3 行，計存
7 字；側 1 行 3 字。磚下半殘缺。15
×20×11cm。

釋文：面："永元/日，無任/貫兒"
　　　側："貫兒死。"

著錄：《雪堂專錄·恒農專錄》10 葉。

附註：此為刑徒葬磚。

0097　何陽殘葬磚

東漢永［元］（89～104）

清末河南偃師縣出土，曾歸涇陽端方，又
歸南皮張仁蠡，後歸北京大學文研
所，1952 年後藏故宮博物院。

乾刻銘文。隸書，兩面刻，面 2 行，計存
2 字；側 1 行 2 字。僅存右上角碎塊。
3.5×11×9.5cm。

釋文：面："永/世"
　　　側："何陽"

著錄：《陶齋藏甎記》下卷/14；《雪堂專
錄·恒農專錄》23 葉；《草隸存》卷
4/21。

附註：此為刑徒葬磚。

0098　呂通葬磚

東漢永元（89～104）

清末河南偃師縣出土，曾歸涇陽端方，又
歸南皮張仁蠡，後歸北京大學文研
所，1952 年後藏故宮博物院。

乾刻銘文。隸書，兩面刻，面存 3 行，計
存 6 字；側 1 行 3 字。僅存上半殘塊。
13×22.5×10.5cm。

釋文：面："永元/□□/完城"
　　　側："呂通死。"

著錄：《雪堂專錄·恒農專錄》21 葉。

附註：此為刑徒葬磚。

0099　駱麻葬磚

東漢永元（89～104）

清末河南偃師縣出土，曾歸涇陽端方，又
歸南皮張仁蠡，後歸北京大學文研
所，1952 年後藏故宮博物院。

乾刻銘文。隸書，兩面刻，面 2 行，僅可
辨 2 字；側 1 行 3 字。存右上角碎塊。
8×13×11cm。

釋文：面："永元/□□"
　　　側："駱麻死。"

著錄：《陶齋藏甎記》上卷/9；《雪堂專
錄·恒農專錄》22 葉。

附註：此為刑徒葬磚。

0100　馬字殘葬磚

東漢［永］元（89～104）

清末河南偃師縣出土，曾歸涇陽端方，又歸南皮張仁蠡，後歸北京大學文研所，1952年後藏故宮博物院。

乾刻銘文。隸書，存3行。磚存殘塊，僅首行元字、末行馬字可辨。9×19cm。

釋文：“□元□／□□□／馬□”

附註：此為刑徒葬磚。

0101　毛元葬磚

東漢［永］元（89～104）

清末河南偃師縣出土，曾歸涇陽端方，又歸南皮張仁蠡，後歸北京大學文研所，1952年後藏故宮博物院。

乾刻銘文。隸書，兩面刻，面存2行，計存4字；側1行4字。磚存右上角碎塊。9.5×18×10cm。

釋文：面：“元□／日□”

側：“毛元死也。”

附註：此為刑徒葬磚。

0102　龐文葬磚

東漢永元（89～104）

清末河南偃師縣出土，曾歸涇陽端方，又歸南皮張仁蠡，後歸北京大學文研所，1952年後藏故宮博物院。

乾刻銘文。隸書，兩面刻，面存2行，計存4字；側1行3字。磚存右上角碎塊。8×20×10cm。

釋文：面：“永元／□無”

側：“龐文死。”

附註：此為刑徒葬磚。

0103　永元、任南等字殘葬磚

東漢永元（89～104）

清末河南偃師縣出土，曾歸涇陽端方，又歸南皮張仁蠡，後歸北京大學文研所，1952年後藏故宮博物院。

乾刻銘文。隸書，存3行，計存5字。磚存右上角碎塊。10×19cm。

釋文：“永元／任南／鉗”

著錄：《雪堂專錄・恒農專錄》2葉（作“□和元年”）。

附註：此為刑徒葬磚。

0104　薛□葬磚

東漢永元（89～104）

清末河南偃師縣出土，曾歸涇陽端方，又歸南皮張仁蠡，後歸北京大學文研所，1952年後藏故宮博物院。

乾刻銘文。隸書，兩面刻，面存2行，計存6字；側1行存2字。磚存右上角碎塊。11.5×12×11cm。

釋文：面：“永元□／日 無任 ”

側：“薛□”

著錄：《雪堂專錄・恒農專錄》10葉。

附註：此為刑徒葬磚。

0105　顔季葬磚

東漢永［元］（89～104）

清末河南偃師縣出土，曾歸涇陽端方，又歸南皮張仁蠡，後歸北京大學文研所，1952年後藏故宮博物院。

乾刻銘文。隸書，兩面刻，面3行，計存5字；側1行3字。磚存上半殘塊。9.5×21×10.5cm。

釋文：面：“永／任南／顔季”

側：“ 顔 季死。”

著錄：《雪堂專錄・恒農專錄》10 葉；
《恒農冢墓遺文》10 葉。

附註：此為刑徒葬磚。

0106 永字殘葬磚

東漢永元（89~104）

清末河南偃師縣出土，曾歸涇陽端方，又
歸南皮張仁蠡，後歸北京大學文研
所，1952 年後藏故宮博物院。

乾刻銘文。隸書，兩面刻，面存 1 行 2
字；側 1 行存 2 字。磚存右上角碎
塊。6.5×8.5×10.5cm。

釋文：面："永 元 "

側："屋（？）死。"

附註：此為刑徒葬磚。

0107 永字殘葬磚

東漢永［元］（89~104）

清末河南偃師縣出土，曾歸涇陽端方，又
歸南皮張仁蠡，後歸北京大學文研
所，1952 年後藏故宮博物院。

乾刻銘文。隸書，存 1 字；側 1 字泐不可
辨。磚存右上角碎塊。10.5×12×
10.5cm。

釋文："永"

著錄：《雪堂專錄・恒農專錄》10 葉。

附註：此為刑徒葬磚。

0108 永字殘葬磚

東漢永［元］（89~104）

清末河南偃師縣出土，曾歸涇陽端方，又
歸南皮張仁蠡，後歸北京大學文研
所，1952 年後藏故宮博物院。

乾刻銘文。隸書，存 1 行又半行，存上半
碎塊。僅磚首 1 字可辨。6×4.5cm。

釋文："永"

附註：此為刑徒葬磚。

0109 永元、月廿等字殘葬磚

東漢永元（89~104）

清末河南偃師縣出土，曾歸涇陽端方，又
歸南皮張仁蠡，後歸北京大學文研
所，1952 年後藏故宮博物院。

乾刻銘文。隸書，存 2 行，計存 5 字。存
右上角碎塊。11×9.5cm。

釋文："永元/□月廿"

附註：此為刑徒葬磚。

0110 永元、馬月等字殘葬磚

東漢永元（89~104）

清末河南偃師縣出土，曾歸涇陽端方，又
歸南皮張仁蠡，後歸北京大學文研
所，1952 年後藏故宮博物院。

乾刻銘文。隸書，兩面刻，面存 2 行，計
存 4 字；側 1 行存 2 字。磚存右上角
碎塊。13×10×11cm。

釋文：面："永元/馬月"

側："□兄"

著錄：《雪堂專錄・恒農專錄》10 葉。

附註：此為刑徒葬磚。

0111 永、髡二字殘葬磚

東漢永元（89~104）

清末河南偃師縣出土，曾歸涇陽端方，又
歸南皮張仁蠡，後歸北京大學文研
所，1952 年後藏故宮博物院。

乾刻銘文。隸書，3 行，計存 3 字。存上
半碎塊。6.5×21cm。

釋文："永/□/髡"

著錄：《陶齋藏甎記》上卷/14；《雪堂專
錄・恒農專錄》8 葉。

附註：此為刑徒葬磚。

0112　張常葬磚

東漢元興〔元〕年（105）六月九日

1964 年春河南洛陽地區偃師縣佃莊鄉西大
　　郊村出土，藏中國社會科學院考古研
　　究所洛陽工作站。

乾刻銘文。隸書，4 行，行字不等，計存
　　24 字。21×22cm。

釋文：“無任，濟陰鄄城/完城旦張常，元
　　興/□年六月九日物故，/死在此下。”

著錄：《中國書法全集》卷 9/圖版 87；
　　《中國磚銘》圖版 160。

附註：此為刑徒葬磚。

0113　元興元年七月等字殘葬磚

東漢元興元年（105）七月

清末河南偃師縣出土，曾歸涇陽端方，又
　　歸南皮張仁蠡，後歸北京大學文研
　　所，1952 年後藏故宮博物院。

乾刻銘文。隸書，4 行，計存 25 字。前 2
　　行有竪界欄。22.5×22.5cm。

釋文：“右部無任□□□/安完城旦□□/
　　元興元年七月/物故，死在此□。”

著錄：《陶齋藏甎記》上卷/14；《草隸存》
　　卷 4/11。

附註：此為刑徒葬磚。

0114　齊祚葬磚

東漢延平元年（106）二月二十二日

1964 年春河南洛陽地區偃師縣佃莊鄉西大
　　郊村出土，藏中國社會科學院考古研
　　究所洛陽工作站。

乾刻銘文。隸書，4 行，行存字不等，計
　　存 21 字。23.5×23.5cm。

釋文：“部無任，/國穀孰（熟）髡鉗/齊
　　祚，延平元年/二月廿二日物故。”

著錄：《中國書法全集》卷 9/圖版 88；

《中國磚銘》圖版 161。

附註：此為刑徒葬磚。

0115　李陵葬磚

東漢延平元年（106）三月一日

1964 年春河南洛陽地區偃師縣佃莊鄉西大
　　郊村出土，藏中國社會科學院考古研
　　究所洛陽工作站。

乾刻銘文。隸書，4 行，行存字不等，計
　　19 字。25×23cm。

釋文：“□無任，南陽/髡鉗李陵，延平/
　　元年三月一日，物/故。”

著錄：《中國書法全集》卷 9/圖版 89；
　　《中國磚銘》圖版 161。

附註：此為刑徒葬磚。

0116　永初元年二月十二日殘葬磚

東漢永初元年（107）二月十二日

近年出土。出土地應在河南洛陽偃師縣一
　　帶。

乾刻銘文。隸書，存 4 行，計存 16 字。
　　磚存大半。15×20.5cm。

釋文：“□□/□□/永初元年二月十二/死
　　在此下。”

附註：此為刑徒葬磚。

0117　王平葬磚

東漢永初元年（107）十二月十四日

1964 年春河南洛陽地區偃師縣佃莊鄉西大
　　郊村出土，藏中國社會科學院考古研
　　究所洛陽工作站。

乾刻銘文。隸書，4 行，行 8、9 字不等，
　　計 29 字。20×16.5cm。

釋文：“右部無任，上黨淳留/完城旦王
　　平，永初元年/十二月十四日物故，
　　死/在此下。”

著錄：中國科學院考古研究所洛陽工作隊
《東漢洛陽城南郊的刑徒墓地》（《考
古》1972 年 4 期）；《中國磚銘》圖
版 164。

附註：此為刑徒葬磚。

0118　郭仲葬磚

東漢永初元年（107）五月二日

1964 年春河南洛陽地區偃師縣佃莊鄉西大
郊村出土，藏中國社會科學院考古研
究所洛陽工作站。

乾刻銘文。隸書，4 行，行 8 字，計 28
字。23.3×23cm。

釋文："右部無任，左馮翊夏/陽完城旦郭
仲，永初/元年五月二日物故，/死在
此下。"

著錄：《中國社會科學院考古研究所考古
博物館洛陽分館》75 頁。

附註：此為刑徒葬磚。

0119　尹孝葬磚

東漢永初元年（107）五月四日

1964 年春河南洛陽地區偃師縣佃莊鄉西大
郊村出土，藏中國社會科學院考古研
究所洛陽工作站。

乾刻銘文。隸書，4 行，行字不等，計 26
字。27×24cm。

釋文："右部無任，少府若/盧髡鉗尹孝，
永/初元年五月四日物/故，死在此
下。"

著錄：中國科學院考古研究所洛陽工作隊
《東漢洛陽城南郊的刑徒墓地》（《考
古》1972 年 4 期）；《中國社會科學
院考古研究所考古博物館洛陽分館》
75 頁。

附註：此為刑徒葬磚。

0120　任克葬磚

東漢永初元年（107）五月十二日

1964 年春河南洛陽地區偃師縣佃莊鄉西大
郊村出土，藏中國社會科學院考古研
究所洛陽工作站。

乾刻銘文。隸書，5 行，行 4 至 6 字不等，
計 27 字。23.3×23cm。

釋文："右部勉刑，瀉陰/甄誠（城）司寇
任克，/永初元年五月/十二日物
故，/死在此下。"

著錄：《中國社會科學院考古研究所考古
博物館洛陽分館》75 頁。

附註：此為刑徒葬磚。

0121　宋文葬磚

東漢永初元年（107）五月十四日

1964 年春河南洛陽地區偃師縣佃莊鄉西大
郊村出土，藏中國社會科學院考古研
究所洛陽工作站。

乾刻銘文。隸書，4 行，行字不等，計 26
字。25×23.5cm。

釋文："右部無任，清/河厝髡鉗宋文，/
永初元年五月十四日/物故，死在此
下。"

著錄：中國科學院考古研究所洛陽工作隊
《東漢洛陽城南郊的刑徒墓地》（《考
古》1972 年 4 期）；《中國磚銘》圖
版 164。

附註：此為刑徒葬磚。

0122　趙棠葬磚

東漢[永初元年（107）五月廿一日]

1964 年春河南洛陽地區偃師縣佃莊鄉西大
郊村出土，藏中國社會科學院考古研
究所洛陽工作站。

乾刻銘文。隸書，1 行 4 字。23.5×17cm。

釋文："無任趙棠。"

著錄：中國科學院考古研究所洛陽工作隊《東漢洛陽城南郊的刑徒墓地》（《考古》1972 年 4 期）。

附註：此為刑徒葬磚。據發掘報告知，同墓出土另一《趙棠葬磚》，文曰"右部無任，陳留圉髡鉗趙棠，永初元年五月廿二日物故，死在此下。"

0123　謝金葬磚

東漢永初元年（107）五月廿三日

1964 年春河南洛陽地區偃師縣佃莊鄉西大郊村出土，藏中國社會科學院考古研究所洛陽工作站。

乾刻銘文。隸書，5 行，行 5 至 6 字不等，計 27 字。18×23.5cm。

釋文："右部無任，南陽/祁完城旦謝金，/永初元年五月/廿三日物故，/死在此下。"

著錄：中國科學院考古研究所洛陽工作隊《東漢洛陽城南郊的刑徒墓地》（《考古》1972 年 4 期）。

附註：此為刑徒葬磚。

0124　陳便葬磚（第一種）

東漢永初元年（107）五月廿五日

1964 年春河南洛陽地區偃師縣佃莊鄉西大郊村出土，藏中國社會科學院考古研究所洛陽工作站。

乾刻銘文。隸書，5 行，行 5、6 字不等，計 25 字。30×24.5cm。

釋文："右部無任，南/宛髡鉗陳便，/永初元年五月/廿五日物故，/死在此下。"

著錄：中國科學院考古研究所洛陽工作隊《東漢洛陽城南郊的刑徒墓地》（《考古》1972 年 4 期）；《中國磚銘》圖版 165。

附註：此為刑徒葬磚。

0125　陳便葬磚（第二種）

東漢［永初元年（107）五月廿五日］

1964 年春河南洛陽地區偃師縣佃莊鄉西大郊村出土，藏中國社會科學院考古研究所洛陽工作站。

乾刻銘文。隸書，兩面刻。正面 1 行 5 字，背面 1 行 2 字。23.7×16cm。

釋文：正面："南陽宛陳便。"
　　　背面："陳便。"

著錄：中國科學院考古研究所洛陽工作隊《東漢洛陽城南郊的刑徒墓地》（《考古》1972 年 4 期）；《中國磚銘》圖版 223。

附註：此為刑徒葬磚。

0126　仇平葬磚

東漢［永初元年（107）五月廿五日］

1964 年春河南洛陽地區偃師縣佃莊鄉西大郊村出土，藏中國社會科學院考古研究所洛陽工作站。

乾刻銘文。隸書，1 行 4 字。8.5×23cm。

釋文："無任仇平。"

著錄：中國科學院考古研究所洛陽工作隊《東漢洛陽城南郊的刑徒墓地》（《考古》1972 年 4 期）。

附註：此為刑徒葬磚。據發掘報告知，同墓出土另一《仇平葬磚》，文曰"右部無任，樂安博昌髡鉗仇平，永初元年五月廿五日物故，死在此下。"

0127　張便葬磚

東漢永初元年（107）五月廿八日

1964 年春河南洛陽地區偃師縣佃莊鄉西大
郊村出土，藏中國社會科學院考古研
究所洛陽工作站。

乾刻銘文。隸書，6 行，行 4 至 7 字不等，
計 27 字。23×26cm。

釋文："右部無任，東/海□郟鬼/新張便，
永初/元年五月廿八日/物故，死在此
/下。"

著錄：中國科學院考古研究所洛陽工作隊
《東漢洛陽城南郊的刑徒墓地》（《考
古》1972 年 4 期）。

附註：此為刑徒葬磚。

0128　却威葬磚

東漢永初元年（107）六月六日

1949 年後河南洛陽地區偃師縣佃莊鄉西大
郊村出土。

乾刻銘文。隸書，5 行，行 4 至 6 字不等，
計 26 字。23.3×28.5cm。

釋文："右部無任，鉅/鹿廣宗髡/鉗却威，
永初元/年六月六日物/故，死在此
下。"

著錄：中國科學院考古研究所洛陽工作隊
《東漢洛陽城南郊的刑徒墓地》（《考
古》1972 年 4 期）；《中國磚銘》圖
版 165。

附註：此為刑徒葬磚。

0129　周捐葬磚

東漢永初元年（107）六月十一日

1964 年春河南洛陽地區偃師縣佃莊鄉西大
郊村出土，藏中國社會科學院考古研
究所洛陽工作站。

乾刻銘文。隸書，5 行，行字不等，計 30
字。23×21.5cm。

釋文："右部無任，沛國與/秋司寇周捐，

永/初元年六月十一日/物故，死在此
下/官不負。"

著錄：中國科學院考古研究所洛陽工作隊
《東漢洛陽城南郊的刑徒墓地》（《考
古》1972 年 4 期）；《中國古代磚文》
圖版 65；《中國磚銘》圖版 166。

附註：此為刑徒葬磚。

0130　馮少葬磚

東漢永初元年（107）六月十八日

1964 年春河南洛陽地區偃師縣佃莊鄉西大
郊村出土，藏中國社會科學院考古研
究所洛陽工作站。

乾刻銘文。隸書，4 行，行字不等，計 27
字。23.5×20cm。

釋文："右部五任，汝南瞿/陽髡鉗馮少，
永初/元年六月十八日物/故，死在此
下。"

著錄：中國科學院考古研究所洛陽工作隊
《東漢洛陽城南郊的刑徒墓地》（《考
古》1972 年 4 期）；《中國磚銘》圖
版 166。

附註：此為刑徒葬磚。

0131　范雍葬磚

東漢永初元年（107）六月二十五日

1964 年春河南洛陽地區偃師縣佃莊鄉西大
郊村出土，藏中國社會科學院考古研
究所洛陽工作站。

乾刻銘文。隸書，5 行，行字不等，計 37
字。23.5×23cm。

釋文："右部無任，勉刑，潁川潁/陰鬼新
范雍，不能去，/留官□致醫，永初/
元年六月廿五日/物故，死在此下。"

著錄：中國科學院考古研究所洛陽工作隊
《東漢洛陽城南郊的刑徒墓地》（《考

古》1972 年 4 期）；《中國社會科學
院考古研究所考古博物館洛陽分館》
75 頁。

附註：此為刑徒葬磚。

0132 曹福葬磚

東漢永初元年（107）六月二十六日

1964 年春河南洛陽地區偃師縣佃莊鄉西大
郊村出土，藏中國社會科學院考古研
究所洛陽工作站。

乾刻銘文。隸書，存 5 行，行 5 至 8 字，
計 25 字。23.5×21.5cm。

釋文：“右部五任，下邳/下相髡鉗曹/福
代胡非，永初/元年六月廿六日物/
□。”

著錄：中國科學院考古研究所洛陽工作隊
《東漢洛陽城南郊的刑徒墓地》（《考
古》1972 年 4 期）；《中國古代磚文》
圖版 66；《中國磚銘》圖版 167。

附註：此為刑徒葬磚。據發掘報告知，此
磚刻於與《謝郎葬磚》（第一種）另
一面，劃數道表示作廢。

0133 李小葬磚

東漢永初元年（107）六月

1964 年春河南洛陽地區偃師縣佃莊鄉西大
郊村出土，藏中國社會科學院考古研
究所洛陽工作站。

乾刻銘文。隸書，5 行，行 4 至 6 字不等，
計存 24 字。23×27cm。

釋文：“右部無任，/馮翊夏陽髡鉗/李
小，永初元/年六月□□物故，/死
在此下。”

著錄：中國科學院考古研究所洛陽工作隊
《東漢洛陽城南郊的刑徒墓地》（《考
古》1972 年 4 期）。

附註：此為刑徒葬磚。據發掘報告知，同
墓出土另一《李小葬磚》，文曰“無
任李小。”

0134 謝郎葬磚（第一種）

東漢永初元年（107）七月一日

1964 年春河南洛陽地區偃師縣佃莊鄉西大
郊村出土，藏中國社會科學院考古研
究所洛陽工作站。

乾刻銘文。隸書，4 行，行 7、8 字不等，
計 26 字。23.5×21.5cm。

釋文：“右部無任，江夏鄂/完城旦謝郎，
永初元/年七月一日物故，死/在此
下。”

著錄：中國科學院考古研究所洛陽工作隊
《東漢洛陽城南郊的刑徒墓地》（《考
古》1972 年 4 期）；《中國磚銘》圖
版 167。

附註：此為刑徒葬磚。據發掘報告知，此
磚利用廢磚重刻，背面曾刻有《曹福
葬磚》，又被劃去。

0135 謝郎葬磚（第二種）

東漢［永初元年（107）］

1964 年春河南洛陽地區偃師縣佃莊鄉西大
郊村出土，藏中國社會科學院考古研
究所洛陽工作站。

乾刻銘文。隸書，1 行 4 字。23.5×23cm。

釋文：“無任謝郎。”

著錄：中國科學院考古研究所洛陽工作隊
《東漢洛陽城南郊的刑徒墓地》（《考
古》1972 年 4 期）；《中國磚銘》圖
版 219。

附註：此為刑徒葬磚。

0136　捐祖葬磚

東漢永初元年（107）七月九日

1964 年春河南洛陽地區偃師縣佃莊鄉西大
郊村出土，藏中國社會科學院考古研
究所洛陽工作站。

乾刻銘文。隸書，5 行，行 5 至 7 字不等，
計 25 字。斷為二截，前半 23.5 ×
11cm，後半 23.5 × 31.5cm。

釋文：“無任，南陽武／陰完城旦捐祖，／
永初元年七月九／日物故，死在此／
下。”

著錄：中國科學院考古研究所洛陽工作隊
《東漢洛陽城南郊的刑徒墓地》（《考
古》1972 年 4 期）；《中國磚銘》圖
版 168（後半）、218（前半）。

附註：此為刑徒葬磚。

0137　謝亥葬磚

東漢永初二年（108）正月二十六日

1964 年春河南洛陽地區偃師縣佃莊鄉西大
郊村出土，藏中國社會科學院考古研
究所洛陽工作站。

乾刻銘文。隸書，6 行，行字不等，計 28
字。14 × 23.5cm。

釋文：“右部無任，沛國／贊完城旦謝／亥，
永初二年／正月廿六日物故。／第四。
官不／負。”

著錄：中國科學院考古研究所洛陽工作隊
《東漢洛陽城南郊的刑徒墓地》（《考
古》1972 年 4 期）。

附註：此為刑徒葬磚。

0138　時赦葬磚

東漢永初二年（108）正月二十八日

1964 年春河南洛陽地區偃師縣佃莊鄉西大
郊村出土，藏中國社會科學院考古研

究所洛陽工作站。

乾刻銘文。隸書，4 行，行字不等，計 27
字。23.5 × 17cm。

釋文：“右部第三無任，任城／髡鉗時赦，
永初二年／正月廿八日物故，／死在此
下。”

著錄：中國科學院考古研究所洛陽工作隊
《東漢洛陽城南郊的刑徒墓地》（《考
古》1972 年 4 期）；《中國磚銘》圖
版 169。

附註：此為刑徒葬磚。

0139　梁始葬磚

東漢永初二年（108）七月二十八日

1964 年春河南洛陽地區偃師縣佃莊鄉西大
郊村出土，藏中國社會科學院考古研
究所洛陽工作站。

乾刻銘文。隸書，6 行，計存 23 字。25 ×
23cm。

釋文：“第三，無／□南□髡 鉗 梁始，永
初二／ 年 七月廿八日／物故，死／下。”

著錄：《中國書法全集》卷 9／圖版 90。

附註：此為刑徒葬磚。

0140　張仲葬磚

東漢永初二年（108）十月二十九日

1964 年春河南洛陽地區偃師縣佃莊鄉西大
郊村出土，藏中國社會科學院考古研
究所洛陽工作站。

乾刻銘文。隸書，4 行，行 8、9 字不等，
計 28 字。23.5 × 14cm。

釋文：“右 部 無任，陳留俊儀完／城旦張
仲，永初二年十／月廿九日物故，死
在／此下。”

著錄：中國科學院考古研究所洛陽工作隊

《東漢洛陽城南郊的刑徒墓地》（《考古》1972 年 4 期）；《中國磚銘》圖版 169。

附註：此為刑徒葬磚。

0141　永初五年磚

東漢永初五年（111）九月廿六日

1998 年廣東番禺鍾村鎮屏山二村出土，藏番禺博物館。

濕刻銘文。草隸，左行，2 行，行 4、5 字，計 9 字。32.5×18.2×5cm。

釋文："永初五年九/月廿六日。"

著錄：廖明全等《番禺發現東漢墓群及明代村落遺址》（《中國文物報》1998.9.30）；《廣東歷代書法圖錄》49 頁；廣州市文物考古研究所、番禺博物館《廣東番禺市屏山東漢墓發掘報告》（《考古學集刊》第 14 集，2004 年）。

附註："六日"二字因"廿"字下方已無空處而改刻上方。

0142　番禺男磚

東漢［永］初五年（111）十月

1998 年廣東番禺鍾村鎮屏山二村出土，藏番禺博物館。

濕刻銘文。草隸，3 行，計存 9 字。磚上半殘缺。27.8×18.5×4.5cm。

釋文："……番禺男/□初五年十月/子。"

著錄：廖明全等《番禺發現東漢墓群及明代村落遺址》（《中國文物報》1998.9.30）；《廣東歷代書法圖錄》47 頁；廣州市文物考古研究所、番禺博物館《廣東番禺市屏山東漢墓發掘報告》（《考古學集刊》第 14 集，2004 年）。

0143　審正葬磚

東漢永初六年（112）十月廿一日

近年出土。出土地應在河南洛陽偃師縣一帶。

乾刻銘文。隸書，4 行，行 6、7 字不等，計 23 字。24.5×23cm。

釋文："無任，南陽宛完/城旦審正，永初/六年十月廿一日，/死在此下。"

附註：此為刑徒葬磚。

0144　田文葬磚

東漢永初六年（112）十月□三日

近年出土。出土地應在河南洛陽偃師縣一帶。

乾刻銘文。隸書，3 行，行 8 字，計 23 字。22.5×18cm。

釋文："無任，汝南安城髡鉗/田文，永初六年十月/□三日，死在此下。"

附註：此為刑徒葬磚。

0145　師昌葬磚

東漢永初六年（112）十月廿九日

近年出土。出土地應在河南洛陽偃師縣一帶。

乾刻銘文。隸書，4 行，行字不等，計 23 字。26×22.5cm。

釋文："無任，南陽□完城旦/師昌，永初六年/十月廿九日，死在/此下。"

附註：此為刑徒葬磚。

0146　□驕葬磚

東漢永初六年（112）□月廿三日

近年出土。出土地應在河南洛陽偃師縣一帶。

乾刻銘文。隸書，4 行，行字不等，計 24 字。25×22cm。

釋文："無任，□□□□□□／□□驕，永
　　　初六年／□月廿三日，死／在此下。"
附註：此為刑徒葬磚。

0147　孫胡葬磚
東漢永初七年（113）三月八日
近年出土。出土地應在河南洛陽偃師縣一
　　　帶。
乾刻銘文。隸書，5 行，行字不等，計 22
　　　字。22×23cm。
釋文："無任，南陽／宛完城旦孫胡，／永
　　　初七年三月八／日，死在此／下。"
附註：此為刑徒葬磚。

0148　閻淵葬磚
東漢永初七年（113）四月十一日
1964 年春河南洛陽地區偃師縣佃莊鄉西大
　　　郊村出土，藏中國社會科學院考古研
　　　究所洛陽工作站。
乾刻銘文。隸書，3 行，行 7、8 字不等，
　　　計 22 字。22×17.5cm。
釋文："樂城下博完城／旦閻淵，永初七年
　　　四／月十一日，死在此下。"
著錄：《中國書法全集》卷 9／圖版 91；
　　　《中國磚銘》圖版 172。
附註：此為刑徒葬磚。

0149　武丑磚
東漢永初□年（107～113）四月二十四日
1964 年春河南洛陽地區偃師縣佃莊鄉西大
　　　郊村出土，藏中國社會科學院考古研
　　　究所洛陽工作站。
乾刻銘文。隸書，存 4 行，行存字不等，
　　　計存 19 字。磚左上角缺。27×20cm。
釋文："無任，汝南慎（慎）陽／髡鉗武
　　　丑，永初／年四月廿四／□□。"

著錄：《中國書法全集》卷 9／圖版 92；
　　　《中國磚銘》圖版 173。
附註：此為刑徒葬磚。

0150　毛輔葬磚
東漢元初元年（114）正月十三日
近年出土。出土地應在河南洛陽偃師縣一
　　　帶。
乾刻銘文。隸書，5 行，行字不等，計 26
　　　字。22.5×23cm。
釋文："五任，河東大陽／髡鉗毛輔代／郭
　　　伯，元初元年／正月十三日，死／在此
　　　下。"
附註：此為刑徒葬磚。

0151　元初元年磚
東漢元初元年（114）
濰縣陳介祺舊藏。
乾刻銘文。隸書，1 行 4 字。刻於大空心
　　　磚上端，有豎界欄。31×16cm。
釋文："元初元年。"

0152　璽金葬磚
東漢元初二年（115）正月二十一日
1958 年發現于河南洛陽地區偃師縣佃莊鄉
　　　西大郊村。
乾刻銘文。隸書，3 行，行 6 至 8 字，計
　　　20 字。尺寸不詳。
釋文："無任，彭城武原／髡鉗璽金，元初
　　　／二年正月廿一日 死 。"
著錄：黃士斌《漢魏洛陽故城刑徒墳場調
　　　查記》編者按（《考古通訊》1958 年
　　　6 期）；《中國古代磚文》圖版 72；
　　　《中國磚銘》圖版 174。
附註：此為刑徒葬磚。

0153 向利葬磚

東漢元初二年（115）正月廿一日

河南偃師縣出土，現藏中國歷史博物館。

乾刻銘文。隸書，3 行，行 7 字，計 19
字。尺寸不詳。

釋文："無任，陳國陳髡鉗/向利。元初二
年正/月廿一日死。"

著錄：《中國磚銘》圖版 174。

附註：此為刑徒葬磚。

0154 丁熊葬磚

東漢元初二年（115）正月二十四日

1958 年發現于河南洛陽地區偃師縣佃莊鄉
西大郊村，原藏洛陽博物館，現藏中
國歷史博物館。

乾刻銘文。隸書，4 行，行字不等，計 19
字。尺寸不詳。

釋文："無任，東□/完城旦丁熊，元/初
二年正月廿四日/死。"

著錄：黃士斌《漢魏洛陽故城刑徒墳場調
查記》編者按（《考古通訊》1958 年
6 期）；《中國磚銘》圖版 175。

附註：此為刑徒葬磚。

0155 丁何葬磚

東漢元初二年（115）四月二十三日

1958 年發現于河南洛陽地區偃師縣佃莊鄉
西大郊村。

乾刻銘文。隸書，3 行，行 5 至 8 字，計
19 字。尺寸不詳。

釋文："無任，沛國葙/髡鉗丁何，元初/
二年四月廿三日死。"

著錄：黃士斌《漢魏洛陽故城刑徒墳場調
查記》編者按（《考古通訊》1958 年
6 期）；《中國古代磚文》圖版 73；
《中國磚銘》圖版 175。

附註：此為刑徒葬磚。

0156 胡開葬磚

東漢元初二年（115）五月十五日

1964 年春河南洛陽地區偃師縣佃莊鄉西大
郊村出土，藏中國社會科學院考古研
究所洛陽工作站。

乾刻銘文。隸書，4 行，行字不等，計 20
字。28×16cm。

釋文："無任，汝南邵陵/髡鉗胡開，元初
/二年五月十/五日死。"

著錄：《中國書法全集》卷 9/圖版 94；
《中國磚銘》圖版 176。

附註：此為刑徒葬磚。

0157 王貴葬磚

東漢元初二年（115）五月十八日

1964 年春河南洛陽地區偃師縣佃莊鄉西大
郊村出土，藏中國社會科學院考古研
究所洛陽工作站。

乾刻銘文。隸書，4 行，行字不等，計 23
字。21×23cm。

釋文："五任，河東汾陰/髡鉗王貴代子
生，/元初二年五月十/八日死。"

著錄：《中國書法全集》卷 9/圖版 93；
《中國磚銘》圖版 176。

附註：此為刑徒葬磚。

0158 元初二年六月五日等字葬磚

東漢元初二年（115）六月五日

1958 年發現于河南洛陽地區偃師縣佃莊鄉
西大郊村。

乾刻銘文。隸書，4 行，行 5、6 字，計 22
字。尺寸不詳。

釋文："無任，汝南安城/髡鉗□□，元/
初二年六月五/日，死在此下。"

著錄：黃士斌《漢魏洛陽故城刑徒墳場調
查記》編者按（《考古通訊》1958 年
6 期）；《中國磚銘》圖版 177。

附註：此為刑徒葬磚。

0159　太史少葬磚

東漢元初二年（115）六月十七日

1958 年發現于河南洛陽地區偃師縣佃莊鄉
西大郊村，原藏洛陽博物館，現藏中
國歷史博物館。

乾刻銘文。隸書，4 行，行 5 至 7 字，計
24 字。尺寸不詳。

釋文："無任，東萊昌/陽髡鉗太史少。/
元初二年六月/十七日，死在此下。"

著錄：《中國磚銘》圖版 177。

附註：此為刑徒葬磚。

0160　周恩葬磚

東漢元初六年（119）二月五日

1964 年春河南洛陽地區偃師縣佃莊鄉西大
郊村出土，藏中國社會科學院考古研
究所洛陽工作站。

乾刻銘文。隸書，3 行，行 5、6 字，計 18
字。23.5×17cm。

釋文："無任，會稽吳髡/鉗周恩。元初六
/年二月五日死。"

著錄：《中國磚銘》圖版 179。

附註：此為刑徒葬磚。

0161　黃武葬磚

東漢元初六年（119）三月廿九日

近年出土。出土地應在河南洛陽偃師縣一
帶。

乾刻銘文。隸書，3 行，行字不等，計 21
字。31×18cm。

釋文："無任，濟南東平陵髡/鉗黃武，元

初六/年三月廿九日死。"

附註：此為刑徒葬磚。

0162　郭難葬磚

東漢元初六年（119）三月卅日

近年出土。出土地應在河南洛陽偃師縣一
帶。

乾刻銘文。隸書，存 3 行，行 12 字，計
18 字。22.8×19cm。

釋文："無任，潁川郟髡/鉗郭難，元初六
/年三月卅日死。"

附註：此為刑徒葬磚。

0163　趙巨葬磚

東漢元初六年（119）閏［五］月四日

1964 年春河南洛陽地區偃師縣佃莊鄉西大
郊村出土，藏中國社會科學院考古研
究所洛陽工作站。

乾刻銘文。隸書，4 行，行 6、7 字不等，
計 21 字。33×23.5cm。

釋文："無任，河南雒陽/髡鉗趙巨，元初
/六年閏月四日，物/故死。"

著錄：中國科學院考古研究所洛陽工作隊
《東漢洛陽城南郊的刑徒墓地》（《考
古》1972 年 4 期）；《中國古代磚文》
圖版 74；《中國磚銘》圖版 179。

附註：此為刑徒葬磚。

0164　王勤葬磚

東漢元初六年（119）閏［五］月六日

1964 年春河南洛陽地區偃師縣佃莊鄉西大
郊村出土，藏中國社會科學院考古研
究所洛陽工作站。

乾刻銘文。隸書，4 行，行 5 字，計 19
字。27×23.5cm。

釋文："無任，陳留封/丘髡鉗王勤，/元

初六年閏／月六日死。"

著錄：中國科學院考古研究所洛陽工作隊
《東漢洛陽城南郊的刑徒墓地》（《考
古》1972 年 4 期）；《中國古代磚文》
圖版 75；《中國磚銘》圖版 180。

附註：此為刑徒葬磚。

0165　胡生葬磚

東漢元初六年（119）閏［五］月十四日

1964 年春河南洛陽地區偃師縣佃莊鄉西大
郊村出土，藏中國社會科學院考古研
究所洛陽工作站。

乾刻銘文。隸書，4 行，行字不等，側續
刻 4 字，計 23 字。20×16cm。

釋文："五任，南陽魯／陽鬼新胡生／代路
次，元初／六年閏月／十四日死。"

著錄：中國科學院考古研究所洛陽工作隊
《東漢洛陽城南郊的刑徒墓地》（《考
古》1972 年 4 期）；《中國磚銘》圖
版 178。

附註：此為刑徒葬磚。

0166　木召葬磚

東漢元初六年（119）閏［五］月十八日

1964 年春河南洛陽地區偃師縣佃莊鄉西大
郊村出土，藏中國社會科學院考古研
究所洛陽工作站。

乾刻銘文。隸書，3 行，行 6、7 字不等，
計 20 字。23.5×17.5cm。

釋文："無任，潁川舞陽／司寇木召，元初
六／年閏月十八日死。"

著錄：中國科學院考古研究所洛陽工作隊
《東漢洛陽城南郊的刑徒墓地》（《考
古》1972 年 4 期）；《中國磚銘》圖
版 180。

附註：此為刑徒葬磚。

0167　乾慮葬磚

東漢元初六年（119）閏［五］月廿三日

1964 年春河南洛陽地區偃師縣佃莊鄉西大
郊村出土，藏中國社會科學院考古研
究所洛陽工作站。

乾刻銘文。隸書，3 行，行 6 字，計 19
字。24×11.3cm。

釋文："無任，南陽鄧髡／鉗乾慮，元初六
／年閏月廿三日死。"

著錄：中國科學院考古研究所洛陽工作隊
《東漢洛陽城南郊的刑徒墓地》（《考
古》1972 年 4 期）。

附註：此為刑徒葬磚。

0168　張午葬磚

東漢元初六年（119）閏［五］月廿四日

1964 年春河南洛陽地區偃師縣佃莊鄉西大
郊村出土，藏中國社會科學院考古研
究所洛陽工作站。

乾刻銘文。隸書，4 行，行 4 至 6 字不等，
計 20 字。23.5×17cm。

釋文："無任，廬江尋／陽髡鉗張午，／元
初六年／閏月廿四日死。"

著錄：中國科學院考古研究所洛陽工作隊
《東漢洛陽城南郊的刑徒墓地》（《考
古》1972 年 4 期）。

附註：此為刑徒葬磚。

0169　吳捐葬磚

東漢元初六年（119）閏［五］月廿五日

1964 年春河南洛陽地區偃師縣佃莊鄉西大
郊村出土，藏中國社會科學院考古研
究所洛陽工作站。

乾刻銘文。隸書，4 行，行 6 至 7 字不等，
計 20 字。23.5×17cm。

釋文："無任，丹楊石成／髡鉗吳捐，元初

/六年閏月廿五日/死。"

著錄：中國科學院考古研究所洛陽工作隊
《東漢洛陽城南郊的刑徒墓地》（《考
古》1972 年 4 期）。

附註：此為刑徒葬磚。

0170　董未葬磚

東漢元初六年（119）閏［五］月廿七日

1964 年春河南洛陽地區偃師縣佃莊鄉西大
郊村出土，藏中國社會科學院考古研
究所洛陽工作站。

乾刻銘文。隸書，3 行，行字不等，計 20
字。23×10.7cm。

釋文："無任，河南雒陽髡鉗/董未，元初
六年/閏月廿七日死。"

著錄：中國科學院考古研究所洛陽工作隊
《東漢洛陽城南郊的刑徒墓地》（《考
古》1972 年 4 期）。

附註：此為刑徒葬磚。

0171　池建葬磚

東漢元初六年（119）閏［五］月廿九日

1964 年春河南洛陽地區偃師縣佃莊鄉西大
郊村出土，藏中國社會科學院考古研
究所洛陽工作站。

乾刻銘文。隸書，6 行，行 2 至 4 字不等，
計 19 字。20×23cm。

釋文："無任，汝南/宜春完城/旦池建，
元/初六年/閏月/廿九。"

著錄：中國科學院考古研究所洛陽工作隊
《東漢洛陽城南郊的刑徒墓地》（《考
古》1972 年 4 期）。

附註：此為刑徒葬磚。

0172　委文葬磚

東漢永寧元年（120）五月十一日

1964 年春河南洛陽地區偃師縣佃莊鄉西大
郊村出土，藏中國社會科學院考古研
究所洛陽工作站。

乾刻銘文。隸書，5 行，行字不等，計 22
字。23.5×23.5cm。

釋文："左無任，/南陽武陰/完城旦委/
文，永寧元年/五月十一日死。"

著錄：《考古精華》271 頁。

附註：此為刑徒葬磚。

0173　梁奴葬磚

東漢延光四年（125）十月二十二日

1964 年春河南洛陽地區偃師縣佃莊鄉西大
郊村出土，藏中國社會科學院考古研
究所洛陽工作站。

乾刻銘文。隸書，4 行，行字不等，計 23
字。30.5×23.5cm。

釋文："無任，南陽宛完/城旦梁奴，延光
/四年十月廿二日/死。第十六。"

著錄：《中國書法全集》卷 9/圖版 95；
《考古精華》271 頁；《中國磚銘》圖
版 184。

附註：此為刑徒葬磚。

0174　陽嘉元年磚

東漢陽嘉元年（132）

濕刻銘文。隸書，1 行 4 字。尺寸不詳。

釋文："陽嘉元年"

著錄：《中國磚瓦陶文大字典》圖版 82。

0175　永和元年三月七日磚

東漢永和元年（136）三月七日

民國年間廣東廣州出土，息塵盦主人舊
藏。

濕刻銘文。隸書，2 行，行字不等，計 18
字。33×16.5cm。

釋文："永和元年三月七日癸亥，大/者□□汝知汝□。"

0176　李君墓記磚

東漢和平元年（150）六月十四日

乾刻銘文。隸書，3 行，行 3 至 5 字，計 12 字。尺寸不詳。

釋文："和平元年/六月十四日。/平陰李。"

著錄：《中國磚銘》圖版 194。

附註：平陰縣治所在今河南孟津縣東北，三國魏黃初中改名河陰縣。馬子雲《碑帖鑒定》40 頁"和平元年李□題名"與此磚文同，云解放後修三門峽水庫，考古所拓之于摩崖。今臆測或出自庫區墓葬。

0177　馬君興作磚

東漢延熹五年（162）七月十日刻

清末托克托城（今內蒙古托克托縣）出土，定海方若舊藏，1949 年後歸中國歷史博物館。

濕刻銘文。隸書，3 行，行字不等，計 13 字。有豎界欄。32.5 ×32 ×5.3cm。

釋文："延熹五/年七月十日，/依（匠？）馬君興作。"

著錄：《北京圖書館藏中國歷代石刻拓本彙編》冊 1/117 頁；《中國書法藝術·秦漢》329 頁；《中國歷史博物館藏法書大觀》卷 3/圖版 106～107 頁。

附註：磚文為工匠手指劃寫。方若題跋云：磚出土於山西距歸化百二十里之托克托城（見《北京文物精粹大系·古籍善本卷》）。

0178　延熹七年元月磚

東漢延熹七年（164）元月

1973 年安徽亳縣（今亳州市）董園村曹氏宗族墓出土，藏亳州市博物館。

濕刻銘文。隸書，左行，2 行，行存 3、2 字，計 5 字。刻於磚側。12.5 ×4.5cm。

釋文："延熹七/元月。"

著錄：亳縣博物館李燦《安徽亳縣發現一批漢代字磚和石刻》（《文物資料叢刊》2 集，1978 年）董 67。

0179　延熹七年紀雨磚

東漢延熹七年（164）五月九日

清光緒 13 年河北定州出土，端方舊藏，1949 年燕京大學燕京哈佛學社購得，後歸中國歷史博物館。

濕刻銘文。隸書，3 行，計 14 字。32.5 ×27 ×8.5cm。

釋文："延熹七年/五月九日己/卯，日入時雨。"

著錄：《陶齋藏石記》卷 1/17；《專門名家·廣倉磚錄》第 2 集；《草隸存》卷 4/13；《中國書法全集》卷 9/圖版 103；《中國古代磚文》圖版 90；《中國磚銘》圖版 197；《中國書法藝術·秦漢》329 頁；《中國歷史博物館藏法書大觀》卷 3/彩圖 10、圖版 108 頁。

附註：磚文為工匠手指劃寫。

0180　延熹九年磚

東漢延熹九年（166）

1982 年安徽亳州市南郊曹四孤堆曹氏宗族墓出土，藏亳州市博物館。

濕刻銘文。草隸，1 行存 3 字。僅存碎塊。

13 × 6.5cm。

釋文："延熹九/□□"

0181　紆便葬磚

東漢建寧元年（168）七月十六日

河南偃師縣出土，現藏中國歷史博物館。

乾刻銘文。隸書，4 行，行 5、6 字不等，
計 22 字。23 × 22cm。

釋文："左無任，任城任/城鬼新紆便，/
建寧元年七月/十六日物故。"

附註：此為刑徒葬磚。

0182　李農葬磚

東漢建寧三年（170）二月十九日

清末河南偃師縣出土，曾歸涇陽端方，又
歸南皮張仁蠡，後歸北京大學文研
所，1952 年移交北大歷史系。

乾刻銘文。隸書，4 行，行 5、6 字不等，
計 14 字。23 × 22.5cm。

釋文："無任，陳留襄/邑髡鉗李農，/建
寧三年二月/十九日物故。"

著錄：《陶齋藏甎記》上卷/15；《草隸存》
卷 4/14；《雪堂專錄·恒農專錄》11
葉；《中國書法全集》卷 9/圖版 119；
《中國磚銘》圖版 207。

附註：此為刑徒葬磚。

0183　建寧三年四月四日磚

東漢建寧三年（170）四月四日

1977 年安徽亳縣（今亳州市）元寶坑村
曹氏宗族墓出土，藏亳州市博物館。

濕刻銘文。隸書，左行，2 行，行存 3、4
字，計 7 字。6.6 × 7cm。

釋文："建寧三/四月四日。"

著錄：亳縣博物館李燦《安徽亳縣發現一
批漢代字磚和石刻》（《文物資料叢

刊》2 集，1978 年）元 9；《中國磚
銘》圖版 207。

0184　宣曉葬磚

東漢熹平元年（172）十二月十九日

清末河南偃師縣出土，曾歸涇陽端方，又
歸南皮張仁蠡，後歸北京大學文研
所，1952 年上截留北大歷史系，下截
歸故宮博物院。

乾刻銘文。隸書，3 行，計 21 字。上截 18
× 22cm；下截 29 × 22cm。

釋文："右無任，汝南山桑髡/鉗宣曉，熹
平元/年十二月十九日物故。"

著錄：《陶齋藏甎記》上卷/15；《草隸存》
卷 4/15；《雪堂專錄·恒農專錄》11
葉（綴合）；《恒農冢墓遺文》11 葉；
《中國磚銘》圖版 208。

附註：此為刑徒葬磚。磚斷作二截，《陶
齋藏甎記》分別著錄。《雪堂專錄·
恒農專錄》、《恒農冢墓遺文》綴合後
著錄。

0185　南桑髡、熹平元等字殘葬磚

東漢熹平元年（172）

清末河南洛陽出土。

乾刻銘文。隸書，存 3 行，行存 3 字，計
存 9 字。存殘塊。尺寸不詳。

釋文："南桑髡/熹平元/□物故。"

著錄：《中國美術全集·書法篆刻編 1》
195 頁；《中國書法藝術·秦漢》332
頁。

附註：此為刑徒葬磚。疑是節選《宣曉葬
磚》（熹平元年十二月十九日）內容
之偽刻。

0186 劉元臺買地券磚

東漢熹平五年（176）七月十四日

1975 年江蘇揚州甘泉山出土，藏揚州博物館。

乾刻銘文。七面柱形，隸書，7 行，行存 16 字，計存 96 字。缺下半。7 面（每面 40×1.9cm）。

釋文："熹平五年七月庚寅朔十四日癸卯，廣……/鄉樂成里劉元臺從同縣劉文平妻……/代夷里冢地一處，賈錢二萬，即日錢畢。……/至官道，西盡墳瀆，東與房親，北與劉景……/為冢，時臨知者劉元泥，狀安居，共為券（券）書……/平折，不當賣而賣，辛為左右所禁□平……/為是正。如律令！"

著錄：蔣華《揚州甘泉山出土東漢劉元臺買地磚券》（《文物》1980 年 6 期）。

0187 中平四年七月廿三日作磚

東漢中平四年（187）七月廿三日作

1982 年安徽亳州市南郊曹四孤堆曹氏宗族墓出土，藏亳州市博物館。

濕刻銘文。隸書，左行，2 行，計 10 字。28.3×13.5cm。

釋文："中平四年七月/廿三日作。"

0188 扶風武江完城旦殘葬磚

東漢（25～220）元年三月十日

清末河南偃師縣出土，曾歸涇陽端方，又歸南皮張仁蠡，後歸北京大學文研所，1952 年移交北大歷史系。

乾刻銘文。隸書，3 行，計存 18 字。磚上半殘缺。32×22cm。

釋文："元年三月十日，/扶風武江完城旦/□，死在此下。"

著錄：《陶齋藏甎記》下卷/1；《雪堂專錄·恒農專錄》12 葉；《中國磚銘》圖版 240。

附註：此為刑徒葬磚。

0189 二年三月廿等字殘葬磚

東漢（25～220）二年三月廿

清末河南偃師縣出土，曾歸涇陽端方，又歸南皮張仁蠡，後歸北京大學文研所，1952 年後藏故宮博物院。

乾刻銘文。隸書，存 2 行，計存 10 字。僅存碎塊。13×16cm。

釋文："□二年三月廿/陽□陽□"

著錄：《雪堂專錄·恒農專錄》3 葉。

附註：此為刑徒葬磚。

0190 二年三月卅日、南征等字殘葬磚

東漢（25～220）二年三月卅日

清末河南偃師縣出土，曾歸涇陽端方，又歸南皮張仁蠡，後歸北京大學文研所，1952 年後藏故宮博物院。

乾刻銘文。隸書，2 行，計存 10 字。僅存碎塊。24×13cm。

釋文："二年三月卅日，/□南征□"

著錄：《雪堂專錄·恒農專錄》11 葉；《中國磚銘》圖版 226。

附註：此為刑徒葬磚。

0191 二年三、新成完城旦等字殘葬磚

東漢（25～220）二年三月

清末河南偃師縣出土，曾歸涇陽端方，又歸南皮張仁蠡，後歸北京大學文研所，1952 年後藏故宮博物院。

乾刻銘文。隸書，面 3 行，計存 12 字；側 1 行 2 字已泐。磚上下均殘缺。22×22×10cm。

釋文：面："二年三/新成完城旦/死在此
　　　下。"
著錄：《雪堂專錄・恒農專錄》12 葉。
附註：此為刑徒葬磚。

0192　二年四月、陽宛等字殘葬磚
　　　東漢(25～220) 二年四月
　　　清末河南偃師縣出土，曾歸涇陽端方，又
　　　　　歸南皮張仁蠡，後歸北京大學文研
　　　　　所，1952 年後藏故宮博物院。
　　　乾刻銘文。隸書，2 行，計存 6 字。僅存
　　　　　碎塊。15×16cm。
　　　釋文："二年四月/陽宛"
　　　著錄：《雪堂專錄・恒農專錄》12 葉。
　　　附註：此為刑徒葬磚。

0193　□開葬磚
　　　東漢(25～220) 二年
　　　清末河南偃師縣出土，曾歸涇陽端方，又
　　　　　歸南皮張仁蠡，後歸北京大學文研
　　　　　所，1952 年後藏故宮博物院。
　　　乾刻銘文。隸書，3 行，計存 16 字。殘泐
　　　　　甚。32×22cm。
　　　釋文："□□二年/馮翊□□髡鉗/□開，
　　　　　死在此下。"
　　　著錄：《雪堂專錄・恒農專錄》11 葉。
　　　附註：此為刑徒葬磚。

0194　三年四月十等字殘葬磚
　　　東漢(25～220) 三年四月十 (25～220)
　　　清末河南偃師縣出土，曾歸涇陽端方，又
　　　　　歸南皮張仁蠡，後歸北京大學文研
　　　　　所，1952 年後藏故宮博物院。
　　　乾刻銘文。隸書，3 行，計存 12 字。磚存
　　　　　右半殘塊。26×19cm。
　　　釋文："三年四月十/□□陽□□/此下。"

著錄：《雪堂專錄・恒農專錄》12 葉。
附註：此為刑徒葬磚。

0195　三年四月廿日、無任汝南等字殘葬磚
　　　東漢(25～220) 三年四月廿（下缺）
　　　清末河南偃師縣出土，曾歸涇陽端方，又
　　　　　歸南皮張仁蠡，後歸北京大學文研
　　　　　所，1952 年後藏故宮博物院。
　　　乾刻銘文。隸書，存 2 行，計存 10 字。
　　　　　磚存右半殘塊。26×15 cm。
　　　釋文："三年四月廿/日，無任，汝南"
　　　著錄：《雪堂專錄・恒農專錄》12 葉。
　　　附註：此為刑徒葬磚。

0196　□陽葬磚
　　　東漢(25～220) 三年四月廿一日
　　　清末河南偃師縣出土，曾歸涇陽端方，又
　　　　　歸南皮張仁蠡，後歸北京大學文研
　　　　　所，1952 年後藏故宮博物院。
　　　乾刻銘文。隸書，3 行，計存 17 字。上半
　　　　　殘缺。32×22.5cm。
　　　釋文："三年四月廿一日，/任貝國髡鉗
　　　　　□/陽死此下。"
　　　著錄：《雪堂專錄・恒農專錄》12 葉；
　　　　　《中國磚銘》圖版237。
　　　附註：此為刑徒葬磚。

0197　三年四、無任等字殘葬磚
　　　東漢(25～220) 三年四月
　　　清末河南偃師縣出土，曾歸涇陽端方，又
　　　　　歸南皮張仁蠡，後歸北京大學文研
　　　　　所，1952 年後藏故宮博物院。
　　　乾刻銘文。隸書，存 3 行，計存 10 字。
　　　　　僅存殘塊。24×20cm。
　　　釋文："三年四/日，無任□/髡鉗□"
　　　著錄：《陶齋藏甎記》下卷/6；《雪堂專

錄·恒農專錄》12葉。

附註：此為刑徒葬磚。

0198 田□葬磚

東漢(25～220) 四年二月十八日

清末河南偃師縣出土，曾歸涭陽端方，又
　　歸南皮張仁蠡，後歸北京大學文研
　　所，1952年後藏故宮博物院。

乾刻銘文。隸書，3行，計存18字。上半
　　殘缺。29.5×22.5cm。

釋文： "四年二月十八日，無/河間莫
　　（鄭）髡鉗田/死在此下。"

著錄：《陶齋藏甎記》下卷/1。

附註：此為刑徒葬磚。

0199 張少葬磚

東漢(25～220) 四年三月一日

清末河南偃師縣出土，曾歸涭陽端方，又
　　歸南皮張仁蠡，後歸北京大學文研
　　所，1952年後藏故宮博物院。

乾刻銘文。隸書，3行，計存17字。上半
　　殘缺。27×22cm。

釋文："四年三月一日，無/陽育陽髡/張
　　少，死在此下。"

著錄：《陶齋藏甎記》下卷/2；《雪堂專
　　錄·恒農專錄》12葉；《恒農冢墓遺
　　文》12葉；《中國磚銘》圖版239。

附註：此為刑徒葬磚。

0200 四年六月二日無等字殘葬磚

東漢(25～220) 四年六月二日

清末河南偃師縣出土，曾歸涭陽端方，又
　　歸南皮張仁蠡，後歸北京大學文研
　　所，1952年後藏故宮博物院。

乾刻銘文。隸書，3行，計存15字。上半
　　殘缺。21.5×21.5cm。

釋文： "四年六月二日，無/□州髡鉗/死
　　在此下。"

著錄：《雪堂專錄·恒農專錄》13葉。

附註：此為刑徒葬磚。

0201 崔元葬磚

東漢(25～220) 四年

清末河南偃師縣出土，曾歸涭陽端方，又
　　歸南皮張仁蠡，後歸北京大學文研
　　所，1952年後藏故宮博物院。

乾刻銘文。隸書，兩面刻，面4行，計存
　　14字；側1行3字。磚右半殘缺。29
　　×21×10cm。

釋文：面： "四 年 /無任□□□/髡鉗崔元
　　/在此下。"

　　側： "崔元死。"

著錄：《陶齋藏甎記》下卷/5；《雪堂專
　　錄·恒農專錄》13葉；《中國磚銘》
　　圖版236。

附註：此為刑徒葬磚。

0202 □世葬磚

東漢(25～220) 五年

清末河南偃師縣出土，曾歸涭陽端方，又
　　歸南皮張仁蠡，後歸北京大學文研
　　所，1952年後藏故宮博物院。

乾刻銘文。隸書，3行，計存12字。僅存
　　殘塊。24×21cm。

釋文： "五/陽城無任/旦□世，死在此
　　 下 。"

著錄：《雪堂專錄·恒農專錄》13葉。

附註：此為刑徒葬磚。

0203 七年四月十一日等字殘葬磚

東漢(25～220) 七年四月十一日

河南洛陽出土。

乾刻銘文。隸書，存 2 行，行存 4、8 字不等，計存 12 字。僅存殘塊。尺寸不詳。

釋文："□七年四月十一日／安□男（？）□。"

著錄：《中國磚銘》圖版 234。

附註：此為刑徒葬磚。

0204　車少葬磚

東漢(25～220) 年二月

清末河南偃師縣出土，曾歸涇陽端方，又歸南皮張仁蠡，後歸北京大學文研所，1952 年後藏故宮博物院。

乾刻銘文。隸書，3 行，計存 9 字。僅存碎塊。12×22cm。

釋文："年二月／無任江□／車少"

著錄：《陶齋藏甎記》下卷／4（作"萬少"）；《雪堂專錄·恒農專錄》13 葉。

附註：此為刑徒葬磚。

0205　二月、陽陳等字殘葬磚

東漢(25～220) 年二月

清末河南偃師縣出土，曾歸涇陽端方，又歸南皮張仁蠡，後歸北京大學文研所，1952 年後藏故宮博物院。

乾刻銘文。隸書，4 行，計存 13 字。磚存大半。23.5×22cm。

釋文："年二月／□□陽陳／鉗□□死／此下。"

著錄：《雪堂專錄·恒農專錄》13 葉。

附註：此為刑徒葬磚。

0206　三月十、南陽葉髡等字殘葬磚

東漢(25～220) 年三月十（下缺）

清末河南偃師縣出土，曾歸涇陽端方，又歸南皮張仁蠡，後歸北京大學文研所，1952 年後藏故宮博物院。

乾刻銘文。隸書，存 3 行，計存 10 字。僅存碎塊。18×13.5cm。

釋文："年三月十（或作七）／南陽葉髡／□□"

著錄：《陶齋藏甎記》下卷／4；《雪堂專錄·恒農專錄》13 葉；《中國磚銘》圖版 229。

附註：此為刑徒葬磚。

0207　三月廿一、樂等字殘葬磚

東漢(25～220) 三月廿一日

清末河南偃師縣出土，曾歸涇陽端方，又歸南皮張仁蠡，後歸北京大學文研所，1952 年後藏故宮博物院。

乾刻銘文。隸書，存 2 行，計存 6 字。僅存碎塊。19×19.5cm。

釋文："三月廿一／樂□"

著錄：《雪堂專錄·恒農專錄》14 葉。

附註：此為刑徒葬磚。

0208　四月十等字殘葬磚

東漢(25～220) 四月十（下缺）

清末河南偃師縣出土，曾歸涇陽端方，又歸南皮張仁蠡，後歸北京大學文研所，1952 年後藏故宮博物院。

乾刻銘文。隸書，存 1 行 3 字，又半行字不可辨。僅存碎塊。14×11cm。

釋文："四月十／□□"

著錄：《雪堂專錄·恒農專錄》14 葉。

附註：此為刑徒葬磚。

0209　四月十、樂城等字殘葬磚

東漢(25～220) 年四月十（下缺）

清末河南偃師縣出土，曾歸浭陽端方，後
　　歸南皮張仁蠡，又歸北京大學文研
　　所，1952 年後藏故宮博物院。
乾刻銘文。隸書，存 3 行，行存 4 至 5 字，
　　計存 9 字。僅存殘塊。18×22cm。
釋文："年四月十□/樂城□□/（泐）"
著錄：《雪堂專錄·恒農專錄》14 葉。
附註：此為刑徒葬磚。

0210　六月十四日等字殘葬磚
　　東漢(25～220) 年六月十四日
清末河南偃師縣出土，曾歸浭陽端方，後
　　歸南皮張仁蠡，又歸北京大學文研
　　所，1952 年後藏故宮博物院。
乾刻銘文。隸書，面 3 行，行 10 字左右，
　　計可辨 9 字；側 1 行 3 字。磚泐甚。
　　36×21×10cm。
釋文　面：　"年六月十四日，無/育陽/
（泐）"
　　　　側："□□死。"
著錄：《雪堂專錄·恒農專錄》14 葉（六
　　月殘磚）
附註：此為刑徒葬磚。

0211　六月廿日、郡□髡鉗等字殘葬磚
　　東漢(25～220) 年六月廿日
清末河南偃師縣出土，曾歸浭陽端方，又
　　歸南皮張仁蠡，後歸北京大學文研
　　所，1952 年後藏故宮博物院。
乾刻銘文。隸書，存 2 行，計存 10 字。
　　僅存殘塊。20×17.5cm。
釋文："年六月廿日/郡□髡鉗□"
著錄：《雪堂專錄·恒農專錄》15 葉。
附註：此為刑徒葬磚。

0212　六月廿一日、聚完等字殘葬磚
　　東漢(25～220) 年六月廿一日
清末河南偃師縣出土，曾歸浭陽端方，又
　　歸南皮張仁蠡，後歸北京大學文研
　　所，1952 年後藏故宮博物院。
乾刻銘文。隸書，3 行，計存 12 字。僅存
　　殘塊。24×22cm。
釋文："年六月廿一日，/□□聚完/□此"
著錄：《雪堂專錄·恒農專錄》14 葉。
附註：此為刑徒葬磚。

0213　六月廿四日、陽髡鉗等字殘葬磚
　　東漢(25～220) 年六月廿四日
清末河南偃師縣出土，曾歸浭陽端方，又
　　歸南皮張仁蠡，後歸北京大學文研
　　所，1952 年後藏故宮博物院。
乾刻銘文。隸書，3 行，計存 12 字。僅存
　　殘塊。25×21.5cm。
釋文："年六月廿四日，/□陽髡鉗/此
　　下。"
著錄：《雪堂專錄·恒農專錄》14 葉。
附註：此為刑徒葬磚。

0214　六月廿九、雒陽完城旦殘葬磚
　　東漢(25～220) 六月廿九日
清末河南偃師縣出土，曾歸浭陽端方，又
　　歸南皮張仁蠡，後歸北京大學文研
　　所，1952 年後藏故宮博物院。
乾刻銘文。隸書，3 行，計存 10 字。僅存
　　殘塊。22×22cm。
釋文："六月廿九/雒陽完城/□死"
著錄：《陶齋藏甎記》下卷/6；《雪堂專
　　錄·恒農專錄》15 葉。
附註：此為刑徒葬磚。

0215 六月等字殘葬磚

東漢(25～220）年六月

清末河南偃師縣出土，曾歸浭陽端方，又
　　歸南皮張仁蠡，後歸北京大學文研
　　所，1952 年後藏故宮博物院。

乾刻銘文。隸書，存 1 行 4 字。僅存碎
　　塊。15.5 × 8cm。

釋文："年六月□"

著錄：《雪堂專錄·恒農專錄》14 葉。

附註：此為刑徒葬磚。

0216 七月廿七、陽完城旦等字殘葬磚

東漢(25～220）年七月廿七日

清末河南偃師縣出土，曾歸浭陽端方，又
　　歸南皮張仁蠡，後歸北京大學文研
　　所，1952 年後藏故宮博物院。

乾刻銘文。隸書，3 行，計存 12 字。上半
　　殘缺。17 × 20.5cm。

釋文："年七月廿七/陽完城旦□/此下。"

著錄：《雪堂專錄·恒農專錄》15 葉。

附註：此為刑徒葬磚。

0217 八月廿六日、髡鉗等字殘葬磚

東漢(25～220）八月廿六日

清末河南偃師縣出土，曾歸浭陽端方，又
　　歸南皮張仁蠡，後歸北京大學文研
　　所，1952 年後藏故宮博物院。

乾刻銘文。隸書，存 2 行，計存 8 字。上
　　半殘缺。18 × 22cm。

釋文："八月廿六日，/□髡鉗"

著錄：《陶齋藏甎記》下卷/6；《雪堂專
　　錄·恒農專錄》15 葉。

附註：此為刑徒葬磚。

0218 九月四日、平完城旦等字殘葬磚

東漢(25～220）九月四日

清末河南偃師縣出土，曾歸浭陽端方，又
　　歸南皮張仁蠡，後歸北京大學文研
　　所，1952 年後藏故宮博物院。

乾刻銘文。隸書，3 行，行存 4 字。計存
　　12 字。上半殘缺。32 × 22.5cm。

釋文："九月四日，/平完城旦/死在此
　　下。"

著錄：《陶齋藏甎記》下卷/4；《中國磚
　　銘》圖版 233。

附註：此為刑徒葬磚。

0219 九月殘葬磚

東漢(25～220）九月

清末河南偃師縣出土，曾歸浭陽端方，又
　　歸南皮張仁蠡，後歸北京大學文研
　　所，1952 年後藏故宮博物院。

乾刻銘文。隸書，存 1 行 2 字。僅存碎
　　塊。7.5 × 6cm。

釋文："九月"

附註：此為刑徒葬磚。

0220 年九、陽宛等字殘葬磚

東漢(25～220）年九月

清末河南偃師縣出土，曾歸浭陽端方，又
　　歸南皮張仁蠡，後歸北京大學文研
　　所，1952 年後藏故宮博物院。

乾刻銘文。隸書，存 2 行，計存 4 字。僅
　　存碎塊。10 × 14cm。

釋文："年九/陽宛"

著錄：《雪堂專錄·恒農專錄》15 葉。

附註：此為刑徒葬磚。

0221 十月十七等字殘葬磚

東漢(25～220）年十月十七日

清末河南偃師縣出土，曾歸浭陽端方，後
　　歸南皮張仁蠡，又歸北京大學文研

所，1952 年後藏故宮博物院。

乾刻銘文。隸書，存 1 行 5 字。僅存碎塊。17×13cm。

釋文："年十月十七"

附註：此為刑徒葬磚。

0222　張永葬磚

東漢(25～220) 年十月廿日

河南偃師縣出土。

乾刻銘文。隸書，4 行，行存字不等，計存 13 字。僅存碎塊。尺寸不詳。

釋文："馮翊□/□任張永/年十月廿日/ 故"

著錄：《中國磚銘》圖版 236。

附註：此為刑徒葬磚。墓主為張永或任張待考，若為任張，其名下"永"當是年號之首。

0223　十二月八日、髠鉗等字殘葬磚

東漢(25～220) 十二月八日

清末河南偃師縣出土，曾歸溵陽端方，又歸南皮張仁蠡，後歸北京大學文研所，1952 年後藏故宮博物院。

乾刻銘文。隸書，存 2 行，計存 8 字。僅存右半碎塊。15×8.5cm。

釋文："十二月八日，/□髠鉗"

著錄：《雪堂專錄·恒農專錄》15 葉。

附註：此為刑徒葬磚。

0224　十二月十八日等字殘葬磚

東漢(25～220) 年十二月十八日

清末河南偃師縣出土，曾歸溵陽端方，又歸南皮張仁蠡，後歸北京大學文研所，1952 年後藏故宮博物院。

乾刻銘文。隸書，存 2 行，計存 11 字。僅存右半碎塊。20×9.5cm。

釋文："年十二月十八日，/髠鉗□□"

著錄：《雪堂專錄·恒農專錄》15 葉。

附註：此為刑徒葬磚。

0225　十二月廿、完城旦等字殘葬磚

東漢(25～220) 十二月廿（下缺）

清末河南偃師縣出土，曾歸溵陽端方，又歸南皮張仁蠡，後歸北京大學文研所，1952 年後藏故宮博物院。

乾刻銘文。隸書，存 2 行，計存 8 字。僅存殘塊。18×18cm。

釋文："十二月廿/□完城旦"

著錄：《雪堂專錄·恒農專錄》15 葉。

附註：此為刑徒葬磚。

0226　高仲葬磚

東漢(25～220) 年十二月廿一日

清末河南偃師縣出土，曾歸溵陽端方，又歸南皮張仁蠡，後歸北京大學文研所。上截 1952 年後藏故宮博物院。

乾刻銘文。隸書，4 行，計存 19 字。右上角殘缺。上截 11×14cm；下截 12×21cm。

釋文："年十二月廿一日，/□□□完城旦/高仲死在/ 此 下。"

著錄：《雪堂專錄·恒農專錄》15 葉；《恒農冢墓遺文》12 葉；《中國磚銘》圖版 224（下半）、227（上半）。

附註：此為刑徒葬磚。磚斷作二截，《陶齋藏甎記》分別著錄，《雪堂專錄·恒農專錄》、《恒農冢墓遺文》綴合後著錄。

0227　十二月卅日、河內汲鬼新等字殘葬磚

東漢(25～220) 年十二月卅日

清末河南偃師縣出土，曾歸溵陽端方，又

歸南皮張仁蠡，後歸北京大學文研所，1952 年後藏故宮博物院。

乾刻銘文。隸書，3 行，計存 15 字。上半殘缺。26×22cm。

釋文："年十二月卅日，/□河內汲鬼新/在此下。"

著錄：《陶齋藏甎記》下卷/3；《雪堂專錄·恒農專錄》16 葉；《中國磚銘》圖版 236。

附註：此為刑徒葬磚。

0228 閏月四日、濕陰等字殘葬磚

東漢（25～220） 閏月四日

清末河南偃師縣出土，曾歸涇陽端方，又歸南皮張仁蠡，後歸北京大學文研所，1952 年後藏故宮博物院。

乾刻銘文。隸書，存 2 行，計存 6 字。僅存碎塊。14.5×11cm。

釋文："閏月四日/濕陰"

著錄：《陶齋藏甎記》下卷/3；《雪堂專錄·恒農專錄》16 葉。

附註：此為刑徒葬磚。

0229 二日、酈髡等字殘葬磚

東漢（25～220） 月二日

清末河南偃師縣出土，曾歸涇陽端方，又歸南皮張仁蠡，後歸北京大學文研所，1952 年後藏故宮博物院。

乾刻銘文。隸書，3 行，計存 9 字。上下均殘缺。16×20cm。

釋文："月二日，/酈髡/死在此下。"

著錄：《陶齋藏甎記》下卷/3；《雪堂專錄·恒農專錄》16 葉；《中國磚銘》圖版 228。

附註：此為刑徒葬磚。

0230 三日濟等字殘葬磚

東漢（25～220） 三日

清末河南偃師縣出土，曾歸涇陽端方，後歸南皮張仁蠡，又歸北京大學文研所，1952 年後藏故宮博物院。

乾刻銘文。隸書，存 1 行 5 字。僅存碎塊。21×12cm。

釋文："三日濟□□"

著錄：《雪堂專錄·恒農專錄》16 葉。

附註：此為刑徒葬磚。

0231 六日、旦等字殘葬磚

東漢（25～220） 六日

清末河南偃師縣出土，曾歸涇陽端方，後歸南皮張仁蠡，又歸北京大學文研所，1952 年後藏故宮博物院。

乾刻銘文。隸書，存 2 行，計存 3 字。僅存碎塊。11×21cm。

釋文："六日/旦"

附註：此為刑徒葬磚。

0232 六日貝等字殘葬磚

東漢（25～220） 六日

清末河南偃師縣出土，曾歸涇陽端方，又歸南皮張仁蠡，後歸北京大學文研所，1952 年後藏故宮博物院。

乾刻銘文。隸書，3 行，計存 8 字。僅存碎塊。15×18cm。

釋文："六日，貝/城旦□/在此"

著錄：《雪堂專錄·恒農專錄》18 葉。

附註：此為刑徒葬磚。

0233 田幼葬磚

東漢（25～220） □月六日

清末河南偃師縣出土，曾歸涇陽端方，又歸南皮張仁蠡，後歸北京大學文研

所，1952年後藏故宮博物院。

乾刻銘文。隸書，4行，計存14字。僅存碎塊。21×20cm。

釋文："月六日/□京兆/□髡鉗田/幼，死在□"

著錄：《雪堂專錄·恒農專錄》16葉；《中國磚銘》圖版233。

附註：此為刑徒葬磚。

0234　□文葬磚

東漢(25~220)　九日

清末河南偃師縣出土，曾歸涇陽端方，又歸南皮張仁蠡，後歸北京大學文研所，1952年後藏故宮博物院。

乾刻銘文。隸書，存2行，計存7字。僅存碎塊。16×22.5cm。

釋文："九日，西平/□文死"

著錄：《雪堂專錄·恒農專錄》17葉。

附註：此為刑徒葬磚。

0235　月十、陽等字殘葬磚

東漢(25~220)　月十（下缺）

清末河南偃師縣出土，曾歸涇陽端方，又歸南皮張仁蠡，後歸北京大學文研所，1952年後藏故宮博物院。

乾刻銘文。隸書，3行，計存5字。僅存碎塊。14×21cm。

釋文："月十/陽/□文"

附註：此為刑徒葬磚。

0236　十二日、鬼等字殘葬磚

東漢(25~220)　十二日

清末河南偃師縣出土，曾歸涇陽端方，又歸南皮張仁蠡，後歸北京大學文研所，1952年後藏故宮博物院。

乾刻銘文。隸書，存2行，計存4字。僅存碎塊。10×10cm。

釋文："十二日，/鬼"

著錄：《雪堂專錄·恒農專錄》17葉。

附註：此為刑徒葬磚。

0237　張□葬磚

東漢(25~220)　月十五日

清末河南偃師縣出土，曾歸涇陽端方，又歸南皮張仁蠡，後歸北京大學文研所，1952年後藏故宮博物院。

乾刻銘文。隸書，3行，計存8字。僅存碎塊。13.5×18cm。

釋文："月十五日，/城旦張/下。"

著錄：《雪堂專錄·恒農專錄》17葉。

附註：此為刑徒葬磚。

0238　新野髡等字殘葬磚

東漢(25~220)　月十五日

清末河南偃師縣出土，曾歸涇陽端方，後歸南皮張仁蠡，又歸北京大學文研所，1952年後藏故宮博物院。

乾刻銘文。隸書，3行，行存3至4字，計存10字。僅存碎塊。26×22.5cm。

釋文："月十五/新野髡/死在此下。"

著錄：《雪堂專錄·恒農專錄》17葉。

附註：此為刑徒葬磚。

0239　十五日、完城旦等字殘葬磚

東漢(25~220)　月十五日

清末河南偃師縣出土，曾歸涇陽端方，又歸南皮張仁蠡，後歸北京大學文研所，1952年後藏故宮博物院。

乾刻銘文。隸書，存2行，計存8字。僅存碎塊。19×13cm。

釋文："月十五日/□完城旦"

附註：此為刑徒葬磚。

0240　十五日等字殘葬磚

東漢(25～220) 月十五日

清末河南偃師縣出土，曾歸涇陽端方，又
　　歸南皮張仁蠡，後歸北京大學文研
　　所，1952 年後藏故宮博物院。

乾刻銘文。隸書，存 2 行，計存 6 字。僅
　　存碎塊。12.5×15cm。

釋文："月十五日/□□"

附註：此為刑徒葬磚。

0241　車弘葬磚

東漢(25～220)

清末河南偃師縣出土，曾歸涇陽端方，又
　　歸南皮張仁蠡，後歸北京大學文研
　　所，1952 年後藏故宮博物院。

乾刻銘文。隸書，兩面刻，面 1 行存 2
　　字，側 1 行存 2 字。24.5 × 22 ×
　　11cm。

釋文：面："車弘"
　　　　側："弘死。"

著錄：《陶齋藏甎記》下卷/10；《雪堂專
　　錄·恒農專錄》23 葉；《恒農冢墓遺
　　文》14 葉。

附註：此為刑徒葬磚。

0242　陳敝葬磚

東漢(25～220)

清末河南偃師縣出土，曾歸涇陽端方，又
　　歸南皮張仁蠡，後歸北京大學文研
　　所，1952 年後藏故宮博物院。

乾刻銘文。隸書，1 行 3 字。12.5×10cm。

釋文："陳敝死。"

著錄：《雪堂專錄·恒農專錄》21 葉。

附註：此為刑徒葬磚。

0243　城旦在此四字殘葬磚

東漢(25～220)

清末河南偃師縣出土，曾歸涇陽端方，又
　　歸南皮張仁蠡，後歸北京大學文研
　　所，1952 年後藏故宮博物院。

乾刻銘文。隸書，存 2 行，計存 4 字。僅
　　存碎塊。10.5×9.5cm。

釋文："城旦/在此"

著錄：《雪堂專錄·恒農專錄》19 葉。

附註：此為刑徒葬磚。

0244　崔伯葬磚

東漢(25～220)

清末河南偃師縣出土，曾歸涇陽端方，又
　　歸南皮張仁蠡，後歸北京大學文研
　　所，1952 年後藏故宮博物院。

乾刻銘文。隸書，1 行 3 字。15×9.5cm。

釋文："崔伯死。"

著錄：《雪堂專錄·恒農專錄》21 葉。

附註：此為刑徒葬磚。崔字僅存下半。

0245　戴字殘葬磚

東漢(25～220)

清末河南偃師縣出土，曾歸涇陽端方，又
　　歸南皮張仁蠡，後歸北京大學文研
　　所，1952 年後藏故宮博物院。

乾刻銘文。隸書間篆書，存 1 字。僅存碎
　　塊。11.5×10cm。

釋文："戴"

著錄：《陶齋藏甎記》下卷/16；《雪堂專
　　錄·恒農專錄》23 葉。

附註：此為刑徒葬磚。

0246　□當葬磚

東漢(25～220)

清末河南偃師縣出土，曾歸涇陽端方，又

歸南皮張仁蠡，後歸北京大學文研
所，1952年後藏故宮博物院。

乾刻銘文。隸書，存2行，可辨2字。僅
存碎塊。10×13cm。

釋文：“□□/當死”

著錄：《雪堂專錄·恒農專錄》20葉。

附註：此為刑徒葬磚。

0247 東阿、死三字殘葬磚

東漢(25～220)

清末河南偃師縣出土，曾歸浭陽端方，又
歸南皮張仁蠡，後歸北京大學文研
所，1952年後藏故宮博物院。

乾刻銘文。隸書，2行，計存3字。僅存
碎塊。9×18cm。

釋文：“東阿/死”

著錄：《中國磚銘》圖版220。

附註：此為刑徒葬磚。

0248 關元葬磚

東漢(25～220)

清末河南偃師縣出土，曾歸浭陽端方，又
歸南皮張仁蠡，後歸北京大學文研
所，1952年後藏故宮博物院。

乾刻銘文。隸書，1行3字。刻於磚側。
23×11cm。

釋文：“關元死。”

著錄：《陶齋藏甎記》下卷/12；《雪堂專
錄·恒農專錄》20葉。

附註：此為刑徒葬磚。

0249 和成等字殘葬磚

東漢(25～220)

清末河南偃師縣出土，曾歸浭陽端方，又
歸南皮張仁蠡，後歸北京大學文研
所，1952年後藏故宮博物院。

乾刻銘文。隸書，3行，計存6字。僅存
碎塊。14×20cm。

釋文：“永□/束□/和成”

著錄：《中國磚銘》圖版221。

附註：此為刑徒葬磚。

0250 淮阻等字殘葬磚

東漢(25～220)

清末河南偃師縣出土，曾歸浭陽端方，又
歸南皮張仁蠡，後歸北京大學文研
所，1952年後藏故宮博物院。

乾刻銘文。隸書，存3行，計存6字。僅
存碎塊。10.5×22cm。

釋文：“和/淮阻/□初□”

附註：此為刑徒葬磚。

0251 後儀髡、死在此等字殘葬磚

東漢(25～220)

清末河南偃師縣出土，曾歸浭陽端方，又
歸南皮張仁蠡，後歸北京大學文研
所，1952年後藏故宮博物院。

乾刻銘文。隸書，存2行，計存8字。僅
存碎塊。23×17.5cm。

釋文：“□後儀髡/□死在此”

著錄：《雪堂專錄·恒農專錄》24葉。

附註：此為刑徒葬磚。

0252 黃字殘葬磚

東漢(25～220)

清末河南偃師縣出土，曾歸浭陽端方，又
歸南皮張仁蠡，後歸北京大學文研
所，1952年後藏故宮博物院。

乾刻銘文。隸書，存1字。僅存碎塊。8
×10cm。

釋文：“黃”

著錄：《陶齋藏甎記》下卷/16。

附註：此為刑徒葬磚。

0253　江陵等字殘葬磚

東漢(25~220)

清末河南偃師縣出土，曾歸涇陽端方，又
　　歸南皮張仁蠡，後歸北京大學文研
　　所，1952年後藏故宮博物院。

乾刻銘文。隸書，存3行，計存4字。僅
　　存碎塊。10×15.5cm。

釋文："□/江陵/此"

著錄：《雪堂專錄·恒農專錄》25葉。

附註：此為刑徒葬磚。

0254　將字殘葬磚

東漢(25~220)

清末河南偃師縣出土，曾歸涇陽端方，又
　　歸南皮張仁蠡，後歸北京大學文研
　　所，1952年後藏故宮博物院。

乾刻銘文。隸書，存2字。僅存碎塊。10
　　×10cm。

釋文："將□"

附註：此為刑徒葬磚。

0255　焦少等字殘葬磚

東漢(25~220)

清末河南偃師縣出土，曾歸涇陽端方，又
　　歸南皮張仁蠡，後歸北京大學文研
　　所，1952年後藏故宮博物院。

乾刻銘文。隸書，存2行，計存5字。僅
　　存碎塊。13×11cm。

釋文："無任□/焦少"

著錄：《雪堂專錄·恒農專錄》19葉。

附註：此為刑徒葬磚。

0256　郡陽等字殘葬磚

東漢(25~220)

清末河南偃師縣出土，曾歸涇陽端方，又
　　歸南皮張仁蠡，後歸北京大學文研
　　所，1952年後藏故宮博物院。

乾刻銘文。隸書，存1行5字。僅存碎
　　塊。22×8.5cm。

釋文："郡陽在此下。"

附註：此為刑徒葬磚。

0257　郡字殘葬磚

東漢(25~220)

清末河南偃師縣出土，曾歸涇陽端方，又
　　歸南皮張仁蠡，後歸北京大學文研
　　所，1952年後藏故宮博物院。

乾刻銘文。隸書，存2行，計存4字。可
　　辨1字。僅存碎塊。7.5×12.5cm。

釋文："□郡/□□"

附註：此為刑徒葬磚。

0258　髠鉗、此下等字殘葬磚

東漢(25~220)

清末河南偃師縣出土，曾歸涇陽端方，又
　　歸南皮張仁蠡，後歸北京大學文研
　　所，1952年後藏故宮博物院。

乾刻銘文。隸書，存3行，計存11字。
　　僅存碎塊。19×21cm。

釋文："□月□/□□□髠鉗/□此下。"

著錄：《雪堂專錄·恒農專錄》25葉。

附註：此為刑徒葬磚。

0259　髠鉗宛等字殘葬磚

東漢(25~220)

清末河南偃師縣出土，曾歸涇陽端方，又
　　歸南皮張仁蠡，後歸北京大學文研
　　所，1952年後藏故宮博物院。

乾刻銘文。隸書，存3行，計存9字。僅
　　存碎塊。13×18.5cm。

釋文："□/□髡鉗宛/死在此下。"

著錄：《雪堂專錄・恒農專錄》25 葉。

附註：此為刑徒葬磚。

0260 □郎葬磚

東漢(25～220)

清末河南偃師縣出土，曾歸涇陽端方，又
歸南皮張仁蠡，後歸北京大學文研
所，1952 年後藏故宮博物院。

乾刻銘文。隸書，1 行 3 字。刻於磚側，
上半殘缺。21×10cm。

釋文："□郎死"

著錄：《雪堂專錄・恒農專錄》22 葉。

附註：此為刑徒葬磚。

0261 老無等字葬磚

東漢(25～220)

清末河南洛陽出土。

乾刻銘文。隸書，存 3 行，計存 9 字。末
行字不可辨。僅存殘塊。尺寸不詳。

釋文："老無上□/鉗面陝/□□。"

著錄：《中國美術全集・書法篆刻編 1》
194 頁；《中國磚銘》圖版 221；《中
國書法藝術・秦漢》332 頁。

附註：此為刑徒葬磚。疑偽。

0262 李代葬磚

東漢(25～220)

清末河南偃師縣出土，曾歸涇陽端方，又
歸南皮張仁蠡，後歸北京大學文研
所，1952 年後藏故宮博物院。

乾刻銘文。隸書，1 行 3 字。刻於磚側。
22.5×12cm。

釋文："李代死。"

著錄：《陶齋藏甎記》下卷/12；《雪堂專
錄・恒農專錄》20 葉；《恒農冢墓遺

文》15 葉。

附註：此為刑徒葬磚。

0263 李建葬磚

東漢(25～220)

清末河南偃師縣出土，曾歸涇陽端方，又
歸南皮張仁蠡，後歸北京大學文研
所，1952 年後藏故宮博物院。

乾刻銘文。隸書，存 2 行，計存 5 字。僅
存碎塊。20×13.5cm。

釋文："雒/且李建死"

著錄：《雪堂專錄・恒農專錄》18 葉。

附註：此為刑徒葬磚。

0264 李馬少葬磚

東漢(25～220)

清末河南偃師縣出土，曾歸涇陽端方，又
歸南皮張仁蠡，後歸北京大學文研
所，1952 年後藏故宮博物院。

乾刻銘文。隸書，1 行 3 字。刻於磚側。
23×10cm。

釋文："李馬少。"

著錄：《雪堂專錄・恒農專錄》24 葉；
《草隸存》卷 4/20。

附註：此為刑徒葬磚。

0265 李鄭少葬磚

東漢(25～220)

清末河南偃師縣出土，曾歸涇陽端方，又
歸南皮張仁蠡，後歸北京大學文研
所，1952 年後藏故宮博物院。

乾刻銘文。隸書，1 行 3 字。26.5×12cm。

釋文："李鄭少。"

著錄：《雪堂專錄・恒農專錄》24 葉；
《草隸存》卷 4/20。

附註：此為刑徒葬磚。

0266　臨沮、死在此下等字殘葬磚

東漢（25～220）

清末河南偃師縣出土，曾歸湦陽端方，又歸南皮張仁蠡，後歸北京大學文研所，1952年後藏故宮博物院。

乾刻銘文。隸書，存3行，計存8字。僅存碎塊。11×22cm。

釋文："□□/臨沮/死在此下。"

著錄：《陶齋藏甎記》下卷/18；《雪堂專錄‧恒農專錄》24葉；《中國磚銘》圖版224。

附註：此為刑徒葬磚。

0267　馬保葬磚

東漢（25～220）

清末河南偃師縣出土，曾歸湦陽端方，又歸南皮張仁蠡，後歸北京大學文研所，1952年後藏故宮博物院。

乾刻銘文。隸書，存1行2字。僅存碎塊。9.5×14.5cm。

釋文："馬保"

著錄：《雪堂專錄‧恒農專錄》23葉。

附註：此為刑徒葬磚。

0268　馬富葬磚

東漢（25～220）

清末河南偃師縣出土，曾歸湦陽端方，又歸南皮張仁蠡，後歸北京大學文研所，1952年後藏故宮博物院。

乾刻銘文。隸書，存2行，計存4字。僅存碎塊。20×12.5cm。

釋文："馬富死在/下。"

著錄：《雪堂專錄‧恒農專錄》19葉；《中國磚銘》圖版217。

附註：此為刑徒葬磚。

0269　馬孫葬磚

東漢（25～220）

清末河南偃師縣出土，曾歸湦陽端方，又歸南皮張仁蠡，後歸北京大學文研所，1952年後藏故宮博物院。

乾刻銘文。隸書，1行3字。22×22cm。

釋文："馬孫死。"

著錄：《陶齋藏甎記》下卷/15；《雪堂專錄‧恒農專錄》22葉。

附註：此為刑徒葬磚。

0270　毛始葬磚

東漢（25～220）

清末河南偃師縣出土，曾歸湦陽端方，又歸南皮張仁蠡，後歸北京大學文研所，1952年後藏故宮博物院。

乾刻銘文。隸書，1行3字。22×16cm。

釋文："毛始死。"

著錄：《陶齋藏甎記》下卷/13；《雪堂專錄‧恒農專錄》21葉；《恒農冢墓遺文》14葉。

附註：此為刑徒葬磚。

0271　蒙惠葬磚

東漢（25～220）

清末河南偃師縣出土，曾歸湦陽端方，又歸南皮張仁蠡，後歸北京大學文研所，1952年後藏故宮博物院。

乾刻銘文。隸書，1行3字。23×13.5cm。

釋文："蒙惠死。"

著錄：《雪堂專錄‧恒農專錄》22葉；《恒農冢墓遺文》15葉。

附註：此為刑徒葬磚。

0272　南郡襄等字殘葬磚

東漢（25～220）

清末河南偃師縣出土，曾歸涇陽端方，又
　　歸南皮張仁蠡，後歸北京大學文研
　　所，1952 年後藏故宮博物院。

乾刻銘文。隸書，存 2 行，計存 6 字。僅
　　存碎塊。19.5 × 12cm。

釋文："南郡襄/□□死"

著錄：《雪堂專錄・恒農專錄》25 葉。

附註：此為刑徒葬磚。

0273　南平陰髡等字殘葬磚

東漢（25 ～ 220）

清末河南偃師縣出土，曾歸涇陽端方，又
　　歸南皮張仁蠡，後歸北京大學文研
　　所，1952 年後藏故宮博物院。

乾刻銘文。隸書，存 2 行，計存 9 字。僅
　　存碎塊。21 × 16cm。

釋文："□南平陰髡/□死在此下。"

著錄：《陶齋藏甎記》下卷/3；《雪堂專
　　錄・恒農專錄》17 葉；《中國磚銘》
　　圖版 225。

附註：此為刑徒葬磚。

0274　弩文葬磚

東漢（25 ～ 220）

清末河南偃師縣出土，曾歸涇陽端方，又
　　歸南皮張仁蠡，後歸北京大學文研
　　所，1952 年後藏故宮博物院。

乾刻銘文。隸書，1 行 3 字。21.5 ×
　　12.5cm。

釋文："弩文死。"

著錄：《陶齋藏甎記》下卷/10；《雪堂專
　　錄・恒農專錄》22 葉；《恒農冢墓遺
　　文》15 葉。

附註：此為刑徒葬磚。

0275　□平殘葬磚

東漢（25 ～ 220）

清末河南偃師縣出土，曾歸涇陽端方，又
　　歸南皮張仁蠡，後歸北京大學文研
　　所，1952 年後藏故宮博物院。

乾刻銘文。隸書，存 2 行，可辨 3 字。僅
　　存碎塊。15.5 × 7.5cm。

釋文："□□/□平死在"

附註：此為刑徒葬磚。

0276　秦仲葬磚

東漢（25 ～ 220）

清末河南偃師縣出土，曾歸涇陽端方，又
　　歸南皮張仁蠡，後歸北京大學文研
　　所，1952 年後藏故宮博物院。

乾刻銘文。隸書，存 1 行 2 字。僅存碎
　　塊。13 × 9.5cm。

釋文："秦仲"

附註：此為刑徒葬磚。

0277　秦邻葬磚

東漢（25 ～ 220）

清末河南偃師縣出土，曾歸涇陽端方，又
　　歸南皮張仁蠡，後歸北京大學文研
　　所，1952 年後藏故宮博物院。

乾刻銘文。隸書，2 行，行 5、6 字不等，
　　計 11 字。24 × 12cm。

釋文："梁國穀郭（熟）司寇/秦邻代常
　　孫。"

著錄：《陶齋藏甎記》下卷/7；《雪堂專
　　錄・專誌徵存》1 葉。

附註：此為刑徒葬磚。

0278　日無兩字殘葬磚

東漢（25 ～ 220）

清末河南偃師縣出土，曾歸涇陽端方，又

歸南皮張仁蠡，後歸北京大學文研
　　所，1952 年後藏故宮博物院。
乾刻銘文。隸書，存 1 行 2 字。僅存碎
　　塊。9×12cm。
釋文："日無"
著錄：《雪堂專錄・恒農專錄》27 葉。
附註：此為刑徒葬磚。

0279　日無兩字殘葬磚

東漢(25～220)

清末河南偃師縣出土，曾歸浭陽端方，又
　　歸南皮張仁蠡，後歸北京大學文研
　　所，1952 年後藏故宮博物院。
乾刻銘文。隸書，存 1 行 3 字。僅存碎
　　塊。16×7cm。
釋文："□日無"
附註：此為刑徒葬磚。

0280　日瀉、髡鉗等字殘葬磚

東漢(25～220)

清末河南偃師縣出土，曾歸浭陽端方，又
　　歸南皮張仁蠡，後歸北京大學文研
　　所，1952 年後藏故宮博物院。
乾刻銘文。隸書，存 2 行，計存 4 字。僅
　　存碎塊。10×13cm。
釋文："日瀉/髡鉗"
著錄：《雪堂專錄・恒農專錄》25 葉。
附註：此為刑徒葬磚。

0281　日豫、髡鉗等字殘葬磚

東漢(25～220)

清末河南偃師縣出土，曾歸浭陽端方，又
　　歸南皮張仁蠡，後歸北京大學文研
　　所，1952 年後藏故宮博物院。
乾刻銘文。隸書，存 2 行，計存 6 字。僅
　　存碎塊。12×13cm。

釋文："日豫□/髡鉗□"
附註：此為刑徒葬磚。

0282　日左、髡鉗等字殘葬磚

東漢(25～220)

清末河南偃師縣出土，曾歸浭陽端方，又
　　歸南皮張仁蠡，後歸北京大學文研
　　所，1952 年後藏故宮博物院。
乾刻銘文。隸書，存 3 行，計存 6 字。僅
　　存碎塊。11×11cm。
釋文："□□/日左/髡鉗"
著錄：《雪堂專錄・恒農專錄》25 葉。
附註：此為刑徒葬磚。

0283　□桑葬磚

東漢(25～220)

清末河南偃師縣出土，曾歸浭陽端方，又
　　歸南皮張仁蠡，後歸北京大學文研
　　所，1952 年後藏故宮博物院。
乾刻銘文。隸書，存 3 行，計存 7 字。僅
　　存碎塊。17×11.5cm。
釋文："□□/桑死在此/下。"
著錄：《雪堂專錄・恒農專錄》20 葉。
附註：此為刑徒葬磚。

0284　□世葬磚

東漢(25～220)

清末河南偃師縣出土，曾歸浭陽端方，又
　　歸南皮張仁蠡，後歸北京大學文研
　　所，1952 年後藏故宮博物院。
乾刻銘文。隸書，存 2 行，計存 4 字。僅
　　存碎塊。20.5×10.5cm。
釋文："世物故/下。"
著錄：《雪堂專錄・恒農專錄》20 葉。
附註：此為刑徒葬磚。

0285　叔紆葬磚
東漢（25～220）

清末河南偃師縣出土，曾歸渭陽端方，又
　　歸南皮張仁蠡，後歸北京大學文研
　　所，1952 年後藏故宮博物院。

乾刻銘文。隸書，1 行 3 字。22.5×14cm。

釋文："叔紆死。"

著錄：《陶齋藏甎記》下卷/11；《雪堂專
　　錄·恒農專錄》21 葉；《恒農冢墓遺
　　文》13 葉。

附註：此為刑徒葬磚。

0286　司寇等字殘葬磚
東漢（25～220）

清末河南偃師縣出土，曾歸渭陽端方，又
　　歸南皮張仁蠡，後歸北京大學文研
　　所，1952 年後藏故宮博物院。

乾刻銘文。隸書，存 2 行，計存 4 字。僅
　　存碎塊。7×11.5cm。

釋文："日□/司寇"

著錄：《雪堂專錄·恒農專錄》26 葉。

附註：此為刑徒葬磚。

0287　司寇、此下等字殘葬磚
東漢（25～220）

清末河南偃師縣出土，曾歸渭陽端方，又
　　歸南皮張仁蠡，後歸北京大學文研
　　所，1952 年後藏故宮博物院。

乾刻銘文。隸書，存 2 行，計存 4 字。僅
　　存碎塊。17×12cm。

釋文："司寇/此下。"

著錄：《陶齋藏甎記》下卷/9。

附註：此為刑徒葬磚。

0288　死在此等字殘葬磚
東漢（25～220）

清末河南偃師縣出土，曾歸渭陽端方，又
　　歸南皮張仁蠡，後歸北京大學文研
　　所，1952 年後藏故宮博物院。

乾刻銘文。隸書，存 2 行，計存 5 字。僅
　　存碎塊。12×11.5cm。

釋文："□□/死在此"

著錄：《雪堂專錄·恒農專錄》26 葉。

附註：此為刑徒葬磚。

0289　死在此等字殘葬磚
東漢（25～220）

清末河南偃師縣出土，曾歸渭陽端方，又
　　歸南皮張仁蠡，後歸北京大學文研
　　所，1952 年後藏故宮博物院。

乾刻銘文。隸書，存 1 行 4 字。僅存碎
　　塊。13×10.5cm。

釋文："□死在此"

著錄：《雪堂專錄·恒農專錄》26 葉。

附註：此為刑徒葬磚。

0290　蘇山葬磚
東漢（25～220）

清末河南偃師縣出土，曾歸渭陽端方，又
　　歸南皮張仁蠡，後歸北京大學文研
　　所，1952 年後藏故宮博物院。

乾刻銘文。隸書，存 2 行，計存 12 字。
　　磚存後半。38×12cm。

釋文："□□□□□髡鉗/蘇山，死在此"

著錄：《陶齋藏甎記》下卷/9；《中國磚
　　銘》圖版 234。

附註：此為刑徒葬磚。

0291　蘇松葬磚
東漢（25～220）

清末河南偃師縣出土，曾歸渭陽端方，又
　　歸南皮張仁蠡，後歸北京大學文研

所，1952 年後藏故宮博物院。

乾刻銘文。隸書，1 行 3 字。22×16cm。

釋文："蘇松死。"

著錄：《陶齋藏甎記》下卷/11；《雪堂專錄·恒農專錄》21 葉；《恒農冢墓遺文》13 葉；《甎文拓片選》（《書法叢刊》1998 年 1 期）；《中國磚銘》圖版220。

附註：此為刑徒葬磚。

0292 孫字殘葬磚

東漢(25～220)

清末河南偃師縣出土，曾歸涇陽端方，又歸南皮張仁蠡，後歸北京大學文研所，1952 年後藏故宮博物院。

乾刻銘文。隸書，存 2 字。僅存碎塊。10×11cm。

釋文："孫□"

著錄：《陶齋藏甎記》下卷/16。

附註：此為刑徒葬磚。

0293 孫成葬磚

東漢(25～220)

清末河南偃師縣出土，曾歸涇陽端方，又歸南皮張仁蠡，後歸北京大學文研所，1952 年後藏故宮博物院。

乾刻銘文。隸書，存 2 行，計存 5 字。磚左上角缺。12×11cm。

釋文："孫成死/此下。"

著錄：《中國磚銘》圖版217。

附註：此為刑徒葬磚。

0294 孫客葬磚

東漢(25～220)

清末河南偃師縣出土，曾歸涇陽端方，又歸南皮張仁蠡，後歸北京大學文研所，1952 年後藏故宮博物院。

乾刻銘文。隸書，1 行 3 字。22×9cm。

釋文："孫客死。"

著錄：《陶齋藏甎記》下卷/11（作"孫崔"）；《雪堂專錄·恒農專錄》22 葉。

附註：此為刑徒葬磚。

0295 瓦死兩字殘葬磚

東漢(25～220)

清末河南偃師縣出土，曾歸涇陽端方，又歸南皮張仁蠡，後歸北京大學文研所，1952 年後藏故宮博物院。

乾刻銘文。隸書，存 1 行 2 字。僅存碎塊。12×13cm。

釋文："瓦死"

著錄：《雪堂專錄·恒農專錄》20 葉。

附註：此為刑徒葬磚。

0296 宛完等字殘葬磚

東漢(25～220)

清末河南偃師縣出土，曾歸涇陽端方，又歸南皮張仁蠡，後歸北京大學文研所，1952 年後藏故宮博物院。

乾刻銘文。隸書，存 2 行，計存 4 字。僅存碎塊。16×17cm。

釋文："宛完/□死"

附註：此為刑徒葬磚。

0297 宛威葬磚

東漢(25～220)

清末河南偃師縣出土，曾歸涇陽端方，又歸南皮張仁蠡，後歸北京大學文研所，1952 年後藏故宮博物院。

乾刻銘文。隸書，兩面刻，面存 3 行，第 1 行全泐，計存 6 字；側 1 行 3 字。磚下半殘缺。12.5×22.5×11cm。

釋文：面："□□/無任□/宛威死"

側："宛□死。"
著錄:《中國磚銘》圖版244。
附註:此為刑徒葬磚。

0298　王富葬磚
東漢(25～220)
清末河南偃師縣出土,曾歸澠陽端方,又
　歸南皮張仁蠡,後歸北京大學文研
　所,1952年後藏故宮博物院。
乾刻銘文。隸書,1行2字。22×11.5cm。
釋文:"王富。"
著錄:《陶齋藏甎記》下卷/14。
附註:此為刑徒葬磚。

0299　王富葬磚
東漢(25～220)
清末河南偃師縣出土,曾歸澠陽端方,又
　歸南皮張仁蠡,後歸北京大學文研
　所,1952年後藏故宮博物院。
乾刻銘文。隸書,1行3字。22.5×11cm。
釋文:"王富死。"
附註:此為刑徒葬磚。

0300　王顏葬磚
東漢(25～220)
清末河南偃師縣出土,曾歸澠陽端方,又
　歸南皮張仁蠡,後歸北京大學文研
　所,1952年後藏故宮博物院。
乾刻銘文。隸書,1行2字。22.5×10cm。
釋文:"王顏。"
著錄:《陶齋藏甎記》下卷/14;《雪堂專
　錄·恒農專錄》23葉。
附註:此為刑徒葬磚。

0301　王子等字殘葬磚
東漢(25～220)

清末河南偃師縣出土,曾歸澠陽端方,又
　歸南皮張仁蠡,後歸北京大學文研
　所,1952年後藏故宮博物院。
乾刻銘文。隸書,存1行3字。僅存碎
　塊。10×5.5cm。
釋文:"王子□"
著錄:《雪堂專錄·恒農專錄》27葉。
附註:此為刑徒葬磚。

0302　王字殘葬磚
東漢(25～220)
清末河南偃師縣出土,曾歸澠陽端方,又
　歸南皮張仁蠡,後歸北京大學文研
　所,1952年後藏故宮博物院。
乾刻銘文。隸書,存1行2字。僅存碎
　塊。8×7cm。
釋文:"王□"
附註:此為刑徒葬磚。

0303　□吳葬磚
東漢(25～220)
清末河南偃師縣出土,曾歸澠陽端方,又
　歸南皮張仁蠡,後歸北京大學文研
　所,1952年後藏故宮博物院。
乾刻銘文。隸書,存1行2字。僅存碎
　塊。13×10cm。
釋文:"吳死□"
附註:此為刑徒葬磚。

0304　無任等字殘葬磚
東漢(25～220)
清末河南偃師縣出土,曾歸澠陽端方,又
　歸南皮張仁蠡,後歸北京大學文研
　所,1952年後藏故宮博物院。
乾刻銘文。隸書,存2行,計存4字。僅
　存碎塊。10.5×9cm。

釋文："無任□／髡"

著錄：《雪堂專錄·恒農專錄》26 葉。

附註：此為刑徒葬磚。

0305　無、死在此等字殘葬磚

東漢（25～220）

清末河南偃師縣出土，曾歸涇陽端方，又歸南皮張仁蠡，後歸北京大學文研所，1952 年後藏故宮博物院。

乾刻銘文。隸書，存 2 行，計存 5 字。僅存碎塊。18×11.5cm。

釋文："□無／死在此"

著錄：《雪堂專錄·恒農專錄》26 葉。

附註：此為刑徒葬磚。

0306　武陸、日物故死等字殘葬磚

東漢（25～220）

清末河南偃師縣出土，曾歸涇陽端方，又歸南皮張仁蠡，後歸北京大學文研所，1952 年後藏故宮博物院。

乾刻銘文。隸書，存 2 行，計存 9 字。僅存碎塊。19.5×12cm。

釋文："□□武陸／□日物故，死"

著錄：《雪堂專錄·恒農專錄》24 葉。

附註：此為刑徒葬磚。

0307　謝浮兩字殘葬磚

東漢（25～220）

清末河南偃師縣出土，曾歸涇陽端方，又歸南皮張仁蠡，後歸北京大學文研所，1952 年後藏故宮博物院。

乾刻銘文。隸書，1 行 2 字。僅存碎塊。13×12.5cm。

釋文："謝浮。"

著錄：《陶齋藏甎記》下卷／14；《雪堂專錄·恒農專錄》23 葉。

附註：此為刑徒葬磚。

0308　徐萌葬磚

東漢（25～220）

清末河南偃師縣出土，曾歸涇陽端方，又歸南皮張仁蠡，後歸北京大學文研所，1952 年後藏故宮博物院。

乾刻銘文。隸書，2 行，計存 8 字。僅存碎塊。21×12.5cm。

釋文："□□□／旦徐萌，死在"

著錄：《雪堂專錄·恒農專錄》19 葉（云磚側有"徐萌□"三字）；《中國書法藝術·秦漢》332 頁。

附註：此為刑徒葬磚。

0309　陽此下等字殘葬磚

東漢（25～220）

清末河南偃師縣出土，曾歸涇陽端方，又歸南皮張仁蠡，後歸北京大學文研所，1952 年後藏故宮博物院。

乾刻銘文。隸書，存 1 行 4 字。僅存碎塊。14×11cm。

釋文："□陽此下"

著錄：《陶齋藏甎記》下卷／13。

附註：此為刑徒葬磚。

0310　陽完城、在此下等字殘葬磚

東漢（25～220）

清末河南偃師縣出土，曾歸涇陽端方，又歸南皮張仁蠡，後歸北京大學文研所，1952 年後藏故宮博物院。

乾刻銘文。隸書，存 2 行，計存 7 字。僅存碎塊。16.5×22cm。

釋文："陽完城／□在此下。"

著錄：《雪堂專錄·恒農專錄》24 葉；《中國磚銘》圖版 225。

附註：此為刑徒葬磚。

0311 尹仲葬磚

東漢(25～220)

清末河南偃師縣出土，曾歸涇陽端方，又
　　歸南皮張仁蠡，後歸北京大學文研
　　所，1952年後藏故宮博物院。

乾刻銘文。隸書，1行2字。僅存碎塊。
　　15×10.5cm。

釋文："尹仲。"

著錄：《陶齋藏甎記》下卷/14；《雪堂專
　　錄·恒農專錄》23葉。

附註：此為刑徒葬磚。

0312 永字殘葬磚

東漢(25～220)

清末河南偃師縣出土，曾歸涇陽端方，又
　　歸南皮張仁蠡，後歸北京大學文研
　　所，1952年後藏故宮博物院。

乾刻銘文。隸書，存2行，計存2字。僅
　　存碎塊。4×9.5cm。

釋文："永/□"

附註：此為刑徒葬磚。

0313 元東二字殘葬磚

東漢(25～220)

清末河南偃師縣出土，曾歸涇陽端方，又
　　歸南皮張仁蠡，後歸北京大學文研
　　所，1952年後藏故宮博物院。

乾刻銘文。隸書，存1行2字。僅存碎
　　塊。12×9.5cm。

釋文："元東"

著錄：《雪堂專錄·恒農專錄》25葉。

附註：此為刑徒葬磚。

0314 袁萮葬磚

東漢(25～220)

清末河南偃師縣出土，曾歸涇陽端方，又
　　歸南皮張仁蠡，後歸北京大學文研
　　所，1952年後藏故宮博物院。

乾刻銘文。隸書，1行3字。刻於磚側。
　　22×11.5cm。

釋文："袁萮死。"

著錄：《陶齋藏甎記》下卷/12。

附註：此為刑徒葬磚。

0315 在此等字殘葬磚

東漢(25～220)

清末河南偃師縣出土，曾歸涇陽端方，又
　　歸南皮張仁蠡，後歸北京大學文研
　　所，1952年後藏故宮博物院。

乾刻銘文。隸書，存2行，計存4字。僅
　　存碎塊。13×13cm。

釋文："□□/在此"

著錄：《雪堂專錄·恒農專錄》26葉。

附註：此為刑徒葬磚。

0316 張字殘葬磚

東漢(25～220)

清末河南偃師縣出土，曾歸涇陽端方，又
　　歸南皮張仁蠡，後歸北京大學文研
　　所，1952年後藏故宮博物院。

乾刻銘文。隸書，存1字。僅存碎塊。13
　　×10cm。

釋文："張"

著錄：《陶齋藏甎記》下卷/16；《雪堂專
　　錄·恒農專錄》23葉。

附註：此為刑徒葬磚。

0317 張少葬磚

東漢(25～220)

清末河南偃師縣出土，曾歸涇陽端方，又
　　歸南皮張仁蠡，後歸北京大學文研
　　所，1952 年後藏故宮博物院。
乾刻銘文。隸書，1 行 3 字。17×13cm。
釋文："張少死。"
著錄：《陶齋藏甎記》下卷/13；《雪堂專
　　錄·恒農專錄》22 葉。
附註：此為刑徒葬磚。

0318　張少葬磚

東漢(25～220)

清末河南偃師縣出土，曾歸涇陽端方，又
　　歸南皮張仁蠡，後歸北京大學文研
　　所，1952 年後藏故宮博物院。
乾刻銘文。隸書，1 行 3 字。刻於磚側。
　　22.5×10cm。
釋文："張少死。"
著錄：《陶齋藏甎記》下卷/22。
附註：此為刑徒葬磚。

0319　張文葬磚

東漢(25～220)

清末河南偃師縣出土，曾歸涇陽端方，又
　　歸南皮張仁蠡，後歸北京大學文研
　　所，1952 年後藏故宮博物院。
乾刻銘文。隸書，存 3 行，計存 10 字。
　　僅存殘塊。19×17.5cm。
釋文："和□/洛陽項□/張文死□"
著錄：《陶齋藏甎記》下卷/6；《雪堂專
　　錄·恒農專錄》16 葉；《中國磚銘》
　　圖版 230。
附註：此為刑徒葬磚。

0320　張武葬磚

東漢(25～220)

清末河南偃師縣出土，曾歸涇陽端方，又

歸南皮張仁蠡，後歸北京大學文研
　　所，1952 年後藏故宮博物院。
乾刻銘文。隸書，1 行 3 字。22.5×12cm。
釋文："張武死。"
著錄：《陶齋藏甎記》下卷/12；《雪堂專
　　錄·恒農專錄》21 葉。
附註：此為刑徒葬磚。

0321　張仲葬磚

東漢(25～220)

清末河南偃師縣出土，曾歸涇陽端方，又
　　歸南皮張仁蠡，後歸北京大學文研
　　所，1952 年後藏故宮博物院。
乾刻銘文。隸書，存 3 行，計存 15 字。
　　磚存大半。29.5×17cm。
釋文：　"□無任，江夏安/陸完城旦張
　　仲，/在此下。"
著錄：《陶齋藏甎記》下卷/5；《雪堂專
　　錄·恒農專錄》18 葉（有"在"無
　　"陸"字）。
附註：此為刑徒葬磚。

0322　張肜葬磚

東漢(25～220)

清末河南偃師縣出土，曾歸涇陽端方，又
　　歸南皮張仁蠡，後歸北京大學文研
　　所，1952 年後藏故宮博物院。
乾刻銘文。隸書，1 行 2 字。僅存碎塊。
　　13×9.5cm。
釋文："張肜"
著錄：《陶齋藏甎記》下卷/14；《雪堂專
　　錄·恒農專錄》22 葉。
附註：此為刑徒葬磚。

0323　張□兩字殘葬磚

東漢(25～220)

清末河南偃師縣出土，曾歸涒陽端方，又
歸南皮張仁蠡，後歸北京大學文研
所，1952 年後藏故宮博物院。

乾刻銘文。隸書，存 1 行 2 字。僅存碎
塊。15.5×9.5cm。

釋文："張□"

著錄：疑是《雪堂專錄‧恒農專錄》23
葉；《中國磚銘》圖版 218。

附註：此為刑徒葬磚。

0324 張□葬磚

東漢(25～220)

清末河南偃師縣出土，曾歸涒陽端方，後
歸南皮張仁蠡，又歸北京大學文研
所，1952 年後藏故宮博物院。

乾刻銘文。隸書，存 2 行，行存 3 至 4 字，
計存 7 字。僅存碎塊。22.5×14cm。

釋文："□□□死/張□□"

著錄：《雪堂專錄‧恒農專錄》24 葉。

附註：此為刑徒葬磚。

0325 趙伯葬磚

東漢(25～220)

清末河南偃師縣出土，曾歸涒陽端方，又
歸南皮張仁蠡，後歸北京大學文研
所，1952 年後藏故宮博物院。

乾刻銘文。隸書，1 行 3 字。刻於磚側。
21×10cm。

釋文："趙伯死。"

著錄：《雪堂專錄‧恒農專錄》21 葉。

附註：此為刑徒葬磚。

0326 趙從葬磚

東漢(25～220)

清末河南偃師縣出土，曾歸涒陽端方，又
歸南皮張仁蠡，後歸北京大學文研

所，1952 年後藏故宮博物院。

乾刻銘文。隸書，存 1 行 3 字。刻於磚
側。22×12cm。

釋文："趙從死。"

著錄：《陶齋藏甎記》下卷/11；《雪堂專
錄‧恒農專錄》21 葉。

附註：此為刑徒葬磚。

0327 趙年葬磚

東漢(25～220)

清末河南偃師縣出土，曾歸涒陽端方，又
歸南皮張仁蠡，後歸北京大學文研
所，1952 年後藏故宮博物院。

乾刻銘文。隸書，存 2 行，計存 3 字。僅
存碎塊。9×20cm。

釋文："趙年/下。"

著錄：《雪堂專錄‧恒農專錄》19 葉。

附註：此為刑徒葬磚。

0328 趙□葬磚

東漢(25～220)

清末河南偃師縣出土，曾歸涒陽端方，又
歸南皮張仁蠡，後歸北京大學文研
所，1952 年後藏故宮博物院。

乾刻銘文。隸書，存 3 行，計存 7 字。僅
存碎塊。13.5×12.5cm。

釋文："任江夏/髡鉗趙/□"

著錄：《雪堂專錄‧恒農專錄》19 葉（趙
字下有年字）。

附註：此為刑徒葬磚。

0329 鄭開葬磚

東漢(25～220)

清末河南偃師縣出土，曾歸涒陽端方，又
歸南皮張仁蠡，後歸北京大學文研
所，1952 年後藏故宮博物院。

乾刻銘文。隸書，存 1 行 3 字。21 ×
　15cm。
釋文："鄭開死。"
著錄：《雪堂專錄·恒農專錄》21 葉。
附註：此為刑徒葬磚。

0330　鄭少葬磚
東漢(25～220)
清末河南偃師縣出土，曾歸浭陽端方，又
　歸南皮張仁蠡，後歸北京大學文研
　所，1952 年後藏故宮博物院。
乾刻銘文。隸書，存 1 行 3 字。25 ×
　13.5cm。
釋文："鄭少死。"
著錄：《陶齋藏甎記》下卷/12；《雪堂專
　錄·恒農專錄》21 葉；《恒農冢墓遺
　文》15 葉。
附註：此為刑徒葬磚。

0331　鄭、死在此等字殘葬磚
東漢(25～220)
清末河南偃師縣出土，曾歸浭陽端方，又
　歸南皮張仁蠡，後歸北京大學文研
　所，1952 年後藏故宮博物院。
乾刻銘文。隸書，存 2 行，計存 5 字。僅
　存碎塊。10.5×12cm。
釋文："□鄭/死在此"
著錄：《陶齋藏甎記》下卷/9；《雪堂專
　錄·恒農專錄》25 葉。
附註：此為刑徒葬磚。

0332　子字殘葬磚
東漢(25～220)
清末河南偃師縣出土，曾歸浭陽端方，又
　歸南皮張仁蠡，後歸北京大學文研
　所，1952 年後藏故宮博物院。

乾刻銘文。隸書，存 1 行 2 字。僅存碎
　塊。9×10.5cm。
釋文："□子"
附註：此為刑徒葬磚。

0333　宗死兩字殘葬磚
東漢(25～220)
清末河南偃師縣出土，曾歸浭陽端方，又
　歸南皮張仁蠡，後歸北京大學文研
　所，1952 年後藏故宮博物院。
乾刻銘文。隸書，存 1 行 2 字。僅存碎
　塊。8×9cm。
釋文："宗死"
附註：此為刑徒葬磚。

0334　斡仲葬磚
東漢(25～220)
清末河南偃師縣出土，曾歸浭陽端方，又
　歸南皮張仁蠡，後歸北京大學文研
　所，1952 年後藏故宮博物院。
乾刻銘文。隸書，存 1 行 3 字。22 ×
　10.5cm。
釋文："斡仲死"
著錄：《雪堂專錄·恒農專錄》21 葉。
附註：此為刑徒葬磚。

0335　費免葬磚
東漢(25～220)　永□元年六月四日
1964 年春河南洛陽地區偃師縣佃莊鄉西大
　郊村出土，藏中國社會科學院考古研
　究所洛陽工作站。
乾刻銘文。隸書，4 行，行 6、7 字不等，
　計 26 字。29×23cm。
釋文："右部無任，汝南新/息髡鉗費免，
　永/□元 年六月四日/物故，死在此
　下。"

著錄：《中國書法全集》卷 9/圖版 100；
《中國磚銘》圖版 243。

附註：此為刑徒葬磚。此磚應刻於永初元
年或永寧元年。

0336　張達葬磚

東漢（25～220）二年八月二十六日

1964 年春河南洛陽地區偃師縣佃莊鄉西大
郊村出土，藏中國社會科學院考古研
究所洛陽工作站。

乾刻銘文。隸書，4 行，行存 5、6 字不
等，計 18 字。25×20cm。

釋文："無任，潁川昆/完城旦張達，/二
年八月廿六/物故。"

著錄：《中國書法全集》卷 9/圖 101；《中
國磚銘》圖版 222。

附註：此為刑徒葬磚。

0337　潘釘葬磚

東漢（25～220）七年四月三日

1964 年春河南洛陽地區偃師縣佃莊鄉西大
郊村出土，藏中國社會科學院考古研
究所洛陽工作站。

乾刻銘文。隸書，4 行，行 5、6 字不等，
計 18 字。24.5×17cm。

釋文："無任，汝南銅陽/完城旦潘釘，/
七年四月三日/死。"

著錄：《中國書法全集》卷 9/圖版 98；
《中國磚銘》圖版 227。

附註：此為刑徒葬磚。

0338　趙孟葬磚

東漢（25～220）二月七日

1964 年春河南洛陽地區偃師縣佃莊鄉西大
郊村出土，藏中國社會科學院考古研
究所洛陽工作站。

乾刻銘文。隸書，3 行，行 6、7 字不等，
計 15 字。16×23.5cm。

釋文："無任，陳留扶溝鬼/薪趙孟，二月
七/日死。"

著錄：《中國書法全集》卷 9/圖版 99；
《中國磚銘》圖版 238。

附註：此為刑徒葬磚。

0339　倉寄葬磚

東漢（25～220）

1964 年春河南洛陽地區偃師縣佃莊鄉西大
郊村出土，藏中國社會科學院考古研
究所洛陽工作站。

乾刻銘文。隸書，1 行 2 字。23×17cm。

釋文："倉寄。"

著錄：《中國書法全集》卷 9/圖版 96；
《中國磚銘》圖版 241。

附註：此為刑徒葬磚。

0340　戴雅葬磚

東漢（25～220）

1964 年春河南洛陽地區偃師縣佃莊鄉西大
郊村出土，藏中國社會科學院考古研
究所洛陽工作站。

乾刻銘文。隸書，1 行 2 字。23×23.5cm。

釋文："戴雅。"

著錄：中國科學院考古研究所洛陽工作隊
《東漢洛陽城南郊的刑徒墓地》（《考
古》1972 年 4 期）；《中國磚銘》圖
版 219。

附註：此為刑徒葬磚。

0341　龔伯葬磚

東漢（25～220）

1964 年春河南洛陽地區偃師縣佃莊鄉西大
郊村出土，藏中國社會科學院考古研

究所洛陽工作站。

乾刻銘文。隸書，1 行 2 字。25×23.5cm。

釋文："龔伯。"

著錄：中國科學院考古研究所洛陽工作隊
《東漢洛陽城南郊的刑徒墓地》（《考
古》1972 年 4 期）；《中國磚銘》圖
版 222。

附註：此為刑徒葬磚。

0342　捐根葬磚

東漢（25～220）

1964 年春河南洛陽地區偃師縣佃莊鄉西大
郊村出土，藏中國社會科學院考古研
究所洛陽工作站。

乾刻銘文。隸書，兩面刻。正面 1 行 4
字。背面 3 行，行存字不等，計存 10
字。尺寸不詳。

釋文：正面："無任捐根。"

　　　背面："故死在此下。/官不負。/
寄葬。"

著錄：中國科學院考古研究所洛陽工作隊
《東漢洛陽城南郊的刑徒墓地》（《考
古》1972 年 4 期）；《中國磚銘》圖
版 231 背；圖版 218 背。

附註：此為刑徒葬磚。

0343　王苛葬磚

東漢（25～220）

1964 年河南洛陽地區偃師縣佃莊鄉西大郊
村出土，藏中國社會科學院考古研究
所洛陽工作站。

乾刻銘文。隸書，1 行 2 字。23.5×18cm。

釋文："王苛。"

著錄：《中國書法全集》卷 9/圖版 97；
《中國磚銘》圖版 232。

附註：此為刑徒葬磚。

0344　夏伯葬磚

東漢（25～220）

1958 年發現於河南洛陽地區偃師縣佃莊鄉
西大郊村。

乾刻銘文。隸書，1 行 2 字。尺寸不詳。

釋文："夏伯。"

著錄：黃士斌《漢魏洛陽故城刑徒墳場調
查記》編者按（《考古通訊》1958 年
6 期）；《中國磚銘》圖版 228。

附註：此為刑徒葬磚。

0345　趙仲葬磚

東漢（25～220）

1964 年春河南洛陽地區偃師縣佃莊鄉西大
郊村出土，藏中國社會科學院考古研
究所洛陽工作站。

乾刻銘文。隸書，1 行 3 字。23.5×
12.5cm。

釋文："趙仲死。"

著錄：中國科學院考古研究所洛陽工作隊
《東漢洛陽城南郊的刑徒墓地》（《考
古》1972 年 4 期）。

附註：此為刑徒葬磚。據發掘報告知，另
出土《趙仲葬磚》，文曰"梁國下邑
髡鉗趙仲。"

0346　趙齋葬磚

東漢（25～220）二月七日

近年出土。出土地應在河南洛陽偃師縣一
帶。

乾刻銘文。隸書，2 行，行 7 字，計 14
字。23×15cm。

釋文："無任，南陽武陰髡/鉗趙齋，二月
七日。"

附註：此為刑徒葬磚。

0347　任小等字殘葬磚

東漢（25～220）十二日

近年出土。出土地應在河南洛陽偃師縣一
　　帶。

乾刻銘文。隸書，2 行，計存 13 字。殘存
　　大半。22×16cm。

釋文：“任小□□定完／□□十二日□□”

附註：此為刑徒葬磚。

0348　陳宗葬磚

東漢（25～220）

乾刻銘文。隸書，2 行，行 5、6 字，計 11
　　字。26.5×12.5cm。

釋文：“吳郡由拳髡鉗／陳宗代罘寶。”

附註：此為刑徒葬磚。

0349　李英葬磚

東漢（25～220）

乾刻銘文。隸書，2 行，行 5、6 字，計 11
　　字。25.5×12cm。

釋文：“豫章平都髡鉗／李英代潭琴。”

附註：此為刑徒葬磚。

0350　零陵營道□□代雷益葬磚

東漢（25～220）

乾刻銘文。隸書，2 行，行 4、5 字，計 9
　　字。26.5×13.5cm。

釋文：“零陵營道／□□代雷益。”

附註：此為刑徒葬磚。

0351　任琇葬磚

東漢（25～220）

乾刻銘文。隸書，2 行，行字不等，計 12
　　字。25.5×12.5cm。

釋文：“□郡□阿完城旦／任琇代子苟。”

附註：此為刑徒葬磚。

0352　唐衆葬磚

東漢（25～220）

乾刻銘文。隸書，2 行，行 5 字，計 10
　　字。25.5×13cm。

釋文：“零陵襄鄉髡／鉗唐衆真□。”

附註：此為刑徒葬磚。

0353　熾叩頭死罪磚

東漢（25～220）

1973 年安徽亳縣（今亳州市）董園村曹
　　氏宗族墓出土，藏亳州市博物館。

濕刻銘文。隸書，1 行 6 字。24×12cm。

釋文：“熾叩頭死罪敢。”

著錄：亳縣博物館李燦《安徽亳縣發現一
　　批漢代字磚和石刻》（《文物資料叢
　　刊》2 集，1978 年）董 3。

0354　為曹侯作壁磚

東漢（25～220）

1973 年安徽亳縣（今亳州市）董園村曹
　　氏宗族墓出土，藏亳州市博物館。

濕刻銘文。隸書，1 行 5 字。24×12cm。

釋文：“為曹侯作壁。”

著錄：亳縣博物館李燦《安徽亳縣發現一
　　批漢代字磚和石刻》（《文物資料叢
　　刊》2 集，1978 年）董 4；《中國磚
　　銘》圖版 288。

0355　東部督王熾字元異磚

東漢（25～220）

1973 年安徽亳縣（今亳州市）董園村
　　曹氏宗族墓出土，藏亳州市博物
　　館。

濕刻銘文。隸書，2 行，行 3、5 字不等，
　　計 8 字。24.5×12cm。

釋文："東部督王熾，/字元異。"
著錄：亳縣博物館李燦《安徽亳縣發現一批漢代字磚和石刻》（《文物資料叢刊》2 集，1978 年）董 5 之 1；《中國磚銘》圖版 280。

0356 別駕從事王左叩頭磚
東漢(25～220)
1973 年安徽亳縣（今亳州市）董園村曹氏宗族墓出土，藏亳州市博物館。
濕刻銘文。隸書，1 行 9 字。刻於 0355 磚左側。24.3×4.3cm。
釋文："別駕從事王左叩頭死。"
著錄：亳縣博物館李燦《安徽亳縣發現一批漢代字磚和石刻》（《文物資料叢刊》2 集，1978 年）董 5 之 2；《中國磚銘》圖版 282。

0357 留相焰等字磚
東漢(25～220)
1973 年安徽亳縣（今亳州市）董園村曹氏宗族墓出土，藏亳州市博物館。
濕刻銘文。隸書，1 行 8 字。刻於 0355 磚右側。24.3×4.3cm。
釋文："留相焰我，身將損□。"
著錄：亳縣博物館李燦《安徽亳縣發現一批漢代字磚和石刻》（《文物資料叢刊》2 集，1978 年）董 5 之 3。

0358 屬昨自語言等字磚
東漢(25～220)
1973 年安徽亳縣（今亳州市）董園村曹氏宗族墓出土，藏亳州市博物館。
濕刻銘文。草隸，3 行，行 6、7 字不等，計 20 字。刻於 0355 磚背面。24×12cm。

釋文："屬昨自語言，私心/不白，別有區哀/何□□□當有廿"
著錄：亳縣博物館李燦《安徽亳縣發現一批漢代字磚和石刻》（《文物資料叢刊》2 集，1978 年）董 5 之 4；《中國磚銘》圖版 256。

0359 公門磚
東漢(25～220)
1973 年安徽亳縣（今亳州市）董園村曹氏宗族墓出土，藏亳州市博物館。
濕刻銘文。隸書，1 行 2 字橫寫。12×24cm。
釋文："公門。"
著錄：亳縣博物館李燦《安徽亳縣發現一批漢代字磚和石刻》（《文物資料叢刊》2 集，1978 年）董 6 之 1。

0360 令左史忠磚
東漢(25～220)
1973 年安徽亳縣（今亳州市）董園村曹氏宗族墓出土，藏亳州市博物館。
濕刻銘文。隸書，2 行，行 2 字，計 4 字。刻於 0359 磚背面。12×24cm。
釋文："令左/史忠。"
著錄：亳縣博物館李燦《安徽亳縣發現一批漢代字磚和石刻》（《文物資料叢刊》2 集，1978 年）董 6 之 2。

0361 唯念王左磚
東漢(25～220)
1973 年安徽亳縣（今亳州市）董園村曹氏宗族墓出土，藏亳州市博物館。
濕刻銘文。隸書，1 行 6 字。刻於磚側。24×4.2cm。
釋文："唯念王左及朱"

著錄：亳縣博物館李燦《安徽亳縣發現一
　　批漢代字磚和石刻》（《文物資料叢
　　刊》2 集，1978 年）董 7。

0362　咄戈王左磚

東漢(25～220)

1973 年安徽亳縣（今亳州市）董園村曹
　　氏宗族墓出土，藏亳州市博物館。

濕刻銘文。隸書，1 行 6 字。刻於磚側。
　　23.8×4cm。

釋文："咄戈王左甚不"

著錄：亳縣博物館李燦《安徽亳縣發現一
　　批漢代字磚和石刻》（《文物資料叢
　　刊》2 集，1978 年）董 8。

0363　癸酉磚

東漢(25～220)

1973 年安徽亳縣（今亳州市）董園村曹
　　氏宗族墓出土，藏亳州市博物館。

濕刻銘文。隸書，1 行 2 字。34×18cm。

釋文："癸酉。"

著錄：亳縣博物館李燦《安徽亳縣發現一
　　批漢代字磚和石刻》（《文物資料叢
　　刊》2 集，1978 年）董 9。

0364　必忠磚

東漢(25～220)

1973 年安徽亳縣（今亳州市）董園村曹
　　氏宗族墓出土，藏亳州市博物館。

濕刻銘文。隸書，1 行 2 字。29.2×
　　17.5cm。

釋文："必忠。"

著錄：亳縣博物館李燦《安徽亳縣發現一
　　批漢代字磚和石刻》（《文物資料叢
　　刊》2 集，1978 年）董 10。

0365　當令備等字磚

東漢(25～220)

1973 年安徽亳縣（今亳州市）董園村曹
　　氏宗族墓出土，藏亳州市博物館。

濕刻銘文。隸書，2 行，行存 3、4 字不
　　等，計存 7 字。磚下截殘缺。18×
　　12.2cm。

釋文："當令備繭/掃四□"

著錄：亳縣博物館李燦《安徽亳縣發現一
　　批漢代字磚和石刻》（《文物資料叢
　　刊》2 集，1978 年）董 11。

0366　再拜再再磚

東漢(25～220)

1973 年安徽亳縣（今亳州市）董園村曹
　　氏宗族墓出土，藏亳州市博物館。

濕刻銘文。隸書，1 行 4 字。23.5×12cm。

釋文："再拜再再"

著錄：亳縣博物館李燦《安徽亳縣發現一
　　批漢代字磚和石刻》（《文物資料叢
　　刊》2 集，1978 年）董 12；《中國磚
　　銘》圖版 302。

0367　是是是後磚

東漢(25～220)

1973 年安徽亳縣（今亳州市）董園村曹
　　氏宗族墓出土，藏亳州市博物館。

濕刻銘文。隸書，1 行 4 字。24×12cm。

釋文："是是是後"

著錄：亳縣博物館李燦《安徽亳縣發現一
　　批漢代字磚和石刻》（《文物資料叢
　　刊》2 集，1978 年）董 13。

0368　限阿枚雛日磚

東漢(25～220)

1973 年安徽亳縣（今亳州市）董園村曹

氏宗族墓出土，藏亳州市博物館。

濕刻銘文。隸書，1 行存 5 字。刻於磚側。24.3×4.3cm。

釋文："限阿枚雛日"

著錄：亳縣博物館李燦《安徽亳縣發現一批漢代字磚和石刻》（《文物資料叢刊》2 集，1978 年）董 14。

0369 穎遣逸崇志等字磚

東漢(25～220)

1973 年安徽亳縣（今亳州市）董園村曹氏宗族墓出土，藏亳州市博物館。

濕刻銘文。隸書，1 行，存約 6 字。刻於磚側。22.3×4.3cm。

釋文："穎遣逸崇志□□弽□"

著錄：亳縣博物館李燦《安徽亳縣發現一批漢代字磚和石刻》（《文物資料叢刊》2 集，1978 年）董 15。

0370 作苦心丸磚

東漢(25～220)

1973 年安徽亳縣（今亳州市）董園村曹氏宗族墓出土，藏亳州市博物館。

濕刻銘文。隸書，1 行 4 字。約 24×12cm。

釋文："作苦心丸。"

著錄：亳縣博物館李燦《安徽亳縣發現一批漢代字磚和石刻》（《文物資料叢刊》2 集，1978 年）董 17。

0371 勉力諷誦磚

東漢(25～220)

1973 年安徽亳縣（今亳州市）董園村曹氏宗族墓出土，藏亳州市博物館。

濕刻銘文。隸書，1 行 4 字。24.3×12cm。

釋文："勉力諷誦。"

著錄：亳縣博物館李燦《安徽亳縣發現一批漢代字磚和石刻》（《文物資料叢刊》2 集，1978 年）董 18。

0372 頃不想思磚

東漢(25～220)

1973 年安徽亳縣（今亳州市）董園村曹氏宗族墓出土，藏亳州市博物館。

濕刻銘文。隸書，1 行 4 字。24×12cm。

釋文："頃不想思。"

著錄：亳縣博物館李燦《安徽亳縣發現一批漢代字磚和石刻》（《文物資料叢刊》2 集，1978 年）董 19。

0373 大須自有磚

東漢(25～220)

1973 年安徽亳縣（今亳州市）董園村曹氏宗族墓出土，藏亳州市博物館。

濕刻銘文。隸書，1 行 4 字。23.8×12cm。

釋文："大須自有"

著錄：亳縣博物館李燦《安徽亳縣發現一批漢代字磚和石刻》（《文物資料叢刊》2 集，1978 年）董 20。

0374 樓阿枚丸磚

東漢(25～220)

1973 年安徽亳縣（今亳州市）董園村曹氏宗族墓出土，藏亳州市博物館。

濕刻銘文。隸書，1 行 4 字。23.8×12cm。

釋文："樓阿枚丸"

著錄：亳縣博物館李燦《安徽亳縣發現一批漢代字磚和石刻》（《文物資料叢刊》2 集，1978 年）董 21。

0375 使仁勤勵劇磚

東漢(25～220)

1973 年安徽亳縣（今亳州市）董園村曹
氏宗族墓出土，藏亳州市博物館。

濕刻銘文。草隸，2 行，行存字不等，計
5 字。23.8×11.8cm。

釋文："使仁勤勱/劇"

著錄：亳縣博物館李燦《安徽亳縣發現一
批漢代字磚和石刻》（《文物資料叢
刊》2 集，1978 年）董 22。

0376 **復德行者磚**

東漢(25～220)

1973 年安徽亳縣（今亳州市）董園村曹
氏宗族墓出土，藏亳州市博物館。

濕刻銘文。草隸，1 行 4 字，行者二字左
右各有乡乡二字。23×12cm。

釋文："復德行者。"

著錄：亳縣博物館李燦《安徽亳縣發現一
批漢代字磚和石刻》（《文物資料叢
刊》2 集，1978 年）董 23；《中國磚
銘》圖版 278。

0377 **堯飲枚千鍾磚**

東漢(25～220)

1973 年安徽亳縣（今亳州市）董園村曹
氏宗族墓出土，藏亳州市博物館。

濕刻銘文。隸書，1 行 5 字。24×12.2cm。

釋文："堯飲枚千鍾"

著錄：亳縣博物館李燦《安徽亳縣發現一
批漢代字磚和石刻》（《文物資料叢
刊》2 集，1978 年）董 24。

0378 **曰夙且休干等字磚**

東漢(25～220)

1973 年安徽亳縣（今亳州市）董園村曹
氏宗族墓出土，藏亳州市博物館。

濕刻銘文。隸書，2 行，行存 2、5 字不

等，計 7 字。23.8×12.2cm。

釋文："曰（或作日）夙且休干/乃及"

著錄：亳縣博物館李燦《安徽亳縣發現一
批漢代字磚和石刻》（《文物資料叢
刊》2 集，1978 年）董 25。

0379 **當起送無有朽磚**

東漢(25～220)

1973 年安徽亳縣（今亳州市）董園村曹
氏宗族墓出土，藏亳州市博物館。

濕刻銘文。隸書，1 行 6 字。23.8×
11.8cm。

釋文："當起送無有朽"

著錄：亳縣博物館李燦《安徽亳縣發現一
批漢代字磚和石刻》（《文物資料叢
刊》2 集，1978 年）董 26。

0380 **黄枒一枚磚**

東漢(25～220)

1973 年安徽亳縣（今亳州市）董園村曹
氏宗族墓出土，藏亳州市博物館。

濕刻銘文。隸書，1 行 5 字。23.7×12cm。

釋文："黄枒（椰）一枚各"

著錄：亳縣博物館李燦《安徽亳縣發現一
批漢代字磚和石刻》（《文物資料叢
刊》2 集，1978 年）董 27。

0381 **酸醶五升配酏磚**

東漢(25～220)

1973 年安徽亳縣（今亳州市）董園村曹
氏宗族墓出土，藏亳州市博物館。

濕刻銘文。隸書，1 行 6 字。23.7×
12.2cm。

釋文："酸醶五升，配酏"

著錄：亳縣博物館李燦《安徽亳縣發現一
批漢代字磚和石刻》（《文物資料叢

刊》2集，1978年）董28。

0382　紀絕事止食磚

東漢(25～220)

1973年安徽亳縣（今亳州市）董園村曹
氏宗族墓出土，藏亳州市博物館。

濕刻銘文。隸書，1行5字。23.6×12cm。

釋文："紀絕事止食"

著錄：亳縣博物館李燦《安徽亳縣發現一
批漢代字磚和石刻》（《文物資料叢
刊》2集，1978年）董29。

0383　自知久勿還磚

東漢(25～220)

1973年安徽亳縣（今亳州市）董園村曹
氏宗族墓出土，藏亳州市博物館。

濕刻銘文。隸書，3行，行5、6字不等，
計16字。23.8×12cm。

釋文："吾家夫忘之，/今有少為大潔，/
自知久勿還。"

著錄：亳縣博物館李燦《安徽亳縣發現一
批漢代字磚和石刻》（《文物資料叢
刊》2集，1978年）董30。

0384　當若然等字磚

東漢(25～220)

1973年安徽亳縣（今亳州市）董園村曹
氏宗族墓出土，藏亳州市博物館。

濕刻銘文。隸書，3行，行字不等，計10
字。23.8×12.2cm。

釋文："嫌道潔那，張/□翕當若/然。"

著錄：亳縣博物館李燦《安徽亳縣發現一
批漢代字磚和石刻》（《文物資料叢
刊》2集，1978年）董31；《中國磚
銘》圖版268。

0385　令曰組助路等字磚

東漢(25～220)

1973年安徽亳縣（今亳州市）董園村曹
氏宗族墓出土，藏亳州市博物館。

濕刻銘文。隸書，3行，行8字，可辨19
字。23×11.5cm。

釋文："令曰組助路無貧蓋/多文惠賜□中
照□/後所以……"

著錄：亳縣博物館李燦《安徽亳縣發現一
批漢代字磚和石刻》（《文物資料叢
刊》2集，1978年）董32。

0386　一日持書磚

東漢(25～220)

1973年安徽亳縣（今亳州市）董園村曹
氏宗族墓出土，藏亳州市博物館。

濕刻銘文。草隸，3行，行6字，計18
字。23.7×12cm。

釋文："一日持書，平安/世。何等三口子
/□，君臨無可食。"

著錄：亳縣博物館李燦《安徽亳縣發現一
批漢代字磚和石刻》（《文物資料叢
刊》2集，1978年）董33；《中國古
代磚文》圖版89；《中國書法全集》
卷9/圖版104；《中國磚銘》圖版
258。

0387　今來至王成家等字磚

東漢(25～220)

1973年安徽亳縣（今亳州市）董園村曹
氏宗族墓出土，藏亳州市博物館。

濕刻銘文。隸書，3行，行7字，計字20
字。25.8×12cm。

釋文："今來至王成□家/西作壁，大涸不
可/用於身，仕笑我。"

著錄：亳縣博物館李燦《安徽亳縣發現一

批漢代字磚和石刻》（《文物資料叢
刊》2 集，1978 年）董 34。

0388　置掾景興侍者等字磚

東漢（25～220）

1973 年安徽亳縣（今亳州市）董園村曹
氏宗族墓出土，藏亳州市博物館。

濕刻銘文。草隸，3 行，行 6、7 字不等，
計 19 字。24.3×11.7cm。

釋文："置掾景興侍者/勤苦，暑熱□□/
知沽息□□平安。"

著錄：亳縣博物館李燦《安徽亳縣發現一
批漢代字磚和石刻》（《文物資料叢
刊》2 集，1978 年）董 35；《中國磚
銘》圖版 291。

0389　亥子月磚

東漢（25～220）

1973 年安徽亳縣（今亳州市）董園村曹
氏宗族墓出土，藏亳州市博物館。

濕刻銘文。隸書，1 行 3 字。23.7 ×
12.2cm。

釋文："亥子月。"

著錄：亳縣博物館李燦《安徽亳縣發現一
批漢代字磚和石刻》（《文物資料叢
刊》2 集，1978 年）董 36。

0390　二繭躬育磚

東漢（25～220）

1973 年安徽亳縣（今亳州市）董園村曹
氏宗族墓出土，藏亳州市博物館。

濕刻銘文。隸書，1 行 4 字。23.5×12cm。

釋文："二繭躬悄（育）。"

著錄：亳縣博物館李燦《安徽亳縣發現一
批漢代字磚和石刻》（《文物資料叢
刊》2 集，1978 年）董 37；《中國磚

銘》圖版 307。

0391　得湯都磚

東漢（25～220）

1973 年安徽亳縣（今亳州市）董園村曹
氏宗族墓出土，藏亳州市博物館。

濕刻銘文。章草，橫刻 1 行 3 字。刻於磚
側。24×4.2cm。

釋文："得湯都"

著錄：亳縣博物館李燦《安徽亳縣發現一
批漢代字磚和石刻》（《文物資料叢
刊》2 集，1978 年）董 38。

0392　高光水郢磚

東漢（25～220）

1973 年安徽亳縣（今亳州市）董園村曹
氏宗族墓出土，藏亳州市博物館。

濕刻銘文。隸書，1 行，行存 4 字。刻於
磚端。11.5×4.5cm。

釋文："高光水郢"

著錄：亳縣博物館李燦《安徽亳縣發現一
批漢代字磚和石刻》（《文物資料叢
刊》2 集，1978 年）董 39。

0393　居張薩羊休磚

東漢（25～220）

1973 年安徽亳縣（今亳州市）董園村曹
氏宗族墓出土，藏亳州市博物館。

濕刻銘文。隸書，2 行，行 2 字，末 2 字
橫寫，計 5 字。26.8×14.5cm。

釋文："居張/薩羊休"

著錄：亳縣博物館李燦《安徽亳縣發現一
批漢代字磚和石刻》（《文物資料叢
刊》2 集，1978 年）董 41。

0394　敬持枝磚

東漢(25～220)

1973 年安徽亳縣（今亳州市）董園村曹
　　氏宗族墓出土，藏亳州市博物館。

濕刻銘文。隸書，1 行 3 字。23.8 ×
　　12.3cm。

釋文："敬持枝"

著錄：亳縣博物館李燦《安徽亳縣發現一
　　批漢代字磚和石刻》（《文物資料叢
　　刊》2 集，1978 年）董 42。

0395　卒史儔磚

東漢(25～220)

1973 年安徽亳縣（今亳州市）董園村曹
　　氏宗族墓出土，藏亳州市博物館。

濕刻銘文。隸書，1 行 3 字。23.8 ×
　　12.3cm。

釋文："卒史侜"

著錄：亳縣博物館李燦《安徽亳縣發現一
　　批漢代字磚和石刻》（《文物資料叢
　　刊》2 集，1978 年）董 43。

0396　甇子磚

東漢(25～220)

1973 年安徽亳縣（今亳州市）董園村曹
　　氏宗族墓出土，藏亳州市博物館。

濕刻銘文。隸書，1 行 2 字。刻於磚側。
　　24.2 ×4.2cm。

釋文："甇子"

著錄：亳縣博物館李燦《安徽亳縣發現一
　　批漢代字磚和石刻》（《文物資料叢
　　刊》2 集，1978 年）董 44。

0397　具□磚

東漢(25～220)

1973 年安徽亳縣（今亳州市）董園村曹

氏宗族墓出土，藏亳州市博物館。

濕刻銘文。隸書，1 行 2 字。刻於磚端。
　　12 ×4.5cm。

釋文："具□"

著錄：亳縣博物館李燦《安徽亳縣發現一
　　批漢代字磚和石刻》（《文物資料叢
　　刊》2 集，1978 年）董 45。

0398　如狭具木磚

東漢(25～220)

1973 年安徽亳縣（今亳州市）董園村曹
　　氏宗族墓出土，藏亳州市博物館。

濕刻銘文。隸書，1 行 4 字。刻於磚端。
　　12 ×4.5cm。

釋文："如狭具木"

著錄：亳縣博物館李燦《安徽亳縣發現一
　　批漢代字磚和石刻》（《文物資料叢
　　刊》2 集，1978 年）董 46。

0399　敬君磚

東漢(25～220)

1973 年安徽亳縣（今亳州市）董園村曹
　　氏宗族墓出土，藏亳州市博物館。

濕刻銘文。隸書，1 行 2 字。刻於磚側。
　　24.5 ×4.5cm。

釋文："敬君。"

著錄：亳縣博物館李燦《安徽亳縣發現一
　　批漢代字磚和石刻》（《文物資料叢
　　刊》2 集，1978 年）董 48。

0400　孤子磚

東漢(25～220)

1973 年安徽亳縣（今亳州市）董園村曹
　　氏宗族墓出土，藏亳州市博物館。

濕刻銘文。隸書，1 行 2 字。23.7 ×
　　12.2cm。

釋文："孤子。"

著錄：亳縣博物館李燦《安徽亳縣發現一批漢代字磚和石刻》（《文物資料叢刊》2 集，1978 年）董 49。

0401 沐疾磚

東漢(25～220)

1973 年安徽亳縣（今亳州市）董園村曹氏宗族墓出土，藏亳州市博物館。

濕刻銘文。草隸，1 行 2 字。24×12.2cm。

釋文："沐疾。"

著錄：亳縣博物館李燦《安徽亳縣發現一批漢代字磚和石刻》（《文物資料叢刊》2 集，1978 年）董 50。

0402 覃卿磚

東漢(25～220)

1973 年安徽亳縣（今亳州市）董園村曹氏宗族墓出土，藏亳州市博物館。

濕刻銘文。草隸，1 行 2 字。23.7×12cm。

釋文："覃卿。"

著錄：亳縣博物館李燦《安徽亳縣發現一批漢代字磚和石刻》（《文物資料叢刊》2 集，1978 年）董 51。

0403 大貴磚

東漢(25～220)

1973 年安徽亳縣（今亳州市）董園村曹氏宗族墓出土，藏亳州市博物館。

濕刻銘文。隸書，1 行 2 字。23.5×11.3cm。

釋文："大貴。"

著錄：亳縣博物館李燦《安徽亳縣發現一批漢代字磚和石刻》（《文物資料叢刊》2 集，1978 年）董 52。

0404 欲得磚

東漢(25～220)

1973 年安徽亳縣（今亳州市）董園村曹氏宗族墓出土，藏亳州市博物館。

濕刻銘文。草隸，1 行 2 字。尺寸不詳。

釋文："欲得"

著錄：亳縣博物館李燦《安徽亳縣發現一批漢代字磚和石刻》（《文物資料叢刊》2 集，1978 年）董 53。

0405 異異磚

東漢(25～220)

1973 年安徽亳縣（今亳州市）董園村曹氏宗族墓出土，藏亳州市博物館。

濕刻銘文。草隸，1 行 2 字。23.5×12cm。

釋文："異異"

著錄：亳縣博物館李燦《安徽亳縣發現一批漢代字磚和石刻》（《文物資料叢刊》2 集，1978 年）董 54。

0406 枚歹磚

東漢(25～220)

1973 年安徽亳縣（今亳州市）董園村曹氏宗族墓出土，藏亳州市博物館。

濕刻銘文。草隸，1 行 2 字。23.7×12cm。

釋文："枚歹"

著錄：亳縣博物館李燦《安徽亳縣發現一批漢代字磚和石刻》（《文物資料叢刊》2 集，1978 年）董 55。

0407 發千支磚

東漢(25～220)

1973 年安徽亳縣（今亳州市）董園村曹氏宗族墓出土，藏亳州市博物館。

濕刻銘文。草隸，存 3 字。下 2 字橫寫。磚缺上半。13.3×12cm。

釋文："发千支"

著錄：亳縣博物館李燦《安徽亳縣發現一
批漢代字磚和石刻》（《文物資料叢
刊》2 集，1978 年）董58。

0408　王左死奴復死磚

東漢(25～220)

1973 年安徽亳縣（今亳州市）董園村曹
氏宗族墓出土，藏亳州市博物館。

濕刻銘文。草隸，1 行 7 字。刻於磚端。
11.8×4.2cm。

釋文："王左死，奴復死，苛。"

著錄：亳縣博物館李燦《安徽亳縣發現一
批漢代字磚和石刻》（《文物資料叢
刊》2 集，1978 年）董60。

0409　繆嬰公侍磚

東漢(25～220)

1973 年安徽亳縣（今亳州市）董園村曹
氏宗族墓出土，藏亳州市博物館。

濕刻銘文。隸書，1 行 4 字。刻於磚端。
12×4.5cm。

釋文："繆嬰公侍。"

著錄：亳縣博物館李燦《安徽亳縣發現一
批漢代字磚和石刻》（《文物資料叢
刊》2 集，1978 年）董61。

0410　祭酒磚

東漢(25～220)

1973 年安徽亳縣（今亳州市）董園村曹
氏宗族墓出土，藏亳州市博物館。

濕刻銘文。隸書，1 行 2 字。刻於磚端。
18×7cm。

釋文："祭酒。"

著錄：亳縣博物館李燦《安徽亳縣發現一
批漢代字磚和石刻》（《文物資料叢

刊》2 集，1978 年）董62。

0411　吳敬高大土大夫磚

東漢(25～220)

1973 年安徽亳縣（今亳州市）董園村曹
氏宗族墓出土，藏亳州市博物館。

濕刻銘文。隸書，1 行 7 字。刻於磚端。
14.7×5.5cm。

釋文："吳敬高大土大夫。"

著錄：亳縣博物館李燦《安徽亳縣發現一
批漢代字磚和石刻》（《文物資料叢
刊》2 集，1978 年）董63。

0412　君侯磚

東漢(25～220)

1973 年安徽亳縣（今亳州市）董園村曹
氏宗族墓出土，藏亳州市博物館。

濕刻銘文。隸書，1 行 2 字。刻於磚端。
14×6.7cm。

釋文："君侯。"

著錄：亳縣博物館李燦《安徽亳縣發現一
批漢代字磚和石刻》（《文物資料叢
刊》2 集，1978 年）董64。

0413　平倉磚

東漢(25～220)

1973 年安徽亳縣（今亳州市）董園村曹
氏宗族墓出土，藏亳州市博物館。

濕刻銘文。隸行兼書，1 行 2 字。刻於磚
端。12×4.7cm。

釋文："平倉。"

著錄：亳縣博物館李燦《安徽亳縣發現一
批漢代字磚和石刻》（《文物資料叢
刊》2 集，1978 年）董65；《中國磚
銘》圖版307。

0414 成壁但冤余磚

東漢(25~220)

1973 年安徽亳縣（今亳州市）董園村曹
氏宗族墓出土，藏亳州市博物館。

濕刻銘文。隸書，1 行 5 字。刻於磚側。
24×4cm。

釋文：“成壁但冤余。”

著錄：亳縣博物館李燦《安徽亳縣發現一
批漢代字磚和石刻》（《文物資料叢
刊》2 集，1978 年）董 66。

0415 六月七日來磚

東漢(25~220)

1973 年安徽亳縣（今亳州市）董園村曹
氏宗族墓出土，藏亳州市博物館。

濕刻銘文。隸書，1 行 5 字。36×17cm。

釋文：“六月七日來。”

著錄：亳縣博物館李燦《安徽亳縣發現一
批漢代字磚和石刻》（《文物資料叢
刊》2 集，1978 年）董 68。

0416 七月晦日良磚

東漢(25~220)

1973 年安徽亳縣（今亳州市）董園村曹
氏宗族墓出土，藏亳州市博物館。

濕刻銘文。隸書，1 行 5 字。尺寸不詳。

釋文：“七月晦日良（或作夏）。”

著錄：亳縣博物館李燦《安徽亳縣發現一
批漢代字磚和石刻》（《文物資料叢
刊》2 集，1978 年）董 69。

0417 七月九日下坯磚

東漢(25~220)

1973 年安徽亳縣（今亳州市）董園村曹
氏宗族墓出土，藏亳州市博物館。

濕刻銘文。隸書，1 行 6 字。刻於磚端。

14×5.3cm。

釋文：“七月九日下坯。”

著錄：亳縣博物館李燦《安徽亳縣發現一
批漢代字磚和石刻》（《文物資料叢
刊》2 集，1978 年）董 70。

0418 嘆惟九月上旬磚

東漢(25~220)

1973 年安徽亳縣（今亳州市）董園村曹
氏宗族墓出土，藏亳州市博物館。

濕刻銘文。隸書，1 行 7 字。刻於磚側。
24×4.2cm。

釋文：“歎惟九月上旬之。”

著錄：亳縣博物館李燦《安徽亳縣發現一
批漢代字磚和石刻》（《文物資料叢
刊》2 集，1978 年）董 71。

0419 斷行廿六枚磚

東漢(25~220)

1973 年安徽亳縣（今亳州市）董園村曹
氏宗族墓出土，藏亳州市博物館。

濕刻銘文。隸書，1 行 8 字。24×12.2cm。

釋文：“斷行廿六枚，東西共”

著錄：亳縣博物館李燦《安徽亳縣發現一
批漢代字磚和石刻》（《文物資料叢
刊》2 集，1978 年）董 72；《中國磚
銘》圖版 282。

0420 此行成作磚

東漢(25~220)

1973 年安徽亳縣（今亳州市）董園村曹
氏宗族墓出土，藏亳州市博物館。

濕刻銘文。隸書，1 行 4 字。刻於磚端。
12×4.2cm。

釋文：“此行成作。”

著錄：亳縣博物館李燦《安徽亳縣發現一

批漢代字磚和石刻》（《文物資料叢刊》2 集，1978 年）董 73。

0421　作坯從此北磚

東漢(25～220)

1973 年安徽亳縣（今亳州市）董園村曹氏宗族墓出土，藏亳州市博物館。

濕刻銘文。隸書，1 行 5 字。刻於磚端。11×4cm。

釋文："作坯從此北。"

著錄：亳縣博物館李燦《安徽亳縣發現一批漢代字磚和石刻》（《文物資料叢刊》2 集，1978 年）董 74。

0422　此上後日作磚

東漢(25～220)

1973 年安徽亳縣（今亳州市）董園村曹氏宗族墓出土，藏亳州市博物館。

濕刻銘文。隸書，1 行 5 字。刻於磚端。12×4.5cm。

釋文："此上後日作。"

著錄：亳縣博物館李燦《安徽亳縣發現一批漢代字磚和石刻》（《文物資料叢刊》2 集，1978 年）董 75。

0423　公丈作此磚

東漢(25～220)

1973 年安徽亳縣（今亳州市）董園村曹氏宗族墓出土，藏亳州市博物館。

濕刻銘文。隸書，1 行 7 字。刻於磚端。10×4cm。

釋文："公丈作此，北行五。"

著錄：亳縣博物館李燦《安徽亳縣發現一批漢代字磚和石刻》（《文物資料叢刊》2 集，1978 年）董 76。

0424　遷字磚

東漢(25～220)

1973 年安徽亳縣（今亳州市）董園村曹氏宗族墓出土，藏亳州市博物館。

濕刻銘文。隸書，1 行，存 1 字。磚下半殘缺。尺寸不詳。

釋文："遷"

著錄：亳縣博物館李燦《安徽亳縣發現一批漢代字磚和石刻》（《文物資料叢刊》2 集，1978 年）董 77。

0425　璩字磚

東漢(25～220)

1973 年安徽亳縣（今亳州市）董園村曹氏宗族墓出土，藏亳州市博物館。

濕刻銘文。草隸，1 字。24×12cm。

釋文："璩"

著錄：亳縣博物館李燦《安徽亳縣發現一批漢代字磚和石刻》（《文物資料叢刊》2 集，1978 年）董 79。

0426　一行磚

東漢(25～220)

1973 年安徽亳縣（今亳州市）董園村曹氏宗族墓出土，藏亳州市博物館。

濕刻銘文。隸書，1 行 2 字。刻於磚端。11×4.5cm。

釋文："一行。"

著錄：亳縣博物館李燦《安徽亳縣發現一批漢代字磚和石刻》（《文物資料叢刊》2 集，1978 年）董 80；《中國磚銘》圖版 311。

0427　東字磚

東漢(25～220)

1973 年安徽亳縣（今亳州市）董園村曹

氏宗族墓出土，藏亳州市博物館。

濕刻銘文。隸書，1 字。刻於磚端。12 × 4.5cm。

釋文："東"

著錄：亳縣博物館李燦《安徽亳縣發現一批漢代字磚和石刻》（《文物資料叢刊》2 集，1978 年）董 81；《中國磚銘》圖版 311。

0428　五十磚

東漢(25～220)

1973 年安徽亳縣（今亳州市）董園村曹氏宗族墓出土，藏亳州市博物館。

濕刻銘文。隸書，1 行 2 字。尺寸不詳。

釋文："五十。"

著錄：亳縣博物館李燦《安徽亳縣發現一批漢代字磚和石刻》（《文物資料叢刊》2 集，1978 年）董 119。

0429　六十磚

東漢(25～220)

1973 年安徽亳縣（今亳州市）董園村曹氏宗族墓出土，藏亳州市博物館。

濕刻銘文。隸書，1 行 2 字。尺寸不詳。

釋文："六十。"

著錄：亳縣博物館李燦《安徽亳縣發現一批漢代字磚和石刻》（《文物資料叢刊》2 集，1978 年）董 121。

0430　從此當百磚

東漢(25～220)

1973 年安徽亳縣（今亳州市）董園村曹氏宗族墓出土，藏亳州市博物館。

濕刻銘文。隸書，1 行 4 字。尺寸不詳。

釋文："從此當百。"

著錄：亳縣博物館李燦《安徽亳縣發現一

批漢代字磚和石刻》（《文物資料叢刊》2 集，1978 年）董 135。

0431　大凡四百卅枚磚

東漢(25～220)

1973 年安徽亳縣（今亳州市）董園村曹氏宗族墓出土，藏亳州市博物館。

濕刻銘文。隸書，1 行 6 字。尺寸不詳。

釋文："大凡四百卅枚。"

著錄：亳縣博物館李燦《安徽亳縣發現一批漢代字磚和石刻》（《文物資料叢刊》2 集，1978 年）董 143。

0432　二千八百磚

東漢(25～220)

1973 年安徽亳縣（今亳州市）董園村曹氏宗族墓出土，藏亳州市博物館。

濕刻銘文。隸書，1 行 4 字。尺寸不詳。

釋文："二千八百。"

著錄：亳縣博物館李燦《安徽亳縣發現一批漢代字磚和石刻》（《文物資料叢刊》2 集，1978 年）董 144。

0433　乙吾磚

東漢(25～220)

1973 年安徽亳縣（今亳州市）董園村曹氏宗族墓出土，藏亳州市博物館。

濕刻銘文。隸書，1 行 2 字，反寫。尺寸不詳。

釋文："乙吾"

著錄：亳縣博物館李燦《安徽亳縣發現一批漢代字磚和石刻》（《文物資料叢刊》2 集，1978 年）董 150；《中國磚銘》圖版 311。

0434　會稽磚

東漢(25～220)

1977 年安徽亳縣（今亳州市）元寶坑村曹氏宗族墓出土，藏亳州市博物館。

濕刻銘文。隸書，1 行 2 字。磚下截殘缺。尺寸不詳。

釋文："會稽"

著錄：亳縣博物館李燦《安徽亳縣發現一批漢代字磚和石刻》（《文物資料叢刊》2 集，1978 年）元 1；《中國磚銘》圖版 308。

0435　會稽曹君磚

東漢(25～220)

1977 年安徽亳縣（今亳州市）元寶坑村曹氏宗族墓出土，藏亳州市博物館。

濕刻銘文。草隸，1 行 4 字。刻於磚側。33×5.5cm。

釋文："會稽曹君。"

著錄：亳縣博物館李燦《安徽亳縣發現一批漢代字磚和石刻》（《文物資料叢刊》2 集，1978 年）元 2；《中國古代磚文》圖版 103；《中國書法全集》卷 9/圖版 107；《中國磚銘》圖版 301。

0436　會稽曹君喪軀磚

東漢(25～220)

1977 年安徽亳縣（今亳州市）元寶坑村曹氏宗族墓出土，藏亳州市博物館。

濕刻銘文。隸書，2 行，行 4、2 字不等，計 6 字。30.5×14.8cm。

釋文："會稽曹君/喪軀。"

著錄：亳縣博物館李燦《安徽亳縣發現一批漢代字磚和石刻》（《文物資料叢刊》2 集，1978 年）元 3；亳縣博物

館李燦《亳縣曹操宗族墓葬》（《文物》1978 年 8 期）；《中國古代磚文》圖版 97。

0437　會稽曹君天年不幸喪軀磚

東漢(25～220)

1977 年安徽亳縣（今亳州市）元寶坑村曹氏宗族墓出土，藏亳州市博物館。

濕刻銘文。隸書，2 行，行 4、6 字不等，計 10 字。30.5×15cm。

釋文："會稽曹君/天年不幸喪軀。"

著錄：亳縣博物館李燦《安徽亳縣發現一批漢代字磚和石刻》（《文物資料叢刊》2 集，1978 年）元 4；亳縣博物館李燦《亳縣曹操宗族墓葬》（《文物》1978 年 8 期）；《中國古代磚文》圖版 99；《中國磚銘》圖版 270。

0438　念會稽府君磚

東漢(25～220)

1977 年安徽亳縣（今亳州市）元寶坑村曹氏宗族墓出土，藏亳州市博物館。

濕刻銘文。隸書，2 行，行 4、5 字不等，計 9 字。30×14.6cm。

釋文："念會稽府/君，棄離惟屋。"

著錄：亳縣博物館李燦《安徽亳縣發現一批漢代字磚和石刻》（《文物資料叢刊》2 集，1978 年）元 5；《中國磚銘》圖版 274。

0439　會稽明府早棄春秋磚

東漢(25～220)

1977 年安徽亳縣（今亳州市）元寶坑村曹氏宗族墓出土，藏亳州市博物館。

濕刻銘文。隸書，2 行，行 5、6 字不等，計 11 字。30.2×14.7cm。

釋文："會稽明府早/棄，春秋不竟也。"
著錄：亳縣博物館李燦《安徽亳縣發現一
　批漢代字磚和石刻》（《文物資料叢
　刊》2 集，1978 年）元 6；亳縣博物
　館李燦《亳縣曹操宗族墓葬》（《文
　物》1978 年 8 期）；《中國古代磚文》
　圖版 99F；《中國書法全集》卷 9/圖
　版 105；《中國磚銘》圖版 247。

0440　會各磚

東漢（25～220）

1977 年安徽亳縣（今亳州市）元寶坑村
　曹氏宗族墓出土，藏亳州市博物館。

濕刻銘文。隸書，1 行存 2 字。磚上下均
　殘缺。尺寸不詳。

釋文："會各"

著錄：亳縣博物館李燦《安徽亳縣發現一
　批漢代字磚和石刻》（《文物資料叢
　刊》2 集，1978 年）元 7。

0441　稽留比、左君等字磚

東漢（25～220）

1977 年安徽亳縣（今亳州市）元寶坑村
　曹氏宗族墓出土，藏亳州市博物館。

濕刻銘文。隸書，存 2 行，行存 2、3 字
　不等，計 5 字。磚下截殘缺。尺寸不
　詳。

釋文："稽留比……/左君……"

著錄：亳縣博物館李燦《安徽亳縣發現一
　批漢代字磚和石刻》（《文物資料叢
　刊》2 集，1978 年）元 8；《中國磚
　銘》圖版 295。

0442　曹騰字季興磚

東漢（25～220）

1977 年安徽亳縣（今亳州市）元寶坑村

曹氏宗族墓出土，藏亳州市博物館。

濕刻銘文。隸書，2 行，行 5、6 字不等，
　計 11 字。30.2×14.8cm。

釋文："比美詩之，此為/曹騰字季興。"

著錄：亳縣博物館李燦《安徽亳縣發現一
　批漢代字磚和石刻》（《文物資料叢
　刊》2 集，1978 年）元 10；《中國磚
　銘》圖版 249。

0443　故潁川、曹褒等字磚

東漢（25～220）

1977 年安徽亳縣（今亳州市）元寶坑村
　曹氏宗族墓出土，藏亳州市博物館。

濕刻銘文。隸書，2 行，行存 3、2 字不
　等，計 5 字。磚下截殘缺。16×
　14.6cm。

釋文："故潁（穎）川……/曹褒……"

著錄：亳縣博物館李燦《安徽亳縣發現一
　批漢代字磚和石刻》（《文物資料叢
　刊》2 集，1978 年）元 11；《中國磚
　銘》圖版 294。

0444　長水校尉曹熾字元盛磚

東漢（25～220）

1977 年安徽亳縣（今亳州市）元寶坑村
　曹氏宗族墓出土，藏亳州市博物館。

濕刻銘文。隸書，2 行，行 4、5 字不等，
　計 9 字。30.5×15cm。

釋文："長水校尉/曹熾，字元盛。"

著錄：亳縣博物館李燦《安徽亳縣發現一
　批漢代字磚和石刻》（《文物資料叢
　刊》2 集，1978 年）元 12；《中國磚
　銘》圖版 275。

0445　故長水校尉沛國譙熾磚

東漢（25～220）

1977 年安徽亳縣（今亳州市）元寶坑村
　　曹氏宗族墓出土，藏亳州市博物館。

濕刻銘文。隸書，2 行，行 4、5 字不等，
　　計 9 字。30.5×14.9cm。

釋文："故長水校尉/沛國譙熾。"

著錄：亳縣博物館李燦《安徽亳縣發現一
　　批漢代字磚和石刻》（《文物資料叢
　　刊》2 集，1978 年）元 13；《中國磚
　　銘》圖版 300。

0446　為漢所熾磚

東漢(25～220)

1977 年安徽亳縣（今亳州市）元寶坑村
　　曹氏宗族墓出土，藏亳州市博物館。

濕刻銘文。隸書，2 行，行 7、8 字不等，
　　計 14 字。30.3×15cm。

釋文："敘嘆之高世，威/德之棠棠（堂
　　堂），為漢所熾。"

著錄：亳縣博物館李燦《安徽亳縣發現一
　　批漢代字磚和石刻》（《文物資料叢
　　刊》2 集，1978 年）元 14；《中國書
　　法全集》卷 9/圖版 109；《中國磚銘》
　　圖版 252。

0447　河間明府磚

東漢(25～220)

1977 年安徽亳縣（今亳州市）元寶坑村
　　曹氏宗族墓出土，藏亳州市博物館。

濕刻銘文。隸書，1 行 4 字。尺寸不詳。

釋文："河間明府。"

著錄：亳縣博物館李燦《安徽亳縣發現一
　　批漢代字磚和石刻》（《文物資料叢
　　刊》2 集，1978 年）元 15；《中國磚
　　銘》圖版 298。

0448　吳郡太守曹鼎字景節磚

東漢(25～220)

1977 年安徽亳縣（今亳州市）元寶坑村
　　曹氏宗族墓出土，藏亳州市博物館。

濕刻銘文。隸書，2 行，行 4、5 字不等，
　　計 9 字。30.5×15cm。

釋文："吳郡太守曹/鼎，字景節。"

著錄：亳縣博物館李燦《安徽亳縣發現一
　　批漢代字磚和石刻》（《文物資料叢
　　刊》2 集，1978 年）元 16；《中國磚
　　銘》圖版 275。

0449　山陽太守曹勳磚

東漢(25～220)

1977 年安徽亳縣（今亳州市）元寶坑村
　　曹氏宗族墓出土，藏亳州市博物館。

濕刻銘文。隸書，2 行，行 5 字，計 10
　　字。30.5×15cm。

釋文："山陽太守曹/勳，遭疾不豫。"

著錄：亳縣博物館李燦《安徽亳縣發現一
　　批漢代字磚和石刻》（《文物資料叢
　　刊》2 集，1978 年）元 17；《中國磚
　　銘》圖版 272。

0450　曹㞧磚

東漢(25～220)

1977 年安徽亳縣（今亳州市）元寶坑村
　　曹氏宗族墓出土，藏亳州市博物館。

濕刻銘文。隸書，1 行 2 字。29.8×
　　14.5cm。

釋文："曹㞧"

著錄：亳縣博物館李燦《安徽亳縣發現一
　　批漢代字磚和石刻》（《文物資料叢
　　刊》2 集，1978 年）元 18。

0451　丁次豪致獨曹侯女孝磚

東漢(25～220)

1977 年安徽亳縣（今亳州市）元寶坑村曹氏宗族墓出土，藏亳州市博物館。

濕刻銘文。隸書，2 行，行 4、6 字不等，計 10 字。30.5×14.8cm。

釋文："丁掾次（或釋永）豪，致獨（或釋攎）/曹侯女孝。"

著錄：亳縣博物館李燦《安徽亳縣發現一批漢代字磚和石刻》（《文物資料叢刊》2 集，1978 年）元 19。

0452　郡太守譙曹鸞磚

東漢(25～220)

1977 年安徽亳縣（今亳州市）元寶坑村曹氏宗族墓出土，藏亳州市博物館。

濕刻銘文。隸書，2 行，行存 5 字，末行存 1 字，計 6 字。上截殘缺。30×17.5cm。

釋文："郡太守譙曹/鸞。"

著錄：亳縣博物館李燦《安徽亳縣發現一批漢代字磚和石刻》（《文物資料叢刊》2 集，1978 年）元 20；《中國磚銘》圖版 283。

0453　牛頭也曹君磚

東漢(25～220)

1977 年安徽亳縣（今亳州市）元寶坑村曹氏宗族墓出土，藏亳州市博物館。

濕刻銘文。隸書，1 行 5 字。31.5×18.3cm。

釋文："牛頭也曹君。"

著錄：亳縣博物館李燦《安徽亳縣發現一批漢代字磚和石刻》（《文物資料叢刊》2 集，1978 年）元 21。

0454　譙功曹史曹湖磚

東漢(25～220)

1977 年安徽亳縣（今亳州市）元寶坑村曹氏宗族墓出土，藏亳州市博物館。

濕刻銘文。隸書，2 行，行 5、6 字不等，計 11 字。尺寸不詳。

釋文："譙功曹史曹/湖，再拜謁職事。"

著錄：亳縣博物館李燦《安徽亳縣發現一批漢代字磚和石刻》（《文物資料叢刊》2 集，1978 年）元 22；《中國磚銘》圖版 250。

0455　太守沛國磚

東漢(25～220)

1977 年安徽亳縣（今亳州市）元寶坑村曹氏宗族墓出土，藏亳州市博物館。

濕刻銘文。隸書，2 行，行存 4 字。計存 7 字。磚上下均殘缺。尺寸不詳。

釋文："太守沛國/字旦堅"

著錄：亳縣博物館李燦《安徽亳縣發現一批漢代字磚和石刻》（《文物資料叢刊》2 集，1978 年）元 23；《中國磚銘》圖版 291。

0456　沛相磚

東漢(25～220)

1977 年安徽亳縣（今亳州市）元寶坑村曹氏宗族墓出土，藏亳州市博物館。

濕刻銘文。隸書，1 行，行存 2 字。磚下截殘缺。12×13.5cm。

釋文："沛相"

著錄：亳縣博物館李燦《安徽亳縣發現一批漢代字磚和石刻》（《文物資料叢刊》2 集，1978 年）元 24。

0457 沛相孟郁字敬達磚

東漢(25～220)

1977 年安徽亳縣（今亳州市）元寶坑村曹氏宗族墓出土，藏亳州市博物館。

濕刻銘文。隸書，2 行，行 3、4 字不等，計 7 字。30.5×14.8cm。

釋文："沛相孟郁，/字敬達。"

著錄：亳縣博物館李燦《安徽亳縣發現一批漢代字磚和石刻》（《文物資料叢刊》2 集，1978 年）元 25。

0458 譙令中山盧奴尉敦享敷磚

東漢(25～220)

1977 年安徽亳縣（今亳州市）元寶坑村曹氏宗族墓出土，藏亳州市博物館。

濕刻銘文。隸書，2 行，行 3、7 字不等，計 10 字。30×15cm。

釋文："譙令中山盧奴 尉 /敦享敷"

著錄：亳縣博物館李燦《安徽亳縣發現一批漢代字磚和石刻》（《文物資料叢刊》2 集，1978 年）元 26；《中國磚銘》圖版 266。

0459 長安左丞歹治磚

東漢(25～220)

1977 年安徽亳縣（今亳州市）元寶坑村曹氏宗族墓出土，藏亳州市博物館。

濕刻銘文。隸書，1 行 6 字。30.5×14.8cm。

釋文："長安左丞反治。"

著錄：亳縣博物館李燦《安徽亳縣發現一批漢代字磚和石刻》（《文物資料叢刊》2 集，1978 年）元 27。

0460 夏侯君磚

東漢(25～220)

1977 年安徽亳縣（今亳州市）元寶坑村曹氏宗族墓出土，藏亳州市博物館。

濕刻銘文。隸書，1 行 3 字。30×15cm。

釋文："夏侯君。"

著錄：亳縣博物館李燦《安徽亳縣發現一批漢代字磚和石刻》（《文物資料叢刊》2 集，1978 年）元 28；《中國磚銘》圖版 305。

0461 吾本自平原磚

東漢(25～220)

1977 年安徽亳縣（今亳州市）元寶坑村曹氏宗族墓出土，藏亳州市博物館。

濕刻銘文。隸書，1 行 9 字。37.5×18.2cm。

釋文："吾本自平原，自始為張。"

著錄：亳縣博物館李燦《安徽亳縣發現一批漢代字磚和石刻》（《文物資料叢刊》2 集，1978 年）元 29；《中國磚銘》圖版 285。

0462 崴不得陼等字磚

東漢(25～220)

1977 年安徽亳縣（今亳州市）元寶坑村曹氏宗族墓出土，藏亳州市博物館。

濕刻銘文。隸書，4 行，行 4 至 10 字不等，計 27 字。33.3×18.2cm。（未拓全）

釋文："崴不須陼（睹）。/人謂壁作樂，作壁正獨苦，/却來却行壁，反是怒皇/天。壁長契。"

著錄：亳縣博物館李燦《安徽亳縣發現一批漢代字磚和石刻》（《文物資料叢刊》2 集，1978 年）元 30；亳縣博物館李燦《亳縣曹操宗族墓葬》（《文物》1978 年 8 期）；《中國磚銘》圖版 265。

0463 頃不相見磚
東漢(25～220)
1977 年安徽亳縣（今亳州市）元寶坑村
　　曹氏宗族墓出土，藏亳州市博物館。
濕刻銘文。隸書，1 行 4 字。29.6 ×
　　14.6cm。
釋文："頃不相見。"
著錄：亳縣博物館李燦《安徽亳縣發現一
　　批漢代字磚和石刻》（《文物資料叢
　　刊》2 集，1978 年）元 31；亳縣博物
　　館李燦《亳縣曹操宗族墓葬》（《文
　　物》1978 年 8 期）；《中國古代磚文》
　　圖版 98；《中國磚銘》圖版 296。

0464 倉天乃死等字磚
東漢(25～220)
1977 年安徽亳縣（今亳州市）元寶坑村
　　曹氏宗族墓出土，藏中國歷史博物
　　館。
濕刻銘文。隸書，3 行，行 8 至 10 字不
　　等，計 27 字。37 × 19.5 × 7cm。
釋文："王復汝使瑗作此大壁，徑/冤瑗，
　　人不知也。但搏汝/屬，倉（蒼）天
　　乃死，當□□"
著錄：亳縣博物館李燦《安徽亳縣發現一
　　批漢代字磚和石刻》（《文物資料叢
　　刊》2 集，1978 年）元 32；亳縣博物
　　館李燦《亳縣曹操宗族墓葬》（《文
　　物》1978 年 8 期）；《中國磚銘》圖
　　版 260；《中國歷史博物館藏法書大
　　觀》卷 3/圖版 84 頁。

0465 不得自廢也磚
東漢(25～220)

1977 年安徽亳縣（今亳州市）元寶坑村
　　曹氏宗族墓出土，藏亳州市博物館。
濕刻銘文。隸書，1 行，10 字，另橫刻 2
　　字。38 × 18cm。
釋文："蜎蚰（蝗）所中不得自廢也。"
　　"不乘"
著錄：亳縣博物館李燦《安徽亳縣發現一
　　批漢代字磚和石刻》（《文物資料叢
　　刊》2 集，1978 年）元 33。

0466 當奈何磚
東漢(25～220)
1977 年安徽亳縣（今亳州市）元寶坑村
　　曹氏宗族墓出土，藏亳州市博物館。
濕刻銘文。草隸，1 行 3 字。30.5 ×
　　14.8cm。
釋文："當奈何。"
著錄：亳縣博物館李燦《安徽亳縣發現一
　　批漢代字磚和石刻》（《文物資料叢
　　刊》2 集，1978 年）元 34；《中國書
　　法全集》卷 9/圖版 108；《中國磚銘》
　　圖版 303。

0467 掩辛間五内等字磚
東漢(25～220)
1977 年安徽亳縣（今亳州市）元寶坑村
　　曹氏宗族墓出土，藏亳州市博物館。
濕刻銘文。隸書，2 行，行 5、6 字不等，
　　計 11 字。30 × 15cm。
釋文："掩辛間，五内/若傷，何所感起。"
著錄：亳縣博物館李燦《安徽亳縣發現一
　　批漢代字磚和石刻》（《文物資料叢
　　刊》2 集，1978 年）元 35；《中國磚
　　銘》圖版 264。

0468　沽酒各半各磚

東漢(25～220)

1977 年安徽亳縣（今亳州市）元寶坑村
　　曹氏宗族墓出土，藏亳州市博物館。

濕刻銘文。草隸，1 行 5 字。29.7×15cm。

釋文：“沽酒各半各”

著錄：亳縣博物館李燦《安徽亳縣發現一
　　批漢代字磚和石刻》（《文物資料叢
　　刊》2 集，1978 年）元 36。

0469　毛甂作大好康當磚

東漢(25～220)

1977 年安徽亳縣（今亳州市）元寶坑村
　　曹氏宗族墓出土，藏亳州市博物館。

濕刻銘文。隸書。3 行，行 2、3 字不等，
　　計 7 字。約 15×30cm。

釋文：“毛甂/作大好/康當”

著錄：亳縣博物館李燦《安徽亳縣發現一
　　批漢代字磚和石刻》（《文物資料叢
　　刊》2 集，1978 年）元 37；《中國磚
　　銘》圖版 284。

0470　親拜喪磚

東漢(25～220)

1977 年安徽亳縣（今亳州市）元寶坑村
　　曹氏宗族墓出土，藏亳州市博物館。

濕刻銘文。草隸，3 行，行 5、6 字不等，
　　計 16 字。30×15cm。

釋文：　“乃至逮，沒君，/小人當即躓
　　（跪）跔（倒）/親拜喪，臣均。”

著錄：亳縣博物館李燦《安徽亳縣發現一
　　批漢代字磚和石刻》（《文物資料叢
　　刊》2 集，1978 年）元 38；《中國書
　　法全集》卷 9/圖版 106；《中國磚銘》
　　圖版 254。

0471　為將奈何磚

東漢(25～220)

1977 年安徽亳縣（今亳州市）元寶坑村
　　曹氏宗族墓出土，藏亳州市博物館。

濕刻銘文。草隸，2 行，行 4 字，計 8 字。
　　29×15cm。

釋文：“為將奈何，/吾真愁懷。”

著錄：亳縣博物館李燦《安徽亳縣發現一
　　批漢代字磚和石刻》（《文物資料叢
　　刊》2 集，1978 年）元 39；《中國古
　　代磚文》圖版 107；《中國書法全集》
　　卷 9/圖版 113；　《中國磚銘》圖版
　　276。

0472　辰象為保溫潤磚

東漢(25～220)

1977 年安徽亳縣（今亳州市）元寶坑村
　　曹氏宗族墓出土，藏亳州市博物館。

濕刻銘文。草隸，2 行，行 4、2 字不等，
　　計 6 字。29×14.3cm。

釋文：“辰象（或釋示）為保/溫潤”

著錄：亳縣博物館李燦《安徽亳縣發現一
　　批漢代字磚和石刻》（《文物資料叢
　　刊》2 集，1978 年）元 40；《中國磚
　　銘》圖版 290。

0473　為蒙恩當報磚

東漢(25～220)

1977 年安徽亳縣（今亳州市）元寶坑村
　　曹氏宗族墓出土，藏亳州市博物館。

濕刻銘文。章草，3 行，行 4 至 6 字不等，
　　計 14 字。29.5×14.5cm。

釋文：“為了素矢，/梨文。為蒙/恩當報。
　　□□接。”

著錄：亳縣博物館李燦《安徽亳縣發現一
　　批漢代字磚和石刻》（《文物資料叢

刊》2集，1978年）元41；《中國書
法全集》卷9/圖版114；《中國磚銘》
圖版300。

0474　月月磚

東漢（25～220）

1977年安徽亳縣（今亳州市）元寶坑村
曹氏宗族墓出土，藏亳州市博物館。

濕刻銘文。隸書，1行2字。尺寸不詳。

釋文："月月"

著錄：亳縣博物館李燦《安徽亳縣發現一
批漢代字磚和石刻》（《文物資料叢
刊》2集，1978年）元43。

0475　兒汝磚

東漢（25～220）

1977年安徽亳縣（今亳州市）元寶坑村
曹氏宗族墓出土，藏亳州市博物館。

濕刻銘文。隸書，1行2字。刻於磚端。
13×5.5cm。

釋文："兒汝"

著錄：亳縣博物館李燦《安徽亳縣發現一
批漢代字磚和石刻》（《文物資料叢
刊》2集，1978年）元44。

0476　倪郎磚

東漢（25～220）

1977年安徽亳縣（今亳州市）元寶坑村
曹氏宗族墓出土，藏亳州市博物館。

濕刻銘文。隸書，1行2字。刻於磚端。
14.8×5.6cm。

釋文："倪郎。"

著錄：亳縣博物館李燦《安徽亳縣發現一
批漢代字磚和石刻》（《文物資料叢
刊》2集，1978年）元45。

0477　愁戻、揚汲等字磚

東漢（25～220）

1977年安徽亳縣（今亳州市）元寶坑村
曹氏宗族墓出土，藏亳州市博物館。

濕刻銘文。章草，2行，行存4、5字，計
9字。30.7×14.5cm。

釋文："愁戻□□/揚汲□□□"

著錄：亳縣博物館李燦《安徽亳縣發現一
批漢代字磚和石刻》（《文物資料叢
刊》2集，1978年）元46。

0478　文學磚

東漢（25～220）

1977年安徽亳縣（今亳州市）元寶坑村
曹氏宗族墓出土，藏亳州市博物館。

濕刻銘文。隸書，1行2字。刻於磚端。
14.5×5.7cm。

釋文："文學。"

著錄：亳縣博物館李燦《安徽亳縣發現一
批漢代字磚和石刻》（《文物資料叢
刊》2集，1978年）元47。

0479　買女作壁磚

東漢（25～220）

1977年安徽亳縣（今亳州市）元寶坑村
曹氏宗族墓出土，藏亳州市博物館。

濕刻銘文。隸書，1行存6字。刻於磚側，
28×5.5cm。

釋文："買女（汝）作壁，可棠（賞）。"

著錄：亳縣博物館李燦《安徽亳縣發現一
批漢代字磚和石刻》（《文物資料叢
刊》2集，1978年）元51。

0480　壁不知□磚

東漢（25～220）

1977年安徽亳縣（今亳州市）元寶坑村

曹氏宗族墓出土，藏亳州市博物館。

濕刻銘文。隸書，1 行存 4 字。28.5 × 13.7cm。

釋文："壁不知□"

著錄：亳縣博物館李燦《安徽亳縣發現一批漢代字磚和石刻》（《文物資料叢刊》2 集，1978 年）元 52。

0481　當如此磚

東漢(25～220)

1977 年安徽亳縣（今亳州市）元寶坑村曹氏宗族墓出土，藏亳州市博物館。

濕刻銘文。隸書，1 行 3 字。尺寸不詳。

釋文："當如此。"

著錄：亳縣博物館李燦《安徽亳縣發現一批漢代字磚和石刻》（《文物資料叢刊》2 集，1978 年）元 53。

0482　乃字磚

東漢(25～220)

1977 年安徽亳縣（今亳州市）元寶坑村曹氏宗族墓出土，藏亳州市博物館。

濕刻銘文。草隸，存 1 字。磚上下均殘缺。尺寸不詳。

釋文："乃（或釋"雲"）"

著錄：亳縣博物館李燦《安徽亳縣發現一批漢代字磚和石刻》（《文物資料叢刊》2 集，1978 年）元 54。

0483　字武達磚

東漢(25～220)

1977 年安徽亳縣（今亳州市）元寶坑村曹氏宗族墓出土，藏亳州市博物館。

濕刻銘文。隸書，1 行 3 字。刻於磚側。29.8×5.7cm。

釋文："字武達。"

著錄：亳縣博物館李燦《安徽亳縣發現一批漢代字磚和石刻》（《文物資料叢刊》2 集，1978 年）元 55。

0484　陳元坦磚

東漢(25～220)

1977 年安徽亳縣（今亳州市）元寶坑村曹氏宗族墓出土，藏亳州市博物館。

濕刻銘文。隸書，1 行 4 字。刻於磚端。14.6×5.5cm。

釋文："陳元坦，再。"

著錄：亳縣博物館李燦《安徽亳縣發現一批漢代字磚和石刻》（《文物資料叢刊》2 集，1978 年）元 56。

0485　陳瓌白磚

東漢(25～220)

1977 年安徽亳縣（今亳州市）元寶坑村曹氏宗族墓出土，藏亳州市博物館。

濕刻銘文。隸書，1 行 3 字。30×14.7cm。

釋文："陳瓌白。"

著錄：亳縣博物館李燦《安徽亳縣發現一批漢代字磚和石刻》（《文物資料叢刊》2 集，1978 年）元 57。

0486　張寧磚

東漢(25～220)

1977 年安徽亳縣（今亳州市）元寶坑村曹氏宗族墓出土，藏亳州市博物館。

濕刻銘文。隸書，1 行 2 字。29.6 × 14.3cm。

釋文："張寧。"

著錄：亳縣博物館李燦《安徽亳縣發現一批漢代字磚和石刻》（《文物資料叢刊》2 集，1978 年）元 58。

0487　丁次豪磚

東漢（25～220）

1977 年安徽亳縣（今亳州市）元寶坑村曹氏宗族墓出土，藏亳州市博物館。

濕刻銘文。隸書，1 行 10 字。刻於磚側。29.5×5.5cm。

釋文："作此大辟者丁次（或釋永）豪，故校。

著錄：亳縣博物館李燦《安徽亳縣發現一批漢代字磚和石刻》（《文物資料叢刊》2 集，1978 年）元 59；《中國書法全集》卷 9/圖版 110；《中國磚銘》圖版 267。

0488　了忽焉磚

東漢（25～220）

1977 年安徽亳縣（今亳州市）元寶坑村曹氏宗族墓出土，藏亳州市博物館。

濕刻銘文。草隸，1 行 3 字。刻於磚側。24×4.3cm。

釋文："了忽焉。"

著錄：亳縣博物館李燦《安徽亳縣發現一批漢代字磚和石刻》（《文物資料叢刊》2 集，1978 年）元 60；《中國古代磚文》圖版 100；《中國書法全集》卷 9/圖版 111；《中國磚銘》圖版 306。

0489　寫進遺遺緣磚

東漢（25～220）

1977 年安徽亳縣（今亳州市）元寶坑村曹氏宗族墓出土，藏亳州市博物館。

濕刻銘文。隸草間書，1 行 5 字。刻於磚側。24.3×4.5cm。

釋文："寫進遺遺緣"

著錄：亳縣博物館李燦《安徽亳縣發現一批漢代字磚和石刻》（《文物資料叢刊》2 集，1978 年）元 61；《中國書法全集》卷 9/圖版 112；《中國古代磚文》圖版 104；《中國磚銘》圖版 291。

附註：遺字旁有重文符號。

0490　無想俱然之磚

東漢（25～220）

1977 年安徽亳縣（今亳州市）元寶坑村曹氏宗族墓出土，藏亳州市博物館。

濕刻銘文。隸草間書，1 行 6 字。刻於磚側。24×4.5cm。

釋文："無想俱然之□"

著錄：亳縣博物館李燦《安徽亳縣發現一批漢代字磚和石刻》（《文物資料叢刊》2 集，1978 年）元 62；《中國古代磚文》圖版 102。

0491　比若相磚

東漢（25～220）

1977 年安徽亳縣（今亳州市）元寶坑村曹氏宗族墓出土，藏亳州市博物館。

濕刻銘文。隸書，1 行 3 字。磚下截缺。17.3×15cm。

釋文："比若相"

著錄：亳縣博物館李燦《安徽亳縣發現一批漢代字磚和石刻》（《文物資料叢刊》2 集，1978 年）元 63。

0492　小知貴知磚

東漢（25～220）

1977 年安徽亳縣（今亳州市）元寶坑村曹氏宗族墓出土，藏亳州市博物館。

濕刻銘文。隸草間書，1 行 4 字。刻於磚側。31.8×6.8cm。

釋文："小知貴知。"

著錄：亳縣博物館李燦《安徽亳縣發現一批漢代字磚和石刻》（《文物資料叢刊》2集，1978年）元64。

0493　茂誠磚

東漢（25～220）

1977年安徽亳縣（今亳州市）元寶坑村曹氏宗族墓出土，藏亳州市博物館。

濕刻銘文。隸書，1行2字。35.5×18.5cm。

釋文："茂誠。"

著錄：亳縣博物館李燦《安徽亳縣發現一批漢代字磚和石刻》（《文物資料叢刊》2集，1978年）元65。

0494　東西磚

東漢（25～220）

1977年安徽亳縣（今亳州市）元寶坑村曹氏宗族墓出土，藏亳州市博物館。

濕刻銘文。草隸，1行存2字。尺寸不詳。

釋文："東西。"

著錄：亳縣博物館李燦《安徽亳縣發現一批漢代字磚和石刻》（《文物資料叢刊》2集，1978年）元66。

0495　朱字磚

東漢（25～220）

1977年安徽亳縣（今亳州市）元寶坑村曹氏宗族墓出土，藏亳州市博物館。

濕刻銘文。草隸，存1字。磚下半殘缺。尺寸不詳。

釋文："朱"

著錄：亳縣博物館李燦《安徽亳縣發現一批漢代字磚和石刻》（《文物資料叢刊》2集，1978年）元67。

0496　日沮莣莣磚

東漢（25～220）

1977年安徽亳縣（今亳州市）元寶坑村曹氏宗族墓出土，藏亳州市博物館。

濕刻銘文。草書，1行4字。28.8×13.5cm。

釋文："日沮莣莣"

著錄：亳縣博物館李燦《安徽亳縣發現一批漢代字磚和石刻》（《文物資料叢刊》2集，1978年）元68。

0497　見馗元元元等字磚

東漢（25～220）

1977年安徽亳縣（今亳州市）元寶坑村曹氏宗族墓出土，藏亳州市博物館。

濕刻銘文。隸書，3行，行5字，計13字。30×15cm。

釋文："見馗元元元/乃兜□□輿/元兜□"

著錄：亳縣博物館李燦《安徽亳縣發現一批漢代字磚和石刻》（《文物資料叢刊》2集，1978年）元69。

0498　此二人者等字磚

東漢（25～220）

1977年安徽亳縣（今亳州市）元寶坑村曹氏宗族墓出土，藏亳州市博物館。

濕刻銘文。隸書，2行，行存3、5字，計存8字。磚上下殘缺。17×16cm。

釋文："……□上老……/……此二人者莫……"

著錄：亳縣博物館李燦《安徽亳縣發現一批漢代字磚和石刻》（《文物資料叢刊》2集，1978年）元70。

0499　恩文汩等字磚

東漢（25～220）

1977 年安徽亳縣（今亳州市）元寶坑村
　　曹氏宗族墓出土，藏亳州市博物館。
濕刻銘文。隸書，3 行，行最多存 3 字，
　　計存 7 字。磚上下均殘缺。18 ×
　　14.5cm。
釋文：“□/……□恩文汨……/□有”
著錄：亳縣博物館李燦《安徽亳縣發現一
　　批漢代字磚和石刻》（《文物資料叢
　　刊》2 集，1978 年）元 71。

0500　爭炎湯等字磚

東漢(25～220)

1977 年安徽亳縣（今亳州市）元寶坑村
　　曹氏宗族墓出土，藏亳州市博物館。
濕刻銘文。章草，2 行，行存 3 字。計存
　　6 字。25.5×13.5cm。
釋文：“爭炎湯……/高□□……”
著錄：亳縣博物館李燦《安徽亳縣發現一
　　批漢代字磚和石刻》（《文物資料叢
　　刊》2 集，1978 年）元 73。

0501　有倭人等字磚

東漢(25～220)

1977 年安徽亳縣（今亳州市）元寶坑村
　　曹氏宗族墓出土，藏亳州市博物館。
濕刻銘文。隸書，1 行存 7 字。18.8 ×
　　15.5cm。
釋文：“……有倭人以時盟不”
著錄：亳縣博物館李燦《安徽亳縣發現一
　　批漢代字磚和石刻》（《文物資料叢
　　刊》2 集，1978 年）元 74。

0502　獨字磚

東漢(25～220)

1977 年安徽亳縣（今亳州市）元寶坑村
　　曹氏宗族墓出土，藏亳州市博物館。

濕刻銘文。隸書，1 字。36×18cm。
釋文：“獨”
著錄：亳縣博物館李燦《安徽亳縣發現一
　　批漢代字磚和石刻》（《文物資料叢
　　刊》2 集，1978 年）元 75。

0503　皆字磚

東漢(25～220)

1977 年安徽亳縣（今亳州市）元寶坑村
　　曹氏宗族墓出土，藏亳州市博物館。
濕刻銘文。隸書，1 字。尺寸不詳。
釋文：“皆”
著錄：亳縣博物館李燦《安徽亳縣發現一
　　批漢代字磚和石刻》（《文物資料叢
　　刊》2 集，1978 年）元 76。

0504　真月其月磚

東漢(25～220)

1977 年安徽亳縣（今亳州市）元寶坑村
　　曹氏宗族墓出土，藏亳州市博物館。
濕刻銘文。隸書，1 行 5 字。30×15cm。
釋文：“真月其月□”
著錄：亳縣博物館李燦《安徽亳縣發現一
　　批漢代字磚和石刻》（《文物資料叢
　　刊》2 集，1978 年）元 77。

0505　以五月十二日作磚

東漢(25～220)

1977 年安徽亳縣（今亳州市）元寶坑村
　　曹氏宗族墓出土，藏亳州市博物館。
濕刻銘文。隸書，1 行 7 字。約 30 ×
　　15cm。
釋文：“此五月十二日作。”
著錄：亳縣博物館李燦《安徽亳縣發現一
　　批漢代字磚和石刻》（《文物資料叢
　　刊》2 集，1978 年）元 78；《中國磚

銘》圖版 285。

0506 張次驕所作壁磚

東漢（25～220）七月二日

1977 年安徽亳縣（今亳州市）元寶坑村
曹氏宗族墓出土，藏亳州市博物館。

濕刻銘文。隸書，2 行，行 3、7 字不等，
計 10 字。29.5×14cm。

釋文：“七月二日，張次（或釋永）驕／所
作壁。”

著錄：亳縣博物館李燦《安徽亳縣發現一
批漢代字磚和石刻》（《文物資料叢
刊》2 集，1978 年）元 79；《中國磚
銘》圖版 266。

0507 黿可作磚

東漢（25～220）

1977 年安徽亳縣（今亳州市）元寶坑村
曹氏宗族墓出土，藏亳州市博物館。

濕刻銘文。草隸，1 行 3 字。30×15cm。

釋文：“黿可作。”

著錄：亳縣博物館李燦《安徽亳縣發現一
批漢代字磚和石刻》（《文物資料叢
刊》2 集，1978 年）元 81。

0508 史所作也磚

東漢（25～220）

1977 年安徽亳縣（今亳州市）元寶坑村
曹氏宗族墓出土，藏亳州市博物館。

濕刻銘文。隸書，1 行 4 字。磚存左半。
15.2×13.8cm。

釋文：“史所作也。”

著錄：亳縣博物館李燦《安徽亳縣發現一
批漢代字磚和石刻》（《文物資料叢
刊》2 集，1978 年）元 83。

0509 長百一十磚

東漢（25～220）

1977 年安徽亳縣（今亳州市）元寶坑村
曹氏宗族墓出土，藏亳州市博物館。

濕刻銘文。隸書，1 行 4 字。刻於磚端。
15.3×6cm。

釋文：“長百一十。”

著錄：亳縣博物館李燦《安徽亳縣發現一
批漢代字磚和石刻》（《文物資料叢
刊》2 集，1978 年）元 85。

0510 六十磚

東漢（25～220）

1977 年安徽亳縣（今亳州市）元寶坑村
曹氏宗族墓出土，藏亳州市博物館。

濕刻銘文。草隸，1 行 2 字。尺寸不詳。

釋文：“六十。”

著錄：亳縣博物館李燦《安徽亳縣發現一
批漢代字磚和石刻》（《文物資料叢
刊》2 集，1978 年）元 105；《中國
磚銘》圖版 312。

0511 冊磚

東漢（25～220）

1977 年安徽亳縣（今亳州市）元寶坑村
曹氏宗族墓出土，藏亳州市博物館。

濕刻銘文。草隸，1 字。尺寸不詳。

釋文：“冊”

著錄：亳縣博物館李燦《安徽亳縣發現一
批漢代字磚和石刻》（《文物資料叢
刊》2 集，1978 年）元 106。

0512 五十磚

東漢（25～220）

1977 年安徽亳縣（今亳州市）元寶坑村
曹氏宗族墓出土，藏亳州市博物館。

濕刻銘文。草隸，1 行 2 字。尺寸不詳。

釋文："五十。"

著錄：亳縣博物館李燦《安徽亳縣發現一批漢代字磚和石刻》（《文物資料叢刊》2 集，1978 年）元 107；《中國磚銘》圖版 312。

0513 百字磚

東漢（25～220）

1977 年安徽亳縣（今亳州市）元寶坑村曹氏宗族墓出土，藏亳州市博物館。

濕刻銘文。隸書，1 字。尺寸不詳。

釋文："百"

著錄：亳縣博物館李燦《安徽亳縣發現一批漢代字磚和石刻》（《文物資料叢刊》2 集，1978 年）元 109；《中國磚銘》圖版 312。

0514 百一十磚

東漢（25～220）

1977 年安徽亳縣（今亳州市）元寶坑村曹氏宗族墓出土，藏亳州市博物館。

濕刻銘文。隸書，1 行 3 字。刻於磚端。15.5×5.7cm。

釋文："百一十。"

著錄：亳縣博物館李燦《安徽亳縣發現一批漢代字磚和石刻》（《文物資料叢刊》2 集，1978 年）元 111；《中國磚銘》圖版 312。

0515 四百廿磚

東漢（25～220）

1977 年安徽亳縣（今亳州市）元寶坑村曹氏宗族墓出土，藏亳州市博物館。

濕刻銘文。草隸，1 行 3 字。尺寸不詳。

釋文："四百廿。"

著錄：亳縣博物館李燦《安徽亳縣發現一批漢代字磚和石刻》（《文物資料叢刊》2 集，1978 年）元 114。

0516 凡五百良磚

東漢（25～220）

1977 年安徽亳縣（今亳州市）元寶坑村曹氏宗族墓出土，藏亳州市博物館。

濕刻銘文。隸書，2 行，行 3 字，計 4 字。磚存半。13.8×14.3cm。

釋文："凡五百／良。"

著錄：亳縣博物館李燦《安徽亳縣發現一批漢代字磚和石刻》（《文物資料叢刊》2 集，1978 年）元 115。

0517 費亭侯曹忠字巨高磚

東漢（25～220）

1977 年安徽亳縣（今亳州市）元寶坑村曹氏宗族墓出土，藏亳州市博物館。

濕刻銘文。隸書，2 行，行 4、5 字不等，計 9 字。27×14.5cm。

釋文："贊費亭侯／曹忠，字巨高。"

著錄：亳縣博物館李燦《安徽亳縣發現一批漢代字磚和石刻》（《文物資料叢刊》2 集，1978 年）元 140；亳縣博物館李燦《亳縣曹操宗族墓葬》（《文物》1978 年 8 期）。

0518 菅舉辟磚

東漢（25～220）

1982 年安徽亳州市南郊曹四孤堆曹氏宗族墓出土，藏亳州市博物館。

濕刻銘文。隸書，1 行 3 字。刻於磚端。14×5cm。

釋文："菅舉辟"

0519 費阿旦磚

東漢(25～220)

1982 年安徽亳州市南郊曹四孤堆曹氏宗族
墓出土，藏亳州市博物館。

濕刻銘文。隸書，1 行 3 字。28.3 ×
13.5cm。

釋文："費阿旦。"

0520 □百等字磚

東漢(25～220)

1982 年安徽亳州市南郊曹四孤堆曹氏宗族
墓出土，藏亳州市博物館。

濕刻銘文。隸書，2 行，計 9 字。27 ×
13.5cm。

釋文："□百□□□□/曰友"

0521 □羔等字磚

東漢(25～220)

1982 年安徽亳州市南郊曹四孤堆曹氏宗族
墓出土，藏亳州市博物館。

濕刻銘文。隸書，2 行，計 4 字。28.3 ×
13.5cm。

釋文："有□/□羔"

0522 費□月十四日紀耳磚

東漢(25～220) 月十四日

1982 年安徽亳州市南郊曹四孤堆曹氏宗族
墓出土，藏亳州市博物館。

濕刻銘文。隸書，2 行，可辨約 10 字。
27.7×13.5cm。

釋文："費□月十四日紀耳□/此……"

0523 沛豕磚

東漢(25～220)

1982 年安徽亳州市南郊曹四孤堆曹氏宗族
墓出土，藏亳州市博物館。

濕刻銘文。隸書，1 行 2 字。磚下半殘缺。
25×12.5cm。

釋文："沛豕"

0524 錢百等字磚

東漢(25～220)

1982 年安徽亳州市南郊曹四孤堆曹氏宗族
墓出土，藏亳州市博物館。

濕刻銘文。隸書，2 行，計 5 字。28.3 ×
13.5cm。

釋文："錢百/費景宣"

0525 沛國譙□□磚

東漢(25～220)

1982 年安徽亳州市南郊曹四孤堆曹氏宗族
墓出土，藏亳州市博物館。

濕刻銘文。隸書，1 行 5 字。28.3 ×
13.5cm。

釋文："沛國譙□□"

0526 次□等字磚

東漢(25～220)

1982 年安徽亳州市南郊曹四孤堆曹氏宗族
墓出土，藏亳州市博物館。

濕刻銘文。隸書，1 行 6 字。磚存大半。
28.5×10.7cm。

釋文："次□□□老（？）子"

0527 朱字磚

東漢(25～220)

1982 年安徽亳州市南郊曹四孤堆曹氏宗族
墓出土，藏亳州市博物館。

濕刻銘文。隸書，1 行 6 字，可辨 1 字。
刻於磚側。28×5.2cm。

釋文："朱□□□□□"

0528　宰張大□磚

東漢(25～220)

1982 年安徽亳州市南郊曹四孤堆曹氏宗族
　　墓出土，藏亳州市博物館。

濕刻銘文。隸書，1 行 4 字。刻於磚端。
　　12×4.5cm。

釋文："宰張大□"

0529　芋更之等字磚

東漢(25～220)

1982 年安徽亳州市南郊曹四孤堆曹氏宗族
　　墓出土，藏亳州市博物館。

濕刻銘文。隸書，1 行 5 字。24×12cm。

釋文："芋更之□但"

0530　一百等字磚

東漢(25～220)

1982 年安徽亳州市南郊曹四孤堆曹氏宗族
　　墓出土，藏亳州市博物館。

濕刻銘文。隸書，1 行 5 字。23.8×12cm。

釋文："一百□□□"

0531　多作此等字磚

東漢(25～220)

1982 年安徽亳州市南郊曹四孤堆曹氏宗族
　　墓出土，藏亳州市博物館。

濕刻銘文。隸書，1 行 6 字。刻於磚側。
　　23.8×4.3cm。

釋文："□多作此□丕（坏）"

0532　此辟磚

東漢(25～220)

1982 年安徽亳州市南郊曹四孤堆曹氏宗族
　　墓出土，藏亳州市博物館。

濕刻銘文。隸書，1 行存 4 字。磚上半缺。
　　19×14cm。

釋文："此辟□□"

0533　七尺八寸磚

東漢(25～220)

1982 年安徽亳州市南郊曹四孤堆曹氏宗族
　　墓出土，藏亳州市博物館。

濕刻銘文。隸書，1 行 4 字。35.5×18cm。

釋文："七尺八寸。"

0534　殘字磚

東漢(25～220)

1982 年安徽亳州市南郊曹四孤堆曹氏宗族
　　墓出土，藏亳州市博物館。

濕刻銘文。隸書，1 行存 3 字。磚上半缺。
　　11.5×13.5cm。

釋文："□□廿"

0535　此行調直磚

東漢(25～220)

1982 年安徽亳州市南郊曹四孤堆曹氏宗族
　　墓出土，藏亳州市博物館。

濕刻銘文。隸書，1 行 4 字。25×12.3cm。

釋文："此行調直。"

0536　將熾磚

東漢(25～220)

1982 年安徽亳州市南郊曹四孤堆曹氏宗族
　　墓出土，藏亳州市博物館。

濕刻銘文。隸書，1 行 2 字。磚上下均殘
　　缺。10.7×14.2cm。

釋文："將熾"

著錄：亳州市博物館李燦《安徽亳州市發
　　現一座曹操宗族墓》（《考古》1988
　　年 1 期）；《中國古代磚文》圖版
　　135。

0537　左作磚

東漢（25～220）

1982 年安徽亳州市南郊曹四孤堆曹氏宗族墓出土，藏亳州市博物館。

濕刻銘文。草隸，1 行 2 字。刻於磚端。14×5.3cm。

釋文："左作。"

著錄：亳州市博物館李燦《安徽亳州市發現一座曹操宗族墓》（《考古》1988 年 1 期）；《中國書法全集》卷 9/圖版 116；《中國磚銘》圖版 310。

0538　作牛頭此故大磚

東漢（25～220）

1982 年安徽亳州市南郊曹四孤堆曹氏宗族墓出土，藏亳州市博物館。

濕刻銘文。隸書，1 行存 6 字。磚上半殘缺。21×16cm。

釋文："作牛頭此故大。"

著錄：亳州市博物館李燦《安徽亳州市發現一座曹操宗族墓》（《考古》1988 年 1 期）。

0539　牛頭壁磚

東漢（25～220）

1982 年安徽亳州市南郊曹四孤堆曹氏宗族墓出土，藏亳州市博物館。

濕刻銘文。隸書，1 行 3 字。22.5×16.5cm。

釋文："牛頭壁。"

著錄：亳州市博物館李燦《安徽亳州市發現一座曹操宗族墓》（《考古》1988 年 1 期）。

0540　頃不相等字磚

東漢（25～220）

1982 年安徽亳州市南郊曹四孤堆曹氏宗族墓出土，藏亳州市博物館。

濕刻銘文。隸書，豎寫橫寫交錯，存 8 字。磚左半殘缺。18×14cm。

釋文：豎寫"□□□"，橫寫"頃不/相/左/□"

0541　代壁磚

東漢（25～220）

1982 年安徽亳州市南郊曹四孤堆曹氏宗族墓出土，藏亳州市博物館。

濕刻銘文。隸書，1 行 2 字。磚下半殘缺。18.8×18.5cm。

釋文："代壁。"

著錄：亳州市博物館李燦《安徽亳州市發現一座曹操宗族墓》（《考古》1988 年 1 期）。

0542　王有興磚

東漢（25～220）

1982 年安徽亳州市南郊曹四孤堆曹氏宗族墓出土，藏亳州市博物館。

濕刻銘文。隸書，1 行 3 字。刻於磚端。15×5.5cm。

釋文："王有興。"

0543　至喪磚

東漢（25～220）

1982 年安徽亳州市南郊曹四孤堆曹氏宗族墓出土，藏亳州市博物館。

濕刻銘文。草隸，左行，2 行，行 2、3 字不等，計 5 字。35×18cm。

釋文："至喪/王肉飲。"

著錄：亳州市博物館李燦《安徽亳州市發現一座曹操宗族墓》（《考古》1988 年 1 期）；《中國書法全集》卷 9/圖

版 118；《中國古代磚文》圖版 132；
《中國磚銘》圖版 292。

0544 名字磚
東漢（25~220）
1982 年安徽亳州市南郊曹四孤堆曹氏宗族
墓出土，藏亳州市博物館。
濕刻銘文。草隸，1 行 2 字。磚下半殘缺。
30.5×18cm。
釋文："名字。"
著錄：亳州市博物館李燦《安徽亳州市發
現一座曹操宗族墓》（《考古》1988
年 1 期）。

0545 弟子磚
東漢（25~220）
1982 年安徽亳州市南郊曹四孤堆曹氏宗族
墓出土，藏亳州市博物館。
濕刻銘文。隸書，1 行 2 字。34.5×
19.5cm。
釋文："弟子。"

0546 君侯家作磚
東漢（25~220）
1982 年安徽亳州市南郊曹四孤堆曹氏宗族
墓出土，藏亳州市博物館。
濕刻銘文。隸書，1 行 4 字。35×18.5cm。
釋文："君侯家作。"
著錄：亳州市博物館李燦《安徽亳州市發
現一座曹操宗族墓》（《考古》1988
年 1 期）。

0547 君叩頭磚
東漢（25~220）
1982 年安徽亳州市南郊曹四孤堆曹氏宗族
墓出土，藏亳州市博物館。

濕刻銘文。隸書，1 行 3 字。刻於磚側。
24×4.5cm。
釋文："君叩頭。"
著錄：亳州市博物館李燦《安徽亳州市發
現一座曹操宗族墓》（《考古》1988
年 1 期）；《中國磚銘》圖版 304。

0548 愁奇居世乎磚
東漢（25~220）
1982 年安徽亳州市南郊曹四孤堆曹氏宗族
墓出土，藏亳州市博物館。
濕刻銘文。隸書，1 行 5 字。28.7×
14.3cm。
釋文："愁奇居世乎。"
著錄：亳州市博物館李燦《安徽亳州市發
現一座曹操宗族墓》（《考古》1988
年 1 期）。

0549 戴子石豪磚
東漢（25~220）
1982 年安徽亳州市南郊曹四孤堆曹氏宗族
墓出土，藏亳州市博物館。
濕刻銘文。隸書，1 行 6 字。28.2×
14.2cm。
釋文："戴子石豪具時。"
著錄：亳州市博物館李燦《安徽亳州市發
現一座曹操宗族墓》（《考古》1988
年 1 期）；《中國書法全集》卷 9/圖
版 115；《中國古代磚文》圖版 133。

0550 為上大夫作壁磚
東漢（25~220）
1982 年安徽亳州市南郊曹四孤堆曹氏宗族
墓出土，藏亳州市博物館。
濕刻銘文。隸書，1 行 5 字。28.2×14cm。
釋文："為上夫（大夫合文）作壁。"

著錄：亳州市博物館李燦《安徽亳州市發
現一座曹操宗族墓》（《考古》1988
年 1 期）。

0551　九月七日作磚

東漢(25～220)　九月七日

1982 年安徽亳州市南郊曹四孤堆曹氏宗族
墓出土，藏亳州市博物館。

濕刻銘文。隸書，1 行 5 字。28.2×14cm。

釋文："九月七日作。"

著錄：亳州市博物館李燦《安徽亳州市發
現一座曹操宗族墓》（《考古》1988
年 1 期）。

0552　大者磚

東漢(25～220)

1982 年安徽亳州市南郊曹四孤堆曹氏宗族
墓出土，藏亳州市博物館。

濕刻銘文。隸書，橫題 1 行 2 字。14 ×
28cm。

釋文："大者。"

著錄：亳州市博物館李燦《安徽亳州市發
現一座曹操宗族墓》（《考古》1988
年 1 期）。

0553　豫州刺史曹水有陵朱謙磚

東漢(25～220)

1982 年安徽亳州市南郊曹四孤堆曹氏宗族
墓出土，藏亳州市博物館。

濕刻銘文。隸書，2 行，行 5 字，計 10
字。27.6×14cm。

釋文："豫州刺史曹／水，有陵朱謙。"

著錄：亳州市博物館李燦《安徽亳州市發
現一座曹操宗族墓》（《考古》1988
年 1 期）；《中國磚銘》圖版 266。

0554　會稽磚

東漢(25～220)

1982 年安徽亳州市南郊曹四孤堆曹氏宗族
墓出土，藏亳州市博物館。

濕刻銘文。隸書，存 1 行 2 字。磚下半殘
缺。10×14.5cm。

釋文："會 稽 "

0555　為字磚

東漢(25～220)

1982 年安徽亳州市南郊曹四孤堆曹氏宗族
墓出土，藏亳州市博物館。

濕刻銘文。草隸，1 字。14.7×16.4cm。

釋文："為"

0556　郎中磚

東漢(25～220)

1982 年安徽亳州市南郊曹四孤堆曹氏宗族
墓出土，藏亳州市博物館。

濕刻銘文。草隸，2 行，計 10 字。23.5×
12cm。

釋文："郎中□□□／□卅□□□"

0557　亭部西、男子等字磚

東漢(25～220)

1982 年安徽亳州市南郊曹四孤堆曹氏宗族
墓出土，藏亳州市博物館。

濕刻銘文。草隸，2 行，計 10 字。右上角
缺。24×12cm。

釋文："□□亭部西／□門□男子"

0558　草隸磚

東漢(25～220)

1982 年安徽亳州市南郊曹四孤堆曹氏宗族
墓出土，藏亳州市博物館。

濕刻銘文。草隸，3 行，約 20 字左右，模

糊不可辨。24×11.5cm。

釋文："□郎……/……/……。"

0559　男子王泉等字磚

東漢(25~220)

1982 年安徽亳州市南郊曹四孤堆曹氏宗族
墓出土，藏亳州市博物館。

濕刻銘文。草隸，左行，2 行 8 字。24×
12cm。

釋文："□男子王/泉前年取"

0560　王泉叩頭磚

東漢(25~220)

1982 年安徽亳州市南郊曹四孤堆曹氏宗族
墓出土，藏亳州市博物館。

濕刻銘文。草隸，2 行，計 10 字。24×
12cm。

釋文："沛國譙男子/王泉叩頭□。"

0561　心倚者頃不相見磚

東漢(25~220)　九月廿一日

1982 年安徽亳州市南郊曹四孤堆曹氏宗族
墓出土，藏亳州市博物館。

濕刻銘文。草隸，3 行，行 8 字，計 24
字。24×11.5cm。

釋文："九月廿一日□書若（？）□/韻
（？）通心倚者，頃不相/見也。追別
長□□"

0562　家□□作壁等字磚

東漢(25~220)

1982 年安徽亳州市南郊曹四孤堆曹氏宗族
墓出土，藏亳州市博物館。

濕刻銘文。草隸，2 行，計 6 字。24×
12cm。

釋文："家□□作壁/可言"

0563　草隸磚

東漢(25~220)

1982 年安徽亳州市南郊曹四孤堆曹氏宗族
墓出土，藏亳州市博物館。

濕刻銘文。草隸，2 行，約 9 字。模糊難
辨。23.5×12cm。

釋文："□□□言□/□□□牽（？）"

0564　案章從一磚

東漢(25~220)

1982 年安徽亳州市南郊曹四孤堆曹氏宗族
墓出土，藏亳州市博物館。

濕刻銘文。草隸，1 行 4 字。磚下截殘缺。
23×12cm。

釋文："案章從一。"

0565　譙□里南北七十三磚

東漢(25~220)

1982 年安徽亳州市南郊曹四孤堆曹氏宗族
墓出土，藏亳州市博物館。

濕刻銘文。隸書，1 行 8 字。22.5×12cm。

釋文："譙□里南北七十三。"

0566　再拜叩頭磚

東漢(25~220)

1982 年安徽亳州市南郊曹四孤堆曹氏宗族
墓出土，藏亳州市博物館。

濕刻銘文。草隸，5 行，行 10 餘字，計 40
餘字。磚右上角缺。24×11.5cm。

釋文："……再拜叩頭所□□/……□□數
不相見/□念前年具事歎其□□/□□
冬去甭（？）自居□扵人川/主以是□
前至十月□復□□□"

0567　易含五常何磚

東漢(25~220)

1982 年安徽亳州市南郊曹四孤堆曹氏宗族墓出土，藏亳州市博物館。

濕刻銘文。草隸，1 行 5 字。刻於磚側。24×4.2cm。

釋文："易含五常何"

0568　譙令鄒□磚

東漢(25～220)

1982 年安徽亳州市南郊曹四孤堆曹氏宗族墓出土，藏亳州市博物館。

濕刻銘文。隸書，1 行 5 字。磚下半殘缺。16×12cm。

釋文："譙令鄒□"

0569　八月廿四日磚

東漢(25～220)　八月廿四日

1982 年安徽亳州市南郊曹四孤堆曹氏宗族墓出土，藏亳州市博物館。

濕刻銘文。草隸，2 行，存 9 字。磚下半殘缺。20×12cm。

釋文："八月廿四日□/□□□"

0570　□貧等字磚

東漢(25～220)

1982 年安徽亳州市南郊曹四孤堆曹氏宗族墓出土，藏亳州市博物館。

濕刻銘文。草隸，1 行 4 字。刻於磚端。14×4cm。

釋文："□貧享（?）□"

0571　二山等字磚

東漢(25～220)

1982 年安徽亳州市南郊曹四孤堆曹氏宗族墓出土，藏亳州市博物館。

濕刻銘文。草隸，1 行 4 字。刻於磚端。13.5×4cm。

釋文："□既（?）二山"

0572　譙在帚等字磚

東漢(25～220)

1982 年安徽亳州市南郊曹四孤堆曹氏宗族墓出土，藏亳州市博物館。

濕刻銘文。草隸，1 行 4 字。刻於磚側。20×4cm。

釋文："□譙在帚"

0573　自虞磚

東漢(25～220)

1982 年安徽亳州市南郊曹四孤堆曹氏宗族墓出土，藏亳州市博物館。

濕刻銘文。隸書，2 行，計存 5 字。磚下半殘缺。14×12.2cm。

釋文："頃不相/自虞"

0574　右行磚

東漢(25～220)

1982 年安徽亳州市南郊曹四孤堆曹氏宗族墓出土，藏亳州市博物館。

濕刻銘文。隸書，1 行存 4 字。磚上下均殘缺。16×12.2cm。

釋文："右（或釋"君"）行□□"

0575　當□索磚

東漢(25～220)

1982 年安徽亳州市南郊曹四孤堆曹氏宗族墓出土，藏亳州市博物館。

濕刻銘文。草隸，1 行 3 字。刻於磚端。13.5×4cm。

釋文："當□索"

0576　草隸磚

東漢(25～220)

1982 年安徽亳州市南郊曹四孤堆曹氏宗族墓出土，藏亳州市博物館。

濕刻銘文。草隸，3 行，計存 9 字，模糊難辨。磚上半殘缺。14.5×12cm。

釋文："□□具（？）/不□□也/□□"

0577　此行長百等字磚

東漢(25～220)

1982 年安徽亳州市南郊曹四孤堆曹氏宗族墓出土，藏亳州市博物館。

濕刻銘文。草隸，4 行，計存 9 字。磚左下殘缺。10×18cm。

釋文："此行/長百/五十四/頭□"

0578　自謂還等字磚

東漢(25～220)

1982 年安徽亳州市南郊曹四孤堆曹氏宗族墓出土，藏亳州市博物館。

濕刻銘文。草隸，3 行，計 9 字。磚下半殘缺。17×11.5cm。

釋文："□□□/自謂還□/可书"

0579　四人具作磚

東漢(25～220)

1982 年安徽亳州市南郊曹四孤堆曹氏宗族墓出土，藏亳州市博物館。

濕刻銘文。草隸，1 行 4 字。刻於磚端。12×4cm。

釋文："四人具作。"

0580　越騎校尉寵磚

東漢(25～220)

1982 年安徽亳州市南郊曹四孤堆曹氏宗族墓出土，藏亳州市博物館。

濕刻銘文。隸書，1 行 5 字。約 28×14cm。

釋文："越騎校尉寵。"

著錄：亳州市博物館李燦《安徽亳州市發現一座曹操宗族墓》（《考古》1988 年 1 期）；《中國古代磚文》圖版 129；《中國磚銘》圖版 300。

0581　漢子勞獨作磚

東漢(25～220)

1982 年安徽亳州市南郊曹四孤堆曹氏宗族墓出土，藏亳州市博物館。

濕刻銘文。行書，1 行 5 字。24.8×12.5cm。

釋文："漢子勞獨作。"

著錄：亳州市博物館李燦《安徽亳州市發現一座曹操宗族墓》（《考古》1988 年 1 期）；《中國書法全集》卷 9/圖版 117；《中國古代磚文》圖版 130。

0582　譙令磚

東漢(25～220)

1982 年安徽亳州市南郊曹四孤堆曹氏宗族墓出土，藏亳州市博物館。

濕刻銘文。隸書，1 行存 2 字。磚下半殘缺。尺寸不詳。

釋文："譙令"

著錄：亳州市博物館李燦《安徽亳州市發現一座曹操宗族墓》（《考古》1988 年 1 期）；《中國磚銘》圖版 308。

0583　豫州從事史磚

東漢(25～220)

1982 年安徽亳州市南郊曹四孤堆曹氏宗族墓出土，藏亳州市博物館。

濕刻銘文。隸書，1 行 5 字。約 28×14cm。

釋文："豫州從事史。"

著錄：亳州市博物館李燦《安徽亳州市發現一座曹操宗族墓》（《考古》1988年1期）；《中國古代磚文》圖版131；《中國磚銘》圖版286。

0584 周字磚

東漢(25～220)

1982年安徽亳州市南郊曹四孤堆曹氏宗族墓出土，藏亳州市博物館。

濕刻銘文。隸書，存1字。殘存半塊。約13×14cm。

釋文："周"

著錄：亳州市博物館李燦《安徽亳州市發現一座曹操宗族墓》（《考古》1988年1期）；《中國古代磚文》圖版134；《中國磚銘》圖版309。

0585 待事史磚

東漢(25～220)

1982年安徽亳州市南郊曹四孤堆曹氏宗族墓出土，藏亳州市博物館。

濕刻銘文。隸書，1行3字。尺寸不詳。

釋文："待事史。"

著錄：亳州市博物館李燦《安徽亳州市發現一座曹操宗族墓》（《考古》1988年1期）。

0586 鳥□磚

東漢(25～220)

1982年安徽亳州市南郊曹四孤堆曹氏宗族墓出土，藏亳州市博物館。

濕刻銘文。隸書，1行存2字。磚下半殘缺。尺寸不詳。

釋文："鳥□"

著錄：亳州市博物館李燦《安徽亳州市發現一座曹操宗族墓》（《考古》1988年1期）。

0587 七月三磚

東漢(25～220)

1982年安徽亳州市南郊曹四孤堆曹氏宗族墓出土，藏亳州市博物館。

濕刻銘文。隸書，1行存3字。磚下半殘缺。尺寸不詳。

釋文："七月三"

著錄：亳州市博物館李燦《安徽亳州市發現一座曹操宗族墓》（《考古》1988年1期）。

0588 一千磚

東漢(25～220)

1982年安徽亳州市南郊曹四孤堆曹氏宗族墓出土，藏亳州市博物館。

濕刻銘文。隸書，1行2字。尺寸不詳。

釋文："一千。"

著錄：亳州市博物館李燦《安徽亳州市發現一座曹操宗族墓》（《考古》1988年1期）。

0589 成孰磚

東漢(25～220)

1998年廣東番禺鍾村鎮屏山二村出土，藏番禺博物館。

濕刻銘文。隸書，1行2字。35×21.2×5cm。

釋文："成孰。"

著錄：《廣東歷代書法圖錄》49頁；廣州市文物考古研究所、番禺博物館《廣東番禺市屏山東漢墓發掘報告》（《考古學集刊》第14集，2004年）。

0590 番禺都亭長陳誦磚

東漢(25～220)

1998 年廣東番禺鍾村鎮屏山二村出土，藏
　番禺博物館。

濕刻銘文。草隸，1 行 7 字。35.5×23.5
　×5cm。

釋文："番禺都亭長陳誦。"

著錄：廖明全等《番禺發現東漢墓群及明
　代村落遺址》 （《中國文物報》
　1998.9.30）；《廣東歷代書法圖錄》
　47 頁；廣州市文物考古研究所、番禺
　博物館《廣東番禺市屏山東漢墓發掘
　報告》 （《考古學集刊》第 14 集，
　2004 年）。

附註：同墓出土永元十五年八月廿九日
　"三男子磚"。

0591 黃苗磚

東漢(25～220)

1998 年廣東番禺鍾村鎮屏山二村出土，藏
　番禺博物館。

濕刻銘文。草隸，1 行 2 字。37.8×18×
　5.5cm。

釋文："黃苗。"

著錄：廣州市文物考古研究所、番禺博物
　館《廣東番禺市屏山東漢墓發掘報告》
　（《考古學集刊》第 14 集，2004 年）。

0592 番禺磚

東漢(25～220)

1998 年廣東番禺鍾村鎮屏山二村出土，藏
　番禺博物館。

濕刻銘文。草隸，1 行 2 字。34×21.5×
　5.5cm。

釋文："番禺。"

著錄：《廣東歷代書法圖錄》49 頁；廣州

市文物考古研究所、番禺博物館《廣
東番禺市屏山東漢墓發掘報告》（《考
古學集刊》第 14 集，2004 年）。

0593 郭用等字磚

東漢(25～220)

1998 年廣東番禺鍾村鎮屏山二村出土，藏
　番禺博物館。

濕刻銘文。隸書，中 1 行 7 大字，兩旁 3
　小字，計 10 字。33.5×18×4.8cm。

釋文： "十月□郭用廿七／日"；右小字：
　"辛酉"

著錄：《廣東歷代書法圖錄》48 頁；廣州
　市文物考古研究所、番禺博物館《廣
　東番禺市屏山東漢墓發掘報告》（《考
　古學集刊》第 14 集，2004 年）。

0594 書史誦磚

東漢(25～220)

1998 年廣東番禺鍾村鎮屏山二村出土，藏
　番禺博物館。

濕刻銘文。草隸，1 行 3 字。34×22×7cm。

釋文："書史誦。"

著錄：《廣東歷代書法圖錄》48 頁；廣州
　市文物考古研究所、番禺博物館《廣
　東番禺市屏山東漢墓發掘報告》（《考
　古學集刊》第 14 集，2004 年）。

0595 畫字磚

東漢(25～220)

1998 年廣東番禺鍾村鎮屏山二村出土，藏
　番禺博物館。

濕刻銘文。隸書，1 字。26.3×22×6cm。

釋文："畫（?）"

著錄：《廣東歷代書法圖錄》48 頁；廣州
　市文物考古研究所、番禺博物館《廣

東番禺市屏山東漢墓發掘報告》(《考
古學集刊》第 14 集，2004 年)。

0596　黃、昔等字磚

東漢(25～220)

1998 年廣東番禺鍾村鎮屏山二村出土，藏
番禺博物館。

濕刻銘文。草隸，模糊不清，可辨 2 字。
37.5×18.5×5.5cm。

釋文："黃、昔／□□"上方倒寫"番禺"

著錄：《廣東歷代書法圖錄》48 頁；廣州
市文物考古研究所、番禺博物館《廣
東番禺市屏山東漢墓發掘報告》(《考
古學集刊》第 14 集，2004 年)。

0597　九具等字磚

東漢(25～220)

1998 年廣東番禺鍾村鎮屏山二村出土，藏
番禺博物館。

濕刻銘文。草隸，豎題大字 1 行 2 字；上
方橫題小字 2 行，行 5 字。計 12 字。
32×18.5×5.3cm。

釋文：豎題："九具。"

　　　橫題："□鳥□□亘／□□元汝□"

著錄：《廣東歷代書法圖錄》47 頁；廣州
市文物考古研究所、番禺博物館《廣
東番禺市屏山東漢墓發掘報告》(《考
古學集刊》第 14 集，2004 年)。

0598　九具磚

東漢(25～220)

1998 年廣東番禺鍾村鎮屏山二村出土，藏
番禺博物館。

濕刻銘文。草隸，1 行 2 字。31.5×18.8
×4.5cm。

釋文："九具。"

著錄：《廣東歷代書法圖錄》48 頁；廣州
市文物考古研究所、番禺博物館《廣
東番禺市屏山東漢墓發掘報告》(《考
古學集刊》第 14 集，2004 年)。

0599　期會磚

東漢(25～220)

1998 年廣東番禺鍾村鎮屏山二村出土，藏
番禺博物館。

濕刻銘文。隸書，3 行，行 4 至 6 字，計
15 字。33×17.5×5cm。

釋文："□壹□罄／為(?)子(?)□之
期會／□□□相□"

著錄：《廣東歷代書法圖錄》48 頁；廣州
市文物考古研究所、番禺博物館《廣
東番禺市屏山東漢墓發掘報告》(《考
古學集刊》第 14 集，2004 年)。

0600　九布磚

東漢(25～220)

1998 年廣東番禺鍾村鎮屏山二村出土，藏
番禺博物館。

濕刻銘文。草隸，1 行 2 字。31×19×5cm。

釋文："九布。"

著錄：《廣東歷代書法圖錄》48 頁；廣州
市文物考古研究所、番禺博物館《廣
東番禺市屏山東漢墓發掘報告》(《考
古學集刊》第 14 集，2004 年)。

0601　氏字磚

東漢(25～220)

1998 年廣東番禺鍾村鎮屏山二村出土，藏
番禺博物館。

濕刻銘文。草隸，1 字。36.2×19×5cm。

釋文："氏"

著錄：《廣東歷代書法圖錄》47 頁；廣州

市文物考古研究所、番禺博物館《廣
東番禺市屏山東漢墓發掘報告》(《考
古學集刊》第 14 集,2004 年)。

0602　丸字磚

東漢(25～220)

1998 年廣東番禺鍾村鎮屏山二村出土,藏
番禺博物館。

濕刻銘文。隸書,1 字。36 ×22.8 ×5.8cm。

釋文:"丸"

著錄:《廣東歷代書法圖錄》47 頁;廣州
市文物考古研究所、番禺博物館《廣
東番禺市屏山東漢墓發掘報告》(《考
古學集刊》第 14 集,2004 年)。

0603　物字磚

東漢(25～220)

1998 年廣東番禺鍾村鎮屏山二村出土,藏
番禺博物館。

濕刻銘文。草隸,殘存 1 字。9.5 ×15cm。

釋文:"物"

著錄:《廣東歷代書法圖錄》49 頁;廣州
市文物考古研究所、番禺博物館《廣
東番禺市屏山東漢墓發掘報告》(《考
古學集刊》第 14 集,2004 年)。

0604　相見磚

東漢(25～220)

1998 年廣東番禺鍾村鎮屏山二村出土,藏
番禺博物館。

濕刻銘文。隸書,2 行,存 6 字。33.5 ×
18 ×5cm。

釋文:小字:"相見,/相見。見。"大字:
"九"

著錄:《廣東歷代書法圖錄》48 頁;廣州
市文物考古研究所、番禺博物館《廣
東番禺市屏山東漢墓發掘報告》(《考

0605　用九具磚

東漢(25～220)

1998 年廣東番禺鍾村鎮屏山二村出土,藏
番禺博物館。

濕刻銘文。草隸,1 行 3 字。32 ×18.5 ×
5cm。

釋文:"用九具。"

著錄:《廣東歷代書法圖錄》48 頁;廣州
市文物考古研究所、番禺博物館《廣
東番禺市屏山東漢墓發掘報告》(《考
古學集刊》第 14 集,2004 年)。。

0606　載君行磚

東漢(25～220)

1998 年廣東番禺鍾村鎮屏山二村出土,藏
番禺博物館。

濕刻銘文。草隸,1 行 3 字。35 ×17.5 ×
5cm。

釋文:"載君行。"

著錄:《廣東歷代書法圖錄》49 頁;廣州
市文物考古研究所、番禺博物館《廣
東番禺市屏山東漢墓發掘報告》(《考
古學集刊》第 14 集,2004 年)。

0607　子字磚

東漢(25～220)

1998 年廣東番禺鍾村鎮屏山二村出土,藏
番禺博物館。

濕刻銘文。隸書,1 字。29 ×17 ×5.5cm。

釋文:"子"

著錄:《廣東歷代書法圖錄》49 頁;廣州
市文物考古研究所、番禺博物館《廣
東番禺市屏山東漢墓發掘報告》(《考

古學集刊》第 14 集，2004 年）。

0608　大吉昌宜磚

東漢（25～220）

1980 年陝西咸陽秦宮殿遺址漢墓出土。

濕刻銘文。隸書，1 行 4 字。32.5×15cm。

釋文："大吉昌宜。"

著錄：咸陽秦都考古工作站《咸陽秦都漢墓清理簡報》（《考古與文物》1986 年 6 期）；《秦都咸陽考古報告》694 頁。

0609　九頭磚

東漢（25～220）

1980 年陝西咸陽秦宮殿遺址漢墓出土。

濕刻銘文。隸書，1 行 2 字。磚上半殘缺。20×15cm。

釋文："九頭。"

著錄：咸陽秦都考古工作站《咸陽秦都漢墓清理簡報》（《考古與文物》1986 年 6 期）；《秦都咸陽考古報告》694 頁。

0610　九十三頭磚

東漢（25～220）

1980 年陝西咸陽秦宮殿遺址漢墓出土。

濕刻銘文。隸書，2 行，行 2 字，計 4 字。32.5×17cm。

釋文："九十／三頭。"

著錄：咸陽秦都考古工作站《咸陽秦都漢墓清理簡報》（《考古與文物》1986 年 6 期）；《秦都咸陽考古報告》694 頁。

附註：磚文為工匠手指劃寫。

0611　萬頭六磚

東漢（25～220）

1980 年陝西咸陽秦宮殿遺址漢墓出土。

濕刻銘文。隸書，1 行 3 字。33.8×15cm。

釋文："萬頭六。"

著錄：咸陽秦都考古工作站《咸陽秦都漢墓清理簡報》（《考古與文物》1986 年 6 期）；《秦都咸陽考古報告》694 頁；《中國古代磚文》圖版 42；《中國磚銘》圖版 761。

附註：磚文為工匠手指劃寫。

0612　萬五千磚

東漢（25～220）

1980 年陝西咸陽秦宮殿遺址漢墓出土。

濕刻銘文。隸書，1 行 3 字。33.2×14.5cm。

釋文："萬五千。"

著錄：咸陽秦都考古工作站《咸陽秦都漢墓清理簡報》（《考古與文物》1986 年 6 期）；《秦都咸陽考古報告》694 頁；《中國磚銘》圖版 762。

附註：磚文為工匠手指劃寫。

0613　四萬五千頭磚

東漢（25～220）

1980 年陝西咸陽秦宮殿遺址漢墓出土。

濕刻銘文。隸書，1 行 5 字。32×14.5cm。

釋文："四萬五千頭。"

著錄：咸陽秦都考古工作站《咸陽秦都漢墓清理簡報》（《考古與文物》1986 年 6 期）；《秦都咸陽考古報告》694 頁；《中國磚銘》圖版 762。

0614　平頭磚

東漢（25～220）

1980 年陝西咸陽秦宮殿遺址漢墓出土。

濕刻銘文。隸書，1 行存 2 字。磚上半殘缺。16×15.5cm。

釋文："平頭。"
著錄：咸陽秦都考古工作站《咸陽秦都漢
　　墓清理簡報》（《考古與文物》1986
　　年6期）；《秦都咸陽考古報告》694
　　頁；《中國磚銘》圖版761。

0615 文平善磚
東漢（25～220）
1980年陝西咸陽秦宮殿遺址漢墓出土。
濕刻銘文。隸書，1行3字。32×14cm。
釋文："文平善。"
著錄：咸陽秦都考古工作站《咸陽秦都漢
　　墓清理簡報》（《考古與文物》1986
　　年6期）；《秦都咸陽考古報告》694
　　頁；《中國磚銘》圖版1290。
附註：磚文為工匠手指劃寫。

0616 文平曰磚
東漢（25～220）
1980年陝西咸陽秦宮殿遺址漢墓出土。
濕刻銘文。隸書，1行7字。34×15cm。
釋文："文平曰□□□脂。"
著錄：咸陽秦都考古工作站《咸陽秦都漢
　　墓清理簡報》（《考古與文物》1986
　　年6期）；《秦都咸陽考古報告》694
　　頁。
附註：磚文為工匠手指劃寫。

0617 王乃磚
東漢（25～220）
1980年陝西咸陽秦宮殿遺址漢墓出土。
濕刻銘文。隸書，1行2字。33.5×
　　14.5cm。
釋文："王乃。"
著錄：咸陽秦都考古工作站《咸陽秦都漢
　　墓清理簡報》（《考古與文物》1986

年6期）；《秦都咸陽考古報告》694
　　頁。
附註：磚文為工匠手指劃寫。

0618 十千磚
東漢（25～220）
1980年陝西咸陽秦宮殿遺址漢墓出土。
濕刻銘文。隸書，1行3字。磚上半殘缺。
　　18×14.5cm。
釋文："□十千"
著錄：咸陽秦都考古工作站《咸陽秦都漢
　　墓清理簡報》（《考古與文物》1986
　　年6期）；《秦都咸陽考古報告》694
　　頁；《中國磚銘》圖版762。

0619 九十磚
東漢（25～220）
1980年陝西咸陽秦宮殿遺址漢墓出土。
濕刻銘文。草隸，1行2字。磚下半殘缺。
　　22×14.5cm。
釋文："九十。"
著錄：咸陽秦都考古工作站《咸陽秦都漢
　　墓清理簡報》（《考古與文物》1986
　　年6期）；《秦都咸陽考古報告》694
　　頁；《中國磚銘》圖版800。
附註：磚文為工匠手指劃寫。

0620 文平相磚
東漢（25～220）
1980年陝西咸陽秦宮殿遺址漢墓出土。
濕刻銘文。行書，2行3字。磚下半殘缺。
　　20×15cm。
釋文："文平/相。"
著錄：咸陽秦都考古工作站《咸陽秦都漢
　　墓清理簡報》（《考古與文物》1986
　　年6期）；《秦都咸陽考古報告》694

頁;《中國磚銘》圖版 761。

0621　子□磚

東漢(25～220)

1980 年陝西咸陽秦宮殿遺址漢墓出土。

濕刻銘文。隸書，1 行 2 字。磚下半殘缺。
18.5×14.5cm。

釋文："子□"

著錄：咸陽秦都考古工作站《咸陽秦都漢
墓清理簡報》（《考古與文物》1986
年 6 期）；《秦都咸陽考古報告》694
頁；《中國磚銘》圖版 758。

附註：磚文為工匠手指劃寫。

0622　□文磚

東漢(25～220)

1980 年陝西咸陽秦宮殿遺址漢墓出土。

濕刻銘文。隸書，1 行 2 字。磚上半殘缺。
18×14.5cm。

釋文："□文"

著錄：咸陽秦都考古工作站《咸陽秦都漢
墓清理簡報》（《考古與文物》1986
年 6 期）；《秦都咸陽考古報告》694
頁。

附註：磚文為工匠手指劃寫。

0623　侍者磚

東漢(25～220)

1994 年廣西貴港市孔屋嶺出土。

濕刻銘文。隸書，1 行 2 字。刻於磚側。
24.5×4.7cm。

釋文："侍者。"

著錄：廣西壯族自治區文物工作隊、貴港
市文物管理所《廣西貴港市孔屋嶺東
漢墓》（《考古》2005 年 11 期）。

0624　史周㧖機下□萬界磚

東漢(25～220)

1994 年廣西貴港市孔屋嶺出土。

濕刻銘文。隸書，1 行 8 字。刻於磚側。
約 27×3cm。

釋文："史周㧖机下□万界。"

著錄：廣西壯族自治區文物工作隊、貴港
市文物管理所《廣西貴港市孔屋嶺東
漢墓》（《考古》2005 年 11 期）。

0625　九字磚

東漢(25～220)

2001 年廣東廣州市番禺區南村鎮員崗村出
土，藏番禺博物館。

濕刻銘文。草隸，1 字。34×18.5×5cm。

釋文："九。"

著錄：廣州市文物考古研究所《番禺員崗
村東漢墓》（《華南考古》第 1 集，
2004 年）。

附註：磚上印有一手掌印。

0626　六十四磚

東漢(25～220)

1955 年香港九龍深水埗李鄭屋出土。

濕刻銘文。草隸，1 行 3 字。尺寸不詳。

釋文："六十四。"

著錄：白雲翔《香港李鄭屋漢墓的發現及
其意義》（《考古》1997 年 6 期）。

0627　五十磚

東漢(25～220)

藏中國歷史博物館。

濕刻銘文。隸書，1 行 2 字。31.9×14.5
×9.2cm。

釋文："五十。"

著錄：《中國磚銘》圖版 538；《中國歷史

博物館藏法書大觀》卷 3/圖版 113
頁。

0628　五十四磚
東漢(25 ~ 220)
藏中國歷史博物館。
濕刻銘文。隸書，1 行 3 字。34.4 × 15.7
× 9.2cm。
釋文："五十四。"
著錄：《中國磚銘》圖版 538；《中國歷史
博物館藏法書大觀》卷 3/圖版 114
頁。

0629　七十二磚
東漢(25 ~ 220)
藏中國歷史博物館。
濕刻銘文。隸書，1 行 3 字。29.9 × 15.4
× 8.1cm。
釋文："七十二。"
著錄：《中國磚銘》圖版 538；《中國歷史
博物館藏法書大觀》卷 3/圖版 112
頁。

0630　九十八磚
東漢(25 ~ 220)
藏中國歷史博物館。
濕刻銘文。隸書，1 行 3 字。39 × 20.4 ×
10.8cm。
釋文："九十八。"
著錄：《中國磚銘》圖版 538；《中國歷史
博物館藏法書大觀》卷 3/圖版 111
頁。

0631　百二十四磚
東漢(25 ~ 220)
濕刻銘文。隸書，1 行 4 字。尺寸不詳。

釋文："百二十四。"
著錄：《中國磚瓦陶文大字典》圖版 113

0632　侯□磚
東漢(25 ~ 220)
濕刻銘文。隸書，存 2 字。中畫一鳥。尺
寸不詳。
釋文："侯□"
著錄：《北山談藝錄續編》141 頁。
附註：或為西漢刻。

0633　二百磚
東漢(25 ~ 220)
濕刻銘文。隸書，1 行 2 字。尺寸不詳。
釋文："二百。"
著錄：《中國磚銘》圖版 804。

0634　二百卌枚磚
東漢(25 ~ 220)
1981 年河南洛陽出土。
濕刻銘文。隸書，2 行，計 4 字。尺寸不
詳。
釋文："二百卌/枚。"
著錄：洛陽市文物工作隊《洛陽西工東漢
壁畫墓》（《中原文物》1982 年 3
期）；《中國古代磚文》圖版 123；
《中國磚銘》圖版 805。

0635　三百廿八枚磚
東漢(25 ~ 220)
1986 年陝西西安小南門外出土。
乾刻銘文。隸書，1 行 5 字。尺寸不詳。
釋文："三百廿八枚。"
著錄：戴彤心、賈麥明《西北大學醫院漢
墓清理簡報》（《文博》1988 年 3
期）。

0636 三百六十八枚磚
東漢（25～220）
1986 年陝西西安小南門外出土。
乾刻銘文。隸書，1 行 6 字。尺寸不詳。
釋文："三百六十八枚。"
著錄：戴彤心、賈麥明《西北大學醫院漢
墓清理簡報》（《文博》1988 年 3
期）；《中國磚銘》圖版 805。

0637 四百卅磚
東漢（25～220）
陝西鳳翔出土。
濕刻銘文。草隸，1 行 3 字。尺寸不詳。
釋文："四百卅。"
著錄：《中國古代磚文》（概説插圖 5）。

0638 五百廿磚
東漢（25～220）
清末河南洛陽出土，曾歸溧陽端方。
濕刻銘文。隸書，1 行 3 字。24×11.5cm。
釋文："五百廿。"
著錄：《陶齋藏石記》卷 2/11。

0639 六百七十磚
東漢（25～220）
藏中國歷史博物館。
濕刻銘文。隸書，1 行 4 字。32.2×16.3
×7.5cm。
釋文："六百七十。"
著錄：《中國磚銘》圖版 539；《中國歷史
博物館藏法書大觀》卷 3/圖版 116
頁。

0640 五千磚
東漢（25～220）
濰縣陳介祺舊藏。

乾刻銘文。篆書，1 行 2 字。26×12.5cm。
釋文："五千。"
著錄：《專門名家》第 1 集；《中國磚銘》
圖版 800。
附註：或為漢以前刻。

0641 安憙丞劉磚
東漢（25～220）
上虞羅振玉舊藏。
乾刻銘文。隸書，1 行 4 字。31×15cm。
釋文："安憙（熹）丞劉。"（丞劉兩字並
排）
著錄：《草隸存》卷 4/18；《專門名家·
廣倉專錄》第 2 集；《雪堂專錄·專
誌徵存》1 葉； 《中國磚銘》圖版
955。

0642 八月大吉磚
東漢（25～220）
1954 年陝西鳳翔小唐村出土。
濕刻銘文。隸書，1 行 4 字。32.8×
12.5cm。
釋文："八月大古（吉）。"
著錄：《關中秦漢陶錄》補編；《中國書法
全集》卷 9/圖版 126； 《中國磚銘》
圖版 764。
附註：《關中秦漢陶錄》陳直跋："漢八月
大吉磚。一九五四年三月陝西鳳翔小
唐村出土。陶色清灰，文四字'八月
大古'，古為吉字減筆。"

0643 鮑朱□墓銘磚
東漢（25～220）
近年山東廣饒縣花園鄉殷家村出土，藏山
東淄博拿雲美術博物館。
乾刻銘文。正書，1 行 5 字。磚右下殘缺。

26.5×13×5.3cm。

釋文："北海鮑朱□。"

附註：此磚拓片由淄博拿雲美術博物館劉
健先生提供。

0644 曹廷掾磚

東漢(25～220)

上虞羅振玉舊藏。

濕刻銘文。隸書，1行3字。24×14.5cm。

釋文："曹廷掾。"

著錄：《草隸存》卷4/17；《專門名家·
廣倉專錄》第2集；《雪堂專錄·專
誌徵存》1葉。

0645 昌□磚

東漢(25～220)

1985年山西臨汾曲沃蘇村出土。

濕刻銘文。隸書，存1行2字。磚上下均
殘缺。尺寸不詳。

釋文："昌□"

著錄：臨汾地區文化局、曲沃縣文化館
《晉南曲沃蘇村漢墓》(《文物》1987
年6期)；《中國古代磚文》圖版
125；《中國磚銘》圖版759。

0646 好隗磚

東漢(25～220)

1985年山西臨汾曲沃蘇村出土。

濕刻銘文。隸書，存1行2字。磚上半殘
缺。尺寸不詳。

釋文："好隗"

著錄：臨汾地區文化局、曲沃縣文化館
《晉南曲沃蘇村漢墓》(《文物》1987
年6期)；《中國古代磚文》圖版
128；《中國磚銘》圖版759。

0647 乃敢自磚

東漢(25～220)

1985年山西臨汾曲沃蘇村出土。

濕刻銘文。隸書，存1行3字。尺寸不
詳。

釋文："乃敢自。"

著錄：臨汾地區文化局、曲沃縣文化館
《晉南曲沃蘇村漢墓》(《文物》1987
年6期)；《中國古代磚文》圖版
126；《中國磚銘》圖版760。

0648 師為磚

東漢(25～220)

1985年山西臨汾曲沃蘇村出土。

濕刻銘文。隸書，1行2字。磚右下殘缺。
尺寸不詳。

釋文："師為"

著錄：臨汾地區文化局、曲沃縣文化館
《晉南曲沃蘇村漢墓》(《文物》1987
年6期)；《中國古代磚文》圖版
127；《中國磚銘》圖版760。

0649 乘字磚

東漢(25～220)

1980年河北蠡縣出土。

濕刻銘文。隸書，1字。磚右下殘缺。尺
寸不詳。

釋文："乘"

著錄：河北省文物研究所《蠡縣漢墓發掘
記要》(《文物》1983年6期)；《中
國古代磚文》圖版121；《中國磚銘》
圖版869。

0650 貴人大壽磚

東漢(25～220)

1980年河北蠡縣出土。

濕刻銘文。隸書，2 行，行 2 字，計 4 字。
尺寸不詳。

釋文："貴人/大壽。"

著錄：河北省文物研究所《蠡縣漢墓發掘
記要》（《文物》1983 年 6 期）；《中
國古代磚文》圖版 122；《中國磚銘》
圖版 831。

0651　乘法口訣磚

東漢（25～220）

1981 年廣東深圳紅花園出土，藏深圳博物
館。

濕刻銘文。隸書，2 行，行字不等，計 40
字。37×17cm。

釋文："三九二十七，二九一十八，四九
三十六/九九八十一，八九七十二，
七九六十三，六九五十四，五九四十
五。"

著錄：廣東省博物館、深圳博物館《深圳
市南頭紅花園漢墓發掘簡報》（《文
物》1990 年 11 期）。

0652　次烏大工磚

東漢（25～220）

濕刻銘文。草隸，2 行，行 4 字。27×
13cm。

釋文："次烏大工，/日作千九。"

著錄：《專門名家·廣倉磚錄》第 2 集；
《草隸存》卷 4/29；《中國古代磚文》
圖版 151；《中國磚銘》圖版 846。

0653　大百卅冶等字磚

東漢（25～220）

乾刻銘文。隸書，5 行，行字不等，計 19
字。17×33cm。

釋文："大百卅冶，/百廿冶，/百七冶，/

天十二百十五，/百卅五。"

0654　大富磚（甲種）

東漢（25～220）

清末河南洛陽出土，曾歸涇陽端方。

乾刻銘文。隸書，1 行 2 字。33.5×
15.5cm。

釋文："大富。"

著錄：《專門名家》第 1 集。

0655　大富磚（乙種）

東漢（25～220）

清末河南洛陽出土，曾歸涇陽端方。

乾刻銘文。隸書，1 行 2 字。33×15.5cm。

釋文："大富。"

著錄：《專門名家》第 1 集。

0656　大富磚（丙種）

東漢（25～220）

河南洛陽出土，藏中國歷史博物館。

乾刻銘文。隸書，1 行 2 字。34.4×17.7
×8.2cm。

釋文："大富。"

著錄：《中國磚銘》圖版 810；《中國歷史
博物館藏法書大觀》卷 3/圖版 92 頁。

0657　大富磚（丁種）

東漢（25～220）

清末河南洛陽出土。

乾刻銘文。隸書，1 行 2 字。33.5×
15.5cm。

釋文："大富。"

0658　大吉利磚

東漢（25～220）

陝西出土，蘭田閏甘園舊藏。

乾刻銘文。隸書，1 行 5 字，前 3 字正書，
　　後 2 字倒書。31 × 15.5cm。
釋文："大吉利。大吉。"

0659　大吉利長生磚

東漢(25～220)

藏中國歷史博物館。

濕刻銘文。行書，2 行，行 2、3 字，計 5
　　字。36.8 × 37.7 × 9cm。

釋文："大吉利，/長生。"

著錄：《中國磚銘》圖版 943；《中國歷史
　　博物館藏法書大觀》卷 3/圖版 90 －
　　91 頁。

附註：磚文為工匠手指劃寫。

0660　大女史息婦墓記磚

東漢(25～220)

陝西西安西鄉出土，白祚、李宏榮遞藏。

乾刻銘文。隸書，1 行 5 字。28 × 12.7cm。

釋文："大女史息婦。"

著錄：《關中秦漢陶錄》補編；《中國書法
　　全集》卷 9/圖版 129；《中國磚銘》
　　圖版 850。

附註：《關中秦漢陶錄》陳直跋："漢大女
　　磚。陶色清灰，西安西鄉出土。文五
　　字'大女史息婦'。初為白祚所得，
　　後歸扵李宏榮處。蓋漢人識墓誌之
　　磚。"

0661　弟子磚

東漢(25～220)

藏中國歷史博物館。

濕刻銘文。隸書，1 行 2 字。35.3 × 17 ×
　　10.6cm。

釋文："弟子。"

著錄：《中國磚銘》圖版 540；《中國歷史

博物館藏法書大觀》卷 3/圖版 110
頁。

0662　弟子諸磚

東漢(25～220)

藏中國歷史博物館。

濕刻銘文。草隸，1 行 3 字。30.2 × 14 ×
　　9cm。

釋文："弟子諸。"

著錄：《中國磚銘》圖版 534；《中國歷史
　　博物館藏法書大觀》卷 3/圖版 109
　　頁。

0663　丁賣磚

東漢(25～220)

1991 年山東濟寧市出土。

濕刻銘文。隸書，1 行 2 字，磚下半殘缺。
　　尺寸不詳。

釋文："丁賣"

著錄：濟寧市博物館《山東濟寧發現一座
　　東漢墓》（《考古》1994 年 2 期）；
　　《中國磚銘》圖版 740。

0664　公羊傳磚

東漢(25～220)

1925 年陝西西安西南鄉出土，歸三原于右
　　任，1959 年入藏中國歷史博物館。

濕刻銘文。隸書，5 行，行 12 字，計 55
　　字。33.6 × 12.5 × 6.5cm。

釋文："元年春，王正月。元年者何，君
　　之/始年也。春者何，歲之始也。王
　　者/執胃（謂），胃（謂）文王也。曷
　　為先言王而/後正月。王之正月也，
　　何言乎王/之正月，大一統也。"

著錄：《關中秦漢陶錄》補編；《中國古代
　　磚文》圖版 136；《中國書法全集》

卷9/圖版85；《中國美術全集·書法篆刻編1》圖109；《中國磚銘》圖版853；《中國書法藝術·秦漢》330頁；《中國歷史博物館藏法書大觀》卷3/圖版105頁。

附註：《關中秦漢陶錄》陳直跋："漢元和二年及公羊草隸磚。一九二五年西安西南鄉，曾出草隸磚一批，共三十餘方。有元和年號及公羊經文者兩方，歸三原于氏。第一方……。第二方文五行，第一行至第四行均每行12字，第五行行6、7字，共計五十四、五字，文云：元年春，王正月。元年者何，君之始年也。春者何，歲之始也。王者執胃，胃文王也。曷為先言王而後正月。王之正月也，何言乎王之正月也，大一統也。"

0665　謹奏再拜賀磚

東漢（25～220）

1925年陝西西安西南鄉出土，西安段紹嘉舊藏。

濕刻銘文。隸書，1行5字。31×12.5cm。

釋文："謹奏再拜賀。"

著錄：《關中秦漢陶錄》補編；《中國書法全集》卷9/圖版84；《中國磚銘》圖版262。

附註：《關中秦漢陶錄》陳直跋："漢謹奏再拜賀磚。磚文陶色純清，西安段紹嘉藏。文一行，'謹奏再拜賀'五字，草隸書。亦一九二五年與元和公羊草隸磚同時出土。段君另有'自告無罪'四字草隸磚，亦同坑所出。當時所出有三十餘品，現所知者僅此四種耳。公羊草隸磚所寫為隱公元年傳文，只此一磚，知為一時遊戲之作，

並非全文，與鄒氏所藏急就章磚只寫首章體例正同，謹奏再拜賀五字似漢代奏章賀表通用末尾句，或亦陶工遊戲之筆也。"

0666　鼓吹種多磚

東漢（25～220）

河南洛陽出土，會稽顧燮光舊藏。

乾刻銘文。正書，1行4字。36×16.5cm。

釋文："鼓吹种多。"

著錄：《草隸存》卷4/18；《專門名家·廣倉專錄》第2集；《蒿里遺文目錄三上·專誌徵存目錄上》1葉；《中國古代磚文》圖版149；《中國磚銘》圖版848。

0667　韓朗□墓記磚

東漢（25～220）

1998年河南洛陽漢魏故城北原出土，藏洛陽民間。

乾刻銘文。隸書，1行，存5字。右下角殘缺。34.8×17.5×7.5cm。

釋文："范陽韓朗□。"

著錄：王木鐸《洛陽新獲磚誌說略》（《中國書法》2001年4期）。

附註：或為晉磚。

0668　胡功曹墓記磚

東漢（25～220）

近年四川三臺縣出土。

乾刻銘文。隸書，2行，行3字，計6字。26×16cm。

釋文："胡功曹/之神墓。"

著錄：《中國巴蜀漢代畫像磚大全》385。

0669　犍為武陽磚

東漢(25～220)

1993年四川成都白馬寺江邊出土。

濕刻銘文。隸書，1行4字。21×19cm。

釋文："犍為武陽。"

著錄：《中國巴蜀漢代畫像磚大全》206。

附註：東漢犍為郡治所在今四川省彭陽縣。

0670　黃法行孝女磚（第一種）

東漢(25～220)

1992年河南洛陽出土，現藏洛陽市文物工作隊。

乾刻銘文。隸書，3行，行3字，計9字。45×45×4.5cm。

釋文："黃君法/行孝女，/羃并芶。"

著錄：洛陽市文物工作隊《洛陽市東漢孝女黃晨、黃芶合葬墓》（《考古》1997年7期）；趙振華《洛陽東漢孝女墓磚銘和津門瓦當》（《書法叢刊》2000年3期）；陸錫興《"黃君法行"朱字刻銘磚的探索》（《考古》2002年4期）；《中國磚銘》圖版873；《邙洛碑誌三百種》1頁。

0671　黃法行孝女磚（第二種）

東漢(25～220)

1992年河南洛陽出土，現藏洛陽市文物工作隊。

乾刻銘文。隸書，3行，行3字，計9字。41×41×4.5cm。

釋文："黃君法/行孝女，/羃并芶。"

著錄：洛陽市文物工作隊《洛陽市東漢孝女黃晨、黃芶合葬墓》（《考古》1997年7期）；趙振華《洛陽東漢孝女墓磚銘和津門瓦當》（《書法叢刊》2000

年3期）；陸錫興《"黃君法行"朱字刻銘磚的探索》（《考古》2002年4期）；《中國磚銘》圖版874。

0672　急就章磚

東漢(25～220)

河南洛陽出土，鄒安舊藏，后歸日本書道博物館。

濕刻銘文。草隸，3行，行8、9字不等，計25字。32×15.5cm。

釋文："急就奇觚衆異，羅列/諸物名姓字，分別部居/不雜廁，用日約少□。"

著錄：《草隸存》卷4/16；《專門名家·廣倉專錄》第2集；《俟堂專文雜集》39頁；《中國古代磚文》圖版137；《中國書法全集》卷9/圖版121；《磚文拓片選》（《書法叢刊》1998年1期）；《北京大學圖書館藏歷代金石拓本菁華》34；《中國磚銘》圖版851；《中國書法藝術·秦漢》331頁。

0673　賤子扁磚

東漢(25～220)

1994年江西南康縣荒塘出土。

濕刻銘文。隸書，1行3字。26×21.5×8cm。

釋文："賤子扁。"

著錄：贛州地區博物館、南康縣博物館《江西南康縣荒塘東漢墓》（《考古》1996年9期）。

0674　鐕得磚

東漢(25～220)

定海方若舊藏。

濕刻銘文。草隸，1行2字。尺寸不詳。

釋文："鍇得"

著錄:；《雪堂專錄·專誌徵存》1 葉；《中國磚銘》圖版 532。

0675 叩頭曰磚

東漢(25～220)

河南安陽章瀕出土，紹興范壽銘藏。

濕刻銘文。隸書，2 行，行 3、4 字不等，計 7 字。27.5×14.5cm。

釋文："叩頭曰，/執孫超□。"

著錄:《草隸存》卷 4/33；《專門名家·廣倉專錄》第 2 集；《循園金石文字跋尾》卷上/8；《中國古代磚文》圖版 304；《中國磚銘》圖版 864。

0676 孔子磚

東漢(25～220)

濕刻銘文。隸書，1 行 2 字。尺寸不詳。

釋文："孔子。"

著錄:《中國磚銘》圖版 540。

0677 梁虞磚

東漢(25～220)

民國間陝西出土。

濕刻銘文。隸書，兩面刻，均 1 行 2 字。33.5×14cm。

釋文:正面："梁虞。"

背面："□吾（?）"

著錄:《關中秦漢陶錄》第 3 集；《中國磚銘》圖版 747（正面）、1297（背面）。

附註:或分刻於兩塊磚。磚文為工匠手指劃寫。

0678 劉公好塈磚

東漢(25～220)

1982 年陝西華陰岳廟鄉劉崎墓出土。

濕刻銘文。隸書，1 行 4 字。36×18cm。

釋文："劉公好塈。"

著錄:杜葆仁等《東漢司徒劉崎及其家族墓的清理》（《考古與文物》1986 年 5 期）；《中國書法全集》卷 9/圖版 124；《中國磚銘》圖版 759。

0679 劉十磚

東漢(25～220)

1982 年陝西華陰岳廟鄉劉崎墓出土。

濕刻銘文。隸書，1 行 2 字。36×18cm。

釋文："劉十。"

著錄:杜葆仁等《東漢司徒劉崎及其家族墓的清理》（《考古與文物》1986 年 5 期）；《中國書法全集》卷 9/圖版 123；《中國磚銘》圖版 758。

0680 □支磚

東漢(25～220)

1982 年陝西華陰岳廟鄉劉崎墓出土。

濕刻銘文。草書，1 行 2 字。36×18×6cm。

釋文："□支"

著錄:杜葆仁等《東漢司徒劉崎及其家族墓的清理》（《考古與文物》1986 年 5 期）；《中國磚銘》圖版 1294。

0681 鹿鹿完□磚

東漢(25～220)

濕刻銘文。隸書，1 行 4 字。尺寸不詳。

釋文："鹿鹿完□"

著錄:《中國磚瓦陶文大字典》圖版 107

0682 強無婦但得女兒磚

東漢(25～220)

藏中國歷史博物館。

濕刻銘文。隸書，1 行 7 字。36 × 9.7 × 5.9cm。

釋文："强無婦但得女兒。"

著錄：《中國歷史博物館藏法書大觀》卷 3/圖版 119 頁。

0683　任順叩頭磚

東漢（25～220）

民國年間廣東廣州出土，息塵盦主人舊藏。

濕刻銘文。隸書，2 行，行 6、8 字不等，計 14 字。34 × 18cm。

釋文："□番禺令任順，/叩頭死罪，叩頭死罪。"

0684　日入千萬磚

東漢（25～220）

上虞羅振玉舊藏。

濕刻銘文。隸書，1 行 4 字。28.5 × 13cm。

釋文："日入千萬。"

著錄：《俟堂專文雜集》59 頁；《中國古代磚文》圖版 147；《中國書法全集》卷 9/圖版 125；《中國磚銘》圖版 845。

0685　少王邵明等字祭文磚

東漢（25～220）

20 世紀 50 年代山東掖縣（今屬萊州市）出土。

濕刻銘文。草隸，兩面刻，面 5 行，側 3 行，計存 58 字。32 × 16 × 8cm。

釋文：面："少王邵明……初□/德在，未有奇異，負愧/屬敬齋持少府酒及十錢（?）/□諸前又重不學重衒/□□唯此恩自樂七成章"

側："千萬……日（?）文升/幸為……王前事/□□……□書□"

著錄：劉桂芳《山東掖縣古墓出土的鎏金器和其它文物》（《文物參考資料》1956 年 12 期）；《中國磚銘》圖版 1251、1258。

0686　叔孫彥卿太凡作磚

東漢（25～220）

濰縣陳介祺舊藏。

濕刻銘文。草隸，2 行，行字不等，計 10 字。28 × 14cm。

釋文："叔孫彥卿/太凡作廿五枚。"

0687　萬歲磚

東漢（25～220）

上虞羅振玉舊藏。

濕刻銘文。隸書，1 行 2 字。28 × 15.5cm。

釋文："萬歲。"

著錄：《專門名家·廣倉專錄》第 2 集；《雪堂專錄·專誌徵存》1 葉；《草隸存》卷 4/19；《中國古代磚文》圖版 150；《中國磚銘》圖版 844。

0688　王太伯磚

東漢（25～220）

清末河南洛陽出土，曾歸涇陽端方。

濕刻銘文。隸書，1 行 3 字。24 × 11.5cm。

釋文："王太伯。"

著錄：《陶齋藏石記》卷 2/11。

附註：太伯前字不可識，《陶齋藏石記》釋作王。

0689　吳強工作磚

東漢（25～220）

濕刻銘文。隸書，1 行 4 字。27 × 12cm。

釋文："吳疆（強）工作。"

著錄：《上陶室磚瓦文攈》卷9；《中國古代磚文》圖版385；《中國磚銘》圖版960。

0690　五曹治磚

東漢(25～220)

1959年北京懷柔出土。

乾刻銘文。隸書，3行，行6、7字，計19字。35×32.5cm。

釋文："吾陽成北千无/不為孝廉，河東/公府掾史五曹治。"

著錄：北京市文物工作隊《北京懷柔城北東周兩漢墓葬》（《考古》1962年5期）；《中國古代磚文》圖版124；《中國書法全集》卷9/圖版122；《中國磚銘》圖版73。

0691　冊丘歡洛磚

東漢(25～220)

河南安陽章瀕出土，紹興范壽銘舊藏。

乾刻銘文。隸書，1行4字。30×15cm。

釋文："冊丘歡洛。"

著錄：《專門名家·廣倉專錄》第2集；《循園金石文字跋尾》卷上/9；《中國磚銘》圖版951。

附註：或為魏晉刻。

0692　仙陽弟子字仁作磚

東漢(25～220)

1984年山東淄博金嶺鎮出土。

乾刻銘文。隸書，左行，2行，存7字。尺寸不詳。

釋文："仙陽弟子字/仁作。"

著錄：山東省文物考古研究所《山東臨淄金嶺鎮一號東漢墓》（《考古學報》1999年1期）。

0693　惠字磚

東漢(25～220)

1984年山東淄博金嶺鎮出土。

乾刻銘文。隸書，1字。尺寸不詳。

釋文："惠"

著錄：山東省文物考古研究所《山東臨淄金嶺鎮一號東漢墓》（《考古學報》1999年1期）。

0694　小兒父子磚

東漢(25～220)

20世紀50年代廣東廣州東山出土。

濕刻銘文。草隸，1行4字。尺寸不詳。

釋文："小兒父子。"

著錄：《廣州漢墓》380頁。

附註："小"字甚小，刻"兒"字旁。

0695　小子阿奴磚

東漢(25～220)

濕刻銘文。草隸，1行4字。31.5×13cm。

釋文："小子阿奴。"

著錄：《磚文拓片選》（《書法叢刊》1998年1期）；《中國磚銘》圖版897。

0696　衣石自愛磚

東漢(25～220)

1954年陝西寶雞鬥雞台李家崖出土。

濕刻銘文。草隸，原刻1行2字，後覆刻2行9字，計11字。30×16.5cm。

釋文："牛十。""平衣石（食）自愛，/怒（努）力怒（努）力。"

著錄：《關中秦漢陶錄》補編；《中國書法全集》卷9/圖版132；《中國磚銘》圖版842。

附註：《關中秦漢陶錄》陳直跋："漢衣石
　　自愛草隸磚。一九五四年五月，出於
　　寶雞門雞台李家崖第二榮校工地漢墓
　　中。陶色灰黃。門人劉士莪手拓此昬
　　見示。文十一字，原書二字'牛十'，
　　上層加書九字'平衣石自愛怒力怒
　　力'。以意揣之，為兩陶工遊戲之筆，
　　平為人姓，或為人名，平先寫牛十二
　　字，牛十後寫上層九字。衣石即衣食
　　之同音省文，怒力即努力之假借，許
　　慎著說文時尚無努字。陶工寫畫後出
　　窰褁賣，買主取以封墓門，與墓中人
　　事實並無關涉也。"

0697　陰記神田磚

東漢（25～220）

1955 年河南洛陽澗西區出土。

乾刻銘文。隸書，1 行 4 字。25×13.5cm。

釋文："陰記神田。"

著錄：河南省文化局文物工作隊《1955 年
　　洛陽澗西區小型漢墓發掘報告》（《考
　　古學報》1959 年 2 期）；《中國書法
　　全集》卷 9/圖版 130；《中國磚銘》
　　圖版 871。

0698　尹尹二字磚

東漢（25～220）

1954 年陝西鳳翔小唐村出土。

濕刻銘文。篆書，1 行 2 字。存 21.5×
　　16.5cm。

釋文："尹尹。"

著錄：《關中秦漢陶錄》補編；《中國磚
　　銘》圖版 1292。

附註：《關中秦漢陶錄》陳直跋："漢尹字
　　磚。一九五四年三月陝西鳳翔小唐村
　　出土。陶色清灰，文二字'尹尹'，

蓋陶工之姓。與八月大吉磚並存文物
　　清理工作隊。"

0699　責容□磚

東漢（25～220）

濕刻銘文。隸書，1 行 3 字。尺寸不詳。

釋文："責容（？）□"

著錄：《中國磚瓦陶文大字典》圖版 85

0700　朱巖妻却墓記磚

東漢（25～220）

定海方若舊藏。

乾刻銘文。隸書，2 行，行字不等，計 9
　　字。26×14cm。

釋文："幽州燕郡朱巖/妻却記。"

著錄：《雪堂專錄·專誌徵存》6 葉；《專
　　門名家·廣倉專錄》第 2 集；《中國
　　古代磚文》圖版 148；《中國書法全
　　集》卷 9/圖版 127；《中國磚銘》圖
　　版 757。

附註：漢無燕郡。十六國後趙改燕國為燕
　　郡，治所在薊縣。此磚漢隸筆意不
　　足，用詞亦似漢後，或為十六國物。
　　待考。

0701　雄涿獄範磚

東漢（25～220）

無棣吳式芬舊藏。

濕刻銘文。隸書，1 行 3 字。刻於磚側，
　　磚面有鳥形範模。22.5×7cm。

釋文："涿獄，雄。"

0702　雌鶩範磚

東漢（25～220）

無棣吳式芬舊藏。

濕刻銘文。隸書，1 行 2 字。刻於磚側，

磚面有鳥形範模。16×4.5cm。

釋文：“雌鶩。”

0703　二年九月搖錢樹座

東漢（25～220）

1998 年重慶萬州區天城小周鎮小周村出
土。

濕刻銘文。隸書，3 行，行字不等，計 13
字。12×12cm。

釋文：“二年九月十□/□月十九日，/女
子。”

著錄：陝西省考古研究所、萬州區文物管
理所《萬州安全墓地發掘報告》
（《重慶庫區考古報告集 1997 卷》501
頁）。

附註：搖錢樹座灰陶質。

三國·魏

0704　郭禿墓記磚

三國·魏黃初四年（223）二月七日

乾刻銘文。隸書，3 行，行字不等，計 17
字。下半殘缺。22×22.3cm。

釋文：“常山郭禿，字/喪在此下。/黃初
四年二月七日。”

0705　陳王曹植陵磚

三國·魏太和七年（233）三月十五日

1977 年山東東阿縣魚山曹植墓出土，藏山
東省博物館。

乾刻銘文。隸書，三面刻，一面 2 行，行
7、8 字不等；一面 3 行，行 10、11
字不等；側 1 行，10 字，共計 56 字。
43×20×11cm。

釋文：面：“太和七年三月一日壬戌朔/十
五日丙午，兗州刺史侯/電遣士朱周

等二百人作”

側：“畢陳王陵。各賜休二百日。”

面：“別督郎中王納主者，/司徒從
掾位張順。”

著錄：東阿縣文化館《山東東阿縣魚山曹
植墓發現一銘文磚》（《文物》1979
年 5 期）；《中國古代磚文》圖版
153；《中國磚銘》圖版 315、316。

0706　宋異墓記磚

三國·魏青龍二年（234）四月十六日卒

清道光 26 年河南許州（今許昌）出土。

乾刻銘文。隸書，2 行，行 9、10 字不等，
計 19 字。尺寸不詳。

釋文：“游士陳留宋異，年廿六，/青龍二
年四月十六日亡。”

著錄：《北山談藝錄續編》154 頁。

附註：施蟄存跋：“清道光廿六年，河南
許昌民穿井得古葬磚甚多，趙之謙
《補寰宇訪碑錄》著錄五種，其人皆
卒於青龍二年，或四月，或六月，或
八月。此磚亦出於許昌，未見著錄。
按《魏志》稱青龍二年四月，許昌大
疫。此諸人殆皆罹此難亡於疫厲者。”

0707　陳禮墓記磚

三國·魏青龍二年（234）十一月

清道光 26 年河南許州（今許昌）出土。

乾刻銘文。正書，3 行，行字不等，計 15
字。29×14.5cm。

釋文：“陳礼，濟陰人。十一/月，/年卅
二，青龍二年。”

著錄：《雪堂專錄·專誌徵存》1 葉。

0708　咸熙元年十一月十六日造磚

三國·魏咸熙元年（264）十一月十六日

造

乾刻銘文。隸書，3 行，行 3、4 字，計 11
　　字。23×45cm。

釋文：“咸熙元/年十一月/十六日造。”

著錄：《北京圖書館藏中國歷代石刻拓本
　　彙編》冊 2/23 頁。

0709　河間等字墓記磚

三國·魏（220~265）二年四月六日

清道光 26 年河南許州（今許昌）出土。

乾刻銘文。隸書，3 行，行字不等，計 14
　　字。字殘泐甚。18.5×14cm。

釋文：“□師河間/□□，年廿。/二年四
　　月六日”

著錄：《專門名家·廣倉專錄》第 2 集；
　　《中國磚銘》圖版 967。

0710　□昕墓記磚

三國·魏（220~265）二年四月九日卒

清道光 26 年河南許州（今許昌）出土。

乾刻銘文。隸書，3 行，行 5、6 字不等，
　　計 16 字。28.5×14.8cm。

釋文：“從椽位，鉅鹿/昕，年廿三。二年
　　/四月九日亡。”

著錄：《雪堂專錄·專誌徵存》2 葉。

0711　□柱墓記磚

三國·魏（220~265）二年八月八日

清道光 26 年河南許州（今許昌）出土。

乾刻銘文。隸書，3 行，行 5 至 6 字不等，
　　計 16 字 字殘泐甚 26.5×14cm。

釋文：“□□□□/□柱，年廿三。/二
　　年八月八日。”

著錄：《專門名家·廣倉專錄》第 2 集；
　　《中國磚銘》圖版 942。

0712　肥範墓記磚

三國·魏（220~265）二年八月九日

清道光 26 年河南許州（今許昌）出土。

乾刻銘文。隸書，3 行，行 5、6 字不等，
　　計 16 字。29×14.5cm。

釋文：“武勇掾，樂安/肥範，年廿五。/
　　二年八月九日。”

著錄：《雪堂專錄·專誌徵存》2 葉。

0713　尹尚墓記磚

三國·魏（220~265）二年十月六日卒

清道光 26 年河南許州（今許昌）出土。

乾刻銘文。隸書，3 行，行 5 至 6 字不等，
　　計 16 字。字殘泐甚。27.5×14.5cm。

釋文：“□□息陽平/尹尚，年廿二。/二
　　年十月六日亡。”

著錄：《專門名家·廣倉專錄》第 2 集；
　　《中國磚銘》圖版 967（作“蔣息”）。

0714　張興墓記磚

三國·魏（220~265）二年十月二十一日

清道光 26 年河南許州（今許昌）出土。

乾刻銘文。隸書，3 行，行 8、9 字不等，
　　計 19 字。28×14.2cm。

釋文：“後殿虎賁弟/梁國張興，□/廿四，
　　二年十月廿一日。”

著錄：《雪堂專錄·專誌徵存》2 葉。

0715　戴俚妻姜氏墓記磚

三國·魏（220~265）七月七日

曾歸浭陽端方，又歸南皮張仁蠡，後歸北
　　京大學文研所，1952 年後藏故宮博物
　　院。

乾刻銘文。隸書，2 行，行 6、8 字不等，
　　計 14 字。25×12.3×6cm。

釋文：“戰士焦國戴俚/妻姜，十四，七月

七日。"

著錄:《陶齋藏甎記》下卷/18;《專門名家·廣倉專錄》第2集;《中國磚銘》圖版942。

0716 邵巨墓記磚

三國·魏（220～265）八月三日卒

清道光26年河南許州（今許昌）出土。

乾刻銘文。隸書，2行，行7、8字不等，計15字。29×14.8cm。

釋文:"高陽北新城邵巨，/年十九。八月三日亡。"

著錄:《雪堂專錄·專誌徵存》2葉。

0717 上黨等字殘墓記磚

三國·魏（220～265）

清道光26年河南許州（今許昌）出土。

乾刻銘文。隸書，3行，行存5字不等，計存14字。22.3×14.5cm。

釋文:"□□□□昌/□上黨□□/□□□□"

著錄:《專門名家·廣倉專錄》第3集;《中國磚銘》圖版967。

0718 郝方墓記殘磚

三國·魏（220～265）年九月

1990年河南洛陽孟津縣出土，洛陽張氏藏。

乾刻銘文。隸書，3行，行存3字，計存9字。14×15cm。

釋文:"年九月/平葙國/人郝方。"

著錄:《邙洛碑誌三百種》2頁。

0719 五隋合三千七百等字磚

三國·魏（220～265）

1972年甘肅嘉峪關出土。

乾刻銘文。隸書，兩面刻，正面2行，計10字;背面1行5字。尺寸不詳。

釋文:正面:"五隋合三千七百一/十一。"
背面:"千一百卅五。"

著錄:《嘉峪關壁畫墓發掘報告》45頁;《中國書法藝術·魏晉南北朝》58頁。

三國·吳

0720 浩宗買地券磚

三國·吳黃武四年（225）十一月二十八日

清道光20年江西南昌東壕出土，歸望江倪模，後歸南皮張仁蠡。

乾刻銘文。隸書，5行，行20字左右，計98字。24.7×9.3cm。

釋文:"黃武四年十一月癸卯朔廿八日庚午，九江男子浩宗，以□/月客死豫章，從東王公、西王母，買南昌東郭一丘，賈/□□五千。東邸甲乙，西邸庚辛，南邸丙丁，北邸壬癸。以月/日副時，任知卷（券）者，雒陽金僮子，鸍與魚鸍飛上，/魚下入淵，郭師吳富，卷（券）書為明，如律令!"

著錄:《雪堂專錄·地券徵存》2葉;《草隸存》卷4/22;《專門名家》第1集;《北京圖書館藏中國歷代石刻拓本彙編》冊2/33頁;《中國磚銘》圖版325;《北山談藝錄續編》146頁。

0721 黃甫買地券磚（第一種）

三國·吳五鳳元年（254）十月十八日

1979年江蘇南京中央門外幕府山出土，藏南京市博物館。

乾刻銘文。隸書，3 行，行字不等，計 78 字。38.7×7.1×3.1cm。

釋文："五鳳元年十月十八日，大男九江黃甫，年八十。今扵莫府山後，南邊起冢宅，/從天買地，從地買宅，雇錢三百。東至甲庚，西至乙辛，南至丙丁，北至壬癸。若有/爭地，當詣天帝，若有爭宅，當詣土伯。如天帝律令！"

著錄：南京市博物館《南京郊縣四座吳墓發掘簡報》（《文物資料叢刊》8 集，1983 年）；《中國磚銘》圖版 331；《六朝風采》206。

0722　黃甫買地券磚（第二種）

三國·吳五鳳元年（254）十月十八日

1979 年江蘇南京中央門外幕府山出土，藏南京市博物館。

乾刻銘文。隸書，3 行，行字不等，計 74 字。37.5×6.8×3.5cm。

釋文："五鳳元年十月十八日，大男九江黃甫，年八十。今扵莫府山後，南邊起冢宅，從/天買地，從地買宅，雇錢三百。東至甲庚，西至乙辛，北至壬癸。若有爭/地，當詣天帝，若有爭宅，當詣土伯。如天帝律令！"

著錄：南京市博物館《南京郊縣四座吳墓發掘簡報》（《文物資料叢刊》8 集，1983 年）；《中國磚銘》圖版 330。

0723　潘億墓記磚（第一種）

三國·吳太平二年（257）七月六日

1987 年浙江嵊縣浦口鎮大塘嶺村出土。

乾刻銘文。隸書，6 行，行字不等，計 31 字。磚兩側印圖案。18×38×5cm。

釋文："太平二年歲在乙/丑七月六日，建

中/校尉會稽剡番（潘）/億作此基/圖冢，師未玼/所處。"

著錄：嵊縣文管會《浙江嵊縣大塘嶺東吳墓》（《考古》1991 年 3 期）；《第五屆中國書法史論國際研討會論文集》161 頁圖 1。

0724　潘億墓記磚（第二種）

三國·吳太平二年（257）七月六日

1987 年浙江嵊縣浦口鎮大塘嶺村出土。

乾刻銘文。隸書，6 行，行字不等，計 29 字。磚兩側印圖案。18×38×5cm。

釋文："太平二年歲在乙/丑七月六日，建/中校尉會稽/剡番（潘）億/作此圖冢，/師未玼處。"

著錄：嵊縣文管會《浙江嵊縣大塘嶺東吳墓》（《考古》1991 年 3 期）；《第五屆中國書法史論國際研討會論文集》161 頁圖 2。

附註：紀年干支有誤。

0725　太平二年買地券磚

三國·吳太平二年（257）十二月十日

江蘇南京鄧府山出土。

乾刻銘文。隸書，4 行，行 20 字左右，計存 65 字左右。尺寸不詳。

釋文："太平二年十二月丁卯朔十日丙子，大男江夏□□□/……從天買地，從地買宅，僱錢□□。/東至甲乙，西至庚辛，南至丙丁，北至壬癸，……/詣天帝，若有爭宅，當詣土伯。如□□律令。"

著錄：《第五屆中國書法史論國際研討會論文集》135 頁圖 10。

0726 陳重買地券磚

三國・吳永安二年（259）十一月五日

1984 年江蘇南京北郊郭家山出土，藏南京市博物館。

乾刻銘文。隸書，6 行，行 15 字左右，計 79 字。29×15.3×3.6cm。

釋文："□□立武都尉吳郡陳重，今於莫府山/下立起冢宅，從天買地，從地買宅，雇錢/五百。東至甲乙，南至丙丁，北至壬癸，西至/庚辛。若有爭地，當詣天帝，若有爭/宅，當詣土伯。如天帝律令！/永安二年十一月五日券。"

著錄：南京市博物館《江蘇南京市北郊郭家山東吳紀年墓》（《考古》1998 年 8 期）；《中國磚銘》圖版 332；《六朝風采》207。

0727 永安四年買地券磚

三國・吳永安四年（261）十一月十二日

江蘇南京北郊郭家山出土。

乾刻銘文。5 行，行字不等。計 94 字。26×11cm。

釋文："永安四年太歲在辛巳上朔十一月十二日乙卯，大女□/□□□今□□兼東北白石莫府山前茆立冢/宅，從天買地，從地買宅，雇錢三百。東至甲乙，/南至丙丁，西至庚辛，北至壬癸。如有爭地，當/詣天地，若有爭宅，當詣土伯。如律令！"

著錄：南京市博物館《江蘇南京市北郊郭家山東吳紀年墓》（《考古》1998 年 8 期）；《第五屆中國書法史論國際研討會論文集》135 頁圖 9。

西 晉

0728 張光墓記磚

西晉泰始元年（265）

濕刻銘文。隸書，左行，大字 1 行 8 字，小字 1 行 3 字，計 11 字。31.5×16.3cm。

釋文："泰始元年，南陽張光，/字李少。"

著錄：《俟堂專文雜集》143 頁；《北京圖書館藏中國歷代石刻拓本彙編》冊 2/39 頁；《漢魏南北朝墓誌彙編》4 頁；《中國磚銘》圖版 374。

0729 泰始七年夏四月作磚

西晉泰始七年（271）四月作

1981 年北京順義縣馬坡鄉大營村出土，藏首都博物館。

濕刻銘文。隸書，1 行 9 字。刻於磚側。尺寸不詳。

釋文："泰始七年夏四月作磚。"

著錄：北京市文物工作隊《北京市順義縣大營村西晉墓葬發掘簡報》（《文物》1983 年 10 期）。

0730 王泰墓記磚

西晉泰始七年（271）

清末河南洛陽出土，曾歸涇陽端方，又歸南皮張仁蠡，後歸北京大學文研所，1952 年後藏故宮博物院。

乾刻銘文。隸書，左行，大字 1 行 8 字，小字 1 行 3 字，計 11 字。36.5×17.5×8.2cm。

釋文："泰始七年，南陽王泰，/字文平。"

著錄：《陶齋藏甎記》下卷/17；《草隸存》卷 4/24；《雪堂專錄・專誌徵存》2

葉;《中國古代磚文》圖版190;《中國磚銘》圖版350。

0731　岦歎息等字磚

西晉咸寧三年（277）七月廿日

民國初年安徽鳳台縣出土，歸南陵徐乃昌。

濕刻銘文。草隸，面3行，約10餘字；側有範製年款，1行8字。29.5×14.5cm。

釋文：“乃易思/岦歎息每用日久側/禮乃易。”

著錄：《草隸存》卷4/31;《專門名家·廣倉專錄》第2集;中國歷史博物館保管部資料組《介紹幾件晉代的行草書塼刻》（《文物》1965年12期）。

附註：磚側範製銘文“咸寧三年七月廿日。”

0732　此塼凡有三千二百等字磚

西晉咸寧三年（277）九月八日

1997年山東臨朐縣營子鎮大周家莊出土。

濕刻銘文。草隸，2行，計19字。刻於磚側。27.4×6.3cm。

釋文：“咸寧三年九月八日□□□/此塼凡有三千二百。”

著錄：官德傑、李福昌《山東臨朐西晉、劉宋紀年墓》（《文物》2002年9期）。

0733　咸寧三年作磚

西晉咸寧三年（277）作

1997年山東臨朐縣營子鎮大周家莊出土。

濕刻銘文。草隸，1行6字。刻於磚側。27.4×6.3cm。

釋文：“晉咸寧三年作。”

著錄：官德傑、李福昌《山東臨朐西晉、劉宋紀年墓》（《文物》2002年9期）。

0734　周伯孫作磚

西晉咸寧四年（278）七月六日作

民國初年安徽鳳台縣出土，藏中國歷史博物館。

濕刻銘文。章草間行書，兩面刻，面2行，行字不等；側1行3字，計17字。32.5×17×6cm。

釋文：面：“咸寧四年七月六日，淮/南周伯孫作。”

側：“周君作。”

著錄：《侯堂專文雜集》144頁;中國歷史博物館保管部資料組《介紹幾件晉代的行草書塼刻》（《文物》1965年12期）;邵磊《六朝草書磚銘概述》（《書法藝術》1994年6期）;《中國書法藝術·魏晉南北朝》65頁;《中國磚銘》圖版355、1003（側）。

0735　呂氏造磚

西晉咸寧四年（278）七月造

民國初年安徽鳳台縣出土，曾歸歙縣方雨樓，藏中國歷史博物館。

濕刻銘文。章草間行書，3行，行字不等，計23字。34.8×17.2×5.8cm。

釋文：“咸寧四年七月呂氏造，是為/晉即祚十四年事，泰崴/在丙戌。”

著錄：中國歷史博物館保管部資料組《介紹幾件晉代的行草書塼刻》（《文物》1965年12期）;邵磊《六朝草書磚銘概述》（《書法藝術》1994年6期）;《中國美術全集·書法篆刻編2》圖27;《中國古代磚文》圖版191;《中

國書法藝術·魏晉南北朝》64 頁；
《中國磚銘》圖版 356；《中國歷史博
物館藏法書大觀》卷 3/彩圖 11、圖
版 121 頁。

附註：紀年干支有誤，應為"戊戌"。

0736 咸寧五年七月七磚

西晉咸寧五年（279）七月七日

藏中國歷史博物館。

濕刻銘文。隸書，2 行，計 7 字。31.7 ×
15.5 × 8.7cm。

釋文："咸寧五年七月/七。"

著錄：中國歷史博物館保管部資料組《介
紹幾件晉代的行草書塼刻》（《文物》
1965 年 12 期）；《中國磚銘》圖版
359；《中國歷史博物館藏法書大觀》
卷 3/圖版 122 頁。

0737 咸寧五年七月磚

西晉咸寧五年（279）七月

濕刻銘文。隸書，1 行 6 字。尺寸不詳。

釋文："咸寧五年七月。"

著錄：阿英《從晉磚文字說到 < 蘭亭序 >
書法》（《文物》1965 年 10 期）。

0738 咸寧五年閏月十八日作磚

西晉咸寧五年（279）閏［七］月十八日
作

藏中國歷史博物館。

濕刻銘文。隸書，2 行，計 11 字。31.7 ×
15.6 × 6.7cm。

釋文："咸寧五年閏月/十八日作訖。"

著錄：中國歷史博物館保管部資料組《介
紹幾件晉代的行草書塼刻》（《文物》
1965 年 12 期）；《中國磚銘》圖版
358；《中國歷史博物館藏法書大觀》

卷 3/圖版 123 頁。

0739 郭市妻女墓記磚

西晉咸寧五年（279）

乾刻銘文。隸書，左行，2 行，行 4、6 字
不等，計 10 字。尺寸不詳。

釋文："咸寧五年，代郡/郭市妻女。"

著錄：《中國磚銘》圖版 360。

附註：代郡治所在今河北蔚縣西南，西晉
末廢。

0740 張位妻□許墓記磚

西晉太康元年（280）六月三日

清末河南洛陽出土，曾歸涇陽端方，又歸
南皮張仁蠡，後歸北京大學文研所，
1952 年後藏故宮博物院。

乾刻銘文。正書，3 行，行字不等，計 19
字。29 × 16 × 7cm。

釋文："太康元年六月/三日，大男張位妻
/□許，年五十七。"

著錄：《陶齋藏甋記》下卷/17；《中國磚
銘》圖版 362。

0741 房宣墓記磚

西晉太康三年（282）二月六日

陝西咸陽出土，曾歸涇陽端方。

乾刻銘文。隸書，8 行，行 7 字，計 52
字。42.5 × 42.5cm。

釋文："晉故使持節都督/青、徐諸軍事征
東/將軍軍司關中侯/房府君之墓。君
諱/宣，字子宣，和明人/也。瑣君之
子，夫人/王氏。大（太）康/三年二
月六日。"

著錄：《陶齋藏石記》卷 4/11；《專門名
家·廣倉專錄》第 2 集。

附註：有云偽刻。

0742　黃仕買地券磚

西晉太康三年（282）十月十八日

濕刻銘文。兩面刻，正面隸書券文，6 行，
　　行 35 字左右，計 173 字。有豎界欄。
　　背面篆隸書大字 1 行 7 字。尺寸不
　　詳。

釋文：正面："太康三年十月十八日，天
　　帝告墓伯，告墓丘，告墓丞，土下諸
　　神：男子揚州會稽始寧黃仕，年□/
　　八，字文理。生以天作父，地作母，
　　生見日月，篤命畚亡，及今歲月良
　　使，至此止格，造冢一增，已/詣五
　　土，□錢募□，買此土地，當在土
　　下，□例折篙作蘆，當在土下，居飯
　　下米，當追土下，禮/□責妻子婦孫
　　□若能責生人當須□□生華，殷卯飛
　　鳴，邊能責之，下能使天，下作地，
　　上/為天，曰從□出，有得責下，亡
　　人安樂，生人富貴，千萬歲後無□
　　有，如天帝令！/□□□□之。"

　　　背面："東父剏天地可作。

著錄：《陶質晉太康三年墓誌銘》（《書
　　法》2001 年 3 期）。

附註：揚州會稽郡始寧縣，東漢永建四年
　　置，治所在今浙江上虞縣西南曹娥江
　　西岸。

0743　王大妃墓誌磚

隴西國人造

西晉太康四年（283）三月葬

1979 年河南孟縣南莊鄉沇河村出土，藏孟
　　縣博物館。

乾刻銘文。隸書，兩面刻，正面 6 行，背
　　面 4 行，行 12 字，共計 106 字。48 ×
　　24.5 ×10cm。

釋文：正面："惟晉太康三年冬十一月，

我王皇/姒大（太）妃王氏薨。春三
月，協櫬于/皇考大（太）常戴侯陵。
王孝慕罔極，/遂遜衾列，侍于陵次。
以營域不/夷，乃命有司，致力于斯
坑，役夫/七千功。天朝遣使臨焉。
國卿一"

　　　背面："令二，以統事。即剋其功，
大祚宣/流，上寧先靈，下降福休，
子子孫/孫，天地相佯。/隴西國人
造。"

著錄：《新中國出土墓誌·河南［壹］》
　　212；梁永照《西晉王氏磚誌》（《華
　　夏考古》1996 年 4 期）；《新出魏晉
　　南北朝墓誌疏証》1。

0744　太康六年作磚

西晉太康六年（285）作

山東諸城縣出土。

濕刻銘文。隸書，1 行 5 字，尺寸不詳。

釋文："太康六年作。"

著錄：諸城縣博物館《山東省諸城縣西晉
　　墓清理簡報》（《考古》1985 年 12
　　期）；《中國古代磚文》圖版 201；
　　《中國磚銘》圖版 372。

0745　蘇華芝墓記磚（第一種）

西晉太康八年（287）九月四日

2003 年河南洛陽市出土。

乾刻銘文。隸書，兩面刻，正面 2 行 8
　　字；背面 2 行 5 字，共計 13 字。26.5
　　×12.8 ×5.5cm。

釋文：正面："清河蘇華/芝。大康八"

　　　背面："年九月/四日。"

著錄：洛陽市文物工作隊《西晉蘇華芝
　　墓》（《文物》2005 年 1 期）。

0746 蘇華芝墓記磚（第二種）

西晉太康八年（287）九月四日

2003 年河南洛陽市出土。

乾刻銘文。隸書，兩面刻，正面 2 行 9
字；背面 2 行 4 字，共計 13 字。24 ×
12 × 4.8cm。

釋文：正面："大康八年/九月四日，清"
背面："河蘇華/芝。"

著錄：洛陽市文物工作隊《西晉蘇華芝
墓》（《文物》2005 年 1 期）。

0747 張儁妻劉氏墓記磚（第一種）

西晉太康九年（288）正月廿七日

乾刻銘文。隸書間正書，3 行，行 6、7 字
不等，計 18 字。30.5 × 16.5cm。

釋文："太康九年正月/廿七日，司馬張儁
/妻劉，年卅二。"

著錄：《蒿里遺文目錄續編·塼誌徵存》。

0748 張儁妻劉氏墓記磚（第二種）

西晉［太康九年（288）］

乾刻銘文。隸書間正書，1 行 3 字。30.8
× 15.5cm。

釋文："張儁妻。"

著錄：《蒿里遺文目錄續編·塼誌徵存》。

0749 張儁妻劉氏墓記磚（第三種）

西晉［太康九年（288）］

乾刻銘文。隸書間正書，1 行 4 字。22 ×
10.5cm。

釋文："張儁妻劉。"

著錄：《蒿里遺文目錄續編·塼誌徵存》。

0750 錡强妻張氏墓記磚

西晉太康十年（289）五月廿八日

溧陽端方舊藏。

乾刻銘文。正書間隸書，面 2 行，行 2
字；一側 1 行 4 字；一側 2 行，行 2
字；下端 1 行 5 字，共計 17 字。15.5
× 17 × 8cm。

釋文：面："錡强/妻張。"
一側："居左/尚方。"
一側："大康十年"
下端："五月廿八日。"

著錄：《陶齋藏甎記》下卷/17；《雪堂專
錄·塼誌徵存》2 葉；《專門名家·
廣倉塼錄》第 2 集；《專門名家·廣
倉塼錄》專補；《中國磚銘》圖版
379。

0751 蔣之神柩磚

西晉元康元年（291）六月十一日

1961 年安徽壽縣出土。

乾刻銘文。隸書，2 行，行 6、7 字，計 13
字。尺寸不詳。

釋文："元康元年六月/十一日，蔣之神
柩。"

著錄：吳興漢《壽縣東門外發現西漢水井
及西晉墓》（《文物》1963 年 7 期）；
《六朝墓誌檢要》12 頁；《漢魏南北
朝墓誌彙編》5 頁；《中國磚銘》圖
版 382。

0752 李泰墓記磚

西晉元康三年（293）四月十三日

近年河南出土。

乾刻銘文。隸書，3 行，行字不等，計 20
字。33 × 16cm。

釋文："元康三年四月十三/日，河南李
泰，年/六十八，字孝□。"

0753　樂生柩銘磚

西晉［元康三年（293）八月十七日］

1923 年河南洛陽陳家村出土。

乾刻銘文。隸書，2 行，行 3 字，計 6 字。
32×16cm。

釋文："陽平樂／生之柩。"

著錄：《蒿里遺文目錄續編・專誌徵存》；
《洛陽出土石刻時地記》9 葉；《六朝
墓誌檢要》13 頁；《北京圖書館藏中
國歷代石刻拓本彙編》冊 2/57 頁；
《漢魏南北朝墓誌彙編》5 頁；《中國
磚銘》圖版 546。

附註：同時出土石質《樂生柩銘》，文曰：
"元康三年八／月十七日，陽／平樂生，
年七十，／物故。"

0754　李季次墓記磚

西晉元康四年（294）四月四日

乾刻銘文。正書間隸書，3 行，行字不等，
計 22 字。36.5×17.5cm。

釋文："元康四年四月四日，／關中侯息河
南李／季次，年廿二。"

0755　□柳墓記磚

西晉［元］康五年（295）

浭陽端方舊藏。

乾刻銘文。隸書，面 3 行，行存 4 字；側
1 行 3 字，計存 14 字。上半殘缺。
25.5×17×6.3cm。

釋文：面："康五年／□□□朔／柳字□
林。"
側："范陽人"

著錄：《陶齋藏石記》卷 4/13。

0756　王振建墓記磚

西晉元康七年（297）二月十七日

浭陽端方舊藏。

乾刻銘文。正書間隸書，3 行，行字不等，
計 25 字。32.5×16cm。

釋文："元康七年二月十七日，／大（太）
原烏丸歸義王／振建，年七十七，字
文□。"

著錄：《陶齋藏石記》卷 4/14；《專門名
家》第 1 集；《中國書法藝術・魏晉
南北朝》34 頁；《中國磚銘》圖版
394。

0757　公孫仕買地券磚

西晉元康七年（297）二月十七日

浭陽端方舊藏。

乾刻銘文。隸書，4 行，行字不等，計 30
字。32.5×15.5cm。

釋文："元康七年二月十七日，／建市公孫
仕買地百畝，／願錢卅萬，東西兩／
陌，南北自比（？）。"

著錄：《專門名家》第 1 集；《中國磚銘》
圖版 392。

0758　鄧元女墓記磚

西晉元康七年（297）六月廿三日

浭陽端方舊藏，又歸南皮張仁蠡，後歸北
京大學文研所，1952 年後藏故宮博物
院。

乾刻銘文。正書間隸書，面 1 行 4 字，兩
側各 1 行，行字不等，計 18 字。27×
12.5×4.7cm。

釋文：面："鄧元女喪。"
側："元康七年六月廿三日。"
側："六月廿三日。"

著錄：《陶齋藏石記》卷 4/14；《專門名
家・廣倉專錄》專補；《六朝墓誌檢
要》14 頁；《中國磚銘》圖版 369。

0759　齊蔥妻陳氏墓記磚（第一種）

西晉元康七年（297）十月廿二日

河南洛陽出土。

乾刻銘文。正書間隸書，3 行，行字不等，
　　計 20 字。33.5×18cm。

釋文：“元康七年十月廿二日，/散都尉齊
　　蔥妻/陳，居中尚方。”

著錄：《洛陽出土歷代墓誌輯繩》圖版 4；
　　《中國磚銘》圖版 400。

0760　齊蔥妻陳氏墓記磚（第二種）

西晉元康七年（297）十月

河南洛陽出土。

乾刻銘文。正書間隸書，2 行，行字不等，
　　計 10 字。32.5×15.5cm。

釋文：“元康七年十月，/齊蔥妻陳。”

0761　魏雛柩銘磚

西晉［元康八年（298）二月十日］

清宣統元年河南洛陽呂家廟村出土，曾歸
　　上虞羅振玉。

乾刻銘文。隸書，兩面刻，正面 8 行，行
　　12 字；背面 5 行，行 10 字；額隸書，
　　5 行，行 2 字，共計 152 字。有方界
　　格。45.5×21cm。

釋文：額：“晉故/武威/將軍/魏君/侯柩。”

　　正面：“君諱雛，字德義。世以仁
　　勇積脩/為稱。願閑文武軍旅，名奮
　　尚忠/信，行履篤雄，含養慈潤，入
　　孝出/弟，敦世骨肉，□伊蘭芷。願
　　□俯/仰靡徊其内，顯侍閣桓桓皇
　　庭，/德素□相，當冠世榮，不幸卒
　　厥。/息曰忠等禮服闋竟□□罔□，/
　　乃刊石移銘□□其辭曰：”

　　背面：“峨峨魏君，受性清倫。經
　　□/且惠，淑性具□。□□□泰，/動

則宣羣。弘猛英傑，不屈/就聲。出
處合度，操不徇傾。/早失覆差，冥
冥永□。”

著錄：《蒿里遺文目錄三上·專誌徵存目
　　錄上》1 葉；《六朝墓誌檢要》15 頁；
　　《漢魏南北朝墓誌彙編》8 頁；《中國
　　書法藝術·魏晉南北朝》28 頁；《中
　　國磚銘》圖版 528。

附註：墓中有石柱，刻紀年：“元康八年
　　二月甲戌朔十日，將軍魏君之神柩
　　也。”。

0762　張世陵磚

西晉元康八年（298）七月十八日

1974 年山東鄒縣（今鄒城市）郭里鎮獨
　　山村出土。

濕刻銘文。隸書，1 行 12 字。26×12cm。

釋文：“元康八年七月十八日張世陵。”

著錄：《蒿里遺文目錄三上·專誌徵存目
　　錄上》1 葉；山東鄒城市文物局《山
　　東鄒城西晉劉寶墓》（《文物》2005
　　年 1 期）。

0763　魏君妻張氏墓記磚

西晉元康九年（299）十月九日

陝西西安出土，曾歸蘭田閆甘園，藏中國
　　歷史博物館。

乾刻銘文。正書，3 行，行字不等，計 14
　　字。33.5×16.8×7.8cm。

釋文：“元康九年十月九日，/中山將魏妻
　　/張。”

著錄：《蒿里遺文目錄三上·專誌徵存目
　　錄上》1 葉；中國歷史博物館保管部
　　資料組《介紹幾件晉代的行草書塼
　　刻》（《文物》1965 年 12 期）；《中國
　　磚銘》圖版 407。

0764 劉詢墓記磚

西晉元康九年（299）十一月廿一日

蘭田閆甘園舊藏。

乾刻銘文。正書間隸書，4 行，行字不等，
計 31 字。28×14cm。

釋文：“元康九年十一月廿一日，武／勇都
尉魏郡劉詢，／年卅七，字長倫，居
故／廟東□府中。”

著錄：《雪堂專錄·專誌徵存》3 葉。

0765 左棻墓記磚

西晉永康元年（300）四月廿五日葬

1930 年河南偃師縣蔡莊村出土，曾歸新安
張鈁、三原于右任。

乾刻銘文。隸書，兩面刻，正面 4 行，行
10 字；背面 7 行，行 12 字，共計 89
字。有方界格。27.2×14.2cm。

釋文：正面：“左棻，字蘭芝，齊國臨淄
人，／晉武帝貴人也。永康元年／三月
十八日薨。四月廿五／日葬峻陽陵西
徽道內。”

背面：“父熹，字彥雍，太原相弋
陽太守。／兄思，字泰沖。／兄子髦，
字英髦。／兄女芳，字惠芳。／兄女
媛，字紈素。／兄子聰奇，字驃卿，
奉貴人祭祠。／嫂翟氏。”

著錄：《洛陽出土石刻時地記》10 葉；
《漢魏南北朝墓誌集釋》圖版 12；
《北京大學圖書館藏金石拓片草目》
卷 2/23；《六朝墓誌檢要》16 頁；
《北京圖書館藏墓誌拓片目錄》2 頁；
《北京圖書館藏中國歷代石刻拓本彙
編》冊 2/66 頁；《漢魏南北朝墓誌彙
編》10 頁。

附註：《洛陽出土石刻時地記》載：“民國
十九年陰曆十二月，偃師城西十五里

蔡莊村鮑姓自地中掘出。地在洛陽故
城東十里，誌石大如尋常，用磚表裏
刻字，重七斤十二兩。初歸洛陽經司
門馬得清，玉堂與廣慶商之，新安張
伯英先生以四百元得之，旋貼三原于
先生右任。民國二十七年，無錫許同
莘撫原誌於石，屬玉唐（堂）立之墓
墟。”

0766 永康元年九月十八日造磚

西晉永康元年（300）九月十八日造

濕刻銘文。隸書，3 行，行 4、5 字，計 13
字。尺寸不詳。

釋文：“永康元年／九月十八／日造作功
夫。”

著錄：《中國磚銘》圖版 412。

0767 李達買地券磚

西晉永康元年（300）十一月二十七日

20 世紀 80 年代初江蘇鎮江出土，藏鎮江
市博物館。

乾刻銘文。正書間隸書，6 行，行字不等，
計 94 字。32.8×14.2×4cm。

釋文：“永康元年十一月戊午朔廿七日乙
酉收。／鄱陽葛陽李達，年六十七。
今從天買／地，從地買宅，東極甲乙，
南極丙丁，西極庚／辛，北極壬癸，
中英（央）戊巳，買地買宅，雇錢三
百，／華巾三尺。任知者東王公、西
王母，若後／志宅，當詣東王公、西
王母是了，如律令！”

著錄：鎮江博物館《鎮江東吳西晉墓》
（《考古》1984 年 6 期）；《中國古代
磚文》圖版 212；《中國書法藝術·魏
晉南北朝》80 頁；《中國磚銘》圖版
414。

0768 黃宗息女來墓記磚

西晉永寧元年（301）九月十二日

2005 年河南洛陽出土。

乾刻銘文。隸書，3 行，行字不等，計 20 字。31×16cm。

釋文："永寧元年九月十/二日乙卯丑，黃宗息女/來，年十五。"

附註："卯"字旁補刻"丑"字，然而"乙卯"、"乙丑"與十二日干支皆不合。

0769 李君墓記磚

西晉永寧元年（301）□月二十日卒

乾刻銘文。正書間隸書，存 3 行，行存 3、4 字，計 10 字。下半殘缺。17.5×13.5cm。

釋文："永寧元/武邑李/月廿日亡。"

著錄：《蒿里遺文目錄三上・專誌徵存目錄上》2 葉。

0770 張嬰墓記磚

西晉大安三年（304）四月一日

乾刻銘文。隸書，3 行，行 7、8 字，計 22 字。尺寸不詳。

釋文："大安三年四月一日，/京兆張嬰，字世慶，/年廿六。居右尚方。"

著錄：《雪堂專錄・專誌徵存》3 葉；《中國磚銘》圖版 424。

0771 趙氏妻公孫倍喪柩磚

西晉永嘉二年（308）八月十日

乾刻銘文。正書，5 行，行 7 字，計 30 字。28.5×23cm。

釋文："永嘉二年八月癸/西朔十日壬午，部/曲督鉅鹿趙氏妻/公孫倍，年廿五，之喪/柩。"

著錄：《中國磚銘》圖版 432。

0772 孟□妻趙令芝墓記磚

西晉永嘉三年（309）十一月廿一日

1998 年發現于河南洛陽漢魏故城，藏洛陽民間。

乾刻銘文。隸正兼書，3 行，行字不等，計 28 字。31.5×16×4.5cm。

釋文："永嘉三年十一月廿一日丁卯，/中尚方散騎都尉孟□/妻趙令芝，年廿喪。"

著錄：王木鐸《洛陽新獲磚誌說略》（《中國書法》2001 年 4 期）；《邙洛碑誌三百種》9 頁；《新出魏晉南北朝墓誌疏証》4。

0773 石氏磚

西晉（265~316）

曾歸涇陽端方，又歸南皮張仁蠡，後歸北京大學文研所，1952 年後藏故宮博物院。

乾刻銘文。篆書，1 行橫刻 7 字。15.5×32×5.7cm。

釋文："□□四年八，石氏。"

著錄：《陶齋藏甎記》下卷/19；《中國磚銘》圖版 367（作"太康四年石氏磚"）。

附註：疑偽。

0774 君白木作磚

西晉（265~316）七月廿七日作

1987 年安徽鳳台縣出土。

濕刻銘文。草隸，1 行 10 字。刻於磚側。33×17.7（下端 12）×5.5cm。

釋文："七月廿七日君白木作。"

著錄：鳳台縣文物管理所《安徽鳳台縣發

現一座西晉墓》（《考古》1992 年 11
期）。

附註：同墓出土《永寧二年七月十日造》
範製紀年磚。

0775　馬計君磚

西晉（265～316）

1987 年安徽鳳台縣出土。

濕刻銘文。草隸，1 行 3 字。刻於磚側。
32.7×16.6（下端 11.2）×5.5cm。

釋文："馬計君。"

著錄：鳳台縣文物管理所《安徽鳳台縣發
現一座西晉墓》（《考古》1992 年 11
期）。

附註：同墓出土《永寧二年七月十日造》
範製紀年磚"。

0776　呂府君夫人墓青龍畫像磚

西晉（265～316）

民國初年安徽鳳台縣西北鄉顧家橋出土，
歸南陵徐積餘。

濕刻銘文。隸書，磚面刻"青龍"2 字 及
青龍畫像；磚端有範製銘文 2 行。17
×34×5cm。

釋文："青龍。"

著錄：《專門名家·廣倉專錄》第 2 集。

附註：磚端範製銘文"陳郡太守淮南成德
呂府君夫人之槨也。"

0777　廿字磚

西晉（265～316）

藏中國歷史博物館。

濕刻銘文。草隸，1 字。31.3 × 15.5 ×
8cm。

釋文："廿。"

著錄：《中國磚銘》圖版 537；《中國歷史

博物館藏法書大觀》 卷 3/圖版 118
頁。

附註：磚文為工匠手指劃寫。

0778　百廿磚

西晉（265～316）

藏中國歷史博物館。

濕刻銘文。隸書，1 行 2 字。34.7 × 15.3
×9.6cm。

釋文："百廿。"

著錄：中國歷史博物館保管部資料組《介
紹幾件晉代的行草書磚刻》（《文物》
1965 年 12 期）；《中國書法藝術·魏
晉南北朝》65 頁；《中國磚銘》圖版
539；《中國歷史博物館藏法書大觀》
卷 3/圖版 117 頁。

0779　獨良良磚

西晉（265～316）

藏中國歷史博物館。

濕刻銘文。草隸，1 行 3 字。27 × 13.3 ×
5cm。

釋文："獨良良。"

著錄：中國歷史博物館保管部資料組《介
紹幾件晉代的行草書磚刻》（《文物》
1965 年 12 期）；邵磊《六朝草書磚銘
概述》（《書法藝術》1994 年 6 期）；
《中國書法藝術·魏晉南北朝》65
頁；《中國磚銘》圖版 535；《中國歷
史博物館藏法書大觀》卷 3/圖版 124
頁。

附註：'良'字下有重文號。有釋'獨'
字為'獨孤'二字合文。

0780　李進玄孫墓記磚

西晉（265～316）

1973 年河北邯鄲趙都故城出土。

乾刻銘文。正書，2 行，行 4 字，計 8 字。
尺寸不詳。

釋文："魏郡邯鄲/李進玄孫。"

著錄：河北省文物管理處、邯鄲市文物保
管所《趙都邯鄲故城調查報告》
（《考古學集刊》第 4 集，1984 年）。

0781　魯政妻許國暘墓記磚

西晉（265～316）

乾刻銘文。正書，2 行，行 6 字，計 11
字。36.5×18cm。

釋文："烏丸散王魯政/妻許，字國暘。"

著錄：《北京大學圖書館藏金石拓片草目》
卷 1/94；《中國磚銘》圖版 973。

附註：有云偽刻。

0782　孟敞墓記磚

西晉（265～316）

乾刻銘文。隸書，2 行，行 5 字，計 10
字。36×18.5cm。

釋文："尚方□平原/孟敞，字太平。"

著錄：《俟堂專文雜集》146 頁；《中國磚
銘》圖版 966。

0783　王初墓記磚

西晉（265～316）

河南洛陽出土。

乾刻銘文。隸書，2 行，計 8 字。30×
19cm。

釋文："左尚方墼/廣平王初。"

著錄：《專門名家·廣倉專錄》第 2 集；
《中國磚銘》圖版 971。

0784　貫泰柩銘磚

西晉（265～316）

2001 年河南洛陽出土。

乾刻銘文。隸書，3 行，行字不等，計 10
字。28×16.5cm。

釋文："中散大夫燕/國貫泰/之柩。"

著錄：《邙洛碑誌三百種》6 頁。

東　晉

0785　溫嶠墓誌磚

東晉［咸和四年（329）四月卒］

2001 年江蘇南京北郊郭家山出土，藏南京
市博物館。

乾刻銘文。隸書，10 行，行 13 字，計 104
字。背面刻一"平"字。有界格。45
×44×6cm。

釋文："祖濟南太守恭，字仲讓。夫人太
原/郭氏。/父河東太守襜，字少卿。
夫人潁川/陳氏，夫人清河崔氏。/使
持節侍中大將軍、始安忠武公/并州
太原祁縣都鄉仁義里溫嶠，/字泰真，
年卌二。夫人高平李氏，夫/人琅耶
王氏，夫人廬江何氏。息放/之，字
弘祖；息式之，字穆祖；息女膽；/
息女光。"

著錄：南京市博物館《南京北郊東晉溫嶠
墓》（《文物》2002 年 7 期）；《第五
屆中國書法史論國際研討會論文集》
黑白圖版 3；《六朝風采》199；《新
出魏晉南北朝墓誌疏証》6。

附註：據《晉書·溫嶠傳》載，溫嶠卒於
咸和四年四月。

0786　咸和六年墓記磚

東晉咸和六年（331）八月吉日

1985 年廣東德慶縣馬圩區大較村出土。

乾刻銘文。隸書，5 行，行 9 字，計 40

字。尺寸不詳。

釋文："惟晉咸和六年太歲在/辛卯孟秋八月上翔吉/日甲申，立此墳墓。良會/在，參富貴，宜子孫，謹琢/磚，以紀之。"

著錄：《第五屆中國書法史論國際研討會論文集》212頁圖7。

附註：八月己丑朔，月無甲申日。

0787 朱曼妻薛氏買地券磚

東晉咸康四年（338）二月四日

浙江平陽縣出土。

乾刻銘文。篆書，8行，行14字，計104字。有方界格。30×17.2×8.5cm。

釋文："晉咸康四年二月壬子朔四日乙卯，/吳故舍人立節都尉晉陵丹徒朱曼/故妻薛。從天買地，從地買宅。東極甲/乙，南極丙丁，西極庚辛，北極壬癸，中/極戊己，上極天，下極泉。直（值）錢二百萬，/即日交畢，有口薛地，當詣天帝，有口/薛宅，當詣土伯。任知者東王公、西王/母。如天帝律令！"

著錄：《雪堂專錄・地券徵存》2葉；方介堪《晉朱曼妻薛買地宅券》（《文物》1965年6期）；《中國書法藝術・魏晉南北朝》200頁；《中國磚銘》450頁。

附註：《雪堂專錄・地券徵存》載："近出平陽南鄉鯨頭村。"

0788 顏謙婦劉氏墓誌磚

東晉永和元年（345）九月葬

1958年江蘇南京北郊老虎山出土，藏南京市博物館。

乾刻銘文。正書，3行，行7至9字不等，

計24字。32×14.5×4.5cm。

釋文："琅耶顏謙婦劉氏，/年卅四。以晉永和元年/七月廿日亡，九月塟。"

著錄：南京市文物保管委員會《南京老虎山晉墓》（《考古》1959年6期）；郭沫若《由王謝墓誌的出土論到蘭亭序的真偽》（《文物》1965年6期）；《六朝藝術》圖版241；《六朝墓誌檢要》22頁；南京市博物館《南京市博物館藏六朝墓誌》（《東南文化》1992年5期）；《中國古代磚文》圖版266；《漢魏南北朝墓誌彙編》19頁；《中國書法藝術・魏晉南北朝》195頁；《中國磚銘》圖版456；《第五屆中國書法史論國際研討會論文集》彩色圖版。

0789 永和十一年□月十七日磚

東晉永和十一年（354）□月十七日

1998年江蘇南京東郊仙鶴觀出土，藏南京市博物館。

濕刻銘文。隸書，分刻二磚，均1行5字，共計10字。刻於磚端、磚側。尺寸不詳。

釋文：一磚："永和十一年"
　　　一磚："□月十七日。"

著錄：南京市博物館《江蘇南京仙鶴觀東晉墓》（《文物》2001年3期）。

附註：此為高崧妻謝氏墓室（永和十二年三月廿四日葬）用磚。

0790 高崧妻謝氏墓誌磚

東晉永和十二年（356）三月廿四日葬

1998年江蘇南京東郊仙鶴觀出土，藏南京市博物館。

乾刻銘文。正書，4行，行10字，計40

字。50.5×25.2cm。

釋文："鎮西長史、騎都尉、建昌伯/廣陵
高崧夫人會稽謝氏，/永和十一年十
二月七日/薨，十二年三月廿四日
窆。"

著錄：南京市博物館《江蘇南京仙鶴觀東
晉墓》（《文物》2001 年 3 期）；《第
五屆中國書法史論國際研討會論文
集》黑白圖版 16；《新出魏晉南北朝
墓誌疏証》8。

0791　王康之墓誌磚

東晉永和十二年（356）十一月十日葬

2000 年江蘇南京北郊象山出土，藏南京市
博物館。

乾刻銘文。正書，4 行，行 11 字，計 44
字。50×25cm。

釋文："永和十二年十月十七日，晉/故男
子琅耶臨沂王康之，字/承叔，年廿
二卒。其年十一月/十日蕤扵白石，
故刻磚為識。"

著錄：南京市博物館《南京象山 11 號墓
清理簡報》（《文物》2002 年 7 期）；
《第五屆中國書法史論國際研討會論
文集》黑白圖版 4；《新出魏晉南北
朝墓誌疏証》7。

0792　劉剋墓誌磚（第一種）

東晉升平元年（357）十二月七日卒

1962 年江蘇鎮江市賈家灣村出土，藏鎮江
市博物館。

乾刻銘文。正書，正面 3 行，行 6 字；背
面 3 行，行 4 字，共計 30 字。27 ×
15.5cm。

釋文：正面："東海郡郯縣都/鄉容丘里劉
剋，/年廿九，字彥成。"

背面："晉故升平/元年十二/月七
日亡。"

著錄：鎮江市博物館《鎮江市東晉劉剋墓
的清理》（《考古》1964 年 5 期）；
《六朝藝術》圖版 242；《六朝墓誌檢
要》22 頁；《中國古代磚文》圖版
271、272；《中國磚銘》圖版 468、
470。

0793　劉剋墓誌磚（第二種）

東晉升平元年（357）十二月七日卒

1962 年江蘇鎮江市賈家灣村出土，藏鎮江
市博物館。

乾刻銘文。正書，正面 3 行，行 6 字；背
面 2 行，行 6 字，共計 30 字。28 ×
15.5cm。

釋文：正面："東海郡郯縣都/鄉容丘里劉
剋，/年廿九，字彥成。"

　　　背面："晉故升平元年/十二月七日
亡。"

著錄：鎮江市博物館《鎮江市東晉劉克墓
的清理》（《考古》1964 年 5 期）；
《六朝藝術》圖版 246；《六朝墓誌檢
要》22 頁；《中國磚銘》圖版 466、
472。

0794　李緝墓誌磚

東晉升平元年（357）十二月廿日

1999 年江蘇南京東郊呂家山出土，藏南京
市博物館。

乾刻銘文。隸書，正面 4 行，行 8 字，有
界格；側年款 1 行 11 字，共 43 字。
31.4×14.9×5.4cm。

釋文：正面："晉故平南參軍湘南/鄉侯廣
平郡廣平縣/李府君，諱緝，字方
熙。/夫人譙國譙縣陳氏。"

側：“升平元年十二月廿日丙午。”

著錄：南京市博物館《南京呂家山東晉李氏家族墓》（《文物》2000 年 7 期）；王志高、胡舜慶《南京出土東晉李氏家族墓誌書法評析》（《書法叢刊》2000 年 4 期）；《第五屆中國書法史論國際研討會論文集》黑白圖版 9；《新出魏晉南北朝墓誌疏証》13。

0795　李纂妻武氏墓誌磚

東晉升平元年（357）十二月廿日

1999 年江蘇南京東郊呂家山出土，藏南京市博物館。

乾刻銘文。隸書，正面 3 行，行 8 字，有界格；側年款 1 行 11 字，共 34 字。30.7×15.1×5.1cm。

釋文：正面：“晉撫軍參軍廣平郡/廣平縣李纂故妻，潁/川郡長社縣武氏。”

側：“升平元年十二月廿日丙午。”

著錄：南京市博物館《南京呂家山東晉李氏家族墓》（《文物》2000 年 7 期）；王志高、胡舜慶《南京出土東晉李氏家族墓誌書法評析》（《書法叢刊》2000 年 4 期）；《第五屆中國書法史論國際研討會論文集》黑白圖版 12；《新出魏晉南北朝墓誌疏証》13。

附註：同墓還出土有寧康三年十月廿六日《李纂墓誌磚》；東晉《李纂妻何氏記磚》。

0796　李纂墓誌磚

東晉升平元年（357）十二月廿日

1999 年江蘇南京東郊呂家山出土，藏南京市博物館。

乾刻銘文。隸書，正面 3 行，行 8 字，有界格；側年款 1 行 11 字，共 28 字。

31.2×15.5×5.6cm。

釋文：正面：“晉故中軍參軍廣平/郡廣平縣李纂，字仲/山。”

側：“升平元年十二月廿日丙午。”

著錄：南京市博物館《南京呂家山東晉李氏家族墓》（《文物》2000 年 7 期）；王志高、胡舜慶《南京出土東晉李氏家族墓誌書法評析》（《書法叢刊》2000 年 4 期）；《第五屆中國書法史論國際研討會論文集》黑白圖版 10；《新出魏晉南北朝墓誌疏証》13。

附註：墓誌磚上另覆一磚，上下扣合，充作誌蓋。上覆磚刻有正反相對的兩個“晉”字。

0797　王閩之墓誌磚

東晉升平二年（358）三月九日卒

1965 年江蘇南京北郊象山出土，藏南京市博物館。

乾刻銘文。正書，兩面刻，正面 5 行，行 12 字；背面 3 行，行 7 至 9 字不等，共計 84 字。有界格。42.3×19.9×6.2cm。

釋文：正面：“晉故男子琅耶臨沂都鄉南仁/里王閩之，字冶民。故尚書左僕/射特進衛將軍彬之孫，贛令興/之之元子。年廿八，升平二年三/月九日卒。窆於舊墓，在贛令墓”

背面：“之後。故刻塼於墓為識。/妻吳興施氏，字女式。/弟嗣之、咸之、預之。”

著錄：南京市博物館《南京象山 5 號、6 號、7 號墓清理簡報》（《文物》1972 年 11 期）；《六朝藝術》250 頁；《六朝墓誌檢要》23 頁；南京市博物館《南京市博物館藏六朝墓誌》（《東南文化》1992 年 5 期）；《中國古代磚文》圖版 273；《漢魏南北朝墓誌彙編》19 頁；《中國書法藝術·魏晉南北朝》197 頁；《中國磚銘》圖版 474、476；《第五屆中國書法史論國際研討會論文集》彩色圖版。

0798　王丹虎墓誌磚

東晉升平三年（359）九月三十日葬

1965 年江蘇南京北郊象山出土，藏南京市博物館。

乾刻銘文。正書，5 行，行 14 字，計 65 字。有界格。48×24.8×5.4cm。

釋文："晉故散騎常侍、特進衛將軍、尚書左／僕射都亭肅侯琅耶臨沂王彬之長／女，字丹虎。年五十八，升平三年七月／廿八日卒。其年九月卅日，窆于白／石，在彬之墓右。刻磚為識。"

著錄：南京市文物保管委員會《南京象山東晉王丹虎墓和二、四號墓發掘簡報》（《文物》1965 年 10 期）；《六朝墓誌檢要》23 頁；《六朝藝術》254 頁；南京市博物館《南京市博物館藏六朝墓誌》（《東南文化》1992 年 5 期）；《漢魏南北朝墓誌彙編》19 頁；《中國書法藝術·魏晉南北朝》198 頁；《中國磚銘》圖版 478；《第五屆中國書法史論國際研討會論文集》彩色圖版。

0799　卞氏王夫人墓記磚

東晉太和元年（366）八月

1955 年江蘇南京光華門外趙士崗出土，藏南京市博物館。

乾刻銘文。正書，兩面刻，面 1 行 5 字；側有年款（失拓）。31×17×4.5cm。

釋文："卞氏王夫人。"

著錄：《六朝藝術》256 頁；南京市博物館《南京市博物館藏六朝墓誌》（《東南文化》1992 年 5 期）；《漢魏南北朝墓誌彙編》21 頁；《中國磚銘》圖版 950。

0800　高崧墓誌磚

東晉太和元年（366）十一月十二日葬

1998 年江蘇南京東郊仙鶴觀出土，藏南京市博物館。

乾刻銘文。正書，4 行，行 8 字，計 31 字。48.1×24.8×5.7cm。

釋文："晉故侍中、騎都尉、建／昌伯廣陵高崧，泰和／元年八月廿二日薨，／十一月十二日窆。"

著錄：南京市博物館《江蘇南京仙鶴觀東晉墓》（《文物》2001 年 3 期）；《第五屆中國書法史論國際研討會論文集》黑白圖版 15；《六朝風采》201；《新出魏晉南北朝墓誌疏証》8。

0801　王仚之墓誌磚

東晉太和三年（368）元月廿八日葬

1998 年江蘇南京北郊象山出土，藏南京市博物館。

乾刻銘文。隸書，8 行，行 2 至 16 字，共 88 字。51×26×7cm。

釋文："晉故前丹楊令騎都尉琅耶臨沂都鄉南／仁里王仚之，字少及，春秋卅九。泰和二年／十二月廿一日卒，三年初月廿八日，窆于／丹楊建康之白石，故剠（刻）石為志。／所生母夏氏。／妻曹氏。／息女字媚榮，適廬江何粹，字祖慶。／息男摹之，字敬道。"

著錄：南京市博物館《南京象山 8 號、9 號、10 號墓發掘簡報》（《文物》2000 年 7 期）；胡舜慶、姜林海《南京出土東晉王氏四方墓誌書法評析》（《書法叢刊》2000 年 4 期）；《第五屆中國書法史論國際研討會論文集》黑白圖版 17；《新出土魏晉南北朝墓誌疏証》10。

0802　王建之妻劉媚子墓誌磚

東晉太和六年（371）十一月八日葬

1998 年江蘇南京北郊象山出土，藏南京市博物館。

乾刻銘文。隸書，14 行，行 10 至 12 字，共 144 字。51×26×7cm。

釋文："晉振威將軍、鄱陽太守、都/亭侯琅耶臨沂縣都鄉南/仁里王建之，字榮妣，故夫人/南陽涅陽劉氏，字媚子，春秋/五十三。泰和六年六月十四日/薨于郡官舍。夫人光祿勳東/昌男璞之長女，年廿來歸，生/三男三女，二男未識不育，二/女並二歲亡。小女張願，適濟/陰卞嗣之，字奉伯。小男紀之，/字元萬。其年十月三日喪還/都，十一月八日倍（陪）塟于/舊墓。在丹陽建康之白石，故刻石/為識。"

著錄：南京市博物館《南京象山 8 號、9 號、10 號墓發掘簡報》（《文物》2000 年 7 期）；胡舜慶、姜林海《南京出土東晉王氏四方墓誌書法評析》（《書法叢刊》2000 年 4 期）；《第五屆中國書法史論國際研討會論文集》黑白圖版 19。

附註：同墓還出土石質劉媚子墓誌。

0803　李纂墓誌磚

東晉寧康三年（375）十月廿六日

1999 年江蘇南京東郊呂家山出土，藏南京市博物館。

乾刻銘文。正書，3 行，行 3 至 9 字，計 21 字。29.7×14.5×4.8cm。

釋文："晉故宜都太守魏郡肥/鄉李纂。/寧康三年十月廿六日。"

著錄：南京市博物館《南京呂家山東晉李氏家族墓》（《文物》2000 年 7 期）；王志高、胡舜慶《南京出土東晉李氏家族墓誌書法評析》（《書法叢刊》2000 年 4 期）；《第五屆中國書法史論國際研討會論文集》黑白圖版 11；《新出魏晉南北朝墓誌疏証》13。

附註：同墓還出土有升平元年十二月廿日《李纂妻武氏墓誌磚》；東晉《李纂妻何氏墓記磚》。

0804　孟府君墓誌磚（第一種）

東晉太元元年（376）十二月十二日

1976 年安徽馬鞍山市出土，藏安徽省博物館。

乾刻銘文。正書，3 行，行字不等，計 29 字。35×17cm。

釋文："泰元元年十二月十二日，晉故/平昌郡安丘縣始興相/散騎常侍孟府君墓。"

著錄：安徽省文物工作隊《安徽馬鞍山東晉墓清理》（《考古》1980 年 6 期）；《六朝藝術》258 頁；《中國古代磚文》圖版 285；《漢魏南北朝墓誌彙編》20 頁；《中國書法藝術·魏晉南北朝》198 頁；《中國磚銘》圖版 488。

附註：同時出土孟府君墓誌磚共五塊，第

一、二、三種行款相同，第四、五種
行款相同。

0805 孟府君墓誌磚（第二種）

東晉太元元年（376）十二月十二日

1976 年安徽馬鞍山市出土，藏安徽省博物
館。

乾刻銘文。正書，3 行，行字不等，計 29
字。35×17cm。

釋文："泰元元年十二月十二日，晉故／平
昌郡安丘縣始興相／散騎常侍孟府君
墓。"

著錄：安徽省文物工作隊《安徽馬鞍山東
晉墓清理》（《考古》1980 年 6 期）；
《六朝藝術》258 頁；《中國古代磚
文》圖版 285；《漢魏南北朝墓誌彙
編》20 頁；《中國書法藝術·魏晉南
北朝》198 頁；《中國磚銘》圖版
490。

附註：同時出土孟府君墓誌磚共五塊，第
一、二、三種行款相同，第四、五種
行款相同。

0806 孟府君墓誌磚（第三種）

東晉太元元年（376）十二月十二日

1976 年安徽馬鞍山市出土，藏安徽省博物
館。

乾刻銘文。正書，3 行，行字不等，計 29
字。35×17cm。

釋文："泰元元年十二月十二日，晉故／平
昌郡安丘縣始興相／散騎常侍孟府君
墓。"

著錄：安徽省文物工作隊《安徽馬鞍山東
晉墓清理》（《考古》1980 年 6 期）；
《六朝藝術》258 頁；《中國古代磚
文》圖版 285；《漢魏南北朝墓誌彙

編》20 頁；《中國書法藝術·魏晉南
北朝》199 頁；《中國磚銘》圖版
496。

附註：同時出土孟府君墓誌磚共五塊，第
一、二、三種行款相同，第四、五種
行款相同。

0807 孟府君墓誌磚（第四種）

東晉太元元年（376）十二月十二日

1976 年安徽馬鞍山市出土，藏安徽省博物
館。

乾刻銘文。正書，3 行，行字不等，計 29
字。35×17cm。

釋文："泰元元年十二月十二日，晉故／平
昌郡安丘縣始興相散／騎常侍孟府君
墓。"

著錄：安徽省文物工作隊《安徽馬鞍山東
晉墓清理》（《考古》1980 年 6 期）；
《六朝藝術》258 頁；《漢魏南北朝墓
誌彙編》20 頁；《中國書法藝術·魏
晉南北朝》199 頁；《中國磚銘》圖
版 492。

附註：同時出土孟府君墓誌磚共五塊，第
一、二、三種行款相同，第四、五種
行款相同。

0808 孟府君墓誌磚（第五種）

東晉太元元年（376）十二月十二日

1976 年安徽馬鞍山市出土，藏安徽省博物
館。

乾刻銘文。正書，3 行，行字不等，計 29
字。35×17cm。

釋文："泰元元年十二月十二日，晉故／平
昌郡安丘縣始興相散／騎常侍孟府君
墓。"

著錄：安徽省文物工作隊《安徽馬鞍山東

晉墓清理》（《考古》1980 年 6 期）；
《六朝藝術》258 頁；《漢魏南北朝墓
誌彙編》20 頁；《中國書法藝術·魏
晉南北朝》199 頁；《中國磚銘》圖
版 494。

附註：同時出土孟府君墓誌磚共五塊，第
一、二、三種行款相同，第四、五種
行款相同。

0809　太元九年磚
東晉太元九年（384）
江蘇吳縣橫山濱出土，歸安吳氏舊藏。
濕刻銘文。行草書，2 行，行 4 字，計 8
字。32. 5×15. 5cm。
釋文："太元九年/歲在甲申。"
著錄：《草隸存》卷 4/26；《專門名家》
第 1 集；《磚文拓片選》（《書法叢
刊》1998 年 1 期）；《北京大學圖書
館藏歷代金石拓本菁華》47；《中國
磚銘》圖版 502。

0810　王康之妻何法登墓誌磚
東晉太元十四年（389）三月六日葬
2000 年江蘇南京北郊象山出土，藏南京市
博物館。
乾刻銘文。正書，7 行，行 6 至 14 字，計
79 字。49×23. 5cm。
釋文："晉故處士琅耶臨沂王康之妻，廬
江/潛何氏侍中司空父穆公女，字法
登，/年五十一。泰元十四年正月廿
五日卒，/其年三月六日，附塋處士
君墓于/白石，刻塼為識。/養兄臨
之，息績之。/女字凤旻，適廬江何
元度。"
著錄：南京市博物館《南京象山 11 號墓
清理簡報》（《文物》2002 年 7 期）；

《第五屆中國書法史論國際研討會論
文集》黑白圖版 5；《新出魏晉南北
朝墓誌疏証》14。

0811　王彬繼室夏金虎墓誌磚
東晉太元十七年（392）正月廿二日卒
1966 年江蘇南京北郊象山出土，藏南京市
博物館。
乾刻銘文。正書，6 行，行 13 至 19 字不
等，計 86 字。有界格。50. 8×23. 7×
5. 8cm。
釋文："晉故衛將軍左僕射蕭侯琅耶/臨沂
王彬繼室夫人夏金虎，年八十五，/
太元十七年正月廿二亡。夫人男仚
之，衛軍參軍。/婦彭城曹季姜。父
蔓，少府卿。大女翁愛，/嫡泲陽丁
引。父寶，永嘉太守。小女隆愛，嫡
長樂/馮循。父懷，太常卿。"
著錄：南京市博物館《南京象山 5 號、6
號、7 號墓清理簡報》（《文物》1972
年 11 期）；《六朝藝術》268 頁；《六
朝墓誌檢要》24 頁；南京市博物館
《南京市博物館藏六朝墓誌》（《東南
文化》1992 年 5 期）；《中國古代磚
文》圖版 290；《漢魏南北朝墓誌彙
編》20 頁；《中國磚銘》圖版 506；
《第五屆中國書法史論國際研討會論
文集》彩色圖版。

0812　謝琰墓誌磚
東晉太元二十一年（396）七月十四日
1972 年江蘇溧陽縣出土，藏南京市博物
館。
乾刻銘文。正書間隸書，存 7 行，行字不
等，計存 61 字。32×24. 5×6cm。
釋文："晉故豫州陳郡陽夏縣都/鄉吉遷

135

里，附（駙）馬都尉朝□/溧陽令給事中散騎常侍謝/琰，字弘仁。/夫人司徒左長史太原晉陽王/濛仲祖女。太元廿一年七月十四日。"（後似有字一行，模糊不可辨）

著錄：曉光《江蘇溧陽發現東晉墓誌》（《考古》1973 年 3 期）；《六朝藝術》270 頁；《中國古代磚文》圖版 289；《漢魏南北朝墓誌彙編》20 頁；《中國磚銘》圖版 509。

0813 謝溫墓誌磚

東晉義熙二年（406）十一月廿八日

1986 年江蘇南京南郊司家山出土，藏南京市博物館。

乾刻銘文。正書，8 行，行 20 字左右，計存約 106 字。磚右下角殘缺。46.4 × 23 ×6.5cm。

釋文："晉故義熙二年丙午歲九月……/縣都鄉吉遷里謝溫，字長仁。□□□□十一月廿八日□/丹楊郡江寧縣牛頭山。祖攸，散騎郎。祖母潁川庾/氏，諱女淑；父諱璵。母河東衛氏；□□；伯諱琁，豫/寧縣開國伯；叔諱球，輔國參軍；姊諱□，適太/原溫楷之；外祖諱准，□□□關內侯□諱□/□□□□□□父諱簡之，散騎郎。/□凝之，左將軍、會稽內史□□。"

著錄：南京市博物館、雨花區文化局《南京南郊六朝謝琁墓》（《文物》1998 年 5 期）；《中國磚銘》圖版 515；《新出魏晉南北朝墓誌疏証》16。

0814 謝球墓誌磚

東晉義熙三年（407）七月廿四日葬

1986 年江蘇南京南郊司家山出土，藏南京市博物館。

乾刻銘文，正書，面 9 行，行 28 字；側 1 行，18 字。共計 219 字。45 × 23 ×6cm。

釋文：面："晉故輔國參軍豫州陳郡陽夏縣都鄉吉遷里，謝/球，字景璋，年卅一，義熙三年三月廿六日亡。其年七月廿四日，安厝丹楊/郡秣陵縣賴鄉石泉里牛頭山。祖奕，侍中使持節鎮西將軍豫州/刺史，夫人陳留阮氏；父攸，散騎郎，夫人潁川庾，諱女淑；伯淵，義興/太守，夫人琅琊王氏；叔靖，太常卿，夫人潁川庾氏；叔玄，車騎/將軍會稽內史康樂公，夫人譙國桓氏；兄琁，豫寧伯，夫/人同郡袁氏；兄瑨，夫人河東衛氏；外祖翼，車騎將軍揚州/刺史，夫人劉氏。球妻琅琊王德光，祖羲之，右軍將軍、會/稽內史；父煥之，海鹽令。球息女令□；息男元。"

側："晉故輔國參軍豫州謝球，安厝丹楊郡牛頭山。"

著錄：南京市博物館、雨花區文化局《南京司家山東晉、南朝謝氏家族墓》（《文物》2000 年 7 期）；《中國磚銘》圖版 516；《第五屆中國書法史論國際研討會論文集》黑白圖版 21。

0815 謝球妻王德光墓誌磚

東晉義熙十二年（416）七月廿五日葬

1986 年江蘇南京南郊司家山出土，藏南京市博物館。

乾刻銘文，正書，3 行，行 14 字，計 29 字。30 × 15 × 4cm。

釋文："謝球妻王德光，以義熙一十二年

六/月四日亡，以其年七月廿五日合/窆球墓。"

著錄：南京市博物館、雨花區文化局《南京司家山東晉、南朝謝氏家族墓》（《文物》2000 年 7 期）；《中國磚銘》圖版 520；《第五屆中國書法史論國際研討會論文集》黑白圖版 22。

0816　李纂妻何氏墓記磚

東晉(317～420)

1999 年江蘇南京東郊呂家山出土，藏南京市博物館。

乾刻銘文。正書，1 行 8 字。29.4 × 14.5 × 4.7cm。

釋文："夫人東海郯縣何氏。"

著錄：南京市博物館《南京呂家山東晉李氏家族墓》（《文物》2000 年 7 期）；王志高、胡舜慶《南京出土東晉李氏家族墓誌書法評析》（《書法叢刊》2000 年 4 期）；《新出魏晉南北朝墓誌疏証》13。

附註：同墓還出土有升平元年十二月廿日《李纂妻武氏墓誌磚》；寧康三年十月廿六日《李纂墓誌磚》。

0817　劉顥妻徐氏墓記磚（第一種）

東晉(317～420)

1984 年江蘇鎮江市諫壁鎮出土。

乾刻銘文。正書，2 行，行字不等，計 11 字。32.5 × 15.5 × 4.5cm。

釋文："晉彭城呂縣劉顥/之妻徐氏。"

著錄：鎮江博物館《江蘇鎮江諫壁磚瓦廠東晉墓》（《考古》1988 年 7 期）；《中國磚銘》圖版 544。

0818　劉顥妻徐氏墓記磚（第二種）

東晉(317～420)

1984 年江蘇鎮江市諫壁鎮出土。

乾刻銘文。正書，2 行，行 6 字、5 字不等，計 11 字。32.5 × 15.5 × 4.5cm。

釋文："晉彭城呂縣劉/顥之妻徐氏。"

著錄：鎮江博物館《江蘇鎮江諫壁磚瓦廠東晉墓》（《考古》1988 年 7 期）；《中國磚銘》圖版 545；《新出魏晉南北朝墓誌疏証》19。

0819　劉庚墓記磚（第一種）

東晉(317～420)

1984 年江蘇鎮江市諫壁鎮出土。

乾刻銘文。隸書，2 行，行 6 字，計 12 字。32.5 × 15.5 × 4.5cm。

釋文："彭城郡呂縣司/吾令劉庚之墓。"

著錄：鎮江博物館《江蘇鎮江諫壁磚瓦廠東晉墓》（《考古》1988 年 7 期）；《中國磚銘》圖版 542；《新出魏晉南北朝墓誌疏証》19。

0820　劉庚墓記磚（第二種）

東晉(317～420)

1984 年江蘇鎮江市諫壁鎮出土。

乾刻銘文。隸書，2 行，行 6 字，計 12 字。32.5 × 15.5 × 4.5cm。

釋文："彭城郡呂縣司/吾令劉庚之墓。"

著錄：鎮江博物館《江蘇鎮江諫壁磚瓦廠東晉墓》（《考古》1988 年 7 期）；《中國磚銘》圖版 543。

0821　劉庚墓記磚（第三種）

東晉(317～420)

1984 年江蘇鎮江市諫壁鎮出土。

乾刻銘文。隸書，2 行，行 5、7 字不等，計 12 字。32.5×15.5×4.5cm。

釋文："彭城郡呂縣司吾/令劉庚之墓。"

著錄：鎮江博物館《江蘇鎮江諫壁磚瓦廠東晉墓》（《考古》1988 年 7 期）；《中國磚銘》圖版 544。

0822 廣州蒼梧廣信侯磚

東晉（317~420）

2001 年廣東肇慶市端州區黃崗鎮大路田村出土。

濕刻銘文。隸書，1 行 12 字。36×16×4.5cm。

釋文："高□□□廣州蒼梧廣信侯也。"

著錄：廣州市文物考古研究所等《廣東肇慶市坪石崗東晉墓》（《華南考古》第 1 集，2004 年）。

附註：同墓出土《泰寧三年五月》等範製紀年磚"。

0823 未豆磚

當東晉時（317~420）

1990 年吉林集安高句麗好太王陵出土。

乾刻銘文。隸書，1 行 2 字。37×23×5.3cm。

釋文："未豆。"

著錄：吉林省文物考古研究所等《集安高句麗王陵——1990–2003 年集安高句麗王陵調查報告》。

附註：好太王陵啟用時間在高句麗長壽二年，當東晉義熙十年（414）。

0824 宋鴨子磚

東晉（317~420）

清道光 14 年浙江臨海縣出土，桐城吳氏舊藏。

濕刻銘文。行草書，2 行，行 6 字，計 12

字。32.5×13×3.8cm。

釋文："番紀闇宋鴨子，/令人無不知者。"

著錄：《草隸存》卷 4/28；《專門名家》第 1 集；《中國書法藝術·魏晉南北朝》65 頁；《磚文拓片選》（《書法叢刊》1998 年 1 期）；《北京大學圖書館藏歷代金石拓本菁華》46。

0825 徐司馬墓記磚

東晉（317~420）

1949 年後江蘇鎮江出土，藏鎮江博物館。

乾刻銘文。隸書，1 行 3 字。30×15.5×4cm。

釋文："徐司馬。"

著錄：劉建國《鎮江東晉墓》（《文物資料叢刊》8 集，1983 年）。

0826 謝氏墓記磚

東晉（317~420）

1949 年後江蘇鎮江出土，藏鎮江博物館。

乾刻銘文。隸書，1 行 4 字。28×14.5×4cm。

釋文："臨淮謝氏。"

著錄：劉建國《鎮江東晉墓》（《文物資料叢刊》8 集，1983 年）。

0827 甄君妻解夫人墓記磚

東晉（317~420）

1989 年廣東廣州下塘獅帶崗出土。

乾刻銘文。正書，兩面刻，兩面均 1 行 4 字，計 8 字。35×16×4.5cm。

釋文：一面："甄壽亡親"
　　　一面："解夫人墓。"

著錄：廣州市文物管理委員會《廣州市下塘獅帶崗晉墓發掘簡報》（《考古》1996 年 1 期）。

晉（無紀年）

0828　孫模喪柩磚

晉（265~420）

曾歸涇陽端方，又歸南皮張仁蠡，後歸北京大學文研所，1952 年後藏故宮博物院。

乾刻銘文。隸書，2 行，行 6 字，計 12字。31.5 × 16 × 5.9cm。

釋文："河陰樂陵孫模，/字獻璋，之喪柩。"

著錄：《陶齋藏甎記》下卷/18；《雪堂專錄·專誌徵存》8 葉；《草隸存》卷4/32；《中國磚銘》圖版 948。

0829　元二年殘磚

晉（265~420）

曾歸涇陽端方。

乾刻銘文。隸書，存 1 行 3 字。僅存碎塊。17 × 12cm。

釋文："元二年"

著錄：《陶齋藏甎記》上卷/13。

附註：端方將此磚附於漢永元，卻云："右殘甎書執（藝）較漢蹟稍變，未敢決其為永元甎也。"

0830　□和五八月四日作等字磚

晉（265~420）□和五年八月四日

濕刻銘文。正書，計存 10 字。刻於磚側。尺寸不詳。

釋文："……和五（漏刻"年"字）八月四日作小□□。"

著錄：《中國磚銘》圖版 995。

0831　九月十日等字磚

晉（265~420）九月十日

濕刻銘文。行書，2 行，行 3、4 字不等，計 7 字。22.5 × 14cm。

釋文："九月十日/九元四。"

著錄：《草隸存》卷 4/30；《專門名家·廣倉專錄》第 2 集；《中國磚銘》圖版 850。

0832　盧奴民磚

晉（265~420）

藏中國歷史博物館。

濕刻銘文。隸書，1 行 3 字。31.5 × 16.2× 8.7cm。

釋文："盧奴民。"

著錄：中國歷史博物館保管部資料組《介紹幾件晉代的行草書塼刻》（《文物》1965 年 12 期）；《中國磚銘》圖版530；《中國歷史博物館藏法書大觀》卷 3/圖版 125 頁。

附註：盧奴縣西漢置，後改名，北魏復名，治所在今河北定縣，北齊廢。

0833　廿百枚磚

晉（265~420）

藏中國歷史博物館。

濕刻銘文。隸書，1 行 3 字。31.6 × 15.7× 8.9cm。

釋文："廿百枚。"

著錄：中國歷史博物館保管部資料組《介紹幾件晉代的行草書塼刻》（《文物》1965 年 12 期）；《中國磚銘》圖版539；《中國歷史博物館藏法書大觀》卷 3/圖版 115 頁。

0834　四百二十磚
晉（265～420）
藏中國歷史博物館。
濕刻銘文。隸書，1 行 4 字。32 × 15.8 × 5.6cm。
釋文："四百二十。"
著錄：《中國磚銘》圖版 539；《中國歷史博物館藏法書大觀》卷 3/圖版 120 頁。

0835　大吉大利磚
晉（265～420）
乾刻銘文。正書，1 行 4 字。尺寸不詳。
釋文："大吉大利。"
著錄：《中國磚銘》圖版 768。

0836　當為磚
晉（265～420）
濕刻銘文。行書，1 行 2 字。刻於磚側。18 × 5.2cm。
釋文："當為。"
著錄：《草隸存》卷 4/34；《專門名家·廣倉專錄》第 2 集。

0837　李道秀磚
晉（265～420）
濕刻銘文。隸書，1 行 3 字。刻於磚側。14 × 5.5cm。
釋文："李道秀。"
著錄：《上陶室磚瓦文擴》卷 9；《中國古代磚文》圖版 400；《中國磚銘》圖版 952。

0838　梁長□磚
晉（265～420）
濕刻銘文。正書間隸書，1 行 3 字。刻於磚端。10 × 4.5cm。
釋文："梁長□。"
著錄：《俟堂專文雜集》155 頁；《中國磚銘》圖版 745。

0839　六平磚（甲種）
晉（265～420）
會稽顧鼎梅舊藏。
乾刻銘文。隸書，1 行 2 字。28 × 14cm。
釋文："六平。"
著錄：《專門名家·廣倉專錄》第 2 集。
附註：或為範磚。

0840　六平磚（乙種）
晉（265～420）
紹興范壽銘舊藏。
乾刻銘文。隸書，1 行 2 字。28 × 14cm。
釋文："六平。"
附註：或為範磚。

0841　羅君婦張武墓記磚
晉（265～420）
乾刻銘文。正書，2 行，行 3 字，計 6 字。尺寸不詳。
釋文："羅婦張/武墓也。"
著錄：《中國磚銘》圖版 755。

0842　農字磚
晉（265～420）
藏中國歷史博物館。
濕刻銘文。隸書，1 字。29.4 × 14.8 × 7.1cm。
釋文："農"
著錄：《中國磚銘》圖版 537；《中國歷史博物館藏法書大觀》卷 3/圖版 127 頁（入北朝）。

0843 韓弘墓記磚

晉（265～420）

乾刻銘文。正書，1 行 4 字。35×17cm。

釋文：“魏郡韓弘。”

著錄：《蒿里遺文目錄三上·專誌微存目
錄上》2 葉；《中國磚銘》圖版 965；
《北山談藝錄續編》153 頁。

附註：魏郡西漢置，治所在今河北鄴鎮，
後移河南安陽，唐廢。

0844 邳集墓記磚

晉（265～420）

1972 年江蘇楊州出土。

乾刻銘文。隸書，1 行 4 字。尺寸不詳。

釋文：“長樂邳集。”

著錄：揚州博物館《江蘇邗江發現兩座南
朝畫像磚墓》（《考古》1984 年 3
期）；《中國磚銘》圖版 965。

0845 邳□墓記磚

晉（265～420）

1972 年江蘇楊州出土。

乾刻銘文。隸書，1 行 5 字。下半殘缺。
尺寸不詳。

釋文：“魏郡鄴邳□。”

著錄：揚州博物館《江蘇邗江發現兩座南
朝畫像磚墓》（《考古》1984 年 3
期）；《中國磚銘》圖版 965。

0846 司馬炎磚

晉（265～420）

濕刻銘文。行書，1 行 3 字。尺寸不詳。

釋文：“司馬炎。”

著錄：《中國古代磚文》圖版 386；《中國
磚銘》圖版 541。

0847 吳沒□磚

晉（265～420）

江蘇吳縣橫山濱出土，漢陽葉氏舊藏。

濕刻銘文。隸書，1 行 3 字。32.5×15cm。

釋文：“吳沒□。”

著錄：《專門名家》第 1 集；《草隸存》卷
4/27；《中國磚銘》圖版 949。

0848 賢夫人磚

晉（265～420）

藏中國歷史博物館。

濕刻銘文。草隸，1 行 4 字。34.7×17.2
×11.3cm。

釋文：“賢夫人（夫人合文）□”

著錄：《中國磚銘》圖版 1298；《中國歷
史博物館藏法書大觀》卷 3/圖版 126
頁（入北朝）。

0849 徐皋磚

晉（265～420）

涇陽端方舊藏，又歸南皮張仁蠡，後歸北
京大學文研所，1952 年後藏故宮博物
院。

乾刻銘文。隸書，2 行，行 2 字，計 4 字。
11.5×7.5cm。

釋文：“襄安/徐皋。”

著錄：《陶齋藏甎記》下卷/8（作漢刻）。

附註：襄安縣治所在今安徽無為縣西南襄
安，南朝宋廢。

0850 卅二等字磚

晉（265～420）

濕刻銘文。隸行兼書，2 行，行 4 字，計
7 字。尺寸不詳。

釋文：“□□西□/所（？）卅二。”

著錄：《中國磚銘》圖版 1299。

十六國・漢

0851　張長元墓記磚

十六國・漢（前趙）光初十年（327）正
　　月七日

陝西西安出土。蘭田閆甘園舊藏。

乾刻銘文。正書，3 行，行字不等，計 20
　　字左右。16×10.3cm。

釋文：“光初十年正月七/日，□□□張長
　　元□/審吉室未□。”

十六國・後趙

0852　建武元年三月二日作磚

十六國・後趙建武元年（335）三月二日
　　作

1974 年山東沂水縣出土。

濕刻銘文。隸書，1 行 9 字。43×22×
　　8cm。

釋文：“建武元年三（漏刻“月”字）二
　　日作□。”

著錄：馬璽倫《山東沂水縣發現“軍假司
　　馬”印》（《考古》1986 年 1 期）；
　　《中國古代磚文》圖版 299；《中國磚
　　銘》圖版 553（不全）。

十六國・前燕

0853　李廞墓記磚

十六國・前燕永昌三年（324）正月二十
　　六日卒

1992 年遼寧錦州淩河區出土。

乾刻銘文。正書，3 行，行字不等，計 15
　　字。32×15cm。

釋文：“燕國薊李廞，/永昌三年正月廿六

/日亡。”

著錄：辛發等《錦州前燕李廞墓清理簡
　　報》（《文物》1995 年 6 期）；《中國
　　磚銘》圖版 554；《新出魏晉南北朝墓
　　誌疏証》5。

附註：十六國前燕無永昌年號，永昌三年
　　當是慕容皝稱燕王之前，燕政權所沿
　　用的東晉年號。

0854　馬遠越造陶作磚

十六國・前燕元璽四年（355）庚戌朔之
　　月十四日

20 世紀 70 年代河北正定縣大豐屯村出土，
　　藏正定縣文物管理所。

乾刻銘文。正書，4 行，行字不等，計 54
　　字。32×16.5cm。

釋文：“元璽四年庚戌朔十四日乙未，奉
　　車都/關內侯馬遠越造陶作塼五萬/
　　枚，用功三萬二千，土室遺監作中將
　　慕/容乾清酒七百斛，牛犢二百頭。”

著錄：程紀中《河北正定縣出土前燕元璽
　　四年刻字墓磚》（《文物》1981 年 3
　　期）；《中國磚銘》圖版 555。

附註：元璽四年無庚戌朔日之月。

0855　建熙七年磚

十六國・前燕建熙七年（366）八月

濕刻銘文。隸書，1 行 6 字。尺寸不詳。

釋文：“建熙七年八月。”

著錄：《中國磚銘》圖版 557。

十六國・前秦

0856　瞿威然墓記磚

十六國・前秦甘露三年（361）四月廿四
　　日

乾刻銘文。隸書，左行，2 行，行 4、8 字
不等，計 12 字。尺寸不詳。

釋文："甘露三年四月廿四/日，瞿威然。"

著錄：《中國磚銘》圖版 558。

0857　朱圮妻張氏墓記磚

十六國·前秦建元十四年（378）二月十
二日

1999 年陝西咸陽市文林小區出土。

乾刻銘文。隸書，2 行，行字不等，計 16
字。34×14×6cm。

釋文："建元十四年二月十二日，張氏女/
朱圮婦。"

著錄：岳起、劉衛鵬《關中地區十六國墓
的初步認定》（《文物》2004 年 8
期）；謝高文《陝西咸陽文林小區前
秦墓出土的有銘磚小考》（《碑林集
刊》第 10 集，2004 年）；咸陽市文物
考古研究所《陝西咸陽市文林小區前
秦朱氏家族墓的發掘》（《考古》2005
年 4 期）。

0858　朱丈墓記磚

十六國·前秦（350~394）

1999 年陝西咸陽市文林小區出土。

乾刻銘文。隸書，兩面刻，正面 1 行 5
字；背面 1 行 4 字，共計 9 字。33.5
×14×6cm。

釋文：正面："朱丈。北至首，"
背面："東至廟門。"

著錄：謝高文《陝西咸陽文林小區前秦墓
出土的有銘磚小考》（《碑林集刊》
第 10 集，2004 年）；咸陽市文物考古
研究所《陝西咸陽市文林小區前秦朱
氏家族墓的發掘》（《考古》2005 年 4
期）。

0859　朱卿墓記磚（甲種）

十六國·前秦（350~394）

20 世紀 90 年代陝西咸陽市文林小區出土。

乾刻銘文。隸書，1 行 2 字。33.5×13.5
×6cm。

釋文："朱卿。"

著錄：謝高文《陝西咸陽文林小區前秦墓
出土的有銘磚小考》（《碑林集刊》
第 10 集，2004 年）；咸陽市文物考古
研究所《陝西咸陽市文林小區前秦朱
氏家族墓的發掘》（《考古》2005 年 4
期）。

0860　朱卿墓記磚（乙種）

十六國·前秦（350~394）

1999 年陝西咸陽市文林小區出土。

乾刻銘文。隸書，1 行 2 字。34×14×
6cm。

釋文："朱卿。"

著錄：謝高文《陝西咸陽文林小區前秦墓
出土的有銘磚小考》（《碑林集刊》
第 10 集，2004 年）；咸陽市文物考古
研究所《陝西咸陽市文林小區前秦朱
氏家族墓的發掘》（《考古》2005 年 4
期）。

0861　朱苛、朱德墓記磚

十六國·前秦（350~394）

1999 年陝西咸陽市文林小區出土。

乾刻銘文。隸書，兩面刻，二面均 1 行 2
字，共計 4 字。34.5×14×6cm。

釋文：一面："朱苛。"
一面："朱意。"

著錄：謝高文《陝西咸陽文林小區前秦墓
出土的有銘磚小考》（《碑林集刊》
第 10 集，2004 年）；咸陽市文物考古

研究所《陝西咸陽市文林小區前秦朱氏家族墓的發掘》（《考古》2005 年 4 期）。

0862 朱□墓記磚
十六國・前秦（350～394）
1999 年陝西咸陽市文林小區出土。
乾刻銘文。隸書，1 行 2 字。34 × 14.5 × 6cm。
釋文："朱□。"
著錄：謝高文《陝西咸陽文林小區前秦墓出土的有銘磚小考》（《碑林集刊》第 10 集，2004 年）；咸陽市文物考古研究所《陝西咸陽市文林小區前秦朱氏家族墓的發掘》（《考古》2005 年 4 期）。

0863 丁好思大墓記磚
十六國・前秦（350～394）
20 世紀 90 年代陝西咸陽市文林路出土。
乾刻銘文。隸書，1 行 4 字。31.5 × 12.5cm。
釋文："丁好思大。"
著錄：岳起、劉衛鵬《關中地區十六國墓的初步認定》（《文物》2004 年 8 期）。

0864 字字思祖墓記磚
十六國・前秦（350～394）
20 世紀 90 年代陝西咸陽市文林路出土。
乾刻銘文。隸書，1 行 5 字。37 × 18.5cm。
釋文："字字思祖墓。"
著錄：岳起、劉衛鵬《關中地區十六國墓的初步認定》（《文物》2004 年 8 期）。

十六國・夏

0865 田熛墓銘磚
十六國・夏［真興］二年（420）正月廿八日
1992 年內蒙古烏審旗納林河鄉郭梁村出土，現藏內蒙古文物考古研究所。
乾刻銘文。隸書，6 行，行 9 字，計 53 字。有方界格。54 × 54 × 5cm。
釋文："唯大夏二年歲庚申正/月丙戌朔廿八日癸丑，/故建威將軍、散騎侍郎、/涼州都督護、光烈將軍、/北地尹、將作大匠涼州/刺史武威田熛之銘。"
著錄：《草原瑰寶——內蒙古文物考古精品》94 頁；《新出魏晉南北朝墓誌疏證》17
附註：墓銘年代《草原瑰寶》作龍昇二年（408），與"二年歲庚申正月丙戌朔廿八日癸丑"干支不合。

南朝・宋

0866 謝珫墓誌磚
南朝・宋永初二年（421）七月十七日葬
1987 年江蘇南京南郊司家山出土，藏南京市博物館。
乾刻銘文。分刻六磚。正書，均為 8 行，行 15 字，共計 681 字。有界格。均 33 × 17 × 4.5cm。
釋文：第一磚："宋故海陵太守散騎常侍謝府君之墓/誌。/永初二年太歲辛酉夏五月戊申朔廿/七日甲戌，豫州陳郡陽夏縣都鄉吉遷/里謝珫，字景玫，卒。即以其年七月丁未/朔十七日癸亥，安厝丹楊郡江寧縣賴/鄉石泉里中。琰祖父諱奕，字无奕，使持/節都督，司豫幽並五州揚州之淮南府、/"

第二磚："淮南、歷陽、盧江、安豐、堂邑五州五郡諸/軍事、鎮西將軍、豫州刺史、襲封万壽子。/祖母陳留阮氏，諱容，字元容；父諱攸，字/叔度，散騎侍郎，早亡。母潁川庾氏，諱女/淑；長伯寄奴，次伯探遠，並早亡；次伯諱/淵，字仲度，義興太守，襲封万壽子。夫人/瑯琊王氏；叔諱靖，字季度，散騎常侍、太/常卿常樂縣侯。夫人潁川庾氏；次叔諱/"

第三磚："豁，字安度，早亡；次叔諱玄，字幼度，散騎/常侍、使持節都督會稽五郡諸軍事、車/騎將軍、會稽内史，康樂縣開國公，謚曰/獻武。前夫人太山羊氏，後夫人譙國桓/氏；次叔諱康，字超度，出繼從叔，衛將軍/尚襲封咸亭侯，早亡；長姑諱韞，字令姜，/嫡（適）瑯琊王凝之，江州刺史；次姑道榮，嫡/順陽范少連，太子洗馬；次姑道粲，嫡高/"

第四磚："平都道胤，散騎侍郎、東安縣開國伯；次/姑道輝，嫡譙國桓石氏，使持節西中郎/將、荊州刺史；長姊令芬，嫡同郡袁大子，/散騎侍郎；次姊令和，嫡太原王萬年，上/虞令；次姊令範，嫡潁川陳茂先，廣陵郡/開國公；妹令愛，嫡瑯琊王撝之；弟璵，字/景琳，早亡。夫人河東衛氏；次弟球，字景/璋，輔國參軍。夫人瑯琊王氏；長子寧，字/"

第五磚："元真，駙馬都尉奉朝請。妻王，即琰第二/姊之長女；次子道休，早夭；次子奉，字□/真，出繼；弟璵。妻袁，即琰夫人從弟松子，/永興令之女；次子雅，字景真。妻同郡殷/氏，東陽太字仲文之次女；次子簡，字德/真。妻瑯琊王氏，太尉諸議參軍纘之二/女。女不名；/琰夫人，同郡袁氏，諱琬；夫人祖諱□，字/"

第六磚："敬宗，太尉掾；父諱劭，字穎叔，中書侍郎；/琰外祖父諱翼，字稚□，使持節、征西將軍、/荊州刺史；/琰本□次叔玄，□□之□封豫寧縣開/國伯，大宋革命，諸國並皆削除，惟從祖/太傅文靖公□廬陵公，降為柴樂侯，玄/後苻堅之難，功封康樂□開國公，餘□/□□南康、建昌、豫寧並□徐州。"

著錄：南京市博物館、雨花區文化局《南京南郊六朝謝琰墓》（《文物》1998年5期）《中國磚銘》圖版575至585（順序有誤）；《第五屆中國書法史論國際研討會論文集》黑白圖版23；《新出魏晉南北朝墓誌疏証》18。

0867 宋乞墓誌磚（第一種）

南朝·宋元嘉二年（425）八月十三日

1996年江蘇南京南郊鐵心橋出土，藏南京市博物館。

乾刻銘文。正書，7行，行12至20字不等，計111字。有界欄。34×16.6cm。

釋文："亡祖父儉，本郡功曹史、關中侯。/亡父遠，本郡主簿、河内郡河陽縣右尉。/楊州丹（漏刻"楊"字）

建康都鄉中黄里領豫州陳郡陽夏縣/都鄉扶樂里宋乞。妻丁，丹楊建康丁騰女。/息女草，適丹楊黄千秋。息伯宗，本郡良史。/息駟，本郡功曹史、征虜府參軍、濮陽令。/元嘉二年太歲乙丑八月十三日於江寧石泉里建。"

著錄：斯仁《江蘇南京市中華門外鐵心橋出土南朝劉宋墓誌》（《考古》1998年8期）；《第五屆中國書法史論國際研討會論文集》彩色圖版；《新出魏晉南北朝墓誌疏証》20。

0868　宋乞墓誌磚（第二種）

南朝・宋元嘉二年（425）八月十三日

1996年江蘇南京南郊鐵心橋出土，藏南京市博物館。

乾刻銘文。正書，7行，行12至21字不等，計111字。有界欄。33.7×16.4cm。

釋文："亡祖父儉，本郡功曹史、關中侯。/亡父遠，本郡主簿、河內郡河陽縣右尉。/楊州丹楊建康都鄉中黄里領豫（漏刻"州"字）陳郡陽夏縣/都鄉扶樂里宋乞。字兆懷，泰元中亡。/息女草，適丹楊黄千秋。息伯宗，本郡良史。/息駟，本郡功曹史、征虜府參軍、濮陽令。/元嘉二年太歲乙丑八月十三日於江寧（漏刻"石"字）泉里建作。"

著錄：斯仁《江蘇南京市中華門外鐵心橋出土南朝劉宋墓誌》（《考古》1998年8期）；《第五屆中國書法史論國際研討會論文集》彩色圖版；《新出魏晉南北朝墓誌疏証》20。

0869　宋乞墓誌磚（第三種）

南朝・宋元嘉二年（425）八月十三日

1996年江蘇南京南郊鐵心橋出土，藏南京市博物館。

乾刻銘文。正書，兩面刻，面7行，行10至21字不等，計114字，有界欄；側1行13字。33×16.4×4cm。

釋文：面："亡祖儉，郡功曹史、關中侯。/亡父遠，郡主簿、河內郡河陽縣右尉。□□黄氏。/楊州丹楊建康都鄉中黄里領豫州陳郡陽夏縣都鄉/扶樂里宋乞。妻丁，丹楊建康丁騰女。/息女草，適丹楊黄千秋。息伯宗，本郡良（漏刻"吏"字）。/息駟，本郡功曹史、征虜府參軍、濮陽令。/元嘉二年八月十三日於江寧石泉里建再賓冢一所。"

側："伯宗妻丹楊王氏。駟妻丹楊陳氏。"

著錄：斯仁《江蘇南京市中華門外鐵心橋出土南朝劉宋墓誌》（《考古》1998年8期）；《第五屆中國書法史論國際研討會論文集》彩色圖版；《新出魏晉南北朝墓誌疏証》20。

0870　元嘉九年九月壬寅朔磚

南朝・宋元嘉九年（431）九月

乾刻銘文。正書，1行9字。刻於磚側。29.5×5.6cm。

釋文："元嘉九年九月壬寅朔。"

0871　王佛女買地券磚

南朝・宋元嘉九年（431）十一月廿日

民國13年春張伯英得之於江蘇徐州城北龜山之橫里。

乾刻銘文。隸書，9行，行18字，計150

字左右。有界格，上半殘泐。35 ×
18cm。

釋文："□元嘉九年太歲壬申十一月壬寅
朔廿日辛/□，□□□□□□都鄉
仁儀里王佛女□命/□□□□□□
黃泉，今為佛女占買彭城郡/
□□□鄉□城里村南龜山為墓。田
百畝，東/至青龍，西至白虎，南至
朱雀，北至玄武。雇錢□/
□□□□書錢券，事事分明。時知
者東皇父、/西王母，任者王子僑，
傍人張亢根當承。今元嘉/□□□
□□□日辛酉，歸就后土蒿里，如女
青/……"

著錄：《蒿里遺文目錄補遺·地券徵存》
11 葉；《磚文拓片選》（《書法叢刊》
1998 年 1 期）；《北京大學圖書館藏歷
代金石拓本菁華》48。

附註：首行年月日均有鑿改。

0872 孫惠妻李氏墓記磚

南朝·宋元嘉十八年（441）

乾刻銘文。隸書，2 行，行 4、5 字不等，
計 9 字。27.5×13.8cm。

釋文："元嘉十八年，/孫惠妻李。"

著錄：《上陶室磚瓦文攈》卷 8；《中國古
代磚文》圖版 313；《中國磚銘》圖
版 593。

0873 元嘉廿一年買地券磚

南朝·宋元嘉廿一年（444）九月四日

廣東仁化出土。

乾刻銘文。隸書，面 11 行，行字不等；
背面行款不詳；側 4 行，行字不等，
計存約 500 字。30×16×6.5cm。

釋文："宋旦日元嘉廿一年太歲甲申九月

癸巳朔十四日丙午，新出太上老君/
符敕。□地□孟仲四季、黃神后土、
祖土府、士文士武、墓上墓下、/墓
左墓右、墓中央墓主、丘丞墓伯、冢
中二千石、左右丞侯、丘/墓掾史、
營土將軍、土中督郵、安都丞、武夷
王、道上游羅將軍、營/道將軍、橫
將軍、斷道將軍、道左將軍、道上將
軍、道右將軍、中道/將軍、立道將
軍、蒿里父老、都侯作寢、營域亭
部、墓門亭長、天罰、太/一、登明、
功曹傳送、隨斗十二神等，始興郡曲
江縣墓□太□□眾□揚/□□□土。
元嘉廿年十一月廿六日，和半醉命
終，祖歸三天，身歸三泉，長/安蒿
里，七界元□□□墓，乃在三河之
中，地宅狹小，亡父母以乘輦沙本郡
縣立/丘冢，漢耶下，土老塔□上，
□□析立作丘，冢在此坑中，自
□□，/遵奉太上諸君文人道法，不
感選時擇日，不禁地下禁忌，道行正
義，不□□葬，今已於□宅兆，丘墓
營域，東極甲乙，南至丙丁，西接庚
辛，北至壬癸，上極青魂，下歸黃
泉，東仟西伯（陌），各有丈尺。東
克西□□屬和，日月為證，星宿為
明，即日葬送。極到之日，丘墓之
神，地下禁忌，不得禁呵志訝。墳墓
宅兆，營域冢郭，□係亡者魂魄，使
道理不通丘墓神，咸當奉極，開示亡
人道地，安其屍音，休俗（沐浴）冠
帶，亡者開通道理，使無憂思，利獲
生人，至三畬（會）吉日，當歸丘丞
諸神言功舉遷，為各加祿□，如天曹
科比，若有禁呵，不承天法，志訝冢
宅，不安亡人，依玄都鬼律治罪，各

147

慎天憲，明神奉行。急急如泰清玄元
上三無極太道太上老君北（陛）下女
青詔書律令!"

著錄：《廣東出土晉至唐文物》58；《第五
屆中國書法史論國際研討會論文集》
213頁圖17。

0874 元嘉廿七年磚

南朝・宋元嘉廿七年（450）

20世紀80年代陝西安康市出土。

濕刻銘文。行書，1行5字。刻於磚側。
12.5×5.2cm。

釋文："元嘉廿七年。"

著錄：安康地區博物館《安康地區漢魏南
北朝時期的墓磚》（《文博》1991年2
期）。

0875 求闊久每委積磚

南朝・宋（420～479）

1982年江蘇句容宋元嘉十六年墓葬中出
土，藏鎮江博物館。

濕刻銘文。草書，2行，計6字。34×
13.5cm。

釋文："求闊久每委/積。"

著錄：邵磊《六朝草書磚銘概述》（《書
法藝術》1994年6期）；《中國磚銘》
圖版629。

0876 以我惜遲後出出磚

南朝・宋（420～479）

1982年江蘇句容宋元嘉十六年墓葬中出
土，藏鎮江博物館。

濕刻銘文。草書，1行7字。34×13.5cm。

釋文："以我惜遲後出出。"

著錄：邵磊《六朝草書磚銘概述》（《書
法藝術》1994年6期）；《中國磚銘》

圖版629。

南朝・齊

0877 劉凱買地券磚

南朝・齊永明三年（485）十一月十二日

1956年湖北武昌河家大灣出土，藏中國歷
史博物館。

乾刻銘文。正書，21行，行字不等，計
410字。尾刻道教符籙。50×23×
8cm。

釋文："齊永明三年太歲乙丑十一月甲子
朔十二日乙亥，新/出老鬼，太上老
君符敕天一地二、孟仲四季、黃神/
后土、土皇土祖、土營土府、土文土
武、墓上下左右中央/墓主、丘丞墓
伯、冢中二千石、左右墓侯、五墓將
軍、/營土將軍、土中督郵、安都丞、
武夷王、蒿里父老、都集/伯倀、營
域亭倀、部墓門亭倀、功曹、傳送、
大吉、小吉、勝/先、神后、太一、
微明、天魁、天剛、從魁、太衝、隨
斗十二神等：/南陽郡涅陽縣都鄉上
支里，宋武陵王前軍參軍事/
□□□□□□參軍事劉凱，年冊五，以
齊永明二年/□□四月十五日□命
□□歸三天，身歸三泉，/長安蒿里。
父元山，宋衡陽王安西府主簿、天門
太守，/宋南譙王車騎參軍事、尚書
都官郎。祖蕭，將軍/參軍事給事中。
舊墓乃在荊州照心里。中府君今更新
/其丘，宅兆在此江夏郡汝南縣孟城
山北。中府君敬奉/太上老君，道行
正直，不問龜蔡。封城之內，東極甲
乙，/南極丙丁，西極庚辛，北極壬
癸，上極青雲，下極黃泉。/從此土

神買地，雇錢八万万九千九百九十九
文，畢了。/日月為證，星宿為明，
即日葬送。丘墓之神，地下□/長，
不得莫胡誌記，墳墓千□□滅，不得
隨住生人。毋/敢大意，明然奉行，
一如泰清玄元上三天無極大/神太上
老君陛下女青詔書律令！"

著錄：湖北省博物館《武漢地區四座南朝
紀年墓》（《考古》1965 年 4 期）；郭
沫若《由王謝墓誌的出土論到蘭亭序
的真偽》（《文物》1965 年 6 期）；
《中國磚銘》圖版 608。

0878　永元九年磚
南朝·齊永元九年（507）十月十八日
2002 年湖北巴東縣雷家坪出土。
濕刻銘文。隸書，2 行，計 9 字。31×15
　　×5.5cm。
釋文："永元九稔十/月十八日。"
著錄：馮恩學《淺談雷家坪出土的銘文
磚》（《2003 三峽文物保護與考古學
研究學術研討會論文集》261 頁）。
附註：馮恩學從同墓出土青瓷碗釉色特徵
論斷墓葬時間應在南朝齊梁時。雖改
朝但仍沿用舊年號。

0879　左師子上行第十五磚
南朝·齊（479～502）
1965 年江蘇丹陽胡橋出土，藏南京博物
院。
濕刻銘文。行書，1 行 8 字。33.5×14cm。
釋文："左師子上行第十五。"
著錄：《古代銘刻書法》75，圖版 41 頁、
120 頁。
附註：此刻字係工匠為確定畫像磚安裝位
置之用。此磚出自南朝齊景帝蕭道生

陵墓。可參見南京博物院《江蘇丹陽
胡橋南朝大墓及磚刻壁畫》（《文物》
1974 年 2 期）。

0880　向下行第廿六磚
南朝·齊（479～502）
1965 年江蘇丹陽胡橋出土，藏南京博物
院。
濕刻銘文。行書，1 行 6 字。33.5×14cm。
釋文："向下行第廿六。"
著錄：《古代銘刻書法》76，圖版 121 頁。
附註：此刻字係工匠為確定畫像磚安裝位
置之用。此磚出自南朝齊景帝蕭道生
陵墓。可參見南京博物院《江蘇丹陽
胡橋南朝大墓及磚刻壁畫》（《文物》
1974 年 2 期）。

0881　大虎上行卅三磚
南朝·齊（479～502）
1965 年江蘇丹陽胡橋出土，藏南京博物
院。
濕刻銘文。行書，1 行 6 字。33×14cm。
釋文："大虎上行卅三。"
著錄：《古代銘刻書法》77，圖版 122 頁。
附註：此刻字係工匠為確定畫像磚安裝位
置之用。此磚出自南朝齊景帝蕭道生
陵墓。可參見南京博物院《江蘇丹陽
胡橋南朝大墓及磚刻壁畫》（《文物》
1974 年 2 期）。

0882　嵇下行第卅四磚
南朝·齊（479～502）
1965 年江蘇丹陽胡橋出土，藏南京博物
院。
濕刻銘文。行書，1 行 6 字。33.5×14cm。
釋文："嵇下行第卅四。"

著錄：《古代銘刻書法》圖版 42 頁。

附註：此刻字係工匠為確定畫像磚安裝位
置之用。此磚出自南朝齊景帝蕭道生
陵墓。可參見南京博物院《江蘇丹陽
胡橋南朝大墓及磚刻壁畫》（《文物》
1974 年 2 期）。

0883　右師子下行磚

南朝・齊（479～502）

1965 年江蘇丹陽胡橋出土。

濕刻銘文。行書，1 行 5 字。磚下半殘缺。
尺寸不詳。

釋文："右師子下行"

著錄：南京博物院《江蘇丹陽胡橋南朝大
墓及磚刻壁畫》（《文物》1974 年 2
期）；《中國書法藝術・魏晉南北朝》
330 頁。

附註：此刻字係工匠為確定畫像磚安裝位
置之用。考古報告認爲此磚出土之墓
可能是南朝齊景帝蕭道生陵墓。

0884　大虎上行第二磚

南朝・齊（479～502）

1965 年江蘇丹陽胡橋出土。

濕刻銘文。行書，1 行 6 字。尺寸不詳。

釋文："大虎上行第二。"

著錄：南京博物院《江蘇丹陽胡橋南朝大
墓及磚刻壁畫》（《文物》1974 年 2
期）；《中國古代磚文》圖版 337；
《中國書法藝術・魏晉南北朝》330
頁。

附註：此刻字係工匠為確定畫像磚安裝位
置之用。考古報告認爲此磚出土之墓
可能是南朝齊景帝蕭道生陵墓。

0885　嵇下行第廿四磚

南朝・齊（479～502）

1965 年江蘇丹陽胡橋出土。

濕刻銘文。行書，1 行 6 字又 1 字。尺寸
不詳。

釋文："嵇下行第廿四□。"

著錄：南京博物院《江蘇丹陽胡橋南朝大
墓及磚刻壁畫》（《文物》1974 年 2
期）；《中國古代磚文》圖版 339；
《中國書法藝術・魏晉南北朝》330
頁。

附註：此刻字係工匠為確定畫像磚安裝位
置之用。考古報告認爲此磚出土之墓
可能是南朝齊景帝蕭道生陵墓。

0886　天人右磚

南朝・齊（479～502）

1965 年江蘇丹陽胡橋出土。

濕刻銘文。行書，1 行 3 字。尺寸不詳。

釋文："天人右。"

著錄：南京博物院《江蘇丹陽胡橋南朝大
墓及磚刻壁畫》（《文物》1974 年 2
期）。

附註：此刻字係工匠為確定畫像磚安裝位
置之用。考古報告認爲此磚出土之墓
可能是南朝齊景帝蕭道生陵墓。

0887　右具張第二磚

南朝・齊（479～502）

1965 年江蘇丹陽胡橋出土。

濕刻銘文。行書，1 行 5 字。尺寸不詳。

釋文："右具張第二。"

著錄：南京博物院《江蘇丹陽胡橋南朝大
墓及磚刻壁畫》（《文物》1974 年 2
期）；《中國書法藝術・魏晉南北朝》
330 頁。

附註：此刻字係工匠為確定畫像磚安裝位
　　　置之用。考古報告認爲此磚出土之墓
　　　可能是南朝齊景帝蕭道生陵墓。

0888　右垣戟第三磚

南朝・齊（479～502）

1965 年江蘇丹陽胡橋出土。

濕刻銘文。行書，1 行 5 字。尺寸不詳。

釋文："右垣戟第三。"

著錄：南京博物院《江蘇丹陽胡橋南朝大
　　　墓及磚刻壁畫》（《文物》1974年2期）；
　　　《中國古代磚文》圖版 338；《中國書
　　　法藝術・魏晉南北朝》330 頁。

附註：此刻字係工匠為確定畫像磚安裝位
　　　置之用。考古報告認爲此磚出土之墓
　　　可能是南朝齊景帝蕭道生陵墓。

0889　朱鳥等字磚

南朝・齊（479～502）

1965 年江蘇丹陽胡橋出土。

濕刻銘文。行書，2 行，計存 4 字。磚下
　　　半殘缺。尺寸不詳。

釋文："朱鳥□/第"

著錄：南京博物院《江蘇丹陽胡橋南朝大
　　　墓及磚刻壁畫》（《文物》1974 年 2
　　　期）；《中國磚銘》圖版 912。

附註：此刻字係工匠為確定畫像磚安裝位
　　　置之用。考古報告認爲此磚出土之墓
　　　可能是南朝齊景帝蕭道生陵墓。

0890　左家脩第十二磚

南朝・齊（479～502）

1965 年江蘇丹陽胡橋出土。

濕刻銘文。行書，1 行 6 字又 1 字。尺寸
　　　不詳。

釋文："左家脩第十二/畫。"

著錄：南京博物院《江蘇丹陽胡橋南朝大
　　　墓及磚刻壁畫》（《文物》1974 年 2
　　　期）；　《中國古代磚文》圖版 336；
　　　《中國書法藝術・魏晉南北朝》330
　　　頁。

附註：此刻字係工匠為確定畫像磚安裝位
　　　置之用。考古報告認爲此磚出土之墓
　　　可能是南朝齊景帝蕭道生陵墓。

0891　右散迅第一磚

南朝・齊（479～502）

1965 年江蘇丹陽胡橋出土。

濕刻銘文。行書，1 行 5 字。尺寸不詳。

釋文："右散迅第一。"

著錄：南京博物院《江蘇丹陽胡橋南朝大
　　　墓及磚刻壁畫》（《文物》1974 年 2
　　　期）；《中國書法藝術・魏晉南北朝》
　　　330 頁。

附註：此刻字係工匠為確定畫像磚安裝位
　　　置之用。考古報告認爲此磚出土之墓
　　　可能是南朝齊景帝蕭道生陵墓。

南朝・梁

0892　張承世師磚

南朝・梁（502～557）

1980 年江蘇南京市棲霞區甘家巷出土，藏
　　　南京市博物館。

濕刻銘文。草書，1 行 4 字。34 × 27. 2 ×
　　　4. 6cm。

釋文："張承世師。"

著錄：南京市博物館《南京梁桂陽王蕭融
　　　夫婦合葬墓》（《文物》1981 年 12
　　　期）；邵磊《六朝草書磚銘概述》
　　　（《書法藝術》1994 年 6 期）；《中國
　　　磚銘》圖版 652；《六朝風采》282。

附註：磚出梁天監十三年桂陽王蕭融夫婦
合葬墓中。

0893　此是和僧等字磚

南朝・梁（502～557）

1978 年江蘇揚州市邗江縣酒甸鄉出土，藏
揚州市博物館。

濕刻銘文。行草書，2 行，計約 10 字。32
×16×5cm。

釋文："此是和僧□，庭須等/會得。"

著錄：揚州博物館《江蘇邗江發現兩座南
朝畫像磚墓》（《考古》1984 年 3
期）；邵磊《六朝草書磚銘概述》
（《書法藝術》1994 年 6 期）；《中國
磚銘》圖版 650。

0894　苟人同等字磚

南朝・梁（502～557）

1978 年江蘇揚州市邗江縣酒甸鄉出土，藏
揚州市博物館。

濕刻銘文。行草書，豎向隨意題寫，模糊
不清，字數不可計。32×16×5cm。

釋文："苟人同……"

著錄：揚州博物館《江蘇邗江發現兩座南
朝畫像磚墓》（《考古》1984 年 3
期）；邵磊《六朝草書磚銘概述》
（《書法藝術》1994 年 6 期）；《中國
磚銘》圖版 650。

0895　黃總廣念磚

南朝・梁（502～557）

1978 年江蘇揚州市邗江縣酒甸鄉出土，藏
揚州市博物館。

濕刻銘文。草書，橫向隨意題寫 4 字。16
×32×5cm。

釋文："黃揔（總）廣念。"

著錄：揚州博物館《江蘇邗江發現兩座南
朝畫像磚墓》（《考古》1984 年 3
期）；邵磊《六朝草書磚銘概述》
（《書法藝術》1994 年 6 期）；《中國
磚銘》圖版 651。

0896　書來得音問廿字詩磚

南朝・梁（502～557）

1978 年江蘇揚州市邗江縣酒甸鄉出土，藏
揚州市博物館。

濕刻銘文。行草，3 行，行 8 字，計 20
字。32×16×5cm。

釋文："书來得音問，愁心恒/不叙，今得
卻去附，果/定在人識。"

著錄：揚州博物館《江蘇邗江發現兩座南
朝畫像磚墓》（《考古》1984 年 3
期）；邵磊《六朝草書磚銘概述》
（《書法藝術》1994 年 6 期）；《中國
古代磚文》圖版 331；《中國磚銘》
圖版 649。

0897　一別不相見廿字詩磚

南朝・梁（502～557）

1978 年江蘇揚州市邗江縣酒甸鄉出土，藏
揚州市博物館。

濕刻銘文。行草，3 行，行 8 字，計 23
字。32×16×5cm。

釋文："一別不相見，以言錄/年春，夫客
半天上，怜/子遠愁云。廿字詩。"

著錄：揚州博物館《江蘇邗江發現兩座南
朝畫像磚墓》（《考古》1984 年 3
期）；邵磊《六朝草書磚銘概述》
（《書法藝術》1994 年 6 期）；《中國
古代磚文》圖版 330；《中國磚銘》
圖版 648。

0898　下樂村營家還等字磚

南朝·梁（502～557）

1978 年江蘇揚州市邗江縣洒甸鄉出土，藏揚州市博物館。

濕刻銘文。行草書，2 行，計 7 字。磚存右半。尺寸不詳。

釋文："下乐村營/家還□"

著錄：揚州博物館《江蘇邗江發現兩座南朝畫像磚墓》（《考古》1984 年 3 期）；邵磊《六朝草書磚銘概述》（《書法藝術》1994 年 6 期）；《中國磚銘》圖版 649。

南朝（無紀年）

0899　蔡冰墓記磚

南朝（420～589）

1966 年江蘇南京棲霞山出土，藏南京市博物館。

乾刻銘文。正書，2 行，行 4 字，計 8 字。48×25×6.9cm。

釋文："濟陽圉蔡/冰，字道堅。"

著錄：《六朝藝術》276 頁；南京市博物館《南京市博物館藏六朝墓誌》（《東南文化》1992 年 5 期）；《中國古代磚文》圖版 335；《漢魏南北朝墓誌彙編》21 頁；《中國磚銘》圖版 914；《第五屆中國書法史論國際研討會論文集》黑白圖版 26。

0900　周叔宣母黃天墓記磚

南朝（420～589）

1966 年江蘇南京中華門外油坊橋磨盤山出土，藏南京市博物館。

乾刻銘文。正書，2 行，行 4、5 字不等，計 9 字。34.4×20×5cm。

釋文："陳留周叔宣/母黃天墓。"

著錄：《六朝藝術》274 頁；南京市博物館《南京市博物館藏六朝墓誌》（《東南文化》1992 年 5 期）；《中國古代磚文》圖版 298；《漢魏南北朝墓誌彙編》21 頁；《中國磚銘》圖版 918；《第五屆中國書法史論國際研討會論文集》黑白圖版 25。

附註：有作"黃夫"，云"夫"字為"夫人"二字合文。

0901　右師子下行第五磚

南朝（420～589）

1961 年江蘇南京西善橋油坊村出土。

濕刻銘文。行書，1 行 7 字。尺寸不詳。

釋文："右師子下行第五。"

著錄：羅宗真《南京西善橋油坊村南朝大墓的發現》（《考古》1963 年 6 期）。

附註：此刻字係工匠為確定畫像磚安裝位置之用。考古報告根據志書推測此磚出土之墓是南朝陳宣帝顯寧陵。

0902　右師子下行十六磚

南朝（420～589）

1961 年江蘇南京西善橋油坊村出土。

濕刻銘文。行書，1 行 7 字。尺寸不詳。

釋文："右師子下行十六。"

著錄：羅宗真《南京西善橋油坊村南朝大墓的發現》（《考古》1963 年 6 期）。

附註：此刻字係工匠為確定畫像磚安裝位置之用。考古報告根據志書推測此磚出土之墓是南朝陳宣帝顯寧陵。

0903　向上行第卅一磚

南朝（420～589）

1960 年江蘇南京西善橋出土。

濕刻銘文，1 行 6 字。34×14cm。

釋文："向上行第卅一。"

著錄：南京博物院、南京市文物保管委員
　　　會《南京西善橋南朝墓及其磚刻壁
　　　畫》（《文物》1960 年 8、9 期合刊）。

附註：此刻字係工匠為確定畫像磚安裝位
　　　置之用。

0904　右師子中磚

南朝（420～589）

江蘇出土。

濕刻銘文。行書，1 行存 4 字。磚下半殘
　　　缺。尺寸不詳。

釋文："右師子中"

著錄：《中國磚銘》圖版 647。

附註：此刻字係工匠為確定畫像磚安裝位
　　　置之用。

0905　右師子下行十磚

南朝（420～589）

江蘇出土。

濕刻銘文。行書，1 行 6 字。尺寸不詳。

釋文："右師子下行十。"

著錄：《中國磚銘》圖版 646。

附註：此刻字係工匠為確定畫像磚安裝位
　　　置之用。

0906　大虎下行卅一磚

南朝（420～589）

江蘇出土。

濕刻銘文。行書，1 行 6 字。尺寸不詳。

釋文："大虎下行卅一。"

著錄：《中國磚銘》圖版 647。

附註：此刻字係工匠為確定畫像磚安裝位
　　　置之用。

0907　大龍下廿九磚

南朝（420～589）

江蘇出土。

濕刻銘文。行書，1 行 5 字。尺寸不詳。

釋文："大龍下廿九。"

著錄：《中國磚銘》圖版 646。

附註：此刻字係工匠為確定畫像磚安裝位
　　　置之用。

0908　重九十二口磚

南朝（420～589）

濕刻銘文。行書，1 行 5 字。尺寸不詳。

釋文："重九十二口。"

著錄：《中國磚銘》652 頁。

0909　大道磚

南朝（420～589）

濕刻銘文。正書，1 行 2 字。尺寸不詳。

釋文："大道。"

著錄：《中國磚銘》圖版 974。

0910　丁日泉磚

南朝（420～589）

濕刻銘文。行書，1 行 3 字。刻於磚端。
　　　尺寸不詳。

釋文："丁日泉。"

著錄：《中國磚銘》圖版 912。

0911　犀尾鳳磚

南朝（420～589）

濕刻銘文。行書，1 行 3 字。尺寸不詳。

釋文："犀尾鳳。"

著錄：《中國磚銘》圖版 912。

0912　俞道由作磚

南朝（420～589）

濕刻銘文。行書，1行5字。32×15cm。

釋文："俞道由作此。"

0913 袁慶墓記磚

南朝（420～589）

乾刻銘文。行書，3行，行6、7字，計20
字。尺寸不詳。

釋文："豫州陳國陽夏縣/都扶樂里會稽/
郾令袁慶，字太同。"

著錄：《中國磚銘》圖版916。

0914 曾謙磚

南朝（420～589）

濕刻銘文。行書，1行2字。尺寸不詳。

釋文："曾謙。"

著錄：《中國磚銘》圖版1012。

0915 朱武子磚

南朝（420～589）

廣東出土。

濕刻銘文。隸書，1行3字。尺寸不詳。

釋文："朱武子。"

著錄：《中國磚銘》圖版1009；《第五屆
中國書法史論國際研討會論文集》
213頁圖13。

北　魏

0916 天興三年八月磚

北魏天興三年（400）八月

濕刻銘文。行書，1行存6字。尺寸不詳。

釋文："天興三年八月□"

著錄：《中國磚銘》圖版656。

0917 萬縱□妻樊合會墓記磚

北魏太延二年（436）四月九日葬

乾刻銘文。正書，3行，行字不等，計21
字。29×13cm。

釋文： "大魏太延二年四月九日，萬/縱
□□妻樊合會/塚墓記。"

著錄：《北京圖書館藏墓誌拓片目錄》448
頁；《北京圖書館藏中國歷代石刻拓
本彙編》冊3/3頁；《漢魏南北朝墓
誌彙編》35頁。

0918 苟頭赤魯買地券磚

北魏太延二年（436）九月四日

乾刻銘文。行書，5行，行16至20字，
計87字。尺寸不詳。

釋文："太延二年九月四日，苟頭赤魯從
同軍民/車阿姚買地五十畝。東齊瓦
舍大道，西弘白虜/頭浴，臝布六匹，
中有一肥道次南坪。買車高興/地卅
畝，臝布四匹，即日過了。時人王阿
經。苟頭昨和/王吳生、苟頭阿小、
彭興生、楊鮮等時知。"

著錄：《中國磚銘》圖版658。

附註：第三行"頭浴"旁刻有顛倒符號
"Z"，當是原刻有誤，正確應為"浴
頭"。

0919 魚玄明墓銘磚

北魏皇興二年（468）十一月十九日

濰縣陳介祺、南皮張仁蠡舊藏。

乾刻銘文。正書，4行，行9字，計35
字。有方界格。34×17cm。

釋文："皇興二年戊申歲十一/月癸卯朔十
九日辛酉，/安西將軍雍州刺史□/□
康公魚玄明之銘。"

著錄：《雪堂專錄·專誌微存》4葉；《漢
魏南北朝墓誌集釋》圖版582；《六朝
墓誌檢要》45頁；《中國古代磚文》

圖版 298；《漢魏南北朝墓誌彙編》35
頁；《中國磚銘》圖版 662 。

0920　王源妻曹氏墓記磚
北魏延興三年（473）十一月八日
乾刻銘文。正書，3 行，行 10 字左右，可
辨 20 餘字。尺寸不詳。
釋文："延興三年歲在癸丑，□□/□王源
妻曹年卅二，十一月/八日……"
著錄：《中國磚銘》圖版 664 。

0921　郭孟買地券磚
北魏太和元年（477）二月十日
1980 年陝西長武縣出土，藏咸陽地區文管
會。
乾刻銘文。正書，7 行，行字不等，計
113 字，左側刻 3 字。36.4 × 18.6 ×
5.4cm。
釋文：面："太和元年二月十日，鶉觚民
郭孟，給從從兄僕宗□/地卅五畝，
要永為家業，与穀卅斛，要無寒盜
□。/若有人庶忍，仰倍還本物。穀
時賈石五斗，/宜五十斤，布卌尺。
地南有大道，道南郭寄地。西/有郭
鳳起地。東右□侯郭秦地。北臨/堡
南。領券破之後，各不得變悔。時/
人郭元智，文照郭寄、郭僧、郭秦、
魯仁。"
　　　側："□明□"
著錄：劉慶柱《陝西長武縣出土太和元年
地券》（《文物》1983 年 8 期）；《中
國磚銘》圖版 665 。

0922　上官何陰妻劉安妙娥墓記磚
北魏太和元年（477）十一月廿日
民國年間河南洛陽出土。

乾刻銘文。正書，3 行，行字不等，計 25
字。34 × 18cm。
釋文："太和元年十一月廿，何（河）陰
縣/□本縣令上官何陰妻/劉安妙娥
□。"
著錄：《洛陽出土石刻時地記》13 葉（作
長本縣）；《六朝墓誌檢要》46 頁。
附註：河陰縣，三國魏黃初中改平陰縣
置，治所在今河南洛陽市東北。

0923　宋紹祖柩銘磚
北魏太和元年（477）
2000 年山西大同市東郊出土。
乾刻銘文。正書，3 行，行 9 字，計 25
字。30 × 15 × 5cm。
釋文："大代太和元年歲次丁/巳，幽州刺
史燉煌公燉/煌郡宋紹祖之柩。"
著錄：山西省考古研究所、大同市考古研
究所《大同市北魏宋紹祖墓發掘簡
報》（《文物》2001 年 7 期）；張海嘯
《宋紹祖與敦煌宋氏》（《中國文物
報》2001.8.19）；《新出魏晉南北朝
墓誌疏証》23 。

0924　屈突隆業塚記磚
北魏太和十四年（490）十一月三日
2001 年山西大同出土。
乾刻銘文。正書，2 行，行字不等，計 18
字。31 × 16 × 6cm。
釋文："太和十四年十一月三日，屈突/隆
業塚也，故記。"
著錄：殷憲《近年所見北魏書蹟二則》
（《書法叢刊》2005 年 3 期）。

0925　趙阿祥妻石定姬墓記磚
北魏太和十九年（495）九月□日

河北唐縣出土，歸天津姚貴昉。

乾刻銘文。正書，兩面刻，正面 1 行 4
　　字；背面 3 行，行 7 至 9 字不等，共
　　計 28 字。28.5×13.8cm。

釋文：正面："定州唐郡"
　　　　背面："唐縣固城趙阿祥/□妻石定
　　姬□□，/太和十九年九□□日。"

著錄：《專門名家·廣倉專錄》第 2 集；
　　《蒿里遺文目錄三上·專誌徵存目錄
　　上》2 葉；《北京圖書館藏中國歷代
　　石刻拓本彙編》冊 3/24 頁。

0926　惠□□墓銘磚

北魏太和二十年（496）十一月七日

乾刻銘文。正書，2 行，計 15 字。25×
　　12.5cm。

釋文："□人惠□□銘。/太和廿年十一月
　　七日。"

0927　李徐墓銘磚

北魏太和二十一年（497）二月三日

乾刻銘文。正書，3 行，行字不等，計 19
　　字。又尾刻篆書 2 字。尺寸不詳。

釋文："太和廿一年二月三日，/京兆郡霸
　　城縣民李/徐銘。""李徐。"

著錄：《中國古代磚文》圖版 341；《中國
　　磚銘》圖版 667。

附註：霸城縣，三國魏以霸陵縣改名，治
　　所在今陝西西安東北，北周廢。

0928　未玄慶墓記磚

北魏太和廿二年（498）

乾刻銘文。正書，2 行，行 10 字，計 14
　　字。尺寸不詳。

釋文："太和廿二年，高密郡昌安/縣未玄
　　慶。"

著錄：《中國磚銘》圖版 668。

附註：昌安縣，西漢置，治所在今山東安
　　丘東南。

0929　畢小妻蘇貫針墓銘磚

北魏太和二十三年（499）六月二日

曾歸杭州鄒安，後歸上虞羅振玉。

乾刻銘文。正書，4 行，行字不等，計 16
　　字。18×17.5cm。

釋文："太和廿三年六月/二日，畢小妻/
　　蘇貫針/銘。"

著錄：《雪堂專錄·專誌徵存》4 葉；《專
　　門名家·廣倉專錄》第 2 集；《漢魏
　　南北朝墓誌彙編》37 頁；《中國磚
　　銘》圖版 670。

0930　廉涼州妻姚齊姬墓記磚

北魏太和二十三年（499）七月二十八日
記

1986 年內蒙古包頭市東土右族薩拉齊鎮出
　　土。

乾刻銘文。正書，2 行，行字不等，計 23
　　字。33×15cm。

釋文："廉涼州妻姚齊姬墓，/太和廿三年
　　歲次已卯七月廿八日記。"

著錄：鄭隆《內蒙古包頭市北魏姚齊姬
　　墓》（《考古》1988 年 9 期）。

0931　孫紹兒婦栗妙朱墓銘磚

北魏太和二十三年（499）十月十三日

浭陽端方舊藏。

乾刻銘文。正書，4 行，行字不等，計 33
　　字。31.5×14.5cm。

釋文："太和廿三年太歲在卯十月/癸酉朔
　　十三日，定州鉅鹿郡/曲陽縣孫紹兒
　　婦栗/妙朱銘。"

著錄：《陶齋藏石記》卷 6/4；《雪堂專
　　　錄·專誌徵存》4 葉。

附註：定州鉅鹿郡曲陽縣，北魏改下曲陽
　　　縣置，治所在今河北晉縣西。

0932　李誌墓記磚

北魏太和二十三年（499）十二月二十五
日

1957 年山西曲沃縣秦村出土。

濕刻銘文。正書，6 行，行字不等，計 35
　　　字。尺寸不詳。

釋文："太和廿三年十二月/廿五日，征平
　　　郡/曲沃縣故民李/誌，安邑令，/塿
　　　墓兩壢。/墓田周迴五百步。"

著錄：楊富斗《山西曲沃縣秦村發現的北
　　　魏墓》（《考古》1959 年 1 期）；《六
　　　朝墓誌檢要》54 頁；《漢魏南北朝墓
　　　誌彙編》39 頁；《中國磚銘》圖版
　　　672。

0933　玄□姬墓記磚

北魏太和廿三年（499）

乾刻銘文。正書，2 行，行 8 字，計 15
　　　字。25×13cm。

釋文："太和廿三年，河間郡/樂城縣人玄
　　　□姬。"

著錄：《上陶室磚瓦文攈》卷 9；《中國磚
　　　銘》圖版 669。

附註：河間郡樂城縣，治所在今河北獻縣
　　　西南。

0934　張林長墓銘磚

北魏景明三年（502）二月六日

乾刻銘文。正書，3 行，行字不等，計 17
　　　字。25×12.5cm。

釋文："景明三年二月六日，/□郡陽民張

林/長銘記。"

著錄：《俟堂專文雜集》148 頁；《中國磚
　　　銘》圖版 672。

附註：文中"郡陽"二字旁刻有顛倒符號
　　　"Z"，當是"陽郡"誤刻為"郡陽"。

0935　趙續生墓銘磚

北魏景明三年（502）八月十三日

澠陽端方舊藏。

乾刻銘文。正書，3 行，行字不等，計 23
　　　字。29×16cm。

釋文："景明三年八月十三日，河/州金城
　　　郡廣武縣人趙/續生銘記。"

著錄：《陶齋藏石記》卷 6/5；《俟堂專文
　　　雜集》148 頁；《六朝墓誌檢要》58
　　　頁；《中國磚銘》圖版 673。

附註：廣武縣，十六國後涼以永登縣改
　　　置，治所在今甘肅永登縣東南。

0936　貟棚墓誌磚

北魏景明三年（502）

1964 年寧夏彭陽縣彭陽鄉姚河村出土，藏
　　　寧夏固原博物館。

乾刻銘文。正書，7 行，行 16 字；側刻首
　　　題 1 行 15 字，共計 131 字。36×16.5
　　　×6cm。

釋文：側："兗、岐、涇 三州刺史新安子
　　　貟世 墓誌 銘。"

　　　面："兗、岐、涇三州刺史新安子，
　　　姓貟，諱棚，字顯/業，涇州平涼郡
　　　陰槃縣武都里人。楚莊王/之苗裔，
　　　石鎮西將軍五部都統平昌伯曖/盹之
　　　曾孫，冠軍將軍涇州刺史始平侯郎/
　　　之長子。惟公文照資於世略，英毅栝
　　　囊/仁倫，納言則貞波顯司，出收則

純風再宣，匪悟星/寢霄泯，華景盡
戾。以大魏景明三年歲次壬午"

著錄：楊寧國《寧夏彭陽縣出土北魏貟櫊
墓誌磚》（《考古與文物》2001 年 5
期）；《彭陽縣文物志》138 頁；《固
原歷史文物》67；《新出魏晉南北朝
墓誌疏証》26。

附註：文未竟。

0937　許和世墓銘磚

北魏正始元年（504）十二月十三日

河南獲嘉出土，歸天津姚貴昉。

乾刻銘文。正書，6 行，行字不等，計 38
字。27×29cm。

釋文："正始元年歲次甲申/十二月癸酉朔
十三日/乙酉，高陽郡新城縣/前鎮北
府參軍事/故許和世墓/銘。"

著錄：《漢魏南北朝墓誌集釋》圖版 204；
《北京大學圖書館藏金石拓片草目》
卷 2/51；　《六朝墓誌檢要》60 頁；
《北京圖書館藏墓誌拓片目錄》448
頁；《北京圖書館藏中國歷代石刻拓
本彙編》冊 3/80 頁；《漢魏南北朝墓
誌彙編》46 頁；《中國磚銘》圖版
674。

0938　正始元年十二月等字殘墓記磚

北魏正始元年（504）十二月□四日

乾刻銘文。正書，3 行，行 8 字左右，計
存 12 字。尺寸不詳。

釋文："正始元年十二月□/四日，州道
……/……"

著錄：《中國磚銘》圖版 673。

0939　車伯生息妻鄴月光墓銘磚

北魏正始二年（505）十一月二十七日

1931 年河南洛陽城東天皇嶺出土，歸三原
于右任，藏西安碑林博物館。

乾刻銘文。正書，4 行，行字不等，計 35
字。45.8×23cm。

釋文："大魏正始二年歲次乙酉/十一月戊
辰朔廿七日甲/午，前部王故車伯生
息/妻鄴月光墓銘。"

著錄：《漢魏南北朝墓誌集釋》圖版 583；
《北京大學圖書館藏金石拓片草目》
卷 2/52；　《六朝墓誌檢要》62 頁；
《北京圖書館藏中國歷代石刻拓本彙
編》冊 3/88 頁；《北京圖書館藏墓誌
拓片目錄》7 頁；《漢魏南北朝墓誌
彙編》47 頁；《鴛鴦七誌齋藏石》圖
21；《中國磚銘》圖版 676。

0940　虎洛仁妻孫氏墓記磚

北魏正始三年（506）二月十九日窆

浭陽端方舊藏。

乾刻銘文。正書，3 行，行字不等，計 19
字。21×14.5cm。

釋文："司州府人虎洛/仁妻孫，/正始三
年二月十九日窆。"

著錄：《陶齋藏石記》卷 6/10；《六朝墓
誌檢要》63 頁。

0941　元達豆官妻楊貴姜墓銘磚

北魏正始四年（507）三月十四日

乾刻銘文。正書，3 行，行字不等，計 21
字。30×15cm。

釋文："大魏正始四年三月十四日，/元達
豆官妻楊貴/姜之銘。"

0942　張神洛買地券磚

北魏正始四年（507）九月十六日

河北涿州出土，歸東武劉燕庭，又歸浭陽

端方。

乾刻銘文。正書，兩面刻，正面 6 行；側續刻 2 行，行字不等，共計 112 字。36.5×17.3×7.5cm。

釋文："正始四年九月十六日，北坊民張神／洛從縣民路阿兜買墓田三畝。南／齊平墓，北引五十三步，東齊□墓，西引十二／步。碩絹九匹，其地保無寒盜，若有人識者，／折成畝數出兜好□年采官有啓民私□／□券文後，各不得變悔。若先改者，出／絹五匹，畫指為信。書券人潘□，／時人路善王，時人路榮孫。"

著錄：《陶齋藏石記》卷 6/11；《雪堂專錄·地券徵存》3 葉；《專門名家·廣倉專錄》第 2 集；《草隸存》卷 4/35；《北京圖書館藏中國歷代石刻拓本彙編》冊 3/106 頁；《中國磚銘》圖版 677。

0943　張洛都塚記磚

北魏正始五年（508）五月十七日

河南洛陽出土，歸杭州鄒安。有云紹興范壽銘舊藏。

乾刻銘文。行書，2 行，行字不等，計 13 字。33×16cm。

釋文："正始五年五月十七／日，張洛都塚。"

著錄：《專門名家·廣倉專錄》第 2 集；《六朝墓誌檢要》67 頁；《北京圖書館藏中國歷代石刻拓本彙編》冊 3/13 頁；《中國古代磚文》圖版 342；《漢魏南北朝墓誌彙編》54 頁；《中國磚銘》圖版 678。

0944　永平二年五月十四日墓記磚

北魏永平二年（509）五月十四日

溴陽端方舊藏。

乾刻銘文。正書，兩面刻，計存 13 字。26×12.5cm。

釋文：一面："永平二年五月十四日，"　一面："……年五十四。"

著錄：《陶齋藏石記》卷 1/9（作東漢）；《矦堂專文雜集》154 頁；《中國磚銘》圖版 679。

0945　孫氏妻趙光墓銘磚

北魏永平二年（509）十月十一日

無棣吳式芬舊藏。

乾刻銘文。正書，2 行，行字不等，計 15 字。23×14cm。

釋文："永平二年十月十一日，／孫氏妻趙光銘。"

0946　元德墓銘磚

北魏永平二年（509）十一月十一日

1916 年河南洛陽姚凹村出土，歸三原于右任，藏西安碑林博物館。

乾刻銘文。正書，4 行，行字不等，計 38 字。28.3×13cm。

釋文："永平二年十一月十一日，／照成皇帝後常山王孫，冗從僕射羽／林監偏城太守元德銘。／受戒師道由。"

著錄：《蒿里遺文目錄續編·專誌徵存》；《漢魏南北朝墓誌集釋》圖版 53；《北京大學圖書館藏金石拓片草目》卷 2/129；《六朝墓誌檢要》70 頁；《漢魏南北朝墓誌彙編》56 頁；《鴛鴦七誌齋藏石》圖 27；《中國磚銘》圖版 684。

0947 李道□墓銘磚

北魏永平三年（510）正月二十四日

1926年河北涿縣南關出土，歸縣人方默盦，再歸天津姚貴昉。

乾刻銘文。正書，3行，行字不等，計存37字。28.3×12.5cm。

釋文："大魏幽州王治……秦，/永平三年歲在庚寅朔正月廿四日，幽州范陽/郡涿縣民李道□昌黎太守銘。"

著錄：《涿縣志》7編；《漢魏南北朝墓誌彙編》57頁。

0948 靳杜生妻馬阿媚墓銘磚

北魏永平四年（511）二月十八日

甘肅出土，曾歸浭陽端方，又歸南皮張仁蠡，後歸北京大學文研所，1952年後藏故宮博物院。

乾刻銘文。正書，4行，行字不等，計28字。28.5×17.5cm。

釋文："永平四年二月十八日，梁州/武威郡觚增縣民靳/杜生妻馬阿媚/銘記耳。"

0949 叔孫可知陵妻靳彥姬墓記磚

北魏延昌元年（512）十月十五日

乾刻銘文。正書，4行，行字不等，計22字。30×27cm。

釋文："大魏延昌元年/十月十五日，將軍叔/孫可知陵妻靳/彥姬。"

0950 王文愛及妻劉江女墓銘磚

北魏熙平元年（516）三月四日葬

乾刻銘文。正書，三面刻，正面4行，行9字；背面3行，行存8字；側1行9字，計存66字。35×17×5.5cm。

釋文：正面："熙平元年三月四日塟，/父王文愛，母劉江女。墓/三丈五尺，並息珎寶刊/銘記。切示于後人。"

背面："熙平元年三月日拾/送衆大墓。父王文猥，……/江女，孫子，劉夫人……"

側："雍州京兆郡山北縣民。"

著錄：《北京圖書館藏中國歷代石刻拓本彙編》冊4/30頁；《六朝墓誌檢要》90頁；《北京圖書館藏墓誌拓片目錄》448頁；《漢魏南北朝墓誌彙編》83頁。

附註：雍州京兆郡山北縣治所在今陝西長安縣東南，北周廢。

0951 王遵敬及妻薛氏墓銘磚

北魏熙平元年（516）九月八日

浭陽端方舊藏，又歸南皮張仁蠡，後歸北京大學文研所，1952年後藏故宮博物院。

乾刻銘文。正書，3行，行5至8字不等，計19字。33×17×7.4cm。

釋文："熙平元年九月八日，/河東郡王遵敬/銘記，並妻薛。"

著錄：《陶齋藏石記》卷6/20；《六朝墓誌檢要》92頁；《北京圖書館藏中國歷代石刻拓本彙編》冊4/34頁；《北京圖書館藏墓誌拓片目錄》448頁；《漢魏南北朝墓誌彙編》88頁；《中國磚銘》圖版680。

0952 劉顏墓誌磚

北魏熙平元年（516）十月四日

清光緒年間河北望都東關外出土。

乾刻銘文。正書，9行，行14至26字不等，計176字。34.3×34cm。

釋文："熙平元年歲次丙申十月甲午朔四

日，魏故博陵太守劉府君之銘。/祖
策，散騎常侍征虜將軍東郡太守蒲陰
子。夫人中山張氏。/父遂州西曹郡
功曹。夫人中山張氏。/君諱顏，字
思顏，中山蒲陰永安鄉光賢里人也。
大魏高祖/孝文皇帝，創制國典，二
儀更造。選君奉朝請。君文思淵/澄，
雄武卓出，尋加强弩將軍直後。朝廷
意其忠清，□/遷給事中。未幾，復
轉屯騎校尉、右軍將軍、博陵/太守。
樹德養民，蒞政再期。春秋五十有五
而終。/行路悲酸，能言殞涕。夫人
高陽許氏。"

著錄：《漢魏南北朝墓誌集釋》圖版 584；
《六朝墓誌檢要》92 頁；《漢魏南北
朝墓誌彙編》88 頁；《中國磚銘》圖
版 682。

0953 元延生墓銘磚

北魏熙平元年（516）十一月二十一日

1926 年河南洛陽姚凹村出土。

乾刻銘文。正書，4 行，行 9 字，計 30
字。有界格。27×14.3cm。

釋文："熙平元年歲在庚申十一/月甲子朔
廿一日甲申，/威烈將軍奉朝請元延/
生銘。"

著錄：《蒿里遺文目錄續編·專誌徵存》；
《洛陽出土石刻時地記》22 葉；《漢
魏南北朝墓誌集釋》圖版 196；《六朝
墓誌檢要》93 頁；《北京圖書館藏中
國歷代石刻拓本彙編》冊 4/37 頁；
《漢魏南北朝墓誌彙編》89 頁；《中
國磚銘》圖版 684。

0954 高阿逯墓銘磚

北魏熙平二年（517）二月九日

乾刻銘文。正書，3 行，行存字不等，計
存 15 字。20×17cm。

釋文："熙平二年二月九日/淩坊中高阿逯
/銘。"

著錄：《北京圖書館藏墓誌拓片目錄》448
頁；《北京圖書館藏中國歷代石刻拓
本彙編》冊 4/41 頁；《漢魏南北朝墓
誌彙編》92 頁。

0955 張雷墓銘磚

北魏熙平二年（517）六月二日

浭陽端方舊藏，又歸南皮張仁蠡，後歸北
京大學文研所，1952 年後藏故宮博物
院。

乾刻銘文。正書，2 行，行字不等，計 12
字。26.5×14×4cm。

釋文："熙平二年六月二日，/張雷之銘。"

著錄：《陶齋藏甎記》下卷/19；《雪堂專
錄·專誌徵存》4 葉。

0956 劉榮先妻馬羅墓記磚

北魏神龜二年（519）七月五日

河南洛陽出土，藏洛陽民間。

乾刻銘文。正書，3 行，行字不等，計 19
字。23.5×22×11cm。

釋文："河陰縣人劉榮先/妻馬羅墓。/神
龜二年七月五日。"

著錄：王木鐸《洛陽新獲磚誌說略》
（《中國書法》2001 年 4 期）；《新出
魏晉南北朝墓誌疏証》39。

附註：河陰縣，三國魏黃初中改平陰縣
置，治所在今河南洛陽市東北。

0957 孔潤生墓記磚

北魏神龜三年（520）四月十八日

1928 年河南洛陽後溝村出土，歸三原于右任，藏西安碑林博物館。

乾刻銘文。正書，3行，行字不等，計28字。35.6×14.5cm。

釋文："神龜三年四月十八日，前郎中/臺錄事林□監故孔潤生/墓□一枚，立記。"

著錄：《洛陽出土石刻時地記》24葉；《六朝墓誌檢要》104頁；《北京圖書館藏中國歷代石刻拓本彙編》冊4/81頁；《漢魏南北朝墓誌彙編》（作偽志）；《鴛鴦七誌齋藏石》圖46。

附註：有云碑賈作偽，將此磚唐神龍年號剜改為神龜年號充作北魏墓記。

0958 達法度墓銘磚

北魏正光元年（520）八月十四日葬

河北定縣出土，上虞羅振玉舊藏。

乾刻銘文。正書，3行，行字不等，計16字。23×16cm。

釋文："正光元年八月十/四日，安憙（喜）縣/達法度銘。"

著錄：《雪堂專錄・專誌徵存》5葉；《藝風堂金石文字續目》卷1；《北京圖書館藏中國歷代石刻拓本彙編》冊4/88頁；《漢魏南北朝墓誌彙編》113頁。

0959 鮮于高頭鋪記磚

北魏正光二年（521）四月三十日

河北定興出土，清乾隆51年黃易得于山東濟寧，曾歸濰陽端方，又歸南皮張仁蠡，後歸北京大學文研所，1952年後交文化部社管局。

乾刻銘文。正書，4行，行字不等，計44字。28.5×13.2×4.3cm。

釋文："大魏正光二年歲辛丑四月卅日/戊戌朔，幽州范陽郡涿縣人□/鮮于高頭鋪記，前作涿縣吐/蕃□和將軍國使令。"

著錄：《專門名家・廣倉磚錄》專補；《六朝墓誌檢要》116頁（作偽刻）；《北京圖書館藏中國歷代石刻拓本彙編》冊4/107頁；《中國磚銘》圖版686。

附註：疑偽。

0960 段華息妻范氏墓記磚

北魏正光二年（521）五月二十一日

定海方若舊藏。

乾刻銘文。正書，3行，行字不等，計18字。25.5×12cm。

釋文："正光二年/五月廿一日，洛陽/故人段華息妻范。"

著錄：《雪堂專錄・專誌徵存》5葉；《中國磚銘》圖版685。

0961 王平造像磚

北魏正光二年（521）

乾刻銘文。上像，下刻記，正書，6行，行2字，計12字。25×10cm。

釋文："正光/二年，/弟子/王平/造像/一區。"

著錄：《北山談藝錄續編》174頁。

附註：疑偽。

0962 尹式和墓記磚

北魏正光三年（522）四月二十三日

河北出土，濰陽端方舊藏。

乾刻銘文。正書，3行，行字不等，計24字。30×14.5cm。

釋文："大魏正光三年四月廿三日，/瀛州河間郡洛縣/□□人尹式和。"

著錄：《陶齋藏石記》卷7/4。

附註：瀛州河間郡在今河北境内。

0963 義里界記磚
北魏正光三年（522）九月
乾刻銘文。正書，3 行，行 7、8 字不等，
　　計 22 字。尺寸不詳。
釋文："大魏正光三年九月，/曲成、楊
　　勝、王姜社/同居義里，界記之。"

0964 姬伯度墓銘磚
北魏正光四年（523）五月二十四日
乾刻銘文。正書，3 行，行 6 至 8 字不等，
　　計 21 字。有竪界欄。31.5×17.5cm。
釋文："正光四年五月廿四/日，河内郡白
　　水縣/民姬伯度銘記。"
著錄：《雪堂專錄·專誌徵存》5 葉；《漢
　　魏南北朝墓誌集釋》圖版 586；《俟堂
　　專文雜集》149 頁；《六朝墓誌檢要》
　　126 頁；《中國古代磚文》圖版 343；
　　《漢魏南北朝墓誌彙編》138 頁；《中
　　國磚銘》圖版 688。
附註：河内郡白水縣治所在今山西垣曲縣
　　東南。

0965 平珎顯妻李貞姬墓記磚
北魏正光四年（523）十月
溳陽端方舊藏。
乾刻銘文。正書，3 行，行 5、6 字不等，
　　計 16 字。15×14.5cm。
釋文："正光四年十月，/故平珎顯妻/李
　　貞姬在此。"
著錄：《陶齋藏石記》卷 7/5；《六朝墓誌
　　檢要》127 頁；《北京圖書館藏墓誌
　　拓片目錄》448 頁；《北京圖書館藏
　　中國歷代石刻拓本彙編》冊 4/150
　　頁；《漢魏南北朝墓誌彙編》138 頁。

0966 王僧玉妻杜延登墓記磚
北魏正光五年（524）
紹興范壽銘舊藏。
乾刻銘文。正書，3 行，行 7、8 字不等，
　　計 17 字。31×15cm。
釋文："正光五年，廣川郡丞/强縣王僧玉
　　妻杜/延登。"

0967 元伏生妻輿龍姬墓銘磚
北魏孝昌二年（526）十二月二十日葬
河南洛陽出土。
乾刻銘文。正書，3 行，行 5 至 8 字不等，
　　計 20 字。28×15.2cm。
釋文："故元伏生妻輿龍/姬銘。孝昌二年
　　十二/月廿日送終。"
著錄：《漢魏南北朝墓誌集釋》圖版 198；
　　《六朝墓誌檢要》164 頁；《漢魏南北
　　朝墓誌彙編》203 頁；《中國磚銘》
　　圖版 690。

0968 張神龍息□□墓銘磚
北魏孝昌三年（527）七月十九日
溳陽端方舊藏。
乾刻銘文。正書，3 行，行 3 至 10 字不
　　等，計 20 字。33×15cm。
釋文："孝昌三年七月十九日，□/縣民張
　　神龍息□/□銘記。"
著錄：《俟堂專文雜集》150 頁；《中國磚
　　銘》圖版 690。

0969 輔保達墓記磚
北魏（386～534）
乾刻銘文。正書間隸書，面 2 行，行 2
　　字，左側 1 行 4 字；右側 1 行 1 字，
　　共計 8 字。32.5×16.5×6cm。
釋文：面："輔保/達。"

左側："上谷俎（沮）人"

右側："陽"

附注：磚文應連讀作"上谷沮陽人輔保達。"上谷郡戰國燕置，秦時治所在沮陽縣，即今河北懷來縣東南，北魏廢。沮陽縣秦置，北魏廢。

0970　鮑必墓銘磚

北魏建義元年（528）

乾刻銘文。正書，2行，行字不等，計存9字。24×15.5cm。

釋文："建義元年，南□……/人鮑必。"

著錄：《雪堂專錄·專誌徵存》5葉。

0971　王舒墓誌磚

北魏永安三年（530）九月十一日葬

河南洛陽出土，歸吳興徐森玉。

乾刻銘文。正書，7行，行7、8字不等，計50字。36×36cm。

釋文："魏故王君墓誌銘。/君諱舒，字進壽，樂梁/□城人也。以大魏永/安三年歲次庚戌九/月甲戌朔十一日甲/申，窆於北芒之陽。/夫人慕容。"

著錄：《蒿里遺文目錄三上·專誌徵存目錄上》3葉；《漢魏南北朝墓誌集釋》圖版587；《北京大學圖書館藏金石拓片草目》卷2/104；《六朝墓誌檢要》186頁；《漢魏南北朝墓誌彙編》272頁；《中國磚銘》圖版695。

0972　沈起墓銘磚

北魏永安四年（531）四月二十二日

浭陽端方舊藏。

乾刻銘文。正書，3行，行字不等，計36字。26×12.5cm。

釋文："大魏永安四年歲在辛亥/四月庚子

朔廿二日辛（漏刻"酉"字），幽州范陽郡/固安縣人東郡太守沈起銘記。"

著錄：《陶齋藏石記》卷7/15；《雪堂專錄·專誌徵存》5葉；《六朝墓誌檢要》186頁。

0973　鄭胡墓銘磚

北魏太昌元年（532）十二月□□日

20世紀60年代河南開封縣朱仙鎮老譚寨村出土。

乾刻銘文。正書，兩面刻，正面2行，行8字；背面12行，行4至8字，共計86字。有豎界欄。36×17.7×8.8cm。

釋文：正面："延昌四年歲在乙未，/開封縣鄭胡銘。"

　　　　背面："大魏太昌元年十二/月□□日，鎮北將/軍銀青光祿大/夫平陽太守鄭/君之銘。四祖塋/其中，十七座同時/塋。一祖胡，一祖驎/一祖□，一祖□。/開封城西門西/二百步，橫道/北五十步。/歲次壬子。"

著錄：丘剛《啟（開）封故城遺址的初步勘探與試掘》（《中原文物》1994年2期）；郭世軍、劉心健《開封發現北魏鄭胡墓志磚》（《文物》1998年11期）；《新出魏晉南北朝墓誌疏証》57。

0974　李爰婦趙樹墓記磚

北魏永興二年（533）九月七日

河南洛陽漢魏故城出土，1997年發現，藏洛陽民間。

乾刻銘文。隸正兼書，2行，計16字。30.6×15×5.5cm。

釋文："永興二年九月七日，趙/樹勿

165

（物）故，是（？）李爰婦。"

著錄：王木鐸《洛陽新獲磚誌說略》
（《中國書法》2001 年 4 期）。

0975　王相買地券磚

北魏永興二年（533）十二月六日

乾刻銘文。隸書，左行，3 行，行字不等，
計 17 字左右。31×15cm。

釋文：“□興二年□□／十二月六日，中
□／王相買縣□。"

著錄：《專門名家·廣倉專錄》第 2 集；
《中國磚銘》圖版 697。

0976　吳名桃妻郎□墓記磚

北魏（386～534）三月廿七日

乾刻銘文。正書，4 行，行存 6 字，計存
18 字。尺寸不詳。

釋文：“盧奴亭下村人／吳名桃妻／郎□。／
……年三月廿七日。"

著錄：《中國磚銘》圖版 679（作“永平
三年"）。

附註：盧奴縣西漢置，後改名，北魏復
名，治所在今河北定縣，北齊廢。

0977　定州中山郡□□妻墓記磚

北魏（386～534）

乾刻銘文。正書，2 行，行字不等，計約
14 字。30×15cm。

釋文：“定州中山郡□□縣／□□妻□□
□。"

附註：定州中山郡治所在今河北定縣。

0978　韓無忌墓銘磚

北魏（386～534）

1999 年河南洛陽出土。

乾刻銘文。正書，2 行，計 6 字。35.5×

17.5×4.5cm。

釋文：“霸城韓無／忌銘。"

著錄：王木鐸《洛陽新獲磚誌說略》
（《中國書法》2001 年 4 期）；《邙洛
碑誌三百種》33 頁。

附註：霸城縣，三國魏以霸陵縣改名，治
所在今陝西西安東北，北周廢。

0979　矯軍妻王氏墓記磚

北魏（386～534）

乾刻銘文。正書，3 行，行 4 字，計 12
字。尺寸不詳。

釋文：“齊州太原／郡山茌縣／矯軍妻王。"

著錄：《中國磚銘》圖版 956。

附註：太原郡山茌縣治所在今山東濟南西
南。

0980　來僧護夫妻墓記磚

北魏（386～534）

乾刻銘文。正書，存 2 行，行存 2 至 8 字，
計存 9 字。磚存大半。尺寸不詳。

釋文：“……盧奴／……□下村來僧護夫
妻"

著錄：《中國磚銘》圖版 960。

附註：盧奴縣西漢置，後改名，北魏復
名，治所在今河北定縣，北齊廢。

0981　李榮妻郎山暉墓記磚

北魏（386～534）

乾刻銘文。正書，2 行，行 3 至 8 字，計
12 字。尺寸不詳。

釋文：“盧奴坱城村，李榮妻／郎，字山
暉。"

著錄：《中國磚銘》圖版 964。

附註：盧奴縣西漢置，後改名，北魏復
名，治所在今河北定縣，北齊廢。

0982 劉夫生女墓記磚

北魏(386~534)

乾刻銘文。正書，2行，行4字，計8字。
33×16cm。

釋文："萇（長）安雍州/劉夫生女。"

著錄：《蒿里遺文目錄三上·專誌徵存目
錄上》2葉；《中國磚銘》圖版958。

0983 劉平頭妻傅雙之墓記磚

北魏(386~534)

乾刻銘文。正書，2行，行5字，計10
字。尺寸不詳。

釋文："高唐縣劉平/頭妻傅雙之。"

著錄：《蒿里遺文目錄補遺·專誌徵存》
11葉；《中國磚銘》圖版971。

附註：北魏景明三年置高唐縣，治所在今
山東高唐縣。

0984 劉譚剛墓記磚

北魏(386~534)

天津姚貴昉舊藏。

乾刻銘文。正書，2行，行5、6字，計11
字。28×16cm。

釋文："鎮東將軍北地/太守劉譚剛。"、

著錄：《專門名家·廣倉專錄》第2集；
《蒿里遺文目錄三上·專誌徵存目錄
上》4葉；《俟堂專文雜集》145頁；
《中國磚銘》圖版964。

0985 孟珎妻焦氏墓銘磚

北魏(386~534)

浭陽端方舊藏，又歸南皮張仁蠡，後歸北
京大學文研所，1952年後藏故宮博物
院。

乾刻銘文。正書，2行，行4、5字 計9
字。28×13.6×5.8cm。

釋文："陽平太守孟/珎妻焦銘。"

著錄：《陶齋藏甎記》下卷/20；《雪堂專
錄·專誌徵存》7葉；《中國磚銘》
圖版970。

0986 裴僧仁墓記磚

北魏(386~534)

河南安陽漳瀕出土，紹興范壽銘舊藏。

乾刻銘文。正書，1行4字。34×16cm。

釋文："裴僧仁碑。"

著錄：《循園金石文字跋尾》卷上/9。

0987 宿光明塚記磚

北魏(386~534)

1995年山西大同西南出土。

乾刻銘文。正書，1行4字。31×16×
6cm。

釋文："宿光明塚。"

著錄：殷憲《大同魏碑述略》（《書法叢
刊》1999年1期）。

0988 王羌仁塚記磚

北魏(386~534)

1997年山西大同東南智家堡出土。

乾刻銘文。正書，1行4字。31×16×
6cm。

釋文："王羌仁塚。"

著錄：殷憲《大同魏碑述略》（《書法叢
刊》1999年1期）。

0989 晏崇妻墓記磚

北魏(386~534)

乾刻銘文。正書，2行，行4字，計存8
字。尺寸不詳。

釋文："齊郡臨菑（淄）/民晏崇妻。"

著錄：《雪堂專錄·專誌徵存》7頁；《中

國磚銘》圖版 961。

附註：齊郡臨淄治所在今山東淄博臨淄。

0990 楊難受、楊敬德賜記磚
北魏（386～534）
乾刻銘文。正書，2 行，行 5 字，計 10
字。尺寸不詳。
釋文："□晉楊難受、/楊敬德賜記。"
著錄：《中國磚銘》圖版 967。

0991 張智□造像磚
北魏（386～534）
浭陽端方舊藏。
乾刻銘文。正書，殘存 8 行，行 7 字，計
存 48 字。有方界格。磚存右半。
22.5×22.5cm。
釋文："夫大像沖隱，非□/餝無以表其
靈；空/音眇絕，非演唱無/以導其
幽。是以清/信士佛弟子張智/□，罄
竭微毫，造塼/□□□像一區。上/
□□□□□八表……"
著錄：《陶齋藏石記》卷 10/9。

0992 趙國墓銘磚
北魏（386～534）
乾刻銘文。正書，1 行 5 字。尺寸不詳。
釋文："蒲蔭趙國銘。"
著錄：《中國磚銘》圖版 955。
附註：蒲蔭縣治所在今河北完縣。

東 魏

0993 張保妻墓銘磚
東魏元象元年（538）三月十七日
乾刻銘文。正書，2 行，行字不等，計 16
字。32.5×14.5cm。

釋文："□陽令張保妻/銘。元象元年三月
十七日。"

0994 大將軍等字殘磚
東魏興和二年（540）二月十五日
近年河北定州出土，藏河北正定縣墨香
閣。
乾刻銘文。正書，存 5 行，行存 6 字，計
存 28 字。磚存右半。36 × 32 ×
5.5cm。
釋文："大魏興和二年/大將軍在戌午/歲
次庚申二月/己卯朔十五日/癸巳，定
州……"
著錄：趙生泉《新近出土磚拓十種》
（《中國書畫》2004 年 8 期）。
附註：疑偽。

0995 王立周妻□敬妃墓銘磚
東魏興和二年（540）閏五月九日
乾刻銘文。正書，3 行，行字不等，計 23
字。有豎界欄。25×16cm。
釋文："興和二年，□州高/陽縣王立周
□□/敬妃，潤（閏）五月九日銘
記。"

0996 范思彥墓銘磚
東魏興和三年（541）正月二十九日
河南安陽出土，曾歸紹興范壽銘。
乾刻銘文。正書，5 行，行字不等，計 31
字。有豎界欄。31×33cm。
釋文："興和三年正月廿九日，嬴（瀛）/
州河澗郡中水縣民/范思彥銘上記。/
有灰，并有炭/為記。"
著錄：《北京大學圖書館藏金石拓片草目》
卷 2/144；《漢魏南北朝墓誌集釋》圖
版 297；《六朝墓誌檢要》217 頁；

《北京圖書館藏墓誌拓片目錄》30
頁；《北京圖書館藏中國歷代石刻拓
本彙編》冊 6/73 頁；《中國古代磚
文》圖版 346；《漢魏南北朝墓誌彙
編》339 頁；《磚文拓片選》（《書法
叢刊》1998 年 1 期）；《中國磚銘》
圖版 700。

附注：文獻記載為安陽出土，或有誤，疑
出自今河北河間一帶。

0997　賈尼墓銘磚

東魏武定二年（544）正月二十八日葬

乾刻銘文。正書，4 行，行字不等，計 46
字。有竪界欄。29×14cm。

釋文：“武定二年歲次甲子正月丙戌/
朔廿八日癸丑，琅琊王祖母太妃/賈尼，
春秋五十，不幸遘疾，/薨扵鄴城景
樂寺。故立銘記。”

著錄：《雪堂專錄·專誌徵存》6 葉；《俟
堂專文雜集》151 頁；阿英《從晉磚
文字說到＜蘭亭序＞書法》（《文物》
1965 年 10 期）；《六朝墓誌檢要》
222 頁；《漢魏南北朝墓誌彙編》355
頁；《中國磚銘》圖版 703。

0998　張氏妻赫連阿妃墓銘磚

東魏武定二年（544）十月四日

上虞羅振玉舊藏。

乾刻銘文。正書，3 行，行字不等，計 24
字。24×15cm。

釋文：“大魏武定二年十月壬子/朔四日乙
卯，張氏妻/赫連阿妃銘記。”

著錄：《雪堂專錄·專誌徵存》6 葉；《北
京圖書館藏中國歷代石刻拓本彙編》
冊 6/113 頁；《漢魏南北朝墓誌彙編》
361 頁。

0999　羅家娣訾要墓銘磚

東魏武定二年（544）十一月三日

乾刻銘文。正書，3 行，行字不等，計 16
字。14.5×13cm。

釋文：“武定二年十一月/三日，羅家娣/
訾要□記。”

1000　呂光墓記磚

東魏武定二年（544）

乾刻銘文。正書，左行，2 行，行字不等，
計 8 字。31×13.5cm。

釋文：“武定二年，呂光/□記。”

著錄：《蒿里遺文目錄三上·專誌徵存目
錄上》3 葉；《俟堂專文雜集》152
頁；《中國磚銘》圖版 704。

1001　可足渾桃杖墓誌磚

東魏武定四年（546）九月廿一日葬

近年河北臨漳縣出土，磚藏民間。

乾刻銘文。正書，7 行，行 10 至 12 字不
等，計 72 字。尺寸不詳。

釋文：“魏故章武王儀同開府參軍/事可足
渾桃杖墓志銘。杖/司州魏郡鄴縣人，
春秋廿二，/武定四年九月十二日終
扵寧/鄉里，以其年九月廿一日葬/扵
豹祀之西。陵谷易貿，刊/茲玄石，
式昭不朽。”

1002　喬貳仁塚記磚

東魏武定五年（547）二月廿日

乾刻銘文。正隸間書，3 行，行字不等，
計 12 字。23×16cm。

釋文：“喬貳仁，/武定五年/二月廿，塚
記。”

1003　王顯明墓銘磚

東魏武定六年（548）四月十五日

乾刻銘文。正書，2 行，行 9 字，計 14
　　字。尺寸不詳。

釋文："武定六年四月十五日，／王顯明銘
　　記。"

著錄：《雪堂專錄・專誌微存》7 葉；《中
　　國磚銘》圖版 705。

1004　丁今遵墓銘磚

東魏武定七年（549）七月廿六日

乾刻銘文。正書，3 行，行 5、6 字，計 13
　　字。尺寸不詳。

釋文："武定七年七月／廿六日，丁今／
　　遵銘。"

著錄：《中國磚銘》圖版 706。

1005　石紹妻王阿妃墓銘磚

東魏武定八年（550）正月二十日

紹興顧燮光舊藏。

乾刻銘文。正書，2 行，行字不等，計 15
　　字。27.3×18cm。

釋文："武定八年正月廿日，石紹妻／王阿
　　妃銘。"

著錄：《專門名家・廣倉專錄》第 2 集；
　　《中國磚銘》圖版 695（作"永安八
　　年"）。

西　魏

1006　蔣黑墓銘磚

西魏大統七年（541）

涇陽端方舊藏，又歸南皮張仁蠡，後歸北
　　京大學文研所，1952 年後藏故宮博物
　　院。

乾刻銘文。正書，2 行，行字不等，計 11
字。25.5×11.5×6cm。

釋文："大統七年，潁（潁）陽縣／民蔣黑
　　銘。"

著錄：《陶齋藏石記》卷 10/2；《六朝墓
　　誌檢要》207 頁；《中國磚銘》圖版
　　706。

附註：潁陽縣北魏天安二年置，治所即今
　　河南登封縣西南潁陽鎮。

1007　任小香墓記磚

西魏大統十五年（549）八月二十八日葬

乾刻銘文。正書，3 行，行 5、6 字不等，
　　計 16 字。17×17cm。

釋文："大統十五年／八月廿八日，右／□
　　坊任小香。"

著錄：《北京圖書館藏墓誌拓片目錄》448
　　頁；《北京圖書館藏中國歷代石刻拓
　　本彙編》冊 6/21 頁；《漢魏南北朝墓
　　誌彙編》384 頁。

1008　謝婆仁墓銘磚

西魏大統十六年（551）七月九日

1991 年陝西咸陽市咸陽頭道塬出土。

乾刻銘文。正書，3 行，行字不等，計 18
　　字。32.6×16×6.5cm。

釋文："大統十六年七月九日，／謝婆仁
　　銘。住在謝／營中。"

著錄：劉衛鵬《咸陽西魏謝婆仁墓清理簡
　　報》（《考古與文物》2003 年 1 期）；
　　劉衛鵬《咸陽西魏謝婆仁墓》（《文
　　博》2004 年 1 期）；《新出魏晉南北
　　朝墓誌疏証》90。

北 齊

1009 張海欽妻蘇繡墓銘磚

北齊天保元年（550）三月十日卒

2005 年河南安陽出土，藏鄭州民間。

乾刻銘文。上刻佛像，下刻記。記正書，8 行，行字不等，計 49 字。30×20.5×10cm。

釋文："大齊天保元年三/月十日，南陽人張海/欽妻蘇氏卒扵鄴/都，故（?）造塼/一壜，置扵墓所，以/為銘記。□□□□用（?）/希不毀壞。/蘇繡銘記。"

1010 羊文興息妻馬姜墓銘磚

北齊天保元年（550）五月十三日

乾刻銘文。正書，3 行，行 9 至 11 字，計 25 字。尺寸不詳。

釋文："天保一年五月十三日，徐州/沛郡蕭縣故民羊文興/息妻馬姜銘。"

著錄：《雪堂專錄·專誌徵存》8 葉（作"姜興"）；《中國磚銘》圖版 708。

附註：沛郡蕭縣治所在今安徽蕭縣西北。

1011 孟蕭姜墓記磚

北齊天保元年（550）八月廿九日

近年河北出土，藏河北正定縣墨香閣。

乾刻銘文。正書，3 行，行字不等，計 22 字。27×16.5×5.8cm。

釋文："武德郡平皋縣民/故人妻孟蕭姜。/天保元年八月廿九日。"

著錄：趙生泉《新近出土磚拓十種》（《中國書畫》2004 年 8 期）。

附註：平皋縣，西漢置，治所在今河南溫縣東。

1012 惠感造像磚

北齊天保二年（551）四月八日

乾刻銘文。正書，5 行，行 6 字，計 28 字。尺寸不詳。

釋文："天保二年四月/八日，惠感為亡/母敬造佛像一/區，願一切眾生/得成佛道。"

著錄：《中國磚銘》圖版 707。

1013 蕭醜女墓記磚

北齊天保二年（551）十一月廿六日

近年河北出土，藏河北正定縣墨香閣。

乾刻銘文。正書，3 行，行字不等，計 25 字。32×16×4cm。

釋文："大齊天保二年歲次辛/未十一月辛丑朔廿六日，故/人蕭醜女墓。"

著錄：趙生泉《新近出土磚拓十種》（《中國書畫》2004 年 8 期）。

1014 孫槃龍妻明姬墓記磚

北齊天保三年（552）七月四日

三原于右任舊藏，藏西安碑林博物館。

乾刻銘文。正書，3 行，行 12 字，計 26 字。38×17cm。

釋文："大齊天保三年歲次壬申七月/丁卯朔四日庚午，孫槃龍妻明/姬記。"

著錄：《漢魏南北朝墓誌集釋》圖版 595；《六朝墓誌檢要》236 頁；《漢魏南北朝墓誌彙編》389 頁；《鴛鴦七誌齋藏石》圖 154；《中國磚銘》圖版 709。

1015 阿劉息清兒墓記磚

北齊天保四年（553）九月二十一日

乾刻銘文。正書，3 行，行字不等，計 16

字。28×17cm。

釋文："天保四年九月廿/一日，□□阿
（或作何）劉息/清兒。"

1016　張黑奴妻王洛妃墓記磚

北齊天保五年（554）十月七日

上虞羅振玉舊藏。

乾刻銘文。正書，4 行，行字不等，計 37
字。25×13cm。

釋文："天保五年十月七日，張黑/奴妻王
洛妃。弟虎仁，/父王祖安，母隋如
□，妹大妃，/□隋阿□　兄王琮
貴。"

著錄：《蒿里遺文目錄三上・專誌徵存目
錄上》4 葉；《北京圖書館藏中國歷
代石刻拓本彙編》冊 7/41 頁。

1017　天保六年正月十五日磚

北齊天保六年（555）正月十五日

乾刻銘文。正書，面 1 行 10 字，旁又刻 1
字；側 1 行 8 字，共計 19 字。尺寸不
詳。

釋文：正面："天保六年正月十五□日。
之"

　　　側面："天保六年正月十五"

著錄：《中國磚銘》圖版 710。

附註：此磚未刻畢即廢棄。

1018　李識葡墓銘磚

北齊天保七年（556）四月二十日

河南安陽章瀬出土，紹興范壽銘舊藏。

乾刻銘文。正書，2 行，行字不等，計 11
字。29×15cm。

釋文："天保七（漏刻"年"字）四月廿
日，李/識葡銘。"

著錄：《循園金石文字跋尾》卷上/9

1019　魏世儁妻車延暉墓銘磚

北齊天保七年（556）八月二十五日

上虞羅振玉舊藏。

乾刻銘文。正書，3 行，行 8 字，計 20
字。28×14cm。

釋文："大齊天保七年八月/廿五日，魏世
儁妻車/延暉銘記。"

著錄：《雪堂專錄・專誌徵存》9 葉；《北
京圖書館藏中國歷代石刻拓本彙編》
冊 7/53 頁；《漢魏南北朝墓誌彙編》
402 頁。

1020　若干子雄妻張比婁墓銘磚

北齊天保七年（556）十二月十五日

近年河南安陽出土，藏河北正定縣墨香
閣。

乾刻銘文。篆隸正兼書，分刻二磚，一磚
3 行，行 10 字；一磚 3 行，行 8 字，
共計 53 字。有方界格。36 × 17 ×
7cm。

釋文：一磚："大齊天保七年十二月十/五
日，恒州高粱郡安陽縣/若干子雄妻
張銘記也。"

　　　一磚："夫人姓張，字比婁，年/十
八，安定人也。祖悟，/岐、秦二州
刺史孫女。

著錄：趙生泉《新近出土磚拓十種》
（《中國書畫》2004 年 8 期）。

附註：高粱郡即高柳郡。

1021　纂息奴子墓記磚

北齊天保八年（557）五月二十四日卒

上虞羅振玉舊藏。

乾刻銘文。正書，4 行，行 8、9 字，計 32
字。28×18cm。

釋文："纂息奴子以大齊天保/七年九月十

九日生，/八年五月廿四日終殤/夭
往，傷切于懷。"

著錄：《雪堂專錄·專誌徵存》9 葉；《北
　　京圖書館藏中國歷代石刻拓本彙編》
　　冊 7/60 頁；《漢魏南北朝墓誌彙編》
　　402 頁。

1022　楊六墓銘磚
北齊天保八年（557）七月十二日
上虞羅振玉舊藏。
乾刻銘文。正書，3 行，行字不等，計 24
　　字。29×14cm。
釋文："天保八年歲在丁丑/七月戊戌朔十
　　二日已酉，/弘農郡楊六銘。"
著錄：《雪堂專錄·專誌徵存》9 葉；《北
　　京圖書館藏中國歷代石刻拓本彙編》
　　冊 7/63 頁；《漢魏南北朝墓誌彙編》
　　403 頁。
附註：弘農郡治所在今河南靈寶縣東北。

1023`　秘天興墓記磚
北齊天保八年（557）八月二日
乾刻銘文。正書，2 行，行 5 至 8 字，計
　　13 字。尺寸不詳。
釋文："此秘天興碑。/天保八年八月二
　　日。"
著錄：《中國磚銘》圖版 711。

1024　謝歡同墓銘磚
北齊天保九年（558）十月十六日
河南洛陽出土，湨陽端方舊藏，又歸南皮
　　張仁蠡，後歸北京大學文研所，1952
　　年後藏故宮博物院。
乾刻銘文。正書，4 行，行字不等，計 30
　　字。26.6×12.3×5.6cm。
釋文："大齊天保九年歲次戊/寅十月辛酉

朔十六日丙子，/洛陽縣故人謝歡同
　　銘/記。"

著錄：《陶齋藏石記》卷 11/10；《北京圖
　　書館藏中國歷代石刻拓本彙編》冊 7/
　　76 頁；《漢魏南北朝墓誌彙編》404
　　頁；《中國磚銘》圖版 712。

1025　張承墓銘磚
北齊天保十年（559）閏四月八日卒
河北石家莊趙陵鋪鎮出土。
乾刻銘文。正書，3 行，行字不等，計 23
　　字。尺寸不詳。
釋文："天保十年潤（閏）四月八日，/真
　　定人張承，年卅/六死。銘記。名遠
　　興。"
著錄：河北省文物管理委員會《河北石家
　　莊市趙陵鋪鎮古墓清理簡報》（《考
　　古》1959 年 7 期）；《中國古代磚文》
　　圖版 348；《漢魏南北朝墓誌彙編》
　　407 頁；《中國磚銘》圖版 712。

1026　劉景墓銘磚
北齊乾明元年（560）二月廿五日
乾刻銘文。正書，3 行，行 7 至 9 字，計
　　17 字。尺寸不詳。
釋文："乾明元年二月廿五日，/原武縣令
　　劉景銘/記。"
著錄：《中國磚銘》圖版 713。

1027　董顯□墓銘磚
北齊乾明元年（560）三月二十一日
陝西西安出土，湨陽端方舊藏，又歸南皮
　　張仁蠡，後歸北京大學文研所，1952
　　年後藏故宮博物院。
乾刻銘文。正書，4 行，行字不等，計 33
　　字。33.5×16×4.5cm。

釋文："大齊乾明元年歲次庚 辰三 /月壬
子朔廿一日壬申，雍 州 /京兆郡杜縣
人董顯□/銘記。"
著錄：《陶齋藏石記》卷 12/1；《雪堂專
錄·專誌徵存》10 葉；《六朝墓誌檢
要》242 頁；《北京圖書館藏墓誌拓
片目錄》448 頁；《北京圖書館藏中
國歷代石刻拓本彙編》冊 7/76 頁；
《漢魏南北朝墓誌彙編》408 頁；《中
國磚銘》圖版 714。

1028 輔□念墓銘磚
北齊皇建二年（561）四月十日
近年河北出土，藏河北正定縣墨香閣。
乾刻銘文。正書，3 行，行字不等，計 19
字。右下角斷裂。35×18×7cm。
釋文："皇建二年四月丙子朔/十日乙酉，
古、（故）人輔□/念銘。"

1029 封胤墓記磚
北齊大（太）寧二年（562）四月廿四日
近年河北出土，藏河北正定縣墨香閣。
乾刻銘文。正書，3 行，行 6 至 7 字，計
20 字。30×15×3.7cm。
釋文："唯大齊大寧二/年四月廿四日，故
/人封胤遷恒州記。"
著錄：趙生泉《新近出土磚拓十種》
（《中國書畫》2004 年 8 期）。

1030 張胡仁墓記磚
北齊河清元年（562）八月十八日
乾刻銘文。正書，2 行，行字不等，計 15
字。32×16cm。
釋文："河清元年八月十八/日，故人張胡
仁墓。"

著錄：《蒿里遺文目錄三上·專誌徵存目
錄上》5 葉；《北京圖書館藏中國歷
代石刻拓本彙編》冊 7/122 頁；《漢
魏南北朝墓誌彙編》416 頁。

1031 孫龍貴妻墓記磚
北齊河清三年（564）九月廿七日
乾刻銘文。正書，4 行，行 5 至 8 字，計
22 字。尺寸不詳。
釋文："河清三年九月廿七/日，冀州安德
郡平/原縣人孫龍/貴妻。"
著錄：《中國磚銘》圖版 715。
附註：安德郡平原縣治所在今山東德州平
原縣。

1032 宋迎男墓記磚
北齊河清四年（565）四月廿七日葬
2005 年河南安陽出土，藏鄭州民間。
乾刻銘文。正書，4 行，行字不等，計 28
字。31×14.5×4.5cm。
釋文："大齊河清四年歲次乙酉四/月癸丑
朔廿七日已卯，/都郡成安縣/宋迎
男。"

1033 兗衆敬墓記磚
北齊天統元年（565）五月三日
乾刻銘文。正書，2 行，行 4 至 7 字，計
11 字。尺寸不詳。
釋文："天統元年五月三/日，兗衆敬。"
著錄：《雪堂專錄·專誌徵存》10 葉；
《中國磚銘》圖版 715。

1034 刁翔墓誌磚
北齊天統元年（565）十月十二日葬
1985 年山東樂陵楊家鄉史家村出土，樂陵
縣文化館藏。

乾刻銘文。正書，17 行，行 17 字左右，計 309 字。有豎界欄。44.3×44.3×7cm。

釋文："齊故刁主簿墓志銘。/祖師，燕中堅將軍定州司馬。夫人太山于氏。/父洛，徐州中兵參軍。夫人廣平宋氏。父讚，蘭臺侍郎吏部尚書。/君諱翔，字道飜，渤海饒安西鄉東安里人也。/盖帝桔梗氏刁音之苗胄，高陽內史刁秀之/枝胤者矣。君佩韍志重，儀表攸備，弱冠雅量，/愍惠早成。建孝家門，樹信僚友。頻致雁書，辟/為本州主簿。以去孝昌三年三月下旬，屬葛/竪滔天，橫剪邦邑。君奮勇前驅，宣威寇敵，旅/援補微，遂殂軍首。時年五十有七。景以乾蔭/夙頹，慈顏早逝，倒憂在躬，偷貪視息。逮天統元/年歲次乙酉十月庚戌朔十日二辛酉，始構玄宮，祔/合墳塋。實痛松門之莫春，悲埏墜如無曉。其詞曰：/遠承華胄，世襲鴻基，立身尚禮，孝敬為徽，奉親竭力，/處第恭怡。日月虧昃，人事難停，泉宮永閟，一暝千/齡。君五男：長子明威將軍帳內統軍禮樂令曄，字元景。二子籍，字元文。/三子弘，字景文。四子瑜，字景珍。五子緒，字文業。"

著錄：李開嶺、劉金亭《山東樂陵縣出土北齊墓誌》（《考古》1987 年 10 期）；《漢魏南北朝墓誌彙編》430 頁；《中國古代磚文》圖版 349；《中國磚銘》圖版 716。

附註：文中'十日二'當為十二日。

1035 宇文妻呂氏墓記磚

北齊天統二年（566）六月

乾刻銘文。正書，2 行，行字不等，計存 9 字。28×13.7cm。

釋文："天統二年六/宇文妻呂。"

著錄：《中國磚銘》圖版 718。

1036 郭小伯妻徐氏墓記磚

北齊天統四年（568）十一月廿九日

近年河北出土，藏河北正定縣墨香閣。

乾刻銘文。正書，4 行，行字不等，計 31 字。有豎界欄。33.5×15×5cm。

釋文："大齊天統四年十一月廿九日，/車騎大將軍滄州樂陵縣/令郭□□小伯妻徐/墓。"

附註：樂陵縣西漢置，治所在今山東樂陵東南，北魏永平二年移治今樂陵東北。

1037 戴仲和墓銘磚

北齊天統五年（569）二月十日

1955 年河南洛陽澗西區出土。

乾刻銘文。正書，3 行，行字不等，計 16 字。28.5×13.5cm。

釋文："天統五年二月十日/歲次己丑，戴仲和/銘。"

著錄：河南省文化局文物工作隊《1955 年洛陽澗西區北朝及隋唐墓葬發掘報告》（《考古學報》1959 年 2 期）；《中國古代磚文》圖版 350；《中國磚銘》圖版 719。

1038 扈崴墓銘磚

北齊天統五年（569）四月二十六日刻

乾刻銘文。正書，2 行，行字不等，計 12 字。33×17cm。

釋文："天統五年四月廿六/日，扈崴銘。"

著錄：《嵩里遺文目録三上‧專誌徵存目
　　録上》5 葉；《北京圖書館藏中國歷
　　代石刻拓本彙編》冊 7/203 頁；《漢
　　魏南北朝墓誌彙編》440 頁。

1039　張明月冥記磚

北齊天統五年（569）八月三日

乾刻銘文。正書，3 行，行字不等，計 17
　　字。16×13cm。

釋文："天統五年八月三日，/□軍人妻張
　　/明月冥記。"

1040　宇文誠墓誌磚

北齊武平元年（570）六月十九日葬

河南安陽出土，曾歸南潯張氏。

乾刻銘文。正書，15 行，行 15 字，計 219
　　字。有方界格。40×39cm。

釋文："大齊故宇文君墓誌之銘。/君諱
　　誠，字克明，太原晋陽人也。乃尚書
　　/左僕射宇文公之族弟。因官徙鄴，
　　已二/世矣。君生而穎邁，天性孝謹。
　　以名門貴/胄、世代纘纓之姿，虛心
　　下士，屈己求人。/又能遍覽典墳，
　　遺名利如蔽蓰；備窮礼/義，操躬身
　　若金玉。初為司徒府參議主/薄，俄
　　而轉尚書都官。旋因親老，矢志不/
　　出。逍遙山林之間，跌宕煙霞之上。
　　豈徂/輝易謝，逝水無停。春秋七十
　　有三，天統/五年八月終扵私第。武
　　平元年歲次壬/辰六月戊辰朔十九日
　　甲申，塋扵鄴郡/西南三十里之高原，
　　礼也。銘曰：皇矣/我君，謹慎惟明，
　　松筠雅操，铁石深衷。克/勤克儉，
　　殁貽令名，声耵千載，與金石同。"

著錄：《北京大學圖書館藏金石拓片草目》
　　卷 2/214；《六朝墓誌檢要》253 頁；

《漢魏南北朝墓誌彙編》443 頁。

1041　李彥休墓記磚

北齊武平元年（570）八月十三日

乾刻銘文。正書，兩旁刻年款，中刻人名
　　3 字，共計 11 字。尺寸不詳。

釋文："武平元（漏刻"年"字）/八月
　　十三日，/李彥烋（休）。"

著錄：《雪堂專錄‧專誌徵存》10 葉；
　　《中國磚銘》圖版 720。

1042　道洪墓記磚

□南記

北齊武平元年（570）十月十七日卒

乾刻銘文。正書，6 行，行字不等，計 22
　　字。15×32cm。

釋文："武平元年/十月十七日，/比丘尼
　　道/洪卒扵/□官村。/□南記。"

著錄：《雪堂專錄‧專誌徵存》10 葉；
　　《北京圖書館藏中國歷代石刻拓本彙
　　編》冊 8/6 頁。

1043　傅隆顯墓銘磚

安太二年五月二十三日

1963 年北京市懷柔縣少韋里村出土，北京
　　市文物工作隊藏。

乾刻銘文。正書，兩面刻，正面 2 行，行
　　字不等，計 17 字；背面續刻 1 字。26
　　×13cm。

釋文：正面："安太二年五月廿三日，漁
　　陽縣/令傅隆顯銘"
　　　背面："記。"

著錄：郭存仁《北京郊區出土一塊北齊墓
　　誌》（《文物》1964 年 12 期）；《北京
　　圖書館藏中國歷代石刻拓本彙編》冊
　　8/30 頁；《漢魏南北朝墓誌彙編》455

頁；《北京文物精粹大系·石刻卷》
圖版 209。

附註：此磚與北齊武平二年十一月十六日
　　　《傅隆顯銘記石刻》同時出土，當同
　　　時所刻。北齊無安太年號，磚文年號
　　　為杜撰。

1044　李好信墓記磚

北齊武平二年（571）

乾刻銘文。正書，3 行，行字不等，下方
　　　橫題 2 字，共計 14 字。32.5 ×
　　　15.5cm。

釋文："保都郡指揮/李好信，/武平二年
　　　……"。"如□。"

1045　張佃保墓記磚

北齊武平三年（572）正月十一日

2005 年河南洛陽出土。

乾刻銘文。正書，3 行，行字不等，計 23
　　　字。30.3×15.3cm。

釋文："武平三年歲次壬辰/朔正月十一
　　　日，何（河）陰縣/古（故）人張佃
　　　保記。"

北　周

1046　張祥造釋迦像磚

北周天和三年（568）四月十八日

乾刻銘文。面刻佛像，側刻記，記正書，
　　　一側 3 行，一側 1 行，行字不等，計
　　　40 字。27×17×8.5cm。

釋文：一側："天和三年四月十八日，[弟]
　　　/子張祥為七世父母所生/父母、因緣
　　　眷屬□□造釋（漏刻"迦"字）"
　　　　一側："磚像一區，一切眾生供
　　　之。"

1047　任虎墓銘磚

北周建德元年（572）五月十三日

乾刻銘文。正書，3 行，行字不等，計 26
　　　字。31×15.5cm。

釋文："建德元年五月十三日，長安縣/□
　　　山李峻下住在雲龍坊。/任虎銘記。"

著錄：《雪堂專錄·專誌徵存》11 葉；
　　　《俟堂專文雜集》158 頁；《中國磚
　　　銘》圖版 722。

1048　何□宗墓銘磚

北周建德元年（572）□月二十日

乾刻銘文。正書，存 4 行，行存 4、5 字
　　　不等，計 17 字。21×23cm。

釋文："建德元年□/月廿日，長□/縣故
　　　民何/□宗銘。"

著錄：《北京大學圖書館藏金石拓片草目》
　　　卷 2/252；《北京圖書館藏墓誌拓片目
　　　錄》449 頁；《北京圖書館藏中國歷
　　　代石刻拓本彙編》冊 8/157 頁；《漢
　　　魏南北朝墓誌彙編》484 頁。

1049　大利稽冒頓墓誌磚

北周建德元年（572）十一月廿三日

1994 年寧夏固原縣西郊鄉出土，藏寧夏固
　　　原博物館。

乾刻銘文。正書，7 行，行 13 字左右，計
　　　存 62 字。磚左下角殘缺。38×39.2
　　　×7.2cm。

釋文："維建德元年歲次壬辰十一月己/
　　　亥□廿三日辛酉，原州平高縣民，征東
　　　/將軍、左金紫光祿、都督、贈原州/
　　　刺史、悵□[縣]開國子大利[稽]/冒頓
　　　墓志銘。/大息（下缺）/秦陽郡守。"

著錄：羅豐《北周大利稽氏墓磚》（《考
　　　古與文物》2003 年 4 期）；《新出魏

晉南北朝墓誌疏証》99。

北朝 （無紀年）

1050　曹永康墓記磚

北朝・魏（386～556）

乾刻銘文。正書，2 行，行 6 字，計 12 字。35×18cm。

釋文："故使持節儀同/大將軍曹永康。"

著錄：《北京圖書館藏墓誌拓片目錄》448 頁；《北京圖書館藏中國歷代石刻拓本彙編》冊 6/197 頁；《漢魏南北朝墓誌彙編》506 頁。

1051　城皋縣人墓記磚

北朝・魏（386～556）八月十日

1996 年河南滎陽市出土。

乾刻銘文。正書，兩面刻，二面均 1 行 4 字。尺寸不詳。

釋文：正面："城皋縣人。"
　　　背面："八月十日。"

著錄：鄭州市文物考古研究所、滎陽市文物保管所《鄭州市幾座隋墓的發掘》（《中原文物》1997 年 3 期）。

1052　董保和墓記磚

北朝・魏（386～556）

1996 年河南滎陽市出土。

乾刻銘文。正書，1 行 3 字。尺寸不詳。

釋文："董保和。"

著錄：鄭州市文物考古研究所、滎陽市文物保管所《鄭州市幾座隋墓的發掘》（《中原文物》1997 年 3 期）。

1053　董康生妻墓記磚

北朝・魏（386～556）

1996 年河南滎陽市出土。

乾刻銘文。正書，1 行 4 字。尺寸不詳。

釋文："董康生妻。"

著錄：鄭州市文物考古研究所、滎陽市文物保管所《鄭州市幾座隋墓的發掘》（《中原文物》1997 年 3 期）。

1054　劉登墓記磚

北朝・魏（386～556）

乾刻銘文。行書，1 行 4 字。尺寸不詳。

釋文："平舒劉登。"

著錄：《雪堂專錄・專誌徵存》8 葉；《中國磚銘》圖版 941。

1055　呂猛妻馬氏墓記磚

北朝・魏（386～556）

乾刻銘文。正書，2 行，行 10 字，計 20 字。44×22cm。

釋文："大原大陵都鄉建昌里部/曲督寧朔參軍呂猛妻馬。"

著錄：《蒿里遺文目錄三上・專誌徵存目錄上》2 葉；《北京大學圖書館藏金石拓片草目》卷 2/29；《六朝墓誌檢要》29 頁；《北京圖書館藏中國歷代石刻拓本彙編》冊 2/25 頁（作三國魏刻）；《漢魏南北朝墓誌彙編》506 頁。

附註：此磚時代或為北朝之前。

1056　明副恭墓記磚

北朝・魏（386～556）

乾刻銘文。正書，1 行 6 字。尺寸不詳。

山東桓台縣出土。

釋文："鬲縣人明副恭。"

著錄：《桓台文物》106 頁。

1057 宋義墓記磚

北朝・魏（386~556）

近年河北磁縣出土，藏河北正定縣墨香
閣。

乾刻銘文。正書，1 行 2 字。30.2×16×
4.8cm。

釋文："宋義。"

1058 孫烏路墓記磚

北朝・魏（386~556）

定海方若舊藏。

乾刻銘文。隸書，1 行 5 字。尺寸不詳。

釋文："孫軍士烏路。"

著錄：《雪堂專錄・專誌徵存》8 葉；《中
國磚銘》圖版 949。

1059 孫□殘磚

北朝・魏（386~556）□月八日

溵陽端方舊藏。

乾刻銘文。隸書，2 行，計存 8 字。磚上
半殘缺。11×12 cm。

釋文："□月八日孫/□□右"

1060 田鶯墓記磚

北朝・魏（386~556）

乾刻銘文。正書，3 行，行字不等，計 9
字。上方又刻 1 字。31×14cm。

釋文："祖。""田鶯，/男田子桀，/妻高
氏。"

著錄：《北京圖書館藏中國歷代石刻拓本
彙編》冊 6/187 頁；《漢魏南北朝墓
誌彙編》506 頁。

1061 信始將墓記磚

北朝・魏（386~556）

河南清豐出土，上虞羅振玉舊藏。

乾刻銘文。正書間隸書，左行，2 行，行
存 4 字。計存 8 字。18×13cm。

釋文："頓丘分陽/人信始將□。"

著錄：《雪堂專錄・專誌徵存》8 葉；《北
京圖書館藏中國歷代石刻拓本彙編》
冊 2/28 頁（附三國魏）

1062 楊興墓記磚

北朝・魏（386~556）

乾刻銘文。正書，1 行 2 字。尺寸不詳。

釋文："楊興。"

著錄：《蒿里遺文目錄補遺・專誌徵存》
11 葉；《中國磚銘》圖版 961。

1063 張景和墓記磚

北朝・魏（386~556）

乾刻銘文。正書，1 行 3 字。上方又 1 字。
27×14.5cm。

釋文："合。""張景和。"

附註：此磚利用廢磚刻就，上方原有一
"合"字。

1064 張虎妻趙氏墓記磚

北朝・魏（386~556）

乾刻銘文。隸書，面 2 行，行 5 字；側 1
行 5 字，共計 13 字。尺寸不詳。

釋文：面："中山北平張虎/妻趙。"
側："中山北平張。"

著錄：《中國磚銘》圖版 972。

附註：北平縣西漢置，治所在今河北滿城
縣北，北魏孝昌中移治今河北完縣東
北。東魏改為永樂縣。

1065 趙豪妻公乘墓記磚

北朝・魏（386~556）

近年河北出土，藏河北正定縣民間。

乾刻銘文。正書間隸書，2 行，行 5 字，
　　計 8 字。34×17.5cm。
釋文："下曲陽趙豪/妻公乘。"
附註：下曲陽縣，西漢置，治所在今河北
　　晉縣西。

1066　趙年墓記磚
北朝·魏（386～556）
乾刻銘文。正書，1 行 3 字。35×17cm。
釋文："曰趙年。"
著錄：《北京圖書館藏墓誌拓片目錄》448
　　頁；《北京圖書館藏中國歷代石刻拓
　　本彙編》冊 6/203 頁。

1067　趙嚮妻郭氏墓記磚
北朝·魏（386～556）
乾刻銘文。正書間隸書，2 行，行 3、4
　　字，計 7 字。34×18.5cm。
釋文："京上村/趙嚮妻郭。"
著錄：《蒿里遺文目錄三上·專誌徵存目
　　錄上》2 葉；《中國磚銘》圖版 954。

1068　安德縣等字墓記磚
北朝（386～581）
乾刻銘文。正書，2 行，行 6 至 9 字，計
　　15 字。25×12cm。
釋文："安德縣□□□□劇□/□潭西可記
　　之。"
著錄：《上陶室磚瓦文攈》卷 9；《中國磚
　　銘》圖版 963。
附註：安德縣治所在今山東平原縣東北，
　　隋移治今山東陵縣，明初廢。

1069　杜羅侯墓記磚
北朝（386～581）
乾刻銘文。正書，1 行 4 字。30×15cm。

釋文："杜羅侯墓。"

1070　苟大亮磚
北朝（386～581）
南皮張仁蠡舊藏，又歸北京大學文研所，
　　1952 年後交文化部社管局。
乾刻銘文。正書，1 行 3 字。刻於磚端。
　　11×4cm。
釋文："苟大亮。"

1071　李巨妻墓記磚
北朝（386～581）
乾刻銘文。隸書，左行，2 行，計 3 字。
　　31×23cm。
釋文："李巨/妻。"
著錄：《蒿里遺文目錄三上·專誌徵存目
　　錄上》2 葉；《中國磚銘》圖版 969。

1072　孫休延墓銘磚
北朝（386～581）
近年河北出土，藏河北正定縣墨香閣。
乾刻銘文。正書，2 行，行 9 字，計 13
　　字。32.5×16.5×7.5cm。
釋文："中丘縣古（故）民畦逮騎孫/怵
　　（休）延銘記。"
著錄：趙生泉《新近出土磚拓十種》
　　（《中國書畫》2004 年 8 期）。
附註：中丘縣，西漢置，治所在今河北內
　　丘縣西。西晉后廢，北魏復置，移置
　　今內丘縣。

1073　朱阿買夫婦墓銘磚
北朝（386～581）
民國年間河南洛陽出土。
乾刻銘文。正書，1 行 6 字。29.5×16cm。
釋文："朱阿買夫婦銘。"

著錄：《中國磚銘》圖版 968；《邙洛碑誌三百種》31 頁。

1074 黃丙午墓記磚

政通三年三月（附北朝末）

涇陽端方舊藏。

乾刻銘文。正書，3 行，可辨計 10 字。22.5 × 17.5cm。

釋文："政通三年三月，/黃丙午死。/……"

著錄：《陶齋藏甎記》下卷/20。

附註：政通年號為杜撰。

高　昌

1075 朱阿定墓表磚

高昌章和八年（538）二月七日

1975 年新疆吐魯番哈拉和卓古墓區出土，藏新疆文物考古研究所。

乾刻銘文。正書，5 行，行字不等，計 34 字。34.5 × 34 × 3.5cm。

釋文："章和八年戊午/歲二月朔庚寅閏/七日丙申執。都城參/軍都官參軍元出/閏郡朱阿定墓。"

著錄：《隋唐五代墓誌彙編·新疆卷》冊 1/4 頁；侯燦、孟憲實《吐魯番出土墓磚題錄》（《新疆文物》1994 年 2 期）；《吐魯番出土磚誌集注》8。

1076 宋阿虎墓表磚

高昌章和八年（538）三月十五日

1975 年新疆吐魯番采坎出土，藏新疆吐魯番地區文物管理所。

乾刻銘文。正書，5 行，行字不等，存約 18 字。前半殘缺。存 33 × 24 × 4.5cm。

釋文："章和八/歲三月庚/十五日……主簿/燕國宋字阿/虎。"

著錄：《隋唐五代墓誌彙編·新疆卷》冊 1/5 頁；侯燦、孟憲實《吐魯番出土墓磚題錄》（《新疆文物》1994 年 2 期）；《吐魯番出土磚誌集注》9。

1077 張洪妻焦氏墓表磚

高昌章和十三年（543）正月十三日

1972 年新疆吐魯番阿斯塔那古墓區出土，藏新疆博物館。

乾刻銘文。正書，5 行，行 8 字，計 33 字。有方界格。36 × 36 × 4cm。

釋文："章和十三年癸亥歲/正月壬戌朔十三日/甲戌，財官校尉洿林/令張洪妻焦氏之墓/表。"

著錄：《隋唐五代墓誌彙編·新疆卷》冊 1/6 頁；侯燦、孟憲實《吐魯番出土墓磚題錄》（《新疆文物》1994 年 2 期）；《吐魯番墓磚書法》92 頁；《吐魯番出土磚誌集注》10。

1078 晝承墓表磚

高昌章和十六年（546）十二月三日

1930 年新疆吐魯番雅爾湖古墓區出土，由西北科學考察團轉交北京大學文研所，1952 年後藏故宮博物院。

乾刻銘文。正書，5 行，行 12 至 14 字不等，計 62 字。39 × 30cm。

釋文："章和十六年歲次析木之津冬/十二月己巳朔三日辛未，高昌兵部/主簿轉交河郡戶曹參軍殿/中中郎將領三門子弟諱承，字/全安。春秋七十有八。晝氏之墓表。"

著錄：《高昌專集》專 6；《北京圖書館藏

中國歷代石刻拓本彙編》冊 10/177
頁；《漢魏南北朝墓誌彙編》494 頁；
《隋唐五代墓誌彙編·新疆卷》冊 1/
8 頁；侯燦、孟憲實《吐魯番出土墓
磚題錄》（《新疆文物》1994 年 2
期）；《吐魯番墓磚書法》93 頁；《吐
魯番出土磚誌集注》12。

附註：畫承墓表後附"夫人張氏墓表"，
文曰："夫人張氏，永平二年歲在鶉/
火二月辛巳朔廿五日乙巳合葬。/上
天愍善，享年七十有九。"前五行畫
承墓表為鐫刻，後三行夫人張氏墓表
為朱書。

1079　氾靈岳墓表磚

高昌章和十八年（548）六月九日

1930 年新疆吐魯番雅爾湖古墓區出土，由
西北科學考察團轉交北京大學文研
所，1952 年後藏故宮博物院。

乾刻銘文。正書，7 行，行 10 字，計 62
字。40×39.5cm。

釋文："章和十八年歲次壽星夏/六月朔辛
酉九日己巳，田/地郡虎牙將軍內幹
將轉/交河郡宣威將軍殿中中/郎領三
門散望將，字靈岳。/春秋六十有七
卒。氾氏之/墓表。"

著錄：《高昌專集》專 7；《北京圖書館藏
中國歷代石刻拓本彙編》冊 10/178
頁；《漢魏南北朝墓誌彙編》494 頁；
《隋唐五代墓誌彙編·新疆卷》冊 1/
10 頁；侯燦、孟憲實《吐魯番出土墓
磚題錄》（《新疆文物》1994 年 2
期）；《吐魯番出土磚誌集注》13（45
×44×3.6cm）。

1080　田元初墓表磚

高昌永平元年（549）三月二十四日

1930 年新疆吐魯番雅爾湖古墓區出土，由
西北科學考察團轉交北京大學文研
所，1952 年後交文化部社管局。

乾刻銘文。正書，7 行，行 7 字，計 47
字。36×37cm。

釋文："永平元年歲在鶉/尾三月朔丙辰廿
/四日己卯，交河郡/鎮西府兵曹參
軍。/但旻天不弔，享年/六十有四。
字元初。/田氏之墓表。"

著錄：《高昌專集》專 8；《北京圖書館藏
中國歷代石刻拓本彙編》冊 10/179
頁；《漢魏南北朝墓誌彙編》494 頁；
《隋唐五代墓誌彙編·新疆卷》冊 1/
11 頁；侯燦、孟憲實《吐魯番出土墓
磚題錄》（《新疆文物》1994 年 2
期）；《吐魯番墓磚書法》94 頁；《吐
魯番出土磚誌集注》14（40×41.6×
5.3cm）。

1081　任叔達妻袁氏墓表磚

高昌建昌二年（556）十月二十八日

1930 年新疆吐魯番雅爾湖古墓區出土，由
西北科學考察團轉交北京大學文研
所，1952 年後藏故宮博物院。

乾刻銘文。正書，5 行，行字不等，計 39
字。32×31.5cm。

釋文："建昌二年丙子歲十月朔壬/申廿八
日己未，鎮西府客/曹參軍錄事參軍
任叔/達妻，張掖袁氏之墓/表。"

著錄：《高昌專集》專 12；《北京圖書館
藏中國歷代石刻拓本彙編》冊 10/180
頁；《漢魏南北朝墓誌彙編》495 頁；
《隋唐五代墓誌彙編·新疆卷》冊 1/
17 頁；侯燦、孟憲實《吐魯番出土墓

磚題錄》（《新疆文物》1994 年 2
期）；《吐魯番出土磚誌集注》22（36
×36×4.3cm）。

1082　張遁墓表磚
高昌建昌四年（558）二月九日
1972 年新疆吐魯番阿斯塔那古墓區出土，
　　藏新疆文物考古研究所。
乾刻銘文。正書，6 行，行 7 字，計 40
　　字。35×35×3.5cm。
釋文："建昌四年戊寅歲/二月甲子朔九日
　　/壬申，王國侍郎遷/殿中將軍追贈淩
　　/江將軍屯田司馬/張遁之墓表。"
著錄：《隋唐五代墓誌彙編・新疆卷》冊
　　1/19 頁；侯燦、孟憲實《吐魯番出土
　　墓磚題錄》（《新疆文物》1994 年 2
　　期）；《吐魯番墓磚書法》95 頁；《吐
　　魯番出土磚誌集注》24。

1083　麴惇墓表磚
高昌建昌六年（560）十一月二十四日
1953 年新疆吐魯番雅爾湖古墓區出土。
乾刻銘文。正書，9 行，行 10 字，計 85
　　字。37×37cm。
釋文："建昌六年庚辰歲十一月/戊申朔廿
　　四日辛未，初拜/長史廣威將軍領兵
　　部事/□武城縣出為橫截令人/補宿衛
　　事移吏部郎中宿/衛事如故，轉縮曹
　　郎中又/遷建威將軍縮曹郎中如/故，
　　追贈鎮遠將軍都郎中/麴惇之墓表。"
著錄：《北京圖書館藏墓誌拓片目錄》449
　　頁；《北京圖書館藏中國歷代石刻拓
　　本彙編》冊 10/181 頁；《隋唐五代墓
　　誌彙編・新疆卷》冊 1/22 頁；侯燦、
　　孟憲實《吐魯番出土墓磚題錄》
　　（《新疆文物》1994 年 2 期）；《吐魯
　　　　　　　　　　番出土磚誌集注》27。

1084　張洪妻焦氏墓表磚
高昌延昌二年（562）十一月二十九日
1972 年新疆吐魯番阿斯塔那古墓區出土，
　　藏新疆文物考古研究所。
乾刻銘文。正書，8 行，行 9 字，計 72
　　字。42×42×4.5cm。
釋文："延昌二年壬午歲十一/月丁卯朔廿
　　九日乙未，/新除明威補為侍郎轉/為財
　　官校尉泙林令遷/為虎威將軍轉為廣武/
　　將軍遷為長史令如故，/追贈振武將軍
　　倉部郎/中張洪妻焦氏之墓表。"
著錄：《隋唐五代墓誌彙編・新疆卷》冊
　　1/24 頁；侯燦、孟憲實《吐魯番出土
　　墓磚題錄》（《新疆文物》1994 年 2
　　期）；《吐魯番墓磚書法》1 頁；《吐
　　魯番出土磚誌集注》31。

1085　張氏墓表磚（附：索演孫墓表）
高昌延昌三年（563）十月二十八日
1930 年新疆吐魯番雅爾湖古墓區出土，由
　　西北科學考察團轉交北京大學文研
　　所，1952 年後藏故宮博物院。
乾刻銘文。正書，3 行，行 10 字，計 27
　　字。磚尾附刻索演孫墓表，2 行，計
　　9 字。31×24cm。
釋文："延昌三年水（癸）未歲十月朔/辛
　　卯廿八日戊午，記室參/軍妻張氏之
　　墓表。"
　　　附刻："客曹參令兵/將索演孫。"
著錄：《高昌專集》專 18；《北京圖書館
　　藏中國歷代石刻拓本彙編》冊 10/182
　　頁；《漢魏南北朝墓誌彙編》497 頁；
　　《隋唐五代墓誌彙編・新疆卷》冊 1/
　　26 頁；侯燦、孟憲實《吐魯番出土墓

磚題錄》（《新疆文物》1994 年 2
期）；《吐魯番墓磚書法》96 頁；《吐
魯番出土磚誌集注》32（33 × 27.3 ×
5cm）。

1086　張孝真及妻索氏墓表磚

高昌延昌四年（564）八月三日

1969 年新疆吐魯番哈拉和卓古墓區出土，
　　藏新疆博物館。

乾刻銘文。正書，5 行，行 8 字，計 40
　　字。有方界格。35 × 35 × 3.5cm。

釋文："延昌四年甲申歲八/月丁亥朔三日
　　己丑，/民部參軍殿中中郎/府門散將
　　敦煌張氏，/諱孝真，妻索氏墓表。"

著錄：《隋唐五代墓誌彙編·新疆卷》冊
　　1/28 頁；侯燦、孟憲實《吐魯番出土
　　墓磚題錄》（《新疆文物》1994 年 2
　　期）；《吐魯番墓磚書法》97 頁；《吐
　　魯番出土磚誌集注》35。

1087　張連思墓表磚

高昌延昌六年（566）正月十七日

1956 年新疆吐魯番雅爾湖古墓區出土，藏
　　新疆博物館。

乾刻銘文。正書，6 行，行 6 字，計 35
　　字。有方界格。29.5 × 24 × 4cm。

釋文："延昌六年丙戌/歲正月朔戊寅/十
　　七日水（癸）巳，以/前令兵將次補/
　　戶曹參軍妻張/氏，字連思墓。"

著錄：《隋唐五代墓誌彙編·新疆卷》冊
　　1/33 頁；侯燦、孟憲實《吐魯番出土
　　墓磚題錄》（《新疆文物》1994 年 2
　　期）；《吐魯番墓磚書法》98 頁；《吐
　　魯番出土磚誌集注》41。

1088　王元祉墓表磚

高昌延昌十一年（571）三月八日

1915 年新疆吐魯番阿斯塔那古墓區出土，
　　斯坦因盜走，藏英國倫敦博物館。

乾刻銘文。正書，5 行，行 7 至 9 字，計
　　36 字。38.5 × 40cm。

釋文："延昌十一年辛卯歲三/月朔戊申八
　　日乙卯，諮/議參軍轉民部司/馬追贈
　　長史王元祉/之墓表。"

著錄：《隋唐五代墓誌彙編·新疆卷》冊
　　1/38 頁；侯燦、孟憲實《吐魯番出土
　　墓磚題錄》（《新疆文物》1994 年 2
　　期）；《吐魯番墓磚書法》99 頁；《吐
　　魯番出土磚誌集注》47。

1089　趙榮宗墓表磚

高昌延昌十三年（573）二月十六日

1930 年新疆吐魯番雅爾湖古墓區出土，由
　　西北科學考察團轉交北京大學文研
　　所，1952 年後交文化部社管局。

乾刻銘文。正書，7 行，行 8 字，計 56
　　字。有方界格。35.5 × 35.5cm。

釋文："延昌十三年水（癸）巳歲/二月朔
　　丁酉十六日/壬子，今補撫軍府主/薄
　　復為內幹將更遷/為內行參軍，痾疾
　　於/交河埠上，春秋八十。/字榮宗，
　　趙氏之墓表。"

著錄：《高昌專集》專 30；《北京圖書館
　　藏中國歷代石刻拓本彙編》冊 10/183
　　頁；《漢魏南北朝墓誌彙編》499 頁；
　　《隋唐五代墓誌彙編·新疆卷》冊 1/
　　42 頁；侯燦、孟憲實《吐魯番出土墓
　　磚題錄》（《新疆文物》1994 年 2
　　期）；《吐魯番墓磚書法》100 頁；
　　《吐魯番出土磚誌集注》53（39.6 ×
　　40 × 5cm）。

1090 張僧惠墓表磚

高昌延昌十六年（576）四月十九日

新疆吐魯番雅爾湖古墓區出土，藏新疆博物館。

乾刻銘文。正書，6 行，行 7 字，計 38 字。有方界格。39×39×4cm。

釋文：“延昌十六年丙申/歲四月朔己酉十/九日丁卯，以前戶/部主薄後轉遷庫/部參軍張僧惠之/墓表也。”

著錄：侯燦、孟憲實《吐魯番出土墓磚題錄》（《新疆文物》1994 年 2 期）；《吐魯番墓磚書法》101 頁；《吐魯番出土磚誌集注》58。

1091 麴謙友墓表磚

高昌延昌十七年（577）正月二十三日

1930 年新疆吐魯番雅爾湖古墓區出土，由西北科學考察團轉交北京大學文研所，1952 年後藏故宮博物院。

乾刻銘文。正書，5 行，行 8 字，計 40 字。36.5×36cm。

釋文：“延昌十七年丁酉歲/正月甲戌朔廿三日/丙申，故處仕麴謙友，/追贈交河郡鎮西府/功曹吏。麴君之墓表。”

著錄：《高昌專集》專 34；《北京圖書館藏中國歷代石刻拓本彙編》冊 10/184 頁；《漢魏南北朝墓誌彙編》500 頁；《隋唐五代墓誌彙編·新疆卷》冊 1/48 頁；侯燦、孟憲實《吐魯番出土墓磚題錄》（《新疆文物》1994 年 2 期）；《吐魯番出土磚誌集注》61（40×40×5cm）。

1092 周賢文妻范氏墓表磚

高昌延昌二十六年（586）三月二十五日

民國年間新疆吐魯番出土。

乾刻銘文。正書，5 行，行 7 字，計 31 字。36×35.5cm。

釋文：“延昌廿六年丙午/歲三月朔辛亥廿/五日乙亥，民部主/薄周賢文妻范氏/之墓表。”

著錄：侯燦、孟憲實《吐魯番出土墓磚題錄》（《新疆文物》1994 年 2 期）；《吐魯番出土磚誌集注》76（50×50cm）。

1093 麴懷祭妻王氏墓表磚

高昌延昌二十九年（589）十月五日

1930 年新疆吐魯番雅爾湖古墓區出土，由西北科學考察團轉交北京大學文研所，1952 年後藏故宮博物院。

乾刻銘文。正書，6 行，行 7 字，計 42 字。有方界格。34×34cm。

釋文：“延昌廿九年己酉/歲十月朔庚申五/日甲子，倉部司馬/麴懷祭妻，遇患/殞/喪，春秋六十有六。/王氏夫人之墓表。”

著錄：《高昌專集》專 50；《北京圖書館藏中國歷代石刻拓本彙編》冊 10/185 頁；《隋唐五代墓誌彙編·新疆卷》冊 1/65 頁；侯燦、孟憲實《吐魯番出土墓磚題錄》（《新疆文物》1994 年 2 期）；《吐魯番出土磚誌集注》89（38×38×4cm）。

1094 任顯文墓表磚

高昌延昌三十年（590）四月二十六日

1930 年新疆吐魯番雅爾湖古墓區出土，由西北科學考察團轉交北京大學文研所，1952 年後藏故宮博物院。

乾刻銘文。正書，5 行，行 8 至 10 字不等，計 47 字。34×33cm。

釋文："延昌卅年庚戌歲四月丁/巳朔，交河郡賊曹參軍/追贈田曹錄事參軍顯文。/廿六日壬午，喪於墓，春/秋七十有二。任氏之墓表。"

著錄：《高昌專集》專51；《北京圖書館藏中國歷代石刻拓本彙編》冊10/186頁；《隋唐五代墓誌彙編·新疆卷》冊1/67頁；侯燦、孟憲實《吐魯番出土墓磚題錄》（《新疆文物》1994年2期）；《吐魯番出土磚誌集注》93（38.6×38×4.3cm）。

1095 和都子墓表磚

高昌延昌三十二年（592）三月十六日

新疆吐魯番出土，藏新疆博物館。

乾刻銘文。正書，6行，行6字，計37字。有方界格。36×36×4.5cm。

釋文："延昌卅二年壬/子歲三月丙午/朔十六日辛酉，/新除虎牙將軍/追贈殿中中郎/將和都子之墓表。"

著錄：《新疆維吾爾自治區博物館》圖版72；侯燦、孟憲實《吐魯番出土墓磚題錄》（《新疆文物》1994年2期）；《吐魯番墓磚書法》102頁；《吐魯番出土磚誌集注》100。

1096 張阿質妻麴氏墓表磚

高昌延昌四十一年（601）九月八日

1972年新疆吐魯番阿斯塔那古墓區出土，藏新疆博物館。

乾刻銘文。正書，7行，行6字，計41字。有方界格。36×36×4cm。

釋文："延昌卅一年辛/酉歲九月朔辛/巳八日戊子，新/除王國侍郎轉/遷殿中將軍敦/煌張阿質妻麴/氏之墓表也。"

著錄：《隋唐五代墓誌彙編·新疆卷》冊

1/81頁；侯燦、孟憲實《吐魯番出土墓磚題錄》（《新疆文物》1994年2期）；《吐魯番墓磚書法》103頁；《吐魯番出土磚誌集注》114。

1097 張武忠墓表磚

高昌延和六年（607）五月二十三日

1969年新疆吐魯番阿斯塔那古墓區出土，藏新疆博物館。

乾刻銘文。正書，8行，行8字，計62字。有豎界欄。41×41×3.5cm。

釋文："延和六年丁卯歲五/月戊申朔廿三日庚/午，辛（新）除侍郎轉殿中/將軍遷洿林令轉長/史又遷庫部郎中洿/林令如故，追贈寧朔/將軍縮曹郎中敦煌/張氏忠之墓表。"

著錄：《隋唐五代墓誌彙編·新疆卷》冊1/88頁；侯燦、孟憲實《吐魯番出土墓磚題錄》（《新疆文物》1994年2期）；《吐魯番墓磚書法》104頁；《吐魯番出土磚誌集注》126。

附註：據《隋唐五代墓誌彙編·新疆卷》載，同墓出土有高昌永平二年張武忠妻高氏墓表，此墓表文"張氏忠"當為"張武忠"之誤刻。

1098 張仲慶妻焦居玁墓表磚

高昌延和十一年（612）二月十一日

1972年新疆吐魯番阿斯塔那古墓區出土，藏新疆文物考古研究所。

乾刻銘文。正書，5行，行6至8字不等，計32字。36×35.5×3.5cm。

釋文："延和十一年壬申歲/二月辛亥朔十一/日辛酉，侍郎張/仲慶妻焦氏居/玁之墓表焉。"

著錄：《隋唐五代墓誌彙編·新疆卷》冊

1/97 頁；侯燦、孟憲實《吐魯番出土墓磚題錄》（《新疆文物》1994 年 2 期）；《吐魯番墓磚書法》105 頁；《吐魯番出土磚誌集注》138。

1099 張鼻兒墓表磚

高昌重光元年（620）二月二十八日

1973 年新疆吐魯番阿斯塔那古墓區出土，藏新疆文物考古研究所。

乾刻銘文。正書，8 行，行 6 字，計 48 字。37×55×4cm。

釋文："重光元年庚辰/歲二月甲午朔/廿八日辛酉，新/除田地郡省事/遷侍郎追贈建/義將軍都綰曹/郎中燉煌張氏/鼻兒之墓表焉。"

著錄：《隋唐五代墓誌彙編·新疆卷》冊 1/107 頁；侯燦、孟憲實《吐魯番出土墓磚題錄》（《新疆文物》1994 年 2 期）；《中國磚銘》圖版 728；《吐魯番墓磚書法》106 頁；《吐魯番出土磚誌集注》156。

1100 張阿質兒墓表磚

高昌重光元年（620）二月二十八日

1972 年新疆吐魯番阿斯塔那古墓區出土，藏新疆博物館。

乾刻銘文。正書，8 行，行 7 字，計 56 字。37×55×4cm。

釋文："重光元年庚辰歲/二月甲午朔廿八/日辛酉，新除侍郎/遷殿中將軍轉洴/林令追贈平莫（漠）將/軍倉部庫部主客/三曹郎中燉煌張/氏阿質兒之墓表。"

著錄：《新疆維吾爾自治區博物館》圖版 73；《隋唐五代墓誌彙編·新疆卷》冊 1/108 頁；侯燦、孟憲實《吐魯番

出土墓磚題錄》（《新疆文物》1994 年 2 期）；《中國磚銘》圖版 727；《吐魯番墓磚書法》107 頁；《吐魯番出土磚誌集注》157。

1101 張仲慶墓表磚

高昌重光元年（620）三月十三日

1972 年新疆吐魯番阿斯塔那古墓區出土，藏新疆文物考古研究所。

乾刻銘文。正書，9 行，行 7 字，計 61 字。37×58×4.5cm。

釋文："重光元年庚辰歲/三月甲子朔十三/日丙子，新除侍郎/遷東宮諮議參軍/轉長史凌江將軍/洴林令追贈廣威/將軍綰曹郎中張/仲慶，春秋六十三。/殯塋斯墓也。"

著錄：《隋唐五代墓誌彙編·新疆卷》冊 1/110 頁；侯燦、孟憲實《吐魯番出土墓磚題錄》（《新疆文物》1994 年 2 期）；《中國磚銘》圖版 729；《吐魯番墓磚書法》108 頁；《吐魯番出土磚誌集注》159。

1102 唐神護墓表磚

高昌（531~640）

1930 年新疆吐魯番雅爾湖古墓區出土，由西北科學考察團轉交北京大學文研所，1952 年後藏故宮博物院。

乾刻銘文。正書，1 行 4 字。刻於磚側。31×4cm。

釋文："師唐神護。"

著錄：《高昌專集》專 118；《隋唐五代墓誌彙編·北京大學卷》冊 1/1 頁；《吐魯番出土磚誌集注》222（36×35×3.7cm）。

附註：《高昌專集》專 95 收錄有朱書《唐

神護墓表》，唐貞觀十八年十月十五日葬。1930年吐魯番雅爾湖出土，曾歸北大文研所，后歸故宮。二磚當屬同一墓主。

隋

1103 李成造像磚
隋開皇元年（581）三月十三日
乾刻銘文。兩面刻，一面佛像；一面刻發願文，正書，3行，行8至10字，計26字。26×10cm。
釋文："大隋開皇元年三月十/三日，李成造像一區，為/一切衆生，普同斯福。"
著錄：《北山談藝錄續編》176頁。

1104 楊元伯妻邸肵肵墓記磚
隋開皇二年（582）十二月六日
浭陽端方舊藏，又歸南皮張仁蠡，後歸北京大學文研所，1952年後藏故宮博物院。
乾刻銘文。正書，2行，行字不等，計16字。26×13×4.7cm。
釋文："開皇二年十二月六日，/楊元伯妻邸肵肵。"
著錄：《陶齋藏石記》卷15/1；《雪堂專錄·專誌徵存》11葉；《俟堂專文雜集》156頁；《隋唐五代墓誌彙編·北京大學卷》冊1/2頁；《中國磚銘》圖版1017。

1105 邵咸墓誌磚
隋開皇三年（583）十一月十七日
乾刻銘文。正書，14行，行16字，可辨120餘字。有豎界欄。30.5×30.5cm。

釋文："隨故邵府君墓誌銘並序。/君諱咸，字文立，雁門郡人也。祖諱洪哲，父/諱久漸，君斯第六子也。公生而聰敏好學，/早年海內知名，……以德/懷□乃□□而知……清/……言不……/……生□□之日，俄……/六日……夫人上武，生子/六人，……開皇三年八月□□□/年十一月十七日□□長沙……起/……武垆/塋原……/塼為墓，銘曰：/嚴凝慘裂，古今蒼蒼，□愁月苦，黃泉夜長。"
著錄：《漢魏南北朝墓誌集釋》圖版367；《六朝墓誌檢要》277頁。

1106 王振墓誌磚
隋開皇五年（585）十一月二十八日葬
甘肅武都出土。
乾刻銘文。正書，7行，行17字，計119字。有方界格。38×20.5cm。
釋文："諱振，字義遠，恒州高陸鄉人也。使持節、驃騎/大將軍、廣州刺史、莫西縣開國男、食晉陽縣/幹王俟尼孫。娉神鳥鄉人、涼華二州刺史、武/郡公、開府儀同三司、散騎常侍張誼女孫，字/三孃，襄備四德，合融若節。開皇五年十一月/廿八日，葬於武都郡西渭水南五里，窆記。/頌曰：万住非有，一命何常，總辞人世，永嘿泉堂。"
著錄：《隋唐五代墓誌彙編·北京大學卷》冊1/5頁。

1107 郁久閭伏仁墓誌磚
隋開皇六年（586）十月廿二日葬
陝西西安出土。

乾刻銘文。正書，16 行，行 21 至 24 字不等，計存 344 字。32.8×32.5cm。

釋文："□□□□□營左親尉郁久閭伏仁墓誌銘。／君諱伏仁，本姓茹茹。夏有淳維，君其苗裔。魏晉已來，世長漠／北。陰山以北，丁零以東，地廣兵疏，無非国有。高祖莫洛紇蓋可汗，英才／天挺，雄謨秀立，部落番滋，邊方無事；曾祖俟利弗；祖吐万度／吐河入弗；父車朱渾，驃騎大將軍、開府儀同三司、使持節、都督／兗州諸軍（漏刻"事"字）、兗州刺史、太常卿。太和之時，值魏南徙，始／為河南洛陽人也，改姓郁久閭氏。君即公長子也，幼□風／神，生更岐嶷，波瀾不測，牆□難□□□金駒珠□／□旦。齊武平五年，年甫十歲，乃堪德政，授給事中。裘裳□／衣，簪瓔已襲。豈宜張良之子，功插典籍；甘茂之孫，早□□／印。及初平東夏，杞梓無遺。西徙入關，遷大都督。周鼎既移，／大隋承運，春官式建，文武斯擇。開皇元年入為親、衛，參／陪□□容□□階墀，方為股肱□志。□天地不仁，奄然／遘病，盛年夭□□□，嗚呼！以十月四日亡于私第，春秋／廿有二。以開皇六年歲次丙午十月戊申廿二日庚申，窆于／長安城西七里杜村西。嗚呼哀哉，乃為銘曰：（下缺）"

著錄：《漢魏南北朝墓誌集釋》圖版 599；《六朝墓誌檢要》280 頁；《北京圖書館藏墓誌拓片目錄》449 頁；《北京圖書館藏中國歷代石刻拓本彙編》冊 9/31 頁；《隋唐五代墓誌彙編·北京卷》冊 1/3 頁；《中國磚銘》圖版 1019。

附註：此志未完，疑在側、陰處有續刻。

1108 李氏婦馬希孃墓銘磚

隋開皇七年（587）四月三日

乾刻銘文。正書，3 行，行 6 字，計 17 字。尺寸不詳。

釋文："開皇七年四月／三日，李氏婦馬／希孃亡，銘記。"

著錄：《中國磚銘》圖版 1020。

1109 呂杏洛息妻路蘭墓銘磚

隋開皇八年（588）五月廿日

近年河北出土，藏河北正定縣墨香閣。

乾刻銘文。正書，3 行，行字不等，計 19 字。29.5×14.5×5.5cm。

釋文："大隋開皇八年五月廿／日，呂杏洛息妻路／蘭銘記。"

1110 侯惠阪妻李始妃墓銘磚

隋開皇十二年（592）二月六日

1987 年北京懷柔縣出土，藏懷柔縣文物管理所。

乾刻銘文。正書，3 行，行 8、9 字，計 25 字。28.7×14cm。

釋文："大隋開皇十二年二月／六日，昌平縣常盈鄉／侯惠阪妻李始妃銘。"

著錄：《北京文物精粹大系·石刻卷》圖版 214。

附註：此磚拓片由懷柔縣文物管理所提供。

1111 田景申墓記磚

隋開皇十二年（592）二月六日

乾刻銘文。正書，2 行，行字不等，計 14 字。20.5×10.5cm。

釋文："開皇十二年二月六日，/出景申身
死。"

著錄：《草隸存》卷 4/36；《蒿里遺文目
錄三上·專誌徵存目錄上》5 葉。

1112 輔顯族息妻賈右墓銘磚

隋開皇十三年（593）十二月六日

近年河北出土，藏河北正定縣墨香閣。

乾刻銘文。正書，3 行，行字不等，計 21
字。29×14×6cm。

釋文："開皇十三年十二月六日，故/人輔
顯族息妻賈/右銘記。"

1113 梁龕墓銘磚

隋開皇十四年（594）四月十五日葬

陝西西安出土，藏西安碑林博物館。

乾刻銘文。正書，4 行，行 12 字，計 39
字。34×18cm。

釋文："大隋開皇十四年歲次甲寅四/月乙
丑十五日己卯，大興縣安/道鄉常樂
坊民梁龕銘記。/十五日入壙。"

著錄：《蒿里遺文目錄三上·專誌徵存目
錄上》5 葉；《北京圖書館藏墓誌拓
片目錄》449 頁；《北京圖書館藏中
國歷代石刻拓本彙編》冊 9/90 頁。

附註：大興縣隋開皇三年以萬年縣改名，
治所在今陝西西安。

1114 董季祿妻郝令墓銘磚

隋開皇十四年（594）五月二十日

1988 年河北邢臺隆堯縣出土，藏隆堯縣文
物保管所

乾刻銘文。正書，3 行，行字不等，計 30
字。29×15×5.4cm。

釋文："大隋開皇十四年歲次/甲寅五月甲
午朔廿日癸丑/沒，故人董季祿妻郝

令銘。"

著錄：《隋唐五代墓誌彙編·河北卷》冊
1/8 頁；《新中國出土墓誌·河北
［壹］》41；《新出魏晉南北朝墓誌疏
証》154。

1115 張延敬墓記磚

隋開皇十八年（598）正月十二日

近年河北出土，藏河北正定縣墨香閣。

乾刻銘文。正書，2 行，行 12 字，計 20
字。27×13×5.7cm。

釋文："開皇十八年正月十二日，脩德/鄉
下故人張延敬捽（卒）。"

著錄：趙生泉《新近出土磚拓十種》
（《中國書畫》2004 年 8 期）。

1116 王社惠妻張氏墓銘磚

隋開皇十八年（598）五月十四日

陝西西安出土。

乾刻銘文。正書，3 行，行字不等，計 24
字。尺寸不詳。

釋文："開皇十八年五月十四日，長安/縣
安匡鄉民王社惠妻/張銘記。"

著錄：《中國磚瓦陶文大字典》圖版 161

1117 菀德讚妻杜法生墓記磚

隋［開皇］十九年（599）十二月二十九
日葬

涇陽端方舊藏，又歸南皮張仁蠡，後歸北
京大學文研所，1952 年後藏故宮博物
院。

乾刻銘文。正書，兩面刻，正面 1 行 4
字；背面 5 行，行字不等。計 70 字。
有豎界欄。磚右上殘缺。29.5×14×
4cm。

釋文：正面："菀氏妻杜。"

背面："維 大 隋 開 皇 十九年歲
次己未十二月/壬辰朔廿九日，相州
相縣輔和鄉/長金遵下儀同府前參軍
菀德/讚妻杜法生，今月廿三日亡扵
里內東/王左村，殯扵村西二里。法
生男，字文彥。"

著錄：《陶齋藏石記》卷15/19；《雪堂專
錄・專誌徵存》12葉；《中國磚銘》
圖版1249。

附註：相縣，隋開皇十年分安陽縣置，治
所在今河南安陽市西。

1118 郭定洛墓記磚

隋大業元年（605）三月廿五日

浭陽端方舊藏。

乾刻銘文。正書，4行，行字不等，計42
字。34.5×16.8cm。

釋文："同州武鄉縣□□□□□光/祿寺供
膳郭定洛，在顯/興坊館西北角去五
十步，/大業元年三月廿五日身死
□。"

著錄：《陶齋藏石記》卷16/4；《雪堂專
錄・專誌徵存》12葉。

1119 張智明等造墓磚

隋大業元年（605）四月十日

乾刻銘文。正書，3行，行字不等，計26
字。有豎界欄。尺寸不詳。

釋文："大業元年四月十日，張智明、/侯
相貴、邢君、信暘孝、文世鍾，/舍
力造慕（墓）。"

著錄：阿英《從晉磚文字說到＜蘭亭序＞
書法》（《文物》1965年10期）；《六
朝墓誌檢要》313頁。

1120 張伏奴墓銘磚

隋大業元年（605）六月十四日

乾刻銘文。正書，2行，行6至9字不等，
計15字。28×13cm。

釋文："大業元年六月/十四日，故人張伏
奴銘。"

著錄：《蒿里遺文目錄三上・專誌徵存目
錄三上》5葉；《北京大學圖書館藏
金石拓片草目》卷2/301；《隋唐五代
墓誌彙編・北京大學卷》冊1/15頁。

1121 李奴奴墓記磚

隋大業三年（607）二月廿三日

近年河北藁城、正定一帶出土，曾歸河北
正定縣墨香閣。

乾刻銘文。正書，4行，行字不等，計34
字。30.3×15×5.7cm。

釋文："大業三年二月廿三日，恒州/九門
縣建興鄉故人李/奴奴記之耳。/大業
三年二月廿三日。"

著錄：趙生泉《新近出土磚拓十種》
（《中國書畫》2004年8期）。

1122 王釗墓誌磚

隋大業三年（607）十月九日

1936年河南洛陽徐溝村出土，歸三原于右
任，藏西安碑林博物館。

乾刻銘文。正書，10行，行字不等，計
134字。有豎界欄。31×34cm。

釋文："河南郡雒陽縣。/公諱釗，字遠
達，秦州略陽人也。安、秦二州刺史
/敬公之元孫。齊釋褐開府行參軍，
大隋/隋州司倉參軍事。大業元年七
月，不祿於東/京雒陽縣崇業鄉建寧
里，時年八十有二。/三年十月，塋
扵宮城東北魏孝文后高氏陵/北三里。

鄉閭悲送，親屬行啼，烏呼/哀哉。/大隋大業三年歲次丁卯十月丙子朔九日甲申。/隋州司倉參軍王釗達墓志。"

著錄：《洛陽出土石刻時地記》58 葉；《鴛鴦七誌齋藏石》圖 192；《新出魏晉南北朝墓誌疏証》191。

1123　郭雲墓銘磚

隋大業三年（607）

清乾隆 43 年山東濟寧出土，久佚。

乾刻銘文。正書，3 行，行字不等，計 14 字。41.7×20.3cm。

釋文："大隋大業三年，/遵德鄉故人/郭雲銘。"

著錄：《金石萃編》卷 40/17；《雪堂專錄·專誌徵存》12 葉；《六朝墓誌檢要》322 頁。

1124　董子達妻墓記磚

隋大業四年（608）十一月十三日

乾刻銘文。正書，3 行，行 6 字，計 14 字。尺寸不詳。

釋文："大業四年十一/月十三日，董子/達妻。"

著錄：《中國磚銘》圖版 1030。

1125　窖倉銘文磚

隋大業四年（608）十二月二十八日

山東泰安舊縣村出土。

乾刻銘文。正書，9 行，行 5 至 8 字不等，計 53 字。有豎界欄。33.3×15.4cm。

釋文："第二行西頭第二窖，/合粟壹萬貳遷（千）/陸佰。/大業四年十二月廿八日受。/倉吏張文尚，/倉吏仲弘義，/倉督孫子都，/正王濟征等

受，/承（丞）周士綱隨。"

著錄：程繼林《泰安舊縣村出土隋代窖倉銘文磚》（《文物》1991 年 10 期）。

1126　劉君霜墓銘磚

隋大業五年（609）五月十日

乾刻銘文。正書，2 行，計 13 字。30×13cm。

釋文："大業五年五月十/日，劉君霜銘。"

1127　蘇金封墓銘磚

隋大業五年（609）五月十一日

近年河北藁城、正定一帶出土，曾歸河北正定縣墨香閣。

乾刻銘文。正書，2 行，行 9 字，計 17 字。30×15cm。

釋文："大業五年五月十一日，/故人蘇金封銘記之。"

著錄：趙生泉《新近出土磚拓十種》（《中國書畫》2004 年 8 期）。

1128　社倉納粟磚

隋大業五年（609）十一月二十三日

河南洛陽出土，藏中國歷史博物館。

乾刻銘文。正書，4 行，行字不等，計 34 字。32×15.8×7.9cm。

釋文："大業五年十一月廿三日，納社倉/粟壹萬伍阡碩訖。/倉史劉□，史趙方，/倉督劉□，□李璣。"

著錄：《俟堂專文雜集》157 頁；王鏡如、史樹青《談談有關農民戰爭的文物》（《文物》1961 年 7 期）；《中國磚銘》圖版 1031；《中國歷史博物館藏法書大觀》卷 3/圖版 128 頁。

1129　陶智洪買地券磚

隋大業六年（610）二月二十一日

1972 年湖南湘陰縣城關鎮出土，藏湖南省博物館。

濕刻銘文。正書，9 行，計 302 字。邊刻捲草紋，有豎界欄。34 × 16.1 × 2.3cm。

釋文："維大業六年太歲在庚午二月癸巳朔廿一日癸丑，斬草沒故道民陶智洪，今居/長沙郡臨湘縣都鄉吉陽里。今寄巴陵郡湘陰縣治下里中東崗大陽山，買地/百畝，東至甲乙，南至丙丁，西至庚辛，北至壬癸，中央戊已。東南西北，堺域斬草，窆下靈柩，上率/涙落，下無衆石，亡人年命壽盡，當還蒿里；地府官人、蒿里父老、墓鄉右秩、左右塚侯、丘承墓/伯、地下二千石、安都武夷王、魂門監司、墓門亭長、山林樗尉、冥府吏等，今用故錢万万九千九百九十九/文，買東陽山崗，卜其宅兆而安厝之。生屬皇天，死屬地泉，生死異域，勿使山神、土地、五道遊君，/葬送之日，不得更相、郫得，天地水三官，剋（刻）石為券，張兼固、李定度，明如奉行。券成之後，勿/使里域冥官，呵問亡人犯座。畢事之後，千年不驚，萬年不動，亡人安樂，子孫安穩，四時八節，聽許從/生人飲食，不得復連生人。女青制地，一如奉行。女青照下。"

著錄：熊傳新《湖南湘陰縣隋大業六年墓》（《文物》1981 年 4 期）；《中國古代銘刻文物》60。

1130　甄元希墓銘磚

隋大業六年（610）

乾刻銘文。正書，5 行，行 6 字，計 30 字。28 ×28cm。

釋文："大隋大業六年，/前浄漠將軍左/相都督潁州騎/□□□師都督/□人甄元希銘。"

著錄：《蒿里遺文目錄續編・專誌徵存》；《北京大學圖書館藏金石拓片草目》卷 2/308；《六朝墓誌檢要》335 頁；《北京圖書館藏中國歷代石刻拓本彙編》冊 10/46 頁；《隋唐五代墓誌彙編・北京大學卷》冊 1/18 頁；《新出魏晉南北朝墓誌疏証》211。

1131　斛斯樞墓誌磚

隋大業七年（611）四月廿一日葬

河南洛陽出土，曾歸三原于右任，藏西安碑林博物館。

乾刻銘文。正書，6 行，行 7 字，計 42 字。有方界格。25.5 ×21.8cm。

釋文："斛斯樞，字孝辯，少/保、新蔡公第三子。/以大業七年四月/十六日，薨於東都/宅。其月廿一日權/殯於芒山之北原。"

著錄：《蒿里遺文目錄補遺・專誌徵存》11 葉；《洛陽出土石刻時地記》59 葉；《漢魏南北朝墓誌集釋》圖版 604；《六朝墓誌檢要》336 頁；《隋唐五代墓誌彙編・洛陽卷》冊 1/64 頁；《鴛鴦七誌齋藏石》圖 198；《中國磚銘》圖版 1032。

1132　□睦墓誌磚

隋大業七年（611）十二月九日葬

河南洛陽出土，歸建德周進。

乾刻銘文。正書，16 行，行 18 字，計 272
字。有方界格。34×34cm。

釋文："君諱睦，字景和，河南人也。藉
胄雲城，封支十/邑。上祖定遠侯騰，
佐魏一廷，輔燕四世，因官遷/歷，
分胤河東。曾祖惠，後魏統天，復加
榮爵，為鎮/遠將軍、常山侯。魏帝
還輔，京歸洛邑，因住浚儀。/大隋
隆化，肇建東都，忻遇太平，樂倍京
邑。乃祖/乃父，世篤忠良，家襲公
侯，門連方伯。大齊白/水王，情貪
俊人，延為記室之賓；意慕敦深，贈
□/左箱之弼。何期昊天不弔，禍鍾
洪木，風燭易期，/奄從薨背。歲次
辛未大業七年十二月壬子朔/九日庚
申，塋扵洛京城北之隅。□□千金之
積，/前臨都邑，却阜黃河，左據陽
山，右跨荒谷。刊石/銘記，乃為誌
曰：性重淵弘，剛柔敦直，琴酒/為
榮，詩書在側。諷詠逍遙，端心埩
默，何期抱玉/泉門，埋琛朽德。其
一。開弓不挽，龍馬休騎，金/鞍永
絕，寶彎誰窺。嗚呼哀哉，一別長
辭，聊題銘/誌，万古咸知。其二。"

著錄：《漢魏南北朝墓誌集釋》圖版 606；
《六朝墓誌檢要》339 頁；《北京圖書
館藏中國歷代石刻拓本彙編》冊 10/
54 頁；《隋唐五代墓誌彙編·洛陽
卷》冊 1/70 頁；《中國磚銘》圖版
1033。

1133 賀叔達妻張客孃墓記磚

隋大業九年（613）十月二十一日

乾刻銘文。正書，2 行，行 7 至 9 字，計
17 字。30.5×15.5cm。

釋文："大業九年十月廿一日，/賀叔達妻
張客孃□。"

著錄：《北京大學圖書館藏金石拓片草目》
卷 2/315；《隋唐五代墓誌彙編·北京
大學卷》冊 1/20 頁。

1134 韓叔鸞神柩磚

隋大業十年（614）五月十二日

1925 年河南洛陽城北鄭凹村出土，歸北京
大學文研所，1952 年後藏故宮博物
院。

乾刻銘文。正書，4 行，行 9 字，計 29
字。36×17cm。

釋文："惟大業十年歲次甲戌/五月戊戌朔
十二日己酉，通議大夫韓叔鸞之/神
柩。"

著錄：《嵩里遺文目錄補遺·專誌徵存》
11 葉；《漢魏南北朝墓誌集釋》圖版
608；《六朝墓誌檢要》362 頁；《北
京圖書館藏中國歷代石刻拓本彙編》
冊 10/99 頁；《北京圖書館藏墓誌拓
片目錄》54 頁；《隋唐五代墓誌彙編
·洛陽卷》冊 1/115 頁；《中國磚銘》
圖版 1034。

附註：同時出土另一韓叔鸞墓磚，與刻磚
大小相同，朱書。亦歸故宮。

1135 張琰妻王法愛墓誌磚

隋大業□年（605～614）□月十日葬

河南洛陽出土。

乾刻銘文。正書，兩面刻，正面 1 行 5
字；背面 12 行，行約 39 字，可辨
200 餘字。37×17cm。

釋文：正面："元公女墓誌。"

背面："大隋金紫光祿大夫潭州總
管江都郡通守張府君第四息琰妻王氏
墓誌銘並序。/夫人字法愛，京兆大

與人也。昔吹簫引鳳，渭濱之迹尚
存；躡履飛博，葉縣之門猶在。□徒
□□□祿者／刺史之□□問述……之
功。雄□救□□□可道焉。夫人瓜州
刺史、穎川文侯□之孫，御史大夫／
壽光元公弘之女也。姿容□□，似初
日之照梁，儀表亭亭，若流紈之映
水。□□□□密藏行默，動止合／於
規矩，言行……無□□□結帳貽裁非
□□母蓼……順可觀□□□／……至
……飾豆加邊……家事棄蘭□／□不
謂□茂……照影之……廿有四。
□□／□□□正月三日……其年□月
十日，窆抆河南郡洛陽縣北邙山之
陽。搖落寒□□／……夭□□□□銘
曰：／……鶴起飛蓋，犀飾華軒，□
世不殞，厥□猶存，□□／□□，
□□因恭……悅禮□□言逝川。行及
天庭，何論哀□，啟路服□□／……
帳掩泉門，山……室，永慰遊魂。"
著錄：《萬里遺文目錄補遺・專誌徵存》
11 葉；《漢魏南北朝墓誌集釋》圖版
611；《六朝墓誌檢要》394 頁。

1136 大悲菩薩磚（甲種）
隋（581～619）
傳為河北正定縣隆興寺用磚，涇陽端方舊
藏。
乾刻銘文。正書，1 行 4 字。38.3 ×
28.5cm。
釋文："大悲菩薩。"
著錄：《陶齋藏石記》卷 16/20。
附註：或為範磚。

1137 大悲菩薩磚（乙種）
隋（581～619）

傳為河北正定縣隆興寺用磚，後歸中國歷
史博物館。
乾刻銘文。正書，1 行 4 字。39.3 × 27 ×
5cm。
釋文："大悲菩薩。"
著錄：《中國磚銘》圖版 1229；《中國歷
史博物館藏法書大觀》卷 3/圖版 140
頁（考為明磚）。
附註：或為範磚。

1138 張字墓記磚
隋（581～619）
1996 年河南滎陽市出土。
乾刻銘文。正書，1 字。尺寸不詳。
釋文："張"
著錄：鄭州市文物考古研究所、滎陽市文
物保管所《鄭州市幾座隋墓的發掘》
（《中原文物》1997 年 3 期）。

鄭

1139 王仲墓誌磚
鄭開明二年（620）九月十八日葬
河南洛陽出土。
乾刻銘文。正書，24 行，行 25 字，計 565
字。有方界格。33.5 × 33cm。
釋文："鄭故處士王君墓誌。／君諱仲，字
胡周，太原晉陽人也。昔之崔飛即
戶，鴻祚肇基，鳴翠縱／山，長源□
派。剪三世名將，位重秦朝；朗一代
偉人，望高魏室。至若／忠臣孝子，
公輔王佐，備諸史策，焉可罄言。祖
利，魏開府儀同三司，/幽州馬邑鎮
將；父閭，齊禆州饒安縣令；或懸斾
萬里，或製錦專城，／有媿絃哥之聲，
未假蕃籬之固。君天璞不雕，逸量孤

195

遠，年方韶齔，/志逾强仕，先父即世，因乃家焉。于時齊曆告迮，權寵擅命。忽彼素/□之位言，寻晦迹倫。君乃却掃園林，慭然自若，一丘一壑，素琴濁/酒。莊惠之臨濠上，嵇阮之對山陽，今古相輝，彼有慚色。歷周隋而/不變，貫松竹而莫改，雍容然綽有餘裕。既而黃巾肇亂，赤眉騷起，/山東河北，千里無煙。天道輔仁，君焉先覺，棄彼滄瀛之域，卜居河/洛之里，避地於此，五六餘年。儉以田居，仁以□□。方冀喬松之壽，/□從秋葉之木。粤以大鄭開明二年歲在庚辰九月辛酉朔十四/日薨於館舍，春秋六十有六。即以其月十八日葬殯于雒陽縣德/猷門北一里芒山之南。夫人淳于氏，義重結褵，訓教斷織，不□自/□，仍先即世，永惟聞穴之感，□於□□之悲，嗣子德行，君立曰基，/□凤稟過庭之訓，永惟膝下之恩，將恐桑田屢移，□城將滿，徽音/莫紀，懿范無聞。爰命門人，書茲玄石，嗚呼哀哉！乃為銘曰：地□/□岐，業隆文武，赫赫盛烈，光於遂古。爰惟懿德，乃先乃父，襲映珪/璋，紛綸貂組。其一。慶延於世，君焉挺生，奇姿秀峙，逸量凝明。操稟/□拔，材苞夙成，去茲舍利，指夫後名。其二。乃就園林，言遊丘壑，□/□□樂，蕭然自若。避地滄瀛，卜居河洛，美粉芝蘭，芳逾杜若。其三。/□□□壽，當享遐年，如何不弔，奄在秋前。悵矣丘隴！悲哉□□，□/□□□，竟慘風煙。"

著錄：《漢魏南北朝墓誌集釋》圖版527；

196

《北京大學圖書館藏金石拓片草目》卷2/327；《六朝墓誌檢要》399頁；《北京圖書館藏墓誌拓片目錄》61頁；《唐代墓誌彙編》7頁；《隋唐五代墓誌彙編·洛陽卷》冊1/181頁。

唐

1140　吳景達妻劉氏墓銘磚

唐貞觀四年（630）十一月二十三日葬

河南洛陽出土，涇陽端方舊藏。

乾刻銘文。正書，8行，行8字，計存62字。有方界格。27×28cm。

釋文："大唐中散大夫行□/藥奉御永安男吳景/達夫人彭城劉氏之/靈。今以貞觀四年歲/次庚寅十一月壬申/朔廿三日甲申，殯於/芒山舊陵，恐川谷□/移，故銘之玄石……"

著錄：《陶齋藏石記》卷17/1；《北京大學圖書館藏金石拓片草目》卷3/6；《北京圖書館藏中國歷代石刻拓本彙編》冊30/11頁；《北京圖書館藏墓誌拓片目錄》449頁；《唐代墓誌彙編》20頁；《隋唐五代墓誌彙編·洛陽卷》冊2/17頁；《中國磚銘》圖版1040。

1141　盧野客墓誌磚

唐貞觀七年（633）□月一日葬

河南洛陽出土，涇陽端方舊藏。

乾刻銘文。正書，5行，行存9字，計存38字。有方界格。29×29cm。

釋文："維大唐貞觀七年歲次/月己酉朔一日己酉，□/諮議參軍盧諱野客，□/殯於洛州洛陽縣故塋/之所。"

著錄：《陶齋藏石記》卷17/1；《隋唐五

代墓誌彙編・北京大學卷》冊 1/28
頁；《唐代墓誌彙編》30 頁。

1142　韓仁師墓銘磚

唐貞觀八年（634）五月三十日葬

河南洛陽出土。

乾刻銘文。正書，5 行，行 11 至 13 字不
　　等，計 57 字。31×14cm。

釋文："惟大唐貞觀八年歲次甲午五月/辛
　　未朔卅日庚子，洺州永年/縣敬德鄉
　　故韓仁師，年廿二，今/月廿一日命
　　終。今葬在故倉西/北芒山之上，故
　　立銘記。"

著錄：《蒿里遺文目錄三上・專誌徵存目
　　錄上》6 葉；《北京圖書館藏中國歷
　　代石刻拓本彙編》冊 11/55 頁；《隋
　　唐五代墓誌彙編・洛陽卷》冊 2/34
　　頁；《唐代墓誌彙編》35 頁。

1143　太倉窖銘磚

唐貞觀八年（634）十二月二十日

陝西西安出土，涇陽端方舊藏，曾歸南皮
　　張仁蠡，後歸北京大學文研所。

乾刻銘文。正書，7 行，行字不等，計 88
　　字。36×35×8cm。

釋文："貞觀八年十二月廿日，街東從北
　　向弟二院，/北向南弟二行，從西向
　　東弟十三窖，/納轉運敖倉粟四遷。
　　碩太倉署/史郭威，監事馬斌，丞方
　　善才令/蕭和禮，右監門翊衛扈子光，
　　左/監門翊衛宇文英，司農丞鄭務/
　　德，司農卿武城男崔樞。"

著錄：《陶齋藏石記》卷 17/2；《八瓊室
　　金石補正》卷 30；《北京圖書館藏中
　　國歷代石刻拓本彙編》冊 11/62 頁；
　　《中國磚銘》圖版 1041。

1144　蕭琮妻蔡氏墓記磚

唐貞觀十三年（639）五月四日葬

河南洛陽出土。

乾刻銘文。正書，4 行，行 8 字，計 32
　　字。有豎界欄。30×15cm。

釋文："大唐貞觀十三年五/月四日，蘭陵
　　蕭琮妻/蔡氏之記。瘞於河南/縣滙水
　　鄉芒山之陽。"

著錄：《蒿里遺文目錄三上・專誌徵存目
　　錄上》6 葉；《北京圖書館藏中國歷
　　代石刻拓本彙編》冊 11/83 頁；《洛
　　陽出土歷代墓誌輯繩》圖版 97；《隋
　　唐五代墓誌彙編・洛陽卷》冊 2/54
　　頁；《中國磚銘》圖版 1038；《唐代
　　墓誌彙編續集》21 頁。

1145　張隆悅妻麴文姿墓表磚

唐貞觀十六年（642）四月廿三日葬

1973 年新疆吐魯番阿斯塔那古墓區出土，
　　藏新疆文物考古研究所。

乾刻銘文。正書，6 行，行 6 至 8 字不等，
　　書寫、刻文共計 38 字。36×36×
　　4.5cm。

釋文："貞觀十六年歲次壬/寅四月乙酉
　　朔，張/隆悅妻麴氏文/姿，春秋廿有
　　七，即/以其月廿三日/殯塋斯墓。"

著錄：《隋唐五代墓誌彙編・新疆卷》冊
　　1/135 頁；侯燦、孟憲實《吐魯番出
　　土墓磚題錄》（《新疆文物》1994 年 2
　　期）；《唐代墓誌彙編續集》26 頁；
　　《吐魯番墓磚書法》6 頁；《吐魯番出
　　土磚誌集注》218。

附註：此磚首行前六字"貞觀十六年歲"
　　為刻字填朱，餘為毛筆朱書。

1146　劉世通妻王氏墓銘磚

唐永徽元年（650）四月五日葬

1955 年陝西西安小土門村出土，藏西安碑林博物館。

乾刻銘文。蓋篆書，2 行，行 2 字，計 4 字；誌正書，10 行，行 8 字，計 71 字。有方界格。35.5×35.5cm。

釋文：蓋：“大唐／永元。”

誌：“大唐雍州長安縣龍／首鄉興臺里。／永徽元年歳次庚戌／四月己巳朔五日癸／酉，故劉世通夫人王／氏，人世飄忽，以奄從／風燭，葬於興臺村南／三百步。天地久，田成／碧海，故勒此碑，用旌／銘記。”

著錄：《西安碑林書法藝術》（西安碑林藏石細目）；《中國磚銘》圖版 1044；《新中國出土墓誌·陝西》24

附註：蓋文“大唐永元”，恐“大唐永徽元年”之省文。此本蓋失拓。

1147　劉君妻郝氏墓誌磚

唐永徽三年（652）九月次旬葬

1956 年陝西西安東郊韓森寨出土，藏西安碑林博物館。

乾刻銘文。正書，18 行，行 18 字，計 315 字。33×33cm。

釋文：“雍州萬年縣大明府校尉劉氏妻之墓誌銘。／夫人姓郝氏，太原人也。榮基茂緒，創開業於宗／周；芳胤支流，遂紹歸於皇晉。披諸緗史，固略言／焉。往以要壘多虞，武周梟鏡，肅將誅討，蘭艾俱／焚。被召入宮，尋蒙挽擢。然以七儀允備，四德斯／圓，榮曜六宮，位參兩省，凡厥內奏，必預經綸。固／得佐聖匡時，贊揚朝列。加以積善余慶，奉信／懷真，

控引朋從，導達綏福。去貞觀廿三／年，蒙簡／出宮，乃歸于劉氏。且偕老百齡，惟情所幸；伉敦／千日，在物咸歆。然則閱水遞侵，藏山冥改，終期／怛化，信矣難指。以永徽三年七月十五日，終於／永昌坊之本宅。即以九月次旬，殯于東郊之長／樂原。嗚呼哀哉！原隰騰沸，蓋聞田海貿遷；劫石／周盡，恐佳城或掩。蒿里時蕪，有訪無追。敢為銘／曰：憬彼榮枝，蔚興唐晉。弱喪遊魂，勃昇／崇殯。綸言斯綷，弘方式徇。天道無私，寔期明俊。／歸承劉氏，炎漢嘉苗。翼善將楸，性與仁昭。如何／不淑，小朴無遙。敢陳玄石，芳流罔彫。”

著錄：《新中國出土墓誌·陝西［貳］》25。

1148　劉皆墓誌磚

唐永徽五年（654）二月三十日葬

陝西西安出土，浭陽端方舊藏。

乾刻銘文。蓋正書，2 行，行 3 字，計 6 字；誌正書，15 行，行 17 字，計 249 字。有方界格。33×32cm。

釋文：蓋：“劉府君墓誌銘。”

誌：“故少府監中尚丞劉君墓誌。／君諱皆，字□，漢楚元王之裔，彭城汝□里人／也。昔以大風□□，振威歌於鄉中，□於朱□／奮發，廓氛祲於郢荊。於是鬱樹□□，□盈□／派，宋齊沿革，求於琳藏之鄉。綽綽□□，□□／□於兩觀，閬□祖禰，垂緌紱於三□。□□□／掬文府□□□學術，以貞觀之時歷任中尚／□□之職□□期頤尚遠，春秋七十有

198

二，卒/於□□。即以大唐永徽五年二月卅日，塋於/長安縣昆明龍門二鄉界內阿城之東。幽隧/既空，銘□永□，播徽陰泉，勒成金石。其辭曰：/□□□□，齊高惟新，族流四海，君派三秦。□/□□玉，非德不鄰，寬栗手舉，但塞雙陳。其一。/□/□魏□，布武□□，灰飛管躍，流譽彌長，□□/資式，百□□芳，如何窀穸，□□墳荒。其二。"

著錄：《蒿里遺文目錄三上・專誌徵存目錄上》6 葉；《北京大學圖書館藏金石拓片草目》卷 3/56；《北京圖書館藏中國歷代石刻拓本彙編》冊 12/118 頁；《北京圖書館藏墓誌拓片目錄》87 頁；《隋唐五代墓誌彙編・北京大學卷》冊 1/40 頁；《唐代墓誌彙編》194 頁。

1149 程平遼祖母李氏柩銘磚

唐顯慶四年（659）十二月十三日

1990 年~1994 年河南鄭州上街出土。

乾刻銘文。正書，3 行，行字不等，計 21 字。35.5×15.5cm。

釋文："顯慶四年十二月十三日，陽/武縣程平遼祖母/李之柩。"

著錄：鄭州市文物工作隊《鄭州地區發現的幾座唐墓》（《文物》1995 年 5 期）。

1150 孫君妻祖氏墓銘磚

唐顯慶六年（661）正月二十四日

乾刻銘文。正書，5 行，行 4 至 7 字不等，計 25 字。35×33cm。

釋文："大唐顯慶/六年正月廿四/日，故永州強剌史/孫妻范陽祖氏/之銘。"

著錄：《北京圖書館藏中國歷代石刻拓本彙編》冊 13/186 頁；《隋唐五代墓誌彙編・北京卷》冊 1/62；《唐代墓誌彙編續集》113 頁。

1151 麴善岳墓誌磚

唐龍朔二年（662）十月二十八日葬

晚清新疆吐魯番出土，涇陽端方舊藏，又歸北京琉璃廠達古齋。

乾刻銘文。正書，7 行，行 8 字，計 56 字。有豎界欄。34.5×36cm。

釋文："惟大唐龍朔二年歲/次壬戌十月丁亥朔/廿八日甲寅滿（病）故，西/州偽內散常侍麴善/岳，皇朝欽爵致果/副尉，春秋七十九，遇/疾遭卒，殯之斯墓。"

著錄：《陶齋藏石記》卷 17/15；《北京大學圖書館藏金石拓片草目》卷 3/101；《北京圖書館藏中國歷代石刻拓本彙編》冊 14/51 頁；《北京圖書館藏墓誌拓片目錄》449 頁；《隋唐五代墓誌彙編・北京大學卷》冊 1/51 頁；《唐代墓誌彙編》367 頁；《中國磚銘》圖版 1046；《吐魯番出土磚誌集注》253。

1152 趙仁表墓誌磚

唐麟德二年（665）十月四日葬

民國 7 年河南洛陽出土，歸陽湖董康。

乾刻銘文。蓋正書，4 行，行 8 字，計 25 字，有豎界欄；誌正書，志 21 行，行 20 字，有方界格，計 384 字。均 36×36cm。

釋文：蓋："麟德貳年拾月肆日，/洛州洛陽縣上東鄉/嘉善里趙仁表墓誌/銘。"

誌："唐故趙君墓誌銘並序。/君諱

仁表，洛陽人也。原夫德邁匡周，錫
專城而命氏；/功參翼晉，峙列國以
飛英。崇基鬱乎三襲，遙源森乎/九
派。高冠長劒，涉千祀而紛綸；茂緒
繁枝，綿八區而晻藹。祖彥，隨洛
陽宮監。父良，瀛州河間縣令。並聲
四/時謠，政敷人惠。君緝靈垂裕，
締秀含章，峻節橫奇，凜/松風而獨
遠；夷襟沖邁，宛雲鶴以孤征。率由
踐忠孝/之途，雅好依仁藝之圃。而
君神銓倚伏，智揣安危，藏/用戎墟，
式保家族。既而載戢仁宇，行敞儀
惟，言成士/模，行為物範，德陶風
俗，明甄是非。加以汎想三玄，融/
誠八解，問望居重，領袖攸歸，高視
仁倫之端，獨昇丘/里之上。春秋七
十有一，卒於家第。惟君器識澄閑，
標/格惟蕭。動靜不踰於禮，夷嶮莫
變其貞，家人漸訓，以/忘貧懁，夫
聞風而立志，奄然乘化，有識酸嗟，
即以其/年十月四日殯於邙山，禮也。
嗣子什善，泣灑風枝，哀/纏莪蓼，
懼芳猷之湮謝，勒琬琰於泉臺，乃為
銘曰：/德闡遙宗，慶流遐緒，惟君
挺出，含貞韶舉。屬否潛機，/邇恭
閑處，蔚矣清範，卓為高侶。其一。
鷖鷙夜舟，隙馳朝/駟，一息無返，
千齡長異。風懍總帷，露淒泉閟，方
鬱松/檟，宲標貞懿。其二。/麟德二
年十月四日。”

著錄：《專門名家·廣倉專錄》第2集；
　　《萬里遺文目錄三上·專誌徵存目錄
　　上》6葉；《北京圖書館藏中國歷代
　　石刻拓本彙編》冊14/162頁；《隋唐
　　五代墓誌彙編·洛陽卷》冊4/212
　　頁；《中國磚銘》圖版1052；《唐代

200

墓誌彙編續集》149頁。

1153　王仁表墓誌磚

唐麟德二年（665）十月五日

民國初年河南洛陽出土，藏河南開封博物
　　館。

乾刻銘文。正書，4行，行8字，計25
　　字。有竪界欄。33×33cm。

釋文：“麟德貳年拾月伍日，/洛州洛陽縣
　　上東鄉/嘉善里王仁表墓誌/
　　銘。”

著錄：《北京圖書館藏中國歷代石刻拓本
　　彙編》冊14/163頁；《隋唐五代墓誌
　　彙編·洛陽卷》冊4/213頁；《唐代
　　墓誌彙編》436頁。

附註：疑為誌蓋。此磚與《趙仁表墓誌
　　磚》（麟德貳年拾月伍日）誌蓋內容、
　　行款和風格相同，或同出一人之手，
　　或此磚為仿《趙仁表墓誌磚》之偽
　　刻。

1154　源君側室趙懿懿墓誌磚

唐乾封二年（667）三月十三日葬

1956年陝西西安東郊韓森寨出土，藏西安
　　碑林博物館。

乾刻銘文。正書，15行，行14字，計199
　　字。32×32cm。

釋文：“司刑太常伯武安公世子奉冕直長/
　　源（下空二字）側室趙五娘墓誌銘並
　　敘。/趙娘諱懿懿，雍州渭南人也。
　　父感，優/遊不仕，養素全真。趙娘
　　志勵冰霜，色/傾城國。年十有八，
　　適于源氏。以乾封/元年七月十二日，
　　卒於崇仁第，春秋廿/有一。遺言斂
　　以時服，不棺槨。誕女二/娘，亦先
　　母夭亡。以乾封二年三月十三/日，
　　改並葬於萬年縣長樂原，礼也。/呼

哀哉！乃為銘曰：出連寶騎，入侍/芳幃。行雲競起，迴雪争飛。葉眉添翠，/月扇增輝。方承謙寵，皓首為期。其一。昊/天不惠，積善徒虛。既摧玉樹，復碎明/珠。松桂春殞，芝蘭夏鋤。式刊玄石，永/播芳餘。其二。"

著錄：《新中國出土墓誌·陝西［貳］》38。

1155　咸亨二年殘墓記磚

唐咸亨二年（671）□月五日

河北石家莊靈壽縣出土，藏河北省文物研究所。

乾刻銘文。正書，3行，計存12字。下半殘缺。22×15.3cm。

釋文：　"咸亨二年……/辰朔五日壬午……/□記。"

著錄：《隋唐五代墓誌彙編·河北卷》冊1/31頁。

1156　馬君夫人令狐氏墓誌磚

唐儀鳳元年（676）十一月二十一日葬

陝西岐山出土，湮陽端方舊藏。

乾刻銘文。正書，18行，行18字，計314字。有方界格。34.5×33.5cm。

釋文："唐右金吾郎將馬君夫人燉煌令狐氏墓誌銘并序。/夫人其先出自周文王子畢公之苗裔也，其後/晉侯賜邑令狐，因以命氏。王莽篡漢，將軍邁匡/復漢室，為莽見敗，子孫避難于燉煌，因為燉煌/人。自兹厥後，宗葉蕃碩。曾祖文軌，皇汾州長史。/祖思拯，皇利州嘉川令。父同□，蘭州金城令。並/自家形國，位烈休光。夫人即金城府君之長女/也。昭然天

假，清懿典儀，春秋十九歸于馬氏，乃/家沐清風，將和鳴偕老，豈謂遘疾不愈，積善無/徵，以上元二年七月廿二日，終于私第，春秋五/十。有子二人，伯曰文質，前鄉貢明經；季曰文瞻，/幼而聰敏。哀□泣血，□至絕漿，以元年建子月/廿一日措于岐山陽□鄉之三時原，禮也。即夫/人家迩非遠，先塋又令歸魂而無依也，獨悠悠/於白日，望悽悽於長川，貞石紀時而為銘曰：/逝往古來，去不可止，代如疾風，歎兹閱水。孤玉/樹於庭中，棄明珠於掌裏。事在生而永歎，悲千/秋而長已。"

著錄：《陶齋藏石記》卷18/13；《北京圖書館藏中國歷代石刻拓本彙編》冊16/47頁；《北京圖書館藏墓誌拓片目錄》132頁；《隋唐五代墓誌彙編·北京大學卷》冊1/67頁；《唐代墓誌彙編》1750頁。

附註：唐代上元年號有前後之分。按史書記載：後上元九月壬寅（二十一日）去年號，但稱"元年"。此誌著錄年代一般作前上元之後的"儀鳳"，惟《唐代墓誌彙編》作後上元之後的"元年"。

1157　許崇藝妻弓氏墓誌磚

唐儀鳳三年（678）三月廿七日

1949年後陝西西安出土。

乾刻銘文。正書，3行，行7至9字不等，計23字。尺寸不詳。

釋文："儀鳳三年三月廿七日，/太子左千牛許崇/藝故妻弓氏墓誌。"

著錄：《中國磚銘》圖版1058。

1158 穆宜長墓銘磚

唐儀鳳三年（678）四月十日葬

河南洛陽出土。

乾刻銘文。正書，10 行，行 10 字，計 100 字。有方界格。34×34cm。

釋文："□□□儀鳳三年歲次戊 寅四月 丁亥朔十日景申，/ 雍 州萬年縣廬陵鄉人上/騎都尉、通直郎、義州司馬/穆宜長。從宦遐方，轉金車/之照曜；旋途故里，悲素旐/之繽紛。行屆洛陽，權殯北/邙勝壤；後瞻良日，改葬秦/川帝鄉。恐水變桑田，刊其/年月，誌以表德，故記銘云。"

著錄：《蒿里遺文目錄三上‧專誌徵存目錄上》6 葉；《北京圖書館藏中國歷代石刻拓本彙編》冊 16/77 頁；《隋唐五代墓誌彙編‧洛陽卷》冊 6/18 頁；《唐代墓誌彙編》640 頁；《中國磚銘》圖版 1061。

1159 王藏子妻吳波奈羅墓銘磚

唐儀鳳三年（678）五月六日記

1955 年陝西西安東郊十里鋪出土，藏西安碑林博物館。

乾刻銘文。正書，5 行，行 6 至 8 字不等，計 30 字。33×33cm。

釋文："雍州明堂縣進賢鄉，/吳氏女波奈羅碑/銘。王藏子妻也。/儀鳳三年五月六日/記。"

著錄：《西安碑林書法藝術》（西安碑林藏石細目）；《中國磚銘》圖版 1060；《新中國出土墓誌‧陝西》56。

1160 含嘉倉銘磚（調露□年）

唐調露□年（679）□月十八日

1971 年河南洛陽出土，藏河南洛陽博物館。

乾刻銘文。正書，存 8 行，行存字不等，計存 64 字。磚已殘碎。26×19cm。

釋文："□石/耗。/調露……十八日納了。窖/楚州租典郭□，副綱淮陰縣□/滁州租典□□，副綱清□縣丞劉/窖近□鎮兵□/倉史周儉，倉官監事王感，/左監門革滿，右監門校尉張琰。"

著錄：河南省博物館、洛陽市博物館《洛陽隋唐含嘉倉的發掘》（《文物》1972 年 3 期）。

1161 游公妻甄氏神柩磚

唐永隆元年（680）十月十三日

乾刻銘文。正書，5 行，行 7 字，計 34 字。34×35cm。

釋文："大唐永隆元年歲/次庚辰十月壬寅/朔十三日甲寅，陳/州司馬游公故妻/甄 夫人之神柩。"

著錄：《隋唐五代墓誌彙編‧北京卷》冊 1/80 頁；《唐代墓誌彙編》672 頁；《中國磚銘》圖版 1062。

1162 裴令范妻李氏墓記磚

唐永隆二年（681）二月九日

河南洛陽出土。

乾刻銘文。正書，4 行，行字不等，計 32 字。31×27cm。

釋文："大唐永隆二年二月九日記。/洛州洛陽縣感德鄉周/南里故合州司戶裴/令范妻李。"

著錄：《蒿里遺文目錄三上‧專誌徵存目錄上》6 葉；《北京圖書館藏中國歷代石刻拓本彙編》冊 16/145 頁；《隋

唐五代墓誌彙編・洛陽卷》冊 6/58
頁；《唐代墓誌彙編續集》247 頁。

1163　含嘉倉銘磚（光宅元年）
　　　唐光宅元年（684）十月
　　　1988 年河南洛陽出土。
　　　乾刻銘文。正書，存 3 行，行存字不等，
　　　　　計存 11 字。磚已殘碎。17.5×12cm。
　　　釋文："光宅元年十月/知征/丞□命"
　　　著錄：洛陽市文物工作隊《洛陽含嘉倉
　　　　　1988 年發掘簡報》（《文物》1992 年
　　　　　3 期）。

1164　垂拱四年五月磚
　　　唐垂拱四年（688）五月
　　　1990～1994 年河南鄭州出土。
　　　乾刻銘文。正書，2 行，計 7 字。32×
　　　　　16cm。
　　　釋文："垂拱四/年五月□。"
　　　著錄：鄭州市文物工作隊《鄭州地區發現
　　　　　的幾座唐墓》（《文物》1995 年 5
　　　　　期）。

1165　孫師均墓記磚
　　　唐載初元年（689）二月十三日
　　　1964 年江蘇丹陽出土，藏江蘇鎮江博物
　　　　　館。
　　　乾刻銘文。正書，2 行，行字不等，計 14
　　　　　字。30×15.5cm。
　　　釋文："唐載初元年二/月十三日，故孫師
　　　　　均。"
　　　著錄：《隋唐五代墓誌彙編・江蘇卷》冊
　　　　　1/27 頁。

1166　含嘉倉銘磚（天授元年）
　　　武周天授元年（690）

1971 年河南洛陽出土，藏河南洛陽博物
　　　館。
乾刻銘文。正書，存 6 行，行字不等，計
　　　存 81 字。磚後半殘缺。36×23cm。
釋文："含嘉倉。/倉中門，東西大街北，
　　　南北竪街東，從西向東數窖，從南/
　　　向北數，第十二行第十二窖。/合納
　　　德、濮、魏、滄等州天授元年租粟，
　　　八千六百九十五/石，耗在內。/六千
　　　廿石。德州一千二百八十石，濮州六
　　　百石，滄州七百九"
著錄：河南省博物館、洛陽市博物館《洛
　　　陽隋唐含嘉倉的發掘》（《文物》1972
　　　年 3 期）。

1167　含嘉倉銘磚（長壽二年）
　　　武周長壽二年（693）三月二十四日
　　　1971 年河南洛陽出土，藏河南洛陽博物
　　　　　館。
　　　乾刻銘文。正書，存 9 行，行存字不等，
　　　　　計存 94 字。有竪界欄，磚後半殘缺。
　　　　　33×22cm。
　　　釋文："含嘉倉。/倉中門，東西大街北，
　　　　　南北竪街東，從西向東數/窖，從南
　　　　　向北數行，第八行第三窖。/合納邢
　　　　　州長壽元年租小□，七千五百石九/
　　　　　斗八升，耗在內。/長壽二年三月廿
　　　　　四日納了。/輸典王簡，副綱青山縣
　　　　　丞張謙，/張僑，倉史趙□，丞田
　　　　　□，/知倉事張琮。"
　　　著錄：河南省博物館、洛陽市博物館《洛
　　　　　陽隋唐含嘉倉的發掘》（《文物》1972
　　　　　年 3 期）。

1168　伍松超買地券磚
　　　武周延載元年（694）八月九日葬

1964 年江蘇鎮江陽彭山出土，藏鎮江博物館。

乾刻銘文。正書，分刻兩磚，一塊 1 行 6 字，一塊 7 行，行 24 字，共計約 148 字。均 38.5×18.5cm。

釋文：一磚："豐樂鄉伍松超。"

一磚："維大周延載元年八月壬子朔九日庚申，潤州丹徒縣豐樂鄉/豐樂里居住新安坊故人伍松超。身謝天地，今葬宅心鄉界，□/西丙向□，地下先人、蒿里□老、左右承、墓伯、土下二千石、□□/□武夷王買址，塚地縱廣五十畝，於中掘土葬埋松超□/□□錢万万九千九百九十九錢，即日使了皆先語人立契，/不得使左右侵犯分界。時□任見丙送張堅固、李定度，/□□□□人伴共為界菊。"

著錄：劉興《武周延載伍松超地券》（《文物》1965 年 8 期）；《隋唐五代墓誌彙編·江蘇卷》冊 1/28 頁。

1169　含嘉倉銘磚（聖曆二年）

武周聖曆二年（699）正月八日

1969 年河南洛陽出土，藏河南洛陽博物館。

乾刻銘文。正書，10 行，行字不等，計 117 字。有竪界欄。32.5×32.5cm。

釋文："含嘉倉。/東門，從南第廿三行，從西第五窖。/合納蘇州通天二年租糙米，白多一万三/□□十五石，耗在內。/右聖曆二年正月八日納了。/□典劉長，正綱錄事劉爽，倉史王花，/監事楊智，丞呂徹，丞趙璟，令孫忠，令□思，/寺丞知倉事張琮，左監門王宣（？），右監門賈立，/長

上廱眆，押倉使孫亮，監倉御史陸慶，/卿□璿□□同。"

著錄：河南省博物館、洛陽市博物館《洛陽隋唐含嘉倉的發掘》（《文物》1972 年 3 期）（文）；1972 年 1 期（圖）。

1170　陳玄潔妻張氏墓銘磚

武周聖曆三年（700）正月十五日葬

近年河南洛陽出土，藏山東淄博拿雲美術博物館。

乾刻銘文。蓋正書，3 行，行 6 字，計 15 字；銘正書，8 行，行 9 字，計 71 字。有方界格。蓋 34×32×4.5cm；銘 33×34×4.5cm。

釋文：蓋："故司禮寺醫監/陳玄潔夫人張/氏之銘。"

銘："維大周聖曆三年歲次/庚子正月壬子朔十一/日壬戌，故司禮寺太醫/監陳玄潔夫人張氏亡/于洛州惠訓里私第，以/其月十五日景寅，權殯/于城南費村西一里，恐/陵壑遷變，而建斯銘。"

附註：此磚拓片由淄博拿雲美術博物館劉健先生提供。

1171　巢思玄神靈磚

武周久視元年（700）五月十三日卒

乾刻銘文。正書，面 3 行，行 7 字，側 1 行 10 字，計 31 字。面有方界格。31.5×14×6.5cm。

釋文："大周故司禮寺太/醫正直左春坊藥/藏局巢思玄神靈。/久視元年五月十三日亡。"

著錄：《北京大學圖書館藏金石拓片草目》卷 3/256；《北京圖書館藏墓誌拓片目錄》449 頁；《北京圖書館藏中國歷

代石刻拓本彙編》冊 19/1 頁；《隋唐
五代墓誌彙編·北京卷》冊 1/99 頁；
《唐代墓誌彙編》967 頁。

1172 侯令璋墓銘磚

武周長安四年（704）正月廿八日

河南洛陽出土，藏洛陽古代藝術館。

乾刻銘文。正書，4 行，行 2 至 9 字不等，
計 21 字。34×34cm。

釋文："大周/故雍州參軍侯/令璋之銘。/
長安四年正月廿八日。"

著錄：《北京大學圖書館藏金石拓片草目》
卷 3/281；《北京圖書館藏中國歷代石
刻拓本彙編》冊 19/95 頁；《隋唐五
代墓誌彙編·洛陽卷》冊 8/30 頁；
《唐代墓誌彙編》1030 頁；《中國磚
銘》圖版 1073。

1173 王□神柩磚

武周（690~704）一年九月

1979 年江蘇丹陽縣大泊公眾山出土。

乾刻銘文。正書，存 3 行，行存字不等，
計 9 字。僅存碎塊。12×15.5cm。

釋文："一年九月/縣王□/神柩。"

著錄：劉興、劉建國《記丹陽大泊發現的
唐宋磚誌》（《文物資料叢刊》7 集，
1983 年）。

1174 桓君墓誌蓋磚

武周（690~704）

溧陽端方舊藏。

乾刻銘文。正書，2 行，行 3 字，計 6 字。
32×30cm。

釋文："大周桓/君之誌。"

著錄：《陶齋藏石記》卷 20/20；《北京圖
書館藏中國歷代石刻拓本彙編》冊

19/133 頁；《中國磚銘》圖版 1072。

1175 吉州明信里□□神柩磚

唐開元二年（714）六月十九日

1979 年江蘇丹陽縣大泊公眾山出土。

乾刻銘文。正書，4 行，行存字不等，計
存 21 字。磚存右上角。18×12cm。

釋文："維唐開元二年/六月十九日，吉州
/明信里□□神/柩□。"

著錄：劉興、劉建國《記丹陽大泊發現的
唐宋磚誌》（《文物資料叢刊》7 集，
1983 年）。

1176 含嘉倉銘磚（開元四年）

唐開元四年（716）

1988 年河南洛陽出土。

乾刻銘文。正書，存 4 行，行存字不等，
計存 16 字。僅存碎塊。16.5×15cm。

釋文："嘉倉。馬□/從東第九行，/□開
元四年/內□"

著錄：洛陽市文物工作隊《洛陽含嘉倉
1988 年發掘簡報》（《文物》1992 年
3 期）。

1177 李彥枚妻朱氏墓誌磚

唐開元六年（718）十二月十四日卒

紹興范壽銘舊藏。

乾刻銘文。正書，10 行，行 6 字，計 62
字。有方界格。19×33.5cm。

釋文："大唐海州錄事/文林郎李彥枚，/
開（漏刻"元"字）六年十二月十四
/日，夫人朱氏，卒/於官舍。夫人聿
/理中饋，克奉內/儀，高修四德之/
美，俯踐七篇之/誠，而蕭終史郎，/
藥盡娥庭，悲夫。"

著錄：《隋唐五代墓誌彙編·江蘇卷》冊

1/35 頁；《唐代墓誌彙編續集》468
頁。

1178 □大高墓誌磚

唐開元十年（722）五月廿日葬

1983 年陝西興平縣馬嵬安家大隊出土，藏
興平縣文化館。

乾刻銘文。正書，15 行，行 23 字，計 303
字。36×36×7cm。

釋文："大唐□□□□□□□大高墓誌
銘。/□□□□□□□氣，人代遷易，
運地之靈。歲在□妻年/□□□□是
□人□為國展効制累加授至雲騎□□
諱大/高，即□□□□□□城縣湯祠
鄉人也。其性溫美體和，或內/典潛
通，□□□□□□雄志寬凝弈□山
河之□/業廣道深衆焉府孔之術，以
開元十年四月八日己卯因患/卒於家
第，壽年八十六，先蒙焉恩□授華州
下邽縣/令。夫人姚氏，早從逝殞，
神化久潘。卜兆安厝，以五月辛丑朔
/廿日庚申于晉平原下□次湯祠鄉合
而禮葬。厥子二人：長/子守絢，事
父母竭力盡忠。次子崇禮，以筭計縣
奇，拔萃得第。/亦善篆隸，模榻皆
能。非為鄉曲後人，抑亦廊廟秘物。
事父之/道，五孝俱全。與朋友交，
三益備矣。時畏千秋萬歲，松栢摧
殘。恐/壟墓丘□變成凡土。故勒銘
營域，恒標不朽之廟；□□雕/文，
常□亡靈之德。/開元十年五月辛丑
朔廿日庚申建。"

著錄：《新中國出土墓誌·陝西［壹］》
119。

附註：誌蓋無文。誌文殘泐甚。

1179 李文幹妻張氏墓銘磚

唐開元十五年（727）三月五日葬

乾刻銘文。正書，6 行，行 8 字，計 48
字。尺寸不詳。

釋文："維大唐開元十五年/歲次丁卯三月
甲戌/朔五日戊寅，定州安/喜縣鮮虞
鄉故人李/文幹妻張，殯在石橋/西南
一里，故為銘記。"

著錄：《雪堂專錄·專誌徵存》13 葉；
《唐代墓誌彙編》1331 頁；《中國磚
銘》圖版 1079。

附註：定州安喜縣治所在今河北定縣。

1180 曹元則神柩磚

唐開元十五年（727）八月一日

1979 年江蘇丹陽縣大泊公眾山出土。

乾刻銘文。正書，3 行，行存字不等，計
存 18 字。32.8×16cm。

釋文："維唐開元十五年/八月一日，曹元
則之/神柩□。"

著錄：劉興、劉建國《記丹陽大泊發現的
唐宋磚誌》（《文物資料叢刊》7 集，
1983 年）。

1181 毌丘令恭墓記磚

唐開元十八年（730）十月十日卒

1956 年陝西西安西郊出土，藏西安碑林博
物館。

乾刻銘文。正書，3 行，行 5 至 7 字不等，
計 18 字。35×35cm。

釋文："開元十八年十月/十日，毌丘令恭
/亡。卜於此殯。"

著錄：《中國磚銘》圖版 1081；《新中國
出土墓誌·陝西》94。

1182 □寶□殘墓記磚

唐開元十八年（730）十（下缺）

1979 年江蘇丹陽縣大泊公衆山出土。

乾刻銘文。正書，4 行，行存字不等，計
存 20 字。磚下半殘缺。18×14cm。

釋文：“開元十八年十……/日，潤州曲阿
縣……/永福里沒故……/寶□記。”

著錄：劉興、劉建國《記丹陽大泊發現的
唐宋磚誌》（《文物資料叢刊》7 集，
1983 年）。

1183 駱湜墓銘磚

唐開元二十二年（734）九月

河南洛陽出土。

乾刻銘文。兩面刻，正書，2 行，行 3 字，
計 6 字。有方界格。35×17cm。

釋文：“會稽郡/駱湜銘。”

附註：顧燮光《古誌新目初編》云此磚兩
面刻，一面有年款。此本失揭。

1184 裴夫人元氏墓銘磚

唐開元二十六年（738）九月十一日

溧陽端方舊藏。

乾刻銘文。正書，6 行，行 6 字，計 33
字。29×29cm。

釋文：“大唐京兆府好/畤縣尉裴故夫/人
河南元氏權/殯墓銘。開元廿/六年九
月十一/日掩坎。”

著錄：《陶齋藏石記》卷 23/13；《雪堂專
錄·專誌徵存》13 葉；《俟堂專文雜
集》158 頁；《唐代墓誌彙編》1481
頁；《中國磚銘》圖版 1083。

1185 韋必復墓誌磚

唐開元二十七年（739）五月二十一日卒

溧陽端方舊藏。

乾刻銘文。正書，5 行，行字不等，計 36
字。33.5×33.5cm。

釋文：“韋必復，字安和。/高祖彭城公，
曾祖/台州刺史，祖巴陵縣/令，父未
仕。開元廿七年/五月廿一日終。”

著錄：《陶齋藏石記》卷 23/13；《雪堂專
錄·專誌徵存》10 葉；《隋唐五代墓
誌彙編·北京大學卷》冊 1/142 頁；
《唐代墓誌彙編》1492 頁。

1186 楊大娘墓記磚

唐開元廿八年（740）六月廿四日葬

1955 年陝西西安東郊韓森寨出土，藏西安
碑林博物館。

乾刻銘文。正書，3 行，行 3 至 6 字不等，
計 14 字。15.5×14.5cm。

釋文：“開元廿八年/六月廿四日。殯/楊
大娘。”

著錄：《新中國出土墓誌·陝西［貳］》
102。

1187 維唐開等字殘墓記磚

唐開元（713～741）

1979 年江蘇丹陽縣大泊公衆山出土。

乾刻銘文。正書，存 1 行 3 字。磚存右上
角。尺寸不詳。

釋文：“維唐開”

著錄：劉興、劉建國《記丹陽大泊發現的
唐宋磚誌》（《文物資料叢刊》7 集，
1983 年）。

1188 張子文及妻沈氏墓誌磚

唐天寶二年（743）八月十八日葬

1977 年江蘇吳縣姚橋頭出土，藏吳縣文管
會。

乾刻銘文。正書，7 行，行字不等，計 45

字。31×32×6.5cm。

釋文："唐故張府君及/妻沈夫人墓誌。/府君諱子文,吳/郡人,夫人吳興/人。以天寶二年八月十/八日,歸拎先塋,禮也。/有子四人。"

著錄:江蘇省吳縣文管會《江蘇吳縣姚橋頭唐墓》(《文物》1987年8期)。

1189　張友用造像磚

唐天寶五年(746)十月廿八日造

沔陽陸和九舊藏。

乾刻銘文。三面刻,正書,16行,行字不等,計34字。寬面37×12.5cm;窄面37×9cm。

釋文："天寶/五載十/月廿八日,/張友用/為患/敬造/救苦/觀適(世)/音菩/薩一/軀。/妻吳、/男京/□合/家供/養。"

附註:收藏者於磚側刻題款"陸和玖藏"。

1190　大唐舍利塔碑

寶意樹撰,寶意林鐫

唐天寶六年(747)二月十五日造

1987年甘肅天水市陳家莊出土,現藏天水市博物館。

乾刻銘文。磚質碑,額篆書,3行,行2字,計6字;銘正書,碑陽、側、陰共19行,行17字,計256字。碑身28×15.7×6cm。

釋文:額:"大唐/舍利/之碑。"

　　　銘:"大唐舍利塔之碑。/竊聞大雄猛建,威震萬方,動達三輪,影透塵/沙之剎,擊持法鼓,孔列娑婆,湛寂皎而圓明,/正辯虛融之海,瑩摩尼體照落,三禪結集,龍華/示現,涅槃之積。今有遺形舍利,建塔鎮拎

唐/邽川,此伽藍所奉為天寶,聖文神武皇/帝是以今輪定國,遠播天門。邊境停戈,戎夷/乏戟,莫由我皇王有感,月愛再弘,皆是我/大師道成。秘瑩楞嚴,精藏常持,舍利廣演,禪/河凝定,水而通光,喜賀綱漫之相,金蜂預樓/瑞應,喜巢大法之原,辯憶三乘,混合無爲/之道,契真冥應,三昧虛玄,菩提大宗,勿惻/其虔,今已堅身增万,可表幽玄,鐫碑會文,/勒名傳記。/天寶六載歲次丁亥二月丁未十五日辛酉,/永安寺比丘海印敬造。/出家弟子真淨,/修文弟子寶意樹,/鐫碑弟子寶意林。"

著錄:莎柳《甘肅天水市發現唐代永安寺舍利塔地宮》(《考古與文物》1992年3期)

附註:磚碑有碑首、碑身、龜趺座。此本額失拓

1191　弘簡神柩磚

唐天寶六年(747)二月十(下缺)

1979年江蘇丹陽縣大泊公衆山出土。

乾刻銘文。正書,2行,計存14字。磚下半殘缺。23.6×14cm。

釋文:"維唐天(漏刻"寶"字)六載二月十/州鄉弘簡神柩。"

著錄:劉興、劉建國《記丹陽大泊發現的唐宋磚誌》(《文物資料叢刊》7集,1983年)。

1192　天寶六年殘墓記磚

唐天寶六年(747)

1979年江蘇丹陽縣大泊公衆山出土。

乾刻銘文。正書,存2行,計存5字。僅存碎塊。尺寸不詳。

釋文："天寶六/辰朔"

著錄：劉興、劉建國《記丹陽大泊發現的唐宋磚志》（《文物資料叢刊》7 集，1983 年）。

1193　陸萬昭墓記磚

唐天寶六年（747）葬

乾刻銘文。正書，3 行，行 9 字，計 27 字。尺寸不詳。

釋文："大唐天寶六載，吳郡□/山縣道泰鄉陸萬昭，□/玄翠，亡。殯瘞在此，故記。"

著錄：《中國磚銘》圖版 1087。

1194　侯懷慎妻許氏墓誌磚

唐天寶七年（748）六月七日葬

1976 年江蘇蘇州出土。

乾刻銘文。正書，6 行，行 12 字，計 78 字。30.5×15.5cm。

釋文："大唐吳郡侯懷慎妻許夫人墓/誌。□□夫人□同□故，春秋六十有二，/以天寶七載五月廿四日染疾終于/舊宅崇仁坊内。即以其載六月七/日葬于宅後北城壐，禮也。有子/文進、文達等，恐陵谷變遷，□□。"

著錄：朱薇君《蘇州平門城牆唐墓的清理》（《文物資料叢刊》6 集，1982 年）。

1195　奚賓墓誌磚

唐天寶十年（751）十二月十七日葬

乾刻銘文。正書，10 行，行 10 字，計 99 字。有方界格。尺寸不詳。

釋文："唐故奚府君墓誌。府君諱/賓，字嘉貞，先彭城人也。父/師敬。季子。天寶十載歲次/辛卯五月癸未朔十四

日/景申，遘疾終于私第，春秋/載七十二歲。其載十二月/十七日，窆歸匠門東七里/大塋之域。有子待昭、待暉。/痛結風拔，哀纏逝水，恐陵/谷遷毀，故勒紀以旌墳。"

著錄：《中國磚銘》圖版 1089。

1196　陳氏夫人墓記磚

唐天寶十四年（755）四月十九日

河南洛陽出土。

乾刻銘文。正書，4 行，行 4、5 字不等，計 18 字。34×34.5cm。

釋文："天寶十四載/四月十九日，/□□陳氏/□□夫人。"

著錄：《北京圖書館藏墓誌拓片目錄》243 頁；《北京大學圖書館藏金石拓片草目》卷 3/499。

1197　裴裕墓誌磚

唐天寶十四年（755）十一月廿一日葬。

1949 年以後河南通許縣出土，藏通許縣文化館。

乾刻銘文。正書，6 行，行 6、7 字不等；額橫題 1 行 8 字，共計 42 字。33×33×4cm。

釋文：額："大唐故裴府君墓誌。"

文："故譙郡鄲縣令/裴府君，天寶十/四載十一月廿一/日，權殯于陳留/縣慕義鄉裴氏/里，儀也。"

著錄：《新中國出土墓誌·河南［貳］》79。

附註：裴府君名諱據同墓出土石質《裴裕墓誌》補，參見《新中國出土墓誌·河南［貳］》80。

1198　柳君妻和氏墓誌磚

唐大曆八年（773）十二月二日葬。

1976 年江蘇蘇州出土。

乾刻銘文。正書，8 行，行 8 字。計 59
　　字。30×30cm。

釋文："朝議郎前歙州歙縣/令柳公/亡夫
　　人汝南和氏，大/曆八年歲次癸丑十/
　　二月辛未朔二日壬/申，權殯於蘇州
　　長洲/縣大雲鄉崇仁里梁/庭昭地內，
　　故此銘誌。"

著錄：朱薇君《蘇州平門城牆唐墓的清
　　理》（《文物資料叢刊》6 集，1982
　　年）；《中國磚銘》圖版 1091。

1199　賈瑜墓誌磚

唐貞元七年（791）七月二日葬

1986 年江蘇揚州念泗橋新莊出土，藏揚州
　　博物館。

乾刻銘文。蓋正書，2 行，計 6 字；誌正
　　書，14 行，行 17 字左右，計 233 字。
　　35×34cm。

釋文：蓋："賈府君/墓誌銘。"（失拓）

　　　誌："唐故前試左武衛兵曹參軍賈
　　府君墓/誌銘並序。/君諱瑜，其先蒲
　　州人也。因官而遷，今即貫為/蔡州
　　汝陽縣人焉。祖諱鍊，父諱汕，並軒
　　冕不絕，略/而言之。君即汕公之嗣
　　子也。衣冠令望，禮義名家，/立身
　　有廉讓之風，在公門清直之舉，然有
　　君子/之量，於戲！天道何欺，陟我
　　賢哲，忽沉遘疾，歆/諜無徵，已
　　（以）貞元七年六月十九日，終于揚
　　州江都/縣贊賢坊之私舍，享年五十
　　九。有子二人：長/孝元，次孝光。
　　並皆孤幼，泣血主喪，哀致□□，/
　　即於其年七月二日權厝於縣城西馴翟

坊之□/原，恐陵谷推遷，桑田改變，
故刊貞誌，永託孤墳。銘曰：/仁者
必壽，徒能見□，如何斯人，不享期
□。/嫠妻慟哭，幼子號悲，一閉泉
戶，千古長□。"

著錄：《隋唐五代墓誌彙編·江蘇卷》冊
　　1/56 頁；李則斌《揚州新近出土的一
　　批唐代文物》（《考古》1995 年 2
　　期）；《唐代墓誌彙編續集》747 頁。

1200　王巨川妻□氏墓誌磚

唐貞元七年（791）八月二十一日葬

1991 年江蘇泰州市西郊出土，藏泰州市博
　　物館。

乾刻銘文。正書，16 行，行 20 字左右，
　　計 259 字。33.5×33.8cm。

釋文："大唐前國子監□□王巨川夫人高
　　陽公孫女/墓誌銘並序。/□□□□
　　□，河東高陽人也。曾祖武□，皇/
　　□□□□□蔚州刺史；祖□□太原府
　　□ 馬 □/□□□□ 府兵曹參軍，
　　□□□□□ 長女也。□/□□ 惠，稟
　　性賢明，言□□□□□，□/
　　于瑯琊王巨川，溫恭婦德，
　　□□□□□□，/□ 昭厥美，可
　　謂士林之□□也。以貞元七年八月/
　　寢疾，針藥屢進，有加□□，未愈浹
　　辰，彌留大/漸，至十三日，終於海
　　陵縣私第□□，年卅二。其月/二十
　　一日權窆於縣西宜陵鄉白□□，禮
　　也。王君以□/有懿親之故，見託斯
　　文。銘曰：/令儀令□，如珪如璋，
　　敦詩□□，□□□□□，爰/自初筓，
　　歸於王氏，王饋□□，不□□□，
　　□□/桃杏，夏□□霜，□□□□□
　　□□ 東附/□□□□□□□□□□□□

210

于此。"

著錄:《隋唐五代墓誌彙編·江蘇卷》冊
　　1/57 頁；《唐代墓誌彙編續集》749
　　頁。

1201　張清源妻何氏墓誌磚

唐元和五年（810）九月十二日

乾刻銘文。正書，6 行，行字不等，計 51
　　字。有豎界欄。尺寸不詳。

釋文："唐清河郡張處士諱清源/故妻盧江
　　郡何氏夫人之/墓讚。/嗚呼夫人，猒
　　（厭）世歸真，/身遺此地，梵宇栖
　　神。/元和五年庚寅歲戊戌月己酉
　　日。"

著錄:《中國磚銘》圖版 1092。

1202　喬進臣買地券磚

唐元和九年（814）九月二十七日

河北涿縣出土。

乾刻銘文。正書，左行，11 行，行字不
　　等，計 116 字。有豎界欄。32 ×
　　29cm。

釋文:"元和九年九月廿七日，喬進臣買/
　　德地一段。東至東海，西至山，南至
　　/釖谷，北至長城。用錢九十九千九/
　　百九文。其錢交付訖，其地更不得忏
　　/恪，如有忏恪，打你九千，使你作
　　奴婢，/上至天，下至皇泉。保人張
　　堅故，/保人管公明，/保人東方
　　朔，/見人李定度。/涿州范陽縣向陽
　　鄉永樂村郭義理/南二里人喬進臣
　　牒。"

著錄:《雪堂專錄·地券徵存》3 頁；《北
　　京大學圖書館藏金石拓片草目》卷 3/
　　600;《北京圖書館藏中國歷代石刻拓
　　本彙編》冊 29/90 頁。

1203　賈君墓誌磚

唐元和十二年（817）八月廿七日記

1954 年陝西西安出土，藏西安碑林博物
　　館。

濕刻銘文。正書，14 行，行 15 至 25 字不
　　等，計 312 字。有豎界欄。33 ×
　　33cm。

釋文:"賈府君墓誌。本居堉土涼州武威
　　郡也。/上祖先宗，久任高職，獻輔
　　忠勳。近代堂伯諱身，久居卿相。是
　　/百代之玄孫，以至苗裔不絕。□□
　　者德，為將者師。烈名扵訟堂/之前，
　　形畫以在功臣之閣。溫父久處庫司，
　　知密要之德。父□/薨亡，溫等不孝
　　罪逆，殃釁尤深，不勝屠楚。男有二
　　人，並/皆年幼，未辯東西。蒙兄孤
　　養，並不闕違。親老尊年，媚瑟/守
　　志卅餘年。所生一女，猶未成人。礼
　　聘党氏為妻，以經卅載矣。夫又/逝
　　亡，莫知號訴。二弟孝心，每供衣
　　食。溫等何期兄忽染微患，/寢臥數
　　旬，藥餌重醫，漸加無効。年壽春秋
　　卅有九，今月七日，/以終永興之里
　　也。嫂龐氏，為妻以經數載，福淺殃
　　深，禍延夫喪。/其年卜兆，剋用八
　　月廿七日，殯于萬年縣界滻川之鄉
　　原，礼也。/外生（甥）党寓等，少
　　失父蔭，闕恃養親，每蒙舅氏嚴
　　訓，/教習典章。寓等殃深福淺，禍
　　延舅氏。寓等恐海山代易，/人變煙，
　　故勒名焉，永記遐耳。元和十二年丁
　　酉歲八月廿七日記。"

著錄:《新中國出土墓誌·陝西［貳］》
　　218。

211

1204 張君妻呂氏墓誌磚

唐元和十二年（817）九月十七日記

1954 年陝西西安出土，藏西安碑林博物館。

濕刻銘文。蓋篆書，3 行，行 3 字，計 9 字；誌正書，14 行，行 16 至 24 字不等，計 287 字。有豎界欄。31.5 × 31.5cm。

釋文：蓋："大唐故/呂氏夫/人墓誌。"

誌："夫人呂氏墓誌。本居塪土蒲州河中郡也。/上祖先宗，是太后之苗裔。子孫百代，以至迄于玄孫之女，礼聘/張氏為妻，以經卅餘載。自處治家，共同榮恥。身有晉賢之德，/深有昇堂之謀。安撫治家，無有愛憎之語；天殃禍至，忽/染微患之疾。寢屙在數旬之內，藥餌重醫，漸加無/効。年壽春秋五十有三，去七月九日，以終永興之里也。/嗣子五人。有才等不孝，罪逆殃尤深，不自死滅，上延（脫母字）亡。其年/卜兆，歲遇大通。剋用九月十七日，以祔先塋之礼也。男有五/人。有才等生居年幼，長未成人。每蒙鞠養，訓誨礼儀。未有/孝行之恩，何圖奄棄，以經窀穸。新婦二人，陳氏、李氏。/久事以扡嚴姑，每懃敬扡節婦。孝心未展，獻未懃。忽/奄凶衰，痛當心髓。哀子有才等，恐海山代易，人變煙塵，/故勒名焉，永記遐耳。金石揚名，万古不朽。/元和十二年丁酉歲九月十七日記之後代。"

著錄：《新中國出土墓誌·陝西［貳］》219。

1205 □府君墓誌磚

唐元和十二年（817）十一月廿二日葬

1972 年江蘇鎮江出土，藏鎮江博物館。

乾刻銘文。正書，13 行，行 16 字左右，計 182 字。36×36cm。

釋文："唐故□府君墓誌銘並序。/府君□□，其先□□人也。晉室南遷，/今為潤州□□人矣。曾祖諱□，祖諱□，父諱/□，府君皆高道丘園，不□宦。府君少/而知礼，長而恭謙，居家治理，鄉黨稱弟，/交遊稱信。奈何天不与壽，嗚呼！以元和十二年/十月廿八日遘疾，終于朱方之私第，享年/五十有四。嗣一人：泰常。皆棘心居桑，各全志性，/悲不越礼，哭無常聲，嗚呼！以元和十/二年十一月廿二日，葬于阿育王山東北原，礼也。/恐陵谷變移，故刊貞石。銘曰：/百藥不救，金風始秋，月照長夜，/泉悲隴頭。"

著錄：《隋唐五代墓誌彙編·江蘇卷》冊 1/73 頁；《唐代墓誌彙編續集》851 頁。

1206 沈氏二□墓記磚

唐元和十二年（817）十二月廿七日葬

1986 年浙江象山縣南田島樊嶴村出土。

乾刻銘文。正書，5 行，計 49 字。32×15.5×5.5cm。

釋文："維大唐元和十二年歲次丁酉十二月丙辰朔廿七日壬午，臺州寧海縣依仁□萬歲里邞下郡沈氏二□墓南田山景向，墳記。"

著錄：符永才、顧章《浙江南田海島發現唐宋遺物》（《考古》1990 年 11 期）。

1207 周球妻張氏墓誌磚

唐元和十四年（819）十月一日葬

乾刻銘文。正書，9 行，行 13 字左右，計
105 字。32.5×31cm。

釋文："唐周球故妻張夫人墓誌銘並序。/
夫人清河人也。父悅，夫人悅之幼女
/也，春秋六十有八，時元和十四年/
四月廿四終于私舍。以其年/十月一
日窆于依仁鄉甫里村周氏/宅地□塋，
礼也。有子澄，叩地泣血，恐/陵谷
改移，刻塼于号。銘曰：/寂寂高堂，
寥寥泉戶，/月照長松，千秋万古。"

著錄：《唐代墓誌彙編》2043 頁。

1208 李進興墓誌磚

唐長慶四年（824）四月三日葬

1976 年江蘇鎮江京峴山出土，藏鎮江博物
館。

乾刻銘文。正書，15 行，行 13 至 14 字，
可辨 185 字。36×36cm。

釋文："唐□江西□處置使左隨身李府/
君墓誌銘並序。/君諱進興，其先隴
西人也，今因皇/晉東居，枝蘖分散
江左。父玉，並以稟/德懷仁，內光
不耀。府君即之子也，幼/□聰敏，
事上盡忠，清□之志。何期天/□不
□，以長慶四年三月十二日，終于/
□方鄉之私第，春秋五十有六。娶于
/□□，有女六人。長女四娘，適董
氏。次女/二娘、七娘、八娘、九
娘、十娘哀慕泣血，卜/□宅兆，以
其年四月三日，窆于/□州京峴山西
鄉原，礼也。恐山谷遷變，/乃為銘
曰：/□□兮西沉，松柏兮林林，鳥
啼兮嗚咽，/□□兮□□。"

著錄：鎮江博物館《江蘇鎮江唐墓》

（《考古》1985 年 2 期）；《隋唐五代
墓誌彙編·江蘇卷》冊 1/77 頁。

1209 沈朝墓誌磚

胡不干撰，左仇書並刻

唐寶曆元年（825）八月十日葬

清光緒間浙江上虞出土，歸上虞丁氏。

乾刻銘文。正書，19 行，行 20 餘字，計
363 字。有竪界欄。37×36cm。

釋文："唐故吳興沈府墓誌銘並序。進士
胡不干撰。/□居大隱澤立□賢□□
居士，浪跡逸民，今我吳興/沈君，
跡躅斯哲也。公諱朝，字憲忠。父
玖，祖敬，□溪人也。/世傳儒素，
華以潤身，頃田避世，卜居上虞，代
曆星/霜，存沒榮曜，莫之能紀也。
公唯不仕，志隱旗亭，不趨/非類，
習古風淳素，□開通世財，以益其業
也。公以/天期不永，梁木俄摧，嬰
以沉痼，逾月不瘳，以寶曆/元年六
月十七日終於私第，春秋六十有三。
有子一人，/名曰良，遇杜魯之服，
習先典之書，威儀堂堂，藝在人
上。/女有四人，並有歸矣。公□□
淑，男有柴泣，女慕娥號，/夫人張
氏，執喪書，哭□□盡哀，執謂礼有
奪情，喪/有易祭，擇先吉日，□葬
叶從。以其年八月十日，窆於寶/泉
□□前子之村，□也。嗚呼！人之云
亡，不可□矣，歲月/推遷，難以記
矣，刊石勒銘，迺為詞曰：/寶泉瀝
瀝長流泉，清竹敹敹兮長噴煙，風桱
泉竹聲濺濺，/不休不息常蓊然，府
君□寢沈茲埂，日來月往年復年。/
巨唐寶曆元年歲次乙巳八月辛丑朔十
日庚戌建/立，茲銘故記。使主元，

213

邑宰張。/前詫左內率府兵曹參軍左
仇書並勒字。"

著錄：《蒿里遺文目錄三上·專誌徵存目
錄上》7葉；《北京圖書館藏中國歷
代石刻拓本彙編》冊30/54頁；《隋
唐五代墓誌彙編·北京大學卷》冊2/
81頁。

1210　薛夫人墓誌磚

唐太和元年（827）十月六日葬

清光緒末年江蘇武進陽湖南鄉出土。

乾刻銘文。正書，存8行，行字不等，計
存75字。有豎界欄，磚存上半。
30.3×18.5cm。

釋文："皇唐歲次丁未，/大和元年十月己
丑六日甲午日正。/常州晉陵縣萬春
鄉/亭山里下蒲村西五里青山彎，/夫
人薛氏戊申土墓一所。/東去山七十
步，南去湖二百步，/□□山一百步，
北去山卅步。/……庚首之墳/……"

著錄：《藝風堂金石文字目》卷18/14；
《江蘇金石志》卷5/30。

1211　吳天成造像磚

唐太和元年（827）

乾刻銘文。正書，3行，行3至6字不等，
計14字。尺寸不詳。

釋文："大唐太和元年，/吳天成敬造/佛
一區。"

著錄：《中國磚銘》圖版1094。

1212　陳琳墓誌磚

唐太和四年（830）十一月十二日葬

1978年上海市郊上海縣諸翟鄉出土。

乾刻銘文。正書，存7行，計存83字。
有豎界欄，磚存上半。42×23×

3.5cm。

釋文："唐故陳府君墓誌銘並序。/府君諱
琳，潁川人也。故祖諱□，/父諱沛。
維府君溫良志性，清□□/窺名利。
道迹丘園，何期積善無/微，降鍾斯
禍，年六十一。以大和四/年九月六
日命終，至十一月十二日/□□妻施
氏同遷葬于……"

著錄：上海博物館《上海市郊上海縣唐
墓》（《考古》1984年7期）。

1213　陳琳妻施小光墓誌磚

唐太和四年（830）十一月十二日葬

1978年上海市郊上海縣諸翟鄉出土。

乾刻銘文。正書，14行，行字不等，計
145字。有豎界欄。36.5×39×3cm。

釋文："唐故施氏夫人墓誌並序。/夫人吳
郡（漏刻"人"字）也。故人諱小
光。適陳/氏之門，維夫人雍雍和睦，
四德無/虧，年六十一，以大和四年
十月十五/日壽終，至十一月十二日
遷奉合葬/蘇州華亭縣北七十里北平
鄉□/野浦北二里東□江，計一百步
□營，/礼也。有一子，少真，哀號
擗踊，泣/血三年，恐後續墓遷移，
故/以鐫塼□為銘記。/詞曰：□兮夫
人，魂兮有/□，忽然□疾，淹至沉/
淪，□□□□，永閟泉/門。"

著錄：上海博物館《上海市郊上海縣唐
墓》（《考古》1984年7期）。

附註：陳琳夫婦墓誌磚同時出土。

1214　聚慶墓誌磚

諸葛罕撰

唐太和六年（832）十月二十六日葬

清道光19年浙江嘉興出土，張廷濟、端

方舊藏。

乾刻銘文。正書，12 行，行字不等，計197 字。有豎界欄。32.5×32cm。

釋文："唐故栞府君墓誌銘並序。諸葛罕撰。/府君諱慶，字文悅，馮翊人也。大和六年青龍在壬/子九月十七日，終蘇州嘉興縣進思鄉私舍，春秋/五十。祖疑，曾祖瑤，父達，家諜具述，不書也。公即達/長子也。志操孤峙，孝友無先，雖不夢奠之/徵，忽生鞋履之別。娶陸氏，有子二人：長药，次允/孚。女一人。偕血泣枢左，扶庋問於筮兆，當年十/月廿六日封當縣南甘露鄉崇福里祖墳，禮/也。恐煙峯及巨溟變改，請文勒石。詞曰：/悲鴻驚月啼霜天，寒雲長夜斗牛懸。/嗣子哀號望不返，令問遺風光萬年。/佳城虎踞龍左盤，刊文勒銘金石堅。"

著錄：《陶齋藏石記》卷 31/16；《蒿里遺文目錄三上・專誌徵存目錄上》7 葉；《北京圖書館藏中國歷代石刻拓本彙編》冊 30/129 頁；《北京圖書館藏墓誌拓片目錄》280 頁；《隋唐五代墓誌彙編・北京大學卷》冊 2/94 頁；《唐代墓誌彙編》2133 頁；《中國磚銘》圖版 1097。

1215　陳公贊墓誌磚

唐太和六年（832）十二月十四日葬

1982 年江蘇昆山縣綽墩出土。

乾刻銘文。正書，13 行，行 14 字，計 156字。31×31cm。

釋文："唐故陳府君墓誌銘並序。/曾祖思義。祖慎。父論。/君諱公贊，潁川郡人也。君即父之稚/子，以大和六

年歲次壬子九月三日，/終於私第，春秋五十有五。以其年十/二月十四日，窆于崑山縣西，大墓內/建塋，礼也。娶天水郡庄氏，皇試率/府兵曹參軍鴻之次女也，不幸先逝，/与府君合祔為一墳。有子仲昌，恐陵/谷改移，乃刊磚記。詞曰：/夭桃貞淳，承家克勤，婦道備具，/母儀自新。如何旻蒼，殲我吉人，/長辭白日，永墜黃塵。"

著錄：陳兆弘《昆山綽墩出土唐代磚刻墓誌》（《文博通訊》1982 年 4 期）；《中國磚銘》圖版 1095。

1216　許君妻王氏墓誌磚

唐會昌元年（841）八月二十九日葬

1983 年江蘇鎮江李家大山出土，藏鎮江博物館。

乾刻銘文。正書，11 行，行 10 餘字不等，計 140 字。37×37cm。

釋文："唐故王夫人墓誌銘並序。/夫人其先瑯琊郡人也，□□南遷，今為/潤州丹徒縣人。父諱起，夫人即起/之女也。夫人三從四德，□□有義，及笄/之年，歸于許氏。嗚呼！于會昌元年八/月十日，終于朱方私第，享年卅一。有/男一人，名曰朱婆。女一人，小珠。以其當月廿九/日，窆于阿育王山西北原，礼也。恐山谷變移，/故刻磚，乃為銘曰：/泉燈夜明，愁雲朝結，/兒女號泣，具聲垂血。"

著錄：鎮江博物館《江蘇鎮江唐墓》（《考古》1985 年 2 期）；《隋唐五代墓誌彙編・江蘇卷》冊 1/92 頁；《唐代墓誌彙編續集》944 頁。

1217　王叔寧妻弘氏墓誌磚

唐會昌六年（846）十月二十八日葬

1980 年江蘇鎮江陽彭山出土，藏鎮江博物館。

乾刻銘文。行書，13 行，行 16、17 字不等，計 189 字。37×37cm。

釋文："唐王公故弘夫人墓誌銘並序。/夫人其先晉陵人也，軒轅之後，遂即東遷，/枝蘖分散江左。/父昇，並以累德懷仁，夫人即之女也。幼奉内/則，既以笄年納綵，歸于王氏叔寧之君子/也。夫人雍雍睦睦，敬事姑舅，六親宗仰。何/期積善無徵，以會昌六年十月十日，終于私/第，春秋六十有五。有子二人：長曰志皋，次/曰建初。女二人，不幸夭喪。志皋等哀泣無時，/以其月廿八日，窆于潤州丹徒縣万春鄉寶/盖山南原，礼也。恐山谷遷易，乃為銘曰：/夫人之德，絕衆賢明，式遵礼教，/肅穆姻情，何記久遠，刻石為銘。"

著錄：鎮江博物館《江蘇鎮江唐墓》（《考古》1985 年 2 期）；《隋唐五代墓誌彙編·江蘇卷》冊 1/95 頁；《唐代墓誌彙編續集》962 頁。

1218　王君妻于令淑夫人墓誌磚

田暢立

唐大中元年（847）三月十三日葬

1972 年江蘇鎮江李家大山出土，藏鎮江博物館。

乾刻銘文。蓋篆書，3 行，行 3 字，計 9 字；誌正書，14 行，行 20 字左右，計 242 字。36.5×37cm。

釋文：蓋："唐故于/夫人墓/誌之銘。"

誌："唐故王府君于夫人墓誌銘並序。/前江西左押衙銀青光祿大夫檢校太子賓客上柱國田暢立。/夫人令淑，其先汝南郡人也。軒轅皇帝遂即東/居，枝蘖分散江左，今略而不書。/夫人幼奉内則，既以笄年納綵，歸于瑯琊王氏君/子也。夫人溫柔立性，禮質有容，齊眉□□，婦道可/見，□明親族，何期龍劍先沉，孤鸞獨處，守節貞/□，□誦大乘。嗚呼，積善無徵，以大中元年龍集丁卯/之歲二月丁卯朔三十日丙申，俄同大夢，終于朱方，春/秋九十有二。以其年三月十三日窆于潤州丹徒縣/万春鄉蒜山之東南原，禮也。暢慮山谷遷易，乃/□□誌為銘。人代不朽，以紀幽□。其詞曰：/森森浮生，茫茫大夜，緣會別□。/□□□□，□□為塋，千載不朽。"

著錄：鎮江博物館《江蘇鎮江唐墓》（《考古》1985 年 2 期）；《隋唐五代墓誌彙編·江蘇卷》冊 1/96 頁；《唐代墓誌彙編續集》970 頁；《中國磚銘》圖版 1098（蓋）、1099（誌）。

1219　劉元簡為父買地券磚

唐大中元年（847）八月二十一日

涇陽端方舊藏。

乾刻銘文。正書，9 行，行字不等，計 156 字。磚缺左上角。37.5×21.3cm。

釋文："維大中元年歲次丁卯八月甲午朔廿一日甲寅，□□/劉元簡為亡考押□□□□□於定州安喜縣□/虞鄉暉同村於百姓喬元□□用錢伍拾伍貫文，買地/壹段，壹拾畝，充永業墓地。東自□□□吳侍御墓，/南自至，北自至，賣地領錢/人喬元，人□□

□閣如岳。/東至青龍，西至白虎，南至朱雀，北至玄武，上至青天，/□□□泉。□□劉□□有居者，遠□萬里，石券分明。/（缺）知見人歲月主者一定，以後主人大富□。"

著錄：《陶齋藏石記》卷33/1；《雪堂專錄·地券徵存》4葉；《北京圖書館藏中國歷代石刻拓本彙編》冊32/11頁。

附註：定州安喜縣治所在今河北定縣。

1220 顧崇倩墓誌磚

唐大中元年（847）十一月二十三日葬

清光緒初年江蘇常熟出土，瞿氏舊藏。

乾刻銘文。正書，兩面刻，正面4行，行8字；背面11行，行17字，共計存203字。有豎界欄。均35×29cm。

釋文：正面："唐處士顧滇府君墓/誌。大中元年十一月廿三日，葬官塘南一百五/十步。故題号。"

背面："唐故顧府君墓誌 銘並序。/府君諱崇倩，字元緒，吳郡人也。祖欽□□/父□□，崇倩即第四長子也。並丘園養性， 隱 /居不仕，享年八十有三。以大中元年歲次丁/卯十月十八日，終于私弟。是歲十一月上旬□日，/窆于常熟縣東廿一里官塘南一百五十步/之原，礼也。有子三人。長曰仕澄，嗚呼！先折，有/口傳之。次曰仕淮，見存泣血。次曰仕涓，早亡。恐陵/谷改變，□勒塼為記。銘曰：/□天清貞，夜臺寂寂，鬱鬱佳城，恐風析析。/天乎不惠，俄然謝世，長閉佳城，永辭人代。"

著錄：《蒿里遺文目錄三上·專誌徵存目錄上》7葉；《北京圖書館藏中國歷代石刻拓本彙編》冊32/19頁；《隋唐五代墓誌彙編·江蘇卷》冊1/98頁；《唐代墓誌彙編續集》977頁。

1221 閭君妻萬氏墓誌磚

唐大中六年（852）十二月二十四日葬

江蘇儀徵出土。

乾刻銘文。蓋正書，2行，行3字，計6字；誌正書，11行，行12字，計118字。33×33cm。

釋文：蓋："萬氏夫/人墓誌。"

誌："故萬夫人墓誌。/有唐大中六年龍集壬申十二/月十三日，豫章郡萬夫人終于/揚州江都來鳳之里，年卅九。爰自/笄年歸于閭室之室，育三男/一女，長子公慶、次曰公閔、幼曰/公聞。卜其宅兆，即以當月廿四/日，窆于揚子縣界江濱鄉白社/村。其地東西十丈，南北十五丈。/刻字于墓，庶乎後迷，萬古千/秋，永為後記。"

著錄：《江蘇金石志》卷6/18；《北京圖書館藏中國歷代石刻拓本彙編》冊32/83頁；《隋唐五代墓誌彙編·北京卷》冊2/107頁；《唐代墓誌彙編》2304頁。

1222 陳君妻荀氏墓誌磚

唐大中八年（854）四月十六日葬

1982年江蘇鎮江李家大山出土，藏鎮江博物館。

乾刻銘文。正書，12行，行14字左右，計164字。37×37cm。

釋文："唐陳公故荀氏夫人墓誌銘並序。/

夫人苟氏，其先潁川郡人也，自晉/南渡，居于潤州丹徒縣人。父諱/顒，效職轅門。夫人三從有節，四德/無虧，聞於鄉間，以大中八年三月十一日終/于私第，春秋四十有六。有子一人，曰仲/文，女一人，在室。□哀毀泣血，親姻□/歎，憐□傷嗟。□以其年四月十六日窆/于當州郭西萬春鄉阿育王山西南原，/禮也。恐山谷改移，故刻塼記。銘曰：/嗟乎夫人，四德備身，泉門永閟，/青松是鄰，勒銘□□，万古長存。"

著錄：鎮江博物館《江蘇鎮江唐墓》（《考古》1985 年 2 期）；《隋唐五代墓誌彙編·江蘇卷》冊 1/102 頁；《唐代墓誌彙編續集》998 頁。

1223　顔幼明墓誌磚

唐咸通七年（866）十一月十四日葬

乾刻銘文。正書，15 行，行 15 至 18 字不等，計 239 字。尺寸不詳。

釋文："唐故顔府君墓誌銘並序。/府君諱幼明，字少儒，其先瑯琊人也。軒冕/苗流，古今著姓。高祖謀道，皇前涪州和/州二郡刺史；曾祖昭粒，宋州單父縣令；祖坤，/皇前泉州莆田縣丞；父羨，皇鄉貢進士。府/君即處士之仲子也。君立性溫恭，敦詩悅礼，/春秋八十有二。何圖報施乖謬，寢疾逾旬，/醫巫不瘳，遽至綿惙。咸通七年歲在丙/戌七月廿八日而終。娶扶風馬氏，先公而逝。有/男三人：孟曰震，仲曰紳，季曰師，周在京詞/場舉業，未蒙恩旨，俯叩地號天，無所逮及。/又有女四人。公後娶清河張氏，無嗣胤。旋/以其年十一月

十四日窆于小山東南，与夫/人馬氏同塋，礼也。噫！陵谷悠久更變，愚/與銘曰：/嗚呼府君，行德□聞，刊茲貞礎，万古希存。"

著錄：《中國磚銘》1102 頁。

1224　寶君妻崔氏墓銘磚

唐咸通十三年（872）正月二日

1980 年河南林縣城關鄉出土，藏林縣文化館。

乾刻銘文。正書，5 行，行字不等，計 68 字。33×16cm。

釋文："唐故寶氏崔夫人單窆銘記。/咸通十三年正月二日，相州林慮/嶺西南角，去城七十步，後有道，下/□也。有子三人：長曰佛留，次曰宜郎，/曰述郎；有女二人：長曰相兒，次曰□□，□□。"

著錄：《隋唐五代墓誌彙編·河南卷》冊 1/125 頁；《中國磚銘》1105 頁；《唐代墓誌彙編續集》1101 頁。

1225　證果禪師塔銘磚

唐咸通十四年（873）八月十一日葬

乾刻銘文。正書，5 行，行字不等，計 30 字。30×30cm。

釋文："十宅，/棣王七男第十男，/證果禪師坐亡。/咸通十四年八月十一日/葬。造塔一所。"

1226　孟元簡阿娘墓記磚

唐咸通十五年（874）十二月五日

1955 年陝西西安東郊高樓村出土，藏西安碑林博物館。

乾刻銘文。正書，4 行，行 3 至 5 字不等，計 16 字。15×4.5cm。

釋文："阿娘墳墓。/孟元簡。/咸通十五年/臘月五日。"

著錄：《新中國出土墓誌・陝西［貳］》315。

附註：阿娘是孟元簡妻或女。

1227 楊君妻蘇氏墓誌磚

唐乾符五年（878）九月二十五日葬

1958 年江蘇泰州出土，藏江蘇泰州市博物館。

乾刻銘文。正書，12 行，行 10 餘字不等，計存 124 字。37.5×37.5cm。

釋文："唐故蘇氏墓誌銘並序。/夫人蘇氏，武功郡人也，今為潤/□□德縣人矣。……/夫人婦德有□，□德無虧，□/年歸于楊氏之門。以乾符/五年九月三日終于私第，春/秋五十五。有子二人、女三人，並哀/□泣血。以其年九月廿五日，葬/□□□鄉阿育王山西南原，礼□。/恐山谷改移，故刊塼記，銘曰：/嗟乎夫人，四德備身，/勒銘于紀，万古千春。"

著錄：《隋唐五代墓誌彙編・江蘇卷》冊1/133 頁；《唐代墓誌彙編續集》1133頁。

1228 崔貽孫墓誌磚

崔次為撰

唐廣明元年（880）十一月二十七日葬

1976 年安徽和縣城南公社巢湖大隊出土。

乾刻銘文。正書，17 行，計 228 字。有豎界欄。44×32×3.5cm。

釋文："唐故博陵崔府君墓誌並序。/從叔前湖州參軍次為撰。/君諱貽孫，字擇之。其先炎帝之胤嗣，相/繫卅八世矣。曾祖浩，皇御史中丞。祖溫/望，皇廣南官。父澈，皇長林主簿。/娶清河張憬之女，首尾三年。長林/先不祿。有一子一女，非張氏出矣。府君/年廿有二，因草賊黃巢廣明崴七月但/經此，被捊擄出丁烏江，遭罹其禍。/哀哉！少壯之崴，未展平生，痛哉其命乎！/以其年焚燒赤盡，人未歸焉，權厝荒/野，以當年十一月廿七日葬于和州歷陽縣/招義鄉之源，禮也。遂命略記，其銘/曰：/哀哉少壯，年纔弱冠，未展平生，/遭逢其亂。痛哉昔哉，命之難追，/親知咸哀，血屬腸斷。葬歸北原，/松風是伴。廣明元（漏刻"年"字）十一月廿七雋。"

著錄：葉永相《安徽和縣發現唐代墓誌》（《考古》1989 年 8 期）；《唐代墓誌彙編續集》1142 頁。

附註：首行前刻"尚之"二字，疑是工匠練手試刻。

1229 唐國寺塔磚

唐天復三年（903）十月十九日

1995 年浙江寧波唐國寺東塔出土。

濕刻銘文。正書，3 行，行字不等，計 26字。27.4×14×2.6cm。

釋文："天復叁年十月九日，/特造此場，蓋是時價賣/□片一十六文，價足□。"

著錄：寧波市文物考古研究所《浙江寧波唐國寺東塔遺址發掘報告》（《考古學報》1997 年 1 期）。

1230 張氏墓誌磚

唐（618～907）甲午崴四月廿日葬

1982 年江蘇蘇州吳縣張陵山東山出土。

乾刻銘文。正書，殘存 11 行，行存 21 至 23 字，計 209 字。磚缺前半。36.5 × 20cm。

釋文："曰仲咼□□□□□□□□□□/□□□□□□□□□□/鄉貢明經。號天地之無從，懷疑□□□□□□□/□□□/州弋陽丞。次曰仲諭，次曰幼直，並鄉貢明經。紅蕚連芳，霜凋/其華，深可歎息。張氏先塋在蘇州長洲縣吳宮鄉楚關里。長/子仲咼，銜哀護櫬，歸于故鄉。整舟楫，浮滄浪，過九江，順流而/東行，□遽曰畏寇難也。以甲午歲四月廿日，龜兆遇吉而祔/舊丘，得禮之變也。今所志記者，但祖述年德而已矣。其詞曰：/孝敬穆穆，冠彼華族。言容振振，實惟夫人。内則肅下，坤/儀被身。在家敦孝，移天奉親。門光九族，禮范六姻。于何/不永，夫人遭屯。嗚呼哀哉！世如川兮逝不歇，芳如蘭兮/霜敗析。慟哭哀哀下泉路，下泉無門永永固。"

著錄：南京博物院《吳縣張陵山東山出土磚刻墓誌》（《文物》1987 年 11 期）。

1231　姚夫人殘墓誌磚

唐（618～907）壬午歲二月卒

江蘇出土。

乾刻銘文。正書，存 5 行，行存 5 字，計存 25 字。殘存右下角。尺寸不詳。

釋文："姚夫人合祔/壬午歲二月/君卒于揚州/之私第，春秋/庭並高□□"

著錄：《中國磚銘》圖版 1225。

1232　田師懃磚

唐（618～907）

1990 年～1994 年河南鄭州出土。

乾刻銘文。正書，1 行 3 字。32×16cm。

釋文："田師懃。"

著錄：鄭州市文物工作隊《鄭州地區發現的幾座唐墓》（《文物》1995 年 5 期）。

附註：與《垂拱四年五月磚》同一墓室出土。

1233　潞城縣陳□磚

唐（618～907）

1992 年河南洛陽龍門鎮花園村出土。

乾刻銘文。行書，1 行 11 字。刻於磚側。尺寸不詳。

釋文："□□□都督府潞城縣陳□。"

著錄：洛陽市文物工作隊《唐睿宗貴妃豆盧氏墓發掘簡報》（《文物》1995 年 8 期）。

附註：磚文刻於唐睿宗貴妃豆盧氏墓室前甬道的一塊券磚上。墓中同時出土豆盧氏墓誌，據誌文記載，豆盧氏開元二十八年四月甲申薨于親仁里第，以其年七月乙酉葬于東都河南龍門鄉之原。

1234　宿歹見盈等字殘磚

唐（618～907）

1995 年浙江寧波唐國寺東塔出土。

濕刻銘文。行書，3 行，存 6 字。僅存碎塊。尺寸不詳。

釋文："宿歹/見盈/異宸"

著錄：寧波市文物考古研究所《浙江寧波唐國寺東塔遺址發掘報告》（《考古學報》1997 年 1 期）。

附註：與天復三年十月十九日《唐國寺塔磚》同時出土。

1235 吳咸二字殘磚

唐（618～907）

1995 年浙江寧波唐國寺東塔出土。

濕刻銘文。行書，存 2 字。僅存碎塊。尺
寸不詳。

釋文："吳/咸"

著錄：寧波市文物考古研究所《浙江寧波
唐國寺東塔遺址發掘報告》（《考古
學報》1997 年 1 期）。

附註：與天復三年十月十九日《唐國寺塔
磚》同時出土。

1236 含嘉倉銘磚（東從西等字）

唐（618～907）二十日

1971 年河南洛陽出土，藏河南洛陽博物
館。

乾刻銘文。正書，存 8 行，行存字不等，
計存 49 字。磚存殘塊。20.5×26cm。

釋文："東從西/十二行第/米租一万三/升
五合六勺/斗二升一合三勺四撮四抄
正/四合一勺五撮六抄耗/廿日納了。
典王儻，/縣尉孫賓。"

著錄：河南省博物館、洛陽市博物館《洛
陽隋唐含嘉倉的發掘》（《文物》
1972 年 3 期）。

1237 含嘉倉銘磚（冀州等字）

唐（618～907）

1971 年河南洛陽出土，藏河南洛陽博物
館。

乾刻銘文。正書，存 3 行，行存字不等，
計存 19 字。磚後半殘缺。25.1×
14cm。

釋文："冀州/弟十□行，從西弟三窖/萬
肆千貳佰捌拾碩"

著錄：河南省博物館、洛陽市博物館《洛

陽隋唐含嘉倉的發掘》（《文物》
1972 年 3 期）。

1238 含嘉倉銘磚（向東等字）

唐（618～907）

1971 年河南洛陽出土，藏河南洛陽博物
館。

乾刻銘文。正書，存 5 行，行存字不等，
計存 49 字。磚存右下角。19×12cm。

釋文："向東第七窖，/拾柒碩□□伍合柒
勺壹撮捌抄/□州。六千七百十八石
六斗六升八合正，/六十七石一斗八
升六合六勺八撮耗。"

著錄：河南省博物館、洛陽市博物館《洛
陽隋唐含嘉倉的發掘》（《文物》
1972 年 3 期）。

1239 含嘉倉銘磚（含嘉倉等字）

唐（618～907）

1971 年河南洛陽出土，藏河南洛陽博物
館。

乾刻銘文。正書，存 11 行，行存字不等，
計存 46 字。僅存殘塊。20×36cm。

釋文："含嘉倉。/倉中/向北/合納□州/
內/輸典范亮，/正綱□□張超，倉史
譚/右金吾衛長/□道左監門校/押倉
史姚朗，/卿李玄挺檢"

著錄：河南省博物館、洛陽市博物館《洛
陽隋唐含嘉倉的發掘》（《文物》
1972 年 3 期）。

1240 含嘉倉銘磚（滁州等字）

唐（618～907）

1988 年河南洛陽出土。

乾刻銘文。正書，存 9 行，行存字不等，
計存 55 字。磚存左上角。22×17cm。

釋文："□□□□□/一万三/一百卅五/滁州典楊敬，副□清流□/楚州典王仁保，綱張/典王廓，判官□/倉史呂禮，丞楊□/長上史□李恭，監察/寺卿……各命"

著錄：洛陽市文物工作隊《洛陽含嘉倉1988年發掘簡報》（《文物》1992年3期）。

1241 含嘉倉銘磚（三行從西等字）

唐（618～907）元年六月十一日

1988年河南洛陽出土。

乾刻銘文。正書，存8行，行存字不等，計存51字。磚上半殘缺。36×20cm。

釋文："三行從西第七窖/（糙）米白多一萬八千/□元年六月十一日（納）/□□□倉史□□/□內史□/知倉史□□/監倉御史裴曜/□卿王光檢□同"

著錄：洛陽市文物工作隊《洛陽含嘉倉1988年發掘簡報》（《文物》1992年3期）。

1242 含嘉倉銘磚（倉州等字）

唐（618～907）

1988年河南洛陽出土。

乾刻銘文。正書，存4行，行存字不等，計存8字。僅存殘塊。34×17cm。

釋文："第（十）/倉州越州（米）/三/倉使"

著錄：洛陽市文物工作隊《洛陽含嘉倉1988年發掘簡報》（《文物》1992年3期）。

1243 蔡新殘墓記磚

唐（618～907）辛□歲二十五日

1979年江蘇丹陽縣大泊公衆山出土。

乾刻銘文。正書，存3行，行存3字。計存9字。僅存碎塊。12.5×13.4cm。

釋文："歲次辛/朔廿五/民蔡新"

著錄：劉興、劉建國《記丹陽大泊發現的唐宋磚誌》（《文物資料叢刊》7集，1983年）。

1244 阿珠殘墓記磚

唐（618～907）十四日

1979年江蘇丹陽縣大泊公衆山出土。

乾刻銘文。正書，存2行，計存8字。僅存碎塊。22×11.8cm。

釋文："十四日□/陽莊阿珠"

著錄：劉興、劉建國《記丹陽大泊發現的唐宋磚誌》（《文物資料叢刊》7集，1983年）。

1245 七十二等字殘墓記磚

唐（618～907）

1979年江蘇丹陽縣大泊公衆山出土。

乾刻銘文。正書，存2行，計存6字。僅存碎塊。11×11.5cm。

釋文："□七十二/□福"

著錄：劉興、劉建國《記丹陽大泊發現的唐宋磚誌》（《文物資料叢刊》7集，1983年）。

1246 朔廿六日等字殘墓記磚

唐（618～907）

1979年江蘇丹陽縣大泊公衆山出土。

乾刻銘文。正書，存2行，計存7字。僅存碎塊。12.8×14.2cm。

釋文："朔廿六日/□故□"

著錄：劉興、劉建國《記丹陽大泊發現的唐宋磚誌》（《文物資料叢刊》7集，

1983 年)。

1247 □庭殘神柩磚

唐（618～907）

1979 年江蘇丹陽縣大泊公衆山出土。

乾刻銘文。正書，存 3 行，行存 4 字。計存 12 字。僅存碎塊。16.5×15cm。

釋文："三月已未/□溫恭里/庭之神柩。"

著錄：劉興、劉建國《記丹陽大泊發現的唐宋磚誌》（《文物資料叢刊》7 集，1983 年）。

1248 尹彭氏殘墓記磚

唐（618～907）

1979 年江蘇丹陽縣大泊公衆山出土。

乾刻銘文。正書，3 行，行字不等，計 11 字。21.2×11.7cm。

釋文："辛六〇五。/尹彭氏，/四十一歲。"

著錄：劉興、劉建國《記丹陽大泊發現的唐宋磚誌》（《文物資料叢刊》7 集，1983 年）。

1249 倉□磚

唐（618～907）

濕刻銘文。草書，1 行 2 字。尺寸不詳。

釋文："倉□。"

著錄：《中國磚銘》圖版 1101。

1250 杜景達墓記磚

唐（618～907）九年十一月三日

乾刻銘文。正書，3 行，行字不等，計 16 字。36×17cm。

釋文："九年十一月三日乙丑/朔，吳客杜景達/記。"

著錄：《北京圖書館藏中國歷代石刻拓本

彙編》冊 6/190 頁。

附註：疑為兩面刻，年款失拓。

1251 馮思誨墓記磚

唐（618～907）

乾刻銘文。正書，交叉刻，2 行，一竪行 3 字，一橫行 2 字，共計 5 字。32×34.5cm。

釋文："馮思誨/墳墓。"

1252 戶二五百廿口等字磚

唐（618～907）

1977 年江蘇無錫環城河東南唐代古井出土。

濕刻銘文。正書，4 行，行字不等，計 30 字。尺寸不詳。

釋文："戶二五百廿口，/側子六百七十四口，/又戶二塼一千一百廿，/又井塼二百廿口。"

著錄：無錫市博物館《無錫市環城河古井清理》（《文物》1983 年 5 期）；《中國磚銘》圖版 1256。

1253 公吉磚

唐（618～907）

1998 年陝西西安南郊三爻村出土。

乾刻銘文。篆書，1 行 2 字。刻於磚側。33×6.7cm。

釋文："公吉。"

著錄：陝西省考古研究所《西安南郊三爻村漢唐墓葬清理簡報》（《考古與文物》2001 年 3 期）。

1254 李氏馬夫人墓銘磚

唐（618～907）

乾刻銘文。正書，3 行，行 2 字，計 6 字。

223

尺寸不詳。

釋文："李氏/馬夫/人銘。"

著錄：《中國磚銘》圖版 962。

1255 李要磚

　　唐（618～907）

　　乾刻銘文。行草書，1 行 2 字。34.5 ×
　　　17.2 cm。

　　釋文："李要（？）。"

　　附註：或為五代十國至宋時期刻。

1256 南平鄉人殘墓誌磚

　　唐（618～907）

　　1976 年新疆吐魯番天山縣出土，藏新疆吐
　　　魯番地區文物管理所。

　　乾刻銘文。正書，存 5 行，存 20 餘字。
　　　磚存下半。22×31.5×4.5cm。

　　釋文："年二月十三日死/ 天 山縣南平鄉/
　　　□年八十二。三月/時葬好也/阿郎/
　　　□□"

　　著錄：柳洪亮《唐天山縣南平鄉令狐氏墓
　　　誌考釋》（《文物》1984 年 5 期）；侯
　　　燦、孟憲實《吐魯番出土墓磚題錄》
　　　（《新疆文物》1994 年 2 期）；《吐魯
　　　番出土磚誌集注》319。

1257 孫繼卿妻崔氏墓記磚

　　唐（618～907）

　　乾刻銘文。正書，1 行 5 字。30×14.5cm。

　　釋文："孫繼卿崔氏。"

1258 田小□磚

　　唐（618～907）

　　濕刻銘文。正書，1 行 3 字。刻於磚端。
　　　10.5×4.5cm。

　　釋文："田小□。"

著錄：《俟堂專文雜集》155 頁。

1259 吳興殘墓誌磚

　　唐（618～907）

　　1984 年浙江省上林湖地區出土，後存慈溪
　　　縣文管會。

　　濕刻銘文。行書，存 4 行，計存 10 字。
　　　有竪界欄，殘存右上角。存 11.6×
　　　8.2cm。

　　釋文："唐故……/夫人吳興……/善侯之
　　　……/□清……"

　　著錄：章均立《上林湖地區出土兩件唐代
　　　瓷刻墓誌》（《文物》1988 年 12 期）。

　　附註：磚正面施淡橄欖色青釉。

1260 劉沙彌磚

　　唐（618～907）

　　濕刻銘文。行書，2 行，行 4 字，計 5 字。
　　　尺寸不詳。

　　釋文："孝子劉沙/弥。"

　　著錄：《中國磚銘》圖版 953。

1261 竇晙墓記磚

　　唐（618～907）

　　乾刻銘文。正書，6 行，行字不等，計 29
　　　字。33×33cm。

　　釋文："祖行，皇朝右衛大/將軍陳國
　　　公。/父孝，隆州新井縣/令。/竇晙，
　　　揚州海陵/縣主簿。"

1262 元智惠墓銘磚

　　唐（618～907）

　　乾刻銘文。正書，2 行，行 4 、5 字，計 9
　　　字。35×33cm。

　　釋文："大唐故人/元智惠銘記。"

　　著錄：《雪堂專錄·專誌徵存》12 葉；

《唐代墓誌彙編》2539 頁。

1263　趙洪達墓記磚

唐（618～907）

1964 年在河南扶溝縣馬村出土。

乾刻銘文。正書，1 行 3 字。35×16cm。

釋文："趙洪達。"

著錄：河南省文化局文物工作隊《河南扶
　　　溝縣唐趙洪達墓》（《考古》1965 年
　　　8 期）。

渤　海

1264　會邦于二磚

渤海［大興五十六年（792）後］

1982 年吉林和龍縣龍水鄉龍海村出土，藏
　　延邊博物館。

濕刻銘文。正書，1 行 4 字。33×16.5×
　　5.8cm。

釋文："會邦于二（有釋會邦千三）。"

著錄：鄭永振《渤海貞孝公主墓出土一塊
　　　文字磚訂正》（《北方文物》2000 年 4
　　　期）。

附註：磚出渤海第三代王大欽茂第四女貞
　　　孝公主墓上塔基內。貞孝公主卒於大
　　　欽茂大興五十六年（792）

五　代

1265　龍德元年磚

五代·後梁龍德元年（921）

1989 年湖南安仁縣平背鄉石陂村出土。

濕刻銘文。隸書，2 行，計 7 字。24×
　　12.5cm。

釋文："周□□，╱龍德元年。"

著錄：柴煥波《湖南安仁發現一座五代

墓》（《考古》1992 年 10 期）。

附註：該地區此時為十國楚王馬殷所轄。

1266　天福二年等字磚

五代·後晉天福二年（937）

乾刻銘文。正書，大字 3 行，小字若干，
　　存 40 餘字。24.7×14.5cm。

釋文：小字可辨："謝乾廣、顯許、星君、
　　　薛乾蓋、天福二年、禧、書"
　　　大字可辨："雞光豕華土、和矢濮
　　　東陳、魚日冀、龍駱蓋常去胡"

附註：大、小字混雜刻於磚面，文意不
　　　詳。

十　國

1267　龍鳳磚

十國·南唐（937～975）

濠州（今安徽鳳陽）開元寺出。

乾刻銘文。正書，橫題，1 行 2 字。17.5
　　×35cm。

釋文："龍鳳。"

著錄：《俟堂專文雜集》138 頁；《中國磚
　　　銘》圖版 1163。

1268　錢氏作磚

十國·吳越寶正四年（929）七月作

僧六舟得於浙江臨海。

乾刻銘文。正書，1 行 9 字。刻於磚側。
　　23×2.6cm。

釋文："寶正四年七月錢氏作。"

著錄：《專門名家·廣倉專錄》第 2 集。

附註：或為範磚。僧六舟將磚改刻為硯並
　　　刻銘："百八塼硯齋珍藏。六舟。"

1269　王林及妻何四娘造像磚

汪元清刻

十國·吳越顯德五年（958）十月記

浙江蕭山祇園寺塔磚。

乾刻銘文。兩面刻，正面範製佛像，背面
　　刻發願文。正書，9行，行7至9字，
　　計66字。尺寸不詳。

釋文："弟子王林并妻何四娘，/闔家眷
　　屬，捨淨財/捐施真身舍利塔/佛塼一
　　千五百尊，恐有/多生罪障、業障，
　　並/願消除，承茲靈善，願/往西方淨
　　土。戊午，顯德/五年十月記。/汪元
　　清敬刻。"

著錄：《北山談藝錄》117頁。

附註：施蟄存跋："此磚佛像乃埏範所成，
　　銘記則成於鐫刻，蓋當時建塔燒磚，
　　不止一千五百，量力輸財，王林夫婦
　　任一千五百磚之費，故刻此記之。佛
　　像每磚皆有，記文則未必遍刻於一千
　　五百磚也。"

1270　陸文朗等字磚

十國·吳越（907～978）

浙江杭州西湖夕照山雷峰塔磚。

濕刻銘文。行書，2行，行字不等，計約
　　8字。37.5×17.5cm。

釋文："陸文朗□□/調□□。"

附註：吳越王錢弘俶時期建塔，磚當同
　　時。

1271　當遷當磚

十國·吳越（907～978）

浙江杭州西湖夕照山雷峰塔磚。

濕刻銘文。行草，1行4字。36×17cm。

釋文："當迁當□。"

附註：吳越王錢弘俶時期建塔，磚當同

時。

1272　雷峰塔磚

十國·吳越（907～978）

浙江杭州西湖夕照山雷峰塔磚。

濕刻銘文。行草，3行，行字不等，計存
　　11字。28×17.5cm。

釋文："用历□历□/历□□历□/□"

附註：吳越王錢弘俶時期建塔，磚當同
　　時。

1273　大漢白龍磚

十國·南漢白龍元年（925）

濕刻銘文。草書，2行，行字不等，計6
　　字。37.5×19cm。

釋文："大漢/白龍乙酉。"

1274　雲母山長□造佛像磚

十國·南漢乾和十五年（957）七月一日

乾刻銘文。上像下記。正書，5行，行7、
　　8字不等，計31字。34×18cm。

釋文："乾和十五年丁巳七/月一日，云母
　　山長□/造佛像一區，上資/國祚永
　　昌，以充供/養。"

1275　乾和十六年殘墓記磚

十國·南漢乾和十六年（958）

1954年廣東廣州石馬村出土。

濕刻銘文。正書，3行，行存字不等，計
　　存11字。磚缺下半。尺寸不詳。

釋文："乾和十六年……/興寧軍節……/
　　好也。"

著錄：商承祚《廣州石馬村南漢墓葬清理
　　簡報》（《考古》1964年6期）；《廣
　　東出土五代至清文物》1；《中國磚
　　銘》圖版1109；《廣東歷代書法圖

錄》64 頁。

1276 龔澄樞題記殘磚

十國・南漢大寶六年（963）

廣東廣州出土。

乾刻銘文。正書，2 行，行存 5 字，計存 10 字。磚存右上角。13.3×11cm。

釋文：“大寶六年歲……/龔澄樞同女……”

附註：廣州光孝寺有東、西鐵塔。西鐵塔為大寶六年南漢太監龔澄樞出資捐造。《金石萃編》（卷 122）載《西鐵塔銘》曰：“玉清宮使、德陵使、龍德宮使、開府儀同三司，行內侍監上柱國龔澄樞同女弟子鄧氏三十二娘，以大寶六年歲次癸亥五月壬子朔十七日戊辰鑄造。永充供養。”此《龔澄樞題記殘磚》當與西鐵塔同時期捐造。

1277 王丘馨明堂磚

十國・南漢（917~971）

民國年間廣東出土。

濕刻銘文。行書，1 行 10 字，首 2 字橫排。27.3×20cm。

釋文：“大漢宮人王丘馨（或作“素馨”）之明堂。”

北 宋

1278 造塔興工七言詩磚

（釋）嗣卿撰並書

北宋乾德三年（965）八月

浙江黃岩市潮濟鄉靈石寺塔磚。

濕刻銘文。行草書，6 行，詩行 7 字，計 44 字。30.2×30.3×5cm。

釋文：“造塔興工計兩年，/勸扵施主結良緣，/儻蒙恩力随心捨，/代代生歸刀利天。/乾德三年八月日，寺主經律大德/嗣卿勸。”

著錄：臺州地區文管會、黃岩石博物館《浙江黃岩靈石寺塔文物清理報告》；盧英逴《別具一格的北宋靈石寺塔磚書》（《東南文化》1991 年 5 期）（編號 1）。

附註：1987 年大修靈石寺塔時發現 60 餘塊刻字磚。該塔始建於北宋乾德三年，至咸平元年建成，刻字磚均鑴於此期間。

1279 乙丑年磚

北宋［乾德三年（965）］

浙江黃岩市潮濟鄉靈石寺塔磚。

乾刻銘文。行書，1 行存 2 字。僅存碎塊。24×15.5×4cm。

釋文：“乙丑年。”

著錄：臺州地區文管會、黃岩石博物館《浙江黃岩靈石寺塔文物清理報告》；盧英逴《別具一格的北宋靈石寺塔磚書》（《東南文化》1991 年 5 期）（編號 10）。

附註：1987 年大修靈石寺塔時發現 60 餘塊刻字磚。該塔始建於北宋乾德三年，至咸平元年建成，刻字磚均鑴於此期間。

1280 馬隱等賣地券磚

北宋太平興國九年（984）十一月四日

乾刻銘文。正書，10 行，行 15 至 23 字不等，計 179 字。35×22cm。

釋文：“安喜縣□□□□□□園住人馬隱、安瓊、男安/嗣、男安化同立契，情願賣自己地庄西南約□□/道南桑園地，其地東西□二十□步，南北二十四步。/其地馬隱等情願□石進□永充為墳地。/石進及子孫為主□有上墳□□□□□□/有別人怦悕，並是賣地人馬隱□□□/自管知當不忓石□□□准得價□四貫伍伯，過/契文領，並足官有，政法不取，私約為定。太平興/國九年十一月四日，情願賣墳地人馬隱，同賣地人安瓊、/同賣地人男安嗣、同賣地人衙推□堯。"

著錄：《雪堂專錄·地券徵存》5 葉；《北京圖書館藏中國歷代石刻拓本匯編》冊 37/182。

附註：安喜縣治所在今河北定縣。

1281 董招四人造專瓦題記磚

董招書

北宋咸平元年（998）九月五日

浙江黃岩市潮濟鄉靈石寺塔磚。

濕刻銘文。行書，4 行，行字不等，計 35 字。33×15.7×5cm。

釋文："造專四人，弟子董招、李添、/陳猢、李烏、匠人董保兒/同會造專瓦。/咸平元年九月初五日董招。"

著錄：臺州地區文管會、黃岩石博物館《浙江黃岩靈石寺塔文物清理報告》；盧英遄《別具一格的北宋靈石寺塔磚書》（《東南文化》1991 年 5 期）（編號 4）。

附註：1987 年大修靈石寺塔時發現 60 餘塊刻字磚。該塔始建於北宋乾德三年，至咸平元年建成，刻字磚均鐫於此期間。

1282 李烏題記磚

北宋咸平元年（998）九月十一日

浙江黃岩市潮濟鄉靈石寺塔磚。

濕刻銘文。行書，左行，2 行，計 19 字。刻於磚側。34.5×15×3.5cm。

釋文："戊戌年九月十一日造專。其年雨水不遍。/李烏覷。"

著錄：臺州地區文管會、黃岩石博物館《浙江黃岩靈石寺塔文物清理報告》；盧英遄《別具一格的北宋靈石寺塔磚書》（《東南文化》1991 年 5 期）（編號 7）。

附註：1987 年大修靈石寺塔時發現 60 餘塊刻字磚。該塔始建於北宋乾德三年，至咸平元年建成，刻字磚均鐫於此期間。

1283 李烏磚

北宋咸平元年（998）

浙江黃岩市潮濟鄉靈石寺塔磚。

濕刻銘文。行書，1 行 7 字。刻於磚側。3ƅ.7×15.5×7cm。

釋文："咸平元年李烏具。"

著錄：臺州地區文管會、黃岩石博物館《浙江黃岩靈石寺塔文物清理報告》；盧英遄《別具一格的北宋靈石寺塔磚書》（《東南文化》1991 年 5 期）（編號 6）。

附註：1987 年大修靈石寺塔時發現 60 餘塊刻字磚。該塔始建於北宋乾德三年，至咸平元年建成，刻字磚均鐫於此期間。

1284 大中祥符二年塔磚

北宋大中祥符二年（1009）三月十四日

廣東南雄市雄州鎮延祥寺三影塔塔磚。

乾刻銘文。正書，1 行 13 字。刻於磚側。
尺寸不詳。

釋文："大中祥符二年三月拾四日□三。"

著錄：《南雄文物志》44 頁。

1285 天聖九年雨下磚

北宋天聖九年（1032）六月十五日

1988 年河南鄧州市福勝寺塔地宮出土。

濕刻銘文。正書，2 行，計 11 字。52 ×
22.5cm。

釋文："天聖九年六月十五/日，雨下。"

著錄：河南省古代建築保護研究所、河南
省文物研究所《河南鄧州市福勝寺塔
地宮》（《文物》1991 年 6 期）；《中
國磚銘》圖版 1113。

1286 陶美買地券磚

北宋明道二年（1033）十月八日

山西出土。

乾刻銘文。正書，13 行，行 24 至 27 字不
等，計 235 字。尺寸不詳。

釋文："墓至。/明道貳年歲次癸酉十月癸
巳朔八日庚子，陶美遷奉三世者，/
主在並州左弟一廂大鐵爐為活，買到
陽曲縣武臺鄉孟村百姓劉密/地貳畝，
准作價錢壹拾貳貫五佰文吊。陌其
地，陽間並無，美稅陰司，/東王公、
西王母處，折錢九萬九千九百九十九
貫九文，內封壬□二□，前面/有衙
地，右□買到地，四至分明，請事禮
乃卜其聖地，下卦告，應也。/是立
延福之鄉，非石丁寧集承葬道，保子
孫則世世榮昌，金帛/年年有盛。明
立券契，禮居成，貴達四方，有德之
稱，無侵厥/止，万百以記，子孫長
知福地之宗，尅明斯理/後代，故作

銘記。/陽世葬主人陶美，男永吉，
孫子□□。/陽世地主人劉密，男劉
海。/西鄰地主人代保孫□。"

著錄：《中國磚銘》圖版 1114。

1287 寶元貳年等字磚

北宋寶元二年（1039）

廣東廣州城磚，民國 8 年拆城所得，歸番
禺汪景吾。

濕刻銘文。行書，2 行，計 9 字。尺寸不
詳。

釋文："寶元貳年丘/太平□記。"

著錄：《專門名家·廣倉專錄》專補；《中
國磚銘》圖版 1116；《廣東歷代書法
圖錄》98 頁。

1288 張酒子題名磚

北宋熙寧元年（1068）三月

1981 年湖北鄖西縣城關鎮校場坡村出土。

乾刻銘文。正書，左行，4 行，行字不等，
計存 17 字。上半殘缺。26 × 28.2 ×
5cm。

釋文："熙寧元年三月/其年大利，/造專
匠人/張酒子。"

著錄：王假真《湖北鄖西校場坡一號宋
墓》（《考古》1989 年 9 期）。

1289 柴公墓記磚

北宋熙寧十年（1077）七月二十五日葬

1998 年河北邢臺市平鄉縣董莊村出土。

乾刻銘文。磚質小碑，額正書，1 行 2 字；
銘正書，5 行，行 7 至 9 字，計 38
字。碑身 38.5 × 20 × 6.5cm。

釋文：額："大吉。"

銘："熙寧拾年歲次丁巳/七月一日
巳酉二十五/日癸酉辛時□閉。/孝子

229

柴方、弟柴堅，/師人霍式，匠人鄭。”

著錄：李軍《河北邢臺出土磚志碑》（《文物春秋》2004 年 2 期）。

附註：碑身、龜砆座由四磚雕刻組合而成。

1290 □晏家族墓誌磚

北宋元豐元年（1078）十月五日

1988 年山西長治市故漳鄉故縣村出土。

乾刻銘文。正書，9 行，行 13 字左右，計 108 字。有豎界欄。34×33×5.5cm。

釋文：“宗（宋）故府君墓誌銘記。/清河郡戶主，戶屬潞州屯留縣積/豐鄉故縣村。稅戶□晏，舍居□□一/□□常不採□大（?）七後計父李□/同共葬送，戶主□晏年六十三，李郎□/年三十七，妹奈□年五歲，/李郎女伴哥、男忘哥、但兒。元豐元年歲次戊午十月一日壬/寅，五日丙午下事。東房□□郎。”

著錄：朱曉芳、王進先《山西長治故縣村宋代壁畫墓》（《文物》2005 年 4 期）。

1291 楊遇墓誌磚

北宋元祐四年（1089）十一月六日葬

1985 年陝西淳化縣本塢鄉出土。

乾刻銘文。正書，兩面刻，面 8 行，行字不等，計 87 字；側 1 行 3 字。有豎界欄。31.3×29.5cm。

釋文：面：“元祐元年四月十一日，本縣西/車塢村楊遇，年八十六歲/身亡。至元祐四年十一月六日/葬。見在長男楊進，孫楊/審，共三十六口。為活甄匠人/三原縣王用，作木人本縣

永建/村范吉□，漆作人三水縣王立，/穿墓人李元已、遠富之。”

側：“淳化縣。”

著錄：姚生民《淳化縣出土北宋磚刻墓誌》（《文博》1993 年 1 期）；《中國磚銘》圖版 1117。

1292 寶林寺塔銘磚

北宋元祐七年（1092）八月十五日

陝西戶縣太平鄉紫閣峪寶林寺塔內。

乾刻銘文。正書，7 行，行存 7 至 11 字不等，計存 69 字。有豎界欄。尺寸不詳。

釋文：“紫閣山主貴師伯，/寺主大師崇淨，小塔主得用。/舍塔上鈴人阿周、薛清。本院主/官王慶，東京□鞋人曹佯，木/作都科劉順。本縣脩塔都/科楊昇。塔下莊功得人鄭明。/元祐七年八月十五日起塔。”

著錄：劉合心《戶縣寶林寺塔的建築時代及其相關問題》（《考古與文物》1991 年 3 期）；《中國磚銘》圖版 1118。

1293 王宗奉為父母買地券磚

北宋元符二年（1099）八月二十日葬

1958 年陝西藍田縣白鹿原槐真坊村出土，後存縣文化館。

乾刻銘文。正書，11 行，行字不等，計 141 字。有豎界欄。36×36cm。

釋文：“券文一道地分耳。/維大宋永興軍京兆府藍田縣/白鹿下鄉槐真坊稅戶王宗奉，為/先亡父母，今謨遷葬，用金九萬九千九/百九十九貫文，買到墓一段。周流一頃，東/至青龍，西至白虎，南至朱雀，北至玄武。/見保人李定度、張堅固。如有先/居

者，遠避千里之外。下此券文，不/得乱有侵奪，故立券文照對为/憑。元符二年已卯崴仲秋八月二十日/庚時葬下，為期。如律令！敕攝。"

著錄：應新、子敬《藍田出土北宋買地券》（《文物》1965 年 5 期）。

1294　無名氏墓記磚（甲子第三十八字號）

北宋崇寧三年（1104）十二月七日葬

1952 年四川綿竹出土。

乾刻銘文。正書。4 行，行 9 字，計 35 字。27.5×18.5cm。

釋文："浴室院，熙寧八年五月/内寄骸骨，不知姓名。崇/寧三年十二月七日葬。/甲子第三十八字号。"

著錄：張勛燎《從漏澤園看所謂"太平盛世"》（《四川大學學報》1975 年 4 期）。

附註：此為漏澤園墓記磚。

1295　應□墓記磚

北宋崇寧四年（1105）閏二月二十五日葬

河南三門峽市上村嶺向陽村出土。採集品，出土時間不詳。

乾刻銘文。行書，存 3 行，行 8 至 10 字，存 34 字。30×15×5cm。

釋文："甲子黄字号。崇寧四年閏二月/二十五日，城東廟撿（檢）訖，軍將應/□尸首，仵作行人葬埋□/……"

著錄：《北宋陝州漏澤園》328 頁。

附註：此為漏澤園墓記磚。

1296　劉客墓記磚

北宋崇寧四年（1105）三月十三日葬

乾刻銘文。正書，4 行，行 6 至 8 字不等，計 23 字。31×31cm。

釋文："辰字号，崇寧四/年三月十三日葬□，/檢訖□人劉客尸，/謹誌。"

著錄：《萬里遺文目錄三下・專誌徵存目錄下》10 葉；《北京圖書館藏中國歷代石刻拓本彙編》冊 41/112 頁。

附註：此為漏澤園墓記磚。

1297　劉善墓記磚

北宋崇寧四年（1105）三月十八日葬

1975 年山東兗州舊關村出土。

乾刻銘文。正書，4 行，行 4、5 字不等，計 16 字。32×32×3cm。

釋文："崇寧四年/三月十八日，/兵士劉善。/劾（效）字号。"

著錄：樊英民《山東兗州市出土的宋代漏澤園墓磚》（《考古》2002 年 1 期）。

附註：此為漏澤園墓記磚。

1298　無名氏軍人墓記磚（甲子生字號第一種）

北宋［崇寧四年（1105）］十一月十七日葬

1985 年至 1994 年間河南三門峽市上村嶺向陽村出土。

乾刻銘文。行書，6 行，行 9、10 字，計 49 字。26×20.5×4cm。

釋文："生字号。不知姓名軍人，/年約四十八九，於趙上保/瓦務社官道内身死，十/一月十六日撿（檢）驗了當，十/七日依/條立峯，葬埋記識訖。"

著錄：《北宋陝州漏澤園》87 頁。

附註：此為漏澤園墓記磚。

1299　無名氏軍人墓記磚（甲子生字號第二種）

北宋［崇寧四年（1105）］十一月十七日葬

1985 年至 1994 年間河南三門峽市上村嶺向陽村出土。

乾刻銘文。行書，5 行，行 11、12 字，計

49 字。26×17×4cm。

釋文：“生字号。不知姓名軍人，年約/四十八九，於趙上保瓦務社官/道內身死，十一月十六日撿（檢）驗/了當，十七日依/條立峯，葬埋記識訖。”

著錄：《北宋陝州漏澤園》88 頁。

附註：此為漏澤園墓記磚。

1300 無名氏軍人墓記磚（甲子生字號第三種）

北宋［崇寧四年（1105）］十一月十七日葬

1985 年至 1994 年間河南三門峽市上村嶺向陽村出土。

乾刻銘文。行書，4 行，行 11、12 字，計 36 字。31×16×5cm。

釋文：“甲子生。不知姓名軍人，趙上保/瓦務社官道內身死，十一月十/六日撿（檢）驗了當，十七日葬埋/記。”

著錄：《北宋陝州漏澤園》89 頁。

附註：此為漏澤園墓記磚。

1301 無名氏軍人墓記磚（甲子生字號第四種）

北宋崇寧四年（1105）十一月十七日葬

1985 年至 1994 年間河南三門峽市上村嶺向陽村出土。

乾刻銘文。行書，2 行，行字不等，計 24 字。30×15×4cm。

釋文：“甲子生字號。不知姓名軍人，/崇寧四年十一月十七日葬埋訖。”

著錄：《北宋陝州漏澤園》90 頁。

附註：此為漏澤園墓記磚。

1302 阿劉墓記磚（第一種）

北宋［崇寧四年（1105）］十二月一日葬

1985 年至 1994 年間河南三門峽市上村嶺向陽村出土。

乾刻銘文。行書，4 行，行 11 至 13 字，

計 44 字。31×31×5cm。

釋文：“夜字号。本府左廂貧子院賈/貴擡拵到婦人阿劉，年七十歲，/係河中府人事，十二月初一日依/條立峯，葬埋記識訖。”

著錄：《北宋陝州漏澤園》112 頁。

附註：此為漏澤園墓記磚。

1303 阿劉墓記磚（第二種）

北宋［崇寧四年（1105）］十二月一日葬

1985 年至 1994 年間河南三門峽市上村嶺向陽村出土。

乾刻銘文。行書，5 行，行 9 至 12 字，計 44 字。27×27×3.5cm。

釋文：“夜字号。本府左廂貧子院/賈貴擡拵到婦人阿劉，/年七十歲，係河中府人事，十□/月初一日依/條立峯，葬埋記識訖。”

著錄：《北宋陝州漏澤園》113 頁。

附註：此為漏澤園墓記磚。

1304 阿劉墓記磚（第三種）

北宋崇寧四年（1105）十二月一日葬

1985 年至 1994 年間河南三門峽市上村嶺向陽村出土。

乾刻銘文。行書，4 行，行 7 至 11 字，計 40 字。30×30×5cm。

釋文：“甲子伍拾四字号。/本府左廂貧子院賈貴擡拵到婦人阿劉，河中府人事，/崇寧四年十二月一日收葬訖。”

著錄：《北宋陝州漏澤園》114 頁。

附註：此為漏澤園墓記磚。

1305 遇厄墓記磚（第一種）

北宋［崇寧四年（1105）］十二月二十九日葬

1985 年至 1994 年間河南三門峽市上村嶺

向陽村出土。

乾刻銘文。行書，5 行，行 10 至 14 字，計 54 字。30×30×5cm。

釋文："推字号。遞送配軍番部遇/厄，年約四十六七，城東廂郭再/立店内身死，十二月二十八日撿（檢）驗/了當，十二月二十九日依/條立峯，葬埋記識訖。"

著錄：《北宋陝州漏澤園》151 頁。

附註：此為漏澤園墓記磚。

1306　遇厄墓記磚（第二種）

北宋［崇寧四年（1105）］十二月二十九日葬

1985 年至 1994 年間河南三門峽市上村嶺向陽村出土。

乾刻銘文。行書，5 行，行 10 至 13 字，計 54 字。28×20×5cm。

釋文："推字号。遞送配軍番部遇/厄，年約四十六七，城東廂郭再/立店内身死，十二月二十八日撿（檢）/驗了當，十二月二十九日依/條立峯，葬埋記識訖。"

著錄：《北宋陝州漏澤園》152 頁。

附註：此為漏澤園墓記磚。

1307　遇厄墓記磚（第三種）

北宋崇寧四年（1105）［十二月二十九日］葬

河南三門峽市上村嶺向陽村出土。採集品，出土時間不詳。

乾刻銘文。行書，存 4 行，行存字不等，存 27 字。磚存大半。尺寸不詳。

釋文："甲子捌拾八字号。/遞送配軍番部遇 厄 ，/城東廂郭再立店□/身死，崇寧四年……"

著錄：《北宋陝州漏澤園》153 頁。

附註：此為漏澤園墓記磚。

1308　楊和墓記磚（第一種）

北宋［崇寧四年（1105）］十二月二十九日葬

1985 年至 1994 年間河南三門峽市上村嶺向陽村出土。

乾刻銘文。行書，4 行，行 10 至 16 字，計 46 字。28×20×4cm。

釋文："讓字号。東門遞鋪身死兵/士楊和，年約二十七八，十二月二十八日/撿（檢）驗了當，十二月二十九日依/條立峯，葬埋記識訖。"

著錄：《北宋陝州漏澤園》155 頁。

附註：此為漏澤園墓記磚。

1309　楊和墓記磚（第二種）

北宋崇寧四年（1105）十二月二十九日葬

1985 年至 1994 年間河南三門峽市上村嶺向陽村出土。

乾刻銘文。行書，4 行，行存字不等，存 27 字。磚右上角缺。30×22×3cm。

釋文："□□玖拾□□□□。/東門遞鋪身死兵士/楊和，崇寧四年十二/月二十九日葬埋訖。"

著錄：《北宋陝州漏澤園》156 頁。

附註：此為漏澤園墓記磚。

1310　崇寧四年十二月殘墓記磚

北宋崇寧四年（1105）十二月

1972 年河南洛陽北瑤龐家溝出土。

乾刻銘文。正書，3 行，計存 13 字，磚右半殘缺。尺寸不詳。

釋文："□□/十年巳上/崇寧四年十二月。"

著錄：賀官保《西京洛陽漏澤園墓磚》
　　（《文物資料叢刊》7 集，1983 年）。
附註：此為漏澤園墓記磚。

1311　張□墓記磚
　　北宋崇寧五年（1106）正月七日葬
　　乾刻銘文。正書，4 行，行 7 至 8 字不等，
　　　　計 30 字。31×32cm。
　　釋文："有字號，咸（刻誤，應為"崇"）
　　　　寧五年/正月初七日，葬訖本/縣安濟
　　　　坊，身死稟/飛騎弟六兵士張□。"
　　著錄：《雪堂專錄·專誌徵存》14 葉；
　　　　《北京圖書館藏中國歷代石刻拓本彙
　　　　編》冊 41/123 頁；《北京圖書館藏墓
　　　　誌拓片目錄》449 頁。
　　附註：此為漏澤園墓記磚。

1312　無名氏殘墓記磚（盈字號）
　　北宋崇寧五年（1106）六月
　　近年河北靈壽縣青廉鎮賈良村出土，藏河
　　　　北正定縣墨香閣。
　　乾刻銘文。正書，存 4 行，行存 7 字，計
　　　　存 25 字。磚存左上角。24×27cm。
　　釋文："於崇寧五年六月/在賈良村青廉
　　　　□/無人識認至□/埋瘞訖。盈字"
　　著錄：趙生泉《新近出土磚拓十種》
　　　　（《中國書畫》2004 年 8 期）。
　　附註：此為漏澤園墓記磚。

1313　無名氏男子墓記磚（關字號）
　　北宋崇寧五年（1106）七月二十四日葬
　　河南獲嘉出土。
　　乾刻銘文。正書，5 行，行 6 字，計 28
　　　　字。31×31cm。
　　釋文："獲嘉縣於崇寧/五年七月二十/四
　　　　日，葬過無主/男子尸首於關/字號，

埋訖。"
著錄：《蒿里遺文目錄三下·專誌徵存目錄
　　　下》11 葉；《中國磚銘》圖版 1120。
附註：此為漏澤園墓記磚。

1314　無名氏軍人墓記磚（光字號）
　　北宋崇寧五年（1106）十月二十一日葬
　　河南獲嘉出土。
　　乾刻銘文。正書，4 行，行 7 字，計 28
　　　　字。31×31cm。
　　釋文："獲嘉縣於崇寧五/年十月二十一
　　　　日，/葬過無主軍人尸/首於光字号，
　　　　埋訖。"
　　著錄：《蒿里遺文目錄三下·專誌徵存目錄
　　　　下》11 葉；《中國磚銘》圖版 1120。
　　附註：此為漏澤園墓記磚。

1315　李二哥墓記磚
　　北宋崇寧五年（1106）十一月一日葬
　　河南獲嘉出土。
　　乾刻銘文。正書，5 行，行 6、7 字，計 29
　　　　字。31×31cm。
　　釋文："獲嘉縣於崇寧/五年十一月初一/
　　　　日，葬過無主李/二哥尸首於果/字
　　　　号，埋訖。"
　　著錄：《蒿里遺文目錄三下·專誌徵存目
　　　　錄下》11 葉；《中國磚銘》圖版
　　　　1121。
　　附註：此為漏澤園墓記磚。

1316　黃安墓記磚
　　北宋崇寧五年（1106）十一月四日葬
　　河南獲嘉出土。
　　乾刻銘文。正書，4 行，行 6、8 字，計 28
　　　　字。31×31cm。
　　釋文："獲嘉縣於崇寧/五年十一月初四/

日，葬過軍人黃安／尸首於珎字号，
埋訖。"

著錄：《蒿里遺文目錄三下·專誌徵存目
錄下》11 葉；《北京圖書館藏中國歷
代石刻拓本彙編》冊 41／133 頁；《中
國磚銘》圖版 1121。

附註：此為漏澤園墓記磚。

1317　唐吉墓記磚（第一種）
北宋崇寧五年（1106）十二月十九日葬
1985 年至 1994 年間河南三門峽市上村嶺
向陽村出土。

乾刻銘文。行書，4 行，行 10、11 字，計
35 字。30×30×5cm。

釋文："名字号。熙州弟（第）六十四指／
揮兵士唐吉，年約五十三四／歲，崇
寧五年十二月十九日／葬埋記。"

著錄：《北宋陝州漏澤園》199 頁。

附註：此為漏澤園墓記磚。

1318　唐吉墓記磚（第二種）
北宋崇寧五年（1106）十二月十九日葬
1985 年至 1994 年間河南三門峽市上村嶺
向陽村出土。

乾刻銘文。行書，4 行，行 10 至 12 字，
計 36 字。31×30.5×5cm。

釋文："名字号。熙州保寧弟（第）六十／
四指揮兵士唐吉，年約五十三／四歲，
崇寧五年十二月十九／日埋記。"

著錄：《北宋陝州漏澤園》200 頁。

1319　無名氏軍人墓記磚（甲子丙寅拾二字號）
北宋崇寧五年（1106）十二月二十一日葬
1985 年至 1994 年間河南三門峽市上村嶺
向陽村出土。

乾刻銘文。行書，4 行，行 6 至 10 字，計

30 字。31×31×4.5cm。

釋文："丙寅拾二字号。城／東廂身死，不
知姓／名軍人，崇寧五／年十二月二十
一日葬訖。"

著錄：《北宋陝州漏澤園》201 頁。

附註：此為漏澤園墓記磚。

1320　趙信墓記磚
北宋崇寧［五］年（1106）十二月二十一
日葬
1985 年至 1994 年間河南三門峽市上村嶺
向陽村出土。

乾刻銘文。行書，4 行，行存字不等，存
17 字。磚右上角缺。30×30×5cm。

釋文："……字号。同／……趙信，崇寧／
……年十二月二十一日／葬訖。"

著錄：《北宋陝州漏澤園》202 頁。

附註：此為漏澤園墓記磚。

1321　張寧墓記磚（第一種）
北宋崇寧五年（1106）十二月二十三日葬
1985 年至 1994 年間河南三門峽市上村嶺
向陽村出土。

乾刻銘文。行書，4 行，行 8 至 11 字，計
34 字。30×30.5×5cm。

釋文："表字号。東京宣武指／揮兵士張
寧，年約三十七／八歲，崇寧五年十
二月二／十三日葬埋記。"

著錄：《北宋陝州漏澤園》203 頁。

1322　張寧墓記磚（第二種）
北宋［崇寧五年（1106）］十二月二十三日
葬
1985 年至 1994 年間河南三門峽市上村嶺
向陽村出土。

乾刻銘文。行書，4 行，行 8 至 11 字，計

34 字。30.5×30.5×4.5cm。

釋文："表字号。東京宣武指/揮兵士張寧，年約三十七/八歲，崇寧五年十二月二十三日/葬埋記。"

著錄：《北宋陝州漏澤園》204 頁。

附註：此為漏澤園墓記磚。

35 字。30.5×30.5×5cm。

釋文："空字号。城東廂身死，/不知姓名軍人，年約四十/六七歲，崇寧五年十二月二十七日/葬埋記。"

著錄：《北宋陝州漏澤園》207 頁。

附註：此為漏澤園墓記磚。

1323　張仁福墓記磚

北宋崇寧五年（1106）十二月二十四日葬

1985 年至 1994 年間河南三門峽市上村嶺向陽村出土。

乾刻銘文。行書，4 行，行 9 至 11 字，計 33 字。30×30×4.5cm。

釋文："正字号。本縣南村百姓/張仁福，年約六十六七歲，/崇寧五年十二月二十四日/葬埋記。"

著錄：《北宋陝州漏澤園》205 頁。

附註：此為漏澤園墓記磚。

1326　崇寧五年殘墓記磚

北宋崇寧五年（1106）十（下缺）

河南洛陽老集出土，藏中國社會科學院考古研究所考古博物館洛陽分館。

乾刻銘文。行書，存 2 行，計存 14 字。磚存前半。30.5×21.7cm。

釋文："乙丑九十号。丁安汝州/……崇寧五年十/……"

著錄：《中國社會科學院考古研究所考古博物館洛陽分館》113 頁。

附註：此為漏澤園墓記磚。

1324　無名氏軍人墓記磚（甲子空字號第一種）

北宋崇寧五年（1106）十二月二十七日葬

1985 年至 1994 年間河南三門峽市上村嶺向陽村出土。

乾刻銘文。行書，4 行，行 8 至 10 字，計 35 字。30.5×30.5×5cm。

釋文："空字號。城東廂身死，/不知姓名軍人，年約四十/六七歲，崇寧五年十二月/二十七日葬埋記。"

著錄：《北宋陝州漏澤園》206 頁。

附註：此為漏澤園墓記磚。

1327　馬元墓記磚

北宋大觀元年（1107）四月二十五日

溵陽端方舊藏，曾歸南皮張仁蠡，後歸北京大學文研所，1952 年後藏故宮博物院。

乾刻銘文。正書，7 行，行 5、6 字不等，上方刻 1 字，計 38 字。33.5×32.5×5cm。

釋文："律。/准縣尉公文詣，/居養所撿（檢）得/居養人馬元，/因卒患身死，/依條葬漏澤/園。大觀元年四月二十五日記。"

著錄：《陶齋藏石記》卷 40/7；《雪堂專錄·專誌徵存》15 葉；《北京圖書館藏中國歷代石刻拓本彙編》冊 41/142 頁；《北京圖書館藏墓誌拓片目錄》449；《中國磚銘》圖版 1122。

1325　無名氏軍人墓記磚（甲子空字號第二種）

北宋崇寧五年（1106）十二月二十七日葬

1985 年至 1994 年間河南三門峽市上村嶺向陽村出土。

乾刻銘文。行書，4 行，行 8 至 10 字，計附註：此為漏澤園墓記磚。

1328　無名氏墓記磚（羔字號）

北宋大觀元年（1107）五月二十一日

1960 年陝西岐山縣出土，藏陝西省博物館。

乾刻銘文。正書，5 行，行字不等，計 25 字。尺寸不詳。

釋文："羔字号，五姓保/姜亮，送到骨/殖一副訖。大觀/元年五月二十/一日。"

著錄：何正璜《宋無名氏墓磚》（《文物》1966 年 1 期）。

附註：此為漏澤園墓記磚。

1329　無名氏墓記磚（王字號）

北宋大觀元年（1107）六月二十一日

1956 年山西呂梁地區出土。

乾刻銘文。正書，6 行，行 8 至 10 字不等，計 55 字。35×35cm。

釋文："王字号，歸仁鄉東吳/村根，拾到不知姓名暴/露男子骸骨一副。不記/年月日身死，並無子孫、父/母、兄弟，於大觀元年六（漏刻"月"字）/二十一日葬訖。給地捌赤（尺）。"

著錄：楊紹舜《呂梁縣發現了罐葬墓群》（《文物》1959 年 6 期）。

附註：此為漏澤園墓記磚。

1330　王普墓記磚

北宋大觀元年（1107）九月二十五日葬

2000 年寧夏彭陽縣白陽鎮姚河村出土，藏彭陽縣文物站。

乾刻銘文。正書，5 行，行字不等，計 41 字。36×36×6cm。

釋文："宇字号，本城無主百姓王/普於熙寧廿年四月/十五日寄在壽聖/院，至大觀元年九月二/十五日殯葬于此。"

著錄：《彭陽縣文物志》146 頁。

附註：此為漏澤園墓記磚。

1331　張元墓記磚

北宋大觀元年（1107）九月二十六日葬

清末出土，曾歸定海方若。

乾刻銘文。正書，4 行，行 6 至 8 字，計 29 字。尺寸不詳。

釋文："度字号。大統元年/九月二十六日葬訖。/本縣□武第八指揮/單身兵士張元。"

著錄：《雪堂專錄·專誌徵存》15 葉；《六朝墓誌檢要》207 頁（作"西魏"）；《中國磚銘》圖版 1164。

附註：此為漏澤園墓記磚。年號"大觀"，被後人剡作"大統"，充作西魏刻。

1332　無名氏墓記磚（名字號）

北宋大觀元年（1107）閏十月二十六日葬

1960 年陝西岐山縣出土，藏陝西省博物館。

乾刻銘文。正書，7 行，行字不等，計 51 字。尺寸不詳。

釋文："役龍邑保府村社/王大义，送到院棄內/不知的其年月身死/无主骨殖一副，給/地八赤（尺），今於名字号，/大觀元年潤（閏）十月二/十六日葬訖。"

著錄：何正璜《宋無名氏墓磚》（《文物》1966 年 1 期）。

附註：此為漏澤園墓記磚。

1333　張忙歌墓記磚

北宋大觀元年（1107）十二月七日

乾刻銘文。正書，5 行，行 6 至 8 字，計
29 字。30×30cm。

釋文："雲字号。威勇軍/人男張忙歌。大
/觀元年十二月初七/日，威勇 軍 人
張/開送□。"

附註：此為漏澤園墓記磚。

1334　李忠墓記磚

北宋大觀二年（1108）正月十九日葬

1985 年至 1994 年間河南三門峽市上村嶺
向陽村出土。

乾刻銘文。行書，5 行，行 6 至 9 字，計
37 字。31×31.5×5cm。

釋文："戊辰貳字号。/使衙判送下在州安
/济坊擡到解州蓮/花鋪兵士李忠，大
觀/二年正月十九日葬訖。"

著錄：《北宋陝州漏澤園》266 頁。

附註：此為漏澤園墓記磚。

1335　商文墓記磚

北宋大觀二年（1108）七月三日葬

1985 年至 1994 年間河南三門峽市上村嶺
向陽村出土。

乾刻銘文。行書，5 行，行 7 至 10 字，計
40 字。30.5×30.5×5cm。

釋文："戊辰肆拾三字号。/使衙判送下在
州安济坊/擡到汝州往武指揮兵/士商
文，大觀二年七月初/三日葬訖。"

著錄：《北宋陝州漏澤園》279 頁。

附註：此為漏澤園墓記磚。

1336　袁小姐墓記磚（第一種）

北宋［大觀三年（1109）］二月十六日葬

1985 年至 1994 年間河南三門峽市上村嶺

向陽村出土。

乾刻銘文。行書，5 行，行 6 至 8 字，計
34 字。31×31.3×5.3cm。

釋文："甲子假。左廂貧子/院賈青狀擡捃
/到本府人婦人袁/小姐，二月十六日
收/管，當日葬埋訖。"

著錄：《北宋陝州漏澤園》305 頁。

附註：此為漏澤園墓記磚。

1337　袁小姐墓記磚（第二種）

北宋大觀三年（1109）二月十六日葬

河南三門峽市上村嶺向陽村出土。採集
品，出土時間不詳。

乾刻銘文。行書，存 4 行，存 25 字。磚
存前半。31×20×5cm。

釋文："己巳陸拾柒字号。/左廂貧子院擡
到本/府人婦人袁小姐，□/觀三年
……"

著錄：《北宋陝州漏澤園》306 頁。

附註：此為漏澤園墓記磚。

1338　袁小姐墓記磚（第三種）

北宋［大觀三年（1109）］二月十六日葬

河南三門峽市上村嶺向陽村出土。採集
品，出土時間不詳。

乾刻銘文。行書，3 行，行 10 字，計 24
字。30×15.5×5cm。

釋文："甲子假。左廂貧子院賈青/狀擡
□□府婦人袁小姐，/二月［十］
［六］日收葬訖。"

著錄：《北宋陝州漏澤園》307 頁。

附註：此為漏澤園墓記磚。

1339　無名氏墓記磚（丙寅德字號）

北宋大觀三年（1109）十一月十一日葬

1965 年河南南陽東郊園藝廠出土，藏南陽

市博物館。

乾刻銘文。正書，5行，行字不等，計35
字。32×32cm。

釋文：“大觀三年十一月/十一日，第二都
保正/胡玉送到一副，本地分/沿右城
下見，丙寅/德字号葬。”

著錄：魏仁華《河南南陽發現宋墓》
（《考古》1966年1期）；《中國磚銘》
圖版1123。

附註：此為漏澤園墓記磚。

1340 鄭吉墓記磚

北宋大觀三年（1109）十二月廿三日葬

河南三門峽市上村嶺向陽村出土。採集
品，出土時間不詳。

乾刻銘文。行書，5行，行6至8字，計
29字。31×31×5cm。

釋文：“庚午八十四字/号。左廂攛到□/
州百姓鄭吉，大/觀三年十二月廿三/
日收埋訖。”

著錄：《北宋陝州漏澤園》312頁。

附註：此為漏澤園墓記磚。

1341 阿郭墓記磚

北宋大觀三年（1109）十二月廿四日葬

河南三門峽市上村嶺向陽村出土。採集
品，出土時間不詳。

乾刻銘文。行書，4行，行7字，存29
字。磚存大半。30×30×5cm。

釋文：“庚午八十伍字号。/永定廂攛到王
□/社婦人阿郭，大觀□三年十二月
二十四……”

著錄：《北宋陝州漏澤園》313頁。

附註：此為漏澤園墓記磚。

1342 戴青墓記磚

北宋大觀三年（1109）十二月廿四日葬

河南三門峽市上村嶺向陽村出土。採集
品，出土時間不詳。

乾刻銘文。行書，5行，行7至10字，計
38字。31.5×31×4.5cm。

釋文：“庚午八十柒字号。/司法送到河中
府/蕃落九十九指揮/兵士戴青，大觀
三/年十二月二十四日埋訖。”

著錄：《北宋陝州漏澤園》314頁。

附註：此為漏澤園墓記磚。

1343 無名氏殘墓記磚（八十九字號）

北宋大觀三年（1109）［十二月］廿六日
葬

河南三門峽市上村嶺向陽村出土。採集
品，出土時間不詳。

乾刻銘文。行書，4行，行存5字，計存
19字。磚上下均缺。尺寸不詳。

釋文：“八十九字号。/□□三□婦/大觀
三年/二十六日收”

著錄：《北宋陝州漏澤園》315頁，圖版
89-2。

附註：此為漏澤園墓記磚。

1344 王惟習母祖婆墓記磚

北宋大觀四年（1110）十月十四日葬

1990年甘肅天水市秦城區王家新窯村出
土。

乾刻銘文。正書，左行，4行，行6至8
字，計29字。31.5×18.5cm。

釋文：“大宋大觀四年十月/十四日，葬王
宅。祖婆，/記之。孫子寶柱、/長子
惟習等四人。”

著錄：甘肅省文物考古研究所《甘肅天水
市王家新窯宋代雕磚墓》（《考古》

239

2002 年 11 期）。

1345 周臻等重建塔記碑
周詵題
北宋政和元年（1111）六月十四日題
在江蘇常熟。
乾刻銘文。正書，6 行，行 10 至 15 字不
等，計 74 字。尺寸不詳。
釋文："大宋国蘇常熟縣思政鄉錢/莊居住
弟子周臻，在茜涇坊充/勾當，坊衆
為見本邑市心有塼/塔一所，多年損
壞，今來重新建/造。坊衆直按袁智、
蔣慶、黃迪等。/甘政和元年六月十
四日寫畢。周詵題。"
著錄：《中國磚銘》圖版 1124。

1346 無名氏墓記磚（丙寅□字號）
北宋政和二年（1112）七月十七日葬
1965 年河南南陽東郊園藝場出土，藏南陽
市博物館。
乾刻銘文。正書，5 行，行字不等，計 39
字。31×31×5cm。
釋文："政和二年七月十七日，/第二都保
正李善/送到遺骸一副，本地/分沿城
東古堤下見。/丙寅□字号葬訖。"
著錄：魏仁華《河南南陽發現宋墓》
（《考古》1966 年 1 期）；《中國磚銘》
圖版 1125。
附註：此為漏澤園墓記磚。

1347 彭琮墓記磚
北宋政和三年（1113）十一月三十日葬
1967 年河南滑縣八里營鄉萬集村出土，藏
滑縣文物管理所。
乾刻銘文。正書，5 行，行 7 至 9 字不等，
計 40 字。32×32×6cm。

釋文："據所由王用等□□□/安濟坊檢
訖。因病身/死軍人彭琮尸首/葬。二
十二字号。政和三/年十一月三十
日。"
著錄：宋采義、予嵩《談河南滑縣發現北
宋的漏澤園》（《河南大學學報》哲
學社會科學版 1986 年 4 期）；《新中
國出土墓誌·河南［壹]》24（作
"王用墓誌"）。
附註：此為漏澤園墓記磚。

1348 無名氏墓記磚（乙亥五十一字號）
北宋政和四年（1114）六月
1972 年河南洛陽北瑤龐家溝出土。
乾刻銘文。正書，5 行，行存 5、6 字不
等，計存 25 字。磚下半殘缺。尺寸
不詳。
釋文："乙亥五十一字 号 。/仵作行人□/
上東門外/不知姓名/政和四年 六 "
著錄：賀官保《西京洛陽漏澤園墓磚》
（《文物資料叢刊》7 集，1983 年）。
附註：此為漏澤園墓記磚。

1349 太平坊街砌街施主題名磚
北宋政和四年（1114）八月十日
1981 年江蘇蘇州通和坊出土。
乾刻銘文。行書，分刻二磚，第一磚 12
行，第二磚 9 行，行字不等，共計
218 字。均 30×30×5cm。
釋文：第一磚："今具砌太平坊街昇平橋
止（至）/太平橋施主名姓：/奉議郎
章振、司戶潘佀，進士張伯/龍、張
幾，衆戶張源、陳擇、章亮、吉/洗、
俞迪、万慶、鄔典、陳蒲、周彥/榮、
張厚、彭懷德、張覺、吳瑾、/阮評、

章珉、章潛、黃宗古、陳/祥、陳湘、黃完、徐績、徐慶、陸/密、李忠吉、徐詢、徐登、袁實、/劉文貴、陸迥、金貴、王達、蔣真、/鄭氏大娘、富氏十娘、朱氏/五娘、張氏三娘同施錢。"

第二磚："捨米施主：/鄒大郎、王十一叔、袁六叔、徐七郎、徐三八郎、/金三郎、徐十二叔、許二郎、湯九郎、金四郎、/謝九郎、章八太孺，/比丘志清、惠曇同施錢。/政和四年歲次甲午七月/壬申初八日辛巳下手，八月/初十日畢工。砌匠金贊同，/勾當僧法忠，都勸緣丁璋。"

著錄：朱薇君《蘇州新發現兩塊宋代刻字磚》(《文博通訊》1982年6期)。

1350 政和四年十月十八日殘墓記磚

北宋政和四年（1114）十月十八日

1972年河南洛陽北瑤龐家溝出土。

乾刻銘文。正書，1行9字，僅存碎塊。尺寸不詳。

釋文："政和四年十月十八日"

著錄：賀官保《西京洛陽漏澤園墓磚》(《文物資料叢刊》7集，1983年)。

1351 政和四年十月殘墓記磚

北宋政和四年（1114）十月

1972年河南洛陽北瑤龐家溝出土。

乾刻銘文。正書，1行6字，僅存碎塊。尺寸不詳。

釋文："政和四年十月"

著錄：賀官保《西京洛陽漏澤園墓磚》(《文物資料叢刊》7集，1983年)。

附註：此為漏澤園墓記磚。

1352 張辛墓記磚

北宋政和四年（1114）十一月一日葬

1967年河南滑縣八里營鄉萬集村出土，藏滑縣文物管理所。

乾刻銘文。正書，4行，行5至8字不等，計24字。31×31×6cm。

釋文："甲子十九字号。軍劫/賊張辛尸首。/政和四年十一月/初一日葬。"

著錄：宋采義、予嵩《談河南滑縣發現北宋的漏澤園》(《河南大學學報》哲學社會科學版1986年4期)；《新中國出土墓誌·河南［壹］》25；《中國磚銘》圖版1126。

附註：此為漏澤園墓記磚。

1353 聶真墓記磚

北宋［政］和四年（1114）十一月五日

1972年河南洛陽北瑤龐家溝出土。

乾刻銘文。正書，4行，計存19字。磚上半殘缺。尺寸不詳。

釋文："□字□号。/病院穎昌府牢/揮聶真，/□和□四年十一月五日"

著錄：賀官保《西京洛陽漏澤園墓磚》(《文物資料叢刊》7集，1983年)。

附註：此為漏澤園墓記磚。

1354 劉在墓記磚

北宋政和五年（1115）二月十二日

1972年河南洛陽北瑤龐家溝出土。

乾刻銘文。正書，5行，行字不等，計存32字。31×31cm。

釋文："丁丑四十九字号。/殿前虎翼左七指/揮王和，送到外生劉/在尸。/政和五年二月十二"

著錄：賀官保《西京洛陽漏澤園墓磚》

（《文物資料叢刊》7 集，1983 年）。

附註：此為漏澤園墓記磚。

1355　裴青墓記磚（第一種）

北宋政和五年（1115）三月七日

1972 年河南洛陽北瑤龐家溝出土。

乾刻銘文。正書，4 行，行字不等，計存 24 字。尺寸不詳。

釋文："甲子西字号。/病院安吉送到/保安軍裴青尸。/政和五年三月七"

著錄：賀官保《西京洛陽漏澤園墓磚》（《文物資料叢刊》7 集，1983 年）。

附註：此為漏澤園墓記磚。裴青墓記磚相同者二塊。一塊刻錯區域號，是廢品；一塊未刻錯，係使用者，此為使用者。

1356　裴青墓記磚（第二種）

北宋政和五年（1115）三月七日

1972 年河南洛陽北瑤龐家溝出土。

乾刻銘文。正書，4 行，計存 19 字。磚上半殘缺。尺寸不詳。

釋文："□□□字号。/病院安吉送到/軍裴青尸。/年三月七"

著錄：賀官保《西京洛陽漏澤園墓磚》（《文物資料叢刊》7 集，1983 年）。

附註：此為漏澤園墓記磚。裴青墓記磚相同者二塊。一塊未刻錯，係使用者，一塊刻錯區域號，是廢品。此為廢品磚。

1357　□千墓記磚

北宋政和五年（1115）七月

1972 年河南洛陽北瑤龐家溝出土。

乾刻銘文。正書，5 行，行存字不等，計存 20 字。磚下半殘缺。尺寸不詳。

釋文："庚辰二字/華州壯成指/李成送到/千尸。/政和五年七……"

著錄：賀官保《西京洛陽漏澤園墓磚》（《文物資料叢刊》7 集，1983 年）。

附註：此為漏澤園墓記磚。

1358　政和五年十月八日殘墓記磚

北宋政和五年（1115）十月八日

1972 年河南洛陽北瑤龐家溝出土。

乾刻銘文。正書，1 行 7 字。僅存碎塊。尺寸不詳。

釋文："政和五年十月八"

著錄：賀官保《西京洛陽漏澤園墓磚》（《文物資料叢刊》7 集，1983 年）。

附註：此為漏澤園墓記磚。

1359　□順殘墓記磚

北宋政和五年（1115）十月

1972 年河南洛陽北瑤龐家溝出土。

乾刻銘文。正書，3 行，計存 9 字。磚存左上角。尺寸不詳。

釋文："□□/……順尸。/政和五年十"

著錄：賀官保《西京洛陽漏澤園墓磚》（《文物資料叢刊》7 集，1983 年）。

附註：此為漏澤園墓記磚。

1360　謝忠殘墓記磚

北宋政和六年（1116）二月五日

1972 年河南洛陽北瑤龐家溝出土。

乾刻銘文。正書，3 行，計存 11 字。磚存左上角。尺寸不詳。

釋文："……謝吉送/謝忠尸……和六/年二月五"

著錄：賀官保《西京洛陽漏澤園墓磚》（《文物資料叢刊》7 集，1983 年）。

附註：此為漏澤園墓記磚。

1361 路吉殘墓記磚

北宋政和六年（1116）三月十五日

1972 年河南洛陽北瑤龐家溝出土。

乾刻銘文。正書，2 行，計存 11 字。磚前
半殘缺。尺寸不詳。

釋文："……路吉尸。政和六年／三月十
五"

著錄：賀官保《西京洛陽漏澤園墓磚》
（《文物資料叢刊》7 集，1983 年）。

附註：此為漏澤園墓記磚。

1362 宋惠國妻馮氏墓銘磚

北宋政和六年（1116）四月十日

1992 年山西繁峙縣杏園村出土。

乾刻銘文。正書，10 行，行 11 字，計 93
字。有方界格。33×33×5cm。

釋文："維大宋政和六年歲次丙申／四月甲
子朔初十日癸酉，／曾祖玘，贈太師，
秦國公。／祖祁，贈司徒，守太尉。／
父惠國，故任朝□大夫、知岳／州。
男宋偉，今扶□／母太君馮氏□靈，
權攢河／東路代州繁時縣武周鄉故／城
村西南平原，地去縣二里。／墓之銘
記。"

著錄：李裕民、李宏如《北宋馮氏磚志
考》（《文物季刊》1993 年 4 期）。

1363 政和六年四月十四日殘墓記磚

北宋政和六年（1116）四月十四日

1972 年河南洛陽北瑤龐家溝出土。

乾刻銘文。正書，4 行，計存 14 字。磚前
半殘缺。尺寸不詳。

釋文："……揮／□大夫／□尸。政和六／年
四月十四"

著錄：賀官保《西京洛陽漏澤園墓磚》
（《文物資料叢刊》7 集，1983 年）。

附註：此為漏澤園墓記磚。

1364 無名氏墓記磚（丁丑□字號）

北宋政和六年（1116）九月十□日葬

河南三門峽市上村嶺向陽村出土。採集
品，出土時間不詳。

乾刻銘文。行書，6 行，存 27 字。磚存大
半。30×30×3cm。

釋文："丁丑……字号。／本縣……□□／
□□……□□／客人□□尸……／政和
六年九月十……／葬埋訖。"

著錄：《北宋陝州漏澤園》338 頁。

附註：此為漏澤園墓記磚。

1365 王信墓記磚

北宋政和七年（1117）四月十日葬

1967 年河南滑縣八里營鄉萬集村出土，藏
滑縣文物管理所。

乾刻銘文。正書，5 行，行 2 至 7 字，計
27 字。29×29×5cm。

釋文："乙丑九字号。居養院／人王信尸
首。年八／十一歲。／政和七年四月十
／日葬。"

著錄：宋采義、予嵩《談河南滑縣發現北
宋的漏澤園》（《河南大學學報》哲
學社會科學版 1986 年 4 期）；《新中
國出土墓誌·河南［壹］》26。

附註：此為漏澤園墓記磚。

1366 □青妻阿李墓記磚

北宋政和七年（1117）四月二（下缺）

1972 年河南洛陽北瑤龐家溝出土。

乾刻銘文。正書，5 行，計存 27 字。31×
31cm。

釋文："乙丑冠字号。／西郢州勁武指／揮
□青送到妻／阿李尸。政和七／年四月

二"

著錄：賀官保《西京洛陽漏澤園墓磚》
（《文物資料叢刊》7 集，1983 年）。

附註：此為漏澤園墓記磚。

1367 胡光國墓記磚

北宋政和七年（1117）五月九日葬

近年山東濟南出土，濟南徐國衛藏磚。

乾刻銘文。正書，存 7 行，行 8 字，計存
55 字。磚左半缺。32.5×28.5cm。

釋文："大宋胡光國元賓，濟/南禹息人，
西京留守/推官之季子。春秋三/十
一。政和六年丙申/歲夏六月廿六日
卒，/次年丁酉五月己丑/□ 初 九日
丁酉葬扵/（下缺）"

附註：依《二十史朔閏表》，政和七年五
月戊子朔初九日丙申，比此磚干支早
一天。濟南府，北宋政和六年升齊州
置，治所在歷城縣（今濟南市）。是
磚刻於政和七年，有"濟南"稱謂記
載，是濟南地名變遷之物證。此磚拓
片由濟南聚雅齋徐國衛先生提供。

1368 李藻墓記磚

北宋政和八年（1118）六月二十八日葬

1967 年河南滑縣八里營鄉萬集村出土，藏
滑縣文物管理所。

乾刻銘文。正書，5 行，行 6 至 9 字，計
32 字。33×33cm。

釋文："乙丑四十八字号，軍人/李藻尸
首，年約/三十七八，已來。政和/八
年六月二十八日/葬。"

著錄：《新中國出土墓誌·河南［壹］》
27；《中國磚銘》圖版 1127。

附註：此為漏澤園墓記磚。

1369 王德墓記磚

北宋政和八年（1118）七月十三日葬

1989 年河北磁縣觀臺鎮出土。

乾刻銘文。正書，7 行，行 7 至 11 字不
等，計 61 字。36.5×36.5cm。

釋文："政和八年七月十三日。據婦/人阿
李狀，有夫王德，年/五十三歲，於
今月十二日夜/三更已來亡了。切念/
家貧，乞情願葬漏澤/園，當日付本
園甲/子第九十號，埋訖。"

著錄：磁縣文物保管所《磁縣發現北宋漏
澤園叢葬地》（《文物春秋》1992 年 2
期）。

附註：該墓區共出土漏澤園墓記磚 17 塊，
此為其中之一。

1370 伊德墓記磚

北宋政和八年（1118）九月十二日葬

1967 年河南滑縣八里營鄉萬集村出土，藏
滑縣文物管理所。

乾刻銘文。正書，5 行，行 5 至 8 字，計
28 字。32×32cm。

釋文："乙丑五十二字号。百/姓伊真乞葬
弟伊/德尸首。政和八年/九月十二日
/葬。"

著錄：《新中國出土墓誌·河南［壹］》
28；《中國磚銘》圖版 1128（作"伊
真"）。

附註：此為漏澤園墓記磚。

1371 聶青墓記磚

北宋政和八年（1118）十月二十八日葬

1967 年河南滑縣八里營鄉萬集村出土，藏
滑縣文物管理所。

乾刻銘文。正書，5 行，行 6 至 9 字，計
32 字。約 30×30×5cm。

釋文："乙丑五十九字号，軍/人聶青尸首，年約/二十四五，已來。/政和八年十月二十八/日葬。"

著錄：宋采義、予嵩《談河南滑縣發現北宋的漏澤園》（《河南大學學報》哲學社會科學版1986年4期）。

附註：此為漏澤園墓記磚。

1372　無名氏軍人墓記磚（乙丑六十字號）

北宋政和八年（1118）十月二十八日葬

1967年河南滑縣八里營鄉萬集村出土，藏滑縣文物管理所。

乾刻銘文。正書，5行，行6至8字，計28字。約30×30×5cm。

釋文："乙丑六十字号，不/知名軍人尸首，/年約二十一二，已來。/政和八年同日/葬。"

著錄：宋采義、予嵩《談河南滑縣發現北宋的漏澤園》（《河南大學學報》哲學社會科學版1986年4期）。

附註：此為漏澤園墓記磚。同墓地乙丑五十九字号聶青，政和八年十月二十八日葬。此乙丑六十字号，政和八年同日葬，當與聶青葬日相同。

1373　政和年殘墓記磚

北宋政和（1111～1117）

1972年河南洛陽北瑤龐家溝出土。

乾刻銘文。正書，5行，計存13字。磚下半殘缺。尺寸不詳。

釋文："任（壬）午十七字/西京□/到父/首/政和……"

著錄：賀官保《西京洛陽漏澤園墓磚》（《文物資料叢刊》7集，1983年）。

附註：此為漏澤園墓記磚。

1374　無名氏軍人墓記磚（乙丑六十八字號）

北宋重和二年（1119）二月五日葬

1967年河南滑縣八里營鄉萬集村出土，藏滑縣文物管理所。

乾刻銘文。正書，5行，行7至9字，計33字。33×33cm。

釋文："乙丑六十八字号。不/知姓名軍人尸首，年/約四十一二，已來。重和/二年二月初五日/葬。"

著錄：《新中國出土墓誌·河南［壹］》29；《中國磚銘》圖版1128。

附註：此為漏澤園墓記磚。

1375　王立墓記磚

北宋重和二年（1119）二月六日葬

1967年河南滑縣八里營鄉萬集村出土，藏滑縣文物管理所。

乾刻銘文。正書，5行，行6、7字，計29字。29×29×5cm。

釋文："乙丑六十九字号。/婦人阿李，無力，/乞葬夫王立尸首。/重和二年二月六/日記。"

著錄：宋采義、予嵩《談河南滑縣發現北宋的漏澤園》（《河南大學學報》哲學社會科學版1986年4期）；《新中國出土墓誌·河南［壹］》30；《中國磚銘》圖版1129。

附註：此為漏澤園墓記磚。

1376　藥三等人墓記磚

北宋宣和三年（1121）四月二十二日葬

溴陽端方舊藏。

乾刻銘文。正書，6行，行字不等，計33字。30×30.3cm。

釋文："藥三、郭下問、甘/成、馬□，因患身死，/逃軍段貴/尸首，/宣和三

245

年四月廿二日/□□園葬訖。"

著錄:《陶齋藏石記》卷40/15;《北京圖
書館藏中國歷代石刻拓本彙編》冊
42/115頁。

附註:此為漏澤園墓記磚。

1377 王諫、王義墓記磚

北宋宣和五年（1123）三月十九日葬

1991年山西壺關縣黃山鄉好牢村出土,藏
長治市博物館。

乾刻銘文。正書,7行,行字不等,計77
字。有豎界欄。尺寸不詳。

釋文:"上好牢村,孝子/王諫並弟王義二
人□,/癸卯宣和伍年三月十九日壬
申/日葬畢。伏以尊靈雅葬,□已□/
□□安吉。塋財稱意,百事通泰,/
代代人安,吉昌,大吉利。歲載癸卯
李□/□中列九日故記耳。山□……"

著錄:王進先《山西壺關下好牢宋墓》
（《文物》2002年5期）。

1378 吳大墓記磚

北宋宣和六年（1124）正月十日葬

1967年河南滑縣八里營鄉萬集村出土,藏
滑縣文物管理所。

乾刻銘文。正書,4行,行8、9字,計29
字。35×35cm。

釋文:"丙寅五十六字号。殺/死賊人吳大
尸腔,不得/年類。宣和六年正月初/
十日葬。"

著錄:《新中國出土墓誌·河南［壹］》
31。

附註:此為漏澤園墓記磚。

1379 閻氏十八娘買地券磚

北宋宣和六年（1124）七月七日

1996年四川成都金牛區天回鄉甘油村出
土。

乾刻銘文。正書,13行,行15至21字,
計239字。有豎界欄。38.7×38.7×
3.4cm。

釋文:"維宣和六年太歲甲辰七月丙子朔
初七日,今有大宋/國釣南西川蜀郡
成都府新都縣化林鄉/居住大道高姓
㳇故亡人閻氏十八娘,生居神邑,死
/歸蒿里,龜筮襲吉,元龜有四足,
即日用銀錢財/伍百貫文,就此青天
父后土母十二位社稷主邊處,/買得
前件墓田壹所,東至青龍,西至白
虎,南至/朱雀,北至玄武,上至青
天,下至黃泉,中至明堂,四/至分
明,即日錢財交付,與天地神明了。
其地保人張/堅固、李定度,仙人王
喬、海中童子青鳥玄武等,登/見人
東王父、西王母,書券人天上石功
曹,讀人地下金/主簿,書人了歸上
天,讀人了入黃泉,葬已後留/貴高
遷,地券壹通,永鎮墓。急急一如律
/令。宣和元年袁家燒造地券一福
了。"

著錄:成都市文物考古工作隊《成都北郊
甘油村發現北宋宣和六年墓》（《四川
文物》1999年3期）。

1380 張德墓記磚

北宋宣和六年（1124）八月八日葬

1967年河南滑縣八里營鄉萬集村出土,藏
滑縣文物管理所。

乾刻銘文。正書,5行,行7、8字,計32
字。30×30cm。

釋文:"丙寅七十字号。隨/遞軍人張德尸
首,/年約二十四五,已來。/宣和六

年八月初八/日葬。"

著錄：《新中國出土墓誌·河南［壹］》
　　　32。

附註：此為漏澤園墓記磚。

1381　李旺墓記磚

北宋宣和六年（1124）九月十七日葬

1967 年河南滑縣八里營鄉萬集村出土，藏
　　滑縣文物管理所。

乾刻銘文。正書，4 行，行 8、9 字，計 33
　　字。29×29cm。

釋文："丙寅八十四字号。獄/内罪人李旺
　　尸首，年/約三十六七，已來。宣和/
　　六年九月十七日葬。"

著錄：《新中國出土墓誌·河南［壹］》
　　　33；《中國磚銘》圖版 1129。

附註：此為漏澤園墓記磚。

1382　宋四郎葬記磚

北宋宣和八年（1126）二月一日葬

1983 年河南新安縣石寺鄉李莊出土，藏洛
　　陽古墓博物館。

乾刻銘文。正書，7 行，行 7 字，計 49
　　字。尺寸不詳。

釋文："宋四郎家外宅墳，/新安縣裏郭午
　　居/住。塼作人賈博士、/劉博士，庄
　　住張窯，/同共砌墓。畫墓人/楊彪。
　　宣和捌年貳/月初一日大葬記。"

著錄：《洛陽古墓博物館》50 頁

1383　□德殘墓記磚

北宋宣和（1119~1125）

1972 年河南洛陽北瑤龐家溝出土。

乾刻銘文。正書，存 2 行，計存 8 字。磚
　　存右下角。尺寸不詳。

釋文："……仁女姐兒/德尸。宣和……"

著錄：賀官保《西京洛陽漏澤園墓磚》
　　　（《文物資料叢刊》7 集，1983 年）。

附註：此為漏澤園墓記磚。

1384　應天佛塔磚

北宋（960~1126）

浙江紹興飛來山應天佛塔塔磚。

乾刻銘文。正書，1 行 5 字。尺寸不詳。

釋文："應天佛塔磚。"

著錄：高軍《紹興應天塔》（《文物》
　　　1987 年 2 期）。

附註：應天塔建於北宋乾德元年。塔壁各
　　層內外砌有大量刻字磚，磚面刻有捐
　　磚信徒的名字及所捐數量，如"信女
　　趙氏捨磚五十塊"。

1385　願吳越國万歲磚

（釋）嗣卿書

北宋（960~1126）

浙江黃岩市潮濟鄉靈石寺塔磚。

濕刻銘文。行草書，左行，2 行，計 19
　　字。29.5×14×3.5cm。

釋文："長願吳越國錢万歲万歲。/寺主經
　　律大德嗣卿記。"

著錄：臺州地區文管會、黃岩石博物館
　　　《浙江黃岩靈石寺塔文物清理報告》；
　　　盧英逴《別具一格的北宋靈石寺塔磚
　　　書》（《東南文化》1991 年 5 期）（編
　　　號 21）。

附註：1987 年大修靈石寺塔時發現 60 餘
　　塊刻字磚。該塔始建於北宋乾德三
　　年，至咸平元年建成，刻字磚均鐫於
　　此期間。

1386　吳越過四代王磚

月常書

北宋（960～1126）

浙江黃岩市潮濟鄉靈石寺塔磚。

濕刻銘文。行草書，2 行，計 8 字。磚上
　　半殘缺。26×14.5×3.5cm。

釋文："……越過四代王也。/月常。"

著錄：臺州地區文管會、黃岩石博物館
　　《浙江黃岩靈石寺塔文物清理報告》；
　　盧英逴《別具一格的北宋靈石寺塔磚
　　書》（《東南文化》1991 年 5 期）（編
　　號 22）。

附註：1987 年大修靈石寺塔時發現 60 餘
　　塊刻字磚。該塔始建於北宋乾德三
　　年，至咸平元年建成，刻字磚均鎸於
　　此期間。

1387　敬顯題記磚

（釋）敬顯書

北宋（960～1126）

浙江黃岩市潮濟鄉靈石寺塔磚。

濕刻銘文。行草書，3 行，行 6 至 8 字，
　　計 22 字。32.5×15.5×3.5cm。

釋文："刺史裴、縣令徐、/副寺主大德敬
　　顯記。/寺主經律大德嗣卿。"

著錄：臺州地區文管會、黃岩石博物館
　　《浙江黃岩靈石寺塔文物清理報告》；
　　盧英逴《別具一格的北宋靈石寺塔磚
　　書》（《東南文化》1991 年 5 期）（編
　　號 28）。

附註：1987 年大修靈石寺塔時發現 60 餘
　　塊刻字磚。該塔始建於北宋乾德三
　　年，至咸平元年建成，刻字磚均鎸於
　　此期間。

1388　紹宗號記磚

北宋（960～1126）

浙江黃岩市潮濟鄉靈石寺塔磚。

濕刻銘文。行草書，左行，2 行，計 15
　　字。31.6×15.1×3.5cm。

釋文："當寺僧紹宗號記，令/比丘尼八茂
　　記之。"

著錄：臺州地區文管會、黃岩石博物館
　　《浙江黃岩靈石寺塔文物清理報告》；
　　盧英逴《別具一格的北宋靈石寺塔磚
　　書》（《東南文化》1991 年 5 期）（編
　　號 33）。

附註：1987 年大修靈石寺塔時發現 60 餘
　　塊刻字磚。該塔始建於北宋乾德三
　　年，至咸平元年建成，刻字磚均鎸於
　　此期間。

1389　紹宗題記磚

（釋）紹宗書

北宋（960～1126）

浙江黃岩市潮濟鄉靈石寺塔磚。

濕刻銘文。行書，2 行，計 12 字。32.5×
　　16×4cm。

釋文："當寺比丘紹宗記/同并造塼者。"

著錄：臺州地區文管會、黃岩石博物館
　　《浙江黃岩靈石寺塔文物清理報告》；
　　盧英逴《別具一格的北宋靈石寺塔磚
　　書》（《東南文化》1991 年 5 期）（編
　　號 36）。

附註：1987 年大修靈石寺塔時發現 60 餘
　　塊刻字磚。該塔始建於北宋乾德三
　　年，至咸平元年建成，刻字磚均鎸於
　　此期間。

1390　鄔觜、蔣巳兒題名磚

北宋（960～1126）

浙江黃岩市潮濟鄉靈石寺塔磚。

濕刻銘文。行書，2 行，計 5 字。28.5×
　　15.5×5cm。

釋文："鄔觜/蔣巳兒。"
著錄：臺州地區文管會、黃岩石博物館《浙江黃岩靈石寺塔文物清理報告》；盧英逴《別具一格的北宋靈石寺塔磚書》（《東南文化》1991 年 5 期）（編號 42）。

附註：1987 年大修靈石寺塔時發現 60 餘塊刻字磚。該塔始建於北宋乾德三年，至咸平元年建成，刻字磚均鐫於此期間。

1391 僧一金題名磚

北宋（960～1126）

浙江黃岩市潮濟鄉靈石寺塔磚。

濕刻銘文。行書，1 行 3 字。16 × 15.5 × 4cm。

釋文："僧一金。"

著錄：臺州地區文管會、黃岩石博物館《浙江黃岩靈石寺塔文物清理報告》；盧英逴《別具一格的北宋靈石寺塔磚書》（《東南文化》1991 年 5 期）（編號 46）。

附註：1987 年大修靈石寺塔時發現 60 餘塊刻字磚。該塔始建於北宋乾德三年，至咸平元年建成，刻字磚均鐫於此期間。

1392 紹麟題記磚

（釋）紹麟書

北宋（960～1126）

浙江黃岩市潮濟鄉靈石寺塔磚。

濕刻銘文。行書，1 行 8 字。31.5 × 15 × 3.5cm。

釋文："靈石寺僧紹麟記耳。"

著錄：臺州地區文管會、黃岩石博物館《浙江黃岩靈石寺塔文物清理報告》；

盧英逴《別具一格的北宋靈石寺塔磚書》（《東南文化》1991 年 5 期）（編號 47）。

附註：1987 年大修靈石寺塔時發現 60 餘塊刻字磚。該塔始建於北宋乾德三年，至咸平元年建成，刻字磚均鐫於此期間。

1393 靈石寺磚

北宋（960～1126）

浙江黃岩市潮濟鄉靈石寺塔磚。

濕刻銘文。草書，1 行 3 字。34 × 15.5 × 4.5cm。

釋文："靈石寺。"

著錄：臺州地區文管會、黃岩石博物館《浙江黃岩靈石寺塔文物清理報告》；盧英逴《別具一格的北宋靈石寺塔磚書》（《東南文化》1991 年 5 期）（編號 48）。

附註：1987 年大修靈石寺塔時發現 60 餘塊刻字磚。該塔始建於北宋乾德三年，至咸平元年建成，刻字磚均鐫於此期間。

1394 座主大師題名磚

北宋（960～1126）

浙江黃岩市潮濟鄉靈石寺塔磚。

濕刻銘文。行書，1 行 4 字。35 × 16.3 × 4.5cm。

釋文："座主大師。"

著錄：臺州地區文管會、黃岩石博物館《浙江黃岩靈石寺塔文物清理報告》；盧英逴《別具一格的北宋靈石寺塔磚書》（《東南文化》1991 年 5 期）（編號 50）。

附註：1987 年大修靈石寺塔時發現 60 餘

塊刻字磚。該塔始建於北宋乾德三年，至咸平元年建成，刻字磚均鐫於此期間。

1395　上大人磚

北宋（960～1126）

浙江黃岩市潮濟鄉靈石寺塔磚。

濕刻銘文。行書，左行，3 行，行字不等，計 18 字。32.5×15.5×3.5cm。

釋文："上大人丘乙巳化三/千七十土尔小生/九子佳。"

著錄：臺州地區文管會、黃岩石博物館《浙江黃岩靈石寺塔文物清理報告》；盧英逴《別具一格的北宋靈石寺塔磚書》（《東南文化》1991 年 5 期）（編號 56）。

附註：1987 年大修靈石寺塔時發現 60 餘塊刻字磚。該塔始建於北宋乾德三年，至咸平元年建成，刻字磚均鐫於此期間。

1396　長江後浪催前浪磚

北宋（960～1126）

1981 年湖北鄖西縣城關鎮校場坡村出土。

乾刻銘文。正書，左行，4 行，行字不等，計 14 字。28.2×27.9×5cm。

釋文："長江後/浪催前/浪，世上新人/拽舊人。"

著錄：王假真《湖北鄖西校場坡一號宋墓》（《考古》1989 年 9 期）。

附註：與熙寧元年三月□日《張酒子題名磚》同時出土。

1397　世上人我見朝磚

北宋（960～1126）

1981 年湖北鄖西縣城關鎮校場坡村出土。

乾刻銘文。正書，左行，2 行，行 3 字，計 6 字。28.3×27.8×5cm。

釋文："世上人/我見朝。"

著錄：王假真《湖北鄖西校場坡一號宋墓》（《考古》1989 年 9 期）。

附註：與熙寧元年三月□日《張酒子題名磚》同時出土。

1398　有願不借各磚

北宋（960～1126）

1981 年湖北鄖西縣城關鎮校場坡村出土。

乾刻銘文。正書，左行，2 行，計 5 字。28.2×28×5cm。

釋文："有願不/借各。"

著錄：王假真《湖北鄖西校場坡一號宋墓》（《考古》1989 年 9 期）。

附註：與熙寧元年三月□日《張酒子題名磚》同時出土。

1399　委要知磚

北宋（960～1126）

1981 年湖北鄖西縣城關鎮校場坡村出土。

乾刻銘文。正書，左行，2 行，計 3 字。28.3×27.7×5cm。

釋文："委/要知。"

著錄：王假真《湖北鄖西校場坡一號宋墓》（《考古》1989 年 9 期）。

附註：與熙寧元年三月□日《張酒子題名磚》同時出土。

1400　均州居住記磚

北宋（960～1126）

1981 年湖北鄖西縣城關鎮校場坡村出土。

乾刻銘文。正書，左行，4 行，行字不等，計 18 字。28.3×27.7×5cm。

釋文："均州鄖鄉縣一/品鄉王城里/南門

村居/住。記之。"

著錄：王假真《湖北鄖西校場坡一號宋墓》（《考古》1989年9期）。

附註：與熙寧元年三月□日《張酒子題名碑》同時出土。

1401　常興墓記磚（第一種）

北宋（960～1126）十一月一日葬

1985年至1994年間河南三門峽市上村嶺向陽村出土。

乾刻銘文。行書，4行，行10、11字，計39字。27×28×3cm。

釋文："歲字号。常興，年二十七歲，/本府靈寶縣人，十月三十/日撿（檢）驗了當，十一月一日依/條立峯，葬埋記識訖。"

著錄：《北宋陝州漏澤園》60頁。

附註：此為漏澤園墓記磚。考古發掘者根據該墓地葬埋規律及本磚序號推斷，此磚約刻於崇寧四年。

1402　常興墓記磚（第二種）

北宋（960～1126）十一月一日葬

1985年至1994年間河南三門峽市上村嶺向陽村出土。

乾刻銘文。行書，5行，行7至9字，計39字。25×20×4cm。

釋文："歲字号。常興，年二/十七歲，本府靈寶/縣人，十月三十日撿（檢）驗/了當，十一月一日依/條立峯，葬埋記識訖。"

著錄：《北宋陝州漏澤園》61頁。

附註：此為漏澤園墓記磚。考古發掘者根據該墓地葬埋規律及本磚序號推斷，此磚約刻於崇寧四年。

1403　侯進墓記磚（第一種）

北宋（960～1126）十一月二日葬

1985年至1994年間河南三門峽市上村嶺向陽村出土。

乾刻銘文。行書，5行，行8、9字，計40字。28×20×4cm。

釋文："律字号。侯進，年七十二/歲，係本府三門水軍/營兵士，十一月一日撿（檢）/驗了當，二日依/條立峯，葬埋記識訖。"

著錄：《北宋陝州漏澤園》62頁。

附註：此為漏澤園墓記磚。考古發掘者根據該墓地葬埋規律及本磚序號推斷，此磚約刻於崇寧四年。

1404　侯進墓記磚（第二種）

北宋（960～1126）十一月二日葬

1985年至1994年間河南三門峽市上村嶺向陽村出土。

乾刻銘文。行書，5行，行8、9字，計40字。25×20×4cm。

釋文："律字号。侯進，年七十二/歲，係本府三門水軍/營兵士，十一月一日撿（檢）/驗了當，二日依/條立峯，葬埋記識訖。"

著錄：《北宋陝州漏澤園》63頁。

附註：此為漏澤園墓記磚。考古發掘者根據該墓地葬埋規律及本磚序號推斷，此磚約刻於崇寧四年。

1405　冊秀墓記磚（第一種）

北宋（960～1126）十一月四日葬

1985年至1994年間河南三門峽市上村嶺向陽村出土。

乾刻銘文。行書，5行，行8、9字，計43字。26×20×4cm。

釋文："呂字号。冊秀，年約二十/八九，係瀛州安遠弟（第）八/指揮兵士，十一月初三/日撿（檢）驗了當，四日依/條立峯，葬埋記識訖。"

著錄：《北宋陝州漏澤園》64 頁。

附註：此為漏澤園墓記磚。考古發掘者根據該墓地葬埋規律及本磚序號推斷，此磚約刻於崇寧四年。

1406　冊秀墓記磚（第二種）

北宋(960～1126) 十一月四日葬

1985 年至 1994 年間河南三門峽市上村嶺向陽村出土。

乾刻銘文。行書，6 行，行字不等，計 43 字。25×20×4cm。

釋文："呂字号。冊秀，年約二/十八九，係瀛州安遠/弟（第）八指揮兵士，十一月/初三日撿（檢）驗了當，四/日依條立峯，葬埋記識訖。"

著錄：《北宋陝州漏澤園》65 頁。

附註：此為漏澤園墓記磚。考古發掘者根據該墓地葬埋規律及本磚序號推斷，此磚約刻於崇寧四年。

1407　冊秀墓記磚（第三種）

北宋(960～1126) 十一月四日葬

1985 年至 1994 年間河南三門峽市上村嶺向陽村出土。

乾刻銘文。行書，5 行，行字不等，計 43 字。27.5×28×3cm。

釋文："調字号。冊秀，年約二十八/九，係瀛州安遠弟（第）八指/揮兵士，十一月初三日撿（檢）驗/了當，四日依/條立峯，葬埋記識訖。"

著錄：《北宋陝州漏澤園》66 頁。

附註：此為漏澤園墓記磚。考古發掘者根

據該墓地葬埋規律及本磚序號推斷，此磚約刻於崇寧四年。

1408　冊秀墓記磚（第四種）

北宋(960～1126) 十一月四日葬

1985 年至 1994 年間河南三門峽市上村嶺向陽村出土。

乾刻銘文。行書，5 行，行字不等，計 43 字。25.5×17×3.5cm。

釋文："調字号。冊秀，年約二十八/九，係瀛州安遠弟（第）八指/揮兵士，十一月初三日撿（檢）驗/了當，四日依/條立峯，葬埋記識訖。"

著錄：《北宋陝州漏澤園》67 頁。

附註：此為漏澤園墓記磚。考古發掘者根據該墓地葬埋規律及本磚序號推斷，此磚約刻於崇寧四年。

1409　張進墓記磚

北宋(960～1126) 十一月四日葬

1985 年至 1994 年間河南三門峽市上村嶺向陽村出土。

乾刻銘文。行書，3 行，行 12、13 字，計 30 字。30×16×5cm。

釋文："甲子調。澶州崇勝弟（第）十六指揮/兵士張進，十一月三日撿（檢）驗了當，/四日葬埋記。"

著錄：《北宋陝州漏澤園》68 頁。

附註：此為漏澤園墓記磚。考古發掘者根據該墓地葬埋規律及本磚序號推斷，此磚約刻於崇寧四年。

1410　劉進墓記磚

北宋(960～1126) 十一月八日葬

1985 年至 1994 年間河南三門峽市上村嶺向陽村出土。

乾刻銘文。行書，3 行，行 12、13 字，計
30 字。30×16×4cm。

釋文："甲子陽。本府雄勝弟（第）二指
揮軍/人劉進，十一月七日撿（檢）
驗了當，初/八日葬埋記。"

著錄：《北宋陝州漏澤園》69 頁。

附註：此為漏澤園墓記磚。考古發掘者根
據該墓地葬埋規律及本磚序號推斷，
此磚約刻於崇寧四年。

1411　無名氏婦人墓記磚（甲子雲字號第一種）

北宋(960～1126) 十一月八日葬

1985 年至 1994 年間河南三門峽市上村嶺
向陽村出土。

乾刻銘文。行書，4 行，行 9 至 13 字，計
41 字。27.5×27×3cm。

釋文："雲字号。不知姓名貧子/婦人，年
約七十四五，右廂身/死，十一月七
日撿（檢）驗了當，八日依/條立峯，
葬埋記識訖。"

著錄：《北宋陝州漏澤園》70 頁。

附註：此為漏澤園墓記磚。考古發掘者根
據該墓地葬埋規律及本磚序號推斷，
此磚約刻於崇寧四年。

1412　無名氏婦人墓記磚（甲子雲字號第二種）

北宋(960～1126) 十一月八日葬

1985 年至 1994 年間河南三門峽市上村嶺
向陽村出土。

乾刻銘文。行書，4 行，行 9 至 13 字，計
41 字。28×20×4cm。

釋文："雲字号。不知姓名貧子/婦人，年
約七十四五，右廂身/死，十一月七
日撿（檢）驗了當，八日依/條立峯，
葬埋記識訖。"

著錄：《北宋陝州漏澤園》71 頁。

附註：此為漏澤園墓記磚。考古發掘者根
據該墓地葬埋規律及本磚序號推斷，
此磚約刻於崇寧四年。

1413　張青墓記磚（第一種）

北宋(960～1126) 十一月十日葬

1985 年至 1994 年間河南三門峽市上村嶺
向陽村出土。

乾刻銘文。行書，5 行，行 9 至 11 字，計
46 字。28×20.5×4cm。

釋文："致字号。壕寨司兵士張/青，年約
三十八九，係蔡州勁/武弟（第）十
七指揮，十一月九日/撿（檢）驗了
當，十日依/條立峯，葬埋記識訖。"

著錄：《北宋陝州漏澤園》72 頁。

附註：此為漏澤園墓記磚。考古發掘者根
據該墓地葬埋規律及本磚序號推斷，
此磚約刻於崇寧四年。

1414　張青墓記磚（第二種）

北宋(960～1126) 十一月四日葬

1985 年至 1994 年間河南三門峽市上村嶺
向陽村出土。

乾刻銘文。行書，5 行，行 9 至 11 字，計
46 字。26×20×4cm。

釋文："致字号。壕寨司兵士張/青，年約
三十八九，係蔡州勁/武弟（第）十
七指揮，十一月九日/撿（檢）驗了
當，十日依/條立峯，葬埋記識訖。"

著錄：《北宋陝州漏澤園》73 頁。

附註：此為漏澤園墓記磚。考古發掘者根
據該墓地葬埋規律及本磚序號推斷，
此磚約刻於崇寧四年。

1415　張青墓記磚（第三種）

北宋(960～1126) 十一月十日葬

1985 年至 1994 年間河南三門峽市上村嶺
　　向陽村出土。

乾刻銘文。行書，3 行，行 12 至 14 字，
　　計 34 字。30 × 16 × 4cm。

釋文："甲子致。壕寨司兵士張青，蔡州／
　　勁武弟（第）十七指揮，十一月九日
　　撿（檢）驗／了當，初十日葬埋記。"

著錄：《北宋陝州漏澤園》74 頁。

附註：此為漏澤園墓記磚。考古發掘者根
　　據該墓地葬埋規律及本磚序號推斷，
　　此磚約刻於崇寧四年。

1416　白保墓記磚（第一種）

北宋(960～1126) 十一月十二日葬

1985 年至 1994 年間河南三門峽市上村嶺
　　向陽村出土。

乾刻銘文。行書，5 行，行 8 至 11 字，計
　　44 字。25 × 20 × 4cm。

釋文："雨字号。靜難軍人兵／士白保，年
　　約四十一二，於府／院身死，十一月
　　十一日撿（檢）驗／了當，十二日依／
　　條立峯，葬埋記識訖。"

著錄：《北宋陝州漏澤園》75 頁。

附註：此為漏澤園墓記磚。考古發掘者根
　　據該墓地葬埋規律及本磚序號推斷，
　　此磚約刻於崇寧四年。

1417　白保墓記磚（第二種）

北宋(960～1126) 十一月十二日葬

1985 年至 1994 年間河南三門峽市上村嶺
　　向陽村出土。

乾刻銘文。行書，5 行，行 8 至 10 字，計
　　44 字。25.5 × 20 × 4cm。

釋文："雨字号。靜難軍人兵／士白保，年
　　約四十一二，於／府院身死，十一月
　　十一日／撿（檢）驗了當，十二日依／

條立峯，葬埋記識訖。"

著錄：《北宋陝州漏澤園》76 頁。

附註：此為漏澤園墓記磚。考古發掘者根
　　據該墓地葬埋規律及本磚序號推斷，
　　此磚約刻於崇寧四年。

1418　白保墓記磚（第三種）

北宋(960～1126) 十一月十二日葬

1985 年至 1994 年間河南三門峽市上村嶺
　　向陽村出土。

乾刻銘文。行書，3 行，行 13 至 15 字，
　　計 32 字。31 × 16 × 5cm。

釋文："甲子雨。靜難軍兵士白保，府院
　　身／死，十一月十日，十一日撿（檢）
　　驗了當，十二／日葬埋記。"

著錄：《北宋陝州漏澤園》77 頁。

附註：此為漏澤園墓記磚。考古發掘者根
　　據該墓地葬埋規律及本磚序號推斷，
　　此磚約刻於崇寧四年。

1419　丁德墓記磚（第一種）

北宋(960～1126) 十一月十三日葬

1985 年至 1994 年間河南三門峽市上村嶺
　　向陽村出土。

乾刻銘文。行書，5 行，行 9 至 12 字，計
　　50 字。27 × 20 × 4cm。

釋文："露子号。雍丘縣雄武弟（第）／十
　　六指揮兵士丁德，年二十八／歲，於
　　城東廂身死，十一月十／二日撿（檢）
　　驗了當，十三日依／條立峯，葬埋記
　　識訖。"

著錄：《北宋陝州漏澤園》78 頁。

附註：此為漏澤園墓記磚。考古發掘者根
　　據該墓地葬埋規律及本磚序號推斷，
　　此磚約刻於崇寧四年。

1420 丁德墓記磚（第二種）

北宋（960～1126）十一月十三日葬

1985年至1994年間河南三門峽市上村嶺
　　向陽村出土。

乾刻銘文。行書，5行，行10至12字，
　　計50字。27×20×4cm。

釋文："露子号。雍丘縣雄武弟（第）十/
　　六指揮兵士丁德，於城東/廂身死，
　　十一月十二日撿（檢）驗了/當，年
　　二十八歲，十三日依/條立峯，葬埋
　　記識訖。"

著錄：《北宋陝州漏澤園》79頁。

附註：此為漏澤園墓記磚。考古發掘者根
　　據該墓地葬埋規律及本磚序號推斷，
　　此磚約刻於崇寧四年。

1421 阿梁墓記磚（第一種）

北宋（960～1126）十一月十三日葬

1985年至1994年間河南三門峽市上村嶺
　　向陽村出土。

乾刻銘文。行書，5行，行8至10字，計
　　50字。28×20×4cm。

釋文："結子号。孤獨婦人阿梁，/年約七
　　十二三，係本府永定/廂人，於仁先院
　　身死，十一月/十二日撿（檢）驗了
　　當，十三日依/條立峯，葬埋記識訖。"

著錄：《北宋陝州漏澤園》80頁。

附註：此為漏澤園墓記磚。考古發掘者根
　　據該墓地葬埋規律及本磚序號推斷，
　　此磚約刻於崇寧四年。

1422 阿梁墓記磚（第二種）

北宋（960～1126）十一月十三日葬

1985年至1994年間河南三門峽市上村嶺
　　向陽村出土。

乾刻銘文。行書，5行，行9至11字，計

50字。25.5×20×4cm。

釋文："結子号。孤獨婦人阿梁，/年約七
　　十二三，係本府永定/廂人，於仁先
　　院身死，十一月/十二日撿（檢）驗
　　了當，十三日依/條立峯，葬埋記識
　　訖。"

著錄：《北宋陝州漏澤園》81頁。

附註：此為漏澤園墓記磚。考古發掘者根
　　據該墓地葬埋規律及本磚序號推斷，
　　此磚約刻於崇寧四年。

1423 阿梁墓記磚（第三種）

北宋（960～1126）十一月十三日葬

1985年至1994年間河南三門峽市上村嶺
　　向陽村出土。

乾刻銘文。行書，3行，行12、13字，計
　　35字。31×16×4cm。

釋文："甲子結。本府永定廂孤獨婦人/阿
　　梁，仁先院身死，十一月十二日/撿
　　（檢）驗了當，十三日葬埋記。"

著錄：《北宋陝州漏澤園》82頁。

附註：此為漏澤園墓記磚。考古發掘者根
　　據該墓地葬埋規律及本磚序號推斷，
　　此磚約刻於崇寧四年。

1424 頓皋墓記磚

北宋（960～1126）十一月十七日葬

1985年至1994年間河南三門峽市上村嶺
　　向陽村出土。

乾刻銘文。行書，6行，行字不等，計50
　　字。27×27×3cm。

釋文："霜字号。東京虎翼□/二五指揮頓
　　皋，年約二十/一二，於本府牢城營
　　身死，十/一月十六日撿（檢）驗了
　　當，十七日/依/條立峯，葬埋記識
　　訖。"

著錄：《北宋陝州漏澤園》83 頁。

附註：此為漏澤園墓記磚。考古發掘者根
　　　據該墓地葬埋規律及本磚序號推斷，
　　　此磚約刻於崇寧四年。

1425　薛簡墓記磚（第一種）

北宋(960～1126) 十一月十七日葬

1985 年至 1994 年間河南三門峽市上村嶺
　　　向陽村出土。

乾刻銘文。行書，5 行，行 10 至 12 字，
　　　計 49 字。28 ×20 ×4cm。

釋文："金子號。商州牢城指揮兵/士薛
　　　簡，年約四十一二，於本府/牢城營
　　　身死，十一月十六日撿（檢）/驗了
　　　當，十七日依/條立峯，葬埋記識
　　　訖。"

著錄：《北宋陝州漏澤園》84 頁。

附註：此為漏澤園墓記磚。考古發掘者根
　　　據該墓地葬埋規律及本磚序號推斷，
　　　此磚約刻於崇寧四年。

1426　薛簡墓記磚（第二種）

北宋(960～1126) 十一月十七日葬

1985 年至 1994 年間河南三門峽市上村嶺
　　　向陽村出土。

乾刻銘文。行書，5 行，行 12 字，存 45
　　　字。磚缺右下角。26 ×20 ×4cm。

釋文："金子號。商州牢□□□/士薛
　　　簡，年約四十一二，於本府/牢城營
　　　身死，十一月十六日撿（檢）/驗了
　　　當，十七日依/條立峯，葬埋記識
　　　訖。"

著錄：《北宋陝州漏澤園》85 頁。

附註：此為漏澤園墓記磚。考古發掘者根
　　　據該墓地葬埋規律及本磚序號推斷，
　　　此磚約刻於崇寧四年。

1427　薛簡墓記磚（第三種）

北宋(960～1126) 十一月十七日葬

1985 年至 1994 年間河南三門峽市上村嶺
　　　向陽村出土。

乾刻銘文。行書，4 行，行 11 、12 字，
　　　計 31 字。30 ×16 ×5cm。

釋文："□□金。商州牢□指揮兵士/薛
　　　簡，本府牢城□身死，十一月/十六
　　　日撿（檢）驗了當，十七日葬埋/
　　　記。"

著錄：《北宋陝州漏澤園》86 頁。

附註：此為漏澤園墓記磚。考古發掘者根
　　　據該墓地葬埋規律及本磚序號推斷，
　　　此磚約刻於崇寧四年。

1428　無名氏軍人墓記磚（甲子麗字號第一種）

北宋(960～1126) 十一月十七日葬

1985 年至 1994 年間河南三門峽市上村嶺
　　　向陽村出土。

乾刻銘文。行書，5 行，行 11 字，計 49
　　　字。25.5 ×20 ×4cm。

釋文："麗字號。不知姓名軍人，年約/二
　　　十四五，於趙上保瓦務社/官道內身
　　　死，十一月十六日/撿（檢）驗了當，
　　　十七日依/條立峯，葬埋記識訖。"

著錄：《北宋陝州漏澤園》91 頁。

附註：此為漏澤園墓記磚。考古發掘者根
　　　據該墓地葬埋規律及本磚序號推斷，
　　　此磚約刻於崇寧四年。

1429　無名氏軍人墓記磚（甲子麗字號第二種）

北宋(960～1126) 十一月十七日葬

1985 年至 1994 年間河南三門峽市上村嶺
　　　向陽村出土。

乾刻銘文。行書，6 行，行 8 至 11 字，計
　　　49 字。25 ×20 ×4cm。

釋文：“麗字号。不知姓名軍人，／年約二十四五，於趙上保瓦／務社官道內身死，十一月／十六日撿（檢）驗了當，十七日／依／條立峯，葬埋記識訖。”

著錄：《北宋陝州漏澤園》92 頁。

附註：此為漏澤園墓記磚。考古發掘者根據該墓地葬埋規律及本磚序號推斷，此磚約刻於崇寧四年。

1430　無名氏軍人殘墓記磚（甲子麗字號第三種）

北宋(960～1126)

1985 年至 1994 年間河南三門峽市上村嶺向陽村出土。

乾刻銘文。行書，4 行，行存 3 至 4 字，計存 12 字。磚下半殘缺。尺寸不詳。

釋文：“甲子麗。下／務社官／日撿（檢）驗／□□”

著錄：《北宋陝州漏澤園》92 頁，圖版 26-2。

附註：此為漏澤園墓記磚。考古發掘者根據該墓地葬埋規律及本磚序號推斷，此磚約刻於崇寧四年。

1431　無名氏軍人墓記磚（甲子水字號第一種）

北宋(960～1126) 十一月十七日葬

1985 年至 1994 年間河南三門峽市上村嶺向陽村出土。

乾刻銘文。行書，6 行，行 9、10 字，計 49 字。25.5×20×4cm。

釋文：“水字号。不知姓名軍人，／年約二十一二，於趙上保／瓦務社官道內身死，十一／月十六日撿（檢）驗了當，十／七日依／條立峯，葬埋記識訖。”

著錄：《北宋陝州漏澤園》93 頁。

附註：此為漏澤園墓記磚。考古發掘者根據該墓地葬埋規律及本磚序號推斷，

此磚約刻於崇寧四年。

1432　無名氏軍人墓記磚（甲子水字號第二種）

北宋(960～1126) 十一月十七日葬

1985 年至 1994 年間河南三門峽市上村嶺向陽村出土。

乾刻銘文。行書，5 行，行 10、11 字，計 46 字。25.5×20.5×4cm。

釋文：“水字号。不知姓名軍人，年／約二十一二，於趙上保瓦（漏刻“務”字）社／官道內身死，十一月十六／撿（檢）驗了當，十七日依／□□峯，葬埋記識訖。”

著錄：《北宋陝州漏澤園》94 頁。

附註：此為漏澤園墓記磚。考古發掘者根據該墓地葬埋規律及本磚序號推斷，此磚約刻於崇寧四年。

1433　無名氏軍人墓記磚（甲子水字號第三種）

北宋(960～1126) 十一月十七日葬

1985 年至 1994 年間河南三門峽市上村嶺向陽村出土。

乾刻銘文。行書，3 行，行 12、13 字，計 36 字。30×16×5cm。

釋文：“甲子水。不知姓名軍人，趙上保／瓦務社官道內身死，十一月十六／日撿（檢）驗了當，十七日葬埋記。”

著錄：《北宋陝州漏澤園》95 頁。

附註：此為漏澤園墓記磚。考古發掘者根據該墓地葬埋規律及本磚序號推斷，此磚約刻於崇寧四年。

1434　阿牛墓記磚（第一種）

北宋(960～1126) 十一月十八日葬

1985 年至 1994 年間河南三門峽市上村嶺向陽村出土。

乾刻銘文。行書，6 行，行 9、10 字，計 48 字。25.5×20×4cm。

釋文："玉字号。城南廟閣佾店/女使阿牛，年約二十四五，/係解州聞喜縣人，十一月/十七日撿（檢）驗了當。十八日/依/條立峯，葬埋記識訖。"

著錄：《北宋陝州漏澤園》96 頁。

附註：此為漏澤園墓記磚。考古發掘者根據該墓地葬埋規律及本磚序號推斷，此磚約刻於崇寧四年。

1435 阿牛墓記磚（第二種）

北宋(960～1126) 十一月十八日葬

1985 年至 1994 年間河南三門峽市上村嶺向陽村出土。

乾刻銘文。行書，3 行，行 11 至 13 字，計 33 字。30×16×5cm。

釋文："甲子玉。城南廟閣佾店女使/阿牛，解州聞喜縣人，十一月十七/撿（檢）驗了當，十八葬埋記。"

著錄：《北宋陝州漏澤園》97 頁。

附註：此為漏澤園墓記磚。考古發掘者根據該墓地葬埋規律及本磚序號推斷，此磚約刻於崇寧四年。

1436 王貴墓記磚

北宋(960～1126) 十一月十八日葬

1985 年至 1994 年間河南三門峽市上村嶺向陽村出土。

乾刻銘文。行書，6 行，行 8 至 10 字，存 50 字。25.5×20×4cm。

釋文："出字号。澶州洛□城/駐克□指揮兵士王/貴，年約五十一二，於□□/遞鋪內身死，十一月十八/日撿（檢）驗了當，十九日/條立峯，葬埋記。"

著錄：《北宋陝州漏澤園》98 頁。

附註：此為漏澤園墓記磚。考古發掘者根據該墓地葬埋規律及本磚序號推斷，此磚約刻於崇寧四年。

1437 康信墓記磚（第一種）

北宋(960～1126) 十一月十九日葬

1985 年至 1994 年間河南三門峽市上村嶺向陽村出土。

乾刻銘文。行書，6 行，行 8 至 10 字，計 48 字。25.5×20×4cm。

釋文："昆字号。壕寨司寄役/軍人康信，年約三十一二，/係汝州勇捷弟（第）四指揮，/十一月十八撿（檢）驗了當，/十九日依/條立峯，葬埋記識訖。"

著錄：《北宋陝州漏澤園》99 頁。

附註：此為漏澤園墓記磚。考古發掘者根據該墓地葬埋規律及本磚序號推斷，此磚約刻於崇寧四年。

1438 康信墓記磚（第二種）

北宋(960～1126) 十一月十九日葬

1985 年至 1994 年間河南三門峽市上村嶺向陽村出土。

乾刻銘文。行書，4 行，行 10 至 14 字，計 36 字。31×16×5cm。

釋文："甲子崑。壕寨司寄役軍人/康信，汝州勇捷弟（第）四指揮，/十一月十八日撿（檢）驗了當，十九日葬/埋記。"

著錄：《北宋陝州漏澤園》100 頁。

附註：此為漏澤園墓記磚。考古發掘者根據該墓地葬埋規律及本磚序號推斷，此磚約刻於崇寧四年。

1439 無名氏婦人墓記磚（甲子崗字號第一種）
北宋（960～1126）十一月二十三日葬
1985 年至 1994 年間河南三門峽市上村嶺
　　向陽村出土。
乾刻銘文。行書，6 行，行 7 至 9 字，計
　　51 字。26×26×3cm。
釋文："崗字号。不知姓名貧／子婦人，年
　　約五十七八，／於城東廂張祐店／前身
　　死，十一月二十二日／撿（檢）驗了
　　當，二十三日依／條立峯，葬埋記識
　　訖。"
著錄：《北宋陝州漏澤園》101 頁。
附註：此為漏澤園墓記磚。考古發掘者根
　　據該墓地葬埋規律及本磚序號推斷，
　　此磚約刻於崇寧四年。

1440 無名氏婦人墓記磚（甲子崗字號第二種）
北宋（960～1126）十一月二十三日葬
1985 年至 1994 年間河南三門峽市上村嶺
　　向陽村出土。
乾刻銘文。行書，7 行，行 7 至 9 字，存
　　43 字。磚右下角缺。26×26×3cm。
釋文："崗字号。不□□□／子婦人，年
　　約五□□□，／於城東廂張祐□／前身
　　死，十一月二十二／日撿（檢）驗了
　　當，二十三日／依／條立峯，葬埋記識
　　訖。"
著錄：《北宋陝州漏澤園》102 頁。
附註：此為漏澤園墓記磚。考古發掘者根
　　據該墓地葬埋規律及本磚序號推斷，
　　此磚約刻於崇寧四年。

1441 韓遂墓記磚（第一種）
北宋（960～1126）十一月二十四日葬
1985 年至 1994 年間河南三門峽市上村嶺
　　向陽村出土。

乾刻銘文。行書，6 行，行 7 至 11 字，計
　　51 字。27×27×3cm。
釋文："釵字号。果州克寧／弟（第）六指
　　揮軍人韓遂，／年約二十四五，於牢
　　城／營身死，十一月二十三日撿
　　（檢）／驗了當，二十四日依／條立峯，
　　葬埋記識訖。"
著錄：《北宋陝州漏澤園》103 頁。
附註：此為漏澤園墓記磚。考古發掘者根
　　據該墓地葬埋規律及本磚序號推斷，
　　此磚約刻於崇寧四年。

1442 韓遂墓記磚（第二種）
北宋（960～1126）十一月二十四日葬
1985 年至 1994 年間河南三門峽市上村嶺
　　向陽村出土。
乾刻銘文。行書，7 行，行 7 至 9 字，存
　　42 字。磚右下角殘缺。26×26×3cm。
釋文："釵字号。果州□□／弟（第）六指
　　揮□□□／遂，年約二十□□，□□／
　　城營身死，十一月二／十三日撿（檢）
　　驗了當，二十／四日依／條立峯，葬埋
　　記識訖。"
著錄：《北宋陝州漏澤園》104 頁。
附註：此為漏澤園墓記磚。考古發掘者根
　　據該墓地葬埋規律及本磚序號推斷，
　　此磚約刻於崇寧四年。

1443 喬忠墓記磚（第一種）
北宋（960～1126）十一月二十四日葬
1985 年至 1994 年間河南三門峽市上村嶺
　　向陽村出土。
乾刻銘文。行書，6 行，行 8、9 字，計 51
　　字。27×27×3cm。
釋文：　"號字号。降（絳）州雄猛弟
　　（第）／二指揮軍人喬忠，年／約二十

六七，於牢城營/身死，十一月二十
三日/撿（檢）驗了當，二十四日依/
條立峯，葬埋記識訖。"

著錄：《北宋陝州漏澤園》105 頁。

附註：此為漏澤園墓記磚。考古發掘者根
據該墓地葬埋規律及本磚序號推斷，
此磚約刻於崇寧四年。

1444 喬忠墓記磚（第二種）

北宋（960～1126）十一月二十四日葬

1985 年至 1994 年間河南三門峽市上村嶺
向陽村出土。

乾刻銘文。行書，6 行，行 8、9 字，計 50
字。27×27×3cm。

釋文： "號字号。降（絳）州雄猛弟
（第）/□指揮軍人喬忠，年/約二十
六七，於牢城營/身死，十一月二十
三日/撿（檢）驗了當，二十四日依/
條立峯，葬埋記識訖。"

著錄：《北宋陝州漏澤園》106 頁。

附註：此為漏澤園墓記磚。考古發掘者根
據該墓地葬埋規律及本磚序號推斷，
此磚約刻於崇寧四年。

1445 裴四姐墓記磚

北宋（960～1126）十一月二十六日葬

1985 年至 1994 年間河南三門峽市上村嶺
向陽村出土。

乾刻銘文。行書，6 行，行 8 至 12 字，計
57 字。25×20×3.5cm。

釋文："巨字号。據件作行人/秦成攙拼到
本府右/廂丁二家所使裴四姐，年/約
一十七八歲，係降（絳）州太平/縣
郭村人，十一月二十六日依/條立峯，
葬埋記識訖。"

著錄：《北宋陝州漏澤園》107 頁。

附註：此為漏澤園墓記磚。考古發掘者根
據該墓地葬埋規律及本磚序號推斷，
此磚約刻於崇寧四年。

1446 張能墓記磚

北宋（960～1126）十一月二十八日葬

1985 年至 1994 年間河南三門峽市上村嶺
向陽村出土。

乾刻銘文。行書，6 行，行 9 至 12 字，計
55 字。27×27×3.5cm。

釋文："闕字号。本府保寧弟（第）二/十
八指揮軍人張能，年約五/十五六，
係永興軍人，十一月/二十七日撿
（檢）驗了當，十一月二/十八日依/
條立峯，葬埋記識訖。"

著錄：《北宋陝州漏澤園》108 頁。

附註：此為漏澤園墓記磚。考古發掘者根
據該墓地葬埋規律及本磚序號推斷，
此磚約刻於崇寧四年。

1447 李寧墓記磚

北宋（960～1126）十一月二十八日葬

1985 年至 1994 年間河南三門峽市上村嶺
向陽村出土。

乾刻銘文。行書，6 行，行 9 至 13 字，計
58 字。27×27×3.5cm。

釋文："珠字号。本府壕寨司寄/役逃軍李
寧，年約二十一二，/係金州勁武弟
（第）二十一指揮，/十一月二十七日
撿（檢）驗了當，十一/月二十八日
依/條立峯，葬埋記識訖。"

著錄：《北宋陝州漏澤園》109 頁。

附註：此為漏澤園墓記磚。考古發掘者根
據該墓地葬埋規律及本磚序號推斷，
此磚約刻於崇寧四年。

1448　張吉墓記磚（第一種）

北宋（960～1126）十一月二十九日葬

1985 年至 1994 年間河南三門峽市上村嶺
　　向陽村出土。

乾刻銘文。行書，6 行，行 11 至 15 字，
　　計 58 字。磚左上角缺。28 × 28 ×
　　5cm。

釋文：“稱字号。不知州軍百姓張吉，/年
　　約五十四五，係宇文侍郎宅/雇到脚
　　子，於安濟坊身死，十/一月二十八
　　日撿（檢）驗了當，十一月二十/九
　　日依/□□峯，葬埋記識訖。”

著錄：《北宋陝州漏澤園》110 頁。

附註：此為漏澤園墓記磚。考古發掘者根
　　據該墓地葬埋規律及本磚序號推斷，
　　此磚約刻於崇寧四年。

1449　張吉墓記磚（第二種）

北宋（960～1126）十一月二十九日葬

1985 年至 1994 年間河南三門峽市上村嶺
　　向陽村出土。

乾刻銘文。行書，6 行，行存字不等，存
　　37 字。磚右上右下角均缺。24 × 20 ×
　　4cm。

釋文：“……不知州……/……五，係宇文
　　……/□□脚子，於安濟……/二十八
　　日撿（檢）驗了當，十一月二/九日
　　依/條立峯，葬埋記識訖。”

著錄：《北宋陝州漏澤園》111 頁。

附註：此為漏澤園墓記磚。考古發掘者根
　　據該墓地葬埋規律及本磚序號推斷，
　　此磚約刻於崇寧四年。

1450　桯吉墓記磚（第一種）

北宋（960～1126）十二月二日葬

1985 年至 1994 年間河南三門峽市上村嶺
　　向陽村出土。

乾刻銘文。行書，5 行，行 10 至 13 字，
　　計 50 字。27 × 27 × 3.5cm。

釋文：“光字号。本府保捷（捷）弟（第）
　　十九/指揮弟（第）三都兵士桯吉，年
　　/約二十二三，十二月初一日撿（檢）
　　驗/了當，十二月初二日依/條立峯，
　　葬埋記識訖。”

著錄：《北宋陝州漏澤園》115 頁。

附註：此為漏澤園墓記磚。考古發掘者根
　　據該墓地葬埋規律及本磚序號推斷，
　　此磚約刻於崇寧四年。

1451　桯吉墓記磚（第二種）

北宋（960～1126）十二月二日葬

1985 年至 1994 年間河南三門峽市上村嶺
　　向陽村出土。

乾刻銘文。行書，5 行，行 10 至 13 字，
　　計 50 字。27 × 27 × 3.5cm。

釋文：“光字号。本府保捷弟（第）十九/
　　指揮弟（第）三都兵士桯吉，年/約
　　二十二三，十二月初一日撿（檢）驗
　　/了當，十二月初二日依/條立峯，葬
　　埋記識訖。”

著錄：《北宋陝州漏澤園》116 頁。

附註：此為漏澤園墓記磚。考古發掘者根
　　據該墓地葬埋規律及本磚序號推斷，
　　此磚約刻於崇寧四年。

1452　甘吉墓記磚

北宋（960～1126）十二月三日葬

1985 年至 1994 年間河南三門峽市上村嶺
　　向陽村出土。

乾刻銘文。行書，5 行，行 9 至 12 字，計
　　49 字。27 × 27 × 3.5cm。

釋文：“菓字号。東京水虎翼指/揮軍人甘

吉，年約五十一二，於/府院身，十
二月初二日撿（檢）/驗了當，十二
月初三日依/條立峯，葬埋記識訖。"

著錄：《北宋陝州漏澤園》117 頁。

附註：此為漏澤園墓記磚。考古發掘者根
據該墓地葬埋規律及本磚序號推斷，
此磚約刻於崇寧四年。

1453　孫貴墓記磚（第一種）

北宋（960～1126）十二月四日葬

1985 年至 1994 年間河南三門峽市上村嶺
向陽村出土。

乾刻銘文。行書，6 行，行 9 至 12 字，計
59 字。25.5×20×3.5cm。

釋文："李字号。保捷（捷）弟（第）十
五指揮人/孫貴，年約四十五六，係
府界陳/留縣廣勇弟（第）七指揮改/
刺營，十二月初三日撿（檢）驗了/
當，十二月初四日依/條立峯，葬埋
記識訖。"

著錄：《北宋陝州漏澤園》118 頁。

附註：此為漏澤園墓記磚。考古發掘者根
據該墓地葬埋規律及本磚序號推斷，
此磚約刻於崇寧四年。

1454　孫貴墓記磚（第二種）

北宋（960～1126）十二月四日葬

1985 年至 1994 年間河南三門峽市上村嶺
向陽村出土。

乾刻銘文。行書，6 行，行 9 至 12 字，計
60 字。25×20×3.5cm。

釋文："李字号。保捷（捷）弟（第）十
五指揮/軍人孫貴，年約四十五六，
係府/界□留縣廣勇弟（第）七指揮/
□□□，十二月初三日撿（檢）驗了
當，/十二月□□日依/條立峯，葬埋

記識訖。"

著錄：《北宋陝州漏澤園》119 頁。

附註：此為漏澤園墓記磚。考古發掘者根
據該墓地葬埋規律及本磚序號推斷，
此磚約刻於崇寧四年。

1455　王信墓記磚

北宋（960～1126）十二月四日葬

1985 年至 1994 年間河南三門峽市上村嶺
向陽村出土。

乾刻銘文。行書，6 行，行 8 至 12 字，計
58 字。25×20×3.5cm。

釋文："柰字号。壕寨司寄役/逃軍王信，
年約三十四五，係鳳/翔府天興縣人，
於東門遞鋪/身死，十二月初三日撿
（檢）驗了當，/十二月初四日依/條
立峯，葬埋記識訖。"

著錄：《北宋陝州漏澤園》120 頁。

附註：此為漏澤園墓記磚。考古發掘者根
據該墓地葬埋規律及本磚序號推斷，
此磚約刻於崇寧四年。

1456　大張進墓記磚

北宋（960～1126）十二月六日葬

1985 年至 1994 年間河南三門峽市上村嶺
向陽村出土。

乾刻銘文。行書，5 行，行 10 至 14 字，
計 46 字。25×17×3.5cm。

釋文："菜字号。本府南新店馬鋪/兵士大
張進，年約四十四五，十二月/初五
日撿（檢）驗了當，十二月初/六日
依/條立峯，葬埋記識訖。"

著錄：《北宋陝州漏澤園》121 頁。

附註：此為漏澤園墓記磚。考古發掘者根
據該墓地葬埋規律及本磚序號推斷，
此磚約刻於崇寧四年。

1457　張宣墓記磚

北宋（960～1126）十二月十四日葬

1985 年至 1994 年間河南三門峽市上村嶺
　　向陽村出土。

乾刻銘文。行書，5 行，行 10 字，計 42
　　字。25×20×3.5cm。

釋文："淡字号。牢城弟（第）十指揮十/
　　分兵士張宣，年二十六七，/十二月
　　十三日撿（檢）驗了當，/十四日依/
　　條立峯，葬埋記識訖。"

著錄：《北宋陝州漏澤園》122 頁。

附註：此為漏澤園墓記磚。考古發掘者根
　　據該墓地葬埋規律及本磚序號推斷，
　　此磚約刻於崇寧四年。

1458　李菜墓記磚

北宋（960～1126）十二月十六日葬

1985 年至 1994 年間河南三門峽市上村嶺
　　向陽村出土。

乾刻銘文。行書，6 行，行 9 至 11 字，計
　　49 字。26×26×3cm。

釋文："潛字号。磁鍾遞鋪兵士/李菜，年
　　約三十七八，係青州/人事，改刺到
　　鋪，十二月十/□日撿（檢）驗了當，
　　十二月十六/□依/條立峯，葬埋記識
　　訖。"

著錄：《北宋陝州漏澤園》123 頁。

附註：此為漏澤園墓記磚。考古發掘者根
　　據該墓地葬埋規律及本磚序號推斷，
　　此磚約刻於崇寧四年。

1459　張進墓記磚

北宋（960～1126）十二月十六日葬

1985 年至 1994 年間河南三門峽市上村嶺
　　向陽村出土。

乾刻銘文。行書，5 行，行 10 至 12 字，
　　計 52 字。25.5×20×4cm。

釋文："羽字号。磁鍾遞鋪兵士張/進，年
　　約三十一二，係商州牢城/□□□到
　　鋪，十二月十五日撿（檢）/驗了當，
　　十二月十六日依/條立峯，葬埋記識
　　訖。"

著錄：《北宋陝州漏澤園》124 頁。

附註：此為漏澤園墓記磚。考古發掘者根
　　據該墓地葬埋規律及本磚序號推斷，
　　此磚約刻於崇寧四年。

1460　毛過墓記磚

北宋（960～1126）十二月十八日葬

河南三門峽市上村嶺向陽村出土。採集
　　品，出土時間不詳。

乾刻銘文。行書，3 行，行 8 至 10 字，計
　　20 字。31×15×5cm。

釋文："甲子翔。本府壯成兵/士毛過，十
　　二月十八日收/葬訖。"

著錄：《北宋陝州漏澤園》125 頁。

附註：此為漏澤園墓記磚。考古發掘者根
　　據該墓地葬埋規律及本磚序號推斷，
　　此磚約刻於崇寧四年。

1461　張聰墓記磚（第一種）

北宋（960～1126）十二月十八日葬

1985 年至 1994 年間河南三門峽市上村嶺
　　向陽村出土。

乾刻銘文。行書，5 行，行 8 至 12 字，計
　　44 字。26.5×26.5×4cm。

釋文："龍字号。魏店解成家/店內身死，
　　百姓張聰，係/潭州人，十二月十七
　　撿（檢）驗了當，/十二月十八日依/
　　條立峯，葬埋記識訖。"

著錄：《北宋陝州漏澤園》126 頁。

附註：此為漏澤園墓記磚。考古發掘者根
據該墓地葬埋規律及本磚序號推斷，
此磚約刻於崇寧四年。

1462　張聰墓記磚（第二種）

北宋（960～1126）十二月十八日葬

1985 年至 1994 年間河南三門峽市上村嶺
向陽村出土。

乾刻銘文。行書，5 行，行 8 至 12 字，計
44 字。27×27×4cm。

釋文：“龍字（漏刻“号”字）。魏店解
成□店□/身死，百姓張聰，係潭州/
人，十二月十七日撿（檢）驗了當，
十/二月十八日依/條立峯，葬埋記識
訖。”

著錄：《北宋陝州漏澤園》127 頁。

附註：此為漏澤園墓記磚。考古發掘者根
據該墓地葬埋規律及本磚序號推斷，
此磚約刻於崇寧四年。

1463　成吉墓記磚

北宋（960～1126）十二月十八日葬

1985 年至 1994 年間河南三門峽市上村嶺
向陽村出土。

乾刻銘文。行書，6 行，行 8 至 13 字，計
52 字。26.5×26.5×4cm。

釋文：“師字号。壕寨司寄役，/陳留縣橋
道弟（第）六指揮/兵士成吉，年約
三十一二，十二月/十七日撿（檢）
驗了當，十二月十八/日依/條立峯，
葬埋記識訖。”

著錄：《北宋陝州漏澤園》128 頁。

附註：此為漏澤園墓記磚。考古發掘者根
據該墓地葬埋規律及本磚序號推斷，
此磚約刻於崇寧四年。

1464　無名氏墓記磚（崇武指揮）

北宋（960～1126）十二月（下泐）葬

1985 年至 1994 年間河南三門峽市上村嶺
向陽村出土。

乾刻銘文。行書，5 行，行存字不等，存
28 字。26.5×26.5×4cm。

釋文：“……本府崇武指揮/……係招刺營
/……八日撿（檢）驗了當，十二月/
……依/條立峯，葬埋記識訖。”

著錄：《北宋陝州漏澤園》129 頁。

附註：此為漏澤園墓記磚。考古發掘者根
據該墓地葬埋規律及本磚序號推斷，
此磚約刻於崇寧四年。

1465　張文墓記磚

北宋（960～1126）十二月十九日葬

1985 年至 1994 年間河南三門峽市上村嶺
向陽村出土。

乾刻銘文。行書，5 行，行 9 至 13 字，計
45 字。27×27.5×3cm。

釋文：“帝字号。本府南新店遞/鋪兵士張
文，年約四十四五，十/二月十八日
撿（檢）驗了當，十二月十/九日依/
條立峯，葬埋記識訖。”

著錄：《北宋陝州漏澤園》130 頁。

附註：此為漏澤園墓記磚。考古發掘者根
據該墓地葬埋規律及本磚序號推斷，
此磚約刻於崇寧四年。

1466　□進墓記磚

北宋（960～1126）十二月十九日葬

1985 年至 1994 年間河南三門峽市上村嶺
向陽村出土。

乾刻銘文。行書，6 行，行存字不等，存
45 字。磚右下角殘缺。31.5×31.5×
5cm。

釋文："鳥字号。保捷（捷）……/揮寄招
熙河路……/進，年一十八九，閡鄉
縣解/二月十八日撿（檢）驗了當，
十二月/十九日依/條立峯，葬埋記識
訖。"

著錄：《北宋陝州漏澤園》131 頁。

附註：此為漏澤園墓記磚。考古發掘者根
據該墓地葬埋規律及本磚序號推斷，
此磚約刻於崇寧四年。

1467 阿皇墓記磚（第一種）

北宋（960～1126）十二月二十日葬

1985 年至 1994 年間河南三門峽市上村嶺
向陽村出土。

乾刻銘文。行書，5 行，行 10、11 字，計
49 字。25×20×3.5cm。

釋文："官字号。本府□□□□/人阿皇，
年約七十三四，於仁/先院身死，十
二月十九日撿（檢）/驗了當，十二
月二十日依/條立峯，葬埋記識訖。"

著錄：《北宋陝州漏澤園》132 頁。

附註：此為漏澤園墓記磚。考古發掘者根
據該墓地葬埋規律及本磚序號推斷，
此磚約刻於崇寧四年。

1468 阿皇墓記磚（第二種）

北宋（960～1126）十二月二十日葬

1985 年至 1994 年間河南三門峽市上村嶺
向陽村出土。

乾刻銘文。行書，5 行，行 8 至 10 字，計
45 字。25.5×20×4cm。

釋文："官字号。本府永定廂婦/人阿皇，
年約七十三四，於仁/先院身死，十
二月十九日撿（檢）/驗了當，十二
月二十日依/條□□，□埋記識□。"

著錄：《北宋陝州漏澤園》133 頁。

附註：此為漏澤園墓記磚。考古發掘者根
據該墓地葬埋規律及本磚序號推斷，
此磚約刻於崇寧四年。

1469 王德墓記磚（第一種）

北宋（960～1126）十二月二十日葬

1985 年至 1994 年間河南三門峽市上村嶺
向陽村出土。

乾刻銘文。行書，5 行，行 9 至 11 字，計
43 字。30×30×5cm。

釋文："人字号。本府壯城指揮/兵士王
德，年約三十四五，十/二月十九日
撿（檢）驗了當，十/二月二十依/條
立峯，葬埋記識訖。"

著錄：《北宋陝州漏澤園》134 頁。

附註：此為漏澤園墓記磚。考古發掘者根
據該墓地葬埋規律及本磚序號推斷，
此磚約刻於崇寧四年。

1470 王德墓記磚（第二種）

北宋（960～1126）十二月二十日葬

1985 年至 1994 年間河南三門峽市上村嶺
向陽村出土。

乾刻銘文。行書，5 行，行 9 至 11 字，計
42 字。30×30×5cm。

釋文："人字号。本府壯城指揮/兵士王
德，年約三十四□，/十二月十九日
撿（檢）驗了當，/十二月二十依/條
立峯，葬埋記識訖。"

著錄：《北宋陝州漏澤園》135 頁。

附註：此為漏澤園墓記磚。考古發掘者根
據該墓地葬埋規律及本磚序號推斷，
此磚約刻於崇寧四年。

1471 王德墓記磚（第三種）

北宋（960～1126）十二月二十日葬

1985 年至 1994 年間河南三門峽市上村嶺
　　向陽村出土。

乾刻銘文。行書，3 行，行 11 字，計 32
　　字。30×16×5cm。

釋文：“甲子人。本府壯城指揮兵士/王
　　德，十二月十九日撿（檢）驗了/當，
　　十二月二十日葬埋記。”

著錄：《北宋陝州漏澤園》136 頁。

附註：此為漏澤園墓記磚。考古發掘者根
　　據該墓地葬埋規律及本磚序號推斷，
　　此磚約刻於崇寧四年。

1472　王德墓記磚（第四種）

北宋(960~1126) 十二月二十日葬

1985 年至 1994 年間河南三門峽市上村嶺
　　向陽村出土。

乾刻銘文。行書，3 行，行 8、9 字，計 20
　　字。31×15×3cm。

釋文：“甲子人。本府壯城兵/士王德，十
　　二月二十日/收葬訖。”

著錄：《北宋陝州漏澤園》137 頁。

附註：此為漏澤園墓記磚。考古發掘者根
　　據該墓地葬埋規律及本磚序號推斷，
　　此磚約刻於崇寧四年。

1473　張和墓記磚（第一種）

北宋(960~1126) 十二月二十日葬

1985 年至 1994 年間河南三門峽市上村嶺
　　向陽村出土。

乾刻銘文。行書，6 行，行 9 至 11 字，計
　　52 字。30.5×30.5×5cm。

釋文：“皇字号。兵士張和，年□/三十八
　　九，係安州効忠弟（第）□/指揮，
　　南新店身死，十二/月十九日撿（檢）
　　驗了當，十二月/二十日依/條立峯，
　　葬埋記識訖。”

著錄：《北宋陝州漏澤園》138 頁。

附註：此為漏澤園墓記磚。考古發掘者根
　　據該墓地葬埋規律及本磚序號推斷，
　　此磚約刻於崇寧四年。

1474　張和墓記磚（第二種）

北宋(960~1126) 十二月二十日葬

1985 年至 1994 年間河南三門峽市上村嶺
　　向陽村出土。

乾刻銘文。行書，6 行，行 9 至 11 字，計
　　50 字。30.5×30.5×5cm。

釋文：“皇字号。□士張和，年約/三十八
　　九，係安州効忠弟（第）/八指揮，
　　□新店身死，十/二月十九日撿（檢）
　　驗了當，十二/月二十日依/條立峯，
　　葬埋記識訖。”

著錄：《北宋陝州漏澤園》139 頁。

附註：此為漏澤園墓記磚。考古發掘者根
　　據該墓地葬埋規律及本磚序號推斷，
　　此磚約刻於崇寧四年。

1475　阿馬墓記磚（第一種）

北宋(960~1126) 十二月二十六日葬

1985 年至 1994 年間河南三門峽市上村嶺
　　向陽村出土。

乾刻銘文。行書，5 行，行 9 至 12 字，計
　　48 字。30×30×5cm。

釋文：“制字号。據賈貴擡捭到/婦人阿
　　馬，年四十二歲，左廂貧/子院身死，
　　係本府夏縣人事，/十二月二十六日
　　依/條立峯，葬埋記識訖。”

著錄：《北宋陝州漏澤園》140 頁。

附註：此為漏澤園墓記磚。考古發掘者根
　　據該墓地葬埋規律及本磚序號推斷，
　　此磚約刻於崇寧四年。

1476　阿馬墓記磚（第二種）

北宋（960～1126）十二月二十六日葬

1985年至1994年間河南三門峽市上村嶺向陽村出土。

乾刻銘文。行書，5行，行9至12字，計48字。30×30×5cm。

釋文：“制字号。據賈貴撓捫/到婦人阿馬，年四十二歲，左廂/貧子院身死，係本府夏/縣人事，十二月二十六日依/條立峯，葬埋記識訖。”

著錄：《北宋陝州漏澤園》141頁。

附註：此為漏澤園墓記磚。考古發掘者根據該墓地葬埋規律及本磚序號推斷，此磚約刻於崇寧四年。

1477　無名氏軍人墓記磚（甲子文字號第一種）

北宋（960～1126）十二月二十六日葬

1985年至1994年間河南三門峽市上村嶺向陽村出土。

乾刻銘文。行書，4行，行9至11字，計38字。30×30×5cm。

釋文：“文字号。不知姓名年幾/軍人，十二月二十五日撿（檢）驗/了當，十二月二十六日依/條立峯，葬埋記識訖。”

著錄：《北宋陝州漏澤園》142頁。

附註：此為漏澤園墓記磚。考古發掘者根據該墓地葬埋規律及本磚序號推斷，此磚約刻於崇寧四年。

1478　無名氏軍人墓記磚（甲子文字號第二種）

北宋（960～1126）十二月二十六日葬

1985年至1994年間河南三門峽市上村嶺向陽村出土。

乾刻銘文。行書，4行，行9至11字，計38字。30×30×5cm。

釋文：“文字号。不知姓名年幾/軍人，十二月二十五日撿（檢）驗了/當，十二月二十六日依/條立峯，葬埋記識訖。”

著錄：《北宋陝州漏澤園》143頁。

附註：此為漏澤園墓記磚。考古發掘者根據該墓地葬埋規律及本磚序號推斷，此磚約刻於崇寧四年。

1479　楊元墓記磚（第一種）

北宋（960～1126）十二月二十六日葬

1985年至1994年間河南三門峽市上村嶺向陽村出土。

乾刻銘文。行書，6行，行9至11字，計54字。30×30×5cm。

釋文：“字字号。駐泊司寄投（役）身/死，兵楊元，年約二十八九，係/東京水虎翼指揮，十二月二十六日撿（檢）驗了當，十二月二十七日依/條立峯，葬埋記識訖。”

著錄：《北宋陝州漏澤園》144頁。

附註：此為漏澤園墓記磚。考古發掘者根據該墓地葬埋規律及本磚序號推斷，此磚約刻於崇寧四年。

1480　楊元墓記磚（第二種）

北宋（960～1126）十二月二十六日葬

1985年至1994年間河南三門峽市上村嶺向陽村出土。

乾刻銘文。行書，6行，行9至11字，存46字。磚有殘缺。30×30×5cm。

釋文：“字字号。駐泊司寄投（役）身/死，兵楊元，年約二十八九，/……虎翼指揮，十/□□□六日撿（檢）驗了當，十二月/二十七日依/條立峯，葬埋記識訖。”

著錄：《北宋陝州漏澤園》145 頁。

附註：此為漏澤園墓記磚。考古發掘者根
　　　據該墓地葬埋規律及本磚序號推斷，
　　　此磚約刻於崇寧四年。

1481　董成墓記磚（第一種）

北宋(960～1126) 十二月二十七日葬

1985 年至 1994 年間河南三門峽市上村嶺
　　　向陽村出土。

乾刻銘文。行書，7 行，行 8 至 10 字，計
　　　62 字。31×30×5cm。

釋文："乃字号。安济坊寄留/身死兵士董
　　　成，年約/五十一二，係東京弟（第）
　　　一/將下廣捷（捷）弟（第）二十一
　　　指/揮，十二月二十六日撿（檢）驗/
　　　了當，十二月二十七日依/條立峯，
　　　葬埋記識訖。"

著錄：《北宋陝州漏澤園》146 頁。

附註：此為漏澤園墓記磚。考古發掘者根
　　　據該墓地葬埋規律及本磚序號推斷，
　　　此磚約刻於崇寧四年。

1482　董成墓記磚（第二種）

北宋(960～1126) 十二月二十七日葬

1985 年至 1994 年間河南三門峽市上村嶺
　　　向陽村出土。

乾刻銘文。行書，7 行，行 9 至 11 字，計
　　　62 字。30.5×30×5cm。

釋文："乃字号。安济坊寄留身/死兵士董
　　　成，年約五十一二，/係東京弟（第）
　　　一將下廣捷（捷）/弟（第）二十一
　　　指揮，十二月二十/六日撿（檢）驗
　　　了當，十二月二十/七日依/條立峯，
　　　葬埋記識訖。"

著錄：《北宋陝州漏澤園》147 頁。

附註：此為漏澤園墓記磚。考古發掘者根

據該墓地葬埋規律及本磚序號推斷，
此磚約刻於崇寧四年。

1483　賈全墓記磚

北宋(960～1126) 十二月二十八日葬

1985 年至 1994 年間河南三門峽市上村嶺
　　　向陽村出土。

乾刻銘文。行書，5 行，行 8 至 12 字，計
　　　47 字。30.5×30×5cm。

釋文："服字号。百姓賈全，年/約五十一
　　　二，係降（絳）州稷山縣/人，十二
　　　月二十七日撿（檢）驗了當，/十二
　　　月二十八日依/條立峯，葬埋記識
　　　訖。"

著錄：《北宋陝州漏澤園》148 頁。

附註：此為漏澤園墓記磚。考古發掘者根
　　　據該墓地葬埋規律及本磚序號推斷，
　　　此磚約刻於崇寧四年。

1484　張德墓記磚（第一種）

北宋(960～1126) 十二月二十八日葬

1985 年至 1994 年間河南三門峽市上村嶺
　　　向陽村出土。

乾刻銘文。行書，5 行，行 10 至 13 字，
　　　計 53 字。30×30×5cm。

釋文："衣字号。不知軍分兵士張德，/年
　　　約五十一二，城東廂楊家/店內身死，
　　　十二月二十七日撿（檢）驗/了當，
　　　十二月二十八日依/條立峯，葬埋記
　　　識訖。"

著錄：《北宋陝州漏澤園》149 頁。

附註：此為漏澤園墓記磚。考古發掘者根
　　　據該墓地葬埋規律及本磚序號推斷，
　　　此磚約刻於崇寧四年。

1485 張德墓記磚（第二種）

北宋(960~1126) 十二月二十八日葬

1985 年至 1994 年間河南三門峽市上村嶺
向陽村出土。

乾刻銘文。行書，5 行，行 11 至 13 字，
計 52 字。28×20×5cm。

釋文："衣字号。不知軍分兵士張德，/年
約五十一二，城東廂楊家店/内身死，
十二月二十七日撿（檢）驗了/當，
十二月二十八日依/條立峯，葬記識
訖。"

著錄：《北宋陝州漏澤園》150 頁。

附註：此為漏澤園墓記磚。考古發掘者根
據該墓地葬埋規律及本磚序號推斷，
此磚約刻於崇寧四年。

1486 香麥墓記磚

北宋(960~1126) 十二月二十九日葬

1985 年至 1994 年間河南三門峽市上村嶺
向陽村出土。

乾刻銘文。行書，5 行，行 9 至 13 字，計
53 字。28×20×4cm。

釋文："位字号。遞送配軍番部/香麦。年
約四十一二，城東廂/楊×店内身死，
十二月二十八日/撿（檢）驗了當，
十二月二十九日依/條立峯，葬埋記
識訖。"

著錄：《北宋陝州漏澤園》154 頁。

附註：此為漏澤園墓記磚。考古發掘者根
據該墓地葬埋規律及本磚序號推斷，
此磚約刻於崇寧四年。

1487 無名氏軍人墓記磚（甲子國字號）

北宋(960~1126) 十二月二十九日葬

1985 年至 1994 年間河南三門峽市上村嶺
向陽村出土。

乾刻銘文。行書，5 行，行 10 至 12 字，
計 46 字。30.5×30.5×5cm。

釋文："國字号。不知姓名軍人，年/約四
十三四，磁鍾身死，十二月/二十八
日撿（檢）驗了當，十二月二/十九
日依/條立峯，葬埋記識訖。"

著錄：《北宋陝州漏澤園》157 頁。

附註：此為漏澤園墓記磚。考古發掘者根
據該墓地葬埋規律及本磚序號推斷，
此磚約刻於崇寧四年。

1488 張貴墓記磚

北宋(960~1126) 十二月三十日葬

1985 年至 1994 年間河南三門峽市上村嶺
向陽村出土。

乾刻銘文。行書，5 行，行 13 字，存 42
字。磚右下角殘缺。28×20×4cm。

釋文："有字号。壕寨……/死，逃軍張
貴，年……，/筠州安遠弟（第）八
指揮，十二□□□/九日撿（檢）驗
了當，十二月三十日依/條立峯，葬
埋記識訖。"

著錄：《北宋陝州漏澤園》158 頁。

附註：此為漏澤園墓記磚。考古發掘者根
據該墓地葬埋規律及本磚序號推斷，
此磚約刻於崇寧四年。

1489 王進墓記磚

北宋(960~1126) 正月二日葬

1985 年至 1994 年間河南三門峽市上村嶺
向陽村出土。

乾刻銘文。行書，4 行，行 9 至 13 字，計
42 字。30×30.5×5cm。

釋文："陶字号。本府橫渠馬鋪/兵士王
進，年約三十一二，正月初/一日撿
（檢）驗了當，正月初二日依/條立
峯，葬埋記識訖。"

著錄：《北宋陝州漏澤園》159 頁。

附註：此為漏澤園墓記磚。考古發掘者根
　　　據該墓地葬埋規律及本磚序號推斷，
　　　此磚約刻於崇寧五年。

1490　陳進墓記磚

北宋（960～1126）正月五日葬

1985 年至 1994 年間河南三門峽市上村嶺
　　　向陽村出土。

乾刻銘文。行書，5 行，行 10 至 14 字，
　　　計 49 字。30×30.5.×5cm。

釋文：“民字號。東京弟（第）二將下倚/
　　　射弟（第）七指揮兵士陳進，年約/
　　　二十一二，正月初四日撿（檢）驗了
　　　當，正/月初正（衍字）五日依/條立
　　　峯，葬埋記識訖。”

著錄：《北宋陝州漏澤園》160 頁。

附註：此為漏澤園墓記磚。考古發掘者根
　　　據該墓地葬埋規律及本磚序號推斷，
　　　此磚約刻於崇寧五年。

1491　朱成墓記磚

北宋（960～1126）正月十一日葬

1985 年至 1994 年間河南三門峽市上村嶺
　　　向陽村出土。

乾刻銘文。行書，5 行，行 10 至 12 字，
　　　計 50 字。30×30×5cm。

釋文：“罪字號。壕寨司寄投（役）身
　　　死，/兵士朱成，年約二十一二，係
　　　鞏/縣勇捷（捷）指揮，正月初十日
　　　撿（檢）/驗了當，正月十一日依/條
　　　立峯，葬埋記識訖。”

著錄：《北宋陝州漏澤園》161 頁。

附註：此為漏澤園墓記磚。考古發掘者根
　　　據該墓地葬埋規律及本磚序號推斷，
　　　此磚約刻於崇寧五年。

1492　李青墓記磚

北宋（960～1126）正月十三日葬

1985 年至 1994 年間河南三門峽市上村嶺
　　　向陽村出土。

乾刻銘文。行書，4 行，行 10 至 13 字，
　　　計 38 字。30×31×5cm。

釋文：“周字號。磁鍾遞（漏刻“鋪”
　　　字）兵士李青，/年三十一二，正月
　　　十二日撿（檢）驗了/當，正月十三
　　　日依/條立峯，葬埋記識訖。”

著錄：《北宋陝州漏澤園》162 頁。

附註：此為漏澤園墓記磚。考古發掘者根
　　　據該墓地葬埋規律及本磚序號推斷，
　　　此磚約刻於崇寧五年。

1493　阿陳墓記磚

北宋（960～1126）正月十四日葬

1985 年至 1994 年間河南三門峽市上村嶺
　　　向陽村出土。

乾刻銘文。行書，5 行，行 8 至 12 字，計
　　　49 字。有豎界欄。30×30×5cm。

釋文：“發字號。仁（仁）先院孤老/婦人
　　　阿陳，年約七十六七，/係本府平陸
　　　縣人事，正月/十三日撿（檢）驗了
　　　當，正月十四日依/條立峯，葬埋記
　　　識訖。”

著錄：《北宋陝州漏澤園》163 頁。

附註：此為漏澤園墓記磚。考古發掘者根
　　　據該墓地葬埋規律及本磚序號推斷，
　　　此磚約刻於崇寧五年。

1494　無名氏軍人墓記磚（甲子殷字號第一種）

北宋（960～1126）正月十五日葬

1985 年至 1994 年間河南三門峽市上村嶺
　　　向陽村出土。

乾刻銘文。行書，5 行，行 10 至 12 字，

計 42 字。30×30×5cm。

釋文："殷字号。（漏刻"不"字）知姓名軍人，年/約四十一二，七里社身死，正月/十四日撿（檢）驗了當，正月十五日/依/條立峯，葬埋記識訖。"

著錄：《北宋陝州漏澤園》164 頁。

附註：此為漏澤園墓記磚。考古發掘者根據該墓地葬埋規律及本磚序號推斷，此磚約刻於崇寧五年。

1495　無名氏軍人墓記磚（甲子殷字號第二種）

北宋(960~1126) 正月十五日葬

1985 年至 1994 年間河南三門峽市上村嶺向陽村出土。

乾刻銘文。行書，5 行，行 10 至 12 字，計 43 字。30×30×5cm。

釋文："殷字号。不知姓名軍人，年/約四十一二，七里社身死，正月/十四日撿（檢）驗了當，正月十五/日依/條立峯，葬埋記識訖。"

著錄：《北宋陝州漏澤園》165 頁。

附註：此為漏澤園墓記磚。考古發掘者根據該墓地葬埋規律及本磚序號推斷，此磚約刻於崇寧五年。

1496　劉德墓記磚

北宋(960~1126) 正月二十一日葬

1985 年至 1994 年間河南三門峽市上村嶺向陽村出土。

乾刻銘文。行書，5 行，行 8 至 10 字，計 46 字。30×30×5cm。

釋文："問字号。橫渠急腳鋪/兵士劉德，年二十九歲，係/蔡州人事，正月二十日撿（檢）/驗了當，正月二十一日依/條立峯，葬埋記識訖。"

著錄：《北宋陝州漏澤園》166 頁。

附註：此為漏澤園墓記磚。考古發掘者根據該墓地葬埋規律及本磚序號推斷，此磚約刻於崇寧五年。

1497　符又墓記磚

北宋(960~1126) 四月十八日葬

1985 年至 1994 年間河南三門峽市上村嶺向陽村出土。

乾刻銘文。行書，4 行，行 10 至 13 字，計 38 字。30×30×5cm。

釋文："常字号。鞏縣百姓符又，年/五十一二歲，四月十七日撿（檢）驗了/當，四月十八日依/條立峯，葬埋記識訖。"

著錄：《北宋陝州漏澤園》167 頁。

附註：此為漏澤園墓記磚。考古發掘者根據該墓地葬埋規律及本磚序號推斷，此磚約刻於崇寧五年。

1498　杜用墓記磚

北宋(960~1126) 五月十八日葬

1985 年至 1994 年間河南三門峽市上村嶺向陽村出土。

乾刻銘文。行書，5 行，行 9 至 12 字，計 51 字。31×31×5cm。

釋文："養字号。駐泊司身死，東/京虎翼右二九指揮兵士/杜用，年約二十四五歲，五月十/七日撿（檢）驗了當，五月十八日依/條立峯，葬埋記識訖。"

著錄：《北宋陝州漏澤園》168 頁。

附註：此為漏澤園墓記磚。考古發掘者根據該墓地葬埋規律及本磚序號推斷，此磚約刻於崇寧五年。

1499　蔡辛墓記磚

北宋（960~1126）六月十三日葬

1985 年至 1994 年間河南三門峽市上村嶺
　　向陽村出土。

乾刻銘文。行書，5 行，行 9 至 12 字，計
　　46 字。30.5×30×5cm。

釋文："敢字号。本府壯城指揮/兵士蔡
　　辛，年二十八歲，六月/十二日據仵
　　作行人秦城擡到，/六月十三日依/條
　　立峯，葬埋記識訖。"

著錄：《北宋陝州漏澤園》169 頁。

附註：此為漏澤園墓記磚。考古發掘者根
　　據該墓地葬埋規律及本磚序號推斷，
　　此磚約刻於崇寧五年。

1500　陳進妻阿趙墓記磚

北宋（960~1126）七月二十九日葬

1985 年至 1994 年間河南三門峽市上村嶺
　　向陽村出土。

乾刻銘文。行書，6 行，行 9 至 13 字，計
　　59 字。31×30.5×5cm。

釋文："男字号。本府保捷弟（第）十/五
　　指揮兵士陳進妻阿趙，/係虢州礠底
　　村人事，年約/三十四五歲，七月二
　　十八日撿（檢）驗/了當，七月二十
　　九日依/條立峯，葬埋記識訖。"

著錄：《北宋陝州漏澤園》170 頁。

附註：此為漏澤園墓記磚。考古發掘者根
　　據該墓地葬埋規律及本磚序號推斷，
　　此磚約刻於崇寧五年。

1501　無名氏軍人墓記磚（甲子才字號）

北宋（960~1126）八月五日葬

1985 年至 1994 年間河南三門峽市上村嶺
　　向陽村出土。

乾刻銘文。行書，5 行，行 11 字，計 49

字。31×30.5×5cm。

釋文："才字号。不知姓名軍人，年約/三
　　十四五歲，於三里澗南官/道內身死，
　　八月初四日撿（檢）驗/了當，八月
　　初五日依/條立峯，葬埋記識訖。"

著錄：《北宋陝州漏澤園》171 頁。

附註：此為漏澤園墓記磚。考古發掘者根
　　據該墓地葬埋規律及本磚序號推斷，
　　此磚約刻於崇寧五年。

1502　田閏墓記磚

北宋（960~1126）八月十一日葬

1985 年至 1994 年間河南三門峽市上村嶺
　　向陽村出土。

乾刻銘文。行書，6 行，行 9 至 11 字，計
　　49 字。31×31×5cm。

釋文：　"知字号。東京雍丘縣武/騎弟
　　（第）十二指揮軍員田/閏，年約五十
　　一二歲，八月初/十日撿（檢）驗了
　　當，八月十一日/依/條立峯，葬埋記
　　識訖。"

著錄：《北宋陝州漏澤園》172 頁。

附註：此為漏澤園墓記磚。考古發掘者根
　　據該墓地葬埋規律及本磚序號推斷，
　　此磚約刻於崇寧五年。

1503　大阿王墓記磚

北宋（960~1126）月十三日葬

1985 年至 1994 年間河南三門峽市上村嶺
　　向陽村出土。

乾刻銘文。行書，存 3 行，存 20 字。磚
　　存前半。28×14×4.5cm。

釋文："罔字号。本府永定廂……/大阿
　　王，年約七十……/月十三日撿……"

著錄：《北宋陝州漏澤園》173 頁。

附註：此為漏澤園墓記磚。考古發掘者根

據該墓地葬埋規律及本磚序號推斷，此磚約刻於崇寧五年。

1504 翟政墓記磚

北宋（960～1126）九月二十日葬

1985 年至 1994 年間河南三門峽市上村嶺向陽村出土。

乾刻銘文。行書，5 行，行 9 至 12 字，計 46 字。31×30×5cm。

釋文："談字号。本府三門西山河/匠指揮兵士翟政，年約八十/一二歲，九月十九日撿（檢）驗了當，/九月二十日依/條立峯，葬記識訖。"

著錄：《北宋陝州漏澤園》174 頁。

附註：此為漏澤園墓記磚。考古發掘者根據該墓地葬埋規律及本磚序號推斷，此磚約刻於崇寧五年。

1505 無名氏軍人墓記磚（甲子靡字號第一種）

北宋（960～1126）九月二十九日葬

1985 年至 1994 年間河南三門峽市上村嶺向陽村出土。

乾刻銘文。行書，5 行，行 10、11 字，計 46 字。31×30×5cm。

釋文："靡字号。七里社身死，不知/姓名軍人，年約二十四五歲，/九月二十八日撿（檢）驗了當，九/月二十九日依/條立峯，葬埋記識訖。"

著錄：《北宋陝州漏澤園》175 頁。

附註：此為漏澤園墓記磚。考古發掘者根據該墓地葬埋規律及本磚序號推斷，此磚約刻於崇寧五年。

1506 無名氏軍人墓記磚（甲子靡字號第二種）

北宋（960～1126）九月二十九日葬

1985 年至 1994 年間河南三門峽市上村嶺向陽村出土。

乾刻銘文。行書，5 行，行 10、11 字，計 46 字。31×30×5cm。

釋文："靡字号。七里社身死，不知姓/名軍人，年約二十四五歲，九/月二十八日撿（檢）驗了當，九月/二十九日依/條立峯，葬埋記識訖。"

著錄：《北宋陝州漏澤園》176 頁。

附註：此為漏澤園墓記磚。考古發掘者根據該墓地葬埋規律及本磚序號推斷，此磚約刻於崇寧五年。

1507 無名氏軍人墓記磚（甲子巳字號）

北宋（960～1126）十月十六日葬

1985 年至 1994 年間河南三門峽市上村嶺向陽村出土。

乾刻銘文。行書，3 行，行 8 字，計 23 字。31×31.5×5cm。

釋文："巳字号。不知姓軍人，/十月十五日撿（檢）驗了/當，十六日葬埋記。"

著錄：《北宋陝州漏澤園》177 頁。

附註：此為漏澤園墓記磚。考古發掘者根據該墓地葬埋規律及本磚序號推斷，此磚約刻於崇寧五年。

1508 無名氏軍人墓記磚（甲子器字號）

北宋（960～1126）十月二十四日葬

1985 年至 1994 年間河南三門峽市上村嶺向陽村出土。

乾刻銘文。行書，5 行，行 11、12 字，計 45 字。30×31×4.5cm。

釋文："器字号。不知姓氏婦人，年約/□十八九歲，左廂寒凍身死，/□月二十三日撿（檢）驗了當，十月/二十四日依/條立峯，葬埋記識訖。"

著錄：《北宋陝州漏澤園》178 頁。

附註：此為漏澤園墓記磚。考古發掘者根
　　　據該墓地葬埋規律及本磚序號推斷，
　　　此磚約刻於崇寧五年。

1509　無名氏軍人墓記磚（甲子難字號）

北宋（960~1126）十月二十五日葬

1985 年至 1994 年間河南三門峽市上村嶺
　　　向陽村出土。

乾刻銘文。行書，5 行，行 9 至 11 字，計
　　　46 字。31.5×30×5cm。

釋文："難字号。城南廂身死，不／知姓名
　　　軍人，年約三十一二／歲，十月二十
　　　四日撿（檢）驗了／當，十月二十五
　　　日依／條立峯，葬埋記識訖。"

著錄：《北宋陝州漏澤園》179 頁。

附註：此為漏澤園墓記磚。考古發掘者根
　　　據該墓地葬埋規律及本磚序號推斷，
　　　此磚約刻於崇寧五年。

1510　梁支墓記磚

北宋（960~1126）十月六日葬

1985 年至 1994 年間河南三門峽市上村嶺
　　　向陽村出土。

乾刻銘文。行書，5 行，行 8 至 11 字，計
　　　43 字。30×30.5×5cm。

釋文："黑（墨）字号。東京虎翼指／揮軍
　　　人梁支，年約三十一二／歲，十月初
　　　五日撿（檢）驗了當，／十月初六日
　　　依／條立峯，葬埋記識訖。"

著錄：《北宋陝州漏澤園》180 頁。

附註：此為漏澤園墓記磚。考古發掘者根
　　　據該墓地葬埋規律及本磚序號推斷，
　　　此磚約刻於崇寧五年。

1511　馬定墓記磚

北宋（960~1126）十一月十一日葬

河南三門峽市上村嶺向陽村出土。採集
　　　品，出土时间不詳。

乾刻銘文。行書，3 行，行 8 字，計 21
　　　字。30.5×15×4.5cm。

釋文："甲子悲。磁鍾鋪身死，／兵士馬
　　　定，十一月十／一日葬埋訖。"

著錄：《北宋陝州漏澤園》181 頁。

附註：此為漏澤園墓記磚。考古發掘者根
　　　據該墓地葬埋規律及本磚序號推斷，
　　　此磚約刻於崇寧五年。

1512　陳吉墓記磚

北宋（960~1126）

河南三門峽市上村嶺向陽村出土。採集
　　　品，出土时间不詳。

乾刻銘文。行書，3 行，可見 16 字。30.5
　　　×15.5×4.5cm。

釋文："甲子染。□州弟（第）十九／指揮
　　　兵士陳吉，□八／……"

著錄：`《北宋陝州漏澤園》182 頁。

附註：此為漏澤園墓記磚。考古發掘者根
　　　據該墓地葬埋規律及本磚序號推斷，
　　　此磚約刻於崇寧五年。

1513　嵬□珂墓記磚

北宋（960~1126）十一月十五日葬

河南三門峽市上村嶺向陽村出土。採集
　　　品，出土时间不詳。

乾刻銘文。行書，3 行，行 7 至 9 字，計
　　　17 字。30.5×15.5×5cm。

釋文："甲子讚。番部嵬□／珂，十一月十
　　　五日葬埋／訖。"

著錄：《北宋陝州漏澤園》183 頁。

附註：此為漏澤園墓記磚。考古發掘者根

據該墓地葬埋規律及本磚序號推斷，此磚約刻於崇寧五年。

1514　無名氏百姓墓記磚（甲子羔字號）

北宋（960～1126）十一月十五日葬

1985 年至 1994 年間河南三門峽市上村嶺向陽村出土。

乾刻銘文。行書，5 行，行 8 至 12 字，計 48 字。30.5×30.5×5cm。

釋文：“羔字号。磁鍾遞鋪頭/身死，不知姓名百姓，年約/六十四五歲，十一月十四日撿（檢）/驗了當，十一月十五日依/□立峯，葬埋記識訖。”

著錄：《北宋陝州漏澤園》184 頁。

附註：此為漏澤園墓記磚。考古發掘者根據該墓地葬埋規律及本磚序號推斷，此磚約刻於崇寧五年。

1515　郭元墓記磚（第一種）

北宋（960～1126）十一月十六日葬

1985 年至 1994 年間河南三門峽市上村嶺向陽村出土。

乾刻銘文。行書，5 行，行 9 至 12 字，計 43 字。30.5×30.5×5cm。

釋文：“羊字号。夏縣張莊百姓/郭元，年約四十七八歲，十一月/十五日撿（檢）驗了當，十一月十/六日依/條立峯，葬埋記識訖。”

著錄：《北宋陝州漏澤園》185 頁。

附註：此為漏澤園墓記磚。考古發掘者根據該墓地葬埋規律及本磚序號推斷，此磚約刻於崇寧五年。

1516　郭元墓記磚（第二種）

北宋（960～1126）十一月十六日葬

1985 年至 1994 年間河南三門峽市上村嶺

向陽村出土。

乾刻銘文。行書，5 行，行 8 至 12 字，計 43 字。30.5×30.5×5cm。

釋文：“羊字号。夏縣張莊百/姓郭元，年約四十七八歲，十/一月十五日撿（檢）驗了當，十一月/十六日依/條立峯，葬埋記識訖。”

著錄：《北宋陝州漏澤園》186 頁。

附註：此為漏澤園墓記磚。考古發掘者根據該墓地葬埋規律及本磚序號推斷，此磚約刻於崇寧五年。

1517　李元墓記磚（第一種）

北宋（960～1126）十一月十六日葬

1985 年至 1994 年間河南三門峽市上村嶺向陽村出土。

乾刻銘文。行書，5 行，行 8 至 12 字，計 46 字。31×30×5cm。

釋文：“景字号。曹州騎射□/八指揮兵士李元，年約二/十四五歲，十一月十五日撿（檢）驗/了當，十一月十六日依/條立峯，葬埋記識訖。”

著錄：《北宋陝州漏澤園》187 頁。

附註：此為漏澤園墓記磚。考古發掘者根據該墓地葬埋規律及本磚序號推斷，此磚約刻於崇寧五年。

1518　李元墓記磚（第二種）

北宋（960～1126）十一月十六日葬

1985 年至 1994 年間河南三門峽市上村嶺向陽村出土。

乾刻銘文。行書，存 3 行，行存字不等，存 27 字。磚存前半。28.5×14×5cm。

釋文：“景字号。曹州騎射弟（第）八/□揮兵士李元，年約二十/□□□，十一月十五日撿（檢）驗了……"

著錄：《北宋陝州漏澤園》188 頁。

附註：此為漏澤園墓記磚。考古發掘者根
據該墓地葬埋規律及本磚序號推斷，
此磚約刻於崇寧五年。

1519　無名氏軍人墓記磚（甲子行字號第一種）

北宋(960～1126) 十一月二十二日葬

1985 年至 1994 年間河南三門峽市上村嶺
向陽村出土。

乾刻銘文。行書，5 行，行 9 至 12 字，存
45 字。31×30.5×5cm。

釋文："行字号。永定澗身死，不/□姓名
軍人，年約二十三四/歲，十一月二
十一日撿（檢）驗了當，/□一月二
十二日依/□立峯，葬埋記識訖。"

著錄：《北宋陝州漏澤園》189 頁。

附註：此為漏澤園墓記磚。考古發掘者根
據該墓地葬埋規律及本磚序號推斷，
此磚約刻於崇寧五年。

1520　無名氏軍人墓記磚（甲子行字號第二種）

北宋(960～1126) 十一月二十二日葬

1985 年至 1994 年間河南三門峽市上村嶺
向陽村出土。

乾刻銘文。行書，5 行，行 9 至 12 字，計
48 字。30.5×30.5×5cm。

釋文："行字号。永定澗身死，不/知姓名
軍人，年約二十三四/歲，十一月二
十一日撿（檢）驗了當，/十一月二
十二日依/條立峯，葬埋記識訖。"

著錄：《北宋陝州漏澤園》190 頁。

附註：此為漏澤園墓記磚。考古發掘者根
據該墓地葬埋規律及本磚序號推斷，
此磚約刻於崇寧五年。

1521　無名氏軍人墓記磚（甲子維字號第一種）

北宋(960～1126) 十一月二十七日葬

1985 年至 1994 年間河南三門峽市上村嶺
向陽村出土。

乾刻銘文。行書，5 行，行 9 至 12 字，計
47 字。31×30×5cm。

釋文："維字号。城東撿（檢）訖，不知/
姓名軍人，年約三十一二歲，/十一
月二十六日撿（檢）驗了當，十/一
月二十七日依/條立峯，葬埋記識
訖。"

著錄：《北宋陝州漏澤園》191 頁。

附註：此為漏澤園墓記磚。考古發掘者根
據該墓地葬埋規律及本磚序號推斷，
此磚約刻於崇寧五年。

1522　無名氏軍人墓記磚（甲子維字號第二種）

北宋(960～1126) 十一月二十七日葬

1985 年至 1994 年間河南三門峽市上村嶺
向陽村出土。

乾刻銘文。行書，3 行，行 8 字，計 24
字。31.5×15.5×5cm。

釋文："甲子維。城東廟撿（檢）訖，/不
知姓名軍人，十一月/二十七日葬埋
訖。"

著錄：《北宋陝州漏澤園》192 頁。

附註：此為漏澤園墓記磚。考古發掘者根
據該墓地葬埋規律及本磚序號推斷，
此磚約刻於崇寧五年。

1523　田吉墓記磚（第一種）

北宋(960～1126) 十一月二十八日葬

1985 年至 1994 年間河南三門峽市上村嶺
向陽村出土。

乾刻銘文。行書，5 行，行 10 至 12 字，
計 50 字。31×30×5cm。

釋文： "賢字号。本府保捷（捷）弟（第）十五/指揮兵士田吉，年約三十七八/歲，十一月二十七日撿（檢）驗了當，/十一月二十八日依/條立峯，葬埋記識訖。"

著錄：《北宋陝州漏澤園》193 頁。

附註：此為漏澤園墓記磚。考古發掘者根據該墓地葬埋規律及本磚序號推斷，此磚約刻於崇寧五年。

1524　田吉墓記磚（第二種）

北宋(960～1126) 十一月二十八日葬

1985 年至 1994 年間河南三門峽市上村嶺向陽村出土。

乾刻銘文。行書，5 行，行存字不等，存 35 字。磚右下角缺。31 ×30 ×4.5cm。

釋文： "賢字号。本府……/指揮兵士田吉，……/歲，十一月二十七日……/十一月二十八日依/條立峯，葬埋記識訖。"

著錄：《北宋陝州漏澤園》194 頁。

附註：此為漏澤園墓記磚。考古發掘者根據該墓地葬埋規律及本磚序號推斷，此磚約刻於崇寧五年。

1525　袁順墓記磚（第一種）

北宋(960～1126) 十一月二十九日葬

1985 年至 1994 年間河南三門峽市上村嶺向陽村出土。

乾刻銘文。行書，5 行，行 9 至 12 字，計 46 字。31 ×30.5 ×5cm。

釋文： "尅字号。本縣南原村百/姓袁順，年約七十八九歲，十/一月二十八日撿（檢）驗了當，十一/月二十九日依/條立峯，葬埋記識訖。"

著錄：《北宋陝州漏澤園》195 頁。

附註：此為漏澤園墓記磚。考古發掘者根據該墓地葬埋規律及本磚序號推斷，此磚約刻於崇寧五年。

1526　袁順墓記磚（第二種）

北宋(960～1126) 十一月二十九日葬

1985 年至 1994 年間河南三門峽市上村嶺向陽村出土。

乾刻銘文。行書，5 行，行存字不等，存 22 字。磚右下角缺。31 ×30 ×5cm。

釋文："□字号。本縣南原……/袁順，年約七……/……/九日依/條立峯，葬埋記識訖。"

著錄：《北宋陝州漏澤園》196 頁。

附註：此為漏澤園墓記磚。考古發掘者根據該墓地葬埋規律及本磚序號推斷，此磚約刻於崇寧五年。

1527　無名氏墓記磚（甲子念字號第一種）

北宋(960～1126) 十二月六日葬

1985 年至 1994 年間河南三門峽市上村嶺向陽村出土。

乾刻銘文。行書，5 行，行 9 至 11 字，計 44 字。31 ×30.5 ×5cm。

釋文："念字号。鐠驛前西塼臺/上身死，年約四十四五歲，十/二月初五日撿（檢）驗了當，十/二月初六日依/條立峯，葬埋記識訖。"

著錄：《北宋陝州漏澤園》197 頁。

附註：此為漏澤園墓記磚。考古發掘者根據該墓地葬埋規律及本磚序號推斷，此磚約刻於崇寧五年。

1528　無名氏墓記磚（甲子念字號第二種）

北宋(960～1126) 十二月六日葬

1985 年至 1994 年間河南三門峽市上村嶺

向陽村出土。

乾刻銘文。行書，5 行，行 11、12 字，計 43 字。磚右上角缺。31×30.5×5cm。

釋文："□字号。鸞驛前西塼臺／上身死，年約四十四五歲，十二／月初五日撿（檢）驗了當，十二月／初六日依／條立峯，葬埋記識訖。"

著錄：《北宋陝州漏澤園》198 頁。

附註：此為漏澤園墓記磚。考古發掘者根據該墓地葬埋規律及本磚序號推斷，此磚約刻於崇寧五年。

1529 無名氏軍人墓記磚（甲子傳字號第一種）

北宋（960～1126）　十二月二十七日葬

1985 年至 1994 年間河南三門峽市上村嶺向陽村出土。

乾刻銘文。行書，3 行，行 9 至 11 字，計 30 字。30.5×30×5cm。

釋文："傳字号。磁鍾身死，不知／姓名軍人，年約二十三四歲，／十二月二十七日葬埋記。"

著錄：《北宋陝州漏澤園》208 頁。

附註：此為漏澤園墓記磚。考古發掘者根據該墓地葬埋規律及本磚序號推斷，此磚約刻於崇寧五年。

1530 無名氏軍人墓記磚（甲子傳字號第二種）

北宋（960～1126）　十二月二十七日葬

1985 年至 1994 年間河南三門峽市上村嶺向陽村出土。

乾刻銘文。行書，3 行，行 9 至 11 字，計 30 字。30.5×30×5cm。

釋文："傳字号。磁鍾身死，不知／姓名軍人，年約二十三四／歲，十二月二十七日葬埋記。"

著錄：《北宋陝州漏澤園》209 頁。

附註：此為漏澤園墓記磚。考古發掘者根據該墓地葬埋規律及本磚序號推斷，此磚約刻於崇寧五年。

1531 柴安兒墓記磚（第一種）

北宋（960～1126）　十二月二十九日葬

1985 年至 1994 年間河南三門峽市上村嶺向陽村出土。

乾刻銘文。行書，3 行，行字不等，計 23 字。30.5×30.5×5cm。

釋文："堂字号。東京百姓柴／安兒，年九歲，十二月二十九／日葬埋記。"

著錄：《北宋陝州漏澤園》210 頁。

附註：此為漏澤園墓記磚。考古發掘者根據該墓地葬埋規律及本磚序號推斷，此磚約刻於崇寧五年。

1532 柴安兒墓記磚（第二種）

北宋（960～1126）　十二月二十九日葬

1985 年至 1994 年間河南三門峽市上村嶺向陽村出土。

乾刻銘文。行書，3 行，行字不等，計 23 字。30.5×30.5×5cm。

釋文："堂字号。東京百姓柴安／兒，年九歲，十二月二十九日／葬埋記。"

著錄：《北宋陝州漏澤園》211 頁。

附註：此為漏澤園墓記磚。考古發掘者根據該墓地葬埋規律及本磚序號推斷，此磚約刻於崇寧五年。

1533 阿李墓記磚

北宋（960～1126）　十二月二十九日葬

1985 年至 1994 年間河南三門峽市上村嶺向陽村出土。

乾刻銘文。行書，3 行，行字不等，計 24 字。30.5×30.5×5cm。

釋文：“習字号。本府婦人阿李，/年四十二歲，十二月二十九日/葬埋記。”

著錄：《北宋陝州漏澤園》212 頁。

附註：此為漏澤園墓記磚。考古發掘者根據該墓地葬埋規律及本磚序號推斷，此磚約刻於崇寧五年。

1534　許×墓記磚

北宋（960～1126）　十二月三十日葬

1985 年至 1994 年間河南三門峽市上村嶺向陽村出土。

乾刻銘文。行書，3 行，行字不等，計 27 字。30.5×30.5×5cm。

釋文：“聽字号。同州郃陽縣百/姓許×，年二十三四歲，十二/月三十日葬埋記。”

著錄：《北宋陝州漏澤園》213 頁。

附註：此為漏澤園墓記磚。考古發掘者根據該墓地葬埋規律及本磚序號推斷，此磚約刻於崇寧五年。

1535　張×墓記磚

北宋（960～1126）　正月三十日葬

河南三門峽市上村嶺向陽村出土。採集品，出土時間不詳。

乾刻銘文。行書，4 行，行 8 至 10 字，計 27 字。30×30×3cm。

釋文：“木字号。西京白波指/揮長行張×，年約□/十八九歲，正月三十日葬/埋記。”

著錄：《北宋陝州漏澤園》329 頁。

附註：此為漏澤園墓記磚。考古發掘者根據該墓地葬埋規律及本磚序號推斷，此磚約刻於崇寧年間（1102 至 1106）。

1536　李二君墓記磚

北宋（960～1126）　三月二十四日葬

1985 年至 1994 年間河南三門峽市上村嶺向陽村出土。

乾刻銘文。行書，3 行，行 9 字，計 26 字。31×30×5cm。

釋文：“流字号。降（絳）州神宝監軍/人李二君，年約三十四/五，三月二十四日記。”

著錄：《北宋陝州漏澤園》214 頁。

附註：此為漏澤園墓記磚。考古發掘者根據該墓地葬埋規律及本磚序號推斷，此磚約刻於大觀元年。

1537　無名氏殘墓記磚（甲子定字號）

北宋（960～1126）

1985 年至 1994 年間河南三門峽市上村嶺向陽村出土。

乾刻銘文。行書，存 3 行，行存 6 字，計存 12 字。僅存右上角。尺寸不詳。

釋文：“甲子定字号。□/□弟（第）十指揮/□”

著錄：《北宋陝州漏澤園》214 頁，圖版 62－2。

附註：此為漏澤園墓記磚。考古發掘者根據該墓地葬埋規律及本磚序號推斷，此磚約刻於大觀元年。

1538　樊宜娘墓記磚（第一種）

北宋（960～1126）　七月三日葬

1985 年至 1994 年間河南三門峽市上村嶺向陽村出土。

乾刻銘文。行書，3 行，行 9、10 字，計 20 字。30.5×30×5cm。

釋文：“甲子宜字号。夏縣婦人樊/宜娘，七月初三日葬埋/記。”

著錄：《北宋陝州漏澤園》215 頁。

附註：此為漏澤園墓記磚。考古發掘者根
　　　據該墓地葬埋規律及本磚序號推斷，
　　　此磚約刻於大觀元年。

1539　樊宜娘殘墓記磚（第二種）
　　　北宋(960～1126) 七月［三日］葬
　　　1985 年至 1994 年間河南三門峽市上村嶺
　　　　　向陽村出土。
　　　乾刻銘文。行書，3 行，行存 5 字，計存
　　　　　12 字。尺寸不詳。
　　　釋文："甲子宜字号。/樊宜娘，七月/埋
　　　　　記。"
　　　著錄：《北宋陝州漏澤園》215 頁，圖版
　　　　　63－1。
　　　附註：此為漏澤園墓記磚。考古發掘者根
　　　　　據該墓地葬埋規律及本磚序號推斷，
　　　　　此磚約刻於大觀元年。

1540　無名氏百姓墓記磚（甲子榮字號第一種）
　　　北宋(960～1126) 七月八日葬
　　　1985 年至 1994 年間河南三門峽市上村嶺
　　　　　向陽村出土。
　　　乾刻銘文。行書，3 行，行字不等，計 24
　　　　　字。30.5×30×4.5cm。
　　　釋文："甲子榮字号。不知姓名百/姓，七
　　　　　月八日撿（檢）驗了當，當日/葬埋
　　　　　訖。"
　　　著錄：《北宋陝州漏澤園》216 頁。
　　　附註：此為漏澤園墓記磚。考古發掘者根
　　　　　據該墓地葬埋規律及本磚序號推斷，
　　　　　此磚約刻於大觀元年。

1541　無名氏百姓墓記磚（甲子榮字號第二種）
　　　北宋(960～1126) 七月八日葬
　　　1985 年至 1994 年間河南三門峽市上村嶺

向陽村出土。

乾刻銘文。行書，3 行，行字不等，計 24
　　　字。30.5×30×5cm。

釋文："甲子榮字号。不知姓名百/姓，七
　　　月八日撿（檢）驗了當，/當日葬埋
　　　訖。"

著錄：《北宋陝州漏澤園》217 頁。

附註：此為漏澤園墓記磚。考古發掘者根
　　　據該墓地葬埋規律及本磚序號推斷，
　　　此磚約刻於大觀元年。

1542　馮貴墓記磚（第一種）
　　　北宋(960～1126) 七月二十九日葬
　　　1985 年至 1994 年間河南三門峽市上村嶺
　　　　　向陽村出土。
　　　乾刻銘文。行書，3 行，行 10、11 字，計
　　　　　30 字。30.5×30×5cm。
　　　釋文："甲子籍字号。廣勇右三指/揮軍人
　　　　　馮貴，七月二十九日/撿（檢）驗了
　　　　　當，當日葬埋記。"
　　　著錄：《北宋陝州漏澤園》218 頁。
　　　附註：此為漏澤園墓記磚。考古發掘者根
　　　　　據該墓地葬埋規律及本磚序號推斷，
　　　　　此磚約刻於大觀元年。

1543　馮貴墓記磚（第二種）
　　　北宋(960～1126) 七月二十九日葬
　　　1985 年至 1994 年間河南三門峽市上村嶺
　　　　　向陽村出土。
　　　乾刻銘文。行書，4 行，行 9、10 字，計
　　　　　30 字。31×31×5cm。
　　　釋文："甲子籍字号。廣勇右三/指揮軍人
　　　　　馮貴，七月二十/九日撿（檢）驗了
　　　　　當，當日葬/埋記。"
　　　著錄：《北宋陝州漏澤園》219 頁。
　　　附註：此為漏澤園墓記磚。考古發掘者根

據該墓地葬埋規律及本磚序號推斷，此磚約刻於大觀元年。

1544　楊×墓記磚（第一種）

北宋(960～1126) 八月十日葬

1985 年至 1994 年間河南三門峽市上村嶺向陽村出土。

乾刻銘文。行書，3 行，行 9、10 字，計 24 字。31 ×31 ×4.5cm。

釋文："甲子甚字号。院子高×/擡到同州百姓楊×，八月/十日葬埋訖。"

著錄：《北宋陝州漏澤園》220 頁。

附註：此為漏澤園墓記磚。考古發掘者根據該墓地葬埋規律及本磚序號推斷，此磚約刻於大觀元年。

1545　楊×墓記磚（第二種）

北宋(960～1126) 八月十日葬

1985 年至 1994 年間河南三門峽市上村嶺向陽村出土。

乾刻銘文。行書，3 行，行 8、9 字，計 24 字。31 ×31 ×4.5cm。

釋文："甲子甚字号。院子高×/擡到同州百姓楊×，八月/十日葬埋訖。"

著錄：《北宋陝州漏澤園》221 頁。

附註：此為漏澤園墓記磚。考古發掘者根據該墓地葬埋規律及本磚序號推斷，此磚約刻於大觀元年。

1546　韓三墓記磚

北宋(960～1126) 八月十日葬

1985 年至 1994 年間河南三門峽市上村嶺向陽村出土。

乾刻銘文。行書，3 行，行 8 字，計 23 字。31 ×30.5 ×5cm。

釋文："甲子無字号。安濟坊/擡到解州百

姓韓三，/八月十日葬埋訖。"

著錄：《北宋陝州漏澤園》222 頁。

附註：此為漏澤園墓記磚。考古發掘者根據該墓地葬埋規律及本磚序號推斷，此磚約刻於大觀元年。

1547　無名氏百姓墓記磚（甲子政字號第一種）

北宋(960～1126) 九月十三日葬

1985 年至 1994 年間河南三門峽市上村嶺向陽村出土。

乾刻銘文。行書，4 行，行 7、8 字，計 24 字。24 ×20 ×3.5cm。

釋文："甲子政字号。永定/廂身死，不知姓名/百姓，九月十三日葬/埋訖。"

著錄：《北宋陝州漏澤園》223 頁。

附註：此為漏澤園墓記磚。考古發掘者根據該墓地葬埋規律及本磚序號推斷，此磚約刻於大觀元年。

1548　無名氏百姓墓記磚（甲子政字號第二種）

北宋(960～1126) 九月十三日葬

1985 年至 1994 年間河南三門峽市上村嶺向陽村出土。

乾刻銘文。行書，4 行，行 7、8 字，計 24 字。24 ×20 ×3.5cm。

釋文："甲子政字号。永定廂/身死，不知姓名百/姓，九月十三日葬/埋訖。"

著錄：《北宋陝州漏澤園》224 頁。

附註：此為漏澤園墓記磚。考古發掘者根據該墓地葬埋規律及本磚序號推斷，此磚約刻於大觀元年。

1549　劉先墓記磚（第一種）

北宋(960～1126) 九月二十八日葬

1985 年至 1994 年間河南三門峽市上村嶺向陽村出土。

乾刻銘文。行書，4 行，行 7、8 字，計 25
字。26×20×3.5cm。

釋文："甲子以字号。靈寶/縣主簿擡到軍
人/劉先，九月二十八日/葬埋訖。"

著錄：《北宋陝州漏澤園》225 頁。

附註：此為漏澤園墓記磚。考古發掘者根
據該墓地葬埋規律及本磚序號推斷，
此磚約刻於大觀元年。

1550　劉先墓記磚（第二種）

北宋(960～1126) 九月二十八日葬

1985 年至 1994 年間河南三門峽市上村嶺
向陽村出土。

乾刻銘文。行書，4 行，行 7、8 字，計 24
字。26.5×20.8×3.8cm。

釋文："甲子以字号。靈寶/主簿擡到軍人
劉/先，九月二十八日葬/埋訖。"

著錄：《北宋陝州漏澤園》226 頁。

附註：此為漏澤園墓記磚。考古發掘者根
據該墓地葬埋規律及本磚序號推斷，
此磚約刻於大觀元年。

1551　阿許墓記磚

北宋(960～1126) 十月二日葬

1985 年至 1994 年間河南三門峽市上村嶺
向陽村出土。

乾刻銘文。行書，3 行，行 8、9 字，計 19
字。31.5×15.5×5cm。

釋文："甲子甘。安濟坊擡到/寡婦阿許，
十月二日葬/埋訖。"

著錄：《北宋陝州漏澤園》227 頁。

附註：此為漏澤園墓記磚。考古發掘者根
據該墓地葬埋規律及本磚序號推斷，
此磚約刻於大觀元年。

1552　夏小六墓記磚（第一種）

北宋(960～1126) 十月四日葬

1985 年至 1994 年間河南三門峽市上村嶺
向陽村出土。

乾刻銘文。行書，4 行，行 7 至 9 字，計
26 字。26.5×20×3.5cm。

釋文："甲子棠字号。蘇州/軍人夏小六，
十月初四/日撿（檢）驗了當，當日
葬/埋訖。"

著錄：《北宋陝州漏澤園》228 頁。

附註：此為漏澤園墓記磚。考古發掘者根
據該墓地葬埋規律及本磚序號推斷，
此磚約刻於大觀元年。

1553　夏小六墓記磚（第二種）

北宋(960～1126) 十月四日葬

1985 年至 1994 年間河南三門峽市上村嶺
向陽村出土。

乾刻銘文。行書，3 行，行 8、10 字，計
26 字。26.5×20×3.5cm。

釋文："甲子棠字号。蘇州軍/人夏小六，
十月初四日撿（檢）/驗了當，當日
葬埋訖。"

著錄：《北宋陝州漏澤園》229 頁。

附註：此為漏澤園墓記磚。考古發掘者根
據該墓地葬埋規律及本磚序號推斷，
此磚約刻於大觀元年。

1554　趙吉墓記磚

北宋(960～1126) 十月七日葬

1985 年至 1994 年間河南三門峽市上村嶺
向陽村出土。

乾刻銘文。行書，3 行，行 8 字，計 21
字。26×20.7×3.7cm。

釋文："甲子去字号。東門遞/鋪軍賊人趙
吉，十月/七日葬埋訖。"

著錄：《北宋陝州漏澤園》230 頁。

附註：此為漏澤園墓記磚。考古發掘者根
據該墓地葬埋規律及本磚序號推斷，
此磚約刻於大觀元年。

1555　庾昌墓記磚（第一種）

北宋(960～1126)　十月九日葬

1985 年至 1994 年間河南三門峽市上村嶺
向陽村出土。

乾刻銘文。行書，4 行，行 7、8 字，計 28
字。30 × 30 × 5cm。

釋文："甲子而字号。南新店/遞鋪軍人庾
昌，十月/初九日撿（檢）驗了當，/
當日葬埋訖。"

著錄：《北宋陝州漏澤園》231 頁。

附註：此為漏澤園墓記磚。考古發掘者根
據該墓地葬埋規律及本磚序號推斷，
此磚約刻於大觀元年。

1556　庾昌墓記磚（第二種）

北宋(960～1126)　十月九日葬

1985 年至 1994 年間河南三門峽市上村嶺
向陽村出土。

乾刻銘文。行書，3 行，行 8、10 字，計
27 字。30 × 15 × 5cm。

釋文："甲子□字号。南新店遞鋪/軍人庾
昌，十月初九日撿（檢）/驗了當，
當日葬埋訖。"

著錄：《北宋陝州漏澤園》232 頁。

附註：此為漏澤園墓記磚。考古發掘者根
據該墓地葬埋規律及本磚序號推斷，
此磚約刻於大觀元年。

1557　庾昌墓記磚（第三種）

北宋(960～1126)　十月九日葬

河南三門峽市上村嶺向陽村出土。採集

品，出土時間不詳。

乾刻銘文。行書，3 行，存 11 字。磚上半
缺。23 × 15.5 × 5cm。

釋文："□司法頭子擡/……庾昌，十月九
/……"

著錄：《北宋陝州漏澤園》233 頁。

附註：此為漏澤園墓記磚。考古發掘者根
據該墓地葬埋規律及本磚序號推斷，
此磚約刻於大觀元年。

1558　王×墓記磚

北宋(960～1126)　十月十三日葬

河南三門峽市上村嶺向陽村出土。採集
品，出土時間不詳。

乾刻銘文。行書，3 行，行 9、10 字，計
23 字。32 × 15.5 × 5cm。

釋文："甲子詠。使衙判送下安/濟坊身死
王×，十月十三/日葬埋訖。"

著錄：《北宋陝州漏澤園》234 頁。

附註：此為漏澤園墓記磚。考古發掘者根
據該墓地葬埋規律及本磚序號推斷，
此磚約刻於大觀元年。

1559　蘇連安墓記磚

北宋(960～1126)　十月十三日葬

1985 年至 1994 年間河南三門峽市上村嶺
向陽村出土。

乾刻銘文。行書，3 行，行 8、9 字，計 22
字。30 × 30.5 × 5cm。

釋文："甲子樂字号。軍人蘇/連安係蘇州
人，十月十/三日葬埋訖。"

著錄：《北宋陝州漏澤園》235 頁。

附註：此為漏澤園墓記磚。考古發掘者根
據該墓地葬埋規律及本磚序號推斷，
此磚約刻於大觀元年。

1560 周小二墓記磚（第一種）

北宋（960～1126）十月二十一日葬

1985 年至 1994 年間河南三門峽市上村嶺
　　向陽村出土。

乾刻銘文。行書，3 行，行 9、10 字，計
　　22 字。30.5×30×5cm。

釋文：“甲子殊字号。軍人周小（漏刻
　　“二”字）/係蘇州人，十月二十一日
　　/葬埋訖。”

著錄：《北宋陝州漏澤園》236 頁。

附註：此為漏澤園墓記磚。考古發掘者根
　　據該墓地葬埋規律及本磚序號推斷，
　　此磚約刻於大觀元年。

1561 周小二墓記磚（第二種）

北宋（960～1126）十月二十一日葬

1985 年至 1994 年間河南三門峽市上村嶺
　　向陽村出土。

乾刻銘文。行書，3 行，行 8、9 字，計 23
　　字。30×30.5×5cm。

釋文：“甲子殊字号。軍人周/小二係蘇州
　　人，十月二/十一日葬埋訖。”

著錄：《北宋陝州漏澤園》237 頁。

附註：此為漏澤園墓記磚。考古發掘者根
　　據該墓地葬埋規律及本磚序號推斷，
　　此磚約刻於大觀元年。

1562 何貴墓記磚（第一種）

北宋（960～1126）閏十月二日葬

1985 年至 1994 年間河南三門峽市上村嶺
　　向陽村出土。

乾刻銘文。行書，4 行，行 7、8 字，計 26
　　字。24×18×3cm。

釋文：“甲子貴字号。軍人何/貴係新安縣
　　崛山/遞鋪，閏十月初二日/葬埋訖。”

著錄：《北宋陝州漏澤園》238 頁。

附註：此為漏澤園墓記磚。考古發掘者根
　　據該墓地葬埋規律及本磚序號推斷，
　　此磚約刻於大觀元年。

1563 何貴墓記磚（第二種）

北宋（960～1126）閏十月二日葬

1985 年至 1994 年間河南三門峽市上村嶺
　　向陽村出土。

乾刻銘文。行書，4 行，行 7、8 字，計 26
　　字。24×18×3cm。

釋文：“甲子貴字号。軍人何/貴係新安縣
　　崛山/遞鋪，閏十月初二日/葬埋訖。”

著錄：《北宋陝州漏澤園》239 頁。

附註：此為漏澤園墓記磚。考古發掘者根
　　據該墓地葬埋規律及本磚序號推斷，
　　此磚約刻於大觀元年。

1564 嚴志墓記磚（第一種）

北宋（960～1126）閏十月三日葬

1985 年至 1994 年間河南三門峽市上村嶺
　　向陽村出土。

乾刻銘文。行書，3 行，行 7、8 字，計 21
　　字。24×17.5×3cm。

釋文：“甲子賤字号。高郵軍/配軍嚴志，
　　閏十月/初三日葬埋訖。”

著錄：《北宋陝州漏澤園》240 頁。

附註：此為漏澤園墓記磚。考古發掘者根
　　據該墓地葬埋規律及本磚序號推斷，
　　此磚約刻於大觀元年。

1565 嚴志墓記磚（第二種）

北宋（960～1126）閏十月三日葬

1985 年至 1994 年間河南三門峽市上村嶺
　　向陽村出土。

乾刻銘文。行書，3 行，行 7、8 字，計 21
　　字。23.5×17.5×3cm。

釋文："甲子賤字号。高郵/軍配軍嚴志，
閏/十月初三日葬埋訖。"

著錄：《北宋陝州漏澤園》241 頁。

附註：此為漏澤園墓記磚。考古發掘者根
據該墓地葬埋規律及本磚序號推斷，
此磚約刻於大觀元年。

1566　阿姚墓記磚（第一種）

北宋(960～1126) 閏十月五日葬

1985 年至 1994 年間河南三門峽市上村嶺
向陽村出土。

乾刻銘文。行書，3 行，行7、8 字，計21
字。24×18×3cm。

釋文："甲子別字号。寡婦/阿姚，係同州
人，閏十/月五日葬埋訖。"

著錄：《北宋陝州漏澤園》242 頁。

附註：此為漏澤園墓記磚。考古發掘者根
據該墓地葬埋規律及本磚序號推斷，
此磚約刻於大觀元年。

1567　阿姚墓記磚（第二種）

北宋(960～1126) 閏十月五日葬

1985 年至 1994 年間河南三門峽市上村嶺
向陽村出土。

乾刻銘文。行書，3 行，行7、8 字，計21
字。23.5×17.5×3cm。

釋文："甲子別字号。寡婦/阿姚，係同州
人，閏/十月五日葬埋訖。"

著錄：《北宋陝州漏澤園》243 頁。

附註：此為漏澤園墓記磚。考古發掘者根
據該墓地葬埋規律及本磚序號推斷，
此磚約刻於大觀元年。

1568　丁德墓記磚（第一種）

北宋(960～1126) 閏十月五日葬

1985 年至 1994 年間河南三門峽市上村嶺

向陽村出土。

乾刻銘文。行書，4 行，行7、8 字，計24
字。24×17.5×3cm。

釋文："甲子尊字号。軍人/丁德，係東京
中（忠）節/指揮，閏十月五日/葬埋
訖。"

著錄：《北宋陝州漏澤園》244 頁。

附註：此為漏澤園墓記磚。考古發掘者根
據該墓地葬埋規律及本磚序號推斷，
此磚約刻於大觀元年。

1569　丁德墓記磚（第二種）

北宋(960～1126) 閏十月五日葬

1985 年至 1994 年間河南三門峽市上村嶺
向陽村出土。

乾刻銘文。行書，4 行，行6 至8 字，計
24 字。24.5×18×3

釋文："甲子尊字号。軍人/丁德，係東京
忠/節指揮，閏十月五日/葬埋訖。"

著錄：《北宋陝州漏澤園》245 頁。

附註：此為漏澤園墓記磚。考古發掘者根
據該墓地葬埋規律及本磚序號推斷，
此磚約刻於大觀元年。

1570　李百墓記磚

北宋(960～1126) 閏十月六日葬

1985 年至 1994 年間河南三門峽市上村嶺
向陽村出土。

乾刻銘文。行書，4 行，行6、7 字，計24
字。24×17.5×3cm。

釋文："甲子卑字号。客人/李百，元係寧
州/人事，閏十月初六/日葬埋訖。"

著錄：《北宋陝州漏澤園》246 頁。

附註：此為漏澤園墓記磚。考古發掘者根
據該墓地葬埋規律及本磚序號推斷，
此磚約刻於大觀元年。

1571 阿雷墓記磚（第一種）

北宋（960～1126）閏十月十七日葬

1985 年至 1994 年間河南三門峽市上村嶺
向陽村出土。

乾刻銘文。行書，5 行，行 6 至 9 字，計
41 字。24×17.5×3cm。

釋文："甲子睦字号。准／使衙指揮送下本
州安／济坊狀擡捔到身死寡／婦阿雷，
係本州人事，閏／十月十七日葬埋
訖。"

著錄：《北宋陜州漏澤園》247 頁。

附註：此為漏澤園墓記磚。考古發掘者根
據該墓地葬埋規律及本磚序號推斷，
此磚約刻於大觀元年。

1572 阿雷墓記磚（第二種）

北宋（960～1126）閏十月十七日葬

1985 年至 1994 年間河南三門峽市上村嶺
向陽村出土。

乾刻銘文。行書，5 行，行 6 至 10 字，計
41 字。24×17.5×3cm。

釋文："甲子睦字号。准／使衙指揮送下本
州安济／坊狀擡捔到身死寡婦／阿雷，
係本州人事，閏十月／十七日葬埋
訖。"

著錄：《北宋陜州漏澤園》248 頁。

附註：此為漏澤園墓記磚。考古發掘者根
據該墓地葬埋規律及本磚序號推斷，
此磚約刻於大觀元年。

1573 楊海墓記磚（第一種）

北宋（960～1126）閏十月二十日葬

1985 年至 1994 年間河南三門峽市上村嶺
向陽村出土。

乾刻銘文。行書，4 行，行 9 至 12 字，計
33 字。30.5×30.5×5cm。

釋文："甲子夫字号。閏十月二十日准／
使衙判送到安济坊身／死絳州百姓楊海，
當日／葬埋訖。"

著錄：《北宋陜州漏澤園》249 頁。

附註：此為漏澤園墓記磚。考古發掘者根
據該墓地葬埋規律及本磚序號推斷，
此磚約刻於大觀元年。

1574 楊海墓記磚（第二種）

北宋（960～1126）閏十月二十日葬

1985 年至 1994 年間河南三門峽市上村嶺
向陽村出土。

乾刻銘文。行書，5 行，行 8、9 字，計 33
字。30.5×30.5×5cm。

釋文："甲子夫字号。閏十月二／十日准／
使衙判送到安洛（济）坊／身死徐州
百姓楊海，／當日葬埋訖。"

著錄：《北宋陜州漏澤園》250 頁。

附註：此為漏澤園墓記磚。考古發掘者根
據該墓地葬埋規律及本磚序號推斷，
此磚約刻於大觀元年。

1575 馬秀墓記磚

北宋（960～1126）閏十月二十五日葬

1985 年至 1994 年間河南三門峽市上村嶺
向陽村出土。

乾刻銘文。行書，4 行，行 9、10 字，存
29 字。30.5×30.5×5cm。

釋文："甲子婦□號。准司（漏刻"理"
字）院頭／子擡捔到雍兵（丘）縣軍
人／馬秀，閏十月二十五日葬／埋訖。"

著錄：《北宋陜州漏澤園》251 頁。

附註：此為漏澤園墓記磚。考古發掘者根
據該墓地葬埋規律及本磚序號推斷，

此磚約刻於大觀元年。

1576 阿降墓記磚

北宋(960～1126) 十一月二日葬

1985 年至 1994 年間河南三門峽市上村嶺
向陽村出土。

乾刻銘文。行書，3 行，行 8、9 字，計 26
字。31.5×31×5cm。

釋文：“甲子隨字号。婦人阿降，/元係永
興軍人事，於/十一月初二日葬埋
訖。”

著錄：《北宋陝州漏澤園》252 頁。

附註：此為漏澤園墓記磚。考古發掘者根
據該墓地葬埋規律及本磚序號推斷，
此磚約刻於大觀元年。

1577 安成墓記磚（第一種）

北宋(960～1126) 十一月二日葬

1985 年至 1994 年間河南三門峽市上村嶺
向陽村出土。

乾刻銘文。行書，3 行，行 8 字，計 24
字。34×33.5×5cm。

釋文：“甲子外字号。軍人安/成，元係巴
州人事，十/一月初二日葬埋訖。”

著錄：《北宋陝州漏澤園》253 頁。

附註：此為漏澤園墓記磚。考古發掘者根
據該墓地葬埋規律及本磚序號推斷，
此磚約刻於大觀元年。

1578 安成墓記磚（第二種）

北宋(960～1126) 十一月二日葬

1985 年至 1994 年間河南三門峽市上村嶺
向陽村出土。

乾刻銘文。行書，3 行，行 8 字，計 24
字。31×30.5×5cm。

釋文：“甲子外字号。軍人安/成，元係巴

州人事，十/一月初二日葬埋訖。”

著錄：《北宋陝州漏澤園》254 頁。

附註：此為漏澤園墓記磚。考古發掘者根
據該墓地葬埋規律及本磚序號推斷，
此磚約刻於大觀元年。

1579 祝信墓記磚

北宋(960～1126) 十一月四日葬

1985 年至 1994 年間河南三門峽市上村嶺
向陽村出土。

乾刻銘文。行書，4 行，行 8、10 字，計
27 字。30.5×26.5×5cm。

釋文：“甲子受字号。司理院/頭子攙到澶
州兵士/祝信，十一月初四日葬/
埋訖。”

著錄：《北宋陝州漏澤園》255 頁。

附註：此為漏澤園墓記磚。考古發掘者根
據該墓地葬埋規律及本磚序號推斷，
此磚約刻於大觀元年。

1580 楊元墓記磚

北宋(960～1126) 十一月五日葬

1985 年至 1994 年間河南三門峽市上村嶺
向陽村出土。

乾刻銘文。行書，5 行，行 8、9 字，計 43
字。31×31×5cm。

釋文：“甲子奉字号。准司理頭/子攙捱到
壕寨司寄/役身死逃軍楊元，係/遂州
克寧弟（第）四指揮，/於十一月初
五日葬埋訖。”

著錄：《北宋陝州漏澤園》256 頁。

附註：此為漏澤園墓記磚。考古發掘者根
據該墓地葬埋規律及本磚序號推斷，
此磚約刻於大觀元年。

1581　楊美墓記磚

北宋（960～1126）十一月八日葬

1985 年至 1994 年間河南三門峽市上村嶺
　　向陽村出土。

乾刻銘文。行書，3 行，行 9 字，計 27
　　字。31×30.5×5cm。

釋文：“甲子儀字号。隴州青邊/弟（第）
　　二十五指揮長行楊/美，十一月八日
　　收埋訖。”

著錄：《北宋陝州漏澤園》257 頁。

附註：此為漏澤園墓記磚。考古發掘者根
　　據該墓地葬埋規律及本磚序號推斷，
　　此磚約刻於大觀元年。

1582　梁德墓記磚（第一種）

北宋（960～1126）十一月十一日葬

1985 年至 1994 年間河南三門峽市上村嶺
　　向陽村出土。

乾刻銘文。行書，5 行，行 8 至 11 字，計
　　45 字。30×30×5cm。

釋文：“甲子諸字号。准平陸縣/尉頭子擡
　　捫到右京廣/勇右弟（第）二弟（第）
　　六指揮軍/人梁德，十一月十一日撿
　　（檢）驗/了當，當日葬埋訖。”

著錄：《北宋陝州漏澤園》258 頁。

附註：此為漏澤園墓記磚。考古發掘者根
　　據該墓地葬埋規律及本磚序號推斷，
　　此磚約刻於大觀元年。

1583　梁德墓記磚（第二種）

北宋（960～1126）十一月十一日葬

1985 年至 1994 年間河南三門峽市上村嶺
　　向陽村出土。

乾刻銘文。行書，5 行，行 8 至 11 字，存
　　35 字。磚首行殘缺。30×30×5cm。

釋文：“……/尉頭子擡捫到右京/廣勇右

弟（第）二弟（第）六指/揮（落
“軍”字）人梁德，十一月十一日撿
（檢）/驗了當，當日葬埋訖。”

著錄：《北宋陝州漏澤園》259 頁。

附註：此為漏澤園墓記磚。考古發掘者根
　　據該墓地葬埋規律及本磚序號推斷，
　　此磚約刻於大觀元年。

1584　王吉墓記磚（第一種）

北宋（960～1126）十一月十一日葬

1985 年至 1994 年間河南三門峽市上村嶺
　　向陽村出土。

乾刻銘文。行書，4 行，行 8 至 12 字，計
　　37 字。31×31.5×5cm。

釋文：“甲子叔字号。准本縣尉/頭子擡捫
　　到華州人/事百姓王吉，十一月十一
　　日撿（檢）/驗了當，當日葬埋訖。”

著錄：《北宋陝州漏澤園》260 頁。

附註：此為漏澤園墓記磚。考古發掘者根
　　據該墓地葬埋規律及本磚序號推斷，
　　此磚約刻於大觀元年。

1585　王吉墓記磚（第二種）

北宋（960～1126）十一月十一日葬

1985 年至 1994 年間河南三門峽市上村嶺
　　向陽村出土。

乾刻銘文。行書，4 行，行 9 至 11 字，計
　　37 字。31×30.5×5cm。

釋文：“甲子叔字号。准本縣尉/頭子擡捫
　　到華州人事百姓/王吉，十一月十一
　　日撿（檢）驗了/當，當日葬埋訖。”

著錄：《北宋陝州漏澤園》261 頁。

附註：此為漏澤園墓記磚。考古發掘者根
　　據該墓地葬埋規律及本磚序號推斷，
　　此磚約刻於大觀元年。

1586　劉貴墓記磚（第一種）

北宋（960～1126）十一月十三日葬

1985 年至 1994 年間河南三門峽市上村嶺
　　向陽村出土。

乾刻銘文。行書，5 行，行 8、9 字，計 38
　　字。30×31.8×4.8cm。

釋文：“甲子猶字号。准監押供/奉頭子擐
　　拼到本州/人事配軍劉貴，十一月/十
　　三日撿（檢）驗了當，當日/葬埋
　　訖。”

著錄：《北宋陝州漏澤園》262 頁。

附註：此為漏澤園墓記磚。考古發掘者根
　　據該墓地葬埋規律及本磚序號推斷，
　　此磚約刻於大觀元年。

1587　劉貴墓記磚（第二種）

北宋（960～1126）十一月十三日葬

1985 年至 1994 年間河南三門峽市上村嶺
　　向陽村出土。

乾刻銘文。行書，5 行，行 8 至 10 字，計
　　36 字。31×30×5cm。

釋文：“甲子猶字号。准監押/□奉頭子擐
　　拼本州/□□配軍劉貴，十一月/十三
　　日撿（檢）驗了當，（落“當”字）
　　日葬/埋訖。”

著錄：《北宋陝州漏澤園》263 頁。

附註：此為漏澤園墓記磚。考古發掘者根
　　據該墓地葬埋規律及本磚序號推斷，
　　此磚約刻於大觀元年。

1588　廉順墓記磚（第一種）

北宋（960～1126）十一月十四日葬

1985 年至 1994 年間河南三門峽市上村嶺
　　向陽村出土。

乾刻銘文。行書，4 行，行 8 至 10 字，計
　　34 字。30×30×5cm。

釋文：“甲子子字号。准司理頭/子擐拼到
　　懷州客人/廉順，十一月十四日撿
　　（檢）驗/了當，當日葬埋訖。”

著錄：《北宋陝州漏澤園》264 頁。

附註：此為漏澤園墓記磚。考古發掘者根
　　據該墓地葬埋規律及本磚序號推斷，
　　此磚約刻於大觀元年。

1589　廉順墓記磚（第二種）

北宋（960～1126）十一月十四日葬

1985 年至 1994 年間河南三門峽市上村嶺
　　向陽村出土。

乾刻銘文。行書，5 行，行 7 至 10 字，計
　　34 字。30×31×5cm。

釋文：“甲子子字号。准司理/頭子擐拼到
　　懷州客/人廉順，十一月十四日撿
　　（檢）/驗了當，當日葬埋/訖。”

著錄：《北宋陝州漏澤園》265 頁。

附註：此為漏澤園墓記磚。考古發掘者根
　　據該墓地葬埋規律及本磚序號推斷，
　　此磚約刻於大觀元年。

1590　無名氏墓記磚（戊辰肆字號）

北宋（960～1126）

河南三門峽市上村嶺向陽村出土。採集
　　品，出土時间不詳。

乾刻銘文。行書，殘存 2 行，存 10 字。
　　僅存右上角。尺寸不詳。

釋文：“戊辰肆字号。/平陸縣尉擐……”

著錄：《北宋陝州漏澤園》267 頁。

附註：此為漏澤園墓記磚。考古發掘者根
　　據該墓地葬埋規律及本磚序號推斷，
　　此磚約刻於大觀二年。

1591　董安墓記磚

北宋（960～1126）正月二十八日葬

1985 年至 1994 年間河南三門峽市上村嶺

向陽村出土。

乾刻銘文。行書，5 行，行 8 至 11 字，計
　　42 字。31×31×5cm。

釋文："甲子邑字号。平陸縣尉/頭子攛捀
　　到東京殿/前虎翼左三十長行董/安，
　　正月二十八日撿（檢）驗了當，/當
　　日葬埋訖。"

著錄：《北宋陜州漏澤園》268 頁。

附註：此為漏澤園墓記磚。考古發掘者根
　　據該墓地葬埋規律及本磚序號推斷，
　　此磚約刻於大觀二年。

1592　阿黨墓記磚

北宋（960～1126）二月二十三日葬

1985 年至 1994 年間河南三門峽市上村嶺
　　向陽村出土。

乾刻銘文。行書，4 行，行 9、10 字，計
　　39 字。30.5×30.5×5cm。

釋文："甲子洛字号。使衙判送下/在州安
　　濟坊狀攛捀到/本府人寡婦阿党，二
　　月二/十三日收管，當日葬埋訖。"

著錄：《北宋陜州漏澤園》269 頁。

附註：此為漏澤園墓記磚。考古發掘者根
　　據該墓地葬埋規律及本磚序號推斷，
　　此磚約刻於大觀二年。

1593　無名氏百姓墓記磚（甲子浮字號）

北宋（960～1126）二月二十四日葬

1985 年至 1994 年間河南三門峽市上村嶺
　　向陽村出土。

乾刻銘文。行書，4 行，行 7 至 9 字，存
　　25 字。磚下半殘缺。尺寸不詳。

釋文："甲子浮字号。左廂貧……/攛捀到
　　本府百姓……，/二月二十四月收管，
　　……/埋訖。"

著錄：《北宋陜州漏澤園》270 頁。

附註：此為漏澤園墓記磚。考古發掘者根
　　據該墓地葬埋規律及本磚序號推斷，
　　此磚約刻於大觀二年。

1594　張遄墓記磚（第一種）

北宋（960～1126）三月六日葬

1985 年至 1994 年間河南三門峽市上村嶺
　　向陽村出土。

乾刻銘文。行書，5 行，行 8 至 10 字，計
　　36 字。31×31×4.5cm。

釋文："甲子據字号。本縣尉頭/子攛捀到
　　南新店遞/鋪兵士張遄，三月初六日/
　　撿（檢）驗了當，當日葬埋/訖。"

著錄：《北宋陜州漏澤園》271 頁。

附註：此為漏澤園墓記磚。考古發掘者根
　　據該墓地葬埋規律及本磚序號推斷，
　　此磚約刻於大觀二年。

1595　張遄墓記磚（第二種）

北宋（960～1126）三月六日葬

河南三門峽市上村嶺向陽村出土。採集
　　品，出土時間不詳。

乾刻銘文。行書，4 行，行 10、11 字，計
　　35 字。31.5×16×5cm。

釋文："甲子據字号。本縣尉頭子攛/捀到
　　南新店遞鋪兵士張/遄，三月初六日
　　撿（檢）驗了當，/當（漏刻"日"
　　字）葬埋訖。

著錄：《北宋陜州漏澤園》272 頁。

附註：此為漏澤園墓記磚。考古發掘者根
　　據該墓地葬埋規律及本磚序號推斷，
　　此磚約刻於大觀二年。

1596　社興墓記磚（第一種）

北宋（960～1126）三月六日葬

1985 年至 1994 年間河南三門峽市上村嶺

向陽村出土。

乾刻銘文。行書，4 行，行 8 至 10 字，計 38 字。30.5×30.5×5cm。

釋文："甲子禽字号。使衙判送下／在州安濟坊狀攛拚到本／府人百姓社興，四月初十／日收管，當日葬埋訖。"

著錄：《北宋陝州漏澤園》273 頁。

附註：此為漏澤園墓記磚。考古發掘者根據該墓地葬埋規律及本磚序號推斷，此磚約刻於大觀二年。

1597 社興墓記磚（第二種）

北宋(960~1126) 四月十日葬

1985 年至 1994 年間河南三門峽市上村嶺向陽村出土。

乾刻銘文。行書，4 行，行 10 字，計 38 字。30.5×30×5cm。

釋文："甲子禽字号。使衙判送下／在州安濟坊狀攛拚到本／府人百姓社興，四月初十／日收管，當日葬埋訖。"

著錄：《北宋陝州漏澤園》274 頁。

附註：此為漏澤園墓記磚。考古發掘者根據該墓地葬埋規律及本磚序號推斷，此磚約刻於大觀二年。

1598 王吉墓記磚

北宋(960~1126) 四月十三日葬

1985 年至 1994 年間河南三門峽市上村嶺向陽村出土。

乾刻銘文。行書，5 行，行 9、10 字，計 43 字。31×30.5×5cm。

釋文："甲子畫字号。使衙判送／下在州安濟坊狀攛拚／到陳州牢城弟（第）五指揮／兵士王吉，四月十三日收／管，當日葬埋訖。"

著錄：《北宋陝州漏澤園》275 頁。

附註：此為漏澤園墓記磚。考古發掘者根據該墓地葬埋規律及本磚序號推斷，此磚約刻於大觀二年。

1599 畢徊墓記磚（第一種）

北宋(960~1126) 五月十日葬

1985 年至 1994 年間河南三門峽市上村嶺向陽村出土。

乾刻銘文。行書，4 行，行 8 至 10 字，計 36 字。30.5×30×5cm。

釋文："甲子舍字号。本縣尉頭／子攛拚到邵武軍乾／寧縣百姓畢徊，五月十日／撿（檢）驗了當，當日葬埋訖。"

著錄：《北宋陝州漏澤園》276 頁。

附註：此為漏澤園墓記磚。考古發掘者根據該墓地葬埋規律及本磚序號推斷，此磚約刻於大觀二年。

1600 畢徊墓記磚（第二種）

北宋(960~1126) 五月十日葬

1985 年至 1994 年間河南三門峽市上村嶺向陽村出土。

乾刻銘文。行書，4 行，行 9、10 字，計 36 字。30×30.5×5cm。

釋文："甲子舍字号。本縣尉頭子／攛拚到邵武軍乾寧縣／百姓畢徊，五月十日撿（檢）驗／了當，當日葬埋訖。"

著錄：《北宋陝州漏澤園》277 頁。

附註：此為漏澤園墓記磚。考古發掘者根據該墓地葬埋規律及本磚序號推斷，此磚約刻於大觀二年。

1601 無名氏軍員墓記磚（甲子甲字號第一種）

北宋(960~1126) 五月二十二日葬

1985 年至 1994 年間河南三門峽市上村嶺向陽村出土。

乾刻銘文。行書，4 行，行 10 至 12 字，
　計 40 字。30×30.5×5cm。

釋文："甲子甲字号。管界巡撿（檢）頭
　子/攙捭到曲汲店身死不知/姓名軍
　員，五月二十二日撿（檢）驗/了當，
　當日葬埋訖。"

著錄：《北宋陝州漏澤園》278 頁。

附註：此為漏澤園墓記磚。考古發掘者根
　據該墓地葬埋規律及本磚序號推斷，
　此磚約刻於大觀二年。

1602　無名氏軍員殘墓記磚（甲子甲字號第二種）
　北宋（960～1126）［五月二十二日］葬
　1985 年至 1994 年間河南三門峽市上村嶺
　　向陽村出土。

乾刻銘文。行書，4 行，行存 4 字，計存
　14 字。僅存右上角。尺寸不詳。

釋文："甲子甲字/子攙捭/知姓名軍/驗了
　當"

著錄：《北宋陝州漏澤園》278 頁，圖版
　79-4。

附註：此為漏澤園墓記磚。考古發掘者根
　據該墓地葬埋規律及本磚序號推斷，
　此磚約刻於大觀二年。

1603　無名氏軍人墓記磚（甲子鼓第一種）
　北宋（960～1126）七月五日葬
　1985 年至 1994 年間河南三門峽市上村嶺
　　向陽村出土。

乾刻銘文。行書，4 行，行存字不等，存
　32 字。磚存大半。31×27×5cm。

釋文："甲子鼓。本縣尉頭子攙/捭到永定
　廂身死不知□/名軍人，七月初五日
　……/當，當日葬埋訖。"

著錄：《北宋陝州漏澤園》280 頁。

附註：此為漏澤園墓記磚。考古發掘者根

據該墓地葬埋規律及本磚序號推斷，
　此磚約刻於大觀二年。

1604　無名氏軍人墓記磚（甲子鼓第二種）
　北宋（960～1126）七月五日葬
　河南三門峽市上村嶺向陽村出土。採集
　　品，出土時間不詳。

乾刻銘文。行書，4 行，行 10 至 12 字，
　計 38 字。31×15.5×5cm。

釋文："甲子鼓。本縣尉頭子攙捭到/永定
　廂身死不知姓名軍人，七/月初五日
　巳時撿（檢）驗了當，/當日葬埋
　訖。"

著錄：《北宋陝州漏澤園》281 頁。

附註：此為漏澤園墓記磚。考古發掘者根
　據該墓地葬埋規律及本磚序號推斷，
　此磚約刻於大觀二年。

1605　三阿杜墓記磚（第一種）
　北宋（960～1126）七月五日葬
　1985 年至 1994 年間河南三門峽市上村嶺
　　向陽村出土。

乾刻銘文。行書，5 行，行 9、10 字，計
　41 字。30.5×30×5cm。

釋文："甲子瑟。使衙判送下在州/安濟坊
　狀攙捭雄勝弟（第）/二指揮軍妻三
　阿杜，七/月初五日酉時收管，當日/
　葬埋訖。"

著錄：《北宋陝州漏澤園》282 頁。

附註：此為漏澤園墓記磚。考古發掘者根
　據該墓地葬埋規律及本磚序號推斷，
　此磚約刻於大觀二年。

1606　三阿杜墓記磚（第二種）
　北宋（960～1126）七月五日葬
　1985 年至 1994 年間河南三門峽市上村嶺

向陽村出土。

乾刻銘文。行書，4 行，行 9、10 字，計 38 字。30.5×30.5×5cm。

釋文："甲子瑟。使衙判送下在州/安濟坊狀攆捫到雄勝/弟（第）二指揮軍妻三阿杜，/七月初五日酉時葬埋訖。"

著錄：《北宋陝州漏澤園》283 頁。

附註：此為漏澤園墓記磚。考古發掘者根據該墓地葬埋規律及本磚序號推斷，此磚約刻於大觀二年。

1607　三阿杜墓記磚（第三種）

北宋(960～1126) 七月五日葬

河南三門峽市上村嶺向陽村出土。採集品，出土時間不詳。

乾刻銘文。行書，3 行，行 9、10 字，計 28 字。30.5×15×5cm。

釋文："甲子瑟。在州安濟坊狀攆到/雄勝弟（第）二指揮軍妻三阿/杜，七月五日收葬。"

著錄：《北宋陝州漏澤園》284 頁。

附註：此為漏澤園墓記磚。考古發掘者根據該墓地葬埋規律及本磚序號推斷，此磚約刻於大觀二年。

1608　崔立墓記磚（第一種）

北宋(960～1126) 七月十七日葬

1985 年至 1994 年間河南三門峽市上村嶺向陽村出土。

乾刻銘文。行書，5 行，行 8、9 字，計 37 字。30.5×30.5×5.3cm。

釋文："甲子吹，司戶頭子攆捫/到西京永安縣南門/馬鋪兵士崔立，七月/十七日撿（檢）驗了當，當/日葬埋訖。"

著錄：《北宋陝州漏澤園》285 頁。

附註：此為漏澤園墓記磚。考古發掘者根

據該墓地葬埋規律及本磚序號推斷，此磚約刻於大觀二年。

1609　崔立墓記磚（第二種）

北宋(960～1126) 七月十七日葬

1985 年至 1994 年間河南三門峽市上村嶺向陽村出土。

乾刻銘文。行書，5 行，行 8、9 字，計 37 字。30×30.5×5cm。

釋文："甲子吹，司戶頭子攆捫/到西京永安縣南門/馬鋪兵士崔立，七月/十七日撿（檢）驗了當，當/日葬埋訖。"

著錄：《北宋陝州漏澤園》286 頁。

附註：此為漏澤園墓記磚。考古發掘者根據該墓地葬埋規律及本磚序號推斷，此磚約刻於大觀二年。

1610　王立墓記磚

北宋(960～1126) 七月十八日葬

河南三門峽市上村嶺向陽村出土。採集品，出土時間不詳。

乾刻銘文。行書，存 3 行，存 23 字。30×15×5cm。

釋文："甲子笙。在州安济坊狀攆/到本府人百姓王立，七月/十八日……"

著錄：《北宋陝州漏澤園》287 頁。

附註：此為漏澤園墓記磚。考古發掘者根據該墓地葬埋規律及本磚序號推斷，此磚約刻於大觀二年。

1611　五阿杜墓記磚（第一種）

北宋(960～1126) 七月二十日葬

1985 年至 1994 年間河南三門峽市上村嶺向陽村出土。

乾刻銘文。行書，5 行，行 9 字，計 38 字。30×31×5cm。

釋文："甲子升。本縣頭子攙捔/到安濟坊寡婦五阿杜/係上南保罐竹社人，七/月二十日收管，當日葬/埋訖。"

著錄：《北宋陝州漏澤園》288 頁。

附註：此為漏澤園墓記磚。考古發掘者根據該墓地葬埋規律及本磚序號推斷，此磚約刻於大觀二年。

1612 五阿杜墓記磚（第二種）

北宋（960~1126）七月二十日葬

1985 年至 1994 年間河南三門峽市上村嶺向陽村出土。

乾刻銘文。行書，5 行，行8、9字，計38字。30×31×5cm。

釋文："甲子升。本縣頭子攙/捔到安濟坊寡婦五/阿杜係上南保罐竹社/人，七月二十日收管，/當日葬埋訖。"

著錄：《北宋陝州漏澤園》289 頁。

附註：此為漏澤園墓記磚。考古發掘者根據該墓地葬埋規律及本磚序號推斷，此磚約刻於大觀二年。

1613 無名氏殘墓記磚（甲子階字號）

北宋（960~1126）

1985 年至 1994 年間河南三門峽市上村嶺向陽村出土。

乾刻銘文。行書，4 行，行存6字，計存21字。磚存上半。尺寸不詳。

釋文："甲子階字号。/□□安济坊兵/□弟（第）二十七□/收管，當日"

著錄：《北宋陝州漏澤園》289 頁，圖版82-3。

附註：此為漏澤園墓記磚。考古發掘者根據該墓地葬埋規律及本磚序號推斷，此磚約刻於大觀二年。

1614 張明墓記磚（第一種）

北宋（960~1126）七月二十一日葬

1985 年至 1994 年間河南三門峽市上村嶺向陽村出土。

乾刻銘文。行書，3 行，行 10、12 字，計27 字。30×31×5cm。

釋文："甲子納。貧子攙捔到絳州/百姓張明，七月二十一日收管，/當日葬埋訖。"

著錄：《北宋陝州漏澤園》290 頁。

附註：此為漏澤園墓記磚。考古發掘者根據該墓地葬埋規律及本磚序號推斷，此磚約刻於大觀二年。

1615 張明墓記磚（第二種）

北宋（960~1126）七月二十一日葬

1985 年至 1994 年間河南三門峽市上村嶺向陽村出土。

乾刻銘文。行書，3 行，行 9、10 字，計28 字。30×30×5cm。

釋文："甲子納。貧子院攙捔到/絳州百姓張明，七月二十一/日收管，當日葬埋訖。"

著錄：《北宋陝州漏澤園》291 頁。

附註：此為漏澤園墓記磚。考古發掘者根據該墓地葬埋規律及本磚序號推斷，此磚約刻於大觀二年。

1616 無名氏軍人墓記磚（甲子陛第一種）

北宋（960~1126）七月二十四日葬

1985 年至 1994 年間河南三門峽市上村嶺向陽村出土。

乾刻銘文。行書，5 行，行 8 至 10 字，計41 字。30.5×30.5×5cm。

釋文："甲子陛。靈寶縣尉頭/子攙捔到趙上保后土/社身死不知姓名軍人，/七月二十四日撿（檢）驗了當，／當日葬埋訖。"

著錄：《北宋陝州漏澤園》292 頁。

附註：此為漏澤園墓記磚。考古發掘者根據該墓地葬埋規律及本磚序號推斷，此磚約刻於大觀二年。

1617　無名氏軍人墓記磚（甲子陛第二種）

北宋(960～1126) 七月二十四日葬

1985 年至 1994 年間河南三門峽市上村嶺向陽村出土。

乾刻銘文。行書，5 行，行 8 至 10 字，計 41 字。31×30×5cm。

釋文："甲子陛。靈寶縣尉頭子／攛拚到趙上保后土社／身死不知姓名軍人，七／月二十四日撿（檢）驗了當，當／日葬埋訖。"

著錄：《北宋陝州漏澤園》293 頁。

附註：此為漏澤園墓記磚。考古發掘者根據該墓地葬埋規律及本磚序號推斷，此磚約刻於大觀二年。

1618　二十一阿張墓記磚

北宋(960～1126) 七月二十六日葬

1985 年至 1994 年間河南三門峽市上村嶺向陽村出土。

乾刻銘文。行書，4 行，行 9 至 12 字，存 34 字。磚右下角缺。31.5×30×5cm。

釋文："甲子弁。使衙判送……／安濟坊狀攛拚到婦人／二十一阿張，七月二十六日收／管，當日葬埋訖。"

著錄：《北宋陝州漏澤園》294 頁。

附註：此為漏澤園墓記磚。考古發掘者根據該墓地葬埋規律及本磚序號推斷，此磚約刻於大觀二年。

1619　袁莫墓記磚

北宋(960～1126) 十一月二十三日葬

1985 年至 1994 年間河南三門峽市上村嶺向陽村出土。

乾刻銘文。行書，6 行，行 7、8 字，計 43 字。30.5×30.5×5cm。

釋文："甲子實。駐泊東京／廣勇右二一指揮十／將王興狀攛拚到本／指揮兵士袁莫，十一／月二十三日收管，當／日葬埋訖。"

著錄：《北宋陝州漏澤園》295 頁。

附註：此為漏澤園墓記磚。考古發掘者根據該墓地葬埋規律及本磚序號推斷，此磚約刻於大觀二年。

1620　王方德墓記磚（第一種）

北宋(960～1126) 十一月二十四日葬

1985 年至 1994 年間河南三門峽市上村嶺向陽村出土。

乾刻銘文。行書，4 行，行 11、12 字，計 40 字。31×30×5cm。

釋文："甲子碑。平陸縣尉司頭子攛／拚到成都府斷配池州百姓／王方德，十一月二十四撿（檢）驗了／當，當日葬埋訖。"

著錄：《北宋陝州漏澤園》296 頁。

附註：此為漏澤園墓記磚。考古發掘者根據該墓地葬埋規律及本磚序號推斷，此磚約刻於大觀二年。

1621　王方德墓記磚（第二種）

北宋(960～1126) 十一月二十四日葬

1985 年至 1994 年間河南三門峽市上村嶺向陽村出土。

乾刻銘文。行書，5 行，行 8 至 10 字，計 40 字。31.5×31.5×5cm。

釋文："甲子碑。平陸縣尉司/頭子擡拼到
成都府/斷配池州百姓王方德，/十一
月二十四撿（檢）驗了當，當/日葬
埋訖。"

著錄：《北宋陝州漏澤園》297 頁。

附註：此為漏澤園墓記磚。考古發掘者根
據該墓地葬埋規律及本磚序號推斷，
此磚約刻於大觀二年。

1622 無名氏兵士墓記磚（甲子營）

北宋（960～1126）□二月十日葬

1985 年至 1994 年間河南三門峽市上村嶺
向陽村出土。

乾刻銘文。行書，5 行，行 8 字，計 31
字。磚左下角殘缺。30×30×5cm。

釋文："甲子營。司戶頭子擡/拼到河中府
榮河縣/巡撿（檢）下兵士……/二月
十日撿（檢）驗……，/當日葬埋
訖。"

著錄：《北宋陝州漏澤園》298 頁。

附註：此為漏澤園墓記磚。考古發掘者根
據該墓地葬埋規律及本磚序號推斷，
此磚約刻於大觀二年。

1623 無名氏殘墓記磚（甲子公字號）

北宋（960～1126）

1985 年至 1994 年間河南三門峽市上村嶺
向陽村出土。

乾刻銘文。行書，存 3 行，行存 5 字，計
存 12 字。磚存右上角。尺寸不詳。

釋文："甲子公。左廂/擡拼到本/姓名□"

著錄：《北宋陝州漏澤園》298 頁，圖版
85－2。

附註：此為漏澤園墓記磚。考古發掘者根
據該墓地葬埋規律及本磚序號推斷，
此磚約刻於大觀二年。

1624 徐泰墓記磚

北宋（960～1126）十二月二十日葬

1985 年至 1994 年間河南三門峽市上村嶺
向陽村出土。

乾刻銘文。行書，5 行，行 9、10 字，計
40 字。30×31×5cm。

釋文："甲子傾。使衙判送下在/州安濟坊
狀擡拼到並/州斷配同州牢城徐泰，/
十二月二十日收管，當日/葬埋訖。"

著錄：《北宋陝州漏澤園》299 頁。

附註：此為漏澤園墓記磚。考古發掘者根
據該墓地葬埋規律及本磚序號推斷，
此磚約刻於大觀二年。

1625 張亨墓記磚

北宋（960～1126）十二月三十日葬

1985 年至 1994 年間河南三門峽市上村嶺
向陽村出土。

乾刻銘文。行書，3 行，行 10 字，計 26
字。30×15.5×5cm。

釋文："甲子感。本縣尉頭子擡到/東門遞
鋪兵士張亨，十二/月三十日收葬。"

著錄：《北宋陝州漏澤園》300 頁。

附註：此為漏澤園墓記磚。考古發掘者根
據該墓地葬埋規律及本磚序號推斷，
此磚約刻於大觀二年。

1626 王俊墓記磚

北宋（960～1126）正月三日葬

1985 年至 1994 年間河南三門峽市上村嶺
向陽村出土。

乾刻銘文。行書，6 行，行 7、8 字，計 41
字。30×30.5×5cm。

釋文："甲子武。使衙判送下/在州安濟坊
狀擡拼/到亳（亳）州斷配解州/牢城
指揮王俊，正/月初三日收管，當/日

葬埋訖。"

著錄：《北宋陝州漏澤園》301 頁。

附註：此為漏澤園墓記磚。考古發掘者根
據該墓地葬埋規律及本磚序號推斷，
此磚約刻於大觀三年。

1627 無名氏墓記磚（甲子趙）

北宋（960～1126）二月二日葬

河南三門峽市上村嶺向陽村出土。採集
品，出土時間不詳。

乾刻銘文。行書，3 行，殘存 17 字。30 ×
15 ×5cm。

釋文："甲子趙。平陸縣……/東門遞鋪前
……/二月二日收葬。"

著錄：《北宋陝州漏澤園》302 頁。

附註：此為漏澤園墓記磚。考古發掘者根
據該墓地葬埋規律及本磚序號推斷，
此磚約刻於大觀三年。

1628 解德墓記磚

北宋（960～1126）二月七日葬

1985 年至 1994 年間河南三門峽市上村嶺
向陽村出土。

乾刻銘文。行書，6 行，行6、7 字，計36
字。30.5 ×29.5 ×5cm。

釋文："甲子魏。司戶頭子/攞捫到駐泊
廣/勇右二一指揮/兵士解德，二月七
/日撿（檢）驗了當，當/日葬埋訖。"

著錄：《北宋陝州漏澤園》303 頁。

附註：此為漏澤園墓記磚。考古發掘者根
據該墓地葬埋規律及本磚序號推斷，
此磚約刻於大觀三年。

1629 孟進墓記磚

北宋（960～1126）二月十三日葬

1985 年至 1994 年間河南三門峽市上村嶺
向陽村出土。

乾刻銘文。行書，3 行，行 9、10 字，計
28 字。29.5 ×15.5 ×5cm。

釋文："甲子橫。在州安济坊攞到/新安縣
牛張遞鋪兵士/孟進，二月十三日收
葬。"

著錄：《北宋陝州漏澤園》304 頁。

附註：此為漏澤園墓記磚。考古發掘者根
據該墓地葬埋規律及本磚序號推斷，
此磚約刻於大觀三年。

1630 秦寧墓記磚（第一種）

北宋（960～1126）二月十六日葬

1985 年至 1994 年間河南三門峽市上村嶺
向陽村出土。

乾刻銘文。行書，6 行，行6、7 字，計38
字。30.5 ×30 ×5cm。

釋文："甲子途。弟秦遇狀/攞捫到兄駐泊
東/京廣勇右二一指/揮兵士秦寧，二
/月十六日收管，當/日葬埋訖。"

著錄：《北宋陝州漏澤園》308 頁。

附註：此為漏澤園墓記磚。考古發掘者根
據該墓地葬埋規律及本磚序號推斷，
此磚約刻於大觀三年。

1631 秦寧墓記磚（第二種）

北宋（960～1126）二月十六日葬

1985 年至 1994 年間河南三門峽市上村嶺
向陽村出土。

乾刻銘文。行書，5 行，行 8 字，計38
字。31.5 ×31.5 ×4.5cm。

釋文："甲子途。弟秦遇狀攞/捫到兄駐泊
東京廣/勇右二一指揮兵士/秦寧，二
月十六日收/管，當日葬埋訖。"

著錄：《北宋陝州漏澤園》309 頁。

附註：此為漏澤園墓記磚。考古發掘者根

據該墓地葬埋規律及本磚序號推斷，
此磚約刻於大觀三年。

1632 徐清墓記磚

北宋（960～1126）二月十六日葬

河南三門峽市上村嶺向陽村出土。採集
品，出土時間不詳。

乾刻銘文。行書，3 行，行 12 字，計 30
字。29×15×5cm。

釋文："甲子號。司□頭子擡到濟州武/衛
弟（第）五十一指揮兵士徐清，二/
月十六日收葬。"

著錄：《北宋陝州漏澤園》310 頁。

附註：此為漏澤園墓記磚。考古發掘者根
據該墓地葬埋規律及本磚序號推斷，
此磚約刻於大觀三年。

1633 阿郭墓記磚

北宋（960～1126）二月十九日葬

河南三門峽市上村嶺向陽村出土。採集
品，出土時間不詳。

乾刻銘文。行書，3 行，行 10、11 字，計
24 字。29.5×15.5×5cm。

釋文："甲子踐。左廂貧子院賈青/狀擡到
婦人阿郭，二月十九/日收葬。"

著錄：《北宋陝州漏澤園》311 頁。

附註：此為漏澤園墓記磚。考古發掘者根
據該墓地葬埋規律及本磚序號推斷，
此磚約刻於大觀三年。

1634 謝□墓記磚

北宋（960～1126）十二日葬

河南三門峽市上村嶺向陽村出土。採集
品，出土時間不詳。

乾刻銘文。行書，存 4 行，存 18 字。磚
存右上半。尺寸不詳。

釋文： "甲子寓。監……/到永興軍廣
……/揮兵士謝……/十二日撿（檢）
驗……"

著錄：《北宋陝州漏澤園》315 頁。

附註：此為漏澤園墓記磚。考古發掘者根
據該墓地葬埋規律及本磚序號推斷，
此磚約刻於大觀四年。

1635 杜成墓記磚

北宋（960～1126）五月二十二日葬

1985 年至 1994 年間河南三門峽市上村嶺
向陽村出土。

乾刻銘文。行書，4 行，行 8、9 字，計29
字。31×30.5×5cm。

釋文："甲子易。監酒頭子擡/拚到張村人
杜成，五月/二十二日撿（檢）驗了
當，/（漏刻"當"字）日葬埋訖。"

著錄：《北宋陝州漏澤園》316 頁。

附註：此為漏澤園墓記磚。考古發掘者根
據該墓地葬埋規律及本磚序號推斷，
此磚約刻於大觀四年。

1636 杜十墓記磚

北宋（960～1126）七月五日葬

1985 年至 1994 年間河南三門峽市上村嶺
向陽村出土。

乾刻銘文。行書，5 行，行 8 至 10 字，計
38 字。30.5×30.5×5cm。

釋文："甲子具。使衙判送到在州/安濟坊
狀擡拚到州□/罪人杜十屍首，係古/
□人事，七月五日收管，/□日葬埋
訖。"

著錄：《北宋陝州漏澤園》317 頁。

附註：此為漏澤園墓記磚。考古發掘者根
據該墓地葬埋規律及本磚序號推斷，
此磚約刻於大觀四年。

1637 周通墓記磚

北宋（960~1126）七月十三日葬

河南三門峽市上村嶺向陽村出土。採集
品，出土時間不詳。

乾刻銘文。行書，3 行，行 8、9 字，計 25
字。29×15×5cm。

釋文："甲子餰。靈保（應為"寶"字）
縣頭子，/攬到軍人周通，渭康/軍
人，七月十三日葬訖。"

著錄：《北宋陝州漏澤園》318 頁。

附註：此為漏澤園墓記磚。考古發掘者根
據該墓地葬埋規律及本磚序號推斷，
此磚約刻於大觀四年。

1638 周立墓記磚

北宋（960~1126）八月十八日葬

河南三門峽市上村嶺向陽村出土。採集
品，出土時間不詳。

乾刻銘文。行書，2 行，行字不等，計 21
字。32.5×16×5cm。

釋文："甲子烹。本縣安济（漏刻"坊"
字）狀攬/到兵士周立，八月十八日
收葬。"

著錄：《北宋陝州漏澤園》319 頁。

附註：此為漏澤園墓記磚。考古發掘者根
據該墓地葬埋規律及本磚序號推斷，
此磚約刻於大觀四年。

1639 李進墓記磚

北宋（960~1126）閏八月八日葬

河南三門峽市上村嶺向陽村出土。採集
品，出土時間不詳。

乾刻銘文。行書，3 行，行 7、8 字，計 21
字。32×15.5×5cm。

釋文："甲子戚。陝縣安济坊/捔到百姓李
進，潤（閏）/八月八日葬記。"

著錄：《北宋陝州漏澤園》320 頁。

附註：此為漏澤園墓記磚。考古發掘者根
據該墓地葬埋規律及本磚序號推斷，
此磚約刻於大觀四年。

1640 胡方墓記磚

北宋（960~1126）八月十日葬

河南三門峽市上村嶺向陽村出土。採集
品，出土時間不詳。

乾刻銘文。行書，3 行，行 9、10 字，存
22 字。磚右上角缺。30×15.5×5cm。

釋文："□子老。鄲州武衛八十/□指揮軍
人胡方，□八月/初十日葬訖。"

著錄：《北宋陝州漏澤園》321 頁。

附註：此為漏澤園墓記磚。考古發掘者根
據該墓地葬埋規律及本磚序號推斷，
此磚約刻於大觀四年，首字為"甲"，
已缺。

1641 何方墓記磚

北宋（960~1126）閏八月十一日葬

河南三門峽市上村嶺向陽村出土。採集
品，出土時間不詳。

乾刻銘文。行書，3 行，行 7、8 字，計 21
字。30.5×15×5.5cm。

釋文："甲子少。司戶頭子/攬到配軍何
方，潤（閏）八/月十一日葬訖。"

著錄：《北宋陝州漏澤園》322 頁。

附註：此為漏澤園墓記磚。考古發掘者根
據該墓地葬埋規律及本磚序號推斷，
此磚約刻於大觀四年。

1642 張德墓記磚

北宋（960~1126）二月三日葬

河南三門峽市上村嶺向陽村出土。採集
品，出土時間不詳。

乾刻銘文。行書，6 行，存 26 字。磚右下
　　角缺。30×30×3cm。

釋文："甲子嚴。……/頭子擡掁……/軍
　　河清指揮……/張德，二月三日□/驗
　　了當，當日葬/埋訖。"

著錄：《北宋陝州漏澤園》330 頁。

附註：此為漏澤園墓記磚。考古發掘者根
　　據該墓地葬埋規律及本磚序號推斷，
　　此磚約刻於大觀年間。

1643　符千墓記磚

北宋（960～1126）十二月二十四日葬

河南三門峽市上村嶺向陽村出土。採集
　　品，出土時間不詳。

乾刻銘文。行書，3 行，行 9、10 字，計
　　31 字。30×15×5cm。

釋文："甲子理。使衙判送下在州/安济坊
　　狀，□到本府百/姓符千，十二月二
　　十四日收葬。"

著錄：《北宋陝州漏澤園》331 頁。

附註：此為漏澤園墓記磚。考古發掘者根
　　據該墓地葬埋規律及本磚序號推斷，
　　此磚約刻於大觀年間。

1644　□昌墓記磚

北宋（960～1126）五月一日葬

河南三門峽市上村嶺向陽村出土。採集
　　品，出土時間不詳。

乾刻銘文。行書，3 行，行 10、12 字，計
　　29 字。30×15×5cm。

釋文："甲子省。左廂貧子院樊□/狀，擡
　　到本縣朱王村人百姓□/昌，五月一
　　日收葬。"

著錄：《北宋陝州漏澤園》332 頁。

附註：此為漏澤園墓記磚。考古發掘者根
　　據該墓地葬埋規律及本磚序號推斷，

此磚約刻於大觀年間。

1645　無名氏墓記磚（甲子紙）

北宋（960～1126）十一月二十六日葬

河南三門峽市上村嶺向陽村出土。採集
　　品，出土時間不詳。

乾刻銘文。行書，3 行，行 8、9 字，計 24
　　字。30×15×5cm。

釋文："甲子紙。城東廂撿（檢）訖。/不
　　知姓名，□□十一月/二十六日葬埋
　　訖。"

著錄：《北宋陝州漏澤園》333 頁。

附註：此為漏澤園墓記磚。考古發掘者根
　　據該墓地葬埋規律及本磚序號推斷，
　　此磚約刻於大觀年間。

1646　高福墓記磚

北宋（960～1126）

河南三門峽市上村嶺向陽村出土。採集
　　品，出土時間不詳。

乾刻銘文。行書，存 3 行，存 14 字。30×
　　15×5cm。

釋文："甲子紛。平陸縣頭子，/擡到……
　　兵士/高福……"

著錄：《北宋陝州漏澤園》334 頁。

附註：此為漏澤園墓記磚。考古發掘者根
　　據該墓地葬埋規律及本磚序號推斷，
　　此磚約刻於大觀年間。

1647　李昌墓記磚

北宋（960～1126）正月十二日葬

河南三門峽市上村嶺向陽村出土。採集
　　品，出土時間不詳。

乾刻銘文。行書，3 行，行 9 字，計 22
　　字。30×15×5cm。

釋文："甲子並。本縣主簿頭子，/擡到軍

人李昌，正月十/二日葬訖。"

著錄：《北宋陝州漏澤園》335 頁。

附註：此為漏澤園墓記磚。考古發掘者根據該墓地葬埋規律及本磚序號推斷，此磚約刻於大觀年間。

1648　高進墓記磚

北宋（960~1126）十二月四日葬

1985 年至 1994 年間河南三門峽市上村嶺向陽村出土。

乾刻銘文。行書，4 行，行 7 字，計24 字。31.5×31.5×5cm。

釋文："乙丑白。橫渠社人/攛到身死兵士高/進，十二月初四日/葬埋訖。"

著錄：《北宋陝州漏澤園》323 頁。

附註：此為漏澤園墓記磚。考古發掘者根據該墓地葬埋規律及本磚序號推斷，此磚約刻於政和年間。

1649　□千墓記磚

北宋（960~1126）正月七日葬

1985 年至 1994 年間河南三門峽市上村嶺向陽村出土。

乾刻銘文。行書，5 行，行5、6 字，計26 字。31.5×31×5cm。

釋文："乙丑□。澗南/巡撿（檢）頭子磁鍾/社攛捔到百姓/□千，正月七日/葬埋訖。"

著錄：《北宋陝州漏澤園》324 頁。

附註：此為漏澤園墓記磚。考古發掘者根據該墓地葬埋規律及本磚序號推斷，此磚約刻於政和年間。

1650　秦皋墓記磚

北宋（960~1126）二月二十日葬

1985 年至 1994 年間河南三門峽市上村嶺

向陽村出土。

乾刻銘文。行書，4 行，行7、8 字，計26 字。31×31×5cm。

釋文："乙丑慕。監倉忠訓頭/子攛捔到身死罪/人秦皋，二月二十日葬/埋訖。"

著錄：《北宋陝州漏澤園》325 頁。

附註：此為漏澤園墓記磚。考古發掘者根據該墓地葬埋規律及本磚序號推斷，此磚約刻於政和年間。

1651　張進墓記磚

北宋（960~1126）三月四日葬

1985 年至 1994 年間河南三門峽市上村嶺向陽村出土。

乾刻銘文。行書，3 行，行7、9 字，計23 字。31×30.5×5cm。

釋文："乙丑貞。平陸縣尉頭子/攛捔到身死張進，/三月初四日埋訖。"

著錄：《北宋陝州漏澤園》326 頁。

附註：此為漏澤園墓記磚。考古發掘者根據該墓地葬埋規律及本磚序號推斷，此磚約刻於政和年間。

1652　阿趙墓記磚

北宋（960~1126）四月十六日葬

1985 年至 1994 年間河南三門峽市上村嶺向陽村出土。

乾刻銘文。行書，4 行，行6至6 字，計26 字。30.5×31×6cm。

釋文："乙丑靡。陝縣尉/頭子攛捔到平/陸縣婦人阿趙，/四月十六日收葬訖。"

著錄：《北宋陝州漏澤園》327 頁。

附註：此為漏澤園墓記磚。考古發掘者根據該墓地葬埋規律及本磚序號推斷，此磚約刻於政和年間。

1653　楊元墓記磚

北宋（960～1126）

河南三門峽市上村嶺向陽村出土。採集
　品，出土時間不詳。

乾刻銘文。行書，存2行，存15字。30×
　15cm。

釋文：“乙丑珠。司戶頭子，擡到身/死軍
　人楊元……”

著錄：《北宋陝州漏澤園》336頁。

附註：此為漏澤園墓記磚。考古發掘者根
　據該墓地葬埋規律及本磚序號推斷，
　此磚約刻於政和年間。

1654　無名氏百姓墓記磚（乙丑瑟）

北宋（960～1126）　四月七日葬

河南三門峽市上村嶺向陽村出土。採集
　品，出土時間不詳。

乾刻銘文。行書，3行，行9字，存25
　字。30×15×5cm。

釋文：“乙丑瑟。城南廂貧子院/楊兵狀，
　擡到百姓□□，/四月初七日收葬。”

著錄：《北宋陝州漏澤園》337頁。

附註：此為漏澤園墓記磚。考古發掘者根
　據該墓地葬埋規律及本磚序號推斷，
　此磚約刻於政和年間。

1655　楊進墓記磚

北宋（960～1126）　六月十一日葬

河南三門峽市上村嶺向陽村出土。採集
　品，出土時間不詳。

乾刻銘文。行書，5行，行6、7字，存20
　字。磚存大半。30×30×3cm。

釋文：“丁丑……号。/准監倉……/拷到
　罪人楊進/屍首，六月十一日/……
　訖。”

著錄：《北宋陝州漏澤園》339頁。

附註：此為漏澤園墓記磚。考古發掘者根
　據該墓地葬埋規律及本磚序號推斷，
　此磚約刻於政和年間。

1656　己丑廿二字號殘墓記磚

北宋（960～1126）　五年六月

1972年河南洛陽北瑤龐家溝出土。

乾刻銘文。正書，5行，計存19字。磚上
　下均殘缺。尺寸不詳。

釋文：“己丑廿二字号。/德順軍節級/送
　到女婿/尸。/五年六”

著錄：賀官保《西京洛陽漏澤園墓磚》
　（《文物資料叢刊》7集，1983年）。

附註：此為漏澤園墓記磚。

1657　五年十月八等字殘墓記磚

北宋（960～1126）　五年十月八日

1972年河南洛陽北瑤龐家溝出土。

乾刻銘文。正書，4行，計存11字。磚存
　左下角。尺寸不詳。

釋文：“……号。/到一名/尸首/五年十月
　八。”

著錄：賀官保《西京洛陽漏澤園墓磚》
　（《文物資料叢刊》7集，1983年）。

附註：此為漏澤園墓記磚。

1658　史貴墓記磚

北宋（960～1126）　年八月二十三日

1972年河南洛陽北瑤龐家溝出土。

乾刻銘文。正書，4行，計存15字。僅存
　碎塊。尺寸不詳。

釋文：“任（壬）午卅六字号。/渭州/史
　貴……/年八月廿三”

著錄：賀官保《西京洛陽漏澤園墓磚》
　（《文物資料叢刊》7集，1983年）。

附註：此為漏澤園墓記磚。

1659 亥七十八字號殘墓記磚

北宋(960~1126)

1972年河南洛陽北瑤龐家溝出土。

乾刻銘文。正書，存4行，計存21字。
　　磚存前半。尺寸不詳。

釋文："亥七十八字号。/病患院王青送到
　　/□州勁武第十七/□尸"

著錄：賀官保《西京洛陽漏澤園墓磚》
　　（《文物資料叢刊》7集，1983年）。

附註：此為漏澤園墓記磚。

1660 成指揮等字殘墓記磚

北宋(960~1126)

1972年河南洛陽北瑤龐家溝出土。

乾刻銘文。正書，存2行，計存5字。僅
　　存碎塊。尺寸不詳。

釋文："字号。/成指揮"

著錄：賀官保《西京洛陽漏澤園墓磚》
　　（《文物資料叢刊》7集，1983年）。

附註：此為漏澤園墓記磚。

1661 方全寨等字殘墓記磚

北宋(960~1126)

1972年河南洛陽北瑤龐家溝出土。

乾刻銘文。正書，存3行，計存8字。磚
　　存右下角。尺寸不詳。

釋文："□字号。/方全寨/□□安"

著錄：賀官保《西京洛陽漏澤園墓磚》
　　（《文物資料叢刊》7集，1983年）。

附註：此為漏澤園墓記磚。

1662 田丘殘墓記磚

北宋(960~1126) 月一日

1972年河南洛陽北瑤龐家溝出土。

乾刻銘文。正書，4行，計存15字。磚上
　　半殘缺。尺寸不詳。

釋文："□字号。/武第九指揮/兵士田丘
　　尸。/月一日。"

著錄：賀官保《西京洛陽漏澤園墓磚》
　　（《文物資料叢刊》7集，1983年）。

附註：此為漏澤園墓記磚。

1663 王平殘墓記磚

北宋(960~1126)

1972年河南洛陽北瑤龐家溝出土。

乾刻銘文。正書，4行，計存19字。磚後
　　半殘缺。尺寸不詳。

釋文："卅三字号。/秦州壯成指揮/李忠
　　送到兵士/王平尸。"

著錄：賀官保《西京洛陽漏澤園墓磚》
　　（《文物資料叢刊》7集，1983年）。

附註：此為漏澤園墓記磚。

1664 王信殘墓記磚

北宋(960~1126)

1972年河南洛陽北瑤龐家溝出土。

乾刻銘文。正書，存3行，計存14字。
　　磚左半殘缺。尺寸不詳。

釋文："□□七十八字号。/□州火頭侯改
　　/王信"

著錄：賀官保《西京洛陽漏澤園墓磚》
　　（《文物資料叢刊》7集，1983年）。

附註：此為漏澤園墓記磚。

1665 小薛殘墓記磚

北宋(960~1126)

1972年河南洛陽北瑤龐家溝出土。

乾刻銘文。正書，存2行，計存13字。
　　磚左右均殘缺。尺寸不詳。

釋文："□□□□□牛□/遞鋪兵士小薛"

著錄：賀官保《西京洛陽漏澤園墓磚》
　　（《文物資料叢刊》7集，1983年）。

附註：此為漏澤園墓記磚。

1666 周進殘墓記磚

北宋（960～1126）年二月

1972 年河南洛陽北瑤龐家溝出土。

乾刻銘文。正書，存 3 行，計存 8 字。僅
存殘塊。尺寸不詳。

釋文："到金州/揮周進/年二"

著錄：賀官保《西京洛陽漏澤園墓磚》
（《文物資料叢刊》7 集，1983 年）。

附註：此為漏澤園墓記磚。

1667 閔子騫磚

北宋（960～1126）

河北易縣出土。

濕刻銘文。正書，1 行 3 字。字刻于磚左
上角，磚中刻一站立大像。29 ×
14cm。

釋文："閔子騫。"

著錄：《專門名家·廣倉專錄》專補。

1668 趙三□月磚

北宋（960～1126）

1988 年河南鄧州市福勝寺塔地宮出土。

濕刻銘文。正書，1 行 4 字。52×22cm。

釋文："趙三□月。"

著錄：河南省古代建築保護研究所、河南
省文物研究所《河南鄧州市福勝寺塔
地宮》（《文物》1991 年 6 期）；《中
國磚銘》圖版 1258。

附註：與天聖九年六月十五日《天聖九年
雨下磚》同時出土。

南　宋

1669 朱近買地券磚

南宋紹興九年（1139）十一月七日遷葬

陝西寶鷄出土，渭南趙氏舊藏。

乾刻銘文。正書，正向、倒向間刻，13
行，行字不等，計約 187 字。30 ×
29cm。

釋文："（正向）鳳翔府虢縣磻溪鄉盧家社
朱近，於皁/（倒向）昌八年六月七
日，於令遠社趙元處村南，/（正向）
買到白地十畝，内卓新閒四□葬五
父，/（倒向）前用錢一萬九千九佰
九十文，就皇天父、/（正向）后土
母社稷十二邊買得前墓田，周流一
頃，/（倒向）東至青龍，西至白虎，
南至朱雀，北至/（正向）玄武，上
至蒼天，下至黄泉，四至分明。即日
錢/（倒向）財分付天地神明。保人
張陸、李定度，/（正向）知見人東
王公、西王母，書契人石功曹，讀/
（倒向）契人金主簿，書契人飛上天，
讀契人入/（正向）黄泉。急急如律
令！/（正向）紹興九年歲次已未十
一月一日戊寅朔七日/（正向）甲申
日遷葬。朱近。"

著錄：《雪堂專錄·地券徵存》5 葉。

1670 婁元墓誌磚

南宋紹興十五年（1145）十月十三日葬

1996 年江蘇南京長崗村李家窪出土。

乾刻銘文。額正書橫題 1 行 8 字；文正
書，16 行，行 22 字左右。共計 349
字。46.3×45×5.4cm。

釋文：額："宋故武義婁公墓誌。"
文："宋故武義大夫婁公墓誌。/婁氏自建信侯始聞扵漢，厥後顯晦不常，□歷既遠，至唐/宗仁公，始第進士，歷官將相。公四世祖諱景，避□□之亂，/轉徙扵蜀，從孟氏歸朝，授殿前承旨。公之烈考武□公/自□□都護崴滿□朝，愛其鄉土純厚，竟卜居扵鄰，/□□涇（?）陽，子孫因家焉。公諱元，字次道。大王父諱紹勳，/□太子左清道率副率。王父諱楚，仕至内殿承制。父諱嗣/正，終扵武翼郎。武翼公捐宗（?）係宗女夫宗司請扵朝，授公/□□郎，凡八迁至今，皆悉戰功也。公為人偉風度，美須髯/□□□□真有不可犯之色□即之也，溫靖恂恂，似不能言，/□其後感疾，遂致不起，凡送終之具，皆一一□辨，命僧扵卧/榻前，日誦佛書，啓手足之，夕怡然不乱，其處死生之際如此。/□紹興十五年九月二十有八日也，享年五十四。初娶太原王/氏，先公卒，贈安人。继娶隴西李氏，今封安人。皆顯族有婦行。/子男三人：孝先、孝迪、孝思。女一人，尚幼。孫男三人。將以其年十/月十有三日乙酉，葬扵江寧縣□□鄉邵公山云。"
著錄：南京市博物館、南京市雨花區文管會《南京南郊宋墓》（《文物》2001年8期）。

1671　紹興壬申磚

南宋紹興二十二年（1152）

清康熙年間浙江武康（今德清縣）出土，桐城吳廷康舊藏。

乾刻銘文。隸書，1行4字。38×18cm。

釋文："紹興壬申。"

著錄：《專門名家》；《中國磚銘》圖版1130。

附註：或為範磚。此磚與《楊泰公墓磚》、《楊國夫人趙氏墓磚》同時出土。

1672　羅再昌買地券磚

南宋紹興二十七年（1157）十二月十七日

1974年陝西略陽縣徐家坪鄉豬八壩村出土，後移置略陽靈崖寺。

乾刻銘文。正書，正向、倒向間刻，9行，行10至13字不等，計106字。27×27cm。

釋文："（正向）大宋興州長舉縣乾渠莊居住，未/（倒向）故亡人羅再昌等，今用錢五萬/（正向）玖千九佰九拾貫文，去青/（倒向）龍山下，買到墓地壹段，東/（正向）至青龍，西至白虎，南至朱雀，北至/（倒向）玄武。保人張堅固，見人李定度。/（正向）一買以後，永亡過人羅再昌，羅/（倒向）懷間為住宅。急急如律令！/（正向）時紹興二十七年十二月十七日刻。"

著錄：《漢中碑石》17頁。

1673　修塔題記磚

南宋隆興二年（1164）九月圓日

江蘇蘇州出土。

乾刻銘文。正書，存兩段，前段8行，後段7行，行字不等，共計112字。尺寸不詳。

釋文：前段："……殊利先用，答還/亡夫承事心願，次以追悼/亡夫，懺洗無始以來，至于/傾沒以身，口意業造媱/怒癡罪，復與一切衆生/結冤作業，並願仗此修/塔之功罪對等，虛空清/淨，然後神棲"

後段："安養，果證菩提，廣/度有情，同歸秘藏，/四恩總報，三有普資，/法界衆生，俱沾/利益。□聖宋隆興二年九/月圓日，稽首敬題。"

著錄：《專門名家·廣倉專錄》專補；《中國磚銘》圖版1131。

附註：此題記不全，僅存後半。

1674　乾道三年井欄磚

南宋乾道三年（1167）

江蘇出土。

濕刻銘文。行草，2行，行字不等，計存8字。僅存上半。19.5×28.7cm。

釋文："乾道三年/□上元鄉"

1675　滑璋買地券磚

南宋淳熙元年（1174）九月十三日

20世紀80年代陝西安康市張灘出土，藏安康地區博物館。

乾刻銘文。正書，19行，行19字，計334字。34×34cm。

釋文："地券。/維大宋淳熙元年歲次甲午九月乙酉朔十三日/丁酉，主葬滑璋，奉為先考先妣并以亡兄本貫/永興，流移昭化，頃緣兵革，稽奉遷塋，捫心追遠，孝/礼殊虧。遂同長幼之心，共啓孝誠之志，卜其宅兆，/安厝先靈。況乃龜筮協從，相地襲吉，宜於金州西/城縣界永寧鄉第十一都洛河村大平壩安厝宅/兆。謹用錢九萬九千九百九十九貫文，兼五綵信/幣，買地一段。南北長二十步，東西闊一十八步。四/分半（畔）：東至青龍，

西至白虎，南至朱雀，北至玄武。内/方勾陳，分擘掌四域。丘丞墓伯，封步界畔。道路將/軍，齊整阡陌。千秋万歲，永無殃咎。若輒干犯訶禁/者，將軍、亭長收付河伯。□□牲牢、酒飯、百味、香新，/共為信契，財地交相，分付工匠修營，安厝已後，永/保休吉。知見人甲午歲甲戌月主，保人丁酉日直/符。竹氣邪精，不得干忤。先有居者，永避万里。若違/此約，地府主吏，自當其禍。主人内外存亡，悉皆安/吉。急急如五帝信者女青律令！/淳熙元年歲次甲午九月十三日，滑璋等券。"

著錄：《安康碑石》17頁。

1676　吉利橋版寮巷砌街記磚

南宋淳熙六年（1179）八月二十三日

在江蘇蘇州。

乾刻銘文。正書，分刻三磚，第一磚8行，第二、三磚15行，行字不等，共計492字。均30.5×29cm。

釋文：第一磚："皇宋淳熙六年歲次己亥/八月癸酉朔念三日戊申。/是日興工甃砌自吉利橋/至版寮巷口街一道，募到/衆施主錢米砌造。/幹緣勾當頭陀薛了成，元係大趙廂轎番。/副幹緣會首馬顯、呂全、邛□。/都勸緣知府中大林。/"

第二磚："耿都監錢貳拾貫。耿六八太君塼壹萬片。/陸宅朱氏四娘塼壹萬片。周將仕匠錢。/劉將仕匠錢。朱大丞錢貳拾貫。/王四八郎錢貳拾貫。婁三七郎錢貳拾伍貫。/馬四郎錢貳拾貫。呂七六郎錢叄拾貫。/茆四郎錢貳拾伍貫。胡十一叔錢壹拾伍

306

貫。／吉州曾四郎錢捌貫。吳十二公
塼壹阡片。／張七郎塼壹阡片、米壹
石。孫四郎錢伍貫。／陳孔目塼壹阡
片。陳七郎錢伍貫。／陳十二官人塼
壹阡片。祝解元錢伍貫。／饒州余承
務塼壹阡片。黃二叔錢伍貫，南。／
劉念二郎塼壹阡片。黃二□錢伍貫，
北。宣州王十郎塼五百片。葉四郎
錢伍貫。／項七二郎錢貳貫。葛屠錢
貳貫。／錢九郎錢貳貫。張六叔錢貳
貫。／"

第三磚："都勸緣知府中大林捨米
壹拾碩。／張六十太君□□□。韓八
叔錢壹貫。／潘五叔錢貳貫。徐□八
□錢貳貫。／胡十八叔錢壹貫。徐二
叔錢壹貫。／徐二郎錢壹貫伍□。葉
姊大錢貳貫。／袁七叔錢貳貫。前公
錢壹貫。／吳十二叔錢貳貫。潘四郎
錢貳貫。／顧二叔錢貳貫。魯二叔錢
貳貫。／金五郎錢貳貫。徐四哥錢貳
貫。／徐小娘子錢壹貫。蔣道安錢壹
貫。／沈六七郎錢。張三叔錢貳貫。／
唐二郎錢貳貫。張郎中錢貳貫。／王
二哥錢壹貫。吳十二哥錢貳貫。／張
六哥錢壹貫。唐二容錢伍貫。砌匠劉
旺。／王百四秀才塼壹阡。"

著錄：《江蘇金石志》卷 13/12 下；《藝風
堂金石文字續目》卷 3。

1677　張公殘墓記磚

南宋淳熙十三年（1186）壬午日
乾刻銘文。正書，3 行，計存 16 字。下半
　　殘。23×26cm。
釋文："宋故承事張……／淳熙十三年太
　　……／壬午日，女張……"

1678　許念七娘墓記磚

南宋紹熙四年（1193）二月十四日
廣東出土。
乾刻銘文。正書，3 行，行字不等，計 22
　　字。26.5×17cm。
釋文："有宋先妣許念七娘墓。／紹熙四年
　　二月十／四日，男李老立。"

1679　嚴解元造磚

南宋紹定三年（1230）十一月
廣東廣州城磚，民國年間拆城所得，歸順
　　德蔡守。
濕刻銘文。行書，2 行，行字不等，計 14
　　字。尺寸不詳。
釋文："紹定三年庚寅／十一月內，嚴解元
　　造。"
著錄：《專門名家·廣倉專錄》第 2 集；
　　《中國磚銘》圖版 1133；《廣東歷代
　　書法圖錄》98 頁。

1680　黃日華為母王氏買地券磚

南宋紹定五年（1232）正月廿三日葬
近年江西出土。藏山東淄博拿雲美術博物
　　館。
乾刻銘文。正行草兼書，11 行，行字不
　　等，計 208 字。27.8×27.8×3cm。
釋文："維皇宋故母王氏之□乙亥□月生，
　　不幸去年十二／月初九庚申日，孝男
　　日華□□□□／□□好田，生於同邑，
　　大族人也，得遇良媒，與□□／
　　□□□夫婦□□先，善處高堂，治家
　　有法，礼義／□□□□□子皆□養
　　□□□，訓誨無偏，生子二，弟／入
　　立家室，有□有孫，養生有□，痛
　　哉！夫何二弟／□□於母而佩我先亡，
　　日華□孫敏學、志學獨□□／

□□□□隅既葬，地擇兌山卯向，水歸辰巽為碩，□/雀以來臨，青龍白虎而共同維護。上至青天，下至黃/泉，地虎不食，地風不吹，蔭益子孫，永保千秋。紹定/五年正月廿三甲辰日，孝男日華，孫敏學、志學謹白。"

附註：此磚拓片由淄博拿雲美術博物館劉健先生提供。

1681 黃日華為父黃公買地券磚

南宋紹定五年（1232）三月廿一日葬

近年江西出土。藏山東淄博拿雲美術博物館。

乾刻銘文。正行草兼書，13 行，行字不等，計 250 字。27.8×27.8×3cm。

釋文："維皇宋紹定伍年歲次壬辰三月壬午朔廿有一壬寅日，孝男/日華，孫敏學、志學等安厝/先父黃公十歿□之靈。嗟呼！/公生八十六年，每入市纏，唯酒是務，□岸稱賢，間閻伴/侶，事無不□，凡事一舉，有始有終，生平梗直，疾妬不生，怨/心未常，治家有法，礼義溫存，謀塋俗務而田園相逢，/□養蚕桑，官中二稅以及時，凡有追呼，盡無相□，有田/林，有薄產，助足以樂飢，奈何，故歲母親王氏不幸於臘/月之□□臨卒哭之旬，吾父母修緣及此，夫婦相繼而亡。/日華謹按古今之經典，葬雙隴於隅之東，得死生共家，/地擇兌山卯，水歸辰巽，棺於戊巳之中，龙神維護，各願/子孫昌塋，永葬千年之福地，萬古無□。紹定伍年三月/廿有一，孝男日華、孫敏學、志學等謹白。"

1682 楊夢斗為母吳氏買地券磚

南宋景定二年（1261）十二月二日

1987 年江西瑞昌縣武蛟鄉出土。

乾刻銘文。正書，正向、倒向間刻，10 行，行 23 至 32 字，計 256 字。69.5×29cm。

釋文："（正向）維皇宋景定二年歲次辛酉十二月初二日庚寅，江南西路/（倒向）江州瑞昌縣金城鄉三封社接泥中保寄居楊夢斗，伏為所生/（正向）母吳氏，元命戊辰年十月初六日丑時受生，不幸於今年四月/（倒向）初三日辰時歿故，龜筮臨從，相地惟吉，買地券江州瑞昌縣水宅/（正向）保劉師坑術坤山之原宅兆安厝，謹用價錢九萬九千九百九十/（倒向）九貫，五彩信幣，買地一段，東止白虎，西止青龍，南止玄武，北止朱雀，/（正向）內方勾陳，分掌四域，丘丞墓伯，封步疆界，道路將軍，齊整阡陌，千秋/（倒向）永無殃咎。若輒干犯訶禁，將軍收捉。謹以酒飯、香新為信誓，財地交相，/（正向）分付工匠修營□無死，先有居者，永避万里。若違此約，亦□□/（倒向）乃其禍，主人內外悉皆安。急急如五帝使者女青律令敕！見人張堅固，見人李定度。"

著錄：劉禮純、周春香《江西瑞昌發現南宋紀年墓》（《考古》1991 年 1 期）。

1683 顧今鈁墓誌磚

南宋(1127～1279)九月十一日葬

江蘇無錫出土。

308

乾刻銘文。正書，兩面刻（或兩塊），正面 16 行，行 16 至 19 字；背面 17 行，行 15 至 20 字，共計 545 字。有豎界欄。尺寸不詳。

釋文：正面："大宋常州無錫縣故吳郡顧府君墓誌銘並序。/原夫圓蓋穹隆，斡二輪之出沒；方輿凝寂，品万物/之榮枯。是故寒暑相催，死生牙逼，少夭老喪，熟/能免乎。府君諱今鈁，字子文。曾溫。祖綽。/父名再勣，字霸元。府君即勣之次子也。平昔/乃立性沖和，操心正直，幼親礼樂，長慕詩書，以/孝養侍，尊堂以義，讓事兄長。近善如不及，/遠惡如探湯，朋侪接待以和光，言而有信；閭里逢/迎而悅色，諸必無虧。婚徐氏。有男一人，小字錢翁，年/未登於鞦日，禍忽喪於身夭。女四人：長繡弟，次留/弟，次烏頭，次會兒，俱居繡閣，咸未問名。啼多而淚/濕瞼花，恨積而愁侵眉柳。/尊君聖善，黃髮霜髭，桑榆落景之秋，俄遘/喪明之戚。元□卅郎，痛庭荊葉墜，堂萼/花凋，在原休禦於急難，陟崗永乖於瞻望。/姪二郎、三郎昆季等，悲填丹臆，哀感清神，傷"

背面："叔叔之傾亡，起重重之慘切。媚妻徐氏十/二娘子，念琴瑟弦絕，鸞鳳影分。金鴨香殘，空/想當時之眷戀；羅幃夢斷，忍思今日之恩情。/府君門院匣一，伯叔兄弟莊莊，皆懷出衆之能，盡/抱過人之智，或德行流敷遠近，或忠信美播/高亢，歎猶子之遽終，各洒辛酸之淚。/府君亨（享）年卅有一，太歲敦牂為陬之月上元夕染/疾，終于開化鄉高楊

里之私第，取是年秋九月/十有一日，窆于本莊，去宅西北隅五里之地，壬首/成其，礼也。慮陵谷遷變，江海更移，乃命/不才記其銘曰：/噫府君兮潔己修身，抱□恭兮柔和絕倫。/孝与義兮家之□也，正將直兮朋之所親。/賦景命兮四旬有一，俄染疾兮百藥虛陳。/既短長兮分□前定，諒生死兮老少那宗。/風蕭蕭兮林疎黃葉，雁嘹嘹兮波動白蘋。/閉幽扃兮而今而後，鑠松煙兮千春万春。"

著錄：《中國磚銘》圖版 1137、1138。

1684　何念六郎墓記磚

南宋（1127～1279）

廣東出土。

乾刻銘文。正書，兩面刻，正面 1 行 8 字；背面 2 行，行 10 字，共計 28 字。33×17cm。

釋文：正面："進義副尉何公之墓。"

背面："右三廂墓德坊水軍西寨/進義副尉何念六郎之墓。"

1685　黃念二娘墓記磚

南宋（1127～1279）

廣東出土。

乾刻銘文。正書，1 行 7 字。33×17cm。

釋文："孺人黃氏念二娘。"

1686　甲冬磚

南宋（1127～1279）

江蘇揚州西門城磚，1996 年揚州出土。

乾刻銘文。正書，2 字。刻於磚側。37.5×18.5×6.7cm。

釋文："甲冬"

著錄：中國社會科學院考古研究所等《揚

州宋大城西門發掘報告》（《考古學
報》1999 年 4 期）。

附註：1686 至 1694 磚或為範磚。

1687 甲日磚

南宋(1127~1279)

江蘇揚州西門城磚，1996 年揚州出土。

乾刻銘文。正書，2 字。刻於磚側。37.5
×18.5×7cm。

釋文："甲日"

著錄：中國社會科學院考古研究所等《揚
州宋大城西門發掘報告》（《考古學
報》1999 年 4 期）。

1688 甲閏磚

南宋(1127~1279)

江蘇揚州西門城磚，1996 年揚州出土。

乾刻銘文。正書，2 字。刻於磚側。37.3
×17.8×6.5cm。

釋文："甲閏"

著錄：中國社會科學院考古研究所等《揚
州宋大城西門發掘報告》（《考古學
報》1999 年 4 期）。

1689 甲盈磚

南宋(1127~1279)

江蘇揚州西門城磚，1996 年揚州出土。

乾刻銘文。正書，2 字。刻於磚側。37×
18.5×7cm。

釋文："甲盈"

著錄：中國社會科學院考古研究所等《揚
州宋大城西門發掘報告》（《考古學
報》1999 年 4 期）。

1690 甲成磚

南宋(1127~1279)

江蘇揚州西門城磚，1996 年揚州出土。

乾刻銘文。正書，2 字。刻於磚側。37.5
×17.8×6.5cm。

釋文："甲成"

著錄：中國社會科學院考古研究所等《揚
州宋大城西門發掘報告》（《考古學
報》1999 年 4 期）。

1691 甲藏磚

南宋(1127~1279)

江蘇揚州西門城磚，1996 年揚州出土。

乾刻銘文。正書，2 字。刻於磚側。?×
17.5×6.5cm。

釋文："甲藏"

著錄：中國社會科學院考古研究所等《揚
州宋大城西門發掘報告》（《考古學
報》1999 年 4 期）。

1692 甲呂磚

南宋(1127~1279)

江蘇揚州西門城磚，1996 年揚州出土。

乾刻銘文。正書，2 字。刻於磚側。37.5
×19×7cm。

釋文："甲呂"

著錄：中國社會科學院考古研究所等《揚
州宋大城西門發掘報告》（《考古學
報》1999 年 4 期）。

1693 甲地磚

南宋(1127~1279)

江蘇揚州西門城磚，1996 年揚州出土。

乾刻銘文。正書，2 字。刻於磚側。?×
6.5cm。

釋文："甲地"

著錄：中國社會科學院考古研究所等《揚
州宋大城西門發掘報告》（《考古學

宋（無紀年）

1694 甲歲磚

南宋（1127～1279）

江蘇揚州西門城磚，1996 年揚州出土。

乾刻銘文。正書，2 字。刻於磚側。? ×18 ×6.6cm。

釋文："甲歲"

著錄：中國社會科學院考古研究所等《揚州宋大城西門發掘報告》（《考古學報》1999 年 4 期）。

1695 楊泰公墓磚

南宋（1127～1279）

清康熙年間浙江武康（今德清縣）出土，桐城吳廷康舊藏。

乾刻銘文。隸書，2 行。行 5 字，計 10 字。37×17.5cm。

釋文："宋故贈太師/楊泰公墓甎。"

著錄：《專門名家》；《中國磚銘》圖版 1139。

附註：或為範磚。鄒安考墓主為楊沂中。此磚與《紹興壬申磚》、《揚國夫人趙氏墓磚》同時出土。

1696 揚國夫人趙氏墓磚

南宋（1127～1279）

清康熙年間浙江武康（今德清縣）出土，桐城吳廷康舊藏。

乾刻銘文。隸書，2 行，行 5 字，計 10 字。存 35×18cm。

釋文："宋故揚國夫/人趙氏墓甎。"

著錄：《專門名家》；《中國磚銘》圖版 1139。

附註：或為範磚。此磚與《紹興壬申磚》、《楊泰公墓磚》同時出土。

1697 陳阿善題名磚

宋（960～1279）

上海松江西林宋塔磚。

濕刻銘文。行書，1 行 3 字。17×8cm。

釋文："陳阿善。"

附註：亦有作西林唐塔，然視其內容文字，當為宋刻。清代時塔已坍塌，塔磚四散。

1698 陳二娘題名磚

宋（960～1279）

上海松江西林宋塔磚。

濕刻銘文。行書，1 行 6 字。18.2×7.5cm。

釋文："陳氏二娘二塊。"

1699 陳來興題名磚

宋（960～1279）

上海松江西林宋塔磚。

濕刻銘文。行書，1 行 5 字。17×8.3cm。

釋文："陳來興二塊。"

1700 竇氏題名磚

宋（960～1279）

上海松江西林宋塔磚。

濕刻銘文。行書，1 行 4 字。19×8cm。

釋文："竇氏三塊。"

1701 范秀一娘題名磚

宋（960～1279）

上海松江西林宋塔磚。

濕刻銘文。行書，1 行 6 字。18×8cm。

釋文："范秀一娘三塊。"

1702 方伏題名磚
宋（960～1279）
上海松江西林宋塔磚。
濕刻銘文。行書，1 行 2 字。18×7.8cm。
釋文："方伏。"

1703 馮阿海題名磚
宋（960～1279）
上海松江西林宋塔磚。
濕刻銘文。行書，1 行 3 字。17×8cm。
釋文："馮阿海。"

1704 馮子敬題名磚
宋（960～1279）
上海松江西林宋塔磚。
濕刻銘文。行書，1 行 5 字。18.7×8cm。
釋文："馮子敬六塊。"

1705 符五娘題名磚
宋（960～1279）
上海松江西林宋塔磚。
濕刻銘文。行書，1 行 6 字。17.3×
7.5cm。
釋文："符氏五娘一塊。"

1706 傅妙名題名磚
宋（960～1279）
上海松江西林宋塔磚。
濕刻銘文。行書，1 行 4 字。16.5×8cm。
釋文："傅氏妙名。"

1707 富真題名磚
宋（960～1279）
上海松江西林宋塔磚。
濕刻銘文。行書，1 行 2 字。17.5×8cm。
釋文："富真。"

1708 富妙真題名磚
宋（960～1279）
上海松江西林宋塔磚。
濕刻銘文。行書，1 行 5 字。17×8cm。
釋文："富妙真三塊。"

1709 高旺題名磚
宋（960～1279）
上海松江西林宋塔磚。
濕刻銘文。行書，1 行 2 字。18.5×8cm
釋文："高旺。"

1710 顧福五題名磚
宋（960～1279）
上海松江西林宋塔磚。
濕刻銘文。行書，1 行 5 字。18×8cm。
釋文："顧福五二塊。"

1711 顧真二娘題名磚
宋（960～1279）
上海松江西林宋塔磚。
濕刻銘文。行書，2 行，計 6 字 18.5×
8.5cm。
釋文："顧真二娘六/塊。"

1712 郭道誠題名磚
宋（960～1279）
上海松江西林宋塔磚。
濕刻銘文。行書，1 行 3 字。17×8cm。
釋文："郭道誠。"

1713 韓壽山題名磚
宋（960～1279）
上海松江西林宋塔磚。
濕刻銘文。行書，1 行 5 字。18×8cm。
釋文："韓壽山二塊。"

1714 何俊題名磚

宋（960~1279）

上海松江西林宋塔磚。

濕刻銘文。行書，1 行 4 字。18×8cm。

釋文："何俊三塊。"

1715 胡澄題名磚

宋（960~1279）

上海松江西林宋塔磚。

濕刻銘文。行書，1 行 2 字。18×7.7cm。

釋文："胡澄。"

1716 胡顯方題名磚

宋（960~1279）

上海松江西林宋塔磚。

濕刻銘文。行書，1 行 3 字。17×7.8cm。

釋文："胡显方。"

1717 黃妙善題名磚

宋（960~1279）

上海松江西林宋塔磚。

濕刻銘文。行書，1 行 5 字。17×7.8cm。

釋文："黃妙善一塊。"

1718 黃士得妻征妙員題名磚

宋（960~1279）

上海松江西林宋塔磚。

濕刻銘文。行書，2 行，行字不等，計 11
字。18×7.5cm。

釋文："黃士得妻征氏/妙員一十二。"

1719 黃淑真題名磚

宋（960~1279）

上海松江西林宋塔磚。

濕刻銘文。行書，1 行 3 字 20×7.5cm。

釋文："黃淑真。"

1720 黃鐵良題名磚

宋（960~1279）

上海松江西林宋塔磚。

濕刻銘文。行書，1 行 5 字。17×7.8cm。

釋文："黃鉄良一塊。"

1721 蔣妙清題名磚

宋（960~1279）

上海松江西林宋塔磚。

濕刻銘文。行書，1 行 5 字。17×7.5cm。

釋文："蔣妙清二塊。"

1722 蔣士安題名磚

宋（960~1279）

上海松江西林宋塔磚。

濕刻銘文。行書，1 行 3 字。17.5×8cm。

釋文："蔣士安。"

1723 金妙善題名磚

宋（960~1279）

上海松江西林宋塔磚。

濕刻銘文。行書，1 行 3 字。18×7.8cm。

釋文："金妙善。"

1724 金文名題名磚

宋（960~1279）

上海松江西林宋塔磚。

濕刻銘文。行書，1 行 4 字。16.8×8cm。

釋文："金文名四。"

1725 金信題名磚

宋（960~1279）

上海松江西林宋塔磚。

濕刻銘文。行書，1 行 2 字。17.2×
8.5cm。

釋文："金信。"

1726　李妙清題名磚

宋（960～1279）

上海松江西林宋塔磚。

濕刻銘文。行書，1行4字。19×8.3cm。

釋文：“李氏妙清。”

1727　李妙員題名磚

宋（960～1279）

上海松江西林宋塔磚。

濕刻銘文。行書，1行5字。17×7.8cm。

釋文：“李妙員六塊。”

1728　李昇題名磚

宋（960～1279）

上海松江西林宋塔磚。

濕刻銘文。行書，2行，計4字。17.4×
　　8cm。

釋文：“李昇五/塊。”

1729　廖建昌題名磚

宋（960～1279）

上海松江西林宋塔磚。

濕刻銘文。行書，1行5字。17.8×8cm。

釋文：“廖建昌四塊。”

1730　林妙清題名磚

宋（960～1279）

上海松江西林宋塔磚。

濕刻銘文。行書，1行4字。18×8cm。

釋文：“林氏妙清。”

1731　劉二娘題名磚

宋（960～1279）

上海松江西林宋塔磚。

濕刻銘文。行書，1行6字。18.5×8cm。

釋文：“劉氏二娘二塊。”

1732　劉壽一娘題名磚

宋（960～1279）

上海松江西林宋塔磚。

濕刻銘文。行書，1行6字。16.5×8cm。

釋文：“劉寿一娘三塊。”

1733　留繼宗題名磚

宋（960～1279）

上海松江西林宋塔磚。

濕刻銘文。行書，1行5字。17.5×
　　7.5cm。

釋文：“留继宗一塊。”

1734　魯文顯題名磚

宋（960～1279）

上海松江西林宋塔磚。

濕刻銘文。行書，2行，行字不等，計12
　　字。17×8cm。

釋文：“二十八□適中圩/信人魯文顯。”

1735　魯秀一娘題名磚

宋（960～1279）

上海松江西林宋塔磚。

濕刻銘文。行書，1行4字。18×7.5cm。

釋文：“魯秀一娘。”

1736　陸阿福題名磚

宋（960～1279）

上海松江西林宋塔磚。

濕刻銘文。行書，1行5字。17×7.5cm。

釋文：“陸阿福三塊。”

1737　陸妙福題名磚

宋（960～1279）

上海松江西林宋塔磚。

濕刻銘文。行書，1行6字。18×7.2cm。

釋文：“陸氏妙福十塊。”

1738 陸妙員題名磚

宋（960～1279）

上海松江西林宋塔磚。

濕刻銘文。行書，1 行 6 字。18.2×7cm。

釋文：“陸氏妙員六塊。”

1739 陸名題名磚

宋（960～1279）

上海松江西林宋塔磚。

濕刻銘文。行書，1 行 5 字。18×8cm。

釋文：“陸名一三塊。”

1740 陸仲容妻王妙清題名磚

宋（960～1279）

上海松江西林宋塔磚。

濕刻銘文。行書，2 行，行字不等，計 8
字。16.7×8cm。

釋文：“陸仲容妻王氏/妙清。”

1741 呂妙清題名磚

宋（960～1279）

上海松江西林宋塔磚。

濕刻銘文。行書，2 行，行 5 字，計 10
字。17×8.3cm。

釋文：“信女呂氏妙/清磚四十塊。”

1742 倪悌題名磚

宋（960～1279）

上海松江西林宋塔磚。

濕刻銘文。行書，1 行 2 字。16.5×
7.8cm。

釋文：“倪悌。”

1743 倪佛一娘題名磚

宋（960～1279）

上海松江西林宋塔磚。

濕刻銘文。行書，2 行，行字不等，計 6
字。17×8cm。

釋文：“倪佛一娘五/塊。”

1744 裴仁題名磚

宋（960～1279）

上海松江西林宋塔磚。

濕刻銘文。行書，1 行 2 字。17×8cm。

釋文：“裴仁。”

1745 彭信題名磚

宋（960～1279）

上海松江西林宋塔磚。

濕刻銘文。行書，1 行 2 字。18×7.5cm。

釋文：“彭信。”

1746 平一娘題名磚

宋（960～1279）

上海松江西林宋塔磚。

濕刻銘文。行書，1 行 6 字。17×7.8cm。

釋文：“平氏一娘十塊。”

1747 錢三娘題名磚

宋（960～1279）

上海松江西林宋塔磚。

濕刻銘文。行書，1 行 5 字。17.4×
7.5cm。

釋文：“錢三娘二塊。”

1748 秦妙善題名磚

宋（960～1279）

上海松江西林宋塔磚。

濕刻銘文。行書，1 行 4 字。17×7.7cm。

釋文："秦氏妙善。"

1749 瞿妙喜題名磚
宋（960～1279）
上海松江西林宋塔磚。
濕刻銘文。行書，1 行 3 字。16.8 ×
　　7.8cm。
釋文："瞿妙喜。"

1750 邵海堂題名磚
宋（960～1279）
上海松江西林宋塔磚。
濕刻銘文。行書，1 行 5 字。17×7.5cm。
釋文："邵海堂三塊。"

1751 邵新弟題名磚
宋（960～1279）
上海松江西林宋塔磚。
濕刻銘文。行書，1 行 5 字。17×8.3cm。
釋文："邵新弟四塊。"

1752 沈覺堅題名磚
宋（960～1279）
上海松江西林宋塔磚。
濕刻銘文。行書，1 行 3 字。17×8cm。
釋文："沈覺堅。"

1753 沈濟長題名磚
宋（960～1279）
上海松江西林宋塔磚。
濕刻銘文。行書，1 行 3 字。18×8cm。
釋文："沈济長。"

1754 沈妙清題名磚
宋（960～1279）
上海松江西林宋塔磚。

濕刻銘文。行書，1 行 4 字。18×7.8cm。
釋文："沈氏妙清。"

1755 沈二娘題名磚
宋（960～1279）
上海松江西林宋塔磚。
濕刻銘文。行書，2 行，計 6 字。18×
　　8cm。
釋文："沈氏二娘五/塊。"

1756 沈秀二娘題名磚
宋（960～1279）
上海松江西林宋塔磚。
濕刻銘文。行書，1 行 4 字。17×8cm。
釋文："沈秀二娘。"

1757 施阿仁題名磚
宋（960～1279）
上海松江西林宋塔磚。
濕刻銘文。行書，1 行 3 字。18×7.5cm。
釋文："施阿仁。"

1758 宋伏題名磚
宋（960～1279）
上海松江西林宋塔磚。
濕刻銘文。行書，1 行 2 字。17×7cm。
釋文："宋伏。"

1759 宋仁美薦袁宜順題名磚
宋（960～1279）
上海松江西林宋塔磚。
濕刻銘文。行書，2 行，行 5、6 字不等，
　　計 11 字。18×8cm。
釋文："宋氏仁美薦/弟婦袁氏宜順。"

1760　宋三娘題名磚

宋（960～1279）

上海松江西林宋塔磚。

濕刻銘文。行書，1行3字。16.2×8cm。

釋文：“宋三娘。”

1761　宋琰題名磚

宋（960～1279）

上海松江西林宋塔磚。

濕刻銘文。行書，1行2.字。17×8cm。

釋文：“宋琰。”

1762　蘇妙圓題名磚

宋（960～1279）

上海松江西林宋塔磚。

濕刻銘文。行書，1行3字。18×8cm。

釋文：“蘇妙圓。”

1763　蘇文亮題名磚

宋（960～1279）

上海松江西林宋塔磚。

濕刻銘文。行書，1行3字。17×7.7cm。

釋文：“蘇文亮。”

1764　蘇正題名磚

宋（960～1279）

上海松江西林宋塔磚。

濕刻銘文。行書，1行4字。18×8cm。

釋文：“蘇正五塊。”

1765　孫伏宗題名磚

宋（960～1279）

上海松江西林宋塔磚。

濕刻銘文。行書，1行5字。16.5×
7.7cm。

釋文：“孫伏宗一塊。”

1766　孫顯題名磚

宋（960～1279）

上海松江西林宋塔磚。

濕刻銘文。行書，1行3字。17.5×8cm。

釋文：“孫显二。”

1767　唐覺海等題名磚

宋（960～1279）

上海松江西林宋塔磚。

濕刻銘文。行書，2行，可辨8字。18×
7.5cm。

釋文：“唐□□……/唐覺海……妙清。”

1768　王伯通題名磚

宋（960～1279）

上海松江西林宋塔磚。

濕刻銘文。行書，1行5字。18×8cm。

釋文：“王伯通二塊。”

1769　王賢題名磚

宋（960～1279）

上海松江西林宋塔磚。

濕刻銘文。行書，1行3字。17×8cm。

釋文：“王賢五。”

1770　未妙賢題名磚

宋（960～1279）

上海松江西林宋塔磚。

濕刻銘文。行書，1行3字。18.5×8cm。

釋文：“未妙賢。”

1771　吳妙正題名磚

宋（960～1279）

上海松江西林宋塔磚。

濕刻銘文。行書，1行3字。17×8.3cm。

釋文：“吳妙正。”

1772 吳氏題名磚
宋（960～1279）
上海松江西林宋塔磚。
濕刻銘文。行書，1 行 4 字。18×7.7cm。
釋文："吳氏伍塊。"

1773 夏子名題名磚
宋（960～1279）
上海松江西林宋塔磚。
濕刻銘文。行書，1 行 5 字。18×7.6cm。
釋文："信人夏子名。"

1774 謝溫題名磚
宋（960～1279）
上海松江西林宋塔磚。
濕刻銘文。行書，1 行 2 字。16.8×
7.8cm。
釋文："謝溫。"

1775 徐瑛題名磚
宋（960～1279）
上海松江西林宋塔磚。
濕刻銘文。行書，1 行 5 字。18:5×8cm。
釋文："徐瑛一十塊。"

1776 徐興一娘題名磚
宋（960～1279）
上海松江西林宋塔磚。
濕刻銘文。行書，1 行 4 字。17×8cm。
釋文："徐興一娘。"

1777 許師免題名磚
宋（960～1279）
上海松江西林宋塔磚。
濕刻銘文。行書，1 行 5 字。18×8cm。
釋文："許師免二塊。"

1778 楊必達題名磚
宋（960～1279）
上海松江西林宋塔磚。
濕刻銘文。行書，1 行 5 字。16×7.5cm。
釋文："楊必達一塊。"

1779 楊道源題名磚
宋（960～1279）
上海松江西林宋塔磚。
濕刻銘文。行書，1 行 5 字。16.8×8cm。
釋文："楊道源二塊。"

1780 楊二娘題名磚
宋（960～1279）
上海松江西林宋塔磚。
濕刻銘文。行書，1 行 4 字。16.5×8cm。
釋文："楊氏二娘。"

1781 楊妙員題名磚
宋（960～1279）
上海松江西林宋塔磚。
濕刻銘文。行書，1 行 6 字。17×8cm。
釋文："楊氏妙員五塊。"

1782 葉虎奴題名磚
宋（960～1279）
上海松江西林宋塔磚。
濕刻銘文。行書，1 行 4 字。17×8cm。
釋文："葉氏虎奴。"

1783 葉秀二娘題名磚
宋（960～1279）
上海松江西林宋塔磚。
濕刻銘文。行書，1 行 4 字。17×8cm。
釋文："葉秀二娘。"

1784 俞德潤妻扈妙真題名磚

宋（960～1279）

上海松江西林宋塔磚。

濕刻銘文。行書，1 行 7 字。18×7.5cm。

釋文："俞德潤妻扈妙真。"

1785 俞□溫妻李氏、嚴氏題名磚

宋（960～1279）

上海松江西林宋塔磚。

濕刻銘文。行書，2 行，行字不等，計 8 字。18.3×7.6cm。

釋文："俞□溫妻李氏、／嚴氏。"

1786 張伴哥題名磚

宋（960～1279）

上海松江西林宋塔磚。

濕刻銘文。行書，1 行 3 字。17×8cm。

釋文："張伴哥。"

1787 張道安題名磚

宋（960～1279）

上海松江西林宋塔磚。

濕刻銘文。行書，1 行 4 字。18×8cm。

釋文："張道安五。"

1788 張浩題名磚

宋（960～1279）

上海松江西林宋塔磚。

濕刻銘文。行書，1 行 2 字。20×7.5cm。

釋文："張浩。"

1789 張凱題名磚

宋（960～1279）

上海松江西林宋塔磚。

濕刻銘文。行書，1 行 4 字。18.3×7.5cm。

釋文："張凱六塊。"

1790 張妙淨題名磚

宋（960～1279）

上海松江西林宋塔磚。

濕刻銘文。行書，1 行 3 字。17×8cm。

釋文："張妙净。"

1791 張妙員題名磚

宋（960～1279）

上海松江西林宋塔磚。

濕刻銘文。行書，1 行 5 字。17×7.7cm。

釋文："張氏妙員十。"

1792 張善清題名磚

宋（960～1279）

上海松江西林宋塔磚。

濕刻銘文。行書，1 行 4 字。18.5×8cm。

釋文："張善清五。"

1793 張二娘題名磚

宋（960～1279）

上海松江西林宋塔磚。

濕刻銘文。行書，1 行 5 字。17.5×8cm。

釋文："張氏二娘五。"

1794 張氏題名磚

宋（960～1279）

上海松江西林宋塔磚。

濕刻銘文。行書，1 行 4 字。18×7.8cm。

釋文："張氏二塊。"

1795 張士能男張淵題名磚（第一種）

宋（960～1279）

上海松江西林宋塔磚。

濕刻銘文。正書，2 行，行 3 字，計 6 字。

319

16.8×8cm。

釋文："張士能/男張淵。"

1796 張士能男張淵題名磚（第二種）
宋（960～1279）
上海松江西林宋塔磚。
濕刻銘文。正書，2 行，行字不等，計 8 字。17×7.5cm。
釋文："信人張士能/男張淵。"

1797 張淑清題名磚
宋（960～1279）
上海松江西林宋塔磚。
濕刻銘文。行書，1 行 4 字。17×8.2cm。
釋文："張氏淑清。"

1798 張賢題名磚
宋（960～1279）
上海松江西林宋塔磚。
濕刻銘文。行書，1 行 4 字。18.2×7.7cm。
釋文："張賢六塊。"

1799 張裕陸氏題名磚
宋（960～1279）
上海松江西林宋塔磚。
濕刻銘文。行書，1 行，存 5 字。18×7.5cm。
釋文："張裕陸氏□"

1800 周妙員題名磚
宋（960～1279）
上海松江西林宋塔磚。
濕刻銘文。行書，1 行 3 字。16×8cm。
釋文："周妙員。"

1801 周名二娘題名磚
宋（960～1279）
上海松江西林宋塔磚。
濕刻銘文。行書，1 行 6 字。16.5×8cm。
釋文："周名二娘三塊。"

1802 周淑清題名磚
宋（960～1279）
上海松江西林宋塔磚。
濕刻銘文。行書，1 行 5 字。18×7.5cm。
釋文："周淑清一塊。"

1803 周文正題名磚
宋（960～1279）
上海松江西林宋塔磚。
濕刻銘文。行書，1 行 4 字。18×7.5cm。
釋文："周文正一。"

1804 朱淨真題名磚
宋（960～1279）
上海松江西林宋塔磚。
濕刻銘文。行書，1 行 4 字。17×8cm。
釋文："朱氏净真。"

1805 朱鮑題名磚
宋（960～1279）
上海松江西林宋塔磚。
濕刻銘文。行書，1 行 4 字。18.5×7.8cm。
釋文："朱鮑伍塊。"

1806 諸妙真題名磚
宋（960～1279）
上海松江西林宋塔磚。
濕刻銘文。行書，1 行 4 字。16×8cm。
釋文："諸氏妙真。"

1807 莊文二娘題名磚

宋（960～1279）

上海松江西林宋塔磚。

濕刻銘文。行書，1行6字。18×8cm。

釋文：“莊文二娘二塊。”

1808 子明題名磚

宋（960～1279）

上海松江西林宋塔磚。

濕刻銘文。行書，1行6字。17×8.2cm。

釋文：“子明助磚三塊。”

1809 錢二娘題名磚

宋（960～1279）

上海松江西林宋塔磚。

濕刻銘文。行書，1行6字。17×8cm。

釋文：“錢氏二娘七塊。”

1810 □清題名磚

宋（960～1279）

上海松江西林宋塔磚。

濕刻銘文。行書，1行，存5字。17.5×8cm。

釋文：“□清□□塊。”

1811 □何轉題名磚

宋（960～1279）

上海松江西林宋塔磚。

濕刻銘文。行書，1行3字。17×8cm。

釋文：“□何轉。”

1812 □讓題名磚

宋（960～1279）

上海松江西林宋塔磚。

濕刻銘文。行書，1行3字。16×8cm。

釋文：“□讓三。”

1813 顏老師買地券磚

宋（960～1279）元年五月八日

民國年間廣東廣州出土。

乾刻銘文。正書，8行，行字不等，計106字。中夾刻篆書吉語2行12字。23.5×23cm。

釋文：“龍山落□番禺縣小北門外上塘村永/泰里竹絲崗，坐東南兼卯酉之原，左至/馬宅，右至李宅，前至鄧制軍墓，/腳下黃大夫第。左青龍，右白虎，/前朱雀，後玄武，四至明白。憑中人/梁小九與張清河，堂買受與顏老/師看準，即行安葬，厥無異言。/大宋元年五月朔越八日吉時立券。”

中夾刻篆書：“大吉昌宜。皆壽萬年，長宜子孫。”

1814 陳宣教墓記磚

宋（960～1279）十一月吉日

民國年間廣東出土。

乾刻銘文。正書，3行，行存5、6字，計存16字。磚上半殘缺。17×16.5cm。

釋文：“……寅十一月吉日，/……九宣教之墓。/男陳建孫立。”

1815 魯國墓記磚

宋（960～1279）

民國年間廣東出土。

乾刻銘文。正書，1行4字。35.5×16.6cm。

釋文：“魯國之墓。”

1816 似從工作到如今七言詩磚

宋（960～1279）

廣東廣州城磚，民國年間拆城所得，歸順

德蔡守。

濕刻銘文。行書，8 行，行 7 字，計 56
　　字。尺寸不詳。

釋文："似從工作到如今，/日日挑柴吃苦
　　辛，/一日秤来要五百，/兩朝定是共
　　千斤。山高路遠難行步，/水深泥滑
　　阻工程，/傳語諸公除減少，/莫教思
　　苦衆軍人。"

著錄：《專門名家·廣倉專錄》第 2 集；
　　梁國光《廣州博物館徵集到廣州古城
　　磚拓片》（《文物》1963 年 12
　　期）；《中國古代磚文》（概説插圖 21）；
　　《廣東歷代書法圖錄》99 頁。

1817　□見千重山疊疊七言詩磚

宋（960～1279）

民國年間廣東廣州出土。

濕刻銘文。行書，存 7 行，行 7 字，計存
　　45 字。磚前半殘缺。19.5×24cm。

釋文："……□造場，/□見千重山疊
　　疊，/喜看一路水茫茫，/苦肴煎出能
　　消渴，/老米炊來可飽腸，/日日勞心
　　□乞苦，/幾時傲（熬）得到重陽。"

1818　了氣□磚

宋（960～1279）

廣東廣州城磚，民國 8 年拆城所得，歸順
　　德蔡守。

濕刻銘文。行草，1 行 3 字。尺寸不詳。

釋文："了氣□。"

著錄：《專門名家·廣倉專錄》專補；《中
　　國磚銘》圖版 964。

1819　溫畫磚

宋（960～1279）

廣東廣州城磚，民國 8 年拆城所得，歸順

德蔡守。

濕刻銘文。草書，1 行 2 字。尺寸不詳。

釋文："溫畫。"

著錄：《專門名家·廣倉專錄》第 2 集；
　　《中國磚銘》圖版 868。

1820　新會磚

宋（960～1279）

廣東廣州城磚，民國年間拆城所得，歸順
　　德蔡守。

濕刻銘文。行書，1 行 2 字。尺寸不詳。

釋文："新會。"

著錄：《專門名家·廣倉專錄》第 2 集。

1821　白雲晚望海天清詩磚

宋（960～1279）

民國年間廣東出土。

濕刻銘文。行書，3 行，計 22 字。38×
　　20cm。

釋文："□望白雲……陶侃作。/縱目□山
　　起北屏，/白雲晚望海天清。"

附註：或為宋以後磚。

1822　誰能立志磚

宋（960～1279）

民國年間廣東出土。

濕刻銘文。行草書，3 行，行 7、8 字不
　　等，計 22 字。36×17.3cm。

釋文："文因人之所欲，誰/能立志，上前
　　佇看，/錦標拾得，斯為第一。"

附註：或為宋以後磚。

1823　武引三相等字磚

宋（960～1279）

民國年間廣東出土。

濕刻銘文。行書，3 行，行存 4、5 字不

等，計存 14 字。26 × 17cm。

釋文："武引三相□/相□引□松/後思三當"

1824 增城等字磚

宋（960～1279）

民國年間廣東出土。

濕刻銘文。草書，1 行存 3 字。刻於磚側。尺寸不詳。

釋文："增城□"

著錄：《中國磚銘》圖版 1265。

1825 肇慶府等字磚

宋（960～1279）

民國年間廣東出土。

濕刻銘文。行書，1 行存 6 字。尺寸不詳。

釋文："肇慶府□□□"

著錄：《中國磚銘》圖版 1266。

1826 肇慶磚

宋（960～1279）

民國年間廣東出土。

乾刻銘文。行書，1 行存 2·字。磚下半缺。尺寸不詳。

釋文："肇慶"

著錄：《中國磚銘》圖版 1275。

1827 肇慶府磚

宋（960～1279）

民國年間廣東出土。

濕刻銘文。行草書，1 行 3 字。刻於磚側。31 × 5.5cm。

釋文："肇慶府。"

1828 肇慶府□棚村磚

宋（960～1279）

民國年間廣東出土。

濕刻銘文。行書，1 行 7 字。32.5 × 19.5cm。

釋文："肇慶府□棚村上。"

1829 水軍磚

宋（960～1279）

民國年間廣東出土。

濕刻銘文。行書，1 行 2 字。35 × 18cm。

釋文："水軍。"

1830 水軍磚

宋（960～1279）

民國年間廣東出土。

濕刻銘文。行書，1 行 2 字。25 × 19.2cm。

釋文："水軍。"

1831 官在磚

宋（960～1279）

民國年間廣東出土。

濕刻銘文。行書，1 行 2 字。21 × 16.7cm。

釋文："官在"

1832 官中磚

宋（960～1279）

民國年間廣東出土。

濕刻銘文。行書，1 行 5 小字，1 行 2 大字。計 7 字。32.5 × 17cm。

釋文："先扴去年少/官中"

1833 乙酉歲冬江夏子磚

宋（960～1279）

民國年間廣東出土。

濕刻銘文。行書，1 行存 7 字。刻於磚側。20 × 5.5cm。

釋文："乙酉歲冬江夏子□"

1834 辛亥磚

宋（960～1279）

民國年間廣東出土。

濕刻銘文。行書，1 行 2 字。刻於磚側。

36×6.5cm。

釋文："辛亥。"

1835 □州大塼陳□磚

宋（960～1279）

民國年間廣東出土。

濕刻銘文。行書，1 行 6 字。刻於磚側。

36×6.5cm。

釋文："□州大塼陳□"

1836 今時所作磚

宋（960～1279）

民國年間廣東出土。

濕刻銘文。正書，1 行 4 字。18×18cm。

釋文："今時所作。"

1837 二佰片磚

宋（960～1279）

民國年間廣東出土。

濕刻銘文。行書，1 行 3 字。30.5×16cm。

釋文："二佰片。"

1838 大吉磚

宋（960～1279）

民國年間廣東出土。

濕刻銘文。正書，1 行 2 字。30×17cm。

釋文："大吉。"

1839 大吉磚

宋（960～1279）

民國年間廣東出土。

濕刻銘文。正書，1 行 2 字。24×17cm。

釋文："大吉。"

1840 宜辛磚

宋（960～1279）

民國年間廣東出土。

濕刻銘文。正書，1 行 2 字。29.5×

15.8cm。

釋文："宜辛。"

1841 伯伍磚

宋（960～1279）

民國年間廣東出土。

濕刻銘文。行書，1 行存 2 字。磚下半殘

缺。尺寸不詳。

釋文："伯伍□"

著錄：《廣東歷代書法圖錄》100 頁。

1842 李十三磚

宋（960～1279）

民國年間廣東出土。

濕刻銘文。行書，1 行 3 字。35.4×17cm。

釋文："李十三。"

著錄：梁國光《廣州博物館徵集到廣州古

城磚拓片》（《文物》1963 年 12 期）

1843 劉二一磚

宋（960～1279）

民國年間廣東出土。

濕刻銘文。行書，1 行 3 字。32×16cm。

釋文："劉二一。"

1844 户丁梁各等字磚

宋（960～1279）

民國年間廣東出土。

濕刻銘文。行書，1 行，存 4 字。磚下半

殘缺。17×18cm。

釋文："户丁梁各□"

1845 陸四□磚
宋（960～1279）
民國年間廣東出土。
濕刻銘文。行書，1 行存 3 字。磚下半殘
　　缺。23×16cm。
釋文："陸四□"

1846 户龍□磚
宋（960～1279）
民國年間廣東出土。
濕刻銘文。正書，1 行存 3 字。磚下半殘
　　缺。28×15.8cm。
釋文："户龍□"

1847 黎□磚
宋（960～1279）
民國年間廣東出土。
濕刻銘文。行書，1 行存 2 字。磚下半殘
　　缺。14.5×17cm。
釋文："黎□"

1848 □張磚
宋（960～1279）
民國年間廣東出土。
濕刻銘文。草書，1 行 2 字。30.5×
　　16.5cm。
釋文："□張（?）"

1849 鐵城磚
宋（960～1279）
民國年間廣東出土。
濕刻銘文。行草，1 行 2 字。尺寸不詳。
釋文："鐵城。"
著錄：《廣東歷代書法圖錄》100 頁。

1850 陳道磚
宋（960～1279）
民國年間廣東廣州出土。
濕刻銘文。行書，1 行 4 字。刻於磚側。
　　17.5×7.3cm。
釋文："人户陳道。"

1851 郎□磚
宋（960～1279）
民國年間廣東廣州出土。
濕刻銘文。行書，1 行 2 字。刻於磚側。
　　12×5.2cm。
釋文："郎□。"

1852 劉授□磚
宋（960～1279）
民國年間廣東廣州出土。
濕刻銘文。行書，1 行 3 字。刻於磚側。
　　19×6.8cm。
釋文："劉授□。"

1853 彭黑磚
宋（960～1279）
民國年間廣東廣州出土。
濕刻銘文。行書，1 行 4 字。16×8cm。
釋文："脚力彭黑。"

1854 □梁□磚
宋（960～1279）
民國10 年廣東出土，蔡守舊藏。
濕刻銘文。行書，存 1 行 3 字。磚已殘
　　缺。18.5×8cm。
釋文："□梁□"

1855 全月初磚
宋（960～1279）

濕刻銘文。行書，1 行 3 字。尺寸不詳。

釋文："全月初"

著錄：《中國磚銘》圖版 1266。

1856　信女□氏殘磚

宋（960～1279）

乾刻銘文。行書，2 行，計 6 字。磚下半殘缺。23.5×9.5cm。

釋文："信女□氏，男/□。"

著錄：《俟堂專文雜集》23 頁；《中國磚銘》圖版 1231。

附註：磚另一面印有範制陽文 5 字"應天佛塔磚"。疑是浙江紹興飛來山應天佛塔塔磚。

1857　二塊等字殘磚

宋（960～1279）

濕刻銘文。行書，存 2 行，行存 3 字，計約 6 字。磚已殘缺。18×8cm。

釋文："□□信/二塊魁。"

著錄：《俟堂專文雜集》24 頁；《中國磚銘》圖版 1231。

附註：疑是浙江紹興飛來山應天佛塔塔磚。

1858　氏五塊殘磚

宋（960～1279）

乾刻銘文。正書，存 1 行 3 字。磚已殘缺。11.5×7.8cm。

釋文："氏五塊。"

著錄：《俟堂專文雜集》25 頁。

附註：疑是浙江紹興飛來山應天佛塔塔磚。

1859　曹公墓磚

宋（960～1279）

浙江臨海縣出土。

乾刻銘文。正書，一側 1 行存 6 字；一側 1 行 8 字，計存 14 字。刻於磚側。37×5.5cm。

釋文：一側："大宋太尉曹公……"
　　　一側："貪者不取，有咎無鑒。

附註：或為範磚。羅振玉《俑廬日札》云"磚出臨海，臨海宋氏《甎文考略》考為曹勛墓磚。……《考略》載陳寅東言，曹勛所書佛窟山塗田碑記，筆致絕類磚文主，意磚範乃其親筆。"

1860　此是西天梵字磚

宋（960～1279）

濕刻銘文。行書，存 3 行，行 6 字，計存 13 字。磚存前半。26.5×17cm。

釋文：　"此是西天梵字/陁羅尼一一加/□□所……"

著錄：《尊古齋金石集》297 頁；《中國磚銘》圖版 1233。

1861　嫁鳳功成了五言詩磚

季雲撰

宋（960～1279）

乾刻銘文。正書，3 行，行 9 字，計 23 字。27.5×14.5cm。

釋文："嫁鳳功成了，琵琶永不/弹，乘鯨從此去，冷落菊/花團。季雲。"

附註：或宋以後磚。季雲疑指北魏柳遠。

1862　僧有磚

宋（960～1279）

濕刻銘文。行書，1 行 2 字。尺寸不詳。

釋文："僧有。"

著錄：《中國磚銘》圖版 1219。

1863 夏字磚

宋（960～1279）

濕刻銘文。行書，1 字。28×15cm。

釋文："夏"

1864 張漢墓記磚

宋（960～1279）

乾刻銘文。正書，1 行 6 字。36.5×16cm。

釋文："故父張漢之□。"

遼

1865 王志昆造像磚

遼天贊元年（922）五月十五日

藏中國歷史博物館。

乾刻銘文。正書，3 行，行 6 至 7 字不等，
計 20 字。27×18.5cm。

釋文："天贊元年五月/十五日，晉衛將軍
/王志昆信心供養。"

著錄：《中國歷史博物館藏法書大觀》卷
3/圖版 136 頁。

1866 再葬舍利記磚

遼重熙十二年（1043）四月八日葬

遼寧朝陽北塔磚。

乾刻銘文。正書，10 行，行字不等，計
95 字。有竪界欄。42×42cm。

釋文："延昌寺大塔下，/重熙十二年四月
八日再/葬舍利記。/皆砌作頭戒守
靖，/副作頭李守垣，霸州南張/郎中
莊住。/小傅士王惟、□中京、□國，
皆/北畏住。小傅鄭得全，摩（磨）
塼小士等，薛惟貞，石利□，/劉了
見，徐承遠，趙王，皇奴，趙從
斤，/王羅漢，奴賈小□，□薛小
哥。"

著錄：朝陽北塔考古勘察隊《遼寧朝陽北
塔天宮地宮清理簡報》（《文物》1992
年 7 期）；《中國磚銘》圖版 1144。

1867 章聖皇太后特建舍利塔碑

寇文寳、崔從善鐫

遼重熙十八年（1049）七月十五日記

原在内蒙古巴林右旗遼慶州白塔塔刹内，
現藏巴林右旗博物館。

乾刻銘文。正書，12 行，行字不等；側 1
行 9 字，共計 351 字。有竪界欄。碑
身特大青磚 73.2×42.5×19cm。

釋文：碑陽："南閻浮提大契丹國章聖皇
太后特建釋迦牟尼舍利塔。自重熙十
六年二/月十五日啓土開掘地宮，四
月十七日下葬舍利，積功至十八年六
月十五日及第七級，並隨/級内葬訖。
舍利當年七月十五日於相肚中安置，
金法舍利並四面安九十九本根竿/陁
羅尼及諸供具，莫不依法臻至嚴潔，
安置供養。今具奉/宣提點勾當職官
員位姓名如後：玄寧軍節度使檢校太
師守右千牛衛上將軍提點張惟保，/
威勝軍節度使檢校太師勾當馬埠，威
武軍節度使檢校司徒同勾當郭進，/
越州觀察使檢校司空提點錢帛孫素，
閑廐使檢校右散騎常侍勾當工匠侯外
安，/右奉宸雜勾當李用和，前提轄
使同勾當錢帛王懷信，/慶州僧錄宣
演大師賜紫沙門蘊珪，慶州前僧錄宣
教大師賜紫沙門道清，/慶州前僧錄
崇教大師賜紫沙門普勤，慶州僧判官
善利大德沙門從教，/塔主講法華上
生經精修大德沙門守恒，塔主講經葉
論沙門巨峰。/重熙十八年歲次己丑
七月壬辰朔十五日丙午記。"

碑側："鐫字人：寇文寶、崔從善。"

著錄：張漢君《遼代慶州白塔建塔碑銘考》（《內蒙古文物考古文集》第一輯）

1868 建舍利塔官員工匠題名碑

寇文寶、崔從善鐫

遼重熙十八年（1049）七月十五日記

原在內蒙古巴林右旗遼慶州白塔塔剎內，現藏巴林右旗博物館。

乾刻銘文。正書，兩面刻，碑陽、碑陰各10行，行字不等；一側1行14字；一側1行19字，共計485字。碑身大青磚58×35.4×7cm。

釋文：碑陽："應接手勾當人等（碑額上方左行橫題）。上京歸化軍升將馬進節級王貴二百人首領本典趙諫（碑額下方右行橫題）。勾當造食東頭供奉官楊繼閏，/勾當鑄鏡二人：前御院通進李存、右班殿直郭義方，/受納應用諸物二人：殿直張用之、殿直李日永，/六宅使提點三窯坊高桂，/西窯坊二人：東頭供奉官田積善、內侍李成順，/東窯坊二人：左承制王行方、內侍高行善，/中窯坊二人：慶州知律皇甫至柔、內侍高行遠，/勾當燒石灰窯二人：右班殿直梁圭、內侍李信，/塔下受納石灰東頭供奉官李元吉，塔下本典王昌，/塔上勾當使塼內侍大文羽□，勾當油畫殿直焦文改。"

碑陰："孔目司并諸色工匠等（碑額上方左行橫題）。塔匠都副作頭長行共二十五人（碑額下方左行橫題）。塔下行遣人等：前貢物庫副使提點行

發劉約，/鹽鐵司度支孔目官劉遂寧，慶州孔目官二人：高文素、劉匡煦，/塔匠都作頭寇守輦，副作頭呂繼昇，副作頭寇文寶，/三窯坊作頭長行共一百二十三人，小作頭長行二十五人，/東窯坊作頭王元，西窯坊作頭張璉，中窯坊作頭孫進，/凋木匠作頭李文顯長行七人，鑄相輪匠作頭李顯、劉佶長行五人，/方直作軍使鄭延信長行八人，鍍相輪匠作頭高野里長作六人，/鑄鏡匠作頭賈重仙長行一十一人，鍛匠作頭田德正長行一十人，/畫待照張文甫，作頭胡日瑾，長行七人，石匠作頭長行共一十人，/貼金匠作頭陳宜長行五人，油匠作頭高守真長行六人。"

碑側："僧弘昭，高文化，打繩匠于□遂等三人。"

碑側："重熙十八年七月十五日。鐫字人：寇文寶、崔從善。"

著錄：張漢君《遼代慶州白塔建塔碑銘考》（《內蒙古文物考古文集》第一輯475頁）

1869 重修舍利塔題記磚

遼（974～1125）

遼寧朝陽北塔磚。

乾刻銘文。正書，4行，行字不等，計50字。尺寸不詳。

釋文："故都維那韓□、法□、釐□□、□□元、/鄭用元，瓦匠趙繙遂、釐金正，/鈑匠二人趙唯辛、劉□演。/塼五十六萬二千四百七十三口。故記。"

著錄：朝陽北塔考古勘察隊《遼寧朝陽北塔天宮地宮清理簡報》（《文物》1992

年 7 期)；《中國磚銘》圖版 1144。

1870 第三度重修舍利塔題記磚

遼（974～1125）

遼寧朝陽北塔磚。

乾刻銘文。正書，3 行，行字不等，計 37
字。57×30cm。

釋文："霸州邑眾諸官同共齊心結緣，弟
（第）/三度重修所有，寶安法師奉/
隨（隋）文帝勑葬舍利未獲，請後知
委。"

著錄：朝陽北塔考古勘察隊《遼寧朝陽北
塔天宮地宮清理簡報》·(《文物》1992
年 7 期)；《中國磚銘》圖版 1029。

1871 國五戒磚

遼（974～1125）

遼寧朝陽北塔磚。

乾刻銘文。正書，1 行 3 字。尺寸不詳。

釋文："國五戒。"

著錄：朝陽北塔考古勘察隊《遼寧朝陽北
塔天宮地宮清理簡報》(《文物》1992
年 7 期)；《中國磚銘》圖版 1145。

1872 五戒田為大磚

遼（974～1125）

遼寧朝陽北塔磚。

乾刻銘文。正書，1 行 5 字。尺寸不詳。

釋文："五戒田為大。"

著錄：朝陽北塔考古勘察隊《遼寧朝陽北
塔天宮地宮清理簡報》(《文物》1992
年 7 期)；《中國磚銘》圖版 1145。

金

1873 錢擇買地券磚

金天德二年（1150）四月二十四日

1994 年河南洛陽孟津縣麻屯出土。

乾刻銘文。正書，12 行，行 21 字，計 219
字。29.5×29.5cm。

釋文："維大金天德二年歲次庚午四月丁
未朔二十四日庚/午，奉為歿故錢擇
等諸靈大葬立券。生居城/邑，死安
宅兆，龜筮協從，相地襲吉，宜於河
南/府洛陽縣金谷鄉南北張村之原。
謹用銀錢九/萬九千九百九十九貫文，
兼五綵信幣，於后土皇/地祇處，買
地一段。塋域用地南北長二十一步，
東西/闊一十七步，其地東至青龍，
西至白虎，南至朱雀，/北至玄武，
內方勾陳，分擘四域，今以牲牢、錢
幣，/共立信契，財地交相，分付工
匠修營，安厝已/後，永保祥吉。見
知人歲月星主，保人今日直符。/故
氣邪精不得忓恪，先有主者，永避万
里，主人/內外存亡，悉皆安吉。急
急如五帝使者律令！"

著錄：洛陽市文物工作隊《洛陽孟津縣麻
屯金墓發掘簡報》(《華夏考古》1996
年 1 期)。

1874 申通妻李氏墓記磚

金天德十年（1158）正月四日卒

河南輝縣出土。

乾刻銘文。正書，5 行，行 9 至 14 字不
等，計 57 字。31.5×15.5cm。

釋文："河南衛府輝縣雲門社二里寨兒
村，/省祭官申通妻李氏止。/生孝男

六子，同居。係集中土/戶四十二年，
本里頭一戶人。/天德十年正月初四，
在家病故。"

著錄：《中國磚銘》圖版1146。

1875　王宣墓記磚

金正隆四年（1159）十月十一日葬

乾刻銘文。額篆書橫題1行4字；文正
　　　書，12行，行16字左右，共計169
　　　字。尺寸不詳。

釋文：額："王君墓記。"

　　　文："王君墓記。/君諱宣，□□宣毅
　　　第五指揮長行/□□公幹，上位見愛。
　　　娶高氏，生三男，長男/王宗，娶李
　　　氏，生二孫男，住住□僧□王驢驢七
　　　男六斤/□□，弟王驢頭□□□□□
　　　貨熟食為業。/王宗□志孝於離石縣
　　　□家社稅戶孔目/官張廣戶下，下靠
　　　南塔□□源地一段，□/立文契，買
　　　圍地陸分□方一十二步。於/正隆四
　　　年十月十一日丁時，卜葬訖。銘
　　　曰：/嗚呼王宣，戎吏精通，感子王
　　　宗，/買地安墳。棺柩新建，造墓置
　　　功，/卜葬以矣，子孫興隆。"

著錄：《中國磚銘》圖版1148。

附註：離石縣西漢置，治所即今山西離石
　　　縣。

1876　王吉墓誌磚

金大定十五年（1175）四月二十二日葬

甘肅臨夏市南龍鄉出土。

乾刻銘文。正書，額橫題1行4字；文9
　　　行，行11字左右，共計95字。30×
　　　28.5cm。

釋文：額："進義校尉。

　　　文："維太金河州廓下寺□/店居住

王吉，於二月二十日歿/故，自辨淨
財，修塼堂一所，/卜宅兆，四月二
十二日遷葬。/東至青龍，西至白
虎，/南至朱雀，北至玄武。/見從者
壽命延長，亡過者早/達西天之路。/
乙未大定十五年四月日，進義校尉王
吉碑。"

著錄：臨夏回族自治州博物館《甘肅臨夏
　　　金代磚雕墓》（《文物》1994年12
　　　期）；《中國磚銘》圖版1150。

1877　段楫預修墓記磚

金大定二十一年（1181）四月

20世紀70年代山西稷山縣馬村出土。

乾刻銘文。正書，19行，行字不等，計
　　　184字。35×45cm。

釋文："段楫預修墓記。/夫天生萬物，至
靈者人也。貴賤/賢愚而各異，生死
輪回止一。予自悟年/暮，永夜不無，
預修此穴，以備收柩/之所。楫生巨
宋政和八年戊戌歲，/至大金大定二
十一年辛丑，六/十四戴（載）矣。
修墓於母親墳之/下位。母李氏自丙
午年守婺，至辛/巳歲化矣。楫生祖
裕一子，一女舜/娘。長二孫澤、譯
二人，二女孫。故/修此穴，以為後
代子孫祭祀之所。/大定二十一年四
月日。/段楫字濟之，改顥字。/曾祖
十耶（爺），諱用成，五子。/大耶
（爺）諱先。/二耶（爺）諱密。/三
耶（爺）諱世長。父六郎。/四耶
（爺）諱萬。/五耶（爺）諱智方。"

著錄：《山西稷山發現兩塊"段氏刻銘
　　　磚"》（《中國文物報》2005.1.7）；
　　　田建文、李永敏《馬村磚雕墓與段氏
　　　刻銘磚》（《文物世界》2005年1

期）。

1878 趙景興靈柩記磚

金大定二十二年（1182）二月二十六日葬

乾刻銘文。正書，3 行，行 9、10 字不等，
計 29 字。45×21cm。

釋文：“大定二十一年十二月/三日趙景興
故。二十二年/二月二十六日葬靈柩
記。”

著錄：《北京圖書館藏中國歷代石刻拓本
彙編》冊 46/157 頁。

1879 武十郎及妻捨墳地記磚

金大定二十八年（1188）八月九日葬

陝西西安出土，溧陽端方舊藏。

乾刻銘文。正書，8 行，行字不等，計存
108 字。磚缺右下邊。31.5×15cm。

釋文：“京兆府西第一廂面柴市居住孫
……/謹於長安縣范西鄉閭門社莊北，
安置新□壹/座，方圓玖步，□廿於
□位。/祖父祖母范四郎，尊父尊婆
范五郎，/亡父亡母范六郎，/右諱於
孫女婿武十郎，捨墳地各玖步許，地
叁分六厘，/東至武，西至魏，南至
武，北至張。/大定廿八年八月初九
日葬，謹記。”

著錄：《陶齋藏石記》卷 42/8。

1880 邢元澤為祖邢禹買地券磚

金大定二十九年（1189）八月九日

1996 年內蒙古托克托縣城關鎮出土。

乾刻銘文。正書，8 行，行 20 至 23 字，
計 174 字；磚背面騎縫 1 行 4 字。
36.5×24×5.7cm。

釋文：正面：“維大金大定二十九年歲次
己酉八月九日，祭主邢/元澤□貞元

二年四月十七日亡祖禹殞逝，協從相
地，龜筮/襲，宜於東勝州南一里餘，
謹用錢貫兼五綵信幣，買地一/段，
安厝亡祖禹之靈。其地南北一十六
步，東西闊一十四/步三分。東至青
龍，西至白虎，南至朱雀，北至玄
武。內方/勾陳，分擘四域，丘承墓
伯，封步界畔，阡陌將軍，瞻察前/
後。今以牲牢、酒飯、百味、香新，
共為契約，財地交相，分付俕/造墳，
尊卑□位，安靈以後，內外存亡，各
保安寧。急急如律令！”

背面：“合同分券”

著錄：閆建春、石俊貴《托克托縣發現金
代買地合同分券》（《內蒙古文物考
古》1998 年 2 期）。

1881 大定磚

金大定（1161～1189）

濕刻銘文。行書，1 行 2 字。尺寸不詳。

釋文：“太（大）定”

著錄：《中國磚銘》圖版 1150。

1882 趙海買地券磚

金明昌四年（1193）二月十七日

1993 年陝西千陽縣冉家溝村出土。

乾刻銘文。正書，17 行，行字，計 225
字。30.5×30.5×5.5cm。

釋文：“維大金明昌四年癸丑歲次二月戊
戌朔十/七日甲寅，百日遷葬癸主趙
海等。奉/歿故父趙海等改葬，龜筮
協從，相地襲/吉，宜於隴州千吳山
鄉平湖社村東北之元/安厝宅兆，僅
錢九萬九千九百九十九貫，兼/五綵
信幣，買地一段。東西南北各長一十
/三步，東至青龍，西至白虎，/南至

朱雀，北至真武。/内方勾陳，分擘四域，丘丞墓伯，封步界/畔，道（漏刻"路"字）將軍，齊整阡陌，千秋夕夕崴，永/保安吉。知見人崴月主，保人今日□□，/故氣邪精不得忤悋，先有居者，永避/萬里，若違自當其禍，主人内外，存亡/安吉。急急如五帝使者女青律/令。/明昌四年癸丑崴次二月十七日券訖。/陰陽人傳昌，塼匠王，木匠□。"

著錄：寶鷄市考古隊、千陽縣文化館《陝西千陽發現金明昌四年雕磚畫墓》（《文博》1994 年 5 期）。

1883　元氏買地券磚

金明昌七年（1196）五月十七日

陝西西安出土，仁和韓氏舊藏。

乾刻銘文。正書，14 行，行 20 字不等，計 247 字。29×29.5cm

釋文："維大金明昌七年崴次丙辰五月庚辰朔十七日，祭亡□□□/亡考元□已於明昌叄年七月十三日歿故，□□□□，/相地襲吉，宜於京兆府長安縣□西鄉□前□東南/原安厝□□，謹用錢九萬九千九百九十九貫文，兼五/綵信幣，買地壹段，東至青龍，西至白虎，南至朱雀，/北至玄武。内方勾陳，分掌四域，□□墓伯，封部界畔，道/路將軍，齊整阡陌，千秋萬崴，永無殃咎，若有干/犯訶禁者，將軍停（亭）長收付河伯，今以牲牢、酒飯、百味、/香新，奉之信契，財地交相，分付工匠修□，安厝/以後，永保伏吉。知見人崴月主，保人今日直／□，故邪精不得悋，先有居者，永避万里，若違此

/約，地府主使，自當其禍。主人内外存亡，悉皆安吉，/急急如/五帝使者女青律令！"

大字："合同。"

著錄：《藝風堂金石文字目》卷 14/28。

1884　董氏家族墓室磚刻

郇□堅書

金明昌七年（1196）九月

1964 年山西侯馬市牛村出土，墓室整體遷移復原於山西省考古研究所侯馬工作站院内。

乾刻銘文。正書，所有文字皆刻於墓室内磚建築上。共計 334 字。

釋文：前室南壁磚地碣（12 行）："維南瞻部州大金國河東南/路絳陽軍曲沃縣褫祁鄉南方/風上村住人/董三郎，名海，妻北方裝店趙氏。/男一哥，名靖，三十五。妻西李村文氏。/次男樓喜，二十五，妻狄庄村衛氏、西李村文氏。/次男念五，二十，妻高村趙氏。/旹明昌柒年捌月初四日入功，/九月日功畢。砌匠人張卜、/楊卜、段卜、敬卜。/寫地碣人郇□堅。/丙辰己亥朔有一，遷記。"

前室北壁門樓右側角柱（2 行）："□大□□大定十五年二月二十日，栽栢朴坟垄一十九根，又祖墳内二垄栽栢朴八根，董海買到栢朴。/大定二十四年己巳月己巳日，先祖董珍冢上經幢。董海、董政立石。"

前室北壁門樓左側角柱（3 行）："上判交百姓忙種區田，每一畝要一千五百區，每區打約一升，本家刷到物四百石，/旹明昌柒年捌月日入功。自年前十月内有至到六月十九日，得

雨米麦計價二百五十，到二十二日，種下秋田，/每畝收谷一石，綠豆每畝一石，棗約五分。又差官遍行刷物。"

後室南壁磚刻（4行）："大金明昌七年八月初四，/曲沃縣襯祁鄉南方/分上村董三郎名海，/而（兒）男一哥、樓喜、念五。"

前室西北角倚柱（1行）："董念五"

後室北壁西檐柱（1行）："董一哥"

前室東北角倚柱（1行）："董樓喜"

著錄：山西省考古研究所侯馬工作站《侯馬102號金墓》（《文物季刊》1997年4期）。

附註：墓中還有墨書磚質地券一方。

1885　崔仙奴墓記磚

金泰和二年（1202）八月十三日

1989年河北邯鄲出土。

乾刻銘文。正書，3行，行4、5字，計14字。37×18cm。

釋文："泰和二年/八月十三日，/亡過崔仙奴。"

著錄：秦大樹等《邯鄲市峰峰礦區出土的兩批紅綠彩瓷器》（《文物》1997年10期）。

1886　段氏祖傳湯方磚

金（1115～1234）

山西稷山縣澗東村段氏後人收藏。

乾刻銘文。正書。存二磚，第一磚正面11行，行12字左右。上、右側面各1行。32.7×32×5.9cm。第二磚

（略）。

釋文：第一磚正面："據父傳曰：上祖先嫡字諱先，/箸（著）有《貫通食補湯方》一冊，上行/宋太宗年間，救人濟世，康人/益壽，方圓數百里，婦孺皆知/也。孰料貫通如餌，官索夷掠，/實難保之。故刻磚四塊，擇方於/其上，分付二子，預留後人繼之矣。/貫通食補湯方：/方曰：鹿茸三錢，米鍋巴、人參三/錢，炒芝麻、紅棗、枸杞各一兩，/黃芪、當歸適量，加溫火甜水五更"（背面略）

上側面："段祖善銘：孝養家、食養生、戲養神。"

右側面："段祖倫銘：和家、睦鄰、容人。"

著錄：《山西稷山發現兩塊"段氏刻銘磚"》（《中國文物報》2005.1.7）；田建文、李永敏《馬村磚雕墓與段氏刻銘磚》（《文物世界》2005年1期）。

附註：為避兵禍，段氏先祖將祖傳湯方及段祖善銘、倫銘、醫銘等箴言家訓，刻於四磚之上，分付二子，傳諸後人。時隔數百年後，僅有二塊存世，彌足珍貴。第二磚正面刻《貫通宴鍋湯方》，上、左、右側面刻八卦、洛書與人體部位對應圖。左側刻段祖醫銘。

1887　李氏墓記磚

金（1115～1234）

乾刻銘文。正書，2行，1豎行4字；1橫行2字，交叉刻，計6字。30.5×16cm。

釋文："梁縣君記/李氏。"

附註：梁縣，唐改承休縣置，治所在今河南臨汝縣東，明洪武初廢入汝州。

元

1888 舞廳石碣

李塼匠記

元至元八年（1271）三月三日建

在山西萬榮縣太趙村稷王廟。

乾刻銘文。正書，9 行，行 11 字左右，計存 81 字。尺寸不詳。

釋文："舞厅石。/今有本廟自建脩年深，雖經/兵革殿宇而存，既有舞基，/自來不曾興蓋，今有本/村□□□寺□/發虔心施/其宝錢□百貫文，創建脩盖舞/厅一座，刻□斯石矣。/當大朝至元八年三月初三日創建。/塼匠李記。"

著錄：劉念茲《從建國後發現的一些文物看金元雜劇在平陽地區的發展》（《文物》1973 年 3 期）；《中國磚銘》圖版 1155。

1889 輔昌墓誌磚

元至元十七年（1280）葬

1956 年陝西西安南郊野狐塚出土，藏西安碑林博物館。

乾刻銘文。正書，10 行，行 10 字，計 99 字。35.5×35cm。

釋文："輔昌，京兆北關人，召遠門/祖塋咸在。公性直無華，頗/義氣。其子孫恒以勤儉為/戒，與今市井人去相遠矣。/妻衛氏，先卒。次妻尚官氏，/無恙。子四人：世安、世榮、世/忠、道奴。女二人。孫男四/人。公享年七十有三，以疾/卒。至元之

庚辰，葬長安縣/義陽鄉野狐塚，從吉卜也。"

著錄：《新中國出土墓誌·陝西［貳］》340。

1890 至元廿二年磚

元至元二十二年（1285）

河北邯鄲鼓山常樂寺。

濕刻銘文。正書，1 行 5 字。尺寸不詳。

釋文："至元廿二年。"

著錄：邯鄲市文物保管所、峰峰礦區文物保管所《河北邯鄲鼓山常樂寺遺址清理簡報》（《文物》1982 年 10 期）；《中國磚銘》圖版 1156。

1891 劉用墓記磚

焉志記

元至元卅一年（1294）七月廿八日記

山西汾西縣出土，藏汾西縣博物館。

乾刻銘文。正書，11 行，行字不等，計 63 字。15×34×6cm。

釋文："大元國至元卅一年七/月廿八日。刘用墓。/妻翟氏。/長男刘和，妻孫氏，/孫男受受、奴奴。/次男刘仁慶，妻秦氏，/孫男黑漢。弟（第）三/男刘仲賢，妻李氏，孫男童童。/磚匠焉志/記耳。"

著錄：孟耀虎、王玉富《元代劉用墓出土器物》（《文物世界》2002 年 5 期）。

1892 郭四孺人墓記磚

元大德元年（1297）五月立

廣東出土。

乾刻銘文。正書，3 行，行字不等，計存 23 字。35.5×17cm。

釋文："近故外母郭氏四孺人墓。/大德元

年歲次丁酉五月日，/……等立。"

1893　田惟城鎮墓券磚

元大德元年（1297）七月吉日

貴州德江縣出土，藏德江縣文化館。

乾刻銘文。正書，8 行，行字不等，中刻
　　4 字，共計 79 字。32×24cm。

釋文："思州公字局故龍衛宣慰使田惟城。
　　元命癸/酉生人，享年二十三歲。於
　　乙未年/七月二十日薨逝，卜此/丁山
　　安葬。祈後昆綿/遠，世祿熾昌者。
　　急急/一如太上詔書律令！/丁酉大德
　　元年七月吉日誥下。"

　　中刻："元亨利貞"

著錄：《中國西南地區歷代石刻彙編》19
　　冊（貴州卷）/8 頁。

1894　張輔臣壙記磚

呂安善書

元大德二年（1298）二月二十七日葬

陝西西安出土，藏西安碑林博物館。

乾刻銘文。隸書，分刻三磚，蓋 2 行，行
　　5 字；文共 10 行，行 16 字，共計 169
　　字。均 52×29cm。

釋文：蓋："大元故覃懷/張夢臣壙記。"

　　文："君諱輔臣，字夢臣，世為覃
　　懷武陟人。祖諱/元亨。考諱成，母
　　樊氏。生于辛亥正月廿七/日。甫弱
　　冠，辟陝西察司書吏，以廉張，擢南
　　臺/令史，調蜀省掾。未幾，以疾卒
　　于成都，實/至元丙戌七月廿六日，
　　享年卅有六。初娶/金丞相阿不干之
　　孫，先卒。再娶劉氏。生女/英，適
　　姊壻梁棟子兒迪。其弟安仁，因考君
　　/喪，以大德二年二月甲申，舉其遺
　　櫬葬于/咸寧縣洪固鄉唐延禧門之外，

以阿不干/氏祔焉。內兄呂安善謹書，
用紀歲月云。"

著錄：《新中國出土墓誌·陝西［貳］》
　　344。

1895　至大叁年記下磚

元至大三年（1310）

乾刻銘文。正書，1 行 8 字。尺寸不詳。

釋文："至大叁年月日記下。"

著錄：《中國磚銘》圖版 1156。

1896　至大三年記下磚

元至大三年（1310）

濕刻銘文。行書，1 行 7 字。尺寸不詳。

釋文："至（漏刻"大"字）三年月日記
　　下。"

著錄：《中國磚銘》圖版 1156。

1897　梁氏墓記磚

元［泰］定二年（1325）二月

1990 年內蒙古多倫縣砧子山出土。

乾刻銘文。正書，3 行，行存字不等，計
　　存 14 字。磚上半殘缺。17.3×14×
　　4.8cm。

釋文："在城大東門/居住梁宅/定二年二
　　月"

著錄：內蒙古文物考古研究所等《元上都
　　城南砧子山南區墓葬發掘報告》
　　（《內蒙古文物考古文集》第一輯）。

附註："月"字下刻有一花押。

1898　賈玉同造塋中之寶磚

元致和元年（1328）四月

乾刻銘文。正書，3 行，行字不等，計 19
　　字。尺寸不詳。

釋文："窯匠賈君玉同造。/塋中之寶。/

致和元年四月日修。"

著錄:《中國磚銘》圖版 1157。

1899　賈潤僧墓記磚

元至正二年（1342）四月八日

1996 年河南鄭州市出土。

乾刻銘文。正書，兩面刻，面 1 行 6 字；
側 1 行 9 字，計 15 字。30×9cm。

釋文：面："晉寧路賈潤僧。"
側："至正二年四月初八日。"

著錄：汪旭《鄭州首次發現元代平民墓》
（《中原文物》1996 年 3 期）。

1900　蘇漢用等為母舒氏一小娘買地券磚

元至正十一年（1351）三月七日

1988 年江西九江博物館徵集。

乾刻銘文。正書，正向、倒向間刻，13
行，行 19 字，計 236 字。32 ×
31.5cm。

釋文："（正向）維大元至正十一年三月初
七日，小石門里孝男/（倒向）蘇漢
用等，以母親舒氏一小娘於至正八年
五月/（正向）十五日戌時歿故，龜
筮叶吉，相地維吉，宜於开州/（倒
向）路廣濟縣安樂鄉小石門里石城中
村周佃住基/（正向）為宅兆安厝。
說用價錢九萬九千九百九十九貫/
（倒向）文，兼五綵信幣，買地一段，
東止青龍，西止白虎，南/（正向）
止朱雀，北止玄武。內方勾陳，分掌
四域，丘丞墓/（倒向）伯，謹肅界
封，道路將軍，齊整阡陌，若輒有/
（正向）干犯訶禁，將軍、亭長收付
河伯，今以牲牢、酒飯/（倒向）其
為信誓，財地交相，分付工匠修塋，
永保无咎。/（正向）若違此約，地

府主吏，自當其禍，主人內外存亡，
悉/（倒向）皆安吉，急急如五帝主
者女青律令！/（正向）見人東王公、
西王母，蒿裏父老，書張堅固，李定
杜。"

著錄：吳水存《江西九江發現元代青花瓷
器》（《文物》1992 年 6 期）。

1901　史孝恭等為父母買地券磚

元至正十三年（1353）正月四日

甘肅定西縣出土。

乾刻銘文。正書，16 行，行 16 字，計 256
字。有方界格。尺寸不詳。

釋文："維大元至正十三年歲次癸巳正月
己巳/朔初四日癸酉，定西州西街居
孝男史孝/恭等，有父母史瑄，於壬
辰歲十二月十一/歿故。龜筮從，相
地吉，宜於本州廟山巇坡/下离山丙
穴之原，堪為宅兆。謹用錢九萬/九
千九百九十貫文，兼五綵信幣，買地
一/段，四方各一十七步，東止青龍，
西止白虎，/南止朱雀，北止玄武。
內方勾陳，分掌四域，/丘承墓伯，
封步界畔，道路將軍，齊整阡陌，/
千秋万歲，永無殃咎。若輒干犯訶荣
（禁），將軍、/亭長收付河伯。今以
牲牢、酒飯、百味、香新，/信契財
地交相，分付功匠修營，安厝已
後，/永保休吉。見人歲月主，保人
今日直符。故/氣邪精不得干犯，先
有居者，永避万里，若/違右約，地
府主吏自當其禍，主人內外存/亡，
悉皆安吉。急急如五帝主者女青律
令！"

著錄：《中國磚銘》圖版 1159。

1902 史氏家族墓誌磚

元至正十三年（1353）正月上旬日誌

甘肅定西縣出土。

乾刻銘文。正書，12 行，行 12 字，計 139
字。有方界格。尺寸不詳。

釋文："大元國定西州西街居付籍皮/匠戶
兼習儒□陰陽孝男史孝/恭、次男謙
良，礼文英出家道興。/一女，王宅。
史氏一家七人衆等。/故父史諱瑄，
自受之本州陰陽/教授。母姚氏，法
名妙清，雙靈右。/祖父史文，□張
氏。見在塔後，宋/簸箕掌祖墳一所，
惟有伯叔/墳墓各各另居。若不誌記，
唯恐後/代子孫興廢，離荒迷失，迁
居別/所，史公万代留傳。/至正歲在
癸巳正月上旬謹誌。"

著錄：《中國磚銘》圖版 1161。

1903 孫副使墓記磚

元（1271～1368）

1990 年內蒙古多倫縣砧子山出土。

乾刻銘文。上方橫題 3 八思巴字，下漢字
正書 3 大字，兩旁回鶻蒙文各 1 行。
34×17×5.5cm。

釋文："孫副使。"

著錄：內蒙古文物考古研究所等《元上都
城南砧子山南區墓葬發掘報告》
（《內蒙古文物考古文集》第一輯）。

1904 吳相高墓記磚

元（1271～1368）

1990 年內蒙古多倫縣砧子山出土。

乾刻銘文。正書，1 行 3 字。28×14×
5cm。

釋文："吳相高。"

著錄：內蒙古文物考古研究所等《元上都

城南砧子山南區墓葬發掘報告》
（《內蒙古文物考古文集》第一輯）。

1905 胡子通墓記磚

元（1271～1368）

1990 年內蒙古多倫縣砧子山出土。

乾刻銘文。正書，3 行，中 3 大字，兩旁
小字，計 13 字。28×14×5cm。

釋文："胡子通。/五門東街北/居住，妻
孟氏。"

著錄：內蒙古文物考古研究所等《元上都
城南砧子山南區墓葬發掘報告》
（《內蒙古文物考古文集》第一輯）。

1906 李孝□墓記磚

元（1271～1368）

1990 年內蒙古多倫縣砧子山出土。

乾刻銘文。正書，上方橫題 2 字，下存 1
行 2 字。磚下半殘缺。21×17×5cm。

釋文："祖塋/李孝"

著錄：內蒙古文物考古研究所等《元上都
城南砧子山南區墓葬發掘報告》
（《內蒙古文物考古文集》第一輯）。

1907 使同千年記下磚

元（1271～1368）

濕刻銘文。行書，存 1 行 6 字。尺寸不
詳。

釋文："使同千年記下"

著錄：《中國磚銘》圖版 1260。

1908 子字畫像磚

元（1271～1368）

1976 年廣東海康縣東里鎮淡水鄉出土，藏
海康縣博物館。

濕刻銘文。正書 1 字。畫像豎刻。23×

12.5×2cm。

釋文："子"

著錄：曹騰騑等《廣東海康元墓出土的陰
綫刻磚》（《考古學集刊》第2集，
1982年）；《廣東出土五代至清文物》
64。

附註：墓室中原有30餘塊畫像磚，出土
後部分（寅、戌、白虎等）散失，
現存29塊。畫像旁刻題名。磚上鑽
孔，便於懸掛墓室四周。

1909　丑字畫像磚

元（1271～1368）

1976年廣東海康縣東里鎮淡水鄉出土，藏
海康縣博物館。

濕刻銘文。正書1字。畫像竪刻。23×
12.5×2cm。

釋文："丑"

著錄：曹騰騑等《廣東海康元墓出土的陰
綫刻磚》（《考古學集刊》第2集，
1982年）。

附註：墓室中原有30餘塊畫像磚，出土
後部分（寅、戌、白虎等）散失，
現存29塊。畫像旁刻題名。磚上鑽
孔，便於懸掛墓室四周。

1910　卯字畫像磚

元（1271～1368）

1976年廣東海康縣東里鎮淡水鄉出土，藏
海康縣博物館。

濕刻銘文。正書1字。畫像竪刻。23×
12.5×2cm。

釋文："卯"

著錄：曹騰騑等《廣東海康元墓出土的陰
綫刻磚》（《考古學集刊》第2集，
1982年）。

附註：墓室中原有30餘塊畫像磚，出土
後部分（寅、戌、白虎等）散失，
現存29塊。畫像旁刻題名。磚上鑽
孔，便於懸掛墓室四周。

1911　辰字畫像磚

元（1271～1368）

1976年廣東海康縣東里鎮淡水鄉出土，藏
海康縣博物館。

濕刻銘文。正書1字。畫像竪刻。23×
12.5×2cm。

釋文："辰"

著錄：曹騰騑等《廣東海康元墓出土的陰
綫刻磚》（《考古學集刊》第2集，
1982年）。

附註：墓室中原有30餘塊畫像磚，出土
後部分（寅、戌、白虎等）散失，
現存29塊。畫像旁刻題名。磚上鑽
孔，便於懸掛墓室四周。

1912　巳字畫像磚

元（1271～1368）

1976年廣東海康縣東里鎮淡水鄉出土，藏
海康縣博物館。

濕刻銘文。正書1字。畫像竪刻。23×
12.5×2cm。

釋文："巳"

著錄：曹騰騑等《廣東海康元墓出土的陰
綫刻磚》（《考古學集刊》第2集，
1982年）。

附註：墓室中原有30餘塊畫像磚，出土
後部分（寅、戌、白虎等）散失，
現存29塊。畫像旁刻題名。磚上鑽
孔，便於懸掛墓室四周。

1913 午字畫像磚

元（1271~1368）

1976 年廣東海康縣東里鎮淡水鄉出土，藏
海康縣博物館。

濕刻銘文。正書 1 字。畫像豎刻。23 ×
12.5 ×2cm。

釋文："午"

著錄：曹騰騑等《廣東海康元墓出土的陰
綫刻磚》（《考古學集刊》第 2 集，
1982 年）；《廣東出土五代至清文物》
64。

附註：墓室中原有 30 餘塊畫像磚，出土
後部分（寅、戌、白虎等）散失，
現存 29 塊。畫像旁刻題名。磚上鑽
孔，便於懸掛墓室四周。

1914 未字畫像磚

元（1271~1368）

1976 年廣東海康縣東里鎮淡水鄉出土，藏
海康縣博物館。

濕刻銘文。正書 1 字。畫像豎刻。23 ×
12.5 ×2cm。

釋文："未"

著錄：曹騰騑等《廣東海康元墓出土的陰
綫刻磚》（《考古學集刊》第 2 集，
1982 年）；《廣東出土五代至清文物》
64。

附註：墓室中原有 30 餘塊畫像磚，出土
後部分（寅、戌、白虎等）散失，
現存 29 塊。畫像旁刻題名。磚上鑽
孔，便於懸掛墓室四周。

1915 申字畫像磚

元（1271~1368）

1976 年廣東海康縣東里鎮淡水鄉出土，藏
海康縣博物館。

濕刻銘文。正書 1 字。畫像豎刻。23 ×
12.5 ×2cm。

釋文："申"

著錄：曹騰騑等《廣東海康元墓出土的陰
綫刻磚》（《考古學集刊》第 2 集，
1982 年）。

附註：墓室中原有 30 餘塊畫像磚，出土
後部分（寅、戌、白虎等）散失，
現存 29 塊。畫像旁刻題名。磚上鑽
孔，便於懸掛墓室四周。

1916 酉字畫像磚

元（1271~1368）

1976 年廣東海康縣東里鎮淡水鄉出土，藏
海康縣博物館。

濕刻銘文。正書 1 字。畫像豎刻。23 ×
12.5 ×2cm。

釋文："酉"

著錄：曹騰騑等《廣東海康元墓出土的陰
綫刻磚》（《考古學集刊》第 2 集，
1982 年）。

附註：墓室中原有 30 餘塊畫像磚，出土
後部分（寅、戌、白虎等）散失，
現存 29 塊。畫像旁刻題名。磚上鑽
孔，便於懸掛墓室四周。

1917 亥字畫像磚

元（1271~1368）

1976 年廣東海康縣東里鎮淡水鄉出土，藏
海康縣博物館。

濕刻銘文。正書 1 字。畫像豎刻。23 ×
12.5 ×2cm。

釋文："亥"

著錄：曹騰騑等《廣東海康元墓出土的陰
綫刻磚》（《考古學集刊》第 2 集，
1982 年）。

附註：墓室中原有 30 餘塊畫像磚，出土
　　　後部分（寅、戌、白虎等）散失，
　　　現存 29 塊。畫像旁刻題名。磚上鑽
　　　孔，便於懸掛墓室四周。

1918　青龍畫像磚

元（1271～1368）

1976 年廣東海康縣東里鎮淡水鄉出土，藏
　　海康縣博物館。

濕刻銘文。正書 2 字。畫像橫刻。23 ×
　　12.5 ×2cm。

釋文："青龍。"

著錄：曹騰騑等《廣東海康元墓出土的陰
　　　綫刻磚》（《考古學集刊》第 2 集，
　　　1982 年）。

附註：墓室中原有 30 餘塊畫像磚，出土
　　　後部分（寅、戌、白虎等）散失，
　　　現存 29 塊。畫像旁刻題名。磚上鑽
　　　孔，便於懸掛墓室四周。

1919　朱雀畫像磚

元（1271～1368）

1976 年廣東海康縣東里鎮淡水鄉出土，藏
　　海康縣博物館。

濕刻銘文。正書 2 字。畫像豎刻。23 ×
　　12.5 ×2cm。

釋文："朱雀。"

著錄：曹騰騑等《廣東海康元墓出土的陰
　　　綫刻磚》（《考古學集刊》第 2 集，
　　　1982 年）。

附註：墓室中原有 30 餘塊畫像磚，出土
　　　後部分（寅、戌、白虎等）散失，
　　　現存 29 塊。畫像旁刻題名。磚上鑽
　　　孔，便於懸掛墓室四周。

1920　玄武畫像磚

元（1271～1368）

1976 年廣東海康縣東里鎮淡水鄉出土，藏
　　海康縣博物館。

濕刻銘文。正書 2 字。畫像豎刻。磚下半
　　殘缺。23（整）×12.5 ×2cm。

釋文："玄武。"

著錄：曹騰騑等《廣東海康元墓出土的陰
　　　綫刻磚》（《考古學集刊》第 2 集，
　　　1982 年）。

附註：墓室中原有 30 餘塊畫像磚，出土
　　　後部分（寅、戌、白虎等）散失，
　　　現存 29 塊。畫像旁刻題名。磚上鑽
　　　孔，便於懸掛墓室四周。

1921　勾陳畫像磚

元（1271～1368）

1976 年廣東海康縣東里鎮淡水鄉出土，藏
　　海康縣博物館。

濕刻銘文。正書 2 字。畫像橫刻。23 ×
　　12.5 ×2cm。

釋文："勾陳。"

著錄：曹騰騑等《廣東海康元墓出土的陰
　　　綫刻磚》（《考古學集刊》第 2 集，
　　　1982 年）。

附註：墓室中原有 30 餘塊畫像磚，出土
　　　後部分（寅、戌、白虎等）散失，
　　　現存 29 塊。畫像旁刻題名。磚上鑽
　　　孔，便於懸掛墓室四周。

1922　地軸畫像磚

元（1271～1368）

1976 年廣東海康縣東里鎮淡水鄉出土，藏
　　海康縣博物館。

濕刻銘文。正書 2 字。畫像橫刻。23 ×
　　12.5 ×2cm。

釋文："地軸。"

著錄：曹騰騑等《廣東海康元墓出土的陰緩刻磚》（《考古學集刊》第 2 集，1982 年）。

附註：墓室中原有 30 餘塊畫像磚，出土後部分（寅、戌、白虎等）散失，現存 29 塊。畫像旁刻題名。磚上鑽孔，便於懸掛墓室四周。

1923　金雞畫像磚

元（1271~1368）

1976 年廣東海康縣東里鎮淡水鄉出土，藏海康縣博物館。

濕刻銘文。正書 2 字。畫像豎刻。23×12.5×2cm。

釋文："金雞。"

著錄：曹騰騑等《廣東海康元墓出土的陰緩刻磚》（《考古學集刊》第 2 集，1982 年）。

附註：墓室中原有 30 餘塊畫像磚，出土後部分（寅、戌、白虎等）散失，現存 29 塊。畫像旁刻題名。磚上鑽孔，便於懸掛墓室四周。

1924　玉犬畫像磚

元（1271~1368）

1976 年廣東海康縣東里鎮淡水鄉出土，藏海康縣博物館。

濕刻銘文。正書 2 字。畫像豎刻。磚下半殘缺。23（整）×12.5×2cm。

釋文："玉犬。"

著錄：曹騰騑等《廣東海康元墓出土的陰緩刻磚》（《考古學集刊》第 2 集，1982 年）。

附註：墓室中原有 30 餘塊畫像磚，出土後部分（寅、戌、白虎等）散失，

現存 29 塊。畫像旁刻題名。磚上鑽孔，便於懸掛墓室四周。

1925　墓門判官畫像磚

元（1271~1368）

1976 年廣東海康縣東里鎮淡水鄉出土，藏海康縣博物館。

濕刻銘文。正書，1 行 4 字。畫像豎刻。23×12.5×2cm。

釋文："墓門判官。"

著錄：曹騰騑等《廣東海康元墓出土的陰緩刻磚》（《考古學集刊》第 2 集，1982 年）；《廣東出土五代至清文物》64。

附註：墓室中原有 30 餘塊畫像磚，出土後部分（寅、戌、白虎等）散失，現存 29 塊。畫像旁刻題名。磚上鑽孔，便於懸掛墓室四周。

1926　張堅固畫像磚

元（1271~1368）

1976 年廣東海康縣東里鎮淡水鄉出土，藏海康縣博物館。

濕刻銘文。正書，1 行 3 字。畫像豎刻。23×12.5×2cm。

釋文："張堅固。"

著錄：曹騰騑等《廣東海康元墓出土的陰緩刻磚》（《考古學集刊》第 2 集，1982 年）。

附註：墓室中原有 30 餘塊畫像磚，出土後部分（寅、戌、白虎等）散失，現存 29 塊。畫像旁刻題名。磚上鑽孔，便於懸掛墓室四周。

1927　覆聽畫像磚

元（1271~1368）

1976 年廣東海康縣東里鎮淡水鄉出土，藏
海康縣博物館。

濕刻銘文。正書，1 行 2 字。畫像豎刻。
23×12.5×2cm。

釋文："覆聽。"

著錄：曹騰騑等《廣東海康元墓出土的陰
綫刻磚》（《考古學集刊》第 2 集，
1982 年）。

附註：墓室中原有 30 餘塊畫像磚，出土
後部分（寅、戌、白虎等）散失，
現存 29 塊。畫像旁刻題名。磚上鑽
孔，便於懸掛墓室四周。

1928　蒿里父老畫像磚

元（1271～1368）

1976 年廣東海康縣東里鎮淡水鄉出土，藏
海康縣博物館。

濕刻銘文。正書，1 行 4 字。畫像豎刻。
23×12.5×2cm。

釋文："蒿理（里）父老。"

著錄：曹騰騑等《廣東海康元墓出土的陰
綫刻磚》（《考古學集刊》第 2 集，
1982 年）。

附註：墓室中原有 30 餘塊畫像磚，出土
後部分（寅、戌、白虎等）散失，
現存 29 塊。畫像旁刻題名。磚上鑽
孔，便於懸掛墓室四周。

1929　左屈客畫像磚

元（1271～1368）

1976 年廣東海康縣東里鎮淡水鄉出土，藏
海康縣博物館。

濕刻銘文。正書，1 行 3 字。畫像豎刻。
23×12.5×2cm。

釋文："左屈客。"

著錄：曹騰騑等《廣東海康元墓出土的陰

綫刻磚》（《考古學集刊》第 2 集，
1982 年）；《廣東出土五代至清文物》
64。

附註：墓室中原有 30 餘塊畫像磚，出土
後部分（寅、戌、白虎等）散失，
現存 29 塊。畫像旁刻題名。磚上鑽
孔，便於懸掛墓室四周。

1930　右屈客畫像磚

元（1271～1368）

1976 年廣東海康縣東里鎮淡水鄉出土，藏
海康縣博物館。

濕刻銘文。正書，1 行 3 字。畫像豎刻。
23×12.5×2cm。

釋文："右屈客。"

著錄：曹騰騑等《廣東海康元墓出土的陰
綫刻磚》（《考古學集刊》第 2 集，
1982 年）；《廣東出土五代至清文物》
64。

附註：墓室中原有 30 餘塊畫像磚，出土
後部分（寅、戌、白虎等）散失，
現存 29 塊。畫像旁刻題名。磚上鑽
孔，便於懸掛墓室四周。

1931　東叫畫像磚

元（1271～1368）

1976 年廣東海康縣東里鎮淡水鄉出土，藏
海康縣博物館。

濕刻銘文。正書，1 行 2 字。畫像豎刻。
23×12.5×2cm。

釋文："東叫。"

著錄：曹騰騑等《廣東海康元墓出土的陰
綫刻磚》（《考古學集刊》第 2 集，
1982 年）。

附註：墓室中原有 30 餘塊畫像磚，出土
後部分（寅、戌、白虎等）散失，

現存 29 塊。畫像旁刻題名。磚上鑽
孔，便於懸掛墓室四周。

1932　西應畫像磚

元（1271～1368）

1976 年廣東海康縣東里鎮淡水鄉出土，藏
海康縣博物館。

濕刻銘文。正書，1 行 2 字。畫像豎刻。
23×12.5×2cm。

釋文："西應。"

著錄：曹騰騑等《廣東海康元墓出土的陰
綫刻磚》（《考古學集刊》第 2 集，
1982 年）；《廣東出土五代至清文物》
64。

附註：墓室中原有 30 餘塊畫像磚，出土
後部分（寅、戌、白虎等）散失，
現存 29 塊。畫像旁刻題名。磚上鑽
孔，便於懸掛墓室四周。

1933　喚婢畫像磚

元（1271～1368）

1976 年廣東海康縣東里鎮淡水鄉出土，藏
海康縣博物館。

濕刻銘文。正書，1 行 2 字。畫像豎刻。
23×12.5×2cm。

釋文："喚婢。"

著錄：曹騰騑等《廣東海康元墓出土的陰
綫刻磚》（《考古學集刊》第 2 集，
1982 年）。

附註：墓室中原有 30 餘塊畫像磚，出土
後部分（寅、戌、白虎等）散失，
現存 29 塊。畫像旁刻題名。磚上鑽
孔，便於懸掛墓室四周。

1934　川山畫像磚

元（1271～1368）

1976 年廣東海康縣東里鎮淡水鄉出土，藏
海康縣博物館。

濕刻銘文。正書，1 行 2 字。畫像豎刻。
23×12.5×2cm。

釋文："川山。"

著錄：曹騰騑等《廣東海康元墓出土的陰
綫刻磚》（《考古學集刊》第 2 集，
1982 年）。

附註：墓室中原有 30 餘塊畫像磚，出土
後部分（寅、戌、白虎等）散失，
現存 29 塊。畫像旁刻題名。磚上鑽
孔，便於懸掛墓室四周。

1935　伏尸畫像磚

元（1271～1368）

1976 年廣東海康縣東里鎮淡水鄉出土，藏
海康縣博物館。

濕刻銘文。正書，1 行 2 字。畫像橫刻。
23×12.5×2cm。

釋文："伏尸。"

著錄：曹騰騑等《廣東海康元墓出土的陰
綫刻磚》（《考古學集刊》第 2 集，
1982 年）；《廣東出土五代至清文物》
64。

附註：墓室中原有 30 餘塊畫像磚，出土
後部分（寅、戌、白虎等）散失，
現存 29 塊。畫像旁刻題名。磚上鑽
孔，便於懸掛墓室四周。

明

1936　洪武七年題記磚

明洪武七年（1374）造

乾刻銘文。行書，3 行，行 7 至 12 字不
等，計 28 字。38×10cm。

釋文："淮安府海州提調判官劉子□、／司

吏徐府（?）、作匠朱直山。/洪武七
年月日造。"

附註：或為範磚。

1937 洪武八年造磚

明洪武八年（1375）造

廣東出土。

濕刻銘文。行書，1 行 5 字。刻於磚側。
37.7×5.6cm。

釋文："洪武八年造。"

1938 李瑛為母王妙安買地券磚

白彥奇書

明洪武三十年（1397）四月十五日

1993 年安徽滁州珠龍鄉南小莊出土。

乾刻銘文。正書，14 行，行 15 字左右，
計 212 字。尺寸不詳。

釋文："隴西郡李氏，祖貫滁州三□鄉。
河北保任/中軍□部督府僉事驃騎將
軍李瑛/故母夫人王氏妙安，祔葬于
祖塋之左。請/術士白彥奇，發山川
毓秀，坤位□靈，運以/震山胎伏，
坎山入坐，丙午揖潮，六秀案拱，/
八□陰護，气脉同宗，回龍□祖
□□□□/安厝。東至甲乙青龍，西
至庚辛白虎，/南至丙丁朱雀，北至
壬癸玄武，中宮戊己/坤□□□祭聞
五土，立券千載，□盟塚壙，/衛安
□魄，吉氣福蔭後人，券吉著臂坤
（?）德。/顯妣王氏夫人執券，永兹
冥格。/天運洪武三十年歲次丁丑四
月望日，驃騎將軍孝男李瑛券。/陰
陽地理仙師郭景純盟，/承教地理術
士白彥奇書。"

著錄：朱振文、夏天霞《安徽滁州市南小
莊發現明墓》（《考古》1996 年 11

1939 陶時買地券磚

期）。

明正統九年（1444）十二月十六日葬

1988 年安徽合肥市桐城路出土。

乾刻銘文。正書，兩面刻，正面 20 行，
行字不等，計 404 字，額橫題 4 字；
背面道教咒語 8 行，行 8 字，計 64
字，後刻道教符籙。31×31cm。

釋文：正面額："陰契券文。"

正面券文："維/大明正統玖年歲次
甲子十二月初一日乙巳朔，葬日庚申
越，/直隸廬州府合肥縣在城右三廟
長寧坊居住遷啓孝陶盛，伏緣故/弟
陶時，於正統八年六月初七日吉時還
山安厝之後，累生災咎，亡魂不能安
/妥，夙夜憂思，不違所厝。遂今日
者，擇此高原，來去朝迎，地占襲
吉。地屬/本縣南鄉第一保之原，墙
為宅兆作，丁未山結穴，癸丑向□
巳，出錢採買/到墓地一方。南北長
一十二步，東西闊二十四步，東至甲
乙青龍，南極丙丁朱雀，西抵/庚辛
白虎，北拒壬癸玄武，內方勾陳，管
分四域，丘丞墓伯，封步界迷，道路
將軍，/齊整阡陌，致使千秋百載，
永無殃咎。若有干犯，並令將軍、亭
長縛付河/伯。今備牲宰酒甫、有味
香新，共為信契。財地交相，各已分
付，令工匠修/營安告，求保□吉。/
知見人歲月主，代保人今日直符。故
氣邪精，不得干恪，有此先/厝者，
永避萬里。若違此約，地府主吏自當
其禍，助葬主哀外存亡，/悉皆安吉，
急急如五帝使者女青律令！/券立兩
本：一本付后土，一本乞付墓中，令

亡弟陶時收把準備，恐有邪神野鬼忘/行爭佔，仰亡過陶時執此前赴。/大玄都省陳告付，永遠照用。今分券背上又書合同二字，令故氣伏尸永不侵爭。/張堅固、/李定度。"

後刻一大字"給"。

背面："太乙金章，神氣輝光。/六丁左侍，六甲右旁。/青龍拱衛，白虎趨鏘。/朱雀正視，玄武當堂。/蛇鼠遠跡，邪精伏藏。/亡魂安妥，子孫吉昌。/五方五土，不得飛揚。/川源吉水，永鎮山崗。"

著錄：汪煒等《安徽合肥出土的買地券述略》（《文物春秋》2005年3期）。

1940 重修鎮戎城記磚

劉彬、張純刻

明景泰二年（1451）九月一日刻

1979年發現於寧夏固原縣內城城牆壁面上，藏固原縣博物館。

乾刻銘文。正書，17行，行21至25字不等，計存327字。38×38×6cm。

釋文："維□□□□□□□初□日，忽有達賊入境，將各處人口殺死，擄去/官私頭畜家財，盡行搶掠不下万計，軍民驚散，苦不勝言，有陝西/苑馬寺長樂監監正王，為因本處民無保障申奏，/朝廷敕鎮守陝西興安使徐，左都御使陳，差委右布政使胡，/按察司僉事韓，都指揮僉事荣，平涼府太守張，/苑馬寺寺丞党，平涼衛指揮馬、甘，會同監正王，督集/各所屬官員人匠、軍民夫五千余人，於景泰二年七月二十二日興/工重行修補。掘出方磚一塊，上刻大金興定三年六月十八日巳時/地動，將鎮戎城屋宇

1941 胡義等為父胡熙買地券磚

明成化六年（1470）十二月二十七日葬。

1949年以後河南新縣出土，藏新縣文物管理委員會。

乾刻銘文。正書，17行，行20字，計290字。33×32×5cm。

釋文："維大明成化六年庚寅歲十二月甲辰朔二十七/日庚午，河南汝寧府光州光山縣安定鄉第三都/遥紫畈官堰社居祭主胡義、胡禮、胡智等，伏為/顯考封戶科給事中胡公諱熙神主奄逝，未卜安/厝，特擇本畈西岡之原，來去朝迎，地占悉吉，堪為/宅兆。先備錢綵，買到墓地一穴。南北二丈四尺，東/西二丈四尺。東至青龍，南至朱雀，西至白虎，北至/玄武。內方勾陳，管分擘四域，丘丞墓伯，封步界畔，/道路將軍，齊整阡陌，致使千年百載，永無殃咎。若/有干犯，並令將軍、亭長縛付河伯。今備牲牢、酒脯，/共為信契，財地交相，

推塌，興定四年四月二十一日，差軍民夫二万/余人興工修築，五月十五日工畢。既見古跡，可刻流傳。景泰二年/八月終工完，雖勞眾力之艱辛，永為兆民之保障。上願：/皇圖鞏固，德化万方，虜寇潛藏扵沙漠，臣民康樂扵華/夷。/國泰民安，時和歲稔，思王公惠民之心，德無酬報，刻斯/為記，千古留名。/景泰二年歲次辛未九月初一日。/陝西苑馬寺帶管黑水口總甲劉彬、張純刻。"

著錄：許成、韓兆民《寧夏固原出土明代磚刻》（《考古與文物》1982年4期）；《固原歷史文物》174。

各已分付，安厝已後，永保迪/吉。知見人歲月主，代保人今日直符。故氣邪精，/不得干恠。先有居者，永避萬里。若違此約者，/地府主吏自當其禍，助塋主裏外存亡，悉皆安吉。/急急如/五帝使者女青律令！/右契付故者封戶科給事中胡熙逝靈執照。"

著錄：《新中國出土墓誌·河南［貳］》附2(5)。

1942　張端買地券磚

明成化十八年（1482）十月十九日

北京海淀香山出土，藏北京石刻藝術博物館。

乾刻銘文。正書，19行，行23字，計387字。59×59cm。

釋文："維/大明成化十八年歲次庚寅十月丙寅朔越十九日甲申，茲緣/內官監太監近故張公諱端之靈，存日享年六十四歲，原命己亥/相，二月十一日未時受生。原籍浙（浙）江嘉興府平湖縣二十五/都生長人氏。大限扵成化十八年九月二十四日子時，在扵/內府病故。未卜塋墳，夙夜憂思，不遑所厝。今在順天府宛平縣香/山鄉，相地襲吉，謹用錢財九萬九千九百九十九貫文，在扵/后土陰官處買地一所，遷作坤山艮向，東至青龍，西至白虎，南至/朱雀，北至玄武。內方勾陳，分擘四域，丘丞墓伯，封步界畔，道/路將軍，齊整阡陌，致使千秋万載，永無殃咎。若輒干犯詞禁，/將軍、亭長者縛付河伯。今以三牲、酒禮、錢財，兼用五綵幣帛，/供為信契。然伸安葬之後，山神送喜，地域呈祥，水湧山環，遠/

佳城之鬱鬱，藏風聚氣，拱福祉以綿綿。子孫延昌盛之祐，孝/眷享康寧之福。知見人歲功曹，月主登明，代保人今日直符/太乙主領，內外存亡，悉皆安吉。故氣邪精不得忤恪。若違此/約，地府主吏自當其罪。急急如/五帝使者女青律令！券書一樣二本，後有合同。一本給付/后土陰官，一本給付亡者收執照用。"

末行大字："誥下符命，永鎮佳城。"

著錄：《新中國出土墓誌·北京》附2(5)。

附注：券原為二方，現僅存一方。

1943　王鈞妻羅氏墓誌磚

明正德六年（1511）三月二十二日葬

近年河北出土，藏河北正定縣墨香閣。

乾刻銘文。正書，13行，行14字，計158字。36×36cm。

釋文："題羅氏墓誌。/室人羅氏迺同下社義官羅顯之女，/在城社庚午科舉人王鈞之妻。生男/二：長曰孟賢，（下缺"聘"字）定庫膳生李翱女；次曰/來福，（下缺"聘"字）定府知事郝綉女。氏成化十六/年五月十二日生，正德六年正月/三十日卒，享年三十二歲。本年三月/二十二日，以文公礼葬于村西南祖/塋一里許，是日合邑士大夫會葬焉。/銘曰：嗚呼羅氏，貞靜幽閑。/三從皆侽，四德俱全。夫之顯耀，/正好福聯。奈何一疾，遽染黃泉。/□原是塋，無水淪湮。"

1944　王粲等為父王道買地券磚

明正德八年（1513）二月二十二日

江蘇徐州出土。

乾刻銘文。正書，正向、倒向間刻，15

行，行19字，計267字。尺寸不詳。

釋文："（正向）維/大明正德八年歲次癸酉二月朔越二十二辛酉/（倒向）日安葬，直隸徐州一鄉七圖祭主王粲等，伏為顯/（正向）考義官王道，享春秋五十有一。元命丙寅正月二/（倒向）十九日亥時受生，於弘治九年六月十九日終于/（正向）正寢。謹備金錢九万九千九百九十九貫文，兼五/（倒向）綵信幣，買到本州小山□□生地一穴，斬草興工/（正向）營葬。知見歲月主，代保人東王公、西王母，見人直/（倒向）符使者。其地坐申向寅，山水朝迎，龍虎拱伏，朱雀/（正向）玄武，前後收道。內方勾陳，管分掌四域，丘丞墓伯，/（倒向）封步界畔，道路將軍，齊整阡陌，万歲千秋，永徵休/（正向）吉，□有故氣邪精不得干犯，先遊地魂□從訶禁，/（倒向）將軍、亭長縛付河伯，□使存□均安，後胤榮顯，敢/（正向）□□□□儀以告。急急如五帝主者女青律令！立/（倒向）券一道，乞付墓中顯考，□□一道，永遠合同照證。"

著錄：《中國磚銘》圖版1175。

1945 李公買地券磚

明正德十一年（1516）九月二十八日

1997年北京海淀區北京理工大學出土，藏海淀區文物管理所。

乾刻銘文。正書，左行，17行，行22字，計348字。尾刻符籙。62 × 62 × 12cm。

釋文："維正德十一年歲次丙子九月己卯朔二十八日丙午，/祭官御馬監等監

太監田春、崔文，錦衣衛千戶孝弟/李瓚泊家眷等，即痛念/神宮監太監李公神主存日享年六十八歲，原命己巳相，七/月十七日辰時受生，大限扵正德十一年九月初六日午/時傾逝，當備衣冠大殮，停棺在堂，不敢久留。遂憑白鶴仙/人將己錢九萬九千九百九十九貫及五綵信幣，與東王/公、西王母買到陰地一所，坐落順天府宛平縣香山鄉小/南莊風水一穴，作酉山卯向之原。東至朱雀，南至白虎，西/至玄武，北至青龍，上至青天，下至黃泉。內方勾陳，分長四/域。當日明立地券，永為亡者安身清吉之所。萬古佳城，千/年宅兆。日聽鳳凰鳴，夜聽金雞唱。千年不改，萬年不移。如/有遠近竹木精靈、泥神石精、山魈魍魎、古墓伏屍等祟，妄/相侵占，使亡者不安，生人受害，如有事，請亡者執此地券，/上告武夷仙山，照依女青天律治罪施行。/今恐無憑，故立此地券，與亡人收執為照。証者：/出賣人東王公、西王母，評議人李定度，主盟人張堅固。"

著錄：《新中國出土墓誌・北京》附2（6）（作"李瑾"）。

1946 劉端等為劉法傳、許氏買地券磚（第一種）

明正德十二年（1517）三月七日

近年山東德州出土，濟南徐國衛藏磚。

乾刻銘文。正書，額4字橫題；券文24行，行字不等，共計440字。37.5 × 37.5cm。

釋文：額："明堂券式。"

券文："維/大明正德十二年歲次丁丑三月丙子朔越初七日壬午，立券/

安葬，宜當時良，今據／直隸德州衛
右所第四屯營見在街北居住大葬祭主
刘端等／，伏緣殞亡祖公公刘法傳、
娘娘許氏奄逝，未卜莖墳，夙夜憂
思，／不遑所厝，遂今日者，擇此高
原，來去潮迎，地占襲吉，地屬住宅
／正西落北辛處，貴地壬山丙向之原，
堪為宅兆。梯已去備錢綵／九萬九千
九百九十九貫文，買到墓地一方，南
北長二十步五／厘，東北闊二十步，
計積四百一步，共地一畝八分八厘。
東至青／龍，西至白虎，南至朱雀，
北至玄武。內方勾陳，管分擘四域，
丘承／墓伯，封步界畔，道路將軍，
齊整阡陌，致使千年百載，永無殃
咎，／若有干犯，並令將軍、亭長縛
付河伯，今備牲牢、酒脯、百味、香
新，／共為信契，財地交相，各己分
付，今工匠修營，安厝已後，永保大
吉。／知見人歲月主，代保人今日直
符。故氣邪精不得干恪，／先有居者，
永避萬里，若違此約，地府主吏自當
其禍，助／葬主裏外存亡，悉皆安吉。
急急如／五帝使者女青律令！／券立二
本，一本奉付／后土，一本乞付墓中，
今亡人刘法傳、許氏收把，準備□
身，永／遠照用，今分券背上又書合
同二字，令故氣袄尸永不侵爭。／歲
主直符戊申之神，／月主直符壬申之
神，／代保人今日直符己酉之神。／正
德十二年三月初七日，大葬祭主刘端
等□。"

附註：同時出土買地券磚一式二塊，文
　　　同。一塊左行，一塊右行，此為其中
　　　右行者。此磚拓片由濟南聚雅齋徐國
　　　衛先生提供。

348

1947　劉端等為劉法傳、許氏買地券磚(第二種)
明正德十二年（1517）三月七日
近年山東德州出土，濟南徐國衛藏磚。
乾刻銘文。正書，額 4 字橫題；券文左行
　　24 行，行字不等，共計 440 字。有界
　　格。37×37cm。
釋文：額："墓中券式。"
　　　券文："維／大明正德十二年歲次丁
丑三月丙子朔越初七日壬午，立券／
安葬，宜當時良，今據／直隸德州衛
右所第四屯營見在街北居住大葬祭主
刘端等／，伏緣殞亡祖公公刘法傳、
娘娘許氏奄逝，未卜莖墳，夙夜憂
思，／不遑所厝，遂今日者，擇此高
原，來去潮迎，地占襲吉，地屬住宅
／正西落北辛處，貴地壬山丙向之原，
堪為宅兆。梯已出備錢綵／九万九千
九百九十九貫文，買到墓田地一方，
南北長二十步／五厘，東北闊二十步，
計積四百一步，共地一畝八分八厘。
東至／青龍，西至白虎，南至朱雀，
北至玄武。內方勾陳，管分擘四（漏
刻"域"字），丘承／墓伯，封步界
畔，道路將軍，齊整阡陌，致使千年
百載，永无殃咎，／若有干犯，並令
將軍、亭長縛付河伯，今備牲牢、酒
脯、百味、香新，／共為信契，財地
交相，各己分付，今工匠修營，安厝
已後，永保大吉。／知見人歲月主，
代保人今日直符。故氣邪精不得干
恪，／先有居者，永避萬里，若違此
約，地府主吏自當其禍，助／葬主裏
外存亡，悉皆安吉。急急如／五帝使
者女青律令！／券立二本，一本奉付／
后土，一本乞付墓中，今亡人刘法
傳、許氏收把，準備□身，永遠／照

用，今分券背上又書合同二字，令故
氣袱尸永不侵爭。／歲主直符戊申之
神，／月主直符壬申之神，／代保人今
日直符己酉之神。／正德十二年三月
初七日，大蔥祭主劉端等□。"

附註：同時出土買地券磚一式二塊，文
同。一塊左行，一塊右行，此為其中
左行者。此磚拓片由濟南聚雅齋徐國
衛先生提供。

1948　張朝祖墓記磚

明正德十四年（1519）吉

2002 年陝西洛南縣麻坪鎮宋村出土，藏洛
南縣文管所。

乾刻銘文。正書，3 行，行 6 至 10 字，計
22 字。30×30cm。

釋文："明故父考張公諱朝祖墓。／正德十
四年吉，／孤男張守行□。"

1949　接聖駕磚

明正德十六年（1521）

濕刻銘文。行書，3 行，行字不等，計 18
字。尺寸不詳。

釋文："化主德諶，／正德十六年接聖駕，／
長老圓憲明女。"

著錄：《中國磚銘》圖版 1176。

1950　黃海峯買地券磚

明嘉靖二年（1523）十月十三日立

1979 年江蘇無錫西郊青山灣出土。

乾刻銘文。正書，17 行，行存 16 字，計
存 238 字。僅存上半。?×31cm。

釋文："地券。／大明國□□常州府無錫縣
在□□□□□……／□界□近故承事
郎海峯黃公□□□□……／時於正德
十六年十月三十日酉時□□……／年

五十歲海峯□□捨錢九萬九千九百
……／買到□祖崗虎牙將軍吉地一所，
坐落□……／□里土地忠安大王界內，
迁□□□□□……／於嘉靖二年十月
十三日開山□□□□……／□安葬，
大凡人處世生則□□□□□□……／
四　□　甚　分　明，山　山　皆　拱　揖
□□□□□□……／丁位，西至庚辛
位，北至壬癸□□□□□……／相公
為□李定度，主盟有□□□□□□
……／地　代　代　子　孫　興
□□□□□□□……／日　日　祥
千　年　□□□□□□□□□□……／
大明嘉靖二年十月十三日立。／下地
人白鶴仙鳥。／太上老君急急如律
令。"

著錄：《考古學集刊》第 3 集，1983 年。

1951　李忠等為父李明買地券磚

明嘉靖十二年（1533）二月十七日

1994 年河北鹽山縣鹽山鎮出土。

乾刻銘文。正書，左行，19 行，行 30 字，
計 413 字。38×37×6.5cm。

釋文：面："維／嘉靖十二年歲次癸巳二月
甲戌朔越十一日破土立券，十七日
安。／直隸河間府滄州鹽山縣礼義鄉
新民里今在本縣新街西居住／李忠等，
伏緣考親李明奄逝，未卜塋墳，夙夜
憂思，不遑所厝，遂今日／者，擇此
高原，來去朝迎，地占襲吉，地屬本
縣利方之原，堪為宅兆。□／已出備
錢綵九万九千九百九十貫文，買到墓
地一方，南北長一十三步／三分六釐，
東西闊一十二步五分，東至青龍，西
至白虎，南至朱雀，北至玄武，內／
□勾陳，管分擘四域，丘承墓伯，封

349

步界畔，道路將軍，齊整阡陌，/使千秋百載，永無殃咎，若有干犯，並令將軍、亭長縛付河伯，今備/牲牢、酒脯、美味、香新，共為信契，財地交相，各已分付，令工匠修塋，安/告已後，永保休吉。/知見人歲主癸巳、月主乙卯，代保人今日直符己巳。故氣邪/精不得干犯，先有居者，永避万里，若違此約，地府□□□□□□/助葬□，裹外存亡，悉皆安吉，急急如/五帝使者女青律令！券立二本：一本奉付/后土陰君，一本乞付墓中，今分券皆上書合同二字，令故氣伏□□□。/代保人今年直符丙辰，（今）月直符癸未，（今）日直符己巳。/付祖耶耶（爺爺）李剛，祖□□□□□。/嘉靖十二年二月十一日買地立券安塋祭主人，李忠十、李孝十、李賢十、李良十。"

側："合同"

著錄：王志斌《河北鹽山出土明代買地券》（《文物春秋》2001 年 6 期）。

附註：同時出土買地券磚兩塊，此為其中之一。兩塊磚文同，上下扣合，右側合縫處刻"合同"二字。

1952　朱怡僴墓誌磚

明嘉靖十八年（1539）十二月十九日立

1986 年湖北蘄春縣西驛出土。

乾刻銘文。正書，17 行，行 19 字左右，計 272 字。37×36cm。

釋文："明/荊國樊山五府鎮國將軍諱別號怡僴者，我/太祖高皇帝六世孫也。距生於成化丙午，薨於嘉靖丙戌，壽/春秋四十有一。丁亥歲奉殯于郡郭之右□水井。/鎮國夫人李氏，以山

川□氣渝裂，恐體魄弗安為憂，/□欲遷處，是年己亥冬十月攢發果罹蟻蝕之患，/夫人不勝悲慟，遂易棺改附西河驛廣教寺廣教/壇為真神之域，首戌趾辰。□十二月十九日申時之吉，/與繼爵故家嗣諱號東溟者□□焉。嗚呼！誌石之/作無他，蓋將為後來告也，洪□於□，元氣丕鴻，匹/休無疆，宜無□慮者，然夫人以/鎮國□后，恐序遠澤降，則誌石之作，夫人之心其為/千萬世之心矣乎！其為千萬世之心矣乎！/又從而銘曰：/鎮國之爵，帝王之後，遺德偉然，/□此正氣，□□佳城，億萬萬世。/嘉靖己亥十二月十九日之吉，夫人李氏立石。"

著錄：李從喜《湖北蘄春縣西驛明代墓葬》（《考古》1995 年 9 期）。

1953　朱東溟墓誌磚

明嘉靖十八年（1539）十二月十九日立

1986 年湖北蘄春縣西驛出土。

乾刻銘文。正書，18 行，行 19 字左右，計 265 字。37×36cm。

釋文："明/荊國樊山五府輔國將軍諱別號東溟者，已薨/鎮國將軍號怡僴之家嗣也，距生於正德乙亥，薨於/嘉靖丙申，壽廿旬有二。應□利歲擇未舉，/母夫人李氏，以寢暴之久，乃出命相地，卜日以藏。/是年己亥十二月十九日申時之吉，奉殯于西河驛/廣教寺廣教壇，附厥考怡僴之次，為千萬載尊/神之所，首戌趾辰，為塋從吉兆也。嗚呼！天道其無/知矣乎！使東溟出自帝王之后，宜其派演天潢，悠/容太平無疆之福，何

350

□□□厥美，而止于□乎，且致/乏傳，所以誌石之作，大祇推原古人告來之意于/古之下，仁人君子亦未常不同此心也。邪是為作/曠誌，/又從而銘曰：/佳城之肇，廣教之陽，□/攲東溟，/永焉斯藏。用告後來，哀哉勿傷，/綿綿千古，/地老天荒。/嘉靖己亥十二月十九日之吉夫人鄧氏立石。"

著錄：李從喜《湖北蘄春縣西驛明代墓葬》（《考古》1995 年 9 期）。

1954 柳濟民墓誌磚

（明）柳綸書並鐫

明嘉靖二十一年（1542）八月二十九日葬

1978 年河北靈壽縣木佛村出土，藏定縣文物保管所

乾刻銘文。正書，誌蓋兩面刻，一面蓋文，2 行，行 2 字。一面誌文前段。誌文共 19 行，行 16 字。共計 258 字。均 30.2×30.2×5cm。

釋文：蓋："柳公/墓誌。"

誌："王府典膳柳公，諱濟民，字惠周，靈壽人。/先考諱森，太學生。母劉氏。公讀父書，充/儒學弟子員，继為趙王府典膳官。公性/稟和厚，事尚簡朴，為鄉里重慕。娶李氏，/本邑李端女也。生子四：長性堅，娶郝氏；/次性固，邑庠生，娶鄭氏；次性實，娶苗氏；/性強，娶羅氏，各務耕讀。女二：長配鄭梧；/次配彭世麟，充府掾。孫男有五，孫女有/二。同母弟二：曰惠民、字民。姪男四：曰經，/曰給，曰性智，性賢。姪女二也。公生於成/化十一年九月二十四日，至嘉靖二十一/年六月二

十四日，以正終扵家。通計享/年六十有八。擇本年八月二十九日，/禮/葬扵縣東南八里本鄉地，地名木甫村/北一里祖塋，為此以紀其巔末云。/甞/明嘉靖二十一年歲在壬寅秋八月十五/日。邑庠生員猶子柳綸謹書並鐫。"

著錄：《新中國出土墓誌·河北［壹］》213。

1955 張郁等布施記磚

明嘉靖二十八年（1549）四月十日立

藏中國歷史博物館。

乾刻銘文。正書，6 行，行字不等，計 32 字。23.7×23.7×3.4cm。

釋文："嘉靖二十八年四月初十日，/炉□色。/張郁布事（施）錢一百，/妻使氏，/男張的才，/王保住同修。"

著錄：《中國磚銘》圖版 1178；《中國歷史博物館藏法書大觀》卷 3/圖版 139頁。

1956 喻氏地券磚

明嘉靖三十一年（1552）十二月十二日葬

1978 年湖北鄂州市百子畈出土。

乾刻銘文。正書，左行，10 行，行 15 字左右，計 112 字。34×34cm。

釋文："大明國湖廣武昌府武昌縣市東秀衣/坊買地信女喻氏，生於乙巳年正月十九/日子時，卒於嘉靖三十年三月十六日/戌時，葬於嘉靖三十一年十二月十二/日寅時。在本縣洪道鄉寒桃村/□山保，扞作□山寅兼□艮三分□/菫。/大明嘉靖三十一年十二月十二日吉作。/孝男周志文、/周志洪。"

著錄：熊亞雲《鄂州出土墓誌、地券輯錄
　　　及討論》（《東南文化》1993 年 6
　　　期）。

1957　張荃買地券磚

明嘉靖四十四年（1565）正月二十三日

1988 年湖南芷江縣壠坪鄉七里橋村出土。

乾刻銘文。正書，正向、倒向間刻，12
　　行，計 153 字。35.5×35.5×3cm。

釋文："（正向）維湖廣都司沅洲衞中所百
　　戶張荃，誥／（倒向）封詔信授□住
　　居城內倉前舖。於弘治戊／（正向）
　　申年七月二十三日戌時受生，享年五
　　十五／（倒向）歲，歿於嘉靖壬寅歲
　　五月二十一日丑時／（正向）分，故
　　至嘉靖乙丑歲正月二十三日巳時，安
　　／（倒向）塋于城東，地各龍坪楓木
　　□者，祖畔陰／（正向）地一穴。請
　　憑術者，迁作異山乾向風水為／（倒
　　向）塋。今將四至開列于后：／（正
　　向）東至甲乙，南至丙丁，／（倒向）
　　西至庚辛，北至壬癸，／（正向）左
　　至青龍，右至白虎，／（倒向）上至
　　皇天，下至黃泉。"

著錄：芷江縣文物管理所《湖南芷江壠坪
　　　明墓清理簡報》（《考古》1992 年 3
　　　期）。

1958　林佐買地券磚

明萬曆二年（1574）五月

1995 年湖南芷江縣壠坪鄉林氏家族墓地出
　　土。

乾刻銘文。正書，兩面刻，正面正向、倒
　　向間刻，14 行，行 32 字左右，計 391
　　字。背面 2 行 25 字，中畫符籙。37×
　　34×2.2cm。

釋文：正面："天師給由陰陽地契券付故
　　考林公諱佐冥府執照。／（正向）伏
　　以上有天象，日月光明，下有地旺，
　　山水朝迎，中有戊巳，丘□和□。三
　　元鍾秀，四／（倒向）□□□。龍真
　　穴正，宜葬亡魂。今明朝湖廣都司沅
　　州衞指揮舍人，住居在城／（正向）
　　北，門威扼坊，土地分明，故林佐生
　　於乙丑七月初三日申時，歿於万曆元
　　年九月十四日戌時。／（倒向）□□
　　棺柩處命，白鶴仙人尋遇風水一穴，
　　座落土名城東楊瀘將老祖畔中，山寅
　　向，□／（正向）庚甲，三分為塋，
　　四至明白，□士條用冥錢玖万玖千玖
　　百玖十貫文，馮中□進闡□皇帝／
　　（倒向）□分明遠小大利，於甲戌年
　　於甲申日戊辰時，祿為雙朝太陽主照
　　安葬林／（正向）佐受地廳旺人財，
　　田畜子孫森□□綿□厝後甘許側迠占
　　墓山□□□□□／（倒向）□仙□□
　　林佐魂墓如有此□，仰當境土地天
　　□□郎，一並拿赴□九天太山門正地
　　／（正向）司郡都前，女天律究治施
　　行，仍屬亡人，受地管祭務□子孫須
　　□□者是□□／（倒向）□□開四□，
　　東至甲乙，南至丙丁，西至庚辛，北
　　至壬癸，上至皇天，下至后土，永遠
　　受廳。／（正向）明朝萬曆二年五月
　　日。天地開通，太陽壽吉，大開皇
　　帝。／百子千孫，万年發福。中議人，
　　中證人，交錢人，點穴人。／右契給
　　付亡人林佐。冥府執照。"

背面："明故顯考林公諱佐地契券
　　記。／明朝万曆二年仲夏月吉立券
　　誌。"

著錄：芷江縣文物管理所《湖南芷江木油

坡明墓群清理報告》（《江漢考古》
1997 年 2 期）。

1959　孫大墓鎮墓券磚

明萬曆六年（1578）十一月二十五日立

四川成都新都縣出土，現藏新都縣文管
所。

乾刻銘文。正書，額橫題左行，文左行 12
行，行字不等，共計 236 字。有界
欄。49×45×7cm。

釋文：額：“魁罡鎮墓券文。”

文：“維大明國四川成都府新都縣利
水鄉普利寺近塋奉/神立券鎮墓。亡
人孫氏大之神主，存陽命丁丑年十二
月初二日丑時，係本地/分孫宅生長
人氏，終年六十一歲，卒於萬曆伍年
四月十四日亥時，故自/亡停柩，卜
厝于萬曆六年十一月二十五日辰時，
安葬□獨曰：/普告三界，赫赫輝暘，
宝券灵文，永鎮玄堂。/白虎正西，
玄武北方，青龍東界，朱雀南方。/
五行運化，開發流祥，太上符命，祛
邪除殃。/天圓地方，律令九章，天
有九柱，地有九梁。/上覆天蓋，下
布魁罡，五行八卦，定吉中央。/太
上秘偈，鎮司幽堂，登天券式，降印
合相。/右券給付亡人孫氏大收領□
奉。/萬曆六年歲次戊寅十一月二十
五日吉時立。”

著錄：《中國磚銘》圖版 1180。

1960　李元齡為父李廷聲買地券磚

明萬曆八年（1580）十二月十九日

四川成都新都縣出土，現藏新都縣文管
所。

乾刻銘文。正書，23 行，行 18 字，計 397

字。37.5×33.5×2.4cm。

釋文：“大明國四川成都在城寓石馬巷前
正街居住/萬曆丁丑科進士原任山東
臨清州知州孝子/李元齡，奉神立券，
敬為故顯考少湖李公/諱廷聲之靈。
存陽弘治甲子相閏四月初一日/辰時
生，原係江西南昌府豐城縣歸德鄉黃
城/里八十七都辛溪地分生長人氏，
享年七十五/歲，終于萬曆七年正月
初三日丑時奄逝。龜筮/葉從，相地
襲吉，宜于成都府華陽縣慶豐里觀/
音庵後山之原，安厝宅兆。謹備冥錢
九萬九千/九百九十九貫文，兼五綵
信幣，詣/皇天后土處，買到坐子向
午墓地一穴。左至青龍，/右排白虎，
前迎朱雀，後送玄武。內方勾陳，分
擘/四域，丘丞墓伯，封部界畔，道
路將軍，齊整阡陌，/致使千秋萬載，
永無殃咎。若有干犯，並令將軍、/
亭長縛付河伯。今備牲牢、酒脯、雲
錢，共為信券，/財地交相，分付工
匠修營，至今日安厝，永保後/清吉。
知見人歲月主，代保人直符，故氣邪
精不/得忏恡，先有居者，遠避萬里，
若違此約，地府主/吏自當其禍，助
塋主內外存亡，悉皆安吉，急急如/
五帝使者女青律令！施行。/右券文
一本付給顯考李公諱廷聲正魂。准
此。/萬曆八年庚辰歲十二月十九日
甲寅子時告下。/孝子李元齡、亨齡、
貞齡，孫李鑿立券。”

著錄：《中國磚銘》圖版 1181。

附註：或為石質。

1961　工價麥四石磚

明萬曆十年（1582）二月廿二日

陝西扶風縣法門寺明真身寶塔塔磚。

濕刻銘文。行草書，4 行，行 4 至 6 字，計 19 字。約 39×34×7cm。

釋文："萬曆十年/二月廿二日/社□，托磚/萬，工價麥四石。"

著錄：淮建邦、王倉西《明代真身寶塔出土磚刻題記》（《文博》1993 年 4 期）。

附註：1981 年法門寺明磚塔坍塌，清理殘塔廢墟時，發現 40 餘塊刻字磚。該塔始建於萬曆七年，三十七年竣工，刻字磚均鐫於此期間。

1962　許潮生壙買地券磚

明萬曆十四年（1586）十月十日立

民國年間上海松江縣出土，吳縣王謇舊藏。

乾刻銘文。正書，正向、倒向間刻，13 行，行 13 字，計 169 字。有界格。25.2×24.7cm。

釋文："（正向）維大明萬曆十四年歲次丙戌十/（倒向）月初十辛未日寅時立，係直隸松/（正向）江府華亭縣白砂鄉十三保東寒/（倒向）字圩橫涇水西居住信人許潮，本/（正向）命癸卯，行年四十四歲，十一月初/（倒向）十戌時建生，年月通利，理合置造/（正向）壽基，生槨坐落祖塋之左，格作子/（倒向）山午向分金，設用金錢九萬九千/（正向）九百九十九貫九文，兼五彩礼致/（倒向）信幣，置地一穴，四域坵丞墓陌（伯），謹/（正向）肅界封，道路將軍，齊肅阡陌，若輒/（倒向）干犯，訶禁將軍河泊，今以牲牢、酒，/（正向）共為信誓，今修塋之後，永

保太平。"

附註：此為生壙地券。此碑拓片由濟南聚雅齋徐國衛先生提供。

1963　許潮妻張氏生壙買地券磚（萬曆十四年）

明萬曆十四年（1586）十月十日立

民國年間上海松江縣出土，吳縣王謇舊藏。

乾刻銘文。正書，正向、倒向間刻，13 行，行 13 字，計 169 字。有界格。25.4×24.8cm。

釋文："（正向）維大明萬曆十四年歲次丙戌十/（倒向）月初十辛未旦寅時立，係直隸松/（正向）江府華亭縣白砂鄉十三保東寒/（倒向）字圩橫涇水西居住信女張氏，本/（正向）命辛亥，行年三十六歲，四月二十/（倒向）五子時建生，年月通利，理合置造/（正向）壽基，生槨坐落祖塋之左，格作子/（倒向）山午向分金，設用金錢九萬九千/（正向）九百九十九貫九文，兼五彩礼致/（倒向）信幣，置地一穴，四域坵丞墓陌（伯），謹/（正向）肅界封，道路將軍，齊肅阡陌，若輒/（倒向）干犯，訶禁將軍河泊，今以牲牢、酒，/（正向）共為信誓，今修塋之後，永保太平。"

附註：此為生壙地券，張氏其夫姓氏據同時所刻之《許潮生壙買地券磚》補。此碑拓片由濟南聚雅齋徐國衛先生提供。

1964　徐末生墓誌磚

明萬曆二十六年（1598）正月十一日葬

1983 年廣東省海康縣雷城鎮上坡村出土，

藏海康縣博物館。

乾刻銘文。正書，8 行，行 14 字。計 108
字。28×20×5cm。

釋文："徐末生，江西南昌府靖安縣人，
生萬/曆廿一年癸巳歲閏十一月初三
卯/時，因父文溪陞任海康學，隨任
居三/年。甫四歲以痘疹卒扵廿六年
戊戌/歲正月初二子時，擇本月十一
未時/卜葬西湖塘亭後山，書此以志
不朽。/萬曆二十六年戊戌歲正月吉
旦，海/康縣學教諭父徐肯揩立。"

著錄：《廣東出土五代至清文物》81。

1965 林母楊氏墓記磚

明萬曆三十四年（1606）十月十五日

1995 年湖南芷江縣壠坪鄉林氏家族墓地出
土。

乾刻銘文。正書，3 行，行字不等，計 34
字。24×13.5×3cm。

釋文："楊渡村老祖畔申山寅向。/明故顯
妣林母楊氏之塋墓。/萬曆三十四年
十月十五日吉時。"

著錄：芷江縣文物管理所《湖南芷江木油
坡明墓群清理報告》（《江漢考古》
1997 年 2 期）。

1966 阮汝鳴墓誌磚

明萬曆三十八年（1610）十二月十四日葬

1997 年江蘇南京市江寧縣出土。

乾刻銘文。正書，12 行，行 14 字，計 156
字。29×29cm。

釋文："阮公名汝鳴，字聲甫，號于野，
係徽州/府歙縣巖鎮人也。本命生扵
嘉靖壬/子年正月二十一日辰時。家
寄湖陰，/娶妻胡氏，生子國緯。始
從國子業，出/仕光祿署丞，復遊宦

建寧府，都司經/歷，謝官回，移家
金陵。扵萬曆庚戌年/又三月初三日
申時疾故。是年十二/月十四日葬扵
江寧縣太南鄉東善/橋西山之陽，子
山午向。終年五十九/也。/萬曆三十
八年十二月十四日謹立。/男國緯、
國綉。孫男阮珠、阮珍、阮璋、阮
珹。"

著錄：南京市博物館《南京市東善橋明清
墓地發掘簡報》（《南方文物》1999
年 4 期）。

1967 許潮妻張氏生壙買地券磚（萬曆四十年）

明萬曆四十年（1612）閏十一月十六日立

民國年間上海松江縣出土，吳縣王睿舊
藏。

乾刻銘文。正書，額橫題 4 字；券文橫
題，左向、右向間刻，15 行，行 17
字，計 255 字。有界格。磚左上左下
角皆殘缺。30.8×30.4×4.5cm。

釋文：額："□壽生延。"

券文："（向右）□□□□闢，山崎
川流，二氣妙運於其間，乙/（向左）
理並行而不悖。以□陶侃牛眠山下
□□□/（向右）□□如彭祖，子孫
興旺。據直隸松江府華亭/（向左）
縣白砂鄉十三保張翁廟界往字圩居
□□/（向右）□信女楊氏，年運俱
通，理造長生不老之宮，/（向左）
今請術士相地習吉，一穴坐落往字一
百四/（向右）十四號內，田六分五
厘，甚吉。羅針格定壬山/（向左）
丙向，兼丁巳丁亥分金，立穴堪作壽
壙，的自/（向右）親手置買定奪，
亦不干侵佔他人產業。設用/（向左）
金錢五彩九萬九千九百九十貫文，買

地一／（向右）□殳，上至天，下至地。左至青龍，右至白虎，前至／（向左）朱雀，後至玄武，四至明白，如有不明，分□／（向右）□□□王母作証，如有強佔者，自張堅固、李／（向左）定度，知會人黃龍仙師，代書人白□□□□／（向右）□□□□□歲次壬子年閏十一月十六日立。"

側大字："合同"

附註：此為生壙地券。此券名稱、時間據萬曆十四年《許潮妻張氏生壙買地券磚》補。萬曆四十年閏十二月，券誤刻作閏十一月。此磚拓片由濟南聚雅齋徐國衛先生提供。

1968　王氏買地券磚

明萬曆四十四年（1616）四月四日

1968年江蘇江都丁溝出土，藏揚州博物館。

乾刻銘文。正書，左行，20行，行21字左右，可辨188字。尺寸不詳。

釋文："維／大明萬曆四十四年歲次丙辰四月庚子朔越初四日／癸卯。□揚州邗江□□□□鄉費家莊居住民人□文／良……故妻王氏，啟／柩安……去／潮□地……為宅兆／地，已出錢……買到／墓地一方，……主穴／南北長……東至青龍，西／至白虎，南至……四域，丘／承墓伯，……秋萬載，／永無殃咎，……備牲／牢、酒脯、百味、□新，……令工匠／修塋，安厝以後，永□大……／知見人歲月主，代保人……／先有居者，永避萬里……／人，內外存亡，皆安吉……／券立二本：一本奉付后土，一本乞付墓中人亡

……收／把準備付身，永遠受用。今分券□上，又書合同，□故氣伏／屍，永不侵□。"

著錄：蔣華《江都明墓出土時大彬六方紫砂壺》（《文物》1982年6期）。

1969　後學儒墓誌磚

曹履撰並書

明天啓四年（1624）十月十二日

江蘇南京市江寧縣出土。

乾刻銘文。正書，兩面刻，正面16行，行18字；背面16行，行16字，共計527字。有方界格。尺寸不詳。

釋文："明太學醇季後公墓誌銘。／憶！不才與公交也以文墨。不才鄉舉時，□□□／相□□□悉公者莫不才，若而任此片石事者／亦莫不才，若適其嗣以狀投，誼何辭。按狀，公諱／學儒，字醇季，別號驥步。其先出自後敏公，由□／士致參議，公其裔也。始□姑熟之薛鎮，歷數□至禮四公，始遷鳩茲，禮四生志高，志高生讚，讚／生珊，珊生冠，冠生錦，錦生公。公行四，生於隆慶／戊辰四月二十六日丑時。公席業饒□／□若鉛／槧，甫弱冠試，屢入院而能（？）一遇遂（？）不自□，奮然／曰：一藍袍何難□身，苟可致身何途之，拘乎貲／人成均□及闈無一效，又奮然曰：不利於□巽／狀□北，不憚跋涉，改轅南北，闈亦丙入，猶然故／□計壬子效則□一不當，傾槖乞一官，不亦□／□酬，此苦心耶。何寒疾不起，竟齎志以蚤世，則／萬曆辛亥五月初一日未時，得年四十四歲。先／□湯氏，繼胡氏，側張氏。子一光德，張氏

356

出，/娶戴氏，孫挺□、長升、大都。公豪胡人也，内/□識見，寡交遊，最厭炎趨，里中莫逆擇□/□貧有行者與焉。族兄弟亦必志合為肺/腑，君家簡局，□空□□舉兼恒，恣意□揾/，賦詩習畫，人稱三絕。云常急人之難，不悋/輸囊，有古俠烈風，不侫□今之所遊如公/昔抑亦寡□□。今其□得地于江寧之梁/塘，以天啓甲子年十月十一日亥時，請邑/中□家□□□龍入□，□山辛向，/躬安厝焉，不可□得而志之，銘曰：何心□/□，豐之有心，□若薔之，天為□□，□知吾/意，得全□昌，不於其身，□□其子，幹□孫/□。皇明天啓四年歲在甲子十月十一日，/賜進士第浙江□嚴道僉事曹履書並譔。"

著錄：《中國磚銘》圖版 1184、1185。

附註：由"得地於江寧之梁塘……安厝焉，"可知磚出今江蘇南京江寧一帶。

1970　孫尚喜等題名磚

明崇禎三年（1630）三月二十二日

1983 年河南洛陽明福藩王陵墓出土。

乾刻銘文。正書，4 行，行字不等，計 27 字。31.5×17.5×8.5cm。

釋文："大明崇禎三年三月廿二日，/福府瓦匠孫尚喜、/張嘉猷、/孫尚進、周天祿。"

著錄：洛陽文物工作隊《洛陽東花壇三座明代墓葬》（《中原文物》1984 年 3 期）。

1971　郎朝用買地券磚

明崇禎六年（1633）三月廿四日葬

1985 年安徽合肥市杏花鄉五里崗大隊望塘隊出土。

乾刻銘文。正書，12 行，行 27 字左右，尾刻 9 大字，共計 332 字。31×31×4cm。

釋文："伏以三皇五帝，八卦之宮，地理之間，物各有主。川之融結，風水之秀氣，其/生也。居之以宮，其死也。葬之以禮，不立文契，無以為憑。今據：/大明國直隸廬州府合肥縣在城左二廂布政坊居住主祭孝子郎應選/□，伏緣久故顯考郎大公，諱朝用，顯妣宋氏儒人，二位之柩，自從奄逝，未終/大葬，夙夜慢思，不遑所厝。遂今日者，擇此高原，卜到大西門外坐/□八里崗，廬州衛軍人李應華屯地崗壟一塊，正作佳城。午山子向/之原，堪為宅兆，出給錢彩九萬九千九百九十九貫文買到。/皇天后土，住下陰地一穴。其地左按青龍，右按白虎，前按朱雀，後按玄/武。內方勾陳，分掌四域，致使千秋萬載，永無殃咎。更祈亡有安穩，生者/□福，富貴綿遠，子孫興盛，人財兩旺，永保吉兆。立券二本，此一本給付/墓中，考妣魂下收執付身，永遠照用。今券後書合同二字。故氣伏尸，永不侵爭。/大明崇禎六年歲次癸酉三月廿四日安葬，立代保人今日直符天罡等神。"

尾刻大字（騎縫半字）："存一柩二□永遠吉兆。"

著錄：汪煒等《安徽合肥出土的買地券述略》（《文物春秋》2005 年 3 期）。

1972 陳宗孔買地券磚

明崇禎九年（1636）十二月一日

四川成都新都縣出土，現藏新都縣文管
所。

乾刻銘文。額正書橫題 1 行 4 字；文正
書，小字 10 行，行字不等，尾大字 1
行，共 210 字。38×30.5×3cm。

釋文：額：“永鎮幽堂。”

文：“維大明崇禎九年歲次丙子十
一月初一日辛未，至二十/六日丙申
良旦，奏/四川成都府新都縣八陣鄉
軍屯鎮下壩觀音堂住居，奉/神吉山
付券，資冥孝信，即日□□上吉/
□□后土、下皇地祇、高皇大帝御
前，但以孝信傷心，奉為/故考陳公
宗孔之神主來也，庚子相四月初一日
寅時，本居生/長人氏，於崇禎三年
八月二十一日酉時故。自亡之後，彩
（踩）踏風水，/貴地□穴，坐向辰
□□丑□三分，山水還繞，地脈清
奇，四段/扶雍。後亡□□□幸值五
音太極，八卦相生，□帛褚財付
□。/付亡考墓中，永遠執照。/右券
付給亡考真魂正魄。墓中執照。”

著錄：《中國磚銘》圖版 1186。

附註：或為石質。

1973 沈培沈莊為父沈公母葛氏買地券磚

明崇禎九年（1636）十二月庚寅日

江蘇泰州出土。

乾刻銘文。正書，左行，18 行，行 23 字
左右，計 357 字。尺寸不詳。

釋文：“伏以/大明國淮東道直隸揚州府泰
州三十五都管下白駒場/東街居住，
奉/神斬草，開山破土，立券安葬，
信士孝子沈培、沈莊泊□/眷等，即

日上千洪造所，通情旨投詞，伏為明
故先考沈/公南堂，存日陽年六十六
歲，丙寅相二月十一日辰時受生，卒
/於崇禎四年二月初十日丑時。先姚
葛氏老娘，七十二歲，甲/子二月二
十四日午時，卒于八年乙亥八月□□
日亥時，柩供在堂，/未及安厝，卜
取今年月日辰時□□未時安葬，董備
資財/□禮□□金幣錢焉□□/□府陽
元真□九壘高皇大帝未龍赤水八山
□，四向青龍、/白虎、朱雀、玄武。
內方勾陳，墓神□府，阡陌將軍，五
□五道□墓，一切神□左右，高
□□□□水秀之方，乞納留物，庶饒
之□，/伏□亡者，早得超昇，魂登
九□，山精邪□不敢欺侮，如違此
□/土府神員、守塚使者□□治之，
以祈亡魂，安定魄故，九□□/□□
眷，百子千孫，萬代榮昌，牛馬增
益，壽命延常，四時八/□，家業崢
嶸，生意盈益，百事亨通，重興
□□，吉祥如意。/崇禎九年歲次丙
子季冬□月庚寅日，孝子沈培、莊
豎。”

著錄：《中國磚銘》圖版 1187。

1974 白乃建妻郝氏壙誌磚

白乃建撰并書

明崇禎十四年（1641）十二月廿日葬

1988 年陝西清澗縣雒家坪出土，藏清澗縣
文物管理所。

乾刻銘文。正書，分刻二磚，第一塊 14
行，行 20 字；第二塊 13 行，行 20
字，共計 513 字。均 29.5×29.5×
5cm。

釋文：“明淑配郝氏壙誌銘。/今上辛未秋

七月，余受室郝氏，盖大司馬名宦公子/太孛生際雲女。母蕭金，明都督如蕙，則外祖也。時外/舅殤兩月矣。以衰而適，及時也。歸年十七，□質木，氣/若不息。外姑語余：女有痿疾，五歲不能行，父母憐之，/割烹煎和之事弗及也，而鍼黹不廢，故不善勞。然性/柔而正，芳澤不加，惡言不出口，承上御下，无所違失。/和于室人，娣姒無間言。雖婢僕食，必分甘少，雞豚无/私畜，大父稱善。余每有咎挾，必請曰：父母操下寬，君/独嚴，毋乃使人不我矣乎。余性急而佩韋者，妻助多/也。初，壬申，余遊泮，過科歲試，前列則喜，稍不如意，必/戒旦相勵。庚辰春，父病足，脫簪釧奉母，以供醫費。今/夏，母有霜露疾，夜禱以身代，此子婦大暑也。凡七舉/子女，体益贏劣矣。育者二：女一，六歲未字。子一，今年/五月生，小字吉夢，從母梦也。產後感傷寒，幾不起，与/余握手永訣，淚淫淫下，曰：吾幸有子女，死不足惜，但/丈夫有志必遂，怕不及見耳。俄汗發竟愈。兹秋，弟等/欲析箸，欷歔流涕，且曰：丈夫不有私財，而又拙于生/事，吾力不能操井臼，況三荊欢同株，何忍析乎。冬十/月，忽腹痛，不藥而殤，距生萬曆乙卯五月十日，卒崇/禎辛巳十月七日，得年僅二十七，内外親无不道其/矣。若天假之年，將終其身順舅姑，宜室家矣。崇禎十/四年十二月廿日，卜吉于縣東四里之雒家坪而葬/之。夫白乃建述其槩，書而内之壙中。銘曰：/郝也女者白也婦，生則矣而死

不朽。富貴不驕貧/則受，詎曰紅顏多不壽。有子有女為人母，負壬面/丙匭坤厚，繩繩蟄蟄裕吾後。”

著錄：《榆林碑石》134 頁；《新中國出土墓誌·陝西［壹］》277。

1975　夏允彝妻陸氏生壙買地券磚

明崇禎十六年（1643）四月十六日

1953 年上海松江縣夏允彝墓出土。

乾刻銘文。券蓋正書 5 字組成圓形；券文正書，額 1 行 5 字，正文橫題，左向、右向間刻，13 行，行 13 字，共計 180 字。尺寸不詳。

釋文：券蓋：“九十九、廿一。”

　　　券額：“早發壽魁元。”

　　　券文：“（向右）維大明崇禎拾陸年歲次癸未孟/（向左）夏月十六己卯日午時下磚，係直/（向右）隸松江府華亭縣修竹鄉四十三/（向左）保一區舊坊一圖大樹大王廟界，/（向右）言止字圩面陽居住，奉神立券，待/（向左）封陸氏，庚年三十一歲，本命癸丑/（向右）年十二月二十八日子時生，年運/（向左）通利，理宜預築長生壽域，今卜吉/（向右）地，在本保三區十三圖中在字圩號/（向左）內田，建成一穴，立亥山巳向，丁巳/（向右）丁亥分金，左青龍，右白虎，前朱雀，/（向左）后玄武，內勾陳，天星生貴子，八卦/（向右）旺兒孫，山神不可占，憑此立券文。”

著錄：朱江《四件沒有發表過的地券》（《文物》1964 年 12 期）。

附註：此為生壙地券。券蓋上刻有“九十九”和“廿一”幾個數字組成的表示

一百二十歲的祝語。

1976　告白善男信女磚

明（1368～1644）

陝西扶風縣法門寺明真身寶塔塔磚。

濕刻銘文。行書，7 行，行 8 字，計 57
字。約 39×34×7cm。

釋文："四月初八日佛會，塔/上使磚，缺
少米面、磚/灰，告白十方善男信女/
建會進香，隨心各代（帶）/布施，
多寡助緣，共成/聖事，工完之日，
勒碑/刻名，萬代留名，謹告。"

著錄：淮建邦、王倉西《明代真身寶塔出
土磚刻題記》（《文博》1993 年 4
期）。

附註：1981 年法門寺明磚塔坍塌，清理殘
塔廢墟時，發現 40 餘塊刻字磚。該
塔始建於萬曆七年，三十七年竣工，
刻字磚均鐫於此期間。

1977　捨水之人積福磚

明（1368～1644）

陝西扶風縣法門寺明真身寶塔塔磚。

濕刻銘文。行草書，4 行，行 5 至 6 字，
計 23 字。約 39×34×7cm。

釋文："捨水之人多積/福，無窮之福/也。
但捨一担之/水，積一家之福。"

著錄：淮建邦、王倉西《明代真身寶塔出
土磚刻題記》（《文博》1993 年 4
期）。

附註：1981 年法門寺明磚塔坍塌，清理殘
塔廢墟時，發現 40 餘塊刻字磚。該
塔始建於萬曆七年，三十七年竣工，
刻字磚均鐫於此期間。

1978　用心做好磚

明（1368～1644）

陝西扶風縣法門寺明真身寶塔塔磚。

濕刻銘文。行書，4 行，行 5 至 7 字，計
23 字。約 39×34×7cm。

釋文："托磚人役，必要/用心做好，如不
用/用心者，鑒察/神作□，用心。"

著錄：淮建邦、王倉西《明代真身寶塔出
土磚刻題記》（《文博》1993 年 4
期）。

附註：1981 年法門寺明磚塔坍塌，清理殘
塔廢墟時，發現 40 餘塊刻字磚。該
塔始建於萬曆七年，三十七年竣工，
刻字磚均鐫於此期間。

1979　豆子蚌磚

明（1368～1644）

陝西扶風縣法門寺明真身寶塔塔磚。

濕刻銘文。行書，1 行 4 字。僅存殘塊。
尺寸不詳。

釋文："豆子蚌崩。"

著錄：淮建邦、王倉西《明代真身寶塔出
土磚刻題記》（《文博》1993 年 4
期）。

附註：1981 年法門寺明磚塔坍塌，清理殘
塔廢墟時，發現 40 餘塊刻字磚。該
塔始建於萬曆七年，三十七年竣工，
刻字磚均鐫於此期間。

1980　身披北斗八言聯磚

明（1368～1644）

1995 年湖南芷江縣壠坪鄉林氏家族墓地出
土。

乾刻銘文。正書，8 字聯，計 16 字。27.7
×14.7×4.3cm。

釋文："身披北斗，頭戴三台，/壽山福

海，石朽人來。"

著錄：芷江縣文物管理所《湖南芷江木油
坡明墓群清理報告》（《江漢考古》
1997 年 2 期）。

1981 八卦鎮墓券磚

明（1368～1644）

乾刻銘文。正書，環刻八卦，中 1 字，兩
旁 5 字聯，計 11 字。尺寸不詳。

釋文：中："穴"

旁："九星扶地理，八卦鎮山川。"

著錄：《中國磚銘》圖版 1190。

1982 八卦鎮墓券磚

明（1368～1644）

乾刻銘文。正書，中刻道家符籙，環刻八
卦，兩旁 5 字聯，計 10 字。尺寸不
詳。

釋文："地曜産賢孫，天星生貴子。"

著錄：《中國磚銘》圖版 1191。

1983 八卦鎮墓券磚

明（1368～1644）

乾刻銘文。正書，額橫題 3 字，中刻道家
符籙，環刻八卦，兩旁 5 字聯，計 13
字。尺寸不詳。

釋文：額："鎮墓煞。"

旁："五行祥地脈，八卦鎮山川。"

著錄：《中國磚銘》圖版 1192。

1984 買地券磚

明（1368～1644）

藏中國歷史博物館。

乾刻銘文。正書，10 行，行 13 至 18 字不
等，計 157 字。28.2×27×3.4cm。

釋文："□□中托人事擇此崗原，地占襲

吉，域屬金州/門外鎮南衛劉家地，
迁作辛山乙向，堪為宅/兆。梯已出
俗錢財，買到墓地一塊。左至青/龍，
右至白虎，前至朱雀，後至玄武。丘
承墓/伯，分擘四隅，以為界畔，道
路將軍，齊整阡/陌，致使百載千年，
永無殃咎。若有干犯，/並令將軍、
亭長縛付河伯。今俗祭儀，略/為信
契，財地相交各已，分命工匠人等脩
/營，安厝之後，永保存亡貞吉。故
券。用者/地司起煞、太歲至德、猛
吏殷元帥。"

著錄：《中國歷史博物館藏法書大觀》卷
3/圖版 129 頁。

附註：按慣例券首應有買地人姓名、年款
等，疑刻於另一磚上。

1985 史瑄買地券磚

明（1368～1644）

乾刻銘文。正書，3 行，行 7、8 字，左邊
刻 2 大字，計 22 字。尺寸不詳。

釋文："合同"，"付亡人史瑄，手把准，/
永遠照用，故氣伏/屍，永不侵爭。"

著錄：《中國磚銘》圖版 1252。

1986 昶墓記磚

明（1368～1644）

乾刻銘文。正書，1 行 2 字。尺寸不詳。

釋文："昶墓。"

著錄：《中國磚銘》圖版 1256。

大　順

1987 鄧應魁及妻王氏墓誌磚

大順永昌元年（1644）十一月八日葬

1949 年後陝西咸陽出土，藏咸陽市博物

館。

乾刻銘文。正書，8 行，行 9 至 15 字不等，計 103 字。32×32×6cm。

釋文："永昌元年十一月初八日葬。/父諱應魁，號渭溪，享壽六十五歲。/生于嘉靖壬戌二月初十辰時，終于天/啓丁卯八月廿日丑時。母王氏，享壽/八十一歲，生于嘉靖甲子元月廿三/申時，終于永昌甲申九月廿六日巳時。/長子鄧准，孫林藩、莨、林豹；/次子鄧欽，孫林華、蔚、林蒼、蒽。"

著錄：《咸陽碑石》135 頁；《新中國出土墓誌·陝西［壹］》280。

清

1988　程之璋為父程衡母鄧氏買地券磚

清康熙十八年（1679）二月十九日

1998 年北京通州區永順鎮盧莊村出土，藏通州區博物館。

乾刻銘文。正書，左行，18 行，行字不等，滿行 28 字，計 401 字。44×42.5×6.5cm。

釋文："維/康熙十八年歲次己未二月丙寅朔十三日戊寅，祭主孝男程之璋，今因/先考奄逝以來，未卜造葬，今有風水喻聲看得本州北門外冰窖西張起/敬民地一方。有父在日，于康熙八年十二月十三日，同官經紀韓相用銀/二百五十兩，買為永遠給地四十畝。今內選一方，以為宅兆。擇今特來開/山、立向、立券、裁穴。本月十九日，嗚吠良辰，請/皇清誥封資政大夫顯考，諱衡，字平世，程公立祖，隨請/皇清誥封夫人顯妣鄧氏，同享

莹宅。考妣陽年俱享耄壽。此地宜坐壬山/丙向，辛亥、辛巳分金，依龍于乾脉轉子宮，卜曰：数里來龍會水潮，合連三案/喜迢迢。申子辰年生貴子，寅午戌歲着宮袍。子孫興隆千載貴，人丁茂/盛萬年高。今虔備雲馬金資，九九之數，兼五彩信帛，致祭于/皇天后土，恩賜與龍子崗中。左有青龍，右有白虎，前至朱雀，後至玄武，上指/青天，下指黃泉，中穴係程公之墓，千秋百世，永護禎祥。/知見神歲主之神，代保神功曹之神，驗地神白鶴仙人，/書契神青衣童子，左鄰人東王公，右鄰人西王母。故氣邪/精，不得干恪。里外存亡，悉皆安吉。急急如/五帝使者女青律令！券立二本：一本安立明堂，一本給付程公墓中。/安鎮祖穴，永為執照。"

著錄：《新中國出土墓誌·北京》附 2（9）。

附註：券為龜首。

1989　祖光璽買地券磚

清康熙三十年（1691）九月二十二日

北京平谷縣靠山集鄉出土，1992 年入藏平谷縣文物管理所。

乾刻銘文。分刻二磚，券身兩面刻，正書，正面，14 行，行字不等，計 187 字。有豎界欄。四周環刻 16 字；背面刻 16 字，中刻符咒。券蓋無字，刻有八卦及星象圖。均 53.5×52.5cm。

釋文：正面："維/大清康熙三十年歲次 辛 未 九月二十二日之吉。/兹為/皇清誥授資政大夫祖翁白玉諱光璽者，

自備淨錢九九之/数兼五綵信帛，於/皇天后土之前，買到龍子□陰地一方。左至青龍，右至白虎，前/至朱雀，後至玄武，上指/青天，下指黃壤，中□□□□白玉，永為陰宅。内方勾陳，分/掌四域，立□墓□□□□畔，道路將軍，齊整阡陌，/千秋萬……遠避萬里，安蟄之後，/□□□吉。……乙亥，日直符癸酉，/時直符己未，左鄰人東王公，右鄰人西王母，驗契人白鶴仙，/書契人青衣。急急如/五帝使者女青律令！"

正面右、左、上、下環刻："百子千孫，/富貴命長。/佳城永閉，/地道遐昌。"

背面符咒中刻："土公青龍，土母白虎。"兩旁刻："故氣伏屍，永不侵爭。"

附註：此磚拓片由平谷縣文物管理所提供。

1990　顧楷仁為父買地券磚

清康熙五十三年（1714）十二月二十八日1960 年前後江蘇蘇州出土。

乾刻銘文。正書，文正向、倒向間刻，17行，行 17 字，計 289 字。有方界格。尺寸不詳。

釋文："（正向）維大清康熙伍拾叁年臘月貳拾捌日，長洲/（倒向）縣鳳池鄉張明土地界中居住信官孝子顧/（正向）楷仁，植義梓材松齡為顯考誥授光禄大夫/（倒向）宗人府府丞芝巖府君，生於順治叁年陸月/（正向）貳拾捌日戌時，卒於康熙伍拾年柒月

拾□/（倒向）日未時，享年陸拾陸歲。今卜吳縣南宮鄉興/（正向）福土地界中穹隆山紫藤塢之原，謹憑白鶴/（倒向）仙師，置金錢財帛玖萬玖千玖佰玖十玖貫/（正向）文，致敬於開皇后土元君位下，買到本山。東/（倒向）至青龍，西至白虎，南至朱雀，北至玄武，上至/（正向）青天，下至黃泉，中至吉穴。内方勾陳，分掌四/（倒向）域，丘丞墓伯，謹守封界，道路將軍，齊肅阡陌。/（正向）若有干犯訶禁，將軍即付河泊。虔備牲牢、酒/（倒向）禮，共盟信誓，財地相交。謹擇康熙伍拾叁年/（正向）拾貳月貳拾捌日申時，奉柩安葬，神祇保佑，/（倒向）永錫洪庥，若違斯約，地府主吏自當厥咎，内/（正向）外存亡，永貞叶吉。急急奉太上五帝律令勅！"

著錄：《中國磚銘》圖版 1197。

1991　顧楷仁為母张氏買地券磚

清康熙五十三年（1714）十二月二十八日1960 年前後江蘇蘇州出土。

乾刻銘文。正書，文正向、倒向間刻，17行，行 17 字，計 289 字。有方界格。尺寸不詳。

釋文："（正向）維大清康熙伍拾叁年十貳月貳拾捌日，長/（倒向）洲縣鳳池鄉張明土地界中居住信宦孝子/（正向）顧楷仁，植義梓材松齡為顯妣誥封一品夫/（倒向）人张太夫人，生於順治貳年正月初肆日未/（正向）時，卒於康熙伍拾壹年肆月初柒日戌時，享/（倒向）年陸拾捌歲。今卜吳縣南宮鄉興福土地界/（正向）中

穹隆山紫藤塢之原，謹憑白鶴仙師，置金/（倒向）錢財帛玖萬玖千玖佰玖十玖貫文，致敬於/（正向）開皇后土元君位下，買到本山。東至青龍，西/（倒向）至白虎，南至朱雀，北至玄武，上止青天，下止/（正向）黃泉，中止吉穴，內方勾陳，分掌四域，丘丞墓/（倒向）伯，謹守封界，道路將軍，齊肅阡陌。若有干犯/（正向）訶禁，將軍即付河泊。虔備牲牢、酒禮，共盟信/（倒向）誓，財地相交。謹擇康熙伍拾叁年拾貳月貳/（正向）拾捌日申時，奉柩安葬，山川鍾靈，神祇保佑，/（倒向）永錫洪庥，若違斯約，地府主吏自當厥咎，內/（正向）外存亡，永貞叶吉。急急奉太上五帝律令勑！"

著錄：朱江《四件沒有發表過的地券》（《文物》1964年12期）。

1992 黃玉田等監修題記磚

清乾隆五十三年（1788）記

1988年陝西鎮安縣出土，藏鎮安縣文管所。

乾刻銘文。正書，3行，行9字，計28字。有界格。30.5×15.5cm。

釋文："乾隆三十一年七月起，/監修城人黃玉田、江南舒，/城五十三年成功為記。"

附註：監修人之"人"字右側補刻小字"城"。

1993 姚丙興墓誌磚

清乾隆五十五年（1790）四月二十二日葬

1971年陝西潼關馬寨子村出土，郭嘉義收藏。

乾刻銘文。正書，9行，行9字，計64字。有方界格。27×28cm。

釋文："皇清增廣生員諱丙興/姚公之墓。/生於雍正八年八月/十九日子時，卒於乾/隆五十五年四月二/十二日酉時，享壽六/十有一。卜葬村北新/塋，午山子向。/男鸞舞泣血識。"

著錄：《潼關碑石》49頁。

1994 匡士亮買地券磚（第一種）

清嘉慶十七年（1812）九月二十五日

1949年後北京出土，藏北京石刻藝術博物館。

乾刻銘文。正書，額橫題4字，文24行，行22字，共計466字，末行刻"符籙"。有豎界欄。51×51cm。

釋文：額："千載永吉。"

文："維大清嘉慶十七年歲次壬申九月二十五日。今據順天/府宛平縣正陽門外東北園坐西向東居住，伏緣清故顯/考諱士亮匡公，生于乾隆十五年九月二十三日亥時，卒/于嘉慶十五年九月初五日亥時。自從掩逝以來，未卜塋/地，夙夜憂思，不遑寢處。遂今日者卜此高原，來去朝迎，地/占襲吉，地屬左安門外陳寺莊西曰壬水之原，宜坐辛山/乙向，堪為宅兆。已備淨錢九萬九千九百九十九貫，兼五/彩信帛，於/皇天后土處，買到龍子崗上陰地一方，東西二十一步，南北/二十七步。左至青龍，右至白虎，前至朱雀，後至玄武，上指/青天，下指黃泉，中分吉穴，立祖昭穆，永為陰宅。內方勾陳，分/長（掌）四域，丘丞墓伯，封步界畔，道路將軍，齊整阡陌，致使千/秋百載，永無殃咎。若有干犯合禁管者，並令將軍、亭長縛/付河伯。今備珠寶、牲牢、酒脯、百味、香新，共為信契，財地交/相，各已分付。今工匠修塋，安厝已後，永保全吉。/知見人歲主太沖之神，左鄰人東王公，/月主人神后之神，右鄰人西王母，/代保人日直符從魁之神，驗地人白鶴仙，/時直符勝光之神，書契人青衣童子。/故氣邪精，不得干犯。先有居者，永避萬里。若違此約，地府/主吏自當其禍。助塟主內外存亡，悉皆安吉。急急如/五帝使者女青律令！券立二本：一本奏上/后土地祇，一本給付墓中立祖顯考諱士亮匡公隨身收執。/嘉慶十七年九月二十五日立券。"

著錄：《新中國出土墓誌·北京》附2(13)；《北京文物精粹大系·石刻卷》圖版283。

附註：同時出土買地券磚一式二塊，文同。一塊左行，一塊右行，此為右行者。

1995　匡士亮買地券磚（第二種）

清嘉慶十七年（1812）九月二十五日

1949年後北京出土，藏北京石刻藝術博物館。

乾刻銘文。正書，左行，額橫題4字，文24行，行22字，共計466字，末行刻"符籙"。有豎界欄。51×51cm。

釋文：額："穴點天然。"

文："維大清嘉慶十七年歲次壬申九月二十五日，今據順天/府宛平縣正陽門外東北園坐西向東居住，伏緣清故顯/考諱士亮匡公，生于乾隆十

五年九月二十三日亥時，卒/于嘉慶十五年九月初五日亥時。自從掩逝以來，未卜塋/地，夙夜憂思，不遑寢處。遂今日者卜此高原，來去朝迎，地/占襲吉，地屬左安門外陳寺莊西曰壬水之原，宜坐辛山/乙向，堪為宅兆。已備淨錢九萬九千九百九十九貫，兼五/彩信帛，於/皇天后土處，買到龍子岡上陰地一方，東西二十一步，南北/二十七步。左至青龍，右至白虎，前至朱雀，後至玄武，上指/青天，下指黃泉，中分吉穴，立祖昭穆，永為陰宅。內方勾陳，分/長（掌）四域，丘丞墓伯，封步界畔，道路將軍，齊整阡陌，致使千/秋百載，永無殃咎。若有干犯合禁管者，並令將軍、亭長縛/付河伯。今備珠寶、牲牢、酒脯、百味、香新，共為信契，財地交/相，各已分付。今工匠修塋，安厝已後，永保全吉。/知見人歲主太沖之神，左鄰人東王公，/月主人神后之神，右鄰人西王母，/代保人日直符從魁之神，驗地人白鶴仙，/時直符勝光之神，書契人青衣童子。/故氣邪精，不得干犯，先有居者，永避萬里。若違此約，地府/主吏自當其禍。助塟主內外存亡，悉皆安吉。急急如/五帝使者女青律令！券立二本：一本奏上/后土地祇，一本給付墓中立祖顯考諱士亮匡公隨身收執。/嘉慶十七年九月二十五日立券。"

著錄：《新中國出土墓誌·北京》附2(13)；《北京文物精粹大系·石刻卷》圖版283。

附註：同時出土買地券磚一式二塊，文

同。一塊左行，一塊右行，此為左行者。

1996　佚名氏買地券磚

清道光九年（1829）十一月二十一日立

1949 年後北京海淀區出土，藏海淀區文物管理所。

乾刻銘文。正書，存 11 行，行 15 字，計 146 字。50×50×7cm。

釋文："（上缺）陳，分長（掌）四域。坏丞墓伯，封步界畔。道路/將軍齊整。致使千秋百載，永無殃咎。若/有干犯合禁管者，並令將軍亭長付縛/河伯。今脩珠寶、牲牢、酒脯、百味、香新，共/為信。財地相交，各已分付。工匠修塋已/後，永保萬年全吉。/知見人歲主之神、月主人之神，/伏保人日直符之神、時直符之神，/左鄰人東王翁，右鄰人西王母，/驗地人白鶴仙，書契人青衣童子。/道光九年十一月二十一日未時立。"

著錄：《新中國出土墓誌·北京》附 2（14）。

附註：券文缺前半，當刻於另一磚上。

1997　趙起文移葬墓記磚

清道光十年（1830）三月六日立

1949 年後北京海淀區出土，藏海淀區文物管理所。

乾刻銘文。正書，兩面刻，正面計 42 字，中刻門樓式牌位；背面計 28 字，中刻"符籙"。50×50×7cm。

釋文：正面中："清故先考趙起文之录，八十六歲，移葬。"

　正面右："原命乙丑相，四月初八日辰時建生。"

　正面左："道光十年三月初六日申時安立。"

　背面右、左："身披北斗，頭代三台，壽山未遠，石朽人來。"

　背面下："天皇守墓，土公、土母、青龍、白虎。"

著錄：《新中國出土墓誌·北京》382；《北京文物精粹大系·石刻卷》圖版 282。

1998　張彥茂墓記磚

清光緒十三年（1887）十月二十三日立

陝西周至出土，藏西安碑林博物館。

乾刻銘文。正書，2 行，行 12 至 15 字，計 27 字。24.5×12cm。

釋文："省城盩厔縣西關外新庄村張彥茂之（漏刻"墓"字）。/光緒十三年拾月貳拾三日立。"

著錄：《新中國出土墓誌·陝西［貳］》437。

1999　世流千古磚

清（1636~1911）

藏中國歷史博物館。

乾刻銘文。正書，1 行 4 字。40.5×18.5×9.3cm。

釋文："世流千古。"

著錄：《中國歷史博物館藏法書大觀》卷 3/圖版 141 頁。

2000　宋之問登越王臺五言詩磚

（唐）宋之問撰

清（1636~1911）

民國年間廣東出土。

乾刻銘文。草書，6 行，行 11 字，計 60

字。43×24cm。

釋文："江上越王臺，登高望幾回。南/溟
天外合，北戶日邊開。/地濕煙常起，
山晴雨/半來。冬花采盧橘，夏果摘
楊/梅。跡類虞翻任，人非陸賈才。/
歸心不可見，白髮重相催。"

著錄：《中國磚銘》圖版 1281。

附註：或為清以前刻磚，刻於舊漢磚上，
原磚上印有戳印一方。是詩在流傳中
有不同版本，互有差異。

2001　許渾登越王臺七言詩磚

（唐）許渾撰

清（1636～1911）

民國年間廣東出土。

乾刻銘文。草書，6 行，行 11 字左右，計
59 字。43×25cm。

釋文："月流高岫宿雲開，萬里歸/心獨上
來。河畔雪飛揚子宅，/海邊花發越
王臺。瀧分桂嶺/魚難過，瘴近衡陽
雁卻回。/鄉信漸稀人易老，/祇應頻
向北枝梅。唐許渾。"

著錄：《中國磚銘》圖版 1283。

附註：或為清以前刻磚，刻於舊漢磚上，
原磚上濕刻有"右□勝都大"草隸 5
字。是詩在流傳中有不同版本，互有
差異。

2002　文丙羅浮山五言詩磚

（唐）文丙撰

清（1636～1911）

民國年間廣東出土。

乾刻銘文。行草書，5 行，行 9 字左右，
計 42 字。39×21cm。

釋文："羅浮多勝境，夢到固/無因。知有
長生藥，誰為/不死人。根雖盤地脉，

勢/自倚天津。未便甘休去，/須棲老
此身。文丙。"

附註：或為清以前刻磚，刻於舊漢磚上。

2003　吳隱之飲貪泉五言詩磚

（晉）吳隱之撰

清（1636～1911）

民國年間廣東出土。

乾刻銘文。行書，4 行，行 6 至 8 字，計
26 字。43×23cm。

釋文："古人云此水，一歃懷/千金。若使
夷齊/飲，終當不易心。/濮陽吳隱之
作。"

附註：或為清以前刻磚，刻於漢磚上。是
詩在流傳中有不同版本，互有差異。

2004　米壽都及妻趙氏墓鎮墓券磚

清（1636～1911）

1934 年北京海淀原燕京大學校園內出土。

乾刻銘文。正書，14 行，行 2 字。中刻八
卦及星相圖（含 32 字）。計 74 字。
61×61cm。

釋文：上方："皇清/文林/郎江/南淮/安
府/沭陽/縣知/縣米/壽都/待封/孺人
/趙氏/圖（?）書/口口"

　　　兩邊："子孫萬億傳千古，名壽祿位
口長年。"

附註：米壽都明末清初人，為明米萬鍾之
子。

2005　朱麟墓券磚

清（1636～1911）

1949 年後北京朝陽區出土，藏朝陽區文物
管理所。

乾刻銘文。中券題正書，1 行 18 字；兩邊
券聯草書 2 行，行 5 字；環題 8 字。
計 36 字。54×54×9cm。

釋文：券題："皇清誥授朝議大夫朱公麟
　　　　□□□□□之墓"
　　　券聯："似乾坤永久，／如日月長
　　　明。"

環題："穴道／退昌，／癸山／丁向。"

著錄：《新中國出土墓誌・北京》附2
　　　（15）。

徵引參考文獻

(＊ 重點徵引參考文獻)

圖 書

《金石萃編》160 卷，王昶編，清嘉慶 10 年青浦
　王昶經訓堂刻本。

《藝風堂金石文字目》18 卷，繆荃孫編，清光緒
　32 年 7 月刻本。

《藝風堂金石文字續目》5 卷，繆祿保編，傳抄
　本。

《陶齋藏石記》44 卷，端方著，商務印書館石印
　本，清宣統元年 10 月刊。

＊《陶齋藏甎記》2 卷，端方著，商務印書館石
　印本，清宣統元年 10 月刊（附於《陶齋藏石
　記》末）。

《上陶室磚瓦文攈》10 冊，高鴻裁輯，清刻、清
　拓本。

《恒農冢墓遺文》1 卷，羅振玉撰，上虞羅振玉
　永慕園石印本，民國 4 年。

＊《雪堂專錄・恒農專錄》1 卷，羅振玉撰，上
　虞羅振玉石印本，民國 6～7 年。

＊《雪堂專錄・專誌徵存》1 卷，羅振玉撰，上
　虞羅振玉石印本，民國 6～7 年。

＊《雪堂專錄・地券徵存》1 卷，羅振玉撰，上
　虞羅振玉石印本，民國 6～7 年。

＊《專門名家・廣倉專錄》3 卷，姬佛陀編，上
　海廣倉學宭影印本，民國 8 年。

＊《草隸存》，鄒安輯，上海廣倉學宭影印本，
　民國 10 年。

《循園金石文字跋尾》，范壽銘撰、顧燮光輯錄，
　石印本，民國 11 年。

《八瓊室金石補正》130 卷，陸增祥撰，吳興劉
　氏希古樓刻本，民國 14 年。

《萬里遺文目錄》10 卷、補 1 卷，羅振玉撰，東
　方學會鉛印本，民國 15 年。

《萬里遺文目錄續編》1 卷、補 1 卷，羅振玉撰，
　石印本，民國 18 年。

《江蘇金石志》，江蘇通志局編，石印本，民國
　16 年。

＊《高昌專集》（高昌第二分本），黃文弼編，
　西北科學考察團影印本，民國 20 年 5 月。

《涿縣志》，宋大章修，北平京城印書局鉛印本，
　民國 25 年。

《洛陽出土石刻時地記》，郭玉堂著，大華書報供
　應社發行，民國 30 年。

《北京大學圖書館藏金石拓片草目》，孫貫文編，
　油印本，1955 年。

＊《漢魏南北朝墓誌集釋》，趙萬里著，科學出
　版社，1956 年 1 月。

《廣州出土漢代陶屋》，廣州市文物管理委員會
　編，文物出版社，1958 年 12 月。

＊《俟堂專文雜集》，周樹人編，文物出版社，
　1960 年 3 月。

＊《六朝藝術》，姚遷、古兵編著，文物出版社，
　1981 年 5 月。

《廣州漢墓》，中國社會科學院考古研究所等編，
　文物出版社，1981 年 12 月。

《六朝墓誌檢要》，王壯弘、馬成名編纂，上海書畫出版社，1985 年 2 月。

《嘉峪關壁畫墓發掘報告》，甘肅省文物隊等編，文物出版社，1985 年 10 月。

《廣東出土晉至唐文物》，廣東省博物館、香港中文大學文物館，1985 年 12 月。

《中國美術全集·書法篆刻編 2》魏晉南北朝書法，本卷主編王靖憲，人民美術出版社，1986 年 7 月。

《洛陽古墓博物館》，洛陽古墓博物館編，朝花出版社，1987 年 3 月。

《秦代陶文》，袁仲一著，三秦出版社，1987 年 5 月。

《中國美術全集·書法篆刻編 1》商周至秦漢書法，本卷主編啟功，人民美術出版社，1987 年 12 月。

《廣東出土五代至清文物》，廣東省博物館、香港中文大學文物館，1989 年 3 月。

《西安碑林書法藝術》（西安碑林藏石細目），李域錚等編著，陝西人民美術出版社，1989 年 7 月。

* 《北京圖書館藏中國歷代石刻拓本彙編》，北京圖書館金石組編，中州古籍出版社，1989 ～1991 年。

《北京圖書館藏墓誌拓片目錄》，徐自強主編，中華書局，1990 年 3 月。

《尊古齋金石集》，黃濬編，上海古籍出版社，1990 年 6 月。

* 《中國古代磚文》，王墉、李森編著，知識出版社，1990 年 12 月。

《咸陽碑石》，張鴻傑主編，三秦出版社，1990 年 12 月。

《安康碑石》，張沛編著，三秦出版社，1991 年 5 月。

《洛陽出土歷代墓誌輯繩》，洛陽文物工作隊，文物出版社，1991 年 6 月。

《新疆維吾爾自治區博物館》，新疆博物館編，文物出版社，1991 年 12 月。

* 《隋唐五代墓誌彙編》，隋唐五代墓誌彙編編委會，天津古籍出版社，1991～1992 年。

《漢魏南北朝墓誌彙編》，趙超著，天津古籍出版社，1992 年 6 月。

* 《中國書法全集》卷 9 秦漢金文陶文，本卷主編王墉，榮寶齋，1992 年 10 月。

《唐代墓誌彙編》，周紹良、趙超主編，上海古籍出版社，1992 年 11 月。

《考古精華》，中國社會科學院考古研究所編著，科學出版社，1993 年 11 月。

《關中秦漢陶錄》（正編、補編），陳直著，天津古籍出版社，1994 年 6 月。

《內蒙古文物考古文集》，內蒙古文物考古研究所編，中國大百科全書出版社，1994 年 8 月。

* 《新中國出土墓誌·河南［壹］》，中國文物研究所、河南文物考古研究所編，文物出版社，1994 年 10 月。

《鴛鴦七誌齋藏石》，趙力光編，三秦出版社，1995 年 12 月。

《中國書法藝術·魏晉南北朝》，王靖憲編著，文物出版社，1996 年 3 月。

《漢中碑石》，陳顯遠編著，三秦出版社，1996 年 4 月。

《洛陽新獲墓誌》，李獻奇、郭引強編著，文物出版社，1996 年 10 月。

《北京大學圖書館藏歷代金石拓本菁華》，胡海帆、湯燕編，文物出版社，1998 年 4 月。

《桓台文物》，馬英慶主編，山東畫報出版社，1998 年 4 月。

《中國社會科學院考古研究所考古博物館洛陽分館》，中國社會科學院考古研究所編著，文化藝術出版社，1998 年 9 月。

* 《中國磚銘》，殷蓀編著，江蘇美術出版社，1998 年 10 月。

《南雄文物志》，南雄文物志編委會、南雄市博物館，1998 年 10 月。

《中國西南地區歷代石刻彙編》貴州卷，本卷主編潘成義，天津古籍出版社，1998 年 12 月。

《潼關碑石》，劉蘭芳、張江濤編著，三秦出版社，1999 年 1 月。

＊《北宋陝州漏澤園》，三門峽市文物工作隊編著，文物出版社，1999 年 6 月。

《耕耘論叢》（一），洛陽市文物局編，科學出版社，1999 年 10 月。

《北山談藝錄》，施蟄存著，文匯出版社，1999 年 12 月。

《中國書法藝術·秦漢》，蘇士澍編著，文物出版社，2000 年 2 月。

＊《中國歷史博物館藏法書大觀》卷 3 陶文磚文瓦文，中國歷史博物館編，上海教育出版社，2000 年 5 月。

《草原瑰寶——內蒙古文物考古精品》，上海博物館編，上海書畫出版社，2000 年 6 月。

＊《新中國出土墓誌·陝西［壹］》，中國文物研究所、陝西省古籍整理辦公室編，文物出版社，2000 年 11 月。

《北山談藝錄續編》，施蟄存著，文匯出版社，2001 年 1 月。

《中國磚瓦陶文大字典》，陳建貢編，世界圖書出版西安公司，2001 年 7 月。

《重慶庫區考古報告集 1997 卷》，重慶市文物局、重慶市移民局編，科學出版社，2001 年 11 月。

《唐代墓誌彙編續集》，周紹良、趙超主編，上海古籍出版社，2001 年 12 月。

《中國古代銘刻文物》，湖南省博物館、香港中文大學文物館，2001 年。

《吐魯番墓磚書法》，侯燦主編，重慶出版社，2002 年 5 月。

《第五屆中國書法史論國際研討會論文集》，文物出版社編，文物出版社，2002 年 8 月。

《中國巴蜀漢代畫像磚大全》，高文、王錦生編著，澳門國際港澳出版社，2002 年 9 月。

＊《新中國出土墓誌·河南［貳］》，中國文物研究所、河南文物考古研究所編，文物出版社，2002 年 12 月。

《吐魯番出土磚誌集注》侯燦、吳美琳著，巴蜀書社，2003 年 4 月。

《2003 三峽文物保護與考古學研究學術研討會論文集》，國務院三峽工程建設委員會辦公室、國家文物局編，科學出版社，2003 年 7 月。

《彭陽縣文物志》，楊寧國主編，寧夏人民出版社，2003 年 8 月。

＊《新中國出土墓誌·陝西［貳］》，中國文物研究所、陝西省古籍整理辦公室編，文物出版社，2003 年 10 月。

《古代銘刻書法》（南京博物院珍藏系列之一），徐湖平主編，天津人民美術出版社，2003 年 10 月。

＊《新中國出土墓誌·北京》，中國文物研究所、北京石刻藝術博物館編，文物出版社，2003 年 12 月。

《北京文物精粹大系·石刻卷》，《北京文物精粹大系》編委會、北京市文物局編，北京出版社，2004 年 1 月。

《秦都咸陽考古報告》，陝西省考古研究所編著，科學出版社，2004 年 3 月。

《華南考古·1》，廣東省文物考古研究所等編，文物出版社，2004 年 4 月。

《集安高句麗王陵——1990－2003 年集安高句麗王陵調查報告》，吉林省文物考古研究所、集安市博物館編著，文物出版社，2004 年 6 月。

《邙洛碑誌三百種》，趙君平編，中華書局，2004 年 7 月。

《固原歷史文物》，寧夏固原博物館編著，科學出版社，2004 年 8 月。

《廣東歷代書法圖錄》（廣東歷代書法展覽叢書之
　　一），林亞傑主編，廣東人民出版社，2004
　　年 10 月。
《新中國出土墓誌·河北〔壹〕》，中國文物研究
　　所、河北省文物研究所編，文物出版社，
　　2004 年 12 月。
《六朝風采》，南京市博物館編，文物出版社，
　　2004 年 12 月。
《新出魏晉南北朝墓誌疏証》，羅新、葉煒著，中
　　華書局，2005 年 3 月。

期　刊

＊《文物資料叢刊》，文物編輯委員會（文物出
　　版社主辦）。
《文物參考資料》，文化部文物局主辦。
《考古通訊》，考古通訊編委會，科學出版社。
＊《考古學集刊》，《考古》編輯部編。
＊《文物》，文物編輯委員會（文物出版社主
　　辦）。
＊《考古》，考古雜志社（中國社會科學院考古
　　研究所主辦）。
《考古學報》，考古雜志社（社科院考古所主
　　辦）。
《文博通訊》，江蘇省考古學會、博物館學會編。
＊《考古與文物》，考古與文物編輯部（陝西省
　　考古研究所主辦）。
＊《文博》，文博編輯部（陝西省文物局等主
　　辦）。
＊《中原文物》，中原文物編輯部（河南博物院
　　主辦）。
《華夏考古》，華夏考古編輯部（河南文物考古研
　　究所等主辦）。
《江漢考古》，江漢考古編輯部（湖北省文物考古
　　研究所主辦）。
＊《東南文化》，東南文化編輯部（南京博物院

主辦）。
《文物春秋》，文物春秋雜志社（河北省文物局主
　　辦）。
《文物季刊》，文物季刊編輯部（山西省文物局主
　　辦）。
《文物世界》，文物世界編輯部（山西省文物局主
　　辦）。
《四川文物》，四川文物編輯部（四川省文物局主
　　辦）。
《南方文物》，江西省博物館編（江西省文化廳主
　　辦）。
《北方文物》，北方文物編輯部（黑龍江省文物管
　　理局主辦）。
《新疆文物》，新疆文物編輯部（新疆維吾爾自治
　　區文化廳主辦）。
《內蒙古文物考古》，內蒙古自治區文化廳、內蒙
　　古考古博物館學會主辦。
《四川大學學報》，四川大學學報編輯部（四川大
　　學主辦）。
《河南大學學報》，河南大學學報編輯部（河南大
　　學主辦）。
《碑林集刊》，西安碑林博物館編（陝西人民出版
　　社）。
＊《書法叢刊》，文物編輯委員會（文物出版社
　　主辦）。
《中國書法》，中國書法雜志社（中國書法家協會
　　主辦）。
《中國書畫》，中國書畫編輯部（經濟日報社主
　　辦）。
《書法》，書法編輯部（上海書畫出版社主辦）。
《書法藝術》，書法藝術編輯部（無錫書法藝術專
　　科學校、江蘇省文化藝術研究所聯合主辦）。

報　紙

《中國文物報》，中國文物報社（國家文物局主
　　辦）。

中國古代刻字磚綜述

胡海帆

一、引言

　　刻字磚也稱刻劃磚，簡稱刻磚，是刻劃有文字的磚。磚上刻劃的銘文屬於磚文範疇。按傳統習慣，中國古代保存下來的銘刻資料多依銘文載體來命名和分類，比如陶文、甲骨文、金文、石刻文等，磚上的銘文稱之為磚文。

　　磚文從製作方法上來劃分，可分為範製、刻劃和書寫磚文三類。範製磚文也稱模印磚文，是製磚時在磚坯上印上文字、戳記，或用帶有文字圖案的範模翻製磚坯並經燒製後形成的磚文。範製磚文多表現為陽文；刻劃磚文是在磚坯上劃寫文字後燒製，或直接在成品磚上鑿刻形成的磚文。刻劃磚文多表現為陰文；書寫磚文則是用毛筆直接在磚面上書寫而成的磚文。

　　本文論述的對象是刻劃磚文。

　　刻劃磚文產生途徑有兩種。一種稱為濕刻，是在未乾的泥磚坯上，用竹片、木棍、髮簪等物，甚至是用手指頭劃寫出文字，待泥坯乾後再去燒製。泥坯柔軟，劃寫不受拘束，劃出的字迹有毛筆書寫的效果。從字口、及字口兩側被擠壓隆起的痕迹上，可看出筆劃的輕重緩急和先後順序，這從拓片上很容易分辨；另一種方法稱為乾刻，是在成品磚或已乾燥待燒製的磚坯上，用金屬利器鑿刻而成。鑿刻時或依事先在磚面上寫好的字迹刻就，或不打底稿，直接鑿刻。

　　鑿刻時字迹下凹，稱為陰文；反之，留下字迹，周圍鏟去，稱為陽文。顯然，陰文刻製比較容易，因而我們見到的刻字磚幾乎全是陰文。由於燒製後磚質堅硬，因此乾刻的方法與刻製的效果都與刻石相仿，以至從拓片上有時難以區分二者。

　　與另外兩種類型磚文相比，刻劃磚文既有範製磚文存世數量多、銘文不易磨滅的優勢，也具備書寫磚文保存先人手迹、反映不同時代書體變化特徵的特點，此外，與其他種類銘刻資料相比較，磚文所顯現的獨到價值，在刻劃磚文中也體現得最多。因此，我們以為有必要將刻字磚作為單獨的研究對象，做一番考察。

　　據不完全統計，自清末以來全國各地出土、發現的刻字磚已不下四千塊，其中有相當數量尚未公開發表[注1]，同時還有大批字磚雖未出土，但已經探明所在[注2]。對這樣一大批反映古代下層社會信息和民間書法的銘刻文獻，其價值應當引起人們的充分注意，研究者對於它們應該有一個全面的瞭解。

二、古代刻字磚的發展與興衰

1. 早期刻字磚

磚是古代砌牆鋪地的主要建築材料，屬陶類製品。陶器的産生在中國非常久遠，但陶製品中，磚的出現較晚，目前發現中國最早的磚是陝西扶風雲塘出土的西周殘磚[注3]，據研究，這種四角帶乳釘早期薄磚的用途是鑲嵌在土牆上，減少風雨對牆的侵蝕。

考古資料顯示，目前所知最早的磚文出現於戰國時期。1987年文物部門徵集到山東鄒城戰國時期邾國故城遺址内出土的兩塊刻字磚[注4]，字體與金文相似，經鑒定，被認為是戰國早期的刻字磚，也是迄今發現最早的刻字磚（見圖版0001–0002）。反映秦代製陶情況的《秦代陶文》一書，也披露了若干經科學發掘得到的戰國中晚期至秦王朝時期的刻字磚殘塊。

早期的磚文與同時代的陶、瓦器銘文非常相似，大多是戳印，只有少量刻劃，字數很少。因為同屬陶製品，有着淵源關係，所以研究者習慣將先秦至秦代的磚、瓦、陶器銘文統稱為陶文。早期刻劃磚文少，刻劃瓦文和陶文較多。秦都咸陽遺址和秦始皇陵範圍内有大量刻劃陶文、瓦文出土，1979年陝西臨潼縣趙背戶村發現了修築始皇陵服勞役者的墓葬，出土了十八件（十九人）帶有墓誌性質的瓦文[注5]。這些瓦文與東漢刑徒葬磚標記死者的做法非常相近。

戰國至秦代刻劃陶文的盛行，為後世刻劃磚的大量出現和發展奠定了基礎。

2. 東漢刻字磚

東漢是刻字磚發展的第一個高峰，也是刻字磚發展歷史上最鼎盛的時期。這種發展與磚的普遍使用有直接聯繫。

早在秦代，磚的生産和使用已達到一定的規模，秦都咸陽宮遺址和其他秦遺址的出土都證實了這一點，下層官吏開始用磚造墓的情況也有發現。西漢時，磚在民間開始使用，西漢中期用小條磚砌壁、用楔形磚築拱券的磚墓室已經出現。但出土資料顯示，西漢刻字磚很少。這一時期磚文亦篆亦隸，反映了秦漢之際，書體隸變的狀況。

東漢以降，社會用磚已非常普遍，使用地區也從關中擴大到中原和江南各地，伴隨産生了大量的磚刻文字。據已知資料，全國許多地區都有東漢刻字磚出土，已知數量至少在二千種左右。出土數量較多的地區有河南偃師、洛陽、安徽亳州、廣東廣州、番禺、陝西西安、咸陽等地。

東漢時期的濕刻磚文大多發現於墓室磚上，比如廿世紀五十年代在廣州多座漢墓中出土的刻字磚，七、八十年代在安徽亳州出土的數百塊曹氏宗族墓刻字磚[注6]，八十年代初在陝西咸陽秦宮殿遺址漢墓中出土的三十六塊刻字磚[注7]，九十年代在廣州番禺十餘座漢墓中出土的大批刻字磚[注8]都出自墓室。此前在清代和民國年間，已出土過為數不少的濕刻草隸磚，但是未經科學發掘，出土情況大多不明，旋出旋散。比如：端方舊藏"紀雨磚"，方若舊藏"馬君興作磚"，羅振玉舊藏"曹廷掾磚"、"萬歲磚"，鄒安舊藏"急就章磚"等。1925年西安南鄉出土濕刻草隸磚三十餘塊[注9]，其中"長安男子張磚"、"公羊傳磚"歸于右任，"謹奏再拜賀磚"、"自告無罪磚"歸段紹嘉。

這些濕刻磚文從用途上大致可分為兩類：一類是有明確刻劃目的，用於磚的製造和使用，一類是工匠製坯時隨意劃寫的"隨筆"，從數量看，後者佔相當比例。這些濕刻磚文的書體以隸書為主，草隸又居多，還有章草甚至今草和行書。

出土的東漢乾刻磚文，主要是刑徒葬磚。漢代沿襲秦制，從中原及長江中下游各郡縣徵調刑徒至都城洛陽服役，修築城郭、陵墓、宮苑和太學等，死亡的刑徒集中埋在洛陽附近，墓中放有一至若干塊刻有銘文的葬磚用以志墓。葬磚取自半塊或大半塊的建築廢磚（原整磚有多種規格，最大者長48、寬24、厚12厘米），因而大小形狀不一。刑徒磚曾分別於清末和1964年在河南偃師出土過兩批，總數多達一千多塊[注10]。近年又不斷有零星出土。刑徒磚內容涉及漢代刑徒制度、行政區劃、姓氏、習俗等多個方面，是研究漢代社會的珍貴實物資料。另外，刑徒磚在書法上也有獨到之處，磚文字體為倉促草率刻寫的隸書，筆劃方折，沒有正規隸書的波磔，字迹大小不一，看得出有些是先用朱筆書寫後再刻，有些則是直接鑿刻，部分磚文還填過朱色。磚文刻寫隨意，不拘一格，字體也帶有自然天成的情趣。

在刻字磚史上，漢代磚刻佔有極為重要的地位。東漢刻字磚繁榮發展，表現為數量多、內容豐富、書法風格多樣，是僅次於碑刻、簡牘的一大批漢代文字實物資料。這種局面的產生與以下因素密不可分，第一、磚在社會中普遍使用，是磚文發展的社會物質基礎。漢代處於封建社會發展的上升時期，社會穩定，經濟繁榮，統治階級大興土木，民間磚瓦的使用製造也很常見。厚葬之風盛行，磚墓室在墓葬中非常普遍。磚的大量生產為磚文產生創造了條件；第二，先秦以來契刻銘文的傳統習慣不僅在官方延續，在民間也得到發展；第三，漢字書體演變令磚文豐富多彩。漢代是漢字發展變化的重要時期，新書體在民間萌芽，多種書體、不同風格的文字同時在社會中使用。這種生生不息、千變萬化和繁榮發展的局面也會反映到大批出現的刻字磚文上。

3. 魏晉南北朝及高昌磚文

漢末至三國時期，社會動蕩，戰亂頻繁，天下凋蔽。為鞏固統治，讓社會休養生息，魏、晉統治者多次下令禁止厚葬、禁立碑碣。這種禁碑政策促進了地下墓誌迅速發展。社會經濟的制約促使百姓在刻製墓銘時利用成本低廉的建築磚塊。於是始自三國，墓誌早期形式之一的墓記磚開始大批出現。

墓記磚內容簡單，自題稱謂不一，曰記、銘、銘記、柩和柩銘等，最簡者只刻死者姓名。寫刻大多草率甚至拙劣，然因其價廉易得而迅速發展，還成為後世長期沿用的一種簡易墓誌形式。

東漢開始出現的磚刻買地券，在三國時期開始普遍使用，早期買地券仿刻真實的買地契約，以後逐漸發展成象徵性的並有鎮墓性質的地券。

三國時期磚刻所見不多，主要是曹魏、東吳的一些墓記磚和買地券。隸書已無漢刻的氣度，書寫刻劃拘謹粗陋。

西晉時期社會趨於安定，刻磚增加。乾刻磚文多為墓記磚和買地券，書體隸中始有楷意，刻寫大都不佳。濕刻磚中則有少量刻劃精彩的墓室磚，以安徽鳳臺出土的"周伯孫作磚"、"呂氏造磚"等為代表，其略帶隸意的草書，已開今草典雅流美風格之先河。

南渡後的東晉，經濟文化都有較大的發展。反映在喪葬方面，出土墓誌磚較多，內容和字數增加，鐫刻也精美起來。最有代表性的是廿世紀五十年代以來，南京出土的東晉豪門士族王氏、謝氏等家族及其他官宦人家的大批墓誌磚。士族豪門墓葬也採用特製的磚刻，表明當時磚誌很盛行。距南京不遠的鎮江、揚州、江寧、溧陽、安徽馬鞍山等地亦有不少墓記磚出土，證明東晉時磚誌的使用在江浙一帶相當普遍。此外，出土情況表明，為保證標誌永久無失，墓中放置不止一塊內容相似的磚誌，也是當時的風氣，最多有放置了五塊的，如馬鞍山出土的東晉"孟府君墓誌磚"。

東晉時期是漢字書體演變最明顯的時期，此時磚文書體隸楷兼有之，字體面貌豐富多彩。

南北朝時期，南北雙方各自發展，文化内涵差異很大。刻字磚文内容和字體風格亦有根本的不同。

南朝刻磚，乾刻多為墓記和地券。濕刻多為題名和標記，字體面貌上承東晉影響，呈流轉妍美嫵媚之態，是成熟的行書、草書。比如句容出土的宋元嘉十六年"城關人磚"，南京出土的梁天監年間"張承世師磚"、邗江出土的梁"一別不相見廿字詩磚"、江蘇丹陽胡橋出土安裝壁畫用的一大批齊磚等都具有代表性。

北朝刻字磚多為乾刻，主要是墓記、地券和造像磚。北朝盛行刻石，刻製墓誌的習俗風靡社會，地位顯赫者陪葬長篇巨製的石刻墓誌，文辭簡短、粗糙簡陋的墓記磚則在民間墓葬中大批使用。北朝墓記磚出土較多，主要集中在河南、河北、陝西、山西、山東一帶。在當時盛行佛教造像的風氣帶動下，造像磚也開始出現。北朝在民族融合的文化背景之下，碑刻書法呈現特有的"北碑"面貌，北朝磚文深受影響，樸拙、粗獷和剛健。此外，北朝磚文書體變化也很豐富，無論早期的"魏碑體"還是晚期受復古風氣影響出現的篆隸正書雜糅"兼書體"（見圖版 1020）在墓記磚文上都有反映，然而逐漸相似的面貌，令磚文刻寫開始趨同碑刻書法。

繼東漢刻字磚繁榮後，兩晉南北朝時期刻字磚的發展又出現新的繁榮局面，促成這種繁榮的主要原因在於：第一，魏晉南北朝是漢字書體最重要的變化時期，從隸書到正書、行書，從章草到今草都在這一時期演化、蛻變、趨於成熟，新舊書體並存，必然使磚文書體多變，風格多樣；第二，魏晉時期禁立碑刻的政策和經濟凋蔽的社會環境，促使墓誌類、地券類磚刻迅速發展，並因其價廉且適合民間需要而長期存在；第三，南北朝分而治之，各自發展。社會因素及地域、文化背景的差異使雙方刻字磚的形式和書體風格迥然不同，各有千秋。

高昌刻字磚是磚刻史上較有地域特色的一部分。地處西北邊陲的麴氏高昌國，其文化既受中原影響，又相對封閉，因而志墓的習俗、用材都形成了自己的特點。高昌墓誌磚自題為墓表，誌材為專門製作的正方磚（一般 35 至 40 厘米見方，厚 3.5 至 5 厘米）。磚文以墨書、朱書為主，間有刻劃，這些都有別於内地。磚文風格樸素，書寫遒勁，略帶隸意，與同時代中原磚文書法特徵明顯不同。此外，社會各階層都普遍使用磚誌也是不同於中原的當地習俗，推測這種習俗與當地選材的難易可能有一定的關係。高昌磚集中出土於新疆吐魯番雅爾湖、阿斯塔那、哈拉和卓等古墓區，清末以來先後出土了三百餘塊，其中刻劃磚四十塊左右。

4. 隋唐以後的磚文

隋代歷史不長，卻留下了不少墓誌類磚刻，所見大多出自北方，書法風格也與北朝有相承關係。我們還看到隋代長篇的墓誌磚日漸增多，明顯是受到刻石的影響。這種狀況一直延續到後世。

唐代是中國封建社會發展的輝煌時期，經濟、文化發展空前繁榮。此時立碑刻石之風極盛。鐫刻墓誌之多位居歷代魁首。受其影響，墓誌磚亦摹仿石誌的體例和特徵，如採用方形、刻劃界格、增加誌蓋、縮小文字、增加字數等，僅筆者所知，超過 200 字的唐磚誌出土有數十種。刻意追求的結果導致許多磚誌面貌與石誌相仿。

唐磚誌出土地遍佈大江南北，比較集中的有河南洛陽，陝西西安，還有江蘇揚州、鎮江、蘇州、丹陽等地。除磚誌外，唐磚刻還見有一些官辦窖倉銘文磚。例如解放後在洛陽含嘉倉遺址，兩次出土唐刻銘文磚，總數達到十餘塊[注11]，時間在武周時期前後，其内容記載了窖倉納谷收藏的情況，反映了唐代經濟生活中官倉制度及管理的一個側面。

刻字磚自南北朝後期開始出現了書法平庸的趨勢，至隋唐日益明顯。隋唐以後的磚文以實用磚刻為主，與社會現實生活聯繫緊密。手法上乾刻居多，書法與刻石雷同，書體風格趨於單一，以往多富變化的濕刻磚、隨筆磚已越來越少。刻劃磚文發展至此，從書法銘刻角度看，已喪失了以往的藝術個性，從一個蓬勃興旺的銘刻種類，逐漸走向衰落。

探討磚文藝術個性衰落的原委，我們以爲：首先，受到漢字發展大趨勢的影響。漢字書體楷變的演化過程到唐代已基本結束，以往演變過程中，新舊不同書體交相輝映、兼而有之、相互融合的繁榮局面逐漸被以楷書為主的一統天下所取代；其次，受社會政治的影響。秦代為鞏固中央集權推行小篆書體，以求“書同文”。同樣，唐代政府為適應大一統的封建帝國統治的需要，也將楷書作為全國統一使用的書體加以推廣，自隋唐開始設立的科舉制度對文字的要求，都大大鞏固了楷書一枝獨秀的地位；第三，受社會風氣的影響。自東晉開始，王羲之的法書受到社會的推崇，至唐代達到登峰造極的程度，帝王提倡，臣子傚法，社會流行。此後，書法唯“二王”獨尊的審美觀被確立下來，唐宋帖學的興盛，更使這種意識深入人心，世代沿襲相傳。如此尊崇提倡二王為首的士大夫書法，雖提高了書法的地位，對書法的普及和發展起到了推動作用。但也導致了人們在書體、書法風格的審美思路上比較單一，這顯然有違書法作為一門藝術，應當遵循多樣性發展的規律，明清面貌相近的館閣體書法就是這樣發展的自然結果。在上述社會環境影響下，學習書法者多按約定俗成的若干標準、社會流行的若干法帖樣本去臨習。即使在民間，也不免受到這類觀念的影響。使得以往約束較少、自由發揮的民間書法逐步喪失了自己的優勢。書法史上一度輝煌的磚文書法漸漸黯然失色。

宋代也是産生刻字磚較多的朝代。已知出土數量僅次於漢代，且使用者普遍為下層百姓。宋磚出土最多的是漏澤園墓記磚，這與宋代實行漏澤園制度有直接的關係。漏澤園是宋代官府經辦的義地，用於埋葬死後無力下葬的平民、兵士以及路斃者，也埋葬囚犯。《宋會要·食貨·恤災》記載：“漏澤園埋葬死人……破磚鑱記死人姓名鄉貫，以千字文為號。”這種義地首先設立於北宋都城附近，以後推廣至各地區。如《會稽志》就記載了當地漏澤園的情況：“漏澤園在縣南七里。初崇寧三年二月有詔，收葬枯骨，凡寺觀旅櫬二十年無親屬及死人不知姓名及乞丐或遺骸暴露者，令州縣命僧主之，擇高原不毛之土收葬，名漏澤園。周以墻柵，庇以土地所宜易生之木，人給地八尺，方塼二，刻元寄之所知月日鄉里姓名者。……”

解放以來，河南的洛陽、三門峽、滑縣、南陽、獲嘉，陝西的岐山，山西的呂梁，山東的兗州、日照，河北的磁縣，還有南方四川的郫縣、綿竹，重慶等地都有漏澤園磚出土，已知數目不下於五百塊【注12】。為瞭解宋代漏澤園制度提供了豐富的實物資料。

漏澤園制度規定以“磚鑱記”志墓，所用磚由官府配發，多為方磚（一般 30 厘米見方，厚 5 厘米）。每個墓穴一至數磚。記文常以千字文（也有按天干地支編號）“×字號”開頭。如“政和八年七月十三日。據婦人阿李狀，有夫王德，年五十三歲，於今月十二日夜三更已來亡了。切念家貧，乞情願葬漏澤園，當日付本園甲子第九十号，埋訖。”【注13】漏澤園磚行文格式、敍述繁簡，各地不一，但基本內容大致相同。可見漏澤園制度實施中，對銘文內容是有規定的。

漏澤園埋葬對象是底層的社會民衆，墓記刻字也多急就而成，銘文書法粗陋不堪，大量使用簡字、俗字。

宋代至清代的買地券磚出土較多，其中真實的買地券少，多數是象徵性的地券，是只起標明墓主身份、埋葬地點、時間及鎮墓作用的隨葬品。宋代以後，買地券的行文打破以往正向順序書寫的單一格式，發展為多種格式，並延續至清代。

五代、宋代濕刻磚中有大量刻字塔磚存世，如江浙一帶發現的五代雷峰塔磚、宋靈石寺塔磚、宋西林塔磚、宋應天佛塔磚等。造像和建塔都是佛教信徒祈求佛佑的重要方式，自南北朝以來代有相傳。與出資造像要刻寫發願文和題名一樣，塔磚上也常刻有出資人姓名和捐助數量，此外，寺院佛塔興建和宗教活動的記載也常見于塔磚刻文，這對研究寺院、地區佛教歷史往往具有重要意義。從分佈地點看，宋代濕刻磚多出自南方，不少出自廣東，有些是民國年間拆除廣州城牆時所得。

遼金元明清刻字磚品種仍以墓誌、買地券、鎮墓券及其他實用性的刻字磚為主。出土、存世都有一定數量，然而極少見於古文獻記載。我們知道，傳統金石著作不重視宋元以後的資料，對待豐碑巨制的碑刻尚且如此，又何況一般的磚刻。但如果從史料及其它角度看，這一時期的磚文並非沒有參考價值。近代以後這種情況有所轉變，記載日益增多。

宋至明清時期用於建築裝飾的磚雕流行於世。磚雕題材除人物、動物、花鳥等紋飾外，也有文字雕刻，比如對聯、榜書、牌匾及文字影壁等。磚雕文字無論表現形式還是製作手法，都與傳統意義上的刻字磚差別甚遠，是雕塑性質的刻磚。

受宋以來金石學的影響，明清又出現了具有賞玩性質的文人刻磚，如文人喜用古磚製硯，將題跋印記刻成硯銘。它們屬於特殊類型的刻字磚。

最後有必要提及清代以來的磚刻偽品。清代金石學盛行，官僚士大夫均以收藏賞玩金石為時尚，此風沿襲至民國，有利可圖致使這期間造假者甚多，偽刻、翻刻的金石大量出現。流傳的刻磚也有偽作，稀見的早期磚刻是作偽的主要對象。受此影響，磚刻贗品在金石著述中也有出現，如《專門名家》一書就收有偽刻西漢刻字磚拓片12種。

作假的手法，或篡改真實磚文的部分內容，如人名、時間等，或拼湊、杜撰內容鐫刻。如偽刻《梁寵墓銘磚》是根據同名磚改刻，僅將原磚文年號、干支加以改動，"大隋開皇十四年歲次甲寅"換為"至德二年歲次甲辰"，於是常見的隋磚就變成了稀見的南朝陳磚。然而細審之下，照搬而來的磚文"大興縣安道鄉常樂坊民梁寵銘記"（筆者案：大興縣隋開皇三年以萬年縣改名，治所在今陝西西安。）使贗品露出了破綻。此外，翻刻一些著名磚刻也是較常見的做法，如西晉"王泰墓磚"、東晉"宋鴨子磚"都見有翻刻存世。值得注意的是，近年隨著文物收藏熱的升溫，金石作假的現象再趨嚴重，新出現不少磚刻贗品，如偽刻刑徒磚、墓記磚等。所以鑒別翻刻，剔除偽刻，避免貽害，在研究工作中應予注意。

三、刻字磚的主要類型

刻字磚內容龐雜，但與碑刻相比，磚刻畢竟受到面積大小、刻字數量、刻製效果及使用習慣等多方面的局限，因而磚刻內容相對簡單，文字較少。

從內容來大致劃分，刻字磚主要有以下類型：

1. 記名、題名磚

包括因各種目的而刻劃人名、物名、機構名和地名的磚刻（不包括墓記磚）。首先，是工匠記名。例如秦代"珍字磚"、梁代"張承世師磚"、明福王墓孫尚喜等工匠題名磚等。這種習俗是從先秦留傳下來的。早期陶器、金器上多留下製造者的作坊名和工匠名，以供考課稽核。如《呂氏春秋·孟冬記》所云："物勒工名、以考其誠、工有不當、以行其罪、以窮其情。"後世的"物勒工名"除仍有標明責任意義外，應該還有借此宣揚製作者，留名百世的含義。其次，還有顯示功德的捐資、參與者題名，多見於塔磚或其他義舉的建築磚上。其製作，先在磚坯上刻下施主姓名和所捐磚塊數量，再加燒製。如宋刻"平氏一娘十塊"等。這類刻字磚往往大批量彙聚一塔。如已傾頹的上海松江西林宋塔曾流散出上百塊磚刻，江蘇紹興宋應天塔"塔壁各層內外均有大量銘文磚，鐫刻楷書"[注14]。又如浙江黃岩靈石寺宋塔中發現的六十六塊刻磚[注15]，陝西扶風法門寺明塔廢墟中發現的四十餘塊刻磚[注16]等等，其中題名磚佔有很大比例。

2. 標識磚

一般是製磚和建築工匠工作、生產時留下的記錄文字。內容包括數量、編號、尺寸、方位、次序及說明等。諸如"五十"、"百一十"、"四百廿"、"一千"、"此行調直"等磚文即屬之。晉刻"咸寧三年九月八日□□□此塼凡有三千二百"，是統計核查磚數時留下的記號。江蘇丹陽胡橋出土南朝齊畫像磚側刻有"右師子下行"、"大虎上行第二"、"稜下行第廿四"等字，南京西善橋出土南朝磚也刻有"右師子下行十六""向上行第卅一"等字，都是為拼裝分開燒製的畫像磚而刻劃的。這種性質的刻劃以漢、晉和南朝濕刻磚居多，刻劃很隨意，不加修飾，真實地反映了當時社會民間流行的字體。這類磚文一般字數較少，雷同文字多。

3. 紀年磚

用於記載造磚、造墓、造建築物或墓主死亡下葬時間，是考古發掘中斷代的重要依據。紀年磚常見於漢晉墓室磚上。紀年刻磚數量遠不如紀年範磚多，原因在於大量刻製相同年款時，刻劃顯然不如範製來得規範和美觀。紀年磚內容多寡不一，少者僅有年號，多者詳備朝代、紀年、月、日及干支，有些還加上記名、記事、吉語等，成為多重內容的紀年磚。如"咸寧四年七月呂氏造，是為晉即祚十四年事，泰歲在丙戌。"有必要指出，古代磚文中有些年號歷史上沒有，是人為杜撰的，需要綜合內容、字體風格及其他因素來判斷其真實朝代。

4. 紀事磚

用於記述各類事情，與勒碑紀事意義相同。記事磚內容豐富，具有史料價值，對了解磚刻所屬建築也往往有重要作用。這類磚文例如：漢"紀雨磚"、曹魏"陳王（曹植）陵賜休磚"、唐"含嘉倉磚"、宋"吉利橋版寮巷砌街記磚"（也有捐資題名性質）、遼"再葬舍利記磚"、元"舞廳石磚"、明"重修鎮戎城記磚"、明"告白善男信女磚"等等。

5. 墓誌（墓記、墓銘）磚

在刻字磚中，志墓類磚刻所佔比例最大，筆者所見二千種歷代刻磚中，志墓類磚刻約佔2/3。

墓誌是放在墓室中標明墓主身份的標誌物，多為石質，磚質次之。設置墓誌的做法萌芽於漢代以前，完善的墓誌制度則形成於南北朝時期。魏晉時期的禁碑，促進了墓誌的發展，戰亂和經濟凋蔽，又促使早期墓誌多以磚刻墓記、墓銘，即內容簡單、稱謂不一、形制不完備的墓誌形式出現。魏晉以後，磚刻墓記並未被石刻墓誌所取代，反因其取材容易、價格低廉，適合百姓需要而長期存在。

東漢刑徒葬磚為埋葬死亡刑徒而鐫，宋代漏澤園墓記磚則用於官府義地，它們有自己的行文格式和內容，是特定時期因特定社會人群需要而產生的墓誌類磚刻。僧人墓銘稱為塔銘，塔銘鑲嵌在死者的靈塔上或埋在靈塔下，刻有讚頌死者的銘文，與普通人的墓碑或墓誌意義相仿。塔銘多為石刻，也有少量磚刻。

6. 買地券磚、鎮墓券磚

買地券，簡稱地券，是從土地買賣契約發展而來的一種隨葬品。自漢代開始出現，直至明清，歷代沿襲。買地券有多種材質和形制。就磚買地券而言，三國吳、晉等早期地券多為長方或長條形（與鉛券相仿），唐宋以後晚期地券則方磚居多，或寫或刻。約從五代開始，其行文格式逐漸多樣，豎排、橫排、右行、左行均有，還出現正、倒向或左、右向間刻的形式（見圖版1962）。大約宋金以後出現下述形式：相同內容買地券磚一式兩塊，券文一塊左行，一塊右行，兩磚上下扣合，側騎縫處刻"合同"二字。券文稱：券立二本，一本奏上后土，一本給付墓中亡人。

買地券可分為真實的和象徵性的兩種。真實的買地券，對研究古代土地制度有一定價值，但數量較少，如東漢熹平五年"劉元臺買地券磚"、北魏太和元年"郭孟買地券磚"。數量較多的是象徵性的買地券。這種地券，除時間、死者姓名、親屬姓名及埋葬地點真實之外，其餘內容是摹仿真地券格式虛構的。比如：地券中的界至，多作"東至甲乙，西至庚辛……"或"東至青龍、西至白虎……"。用錢多作"九萬九千九百九十九貫文"，保人多作"張堅固、李定度"，知見人多作"東王公、西王母"等。象徵性的地券，還往往加入鎮墓文字，刻有道家符籙，具有鎮墓券性質，帶着很濃的道教色彩。

鎮墓券是鎮墓壓邪類銘刻，磚質較多。除刻鎮墓文字、道家符籙外，還有八卦圖案。

7. 造像磚

佛教自漢代傳入中國後，從南北朝至宋代，造像之風始終盛行。目前所見的造像磚主要有兩類：一類是單尊佛像，放在出資興造的佛弟子家中或其他地方供奉，與供奉銅、石佛像類似。另一類是佛教徒出於積功德目的，出資成批燒造模印有佛像（或塔像等）的造像磚用於建塔。磚上的發願文大多是模印的，也有少量鐫刻的，比如浙江蕭山祇園寺塔磚中所見吳越顯德五年"王林及妻何四娘造像磚"。在各類磚中，造像磚最受收藏人喜愛，近代作偽也最甚。

8. 吉語磚

內容為祝人吉祥如意、富貴發財、流芳百世的語句。如："八月大吉"、"大吉利長生"，"日入千萬"、"世流千古"等。吉語內容磚文，見於範磚多，刻磚少。

9. 隨筆磚

這類磚文以濕刻為主，早期墓室磚上尤多，如安徽亳州曹氏宗族墓磚中最為明顯。隨筆一般是製磚工匠在磚坯上隨意刻寫的文字，並無實用目的。其內容廣泛，主要包括：①摘自典籍文獻中的語句片段，如漢"急就章磚"、漢"公羊傳磚"；②民間流傳的慣用套語、典故。如宋"長江後浪推前浪磚"；③抄來或隨口吟成的詩句，如梁"一別不相見廿字詩磚"；④刻劃者的議論、想法或內心情感的抒發，如漢"為將奈何磚"、"別駕從事王左叩頭磚"；⑤練字，往往重複刻寫，正反刻寫，前言不搭後語；⑥還有一些語義不明的句子。

隨筆在磚文中佔有一定的比例，曾有研究者統計過安徽亳州曹氏宗族墓刻字磚中隨筆磚的數量，元寶坑村、董園村兩處出土刻字磚分別為 146 件和 157 件，其中隨筆磚分別為 50 件和 65 件。可見比例之高[注17]。隨筆磚文內容豐富，提供了許多別處銘文所不記載的古代社會信息。另外，這類磚文常以當時流行的通俗字體書寫，自由隨意，因而在文字演變、書法研究方面也具有一定價值，不少書法優秀的磚文，即屬此類。

四、刻字磚幾次重要的出土和研究、出版情況

1. 清末河南偃師出土東漢刑徒葬磚

清光緒末，因修建隴海鐵路，河南偃師出土了一批東漢刑徒葬磚約 300 塊，其中大部分歸晚清大臣端方。端方嗜好金石，還為所藏古物編寫了多部著述[注18]。他先後蒐集過不少磚刻，早期收藏的刻字磚約 36 種，輯入《陶齋藏石記》，後因獲得東漢刑徒磚很多，又擇較完整者編輯《陶齋藏甎記》2 卷【圖 1】。清宣統元年十月與《陶齋藏石記》合刊出版。同年，上海神州國光社《神州國光集》第七集也發表了一塊刑徒磚拓片，是《陶齋藏甎記》中收錄的熹平元年《宣曉葬磚》。

图 1　端方著《陶齋藏甎記》

《陶齋藏甎記》是歷史上第一部專門收錄刻字磚的著作，此書收磚 124 塊，其中有端方稱為"皋人葬專"的漢刑徒葬磚 113 塊，漢晉北朝墓記磚 11 塊。按年代先後排序，每一條目下詳記磚之尺寸、字徑、書體、錄文和考據。此外，廿世紀初，還有《陶齋藏甎》拓片集四函（內收刑徒磚約 260 種，其他磚數十種。）廣為出售，之中不少刑徒磚殘塊並未收入《陶齋藏甎記》。

東漢刑徒磚的出土也引起金石學、古文字學家羅振玉的重視，他曾赴端方府上觀看藏磚。又"聞初出土時，中州估人曾墨一本藏之，遣人往購，得百餘紙，為之驚喜，如獲異寶，私謂此百餘磚者，不異百餘小漢碑也。"民國四年，羅振玉"乃選擇文字尤完善者三十一紙自手勾勒（雙勾）"石印成書，取名《恒農冢墓遺文》，序言中描述了以上經過，並考證了這些"刑徒執役者之埋志"所反映的

漢朝刑律、地理和文字現象。次年，羅振玉又獲刑徒磚拓片百餘紙，合以舊藏，于民國六年刊刻《恒農專錄》。羅振玉在書序中云："浭陽端忠敏公得靈寶所出漢徒役磚誌，予既撥其殊尤，勾勒為恒農冢墓遺文，序以行之矣。明年友人自關中來，為予得徒役磚墨本百七十餘紙，紙尾皆有匋齋藏磚朱記。合以舊藏，總得陌卅有一品。取校匋齋藏磚記，則著錄者才百十有三品，其中予無墨本者廿有三，予有而磚記無者，百冊有一，延平焦石磚為江蘇徐氏藏，其他百冊品者，驗其印記固皆匋齋物也。"由此可見，清末出土的刑徒磚，羅書中已大部收錄。羅振玉著述不僅收錄全，而且糾正了《陶齋藏甎記》著錄的很多訛誤。還將端方書分散著錄的若干碎磚綴合後著錄。二書取名恒農，是因羅振玉聽信古董商人磚出自河南靈寶的話。靈寶在漢代屬弘農郡，羅振玉為避清諱（乾隆帝弘曆）改用北魏時的地名"恒農"。這批刑徒磚的真實出土地，直至解放後才查清，這將在後面敍述。

　　羅振玉還著有《磚誌徵存》，該書收錄所見漢至宋代墓記磚 81 塊，仿《陶齋藏甎記》體例編纂。其後羅振玉所著《恒農磚錄》、《磚誌徵存》、《地券徵存》、《楚州城磚錄》（範磚為主）四書彙集為一函，冠名《雪堂磚錄》【圖 2】。書中所收刻字磚是傳統金石書籍中收錄最多的，對磚文的研究在當時也是最爲深入的。

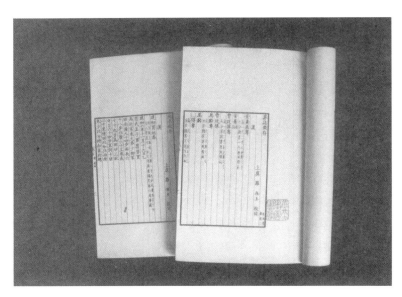

图 2　羅振玉著《雪堂磚錄》

　　端方去世後，他收藏過的刑徒磚及部分其他金石，輾轉歸於南皮張仁蠡名下。1946 年又歸北京大學文科研究所。1952 年，北大文研所收藏的漢刑徒磚 287 塊，除 13 塊仍留北大歷史系（今存北大考古文博學院）外，其餘經文化部社會文化事業管理局調至故宮博物院收藏[注19]。

　　2. 新疆吐魯番出土高昌墓表磚

　　清末民初中國屢弱不堪，不少外國人借機以探險、旅行等名義深入我國西北，盜掘、掠奪了包括高昌古墓磚在內的大量文物。據記載，1912 年日本大谷探險隊成員在阿斯塔那和哈拉和卓掘獲了 12 方墓磚，有些後來留在旅順，有些則下落不明。1915 年英國人斯坦因第三次來新疆探險，在阿斯塔那挖掘古墓出土了 18 方磚，其中 5 方被他帶走[注20]。這些行徑引起了我國有識之士的義憤。因此民國十五年瑞典人斯文·赫定準備率領歐洲人探險隊深入中國西北考察時，受到中國學術界的反對，妥協的結果，中外共同組成了“中國西北科學考察團”，進行了一次有中國參與的規模空前的西北考察。

　　1930 年，在中國考古學家黃文弼的率領下，考察團發掘了位於新疆吐魯番的高昌古國墓葬群，在雅爾湖、阿斯塔那古墓區，出土了一百餘塊墓表磚。1931 年，黃文弼編著的《高昌》（高昌第一分本）、《高昌磚集》（高昌第二分本）出版，二書中收錄上述墓表磚 124 塊，多數為墨書或朱書磚，也有刻字磚 11 塊。《高昌》書中刊載了〈吐魯番發現墓磚記〉、〈墓磚目錄〉等文。《高昌磚集》書中“擇原磚之字跡顯明者八十四方，付之影印，並注明原磚之尺寸、墨色及出土地。”未影印的墓表磚則以文字詳細介紹，附於書末。

　　《高昌磚集》第一次全面披露高昌古國墓磚的狀況，是反映高昌磚文面貌的集大成者，它使人們對高昌墓表磚的形制、內容、特點和書法風格有了比較全面的認識，對研究高昌文化發展、喪葬習俗以及西域與中原的關係都具有重要的意義。這次科學考察，北京大學學者是中方的主要代表，如徐炳昶（中方團長）、黃文弼先生等，發掘出的高昌磚等文物也交給國立北京大學文科研究所保存和研究。1952 年，北大文研所收藏的部分古物撥交國家文物收藏單位。至此，高昌墓表磚 131 塊會同端方舊藏刑徒磚及幾十塊歷代刻字磚均調至故宮博物院收藏[注21]。

　　新中國成立後，文物考古工作者對新疆吐魯番地區古墓區進行了多次科學挖掘，僅 1959 年至 1975 年間就發掘了古墓 456 座，出土墓表磚 134 方。據侯燦、吳美琳著《吐魯番出土磚誌集注》[注22]統計，解放後文物部門發掘和徵集到的高昌墓表磚達 169 方之多（含斯坦因未帶走的 13 方）。總之，廿世紀中，從 1910 年到 1996 年共出土高昌墓表磚 328 方（多為書寫，也有石質墓誌、泥質墓記），其中被確認為大梁政權的 4 方，高昌王朝的 206 方，唐代 118 方。上述墓表磚中，刻字磚大致有 40 種左右。

　　這些墓磚除民國初年斯坦因盜至英國的（可能藏於英國倫敦博物館）和少量下落不明外，其餘分藏於故宮博物院、新疆博物館、新疆文物考古研究所、吐魯番地區文管所，還有少量在遼寧旅順博物館。

　　3. 1964 年河南偃師發掘出土東漢刑徒葬磚

　　隨著現代考古學的發展，解放後刻字磚的出土與科學發掘密切相聯，相關研究工作也不斷深入，科學發掘偃師刑徒墓地即是一例。

　　清末出土漢刑徒磚的地點，國家考古部門十分關注，“1955 年冬，黃河水庫考古調查隊在靈寶作調查工作，曾特別注意這一問題，想打聽它們的出土地點，結果並無所獲。”[注23] 1958 年終於查明距洛陽漢魏故城遺址 2.5 公里的偃師縣佃莊鄉西大郊村有東漢刑徒墓地。

　　1964 年考古部門對該墓地的一部分進行了科學發掘【圖3】。共發掘出 522 座刑徒墓葬，出土刻有銘文的葬磚 820 餘塊，其中有死亡日期的共 229 塊。始自永初元年，終於永寧二年（即建光元年）。葬磚均以建築廢磚鐫刻，銘文隸書，刻於葬磚的正背兩面。內容格式有七種形式，最簡單者僅刻死者姓名，完整者則有刑徒的部屬、無任或五任（是否有技能）、所在獄所或所來自的郡縣名、刑名、姓名、死亡日期、最後注明屍體在此下等內容，也註明代服勞役、勉刑、官不負、寄葬等特殊情況。如磚文：“右部無任，勉刑，潁川潁陰鬼新范雍，不能去，留官□致醫，永初元年六月廿五日物故，死（屍）在此下。”[注24]

　　這批刑徒磚的出土，是迄今刻字磚史上出土數量最多的一次，也是繼清末刑徒磚出土後，東漢刑徒史料的又一次重大發現。由於係科學發掘，出土地點、埋葬方式等基本情況明瞭，其重要性又遠高

图 3　洛陽偃師佃莊鄉西大郊村東漢刑徒墓地發掘現場

（摘自《考古》1972 年 4 期《東漢洛陽城南郊的刑徒墓地》）

於以往出土者。這次科學發掘，有發掘報告發表[注25]。以後圍繞着這次發掘，研究工作不斷進行，也有相關文章發表，對磚文中出現的各種刑名進行考釋[注26]。但還嫌不足的是，發掘報告僅披露了 26 塊磚的拓片或實物，以及永初五年五月廿一日至六月六日和元初六年閏月廿日至廿九日墓葬表（包括 20餘人 39 塊磚文的細節），以後除少量在《中國書法全集》（第九卷）、《中國社會科學院考古研究所考古博物館洛陽分館》上新發表外，其餘部分再未公佈，研究者不能看到這批刑徒磚的全貌。最近獲悉，1964 年出土刑徒磚的完整資料將要由中國社科院考古研究所結集出版，我們期待它能早日問世。

　　考古工作者對清末和 1964 年兩批出土的刑徒磚進行了比較研究，證實清末出土的刑徒磚中有一部分即是這個墓地出土的，其證據有二：第一，"M7－25 發現的廢舊磚‘無任南陽魯陽完城旦焦石延平元年八月□日死’，《恒農冢墓遺文》亦收錄一塊與此銘完全相同。"[注27]（筆者案：《恒農冢墓遺文》雙勾銘文為"無任南陽魯陽完城旦焦石延平元年八月十四日物故。"二者有小異，當是同一死者的兩塊葬磚）；第二，"據西大郊村老社員王金和回憶，在清光緒末年，這裏曾大量出土文字磚，皆被古董商收去，後來當地反動政府還派軍隊挨家搜掠文字磚。"[注28]。

　　進一步考察後，我們從現有資料中還發現了下述現象，可進而證明兩批刑徒磚之間確有內在聯繫，兩批磚刻內容格式不同的疑問也可以得到解答。

　　第一，西大郊村附近發現與端方藏磚相同的磚文拓片。1958 年文物部門在距西大郊村北四華里的龍虎灘村調查時獲悉，該村村民王佑祖先遺留有十餘塊刑徒磚拓片，1958 年 6 期《考古通訊》〈漢魏洛陽城刑徒墳場調查記〉披露了其中十塊磚的銘文，我們發現這十塊磚文中的第一、二、三、四、五、十磚，都在端方舊藏之列，第三磚還同時被《恒農冢墓遺文》和《恒農專錄》收錄。這些拓片來源不詳，但從龍虎灘村附近的西大郊村有大面積刑徒墓地來看，拓片出自當地的可能性最大。

第二，兩批磚之間有時間繼承關係。據現存的《陶齋藏甎》拓片集、《恒農專錄》等文獻知，清末出土刑徒磚有年款者，起於東漢元和三年（86 年），止於熹平元年（172 年）。但其中絕大部分集中於元和三年（86 年）至永元十五年（103 年）左右。據發掘報告知，1964 年出土的刑徒磚有年款者起於永元十五年（103 年）止於延光四年（125 年）。但發掘區中，永初元年（107 年）至永寧二年（121 年，即建光元年）葬磚最多，排列也有規律——說明為該時期的墓地。我們將兩批磚的時間聯起來看，就會發現它們之間的聯繫：大致以永元十五年（103 年）為限，清末出土磚大部分在限之上，1964 年出土磚在限之下。兩批磚的時間不同，但可以衝接。見下表：

範　圍	刑　徒　葬　磚　年　代
清末出土磚全部	元和三年（86）——熹平元年（172）
清末出土磚主要部分	元和三年（86）——永元十五年（103）
1964 年出土磚全部	永元十五年（103）——延光四年（125）
1964 年出土磚主要部分	永初元年（107）——永寧二年（121）

據此可得出如下結論：以上現象並非巧合，而是由於兩批磚出自於同一墓地中相鄰的不同墓區造成的。據發掘報告知西大郊村墓地面積為 250×200 米左右，發掘區僅是其中的一部分。清末出土區也在該墓地中，並與 1964 年發掘區相距不遠。清末出土區域個別地方與發掘區有重疊，如前述二塊延平元年“焦石葬磚”，即出自重疊區域內。還有，墓區有些地方可能是重葬區，這可以解釋個別清末出土磚時間晚於 1964 年出土磚的現象。

第三，前後期兩種內容格式在永元年間實現交替。據目前掌握的資料看，洛陽出土刑徒磚內容完整的格式有兩種模式：第一種，從元和三年至永元五年，可稱為前期格式，磚文內容及順序為：

“死亡日期——無任——郡縣名——刑名——姓名——死（屍）在此下”（見圖版 0057）

另外，此格式的磚，還有在磚側刻字的特點。清末出土磚大部分屬於前期格式。第二種，從永元六年至熹平元年，可稱為後期格式。磚文內容及順序為：

“刑徒的部屬——無任或五任——所在獄所名或郡縣名——刑名——姓名——死亡日期——死（屍）在此下”（見圖版 0092）

1964 年出土磚和少量清末出土磚屬於後期格式。永元五年（93 年）至六年（永元六年閏十一月以前）是格式變化的分界線，這一變化從清末出土磚中可以清楚地看到。由于清末出土磚以前期風格為主，後期風格很少，因此容易忽視格式已發生變化，以致使人們感到兩批磚格式不同。是什麼原因導致格式變化，尚待研究。在瞭解格式變化規律後，我們就可以根據其模式，來判斷清末出土的大量缺年號殘磚是產生於永元六年之前，還是之後。

綜上所述，我們不僅贊成發掘報告“證明以前發現的刑徒磚有的就是這裏出土的”結論。而且有理由認為，清末出土磚基本上都出自該墓地，出土區與 1964 年發掘區彼鄰，間有重疊。

1964 年出土的刑徒磚收藏於社科院考古所洛陽工作站，部分精品陳列於考古所考古博物館洛陽分館。

4. 南京出土的東晉、南朝墓誌磚

南京歷史上曾是東晉、南朝都城，從廿世紀 60 年代起直至近年，南京市郊連續出土不少東晉、南朝的墓誌，統計下來有 30 餘種，其中磚質居多。

這些墓誌均經考古發掘出土，在《文物》、《考古》等刊物上都有詳盡的報道和深入的研究。它們多出自家族墓地，墓主既有豪門大族，也有一般官宦人家。列舉其中磚刻，有象山出土的東晉王氏家族王康之、王閩之、王丹虎、王企之、王建之妻劉媚子、王康之妻何法登、王彬繼室夏金虎等人墓誌；戚家山、司家山出土的東晉、南朝謝氏家族謝琰、謝溫、謝球、謝球妻王德光、謝琉等人墓誌；葬於呂家山的東晉李氏家族李緝及妻陳氏、李纂及妻武氏何氏、李摹等人墓誌；還有出於郭家山的東晉溫氏家族溫嶠父子墓誌；以及東晉顏謙婦劉氏、高崧及妻謝氏、卞氏王夫人、南朝宋乞、黃夫人、蔡冰等人墓誌。

南京出土的東晉、南朝墓誌磚，尺寸不一。例如同是葬於東晉永和年間的磚誌，《顏謙婦劉氏墓誌》（南京北郊老虎山出土）尺寸較小，高 32、寬 14.5 厘米。而《高崧妻謝氏墓誌》（南京東郊仙鶴觀出土）尺寸較大，高 50.5、寬 25.2 厘米，相差懸殊。這些磚誌大多專門燒製、精工鐫刻。書體兼楷兼隸，字體多樣，說明當時書法仍處在多種書體共存、新舊交替的環境中，士族豪門墓葬多採用磚刻的情況，說明當時磚誌很盛行，社會上層也使用磚誌是當時的習俗。順帶指出，出土情況表明，江南一帶自孫吳、西晉開始，歷經唐宋直至明清，始終有鐫刻磚誌的傳統，而且社會各階層都普遍使用，這種因沿襲地方習俗而長期使用磚誌現象，在其他地方很罕見。

南京出土的這些字磚不僅是這一時期墓誌的優秀代表，也稱得上是歷代墓誌磚中的群體佼佼者。其內容對研究東晉南朝門閥制度、傳世宗譜、聯姻情況都很有價值。琅琊王氏、陳郡謝氏墓誌屬於東晉最大豪門王氏、謝氏家族，其間還涉及東晉書聖王羲之的近親，因此出土後引起各界的廣泛關注。

王氏家族及謝氏家族的墓誌反映了當時銘刻書法的特徵。1965 年第 6 期《文物》上，郭沫若先生為此發表了《由王謝墓誌的出土論到蘭亭的真偽》一文，該文根據已出土的東晉墓誌書法特徵，分析認為傳世的蘭亭序帖不是王羲之的真迹，從而在國內書法界、學術界引發了有關蘭亭序真偽的學術辯論，帶動了書法史上若干重要問題的探論。時至今日，這一話題仍在不斷的被人重新提起。

南京出土的這批墓誌基本收藏於南京市博物館。

5. 安徽亳州出土曹操宗族墓室磚

繼河南偃師發掘之後，解放後第二次大規模科學發掘、出土刻字磚是在安徽亳州。

亳州是歷史文化名城，因商湯都亳而得名，是漢末著名政治家曹操的故鄉。亳州南部有大面積的曹操宗族葬群。1974 年以來文物部門挖掘清理了七座漢代墓葬，發現了大量有文字的墓室磚。據亳州博物館的三次考古報告[注29]云，已清理完畢的三座墓葬共出土有 370 餘塊刻字磚。其中 1977 年元寶坑村一號漢墓出土了字磚、畫磚 146 塊（陰文刻磚 140 塊，朱書磚 6 塊），董園村一號漢墓出土 238 塊（陽文印字磚 80 塊，陰文刻字磚 154 塊，還有 3 塊畫像磚）。1982 年曹四孤堆附屬一號漢墓出土刻字磚 77 塊（銘文字磚 41 塊，數目字磚 35 塊，石灰書寫字磚 1 塊）。另外還有四座漢墓約數百塊刻字磚出土後，尚未整理發表。

上述墓室磚現收藏於亳州市博物館。

亳州出土磚文顯示這些墓葬屬於曹氏家族，是曹操的祖輩，年代在東漢桓、靈二帝時期。其中董園村墓磚有延熹七年款，元寶坑村墓磚有建寧三年款，曹四孤堆墓時代也在此前後。這些字磚除少量範製磚和書寫磚外，絕大多數是造坯時刻劃的濕刻磚。亳州曹氏墓磚的出土，是目前所知濕刻磚出土最多的一次。

這批磚文內容廣泛，包含工匠記名、標記、記事、記年、記曹氏宗族及其他官吏姓名和衷悼之辭，還有大量隨筆。這些內容對瞭解曹氏大家族的家世和東漢末年的社會狀況都有較高的價值，引起了研究者的重視，除考古報告外，還有不少相關研究文章發表[注30]。

從書法研究角度看，亳州磚也具有重要的意義。其書體以隸書、草隸為主，也有不少章草，更可貴的是還有一些行書和今草，書寫純熟、瀟灑，這說明以往認為隸書在魏晉才逐漸發生的字體演變，實際早在漢代就已經開始。這使我們對漢字書體演變的過程有了新的認識。

6. 解放以來出土的宋代漏澤園墓記磚

漏澤園是宋代官府經辦用於集葬平民、兵士、囚犯、路斃者以及無主骸骨的義地，解放以來漏澤園墓地墓記磚及其他隨葬品的大量出土，證實並補充了史書、地方志中有關漏澤園制度的記載。

歷史上漏澤園墓記磚出土偶見於記載，解放後則不斷有宋漏澤園磚出土的報道。出土地主要集中在河南、陝西、山西、山東、河北等省。出土較多者，如 1967 年河南滑縣八里營公社（鄉）出土漏澤園磚數十塊[注31]，1972 年在河南洛陽龐家溝出土漏澤園磚 28 塊[注32]，1989 年河北磁縣觀臺鎮出土漏澤園磚 17 塊[注33]，1985 年至 1994 年在河南三門峽上村嶺發掘出土漏澤園磚 372 塊[注34]。

以上出土中，以三門峽上村嶺發掘最受矚目，這也是解放後第三次經科學發掘大量出土刻字磚。據三門峽市文物工作隊所編《北宋陝州漏澤園》記述，出土區域屬北宋陝州漏澤園墓地，1985 年、1993 年、1994 年三次發掘墓地北部的墓葬 849 座【圖 4】。餘下中部和南部未發掘部分，估計還有千餘座墓葬。如果將墓地東西兩端已破壞的墓葬所佔面積包括在內，墓地原先總面積應是 12650 平方米。

圖 4　河南三門峽上村嶺北宋陝州漏澤園墓地發掘現場

（摘自《北宋陝州漏澤園》）

在 238 座墓中出有墓記磚 372 塊，是迄今歷史上漏澤園磚出土最多的一次。其中有 275 塊尚能辨認誌文。墓記磚製作極簡陋，僅有少數經過打磨加工，誌文先用毛筆書寫，然後鐫刻。墓記磚文字十分簡略，主要內容是：死者墓穴的編號、死亡者的姓名、年齡、身份、死亡地點、檢驗日期和埋葬時間，有的還記有送屍機構名稱或送屍人姓名。死者配發的墓記磚數量 1 至 4 塊不等。磚上有墓地管理機構對墓穴的編號。編號採取兩種方式：一是以"千字文"字順為序，二是以數字分組編排。從磚文得悉，收埋人員中以軍人為最多，有禁軍的，也有廂軍的，廂軍中包括許多因犯罪而被充軍或坐牢的罪犯，其次是貧民百姓。收藏的死者多來自安濟坊、貧子院、仁先院、壕寨司、牢城營以及州府附近的遞鋪和客店等處。

與他處不同，三門峽出土的漏澤園磚大多將文中紀年內容省略了，但研究者根據少量紀年和千字文序號判斷，此墓地自崇寧四年啓用至最後停用，使用年限至少在十九年以上。

考古工作者對該墓地性質及使用年限、誌文中所見北宋末地名、北宋末陝州行政區劃、北宋末軍隊編號等相關問題都進行了詳盡探討並以專著形式發表，是歷來同類研究中最為全面、最為深入的一次。

7. 廣州番禺出土的東漢墓室磚

自秦朝統一嶺南起，中原文化就不斷地影響廣東地區。漢武帝滅南越國後，嶺南地區成為漢朝郡縣，漢代文化影響長驅直入。東漢時期，當地建造磚墓室的喪葬習俗與其他地區已大致相同，工匠在磚上刻字的現象也大量出現。

解放前後廣州曾不斷有漢代刻字磚零星出土。1998 年在廣東番禺（今為廣州番禺區）鍾村鎮屏山村集中出土了一大批草隸字磚，年代集中在東漢永元十五年（103 年）、永初五年（111 年）前後。據《中國文物報》報道[注35]，經清理的東漢磚室墓中有"大量鐫文墓磚的出土，或刻劃、或手指寫、或橫向有銘文和符號的墓磚，發現有 600 餘塊，分別出於 6 座墓中（發掘報告則為 386 塊，出於 8 座墓）。不同墓的鐫文磚文字或符號內容及書法風格各不相同，有姓氏、人名、官職、地名、年號、吉語、數字、符號（及詩文）等，刻有'番禺'二字的墓磚就達 4 種。規格最高，出有銅簋的 98PCM1 '番禺都亭長陳誦'刻字墓磚，書法工整，同墓並出'永元十五年（八月）'紀年銘文磚。98PSM3 也出土有刻寫'番禺'和'永初五年十月'的銘文，該墓還出土大量'九具'、'用九具'的刻字銘文磚。這些銘文符號絕大多數都刻寫於墓磚正面，平砌於墓室磚壁中。數量如此之多，出土如此集中的鐫文墓磚在廣東尚屬首次發現。"

當地文物工作者研究認為，寫有"番禺"字樣的墓磚在番禺境內首次發現，對研究番禺的歷史變遷有十分重要的意義。屏山村東漢墓群"為廣州地區重要的一處大型東漢墓群，結合番禺市沙頭鎮東漢墓群的發掘，它將為研究古代番禺的歷史文化和解決文獻記載中的'漢平南越，改筑番禺縣城於郡南六十里，為南海郡治，今龍灣古廟之間也'番禺城遷址問題提供了第一手資料。"

《中國文物報》率先披露這批墓磚的出土情況，2004 年《廣東番禺市屏山東漢墓發掘報告》在《考古學集刊》第十四集上發表，同年出版的《廣東歷代書法圖錄》也選刊了其中 20 塊銘文磚。但是全部墓磚的詳細資料迄今還沒有公佈。

這批墓室磚現藏於番禺博物館。

8. 浙江黃岩靈石寺宋塔、陝西扶風法門寺明塔刻字磚的發現塔磚上刻文，除大量施捨題名之外，還常見有紀事内容，往往涉及寺院佛塔興建、地區政治經濟等多個方面。近十餘年發現的靈石寺宋塔、法門寺明塔磚刻題記都具有典型意義。

1987 年浙江黃巖靈石寺塔大修時，發現塔磚中 1/5 的磚為文字、花紋和人物畫像磚。字磚有 66 方[注36]，軟坯書寫或磚上刻劃均有，行草兼備，運筆自如，生動活潑。塔磚上署名有十餘人，多是善書的民間匠人和僧人，還有寺主吳越國高僧經律大德嗣卿所寫勸施主施捨的詩文、題記。文字磚的内容有紀年、紀念、記事、記賬、題名、詩歌、祈禱、發願和隨筆等。在第一至三層發現的大量紀年磚，表明靈石寺塔始建於北宋乾德三年，至咸平元年建成。塔磚内容還表明，靈石寺建塔基本是靠社會人士和各寺院的資助，比如鄰近的臨海縣湧泉寺、天台縣壽昌寺的資助，寺院附近村民、善男信女的施捨等。靈石寺塔刻字磚的發現對確認宋塔的建造史有直接的幫助。此外，塔磚文還顯示出此時黃巖地區與吳越國關係非常密切，也彌補了方志等史料的不足。

1981 年陝西扶風法門寺明磚塔坍塌，清理殘塔廢墟時，發現 40 餘塊刻字磚銘[注37]。絕大多數為建塔初期所刻，故集中在一層塔體内。磚刻多為工匠隨手書寫，字體各異，有以佈施信徒的名義燒製，也有捐磚刻銘記之。

據《明代真身寶塔出土磚刻題記——兼論寶塔建築之始末》記述，出土刻字磚銘反映了建塔的坎坷過程。法門寺明塔萬曆七年始建，三十七年竣工，歷時三十年。建塔工程起自民間，由民眾自發募捐建造。初始，塔基並一層修建極為艱苦，缺磚灰、米麵的情況時有發生，就連用水也很困難，全靠信徒們施捨。磚文"法門寺修磚塔，頭層已滿，缺少二層磚灰，……"、"四月初八日佛會，塔上使磚，缺少米面、磚灰，告白十方善男信女□會進香，隨心各代（帶）布施，多蒙助緣，共成聖事，完工之日，勒碑刻名，萬代留名，謹告。""捨水之人多積福，無窮之福也。但捨一担之水，積一家之福。"是真實的寫照。修塔前後，關中一帶自然災害頻發，經濟蕭條，磚文"塔上缺米麵"、"萬曆十年二月廿二日社□，托磚萬，工價麥四石。"記載了修塔困難時糧食短缺，托磚工價為一萬塊磚付四石麥子。

法門寺建塔工程浩大，又受到自然災害的影響，民間力量難以維持，所以建塔斷斷續續，曠日持久，最後得到官府和皇親國戚的支持響應，才最終竣工。法門寺明塔的落成，使塔下唐代地宮中的稀世珍寶得以完整保存，直至 1987 年法門寺地宮舉世震驚的發現。磚刻題記為研究明代真身寶塔建造始末、關中地區社會經濟提供了真實可信的珍貴資料。

9. 刻字磚的記載、出版和研究情況

歷史上對磚文的著錄，始見於金石學肇始的宋代，如趙明誠的《金石錄》中已有零星磚文記載。清乾嘉之後金石學再度繁榮，金石文獻載錄的磚文大幅度增加。一些重要的金石學著作，如王昶的《金石萃編》、陸耀通的《金石續編》等，以著錄石刻為主，間有磚文。陸增祥的《八瓊室金石補正》收磚文 170 種，包括刻字的窖倉磚數種。另一方面，開始有專收磚文或著錄磚瓦陶文的著作問世。如馮登府的《浙江磚錄》、吳廷康的《慕陶軒古塼圖錄》、呂佺孫的《百磚考》、陸心源的《千甓亭塼錄》及續錄、《千甓亭古磚圖釋》、高鴻裁的《上匋室塼瓦文擴》、吳隱的《遯盦古塼存》、陳璜的《百甓齋古甋錄》等。其中《上匋室塼瓦文擴》收磚文 230 種，《千甓亭古磚圖釋》收錄達 1320 餘種。

此時磚文著作，或用傳統方法刊刻，或以新技術印刷。磚文圖版除木版刊印外，還有直接粘貼拓片。著作類型既有磚拓的彙存，也有圖文並茂的集釋。這表明作為金石的重要組成部分，磚文已列入獨立的門類，受到研究者的重視。

民國年間，有不少磚文著作問世，如前述羅振玉的幾種磚文著述、吳隱的《窓齋甎瓦錄》、孫詒讓的《溫州古甓記》、王修的《漢安甎廎磚錄》、王樹枏的《漢魏六朝塼文》、王振鐸的《漢代壙塼集錄》等。

早期磚文著述一般以範磚作為主要記載對象，隨着清末刻字磚的大量出土，以收錄刻字磚為主的專著開始問世，開拓者當推端方的《陶齋藏甎記》，隨後有羅振玉的《恒農冢墓遺文》、《恒農塼錄》、《塼志徵存》等，這在前面已經談及。

民國年間影印的磚文圖錄，比較著名的有鄒安編輯的《專門名家·廣倉磚錄》和《草隸存》。二書均為石印圖錄，側重收藏與書法。採用當時先進的石印技術，按磚拓原大尺寸印刷，殊為可貴。《專門名家·廣倉塼錄》民國6年出版，除範磚外，書中收刻字磚72塊，多有清代以來出土的刻字磚精品。《草隸存》民國10年出版，其中磚類部分收刻字磚39塊。

屬於考古發掘的磚文著述，有1931年黃文弼編著的《高昌塼集》，它的出版標誌着磚文的發掘、報道和研究已開始步入現代考古學領域。

新中國成立後，隨着現代科學門類的建立和發展，傳統金石學的內容轉為現代考古學、銘刻學的組成部分，金石文物的發掘和研究也引入現代考古學的方法。解放後包括刻字磚在內的各類考古發掘，都伴隨有考古發掘報告等研究成果問世。自1949年以來，新出土的刻字磚大部分可在各種文物、考古類期刊所載的發掘報告、文章中找到蹤影。有些涉及刻字磚出土的重要考古發掘，例如，河南偃師出土刑徒磚、亳州出土曹氏墓室磚、南京出土東晉、南朝墓誌磚、多處出土的漏澤園墓記磚等還曾引發過有關的專題研討，涉及的文章大致有數十篇之多。文章對有關磚刻的時代背景、銘文內容，以及涉及的諸多方面進行了專題論述。另外，在書法藝術類刊物上，也有一些文章介紹磚文書法，對其進行研究探討。

解放後出版的圖書也常涉及刻字磚，這類圖書主要分佈在以下幾個領域：

第一，是考古學、古文字學方面的論著、考古報告集。比如袁仲一的《秦代陶文》、三門峽市文物工作隊的《北宋陝州漏澤園》、陝西省考古研究所的《秦都咸陽考古報告》等。

第二，是為學術研究服務的資料目錄、圖錄、彙編及考釋。比如魯迅的《俟堂磚文雜集》、趙萬里的《漢魏南北朝墓誌集釋》、王壯弘、馬成名的《六朝墓誌檢要》、北圖金石組的《北京圖書館藏中國歷代石刻拓本彙編》、徐自強等的《北京圖書館藏墓誌拓片目錄》、多單位合作的《隋唐五代墓誌彙編》、趙超的《漢魏南北朝墓誌彙編》、周紹良等的《唐代墓誌彙編》、侯燦、吳美琳的《吐魯番出土磚誌集注》，以及連續出版的多卷《新中國出土墓誌》（各省卷）等。雖未專門彙集刻字磚，但書中都收有一定數量的刻字磚圖版、錄文或目錄。

第三，是側重磚文書法、藝術方面的著述。比如姚遷、古兵的《六朝藝術》、王鏞、李淼的《中國古代磚文》、王鏞的《中國書法全集》第九卷（秦漢金文陶文）、殷蓀的《中國磚銘》、中國歷史博物館的《中國歷史博物館藏法書大觀》卷3（陶磚瓦文）、侯燦的《吐魯番墓磚書法》等。都收有較多的刻字磚，並予詳盡的介紹。其中王鏞編撰的《中國古代磚文》，擇收嚴謹，編排得體。而殷蓀編著的《中國磚銘》收錄刻字磚多達500種，是歷來披露刻字磚最多的著述。

第四，還有供書法篆刻借鑑利用的工具書，如殷蓀的《中國磚銘文字徵》、徐谷甫、王延林的

《古陶字彙》、陳建貢的《中國磚瓦陶文大字典》等，都收有不少被切割成單字的刻字磚文。

上述書中，一些作者在序言、綜論及專述中，對磚文有或多或少的綜述、考證和研究。比如，袁仲一編著《秦代陶文》將所及少量磚文放在秦代陶文大環境中進行整體的綜合研究，研究內容包括秦代社會的諸多方面。三門峽市文物工作隊的《北宋陝州漏澤園》也是將漏澤園墓記磚與漏澤園制度、北宋社會經濟聯繫起來進行深入的綜合研究。王鏞、李淼《中國古代磚文概說》一文（載於《中國古代磚文》），從磚文與書法史關係的角度，系統地探討了磚文的產生發展、內容形式、出土情況、著錄研究以及與書法和藝術相關的問題，是歷來同類研究中較全面的文章。侯燦、吳美琳撰《吐魯番出土磚誌及其研究綜述》一文（載於《吐魯番出土磚誌集注》）則集中闡述了吐魯番磚誌的出土、收藏、著錄和相關研究狀況。

總體而論，雖然解放後幾十年來涉及刻字磚的磚文研究和著述出版有大幅度的增加，利用刻字磚內容對古代社會的研究也取得了較大進步，但相對於磚刻出土數量已多達數千塊，內容又如此豐富的情況而言，刻字磚的利用以及對刻字磚綜合研究仍顯得不足。還有很多值得研究的問題有待於人們去探討。

五、刻字磚的價值所在

1. 保存的史料內容比較豐富

古代金石內容反映着古代社會的諸多方面，又是可信的第一手資料，因而學術界很重視金石文獻證史補闕的作用。傳統金石中，甲骨文、青銅器銘文以及大部分石刻銘文，記載了古代社會上層和官方的文化。而磚刻文字反映的則多是古代社會底層與民間的生活。因此，磚文具有一些自身獨到的價值和特點。

首先，磚文內容保存了一些特定領域的史料，這是顯而易見的。如洛陽出土的千餘塊刑徒磚提供了豐富的漢代刑徒制度、刑律等方面的實物資料。大量漏澤園墓記磚的面世反映了宋代漏澤園制度的具體施行狀況。大批標識、題名、墓記磚文記錄了平民百姓生產、生活和喪葬的真實情形。眾多塔磚題刻則反映了地區佛教發展的不同側面。這些在以往的歷史文獻記載中是沒有或匱乏的，它補充了史籍記載的不足。南京出土的東晉、南朝家族墓誌磚，吐魯番出土的高昌墓表磚在反映特定人群、特定地域史料方面，作用重要，無可替代。

散見磚文的史料內容也不容忽視，其蘊含的各方面歷史信息相當豐富。

山西芮城縣元初曾併入臨近的平陸縣，35 年後復又分置，這一歷史變遷因過於短暫而曾湮沒無聞。元代《分置芮城縣治磚記》的出土，才使這段經歷被後人記入地方史。《山西通志》載："明嘉靖中增修縣堂，撤舊垣，得元甎記二方，記至元三年併縣合於平陸，元貞元年復分置事，是年十月再修縣廳。末署達魯花赤嗒海、縣尹郭在、主簿李誠、典史秦史。"[注38]

這種從磚文中發現新史料的例子很多，我們可以找出大量事例，下面僅列舉一二。

《晉書》武帝紀載："帝崩於含章殿，時年五十五，葬峻陽陵，廟號世祖。"1930 年河南偃師縣蔡莊村出土磚刻《左棻墓記》云："左棻，字蘭芝，齊國臨淄人，晉武帝貴人也。永康元年三月十八日薨。四月廿五日葬峻陽陵西徼道內。"由此可確知晉武帝司馬炎的峻陽陵即在《左棻墓記》出土地的東側，這具有重要的考古價值。

"胡光國墓記磚"近年山東濟南出土，磚刻於北宋政和七年。文中出現的"濟南"稱謂，印證了"政和六年以齊州为英宗賜履之地，升为濟南府"[注39]的史籍記載，可謂濟南地名變遷最早的物證之一。

1979年寧夏固原發現的"重修鎮戎城記磚"，明景泰二年刻。其文記載了明初達賊入境，殺人搶掠，當地軍民为此重修城牆的經過。還記載了修城中"掘出方磚一塊，上刻大金興定三年六月十八日巳時地動，將鎮戎城屋宇推塌，興定四年四月二十一日，差軍民夫二万餘人興工修築，五月十五日工畢"一事。不僅为研究者確認金代鎮戎城城址提供了依據，還彌補了金興定三年六月十八日巳時大地震文獻記載之闕[注40]。

收藏於中國歷史博物館的漢"公羊傳磚"，磚文是製坏人隨手刻劃的公羊傳片斷。此磚於西安出土後，歷史學家陳直先生曾以何休公羊解詁今本與磚文比照校勘，發現何休本多一"言"字，少一"之"字，證明二者所據可能是不同底本。他還發現磚文所寫公羊隱元年傳有一特點，是經文與傳文相聯。磚文第一句，元年春王正月，是春秋經文。以下元年者何等句，是公羊經文。他指出："清儒多謂春秋三傳，漢之時本經與傳離，漢以後始經與傳合。左傳經傳相聯，始於杜預，公羊始於東漢以後，谷梁傳始於范寧。今以磚文證之，分明（漢代公羊傳）經傳相聯，與石經公羊殘碑經傳相離不同，足證兩種形式，在漢均可適用，此清儒解經者之所未知。地下新史料之可貴如此。"[注41]從而利用漢磚文，得出了公羊傳經傳相離，經傳相合二種形式在漢代都存在的結論，澄清了這一古代經典流傳過程中的面貌。

除了漢文字磚刻外，近年還見有少數民族古文字磚刻出土的報道。1999年在寧夏賀蘭山拜寺口清理塔群遺址時發現一塊西夏文殘磚刻[注42]，受到西夏文化研究者的重視。多年前在內蒙古赤峰市出土了有回鶻文、敘利亞文和十字架圖案的墓磚[注43]，研究者認为它是"昔日汪古部人景教信仰的文化遺存"。1990年內蒙古文物考古研究所在清理元上都城南砧子山南區墓地時，發掘出土了一批平民和下層官吏的墓記磚[注44]，其中還有題寫八思巴字、回鶻蒙文的，這相當罕見，因为以往八思巴字銘刻主要見於聖旨加封、禁約榜文等官方文書方面。

其次，磚文還提供了官方正統典籍所不能提供的古代社會信息。比如亳州東漢曹氏家族墓室磚文就從下層小吏、工匠甚至罪囚奴隸的角度提供了大量曹氏家族及漢代社會情況的信息。我們知道，刻字磚寫刻者和磚刻成品的使用對象主要限於社會下層，磚文也主要反映百姓領域的事情，所以，在保存古代民間史料方面自然佔有優勢，磚文內容貼近生活，反映當時民間的習俗、稱謂，以及民間典故、詩文。而官修正史和其他官方文獻中是難以收錄這類資料的。

再有，有些磚文是製磚者在工作中隨手刻劃的，抒發心中喜怒哀樂，刻寫後也沒打算保留，混同於其他磚使用，於是刻劃者不必顧忌，可以寫些心裏想說的話，因此磚文內容真實地反映了一些社會現實。比如，在亳州東漢曹氏墓室磚文上，多見有工匠受冤屈壓迫而劃寫的哀嘆、抱怨、憤怒，甚至呼叫蒼天的話語，由此可聯想到東漢末黃巾起義提出的口號"蒼天乃死"是有社會基礎的。又如，民國年間拆除廣州城牆時，在城磚上發現有宋代服苦役的無名軍人刻下的打油詩："似從工作到如今，日日挑柴吃苦辛，一日秤來要五百，兩朝定是共千斤。山高路遠難行步，水深泥滑阻工程，傳語諸公除減少，莫教思苦衆軍人"。"……造場，□見千重山疊疊，喜看一路水茫茫，苦煮煎出能消渴，老米炊來可飽腸，日日勞心□乞苦，幾時傲（熬）得到重陽。"（見圖版1816－1817）詩文反映了深受奴役之苦的刻字軍人憤懣不滿的心情。

2. 磚文反映了書體演變過程和多種文字現象

文字發展史顯示，漢字書體演變的動力來自人們在文字使用過程中趨於簡便的實際需要，而講求實用的民間書法最能反映這種需要。磚文屬古代民間書法，存世數目衆多，延續的時間長達兩千年以上，使用的字體也從篆、隸直至行、楷，因此，它充分展示了漢字書體變遷過程。

漢魏兩晉南北朝時期是漢字演變最劇烈的時期，也是刻字磚發展的繁榮期，這一時期的磚文清晰地顯示了漢字體演變的軌迹。新書體的萌發、演變和成熟的實例在磚文中均可發現，章草、行書，今草的最初蹤迹都可以在漢代濕刻磚上找到。比如：東漢“延熹七年紀雨磚”，磚文介乎草隸與行書之間，從結體和筆法上看行書的成份已經不少，再看東漢晚期亳州曹氏宗族墓“平倉磚”磚文，已經是精到的行書了。這類具有行書筆意的漢代濕刻磚，可舉出不少例子，這表明了行書開始産生的年代，還說明行書是從急速、草率書寫隸書的過程中産生出來的。在曹氏家族墓室磚中發現的一批章草磚和若干今草磚，筆劃嫻熟，證明今草早在漢代就已産生。如果說傳世的前人草書帖還有些靠不住的話，那亳州草書磚可以稱得上是已知最早且真實可靠的“草書刻帖”了，在漢晉墨迹存世極少的情況下，這些早期草書、行書磚文顯得愈發珍貴。

刻字磚常是隨手劃寫的，字體未經修飾，其文字是當時社會的流行體，這為今人研究古代民間流行的字體，提供了可靠的依據。刻字磚中還可以找出大量流傳民間的簡化字、異體字、別字、俗字及其他文字現象，同樣是文字研究的極好素材。

3. 保存古代書跡、展示書法藝術

古代刻字磚是保存中國古代書跡的領域之一，是展示古代書法藝術，特別是民間書法藝術的一個重要窗口，磚文書法的豐富内涵在書法史研究上具有重要價值。

中國古代書法藝術是依賴流傳下來的文字載體而保存的，在金石、簡帛、紙張等衆多載體中，能夠二千年綿延不斷，反映各個歷史時期的書法狀況，並有相當數量存世是不多見的，刻字磚不僅是其中一部分，而且在有些方面還具有自己的書法特色。比如漢晉濕刻磚文在反映草隸、章草、早期的草書和行書方面具有優勢。一些磚文代表作，書法非常精彩，達到很高的藝術境界。諸如漢“急就章磚”、“長安男子張磚”、“紀雨磚”、“公羊傳磚”、“吳強工作磚”、“衣石自愛磚”、“一日持書磚”，晉咸寧四年“呂氏造磚”、“周伯孫作磚”、“獨良良磚”，南朝梁“張承世師磚”等等。觀此類磚文，可領略古人以磚當紙，或奮筆疾書，暢快淋漓；或抑揚頓挫，自如瀟灑的大家手筆，有很強的藝術感染力，令人不能不佩服先民們巧奪天工的藝術造化。東漢刑徒磚刻中不少品種也很有特色，鑿刻自然隨意、異趣橫生，從書法欣賞角度來看，風格獨特，別具一番情致。

從刻字磚整體來看，其書法藝術的展示在兩方面突出，一是早期書法；二是民間書法。

漢晉等早期書法反映了中國書法發展史上最活躍、最富變化的階段，加上此時書迹存世遠不及後世數量多，因而一向受到書法界的重視。大量出土並且不乏精彩者的刻字磚，在一定程度上填補了這一時期書法資料的不足。以漢代為例，在過去很長時期内，存世的漢代書法只有碑刻為大宗。其中很多已風雨剝蝕，殘泐不清。近世出土瓦陶文、竹木簡牘的大量出土，相當程度上充實了漢代書法藝術的寶庫，漢代磚刻也因此受到了人們的青睞。

磚文書法屬於民間書法範疇。磚本是建築材料，在磚上刻劃文字多是製磚過程中或是利用磚塊完成的，所以磚文多出自參加勞動的民間書手，包括有書寫技能略通文墨的工匠、下層書吏以及刑徒等。民間書法出自民眾，清規戒律較少，形式上生動活潑，無拘無束自由發揮。書者全憑樸素的直覺和情感去表現對美的理解，作品常表現出天真稚拙的自然美。

民間書法是傳統書法遺產中較底層的部分，刻字磚是民間書法中存世數量較多的領域，比較集中地反映了古代民間書法狀況。我們知道，在傳世書法收藏品中，古今藏家歷來着意於士大夫、文人書法的保存、流傳，不屑於民間書法的留存。而先民們有意無意中留下的磚文書法，卻補充了古代書法寶庫中民間書法部分。讓後人看到了古代平民的書跡。

六、結語

歷史上，由於人們對磚文不夠重視，出土的磚刻大量散失亡佚，對它們的研究利用也不如其他銘刻。實際應當認識到，古代磚刻雖不及甲骨卜辭、青銅重器和丰碑巨碣那樣聲名顯赫或作用重大，但是其民間刻銘、百姓書法的屬性，決定了它仍有着其他銘刻所不能取代的價值，因此不應被忽視。

今天，隨着對傳統文化的重新審視與肯定和對古代社會的研究不斷深入，可以反映古代社會各種層面的材料都進入研究者的視野，磚文價值也為人們所日益重視。如何利用其內容史料為學術研究服務，取其長處供今日書法所借鑒，已開始成為人們所關心的課題。

1998 年 1 月初稿，2005 年元月修訂於北大蔚秀園。

註釋：

【注1】1964 年河南偃師縣出土的東漢刑徒葬磚、20 世紀70、80 年代亳州曹氏宗族墓出土的墓室磚以及 1998 年在廣州番禺出土的東漢墓室磚，尚有大量未公佈。

【注2】1964 年探明的河南偃師縣佃莊鄉西大郊村東漢刑徒墓區內，1985 年至 1994 年探明的河南三門峽上村嶺北宋陝州漏澤園墓區內，都有大批墓記磚未發掘。

【注3】羅西章：＜扶風雲塘發現西周磚＞，載《考古與文物》1980 年 2 期。筆者案：據 2000 年 4 月 24 日《揚子晚報》載，陝西寶雞全家崖遺址發現距今 6 千至 7 千年的文物，其中包括有磚，這將已知中國古代造磚歷史大大提前。然而，此報道是否為考古界定論，尚不知曉。

【注4】鄭建芳：＜最早的墓誌——戰國刻銘墓磚＞，載《中國文物報》1994 年 6 月 19 日；李學勤＜也談鄒城張莊的磚文＞，載《中國文物報》1994 年 8 月 14 日。

【注5】始皇陵秦俑坑考古發掘隊：＜秦始皇陵西側趙背戶村秦刑徒墓＞，載《文物》1982 年 3 期。

【注6】亳縣博物館（李燦）：＜亳縣曹操宗族墓葬＞，載《文物》1978 年 8 期；亳縣博物館（李燦）：＜安徽亳縣發現一批漢代字磚和石刻＞，載《文物資料叢刊》2 集，文物出版社，1979 年；亳州市博物館（李燦）：＜安徽亳州市發現一座曹操宗族墓＞，載《考古》1988 年 1 期。

【注7】咸陽秦都考古工作站：＜咸陽秦都漢墓清理簡報＞，載《考古與文物》1986 年 6 期。又見陝西省考古研究所編著《秦都咸陽考古報告》第七章，漢唐墓葬。陝西省考古研究所編著，科學出版社，2004 年 3 月。

【注8】＜番禺發現東漢墓群及明代村落遺址＞，載 1998 年 9 月 30 日《中國文物報》。又見廣州市文物考古研究所、番禺博物館：＜廣東番禺市屏山東漢墓發掘報告＞，載《考古學集刊》第 14 集，2004 年。

【注9】陳直著，《摹廬叢書七種》齊魯書社，1981 年。436、438 頁。

【注10】見端方《陶齋藏甎記》2 卷；羅振玉《恒農專錄》；中國科學院考古研究所洛陽工作隊：＜東漢洛陽城南郊的刑徒墓地＞，

載《考古》1972 年 4 期。

【注 11】 河南省博物館、洛陽市博物館：<洛陽隋唐含嘉倉的發掘>，載《文物》1972 年 3 期；洛陽市文物工作隊：<洛陽含嘉倉 1988 年發掘簡報>，載《文物》1992 年 3 期。

【注 12】 賀官保：<西京洛陽漏澤園墓磚>，載《文物資料叢刊》7 集，1983 年；宋采義、予嵩：<談河南滑縣發現北宋的漏澤園>，載《河南大學學報》（哲學社會科學版）1986 年 4 期；磁縣文物保管所：<磁縣發現北宋漏澤園叢葬地>，載《文物春秋》，1992 年 2 期；三門峽市文物工作隊編著，《北宋陝州漏澤園》，文物出版社，1999 年 6 月。

【注 13】 磁縣文物保管所：<磁縣發現北宋漏澤園叢葬地>，載《文物春秋》，1992 年 2 期。

【注 14】 高軍：<紹興應天塔>，載《文物》1987 年 2 期。

【注 15】 臺州地區文管會、黃岩石博物館：<浙江黃岩靈石寺塔文物清理報告>；盧英遼：<別具一格的北宋靈石寺塔磚書>，均載《東南文化》1991 年 5 期。

【注 16】 淮建邦、王倉西：<明代真身寶塔出土磚刻題記——兼論寶塔建築之始末>，載《文博》1993 年 4 期。

【注 17】 趙超：<論曹操宗族墓磚銘的性質及有關問題>，載《考古與文物》1983 年 4 期。

【注 18】 端方所藏古物著述有：《陶齋藏石記》44 卷、《陶齋藏甎記》2 卷、《陶齋吉金錄》8 卷、《陶齋吉金續錄》2 卷、《陶齋藏印》4 集等。

【注 19】 據北大圖書館藏 "1952 年北大文科研究所移交賬冊" 記載。

【注 20】 侯燦、孟憲實：<吐魯番出土墓磚題錄>，載《新疆文物》1994 年 2 期。

【注 21】 見【註 19】

【注 22】 侯燦、吳美琳著，《吐魯番出土磚誌集注》，巴蜀書社，2003 年 4 月。

【注 23】 黃士斌：<漢魏洛陽故城刑徒墳場調查記>編者按，載《考古通訊》1958 年 6 期。

【注 24】 中國科學院考古研究所洛陽工作隊：<東漢洛陽城南郊的刑徒墓地>，載《考古》1972 年 4 期。（圖七）

【注 25】 中國科學院考古研究所洛陽工作隊：<東漢洛陽城南郊的刑徒墓地>，載《考古》1972 年 4 期。

【注 26】 吳榮曾：<漢刑徒磚誌雜釋>，載《考古》1977 年 6 期。

【注 27】 見【注 24】註釋（31）。

【注 28】 見【注 24】註釋（31）。

【注 29】 見【注 6】

【注 30】 田昌五：<讀曹操宗族墓磚刻辭>，載《文物》1978 年 8 期；殷滌非：<對曹操宗族墓磚銘的一點看法>，載《文物》1980 年 7 期；趙超：<論曹操宗族墓磚銘的性質及有關問題>，載《考古與文物》1983 年 4 期。

【注 31】 宋采義、予嵩：<談河南滑縣發現北宋的漏澤園>，載《河南大學學報》（哲學社會科學版）1986 年 4 期。

【注 32】 賀官保：<西京洛陽漏澤園墓磚>，載《文物資料叢刊》7 集，1983 年。

【注 33】 磁縣文物保管所：<磁縣發現北宋漏澤園叢葬地>，載《文物春秋》，1992 年 2 期。

【注 34】 《北宋陝州漏澤園》，三門峽市文物工作隊編著，文物出版社，1999 年 6 月。

【注 35】 見【注 8】

【注 36】 見【注 15】

【注 37】 見【注 16】

【注 38】 《山西通志》（刊年未詳）卷 98/52，金石記 10 "元分置芮城縣治塼記" 條。

【注 39】 （元）于欽撰《齊乘》，四庫全書本，卷三。

【注 40】 許成、韓兆民：<寧夏固原出土明代磚刻>，載《考古與文物》1982 年 4 期。

【注 41】 陳直著《摹廬叢書七種》齊魯書社，1981 年。437 頁。

【注 42】 寧夏考古文物研究所、賀蘭縣文化局：<寧夏賀蘭山拜寺口北寺塔群遺址的清理>，載《考古》2002 年 8 期。

【注 43】 （法）James Hamilton 牛汝極：<赤峰出土景教墓磚銘文及族屬研究>，載《民族研究》1996 年 3 期。筆者案：據悉此磚施有釉色，抑或為瓷質墓磚。

【注 44】 內蒙古文物考古研究所等：<元上都城南砧子山南區墓葬發掘報告>，載《內蒙古文物考古文集》第一輯，中國大百科全書出版社，1994 年 8 月。

補記：

本文交稿後，在等待出版期間，《番禺漢墓》、《漢魏洛陽故城南郊東漢刑徒墓地》二書先後刊佈問世。建國後在河南偃師、廣東番禺的兩次刻字磚重要發掘出土，終于有了系統完整的考古報告集。這無論對漢代考古、歷史，還是對刻字磚的研究都具有重要意義。

《番禺漢墓》廣州市文物考古研究所、廣州市番禺區文管會辦公室編，科學出版社 2006 年 8 月出版。據其披露，1990 年至 2001 年在廣東廣州番禺區（原番禺市）多座東漢墓的考古發掘中，共發現有紋飾、文字、刻劃符號磚 667 塊（可清晰辨認者 139 种）。其中文字磚 186 塊，都是磚坯未乾前用尖竹片或木棒刻劃的，也有用手指寫劃而成。書體以隸書為主，兼有草書，内容包括姓名、官職、紀年、吉語或祈語等。報告概述了這批磚的基本情況，記錄了部分磚目，並縮印了五十餘塊文字磚圖版。

《漢魏洛陽故城南郊東漢刑徒墓地》中國社會科學院考古研究所編著，文物出版社 2007 年 8 月出版。據其介紹，1964 年漢魏洛陽故城南郊東漢刑徒墓地，共發掘 516 座刑徒墓，出土 823 塊（含採集品 42 塊）刑徒墓誌磚。報告全面公佈了此次發掘的科學資料，將刑徒墓誌磚作為重點進行研究和論述，如磚的發現與發掘、銘文的格式與内容、有關考釋與統計等。附表有誌磚銘文登記表及刑徒郡縣獄所、刑徒罪刑名稱、刑徒死亡年號、刑徒姓名等統計表。附錄有刑徒人骨的科學鑒定，還有以往文獻發表過的和各單位收藏的東漢刑徒磚統計記錄、銘文内容及著錄出處。附圖收錄了此次出土的刑徒墓誌磚拓片圖版 775 張，這批刻字磚幾乎全部囊括，體現了資料的完整性。

本書所收磚刻時代、出土地及數量一覽表

	北京	河北	山西	内蒙古	遼寧	吉林	上海	江蘇	浙江	安徽	江西	山東	河南	湖北	湖南	廣東	廣西	四川	重慶	貴州	陝西	甘肅	寧夏	新疆	香港	地點不詳	統計
戰國												2															2
秦													1								2					4	7
漢	1	3	4	1			1			240	1	6	329			31	2	2		1	33				1	38	694
三國魏												1	11									1				3	16
三國吳								5	2	1																	8
晉	1	1				1		36	2	12		4	15			3					2					46	123
十六國		1		1	1							1									9					2	15
南朝宋								7								1					1					2	11
南朝齊								13			2																15
南朝梁								7																			7
南朝(無紀年)								9								1										7	17
北魏		7	5	1									14								1	1	1			47	77
東魏		2											1													10	13
西魏																					1					2	3
北齊	1	6										1	8								1					20	37
北周																							1			3	4
北朝(無紀年)		3										1	4													17	25
高昌																								28			28
隋	1	8										2	7		1						3	1				13	36
鄭													1														1
唐		2					2	34	7	1			32								14	1		3		28	124
渤海						1																					1
五代															1											1	2
十國								5		1						3										2	11
宋		4	5				116	16	21		3	2	337	6		48		2			8	1	1			17	587
遼				2	5																					1	8
金		1	3	1									2								3	1				4	15
元		1	2	5							1		1			29			1		2	2				4	48
明	2	3						4	6	3		2	2	3	4	2		3			7		1			9	51
大順																					1						1
清	8							2								4					3					1	18
統計	14	42	19	11	6	2	122	136	37	257	6	22	765	11	6	122	2	7	1	1	91	8	4	31	1	281	2005

磚名拼音索引

CHAO

巢思玄神靈磚　　武周　　1171

CHE

車伯生息妻鄁月光墓銘磚　　北魏　　0939
車弘葬磚　　東漢　　0241
車少葬磚　　東漢　　0204

CHEN

辰象為保溫潤磚　　東漢　　0472
辰字畫像磚　　元　　1911
陳阿善題名磚　　宋　　1697
陳敞葬磚　　東漢　　0242
陳便葬磚（第一種）　　東漢　　0124
陳便葬磚（第二種）　　東漢　　0125
陳道磚　　宋　　1850
陳二娘題名磚　　宋　　1698
陳公贊墓誌磚　　唐　　1215
陳璟白磚　　東漢　　0485
陳吉墓記磚　　北宋　　1512
陳進墓記磚　　北宋　　1490
陳進妻阿趙墓記磚　　北宋　　1500
陳君妻苟氏墓誌磚　　唐　　1222
陳來興題名磚　　宋　　1699
陳李葬磚　　東漢　　0033
陳禮墓記磚　　三國·魏　　0707
陳琳墓誌磚　　唐　　1212
陳琳妻施小光墓誌磚　　唐　　1213
陳氏夫人墓記磚　　唐　　1196
陳王曹植陵磚　　三國·魏　　0705
陳宣教墓記磚　　宋　　1814
陳玄潔妻張氏墓銘磚　　武周　　1170
陳元坦磚　　東漢　　0484
陳重買地券磚　　三國·吳　　0726
陳宗孔買地券磚　　明　　1972
陳宗葬磚　　東漢　　0348

CHENG

成壁但冤余磚　　東漢　　0414

成吉墓記磚　　北宋　　1463
成埶磚　　東漢　　0589
成指揮等字殘墓記磚　　北宋　　1660
城旦在此四字殘葬磚　　東漢　　0243
城皋縣人墓記磚　　北朝·魏　　1051
乘法口訣磚　　東漢　　0651
乘字磚　　東漢　　0649
程平遼祖母李氏柩銘磚　　唐　　1149
程陽葬磚　　東漢　　0036
程之璋為父程衡母鄧氏買地券磚　　清　　1988

CHI

池建葬磚　　東漢　　0171
熾叩頭死罪磚　　東漢　　0353

CHONG

崇寧四年十二月殘墓記磚　　北宋　　1310
崇寧五年殘墓記磚　　北宋　　1326
重九十二口磚　　南朝　　0908
重修舍利塔題記磚　　遼　　1869
重修鎮戎城記磚　　明　　1940

CHOU

仇平葬磚　　東漢　　0126
愁戽、揚汲等字磚　　東漢　　0477
愁奇居世乎磚　　東漢　　0548
丑字畫像磚　　元　　1909

CHU

楚字磚　　秦　　0007

CHUAN

川山畫像磚　　元　　1934

CHUI

垂拱四年五月磚　　唐　　1164

CI

雌鷙範磚　　東漢　　0702

G

GAN

GAO

GONG

GOU

GU

GUAN

GUANG

GUI

李纂妻武氏墓誌磚　　東晉　　0795

LIAN

廉涼州妻姚齊姬墓記磚　　北魏　　0930

廉順墓記磚（第一種）　　北宋　　1588

廉順墓記磚（第二種）　　北宋　　1589

LIANG

梁長□磚　　晉　　0838

梁德墓記磚（第一種）　　北宋　　1582

梁德墓記磚（第二種）　　北宋　　1583

梁東葬磚　　東漢　　0048

梁龕墓銘磚　　隋　　1113

梁奴葬磚　　東漢　　0173

梁始葬磚　　東漢　　0139

梁氏墓記磚　　元　　1897

梁虞磚　　東漢　　0677

梁支墓記磚　　北宋　　1510

LIAO

廖建昌題名磚　　宋　　1729

了忽焉磚　　東漢　　0488

了氣□磚　　宋　　1818

LIN

林妙清題名磚　　宋　　1730

林母楊氏墓記磚　　明　　1965

林佐買地券磚　　明　　1958

臨沮、死在此下等字殘葬磚　　東漢　　0266

LING

陵完城旦等字殘葬磚　　東漢　　0035

零陵營道□□代雷益葬磚　　東漢　　0350

靈石寺磚　　北宋　　1393

令曰組助路等字磚　　東漢　　0385

令左史忠磚　　東漢　　0360

LIU

留繼宗題名磚　　宋　　1733

留相焰等字磚　　東漢　　0357

劉德墓記磚　　北宋　　1496

劉登墓記磚　　北朝·魏　　1054

劉端等為劉法傳、許氏買地券磚（第一種）　　明　　1946

劉端等為劉法傳、許氏買地券磚（第二種）　　明　　1947

劉二娘題名磚　　宋　　1731

劉二一磚　　宋　　1843

劉夫生女墓記磚　　北魏　　0982

劉庚墓記磚（第一種）　　東晉　　0819

劉庚墓記磚（第二種）　　東晉　　0820

劉庚墓記磚（第三種）　　東晉　　0821

劉公好塹磚　　東漢　　0678

劉貴墓記磚（第一種）　　北宋　　1586

劉貴墓記磚（第二種）　　北宋　　1587

劉皆墓誌磚　　唐　　1148

劉進墓記磚　　北宋　　1410

劉景墓銘磚　　北齊　　1026

劉君妻郝氏墓誌磚　　唐　　1147

劉君霜墓銘磚　　隋　　1126

劉凱買地券磚　　南朝·齊　　0877

劉剋墓誌磚（第一種）　　東晉　　0792

劉剋墓誌磚（第二種）　　東晉　　0793

劉客墓記磚　　北宋　　1296

劉平頭妻傅雙之墓記磚　　北魏　　0983

劉榮先妻馬羅墓記磚　　北魏　　0956

劉沙彌磚　　唐　　1260

劉善墓記磚　　北宋　　1297

劉十磚　　東漢　　0679

劉世通妻王氏墓銘磚　　唐　　1146

劉授□磚　　宋　　1852

劉壽一娘題名磚　　宋　　1732

劉碩之妻徐氏墓記磚（第一種）　　東晉　　0817

劉碩之妻徐氏墓記磚（第二種）　　東晉　　0818

劉譚剛墓記磚　　北魏　　0984

劉先墓記磚（第一種）　　北宋　　1549

劉先墓記磚（第二種）　　北宋　　1550

劉詢墓記磚　　西晉　　0764

NAO

甕子磚　　東漢　　0396

NI

倪佛一娘題名磚　　宋　　1743
倪郎磚　　東漢　　0476
倪悌題名磚　　宋　　1742

NIAN

年九、陽宛等字殘葬磚　　東漢　　0220
廿百枚磚　　晉　　0833
廿五日取米等字磚　　秦　　0009
廿字磚　　西漢　　0017
廿字磚　　西晉　　0777
念會稽府君磚　　東漢　　0438

NIAO

鳥□磚　　東漢　　0586

NIE

聶青墓記磚　　北宋　　1371
聶真墓記磚　　北宋　　1353

NIU

牛頭壁磚　　東漢　　0539
牛頭也曹君磚　　東漢　　0453

NONG

農字磚　　晉　　0842

NU

弩文葬磚　　東漢　　0274

P

PAN

番禺都亭長陳誦磚　　東漢　　0590
番禺男磚　　東漢　　0142
番禺磚　　東漢　　0592
潘釘葬磚　　東漢　　0337
潘億墓記磚（第一種）　　三國·吳　　0723
潘億墓記磚（第二種）　　三國·吳　　0724

PANG

龐文葬磚　　東漢　　0102

PEI

裴夫人元氏墓銘磚　　唐　　1184
裴令范妻李氏墓記磚　　唐　　1162
裴青墓記磚（第一種）　　北宋　　1355
裴青墓記磚（第二種）　　北宋　　1356
裴仁題名磚　　宋　　1744
裴僧仁墓記磚　　北魏　　0986
裴四姐墓記磚　　北宋　　1445
裴裕墓誌磚　　唐　　1197
沛國譙□□磚　　東漢　　0525
沛相孟郁字敬達磚　　東漢　　0457
沛相磚　　東漢　　0456
沛豕磚　　東漢　　0523

PENG

彭琮墓記磚　　北宋　　1347
彭黑磚　　宋　　1853
彭信題名磚　　宋　　1745

PEI

邳集墓記磚　　晉　　0844
邳□墓記磚　　晉　　0845

瞿威然墓記磚　　十六國·前秦　　0856

QUAN

全月初磚　　宋　　1855

QUE

却威葬磚　　東漢　　0128

R

REN

任虎墓銘磚　　北周　　1047

任克葬磚　　東漢　　0120

任叔達妻袁氏墓表磚　　高昌　　1081

任順叩頭磚　　東漢　　0683

任顯文墓表磚　　高昌　　1094

任小等字殘葬磚　　東漢　　0347

任小香墓記磚　　西魏　　1007

任珍葬磚　　東漢　　0351

RI

日沮苤苤磚　　東漢　　0496

日入千萬磚　　東漢　　0684

日無兩字殘葬磚　　東漢　　0278

日無兩字殘葬磚　　東漢　　0279

日瀉、髡鉗等字殘葬磚　　東漢　　0280

日豫、髡鉗等字殘葬磚　　東漢　　0281

日左、髡鉗等字殘葬磚　　東漢　　0282

RU

如狹具木磚　　東漢　　0398

RUAN

阮汝鳴墓誌磚　　明　　1966

RUN

閏月四日、濕陰等字殘葬磚　　東漢　　0228

RUO

若干子雄妻張比婁墓銘磚　　北齊　　1020

S

SAN

三阿杜墓記磚（第一種）　　北宋　　1605

三阿杜墓記磚（第二種）　　北宋　　1606

三阿杜墓記磚（第三種）　　北宋　　1607

三百等字磚　　秦　　0008

三百六十八枚磚　　東漢　　0636

三百廿八枚磚　　東漢　　0635

三男子磚　　東漢　　0094

三年四、無任等字殘葬磚　　東漢　　0197

三年四月廿日、無任汝南等字殘葬磚　　東漢　　0195

三年四月十等字殘葬磚　　東漢　　0194

三日濟等字殘葬磚　　東漢　　0230

三月廿一、樂等字殘葬磚　　東漢　　0207

三月十、南陽葉髡等字殘葬磚　　東漢　　0206

SENG

僧一金題名磚　　北宋　　1391

僧有磚　　宋　　1862

SHAN

山陽太守曹勳磚　　東漢　　0449

SHANG

商文墓記磚　　北宋　　1335

上大人磚　　北宋　　1395

上黨等字殘墓記磚　　三國·魏　　0717

上官何陰妻劉安妙娥墓記磚　　北魏　　0922

SHAO

少王邵明等字祭文磚　　東漢　　0685

WAN

丸字磚　　東漢　0602

宛完等字殘葬磚　　東漢　0296

宛威葬磚　　東漢　0297

菀德讚妻杜法生墓記磚　　隋　1117

萬斟磚　　東漢　0687

萬頭六磚　　東漢　0611

萬五千磚　　東漢　0612

萬縱□妻樊合會墓記磚　　北魏　0917

WANG

王彬繼室夏金虎墓誌磚　　東晉　0811

王伯通題名磚　　宋　1768

王粲等為父王道買地券磚　　明　1944

王藏子妻吳波奈羅墓銘磚　　唐　1159

王初墓記磚　　西晉　0783

王大妃墓誌磚　　西晉　0743

王丹虎墓誌磚　　東晉　0798

王德墓記磚　　北宋　1369

王德墓記磚（第一種）　　北宋　1469

王德墓記磚（第二種）　　北宋　1470

王德墓記磚（第三種）　　北宋　1471

王德墓記磚（第四種）　　北宋　1472

王方德墓記磚（第一種）　　北宋　1620

王方德墓記磚（第二種）　　北宋　1621

王佛女買地券磚　　南朝·宋　0871

王富葬磚　　東漢　0298

王富葬磚　　東漢　0299

王貴墓記磚　　北宋　1436

王貴葬磚　　東漢　0157

王吉墓記磚　　北宋　1598

王吉墓記磚（第一種）　　北宋　1584

王吉墓記磚（第二種）　　北宋　1585

王吉墓誌磚　　金　1876

王建之妻劉媚子墓誌磚　　東晉　0802

王諫、王義墓記磚　　北宋　1377

王進墓記磚　　北宋　1489

王巨川妻□氏墓誌磚　　唐　1200

王君妻于令淑墓誌磚　　唐　1218

王鈞妻羅氏墓誌磚　　明　1943

王俊墓記磚　　北宋　1626

王康之墓誌磚　　東晉　0791

王康之妻何法登墓誌磚　　東晉　0810

王苛葬磚　　東漢　0343

王立墓記磚　　北宋　1375

王立墓記磚　　北宋　1610

王立周妻□敬妃墓銘磚　　東魏　0995

王林及妻何四娘造像磚　　十國·吳越　1269

王閭之墓誌磚　　東晉　0797

王乃磚　　東漢　0617

王平殘墓記磚　　北宋　1663

王平葬磚　　東漢　0117

王平造像磚　　北魏　0961

王普墓記磚　　北宋　1330

王羌仁塚記磚　　北魏　0988

王勤葬磚　　東漢　0164

王丘馨明堂磚　　十國·南漢　1277

王泉叩頭磚　　東漢　0560

王仁表墓誌磚　　唐　1153

王僧玉妻杜延登墓記磚　　北魏　0966

王社惠妻張氏墓銘磚　　隋　1116

王氏買地券磚　　明　1968

王叔寧妻弘氏墓誌磚　　唐　1217

王舒墓誌磚　　北魏　0971

王太伯磚　　東漢　0688

王泰墓記磚　　西晉　0730

王惟習母祖婆墓記磚　　北宋　1344

王文愛及妻劉江女墓銘磚　　北魏　0950

王企之墓誌磚　　東晉　0801

王賢題名磚　　宋　1769

王顯明墓銘磚　　東魏　1003

王相買地券磚　　北魏　0975

王信殘墓記磚　　北宋　1664

王信墓記磚　　北宋　1365

王信墓記磚　　北宋　1455

王宣墓記磚　　金　1875

王顔葬磚　　東漢　0300

ZHAO

趙信墓記磚　　　北宋　　1320

趙續生墓銘磚　　北魏　　0935

趙齋葬磚　　東漢　　0346

趙仲葬磚　　東漢　　0345

趙□葬磚　　東漢　　0328

ZHEN

珎字磚　　秦　　0004

真月其月磚　　東漢　　0504

甄君妻解夫人墓記磚　　東晉　　0827

甄元希墓銘磚　　隋　　1130

ZHENG

爭炎湯等字磚　　東漢　　0500

正始元年十二月等字殘墓記磚　　北魏　　0938

政和六年四月十四日殘墓記磚　　北宋　　1363

政和年殘墓記磚　　北宋　　1373

政和四年十月殘墓記磚　　北宋　　1351

政和四年十月十八日殘墓記磚　　北宋　　1350

政和五年十月八日殘墓記磚　　北宋　　1358

鄭、死在此等字殘葬磚　　東漢　　0331

鄭胡墓銘磚　　北魏　　0973

鄭吉墓記磚　　北宋　　1340

鄭開葬磚　　東漢　　0329

鄭少葬磚　　東漢　　0330

鄭□葬磚　　東漢　　0034

證果禪師塔銘磚　　唐　　1225

ZHI

至大叁年記下磚　　元　　1895

至大三年記下磚　　元　　1896

至喪磚　　東漢　　0543

至元廿二年磚　　元　　1890

置掾景興侍者等字磚　　東漢　　0388

ZHONG

中平四年七月廿三日作磚　　東漢　　0187

ZHOU

周伯孫作磚　　西晉　　0734

周恩葬磚　　東漢　　0160

周進殘墓記磚　　北宋　　1666

周捐葬磚　　東漢　　0129

周立墓記磚　　北宋　　1638

周妙員題名磚　　宋　　1800

周名二娘題名磚　　宋　　1801

周球妻張氏墓誌磚　　唐　　1207

周叔宣母黃天墓記磚　　南朝　　0900

周淑清題名磚　　宋　　1802

周通墓記磚　　北宋　　1637

周文正題名磚　　宋　　1803

周賢文妻范氏墓表磚　　高昌　　1092

周小二墓記磚（第一種）　　北宋　　1560

周小二墓記磚（第二種）　　北宋　　1561

周陽葬磚　　東漢　　0092

周臻等重建塔記磚　　北宋　　1345

周字磚　　東漢　　0584

ZHU

朱阿定墓表磚　　高昌　　1075

朱阿買夫婦墓銘磚　　北朝　　1073

朱鉋題名磚　　宋　　1805

朱成墓記磚　　北宋　　1491

朱次葬磚　　東漢　　0074

朱東溟墓誌磚　　明　　1953

朱近買地券磚　　南宋　　1669

朱淨真題名磚　　宋　　1804

朱苟、朱意墓記磚　　十六國・前秦　　0861

朱麟墓券磚　　清　　2005

朱曼妻薛氏買地券磚　　東晉　　0787

朱鳥等字磚　　南朝・齊　　0889

朱圯妻張氏墓記磚　　十六國・前秦　　0857

朱卿墓記磚（甲種）　　十六國・前秦　　0859

朱卿墓記磚（乙種）　　十六國・前秦　　0860

朱雀畫像磚　　元　　1919

朱武子磚　　南朝　　0915

朱嚴妻却墓記磚　　東漢　　0700

朱怡儇墓誌磚　　明　　1952

朱丈墓記磚　　十六國·前秦　　0858

朱字磚　　東漢　　0495

朱字磚　　東漢　　0527

朱□墓記磚　　十六國·前秦　　0862

諸妙真題名磚　　宋　　1806

屬昨自語言等字磚　　東漢　　0358

祝信墓記磚　　北宋　　1579

ZHUANG

莊文二娘題名磚　　宋　　1807

ZI

子明題名磚　　宋　　1808

子字殘葬磚　　東漢　　0332

子字畫像磚　　元　　1908

子字磚　　東漢　　0607

子□磚　　東漢　　0621

字武達磚　　東漢　　0483

字字思祖墓記磚　　十六國·前秦　　0864

自謂還等字磚　　東漢　　0578

自虞磚　　東漢　　0573

自知久勿還磚　　東漢　　0383

ZONG

宗死兩字殘葬磚　　東漢　　0333

ZOU

聚慶墓誌磚　　唐　　1214

ZU

卒史儔磚　　東漢　　0395

祖光璽買地券磚　　清　　1989

ZUAN

纂息奴子墓記磚　　北齊　　1021

ZUO

左棻墓記磚　　西晉　　0765

左家脩第十二磚　　南朝·齊　　0890

左屈客畫像磚　　元　　1929

左師子上行第十五磚　　南朝·齊　　0879

左章葬磚　　東漢　　0030

左作磚　　東漢　　0537

左□葬磚　　東漢　　0093

作苦心丸磚　　東漢　　0370

作牛頭此故大磚　　東漢　　0538

作坏從此北磚　　東漢　　0421

座主大師題名磚　　北宋　　1394

讀音不詳

璂字磚　　東漢　　0425

□羔等字磚　　東漢　　0521

□霸葬磚　　東漢　　0056

□百等字磚　　東漢　　0520

□寶□殘墓記磚　　唐　　1182

□昌墓記磚　　北宋　　1644

□大高墓誌磚　　唐　　1178

□當葬磚　　東漢　　0246

□德殘墓記磚　　北宋　　1383

□府君墓誌磚　　唐　　1205

□何轉題名磚　　宋　　1811

□和五八月四日作等字磚　　晉　　0830

□胡葬磚　　東漢　　0072

□見千重山疊疊七言詩磚　　宋　　1817

□驕葬磚　　東漢　　0146

□進墓記磚　　北宋　　1466

□開葬磚　　東漢　　0193

□客葬磚　　東漢　　0071

□郎葬磚　　東漢　　0260

□梁□磚　　宋　　1854

□柳墓記磚　　西晉　　0755

□睦墓誌磚　　隋　　1132

□貧等字磚　　東漢　　0570

□平殘葬磚　　東漢　　0275

磚刻出土地索引

1. 北京市

海淀區

朝陽區

通州區（原通縣）

順義縣

懷柔縣

平谷縣

北京地區

2. 河北省

石家莊市

正定縣

靈壽縣

柳濟民墓誌磚　　　明　　1954

藁城縣

李奴奴墓記磚　　　隋　　1121

蘇金封墓銘磚　　　隋　　1127

邯鄲市

李進玄孫墓記磚　　西晉　　0780

崔仙奴墓記磚　　　金　　1885

至元廿二年磚　　　元　　1890

臨漳縣

可足渾桃杖墓誌磚　　東魏　　1001

磁縣

宋義墓記磚　　北朝・魏　　1057

王德墓記磚　　　北宋　　1369

平鄉縣

柴公墓記磚　　　北宋　　1289

隆堯縣

董季祿妻郝令墓銘磚　　隋　　1114

涿州市（原涿縣）

張神洛買地券磚　　北魏　　0942

李道□墓銘磚　　　北魏　　0947

喬進臣買地券磚　　唐　　1202

定州市（原定縣）

延熹七年紀雨磚　　東漢　　0179

達法度墓銘磚　　　北魏　　0958

大將軍等字殘磚　　東魏　　0994

定興縣

鮮于高頭鋪記磚　　北魏　　0959

唐縣

趙阿祥妻石定姬墓記磚　北魏　　0925

易縣

閔子騫磚　　　北宋　　1667

望都縣

劉顏墓誌磚　　　北魏　　0952

蠡縣

乘字磚　　　東漢　　0649

貴人大壽磚　　　東漢　　0650

鹽山縣

李忠等為父李明買地券磚　明　　1951

河北地區

尹弍和墓記磚　　　北魏　　0962

孟蕭姜墓記磚　　　北齊　　1011

蕭醜女墓記磚　　　北齊　　1013

輔□念墓銘磚　　　北齊　　1028

封胤墓記磚　　北齊　　1029

郭小伯妻徐氏墓記磚　　北齊　　1036

趙豪妻公乘墓記磚　　北朝・魏　　1065

孫休延墓銘磚　　　北朝　　1072

呂杏洛息妻路蘭墓銘磚　　隋　　1109

輔顯族息妻買右墓銘磚　　隋　　1112

張延敬墓記磚　　　隋　　1115

王鈞妻羅氏墓誌磚　　明　　1943

3. 山西省

大同市

宋紹祖柩銘磚　　　北魏　　0923

屈突隆業塚記磚　　北魏　　0924

宿光明塚記磚　　　北魏　　0987

王羌仁塚記磚　　北魏　　　0988

長治市

□晏家族墓誌磚　　北宋　　1290

壺關縣

王諫、王義墓記磚　　北宋　　1377

繁峙縣

宋惠國妻馮氏墓銘磚　　北宋　　1362

呂梁地區

無名氏墓記磚（王字號）　　北宋　　1329

臨汾市

昌□磚　　東漢　　0645
好隄磚　　東漢　　0646
乃敢自磚　　東漢　　0647
師為磚　　東漢　　0648

侯馬市

董氏家族墓室磚刻　　金　　1884

汾西縣

劉用墓記磚　　元　　1891

曲沃縣

李訦墓記磚　　北魏　　0932

萬榮縣

舞廳石磚　　元　　1888

稷山縣

段栮預修墓記磚　　金　　1877
段氏祖傳湯方磚　　金　　1886

山西地區

陶美買地券磚　　北宋　　1286

4. 內蒙古自治區

托克托縣

馬君興作磚　　東漢　　0177
邢元澤為祖邢禹買地券磚　　金　　1880

包頭市

廉涼州妻姚齊姬墓記磚　　北魏　　0930

巴林右旗

章聖皇太后特建舍利塔碑　　遼　　1867
建舍利塔官員工匠題名碑　　遼　　1868

多倫縣

梁氏墓記磚　　元　　1897
孫副使墓記磚　　元　　1903
吳相高墓記磚　　元　　1904
胡子通墓記磚　　元　　1905
李孝□墓記磚　　元　　1906

烏審旗

田毆墓銘磚　　十六國·夏　　0865

5. 遼寧省

錦州市

李廆墓記磚　　十六國·前燕　　0853

朝陽市

再葬舍利記磚　　遼　　1866
重修舍利塔題記磚　　遼　　1869
第三度重修舍利塔題記磚　　遼　　1870
國五戒磚　　遼　　1871
五戒田為大磚　　遼　　1872

6. 吉林省

集安

未豆磚　　　當東晉時　　0823

和龍縣

會邦于二磚　　　渤海　　1264

7. 上海市

松江縣

陳阿善題名磚　　　宋　　1697

陳二娘題名磚　　　宋　　1698

陳來興題名磚　　　宋　　1699

竇氏題名磚　　　宋　　1700

范喬一娘題名磚　　　宋　　1701

方伏題名磚　　　宋　　1702

馮阿海題名磚　　　宋　　1703

馮子敬題名磚　　　宋　　1704

符五娘題名磚　　　宋　　1705

傅妙名題名磚　　　宋　　1706

富真題名磚　　　宋　　1707

富妙真題名磚　　　宋　　1708

高旺題名磚　　　宋　　1709

顧福五題名磚　　　宋　　1710

顧真二娘題名磚　　　宋　　1711

郭道誠題名磚　　　宋　　1712

韓壽山題名磚　　　宋　　1713

何俊題名磚　　　宋　　1714

胡澄題名磚　　　宋　　1715

胡顯方題名磚　　　宋　　1716

黃妙善題名磚　　　宋　　1717

黃士得妻征妙員題名磚　　　宋　　1718

黃淑真題名磚　　　宋　　1719

黃鐵良題名磚　　　宋　　1720

蔣妙清題名磚　　　宋　　1721

蔣士安題名磚　　　宋　　1722

金妙善題名磚　　　宋　　1723

金文名題名磚　　　宋　　1724

金信題名磚　　宋　　1725

李妙清題名磚　　　宋　　1726

李妙員題名磚　　　宋　　1727

李昇題名磚　　宋　　1728

廖建昌題名磚　　　宋　　1729

林妙清題名磚　　　宋　　1730

劉二娘題名磚　　　宋　　1731

劉壽一娘題名磚　　　宋　　1732

留繼宗題名磚　　　宋　　1733

魯文顯題名磚　　　宋　　1734

魯秀一娘題名磚　　　宋　　1735

陸阿福題名磚　　　宋　　1736

陸妙福題名磚　　　宋　　1737

陸妙員題名磚　　　宋　　1738

陸名題名磚　　　宋　　1739

陸仲容妻王妙清題名磚　　　宋　　1740

呂妙清題名磚　　　宋　　1741

倪悌題名磚　　　宋　　1742

倪佛一娘題名磚　　　宋　　1743

裴仁題名磚　　　宋　　1744

彭信題名磚　　　宋　　1745

平一娘題名磚　　　宋　　1746

錢三娘題名磚　　　宋　　1747

秦妙善題名磚　　　宋　　1748

瞿妙喜題名磚　　　宋　　1749

邵海堂題名磚　　　宋　　1750

邵新弟題名磚　　　宋　　1751

沈覺堅題名磚　　　宋　　1752

沈濟長題名磚　　　宋　　1753

沈妙清題名磚　　　宋　　1754

沈二娘題名磚　　　宋　　1755

沈秀二娘題名磚　　　宋　　1756

施阿仁題名磚　　　宋　　1757

宋伏題名磚　　宋　　1758

宋仁美薦袁宜順題名磚　　　宋　　1759

上海地區

8. 江蘇省

南京市

郎朝用買地券磚　　　明　1971

鳳台縣

歲歎息等字磚　　西晉　0731

周伯孫作磚　　西晉　0734

呂氏造磚　　西晉　0735

君白木作磚　　西晉　0774

馬計君磚　　西晉　0775

呂府君夫人墓青龍畫像磚　　西晉　0776

馬鞍山市

孟府君墓誌磚（第一種）　　東晉　0804

孟府君墓誌磚（第二種）　　東晉　0805

孟府君墓誌磚（第三種）　　東晉　0806

孟府君墓誌磚（第四種）　　東晉　0807

孟府君墓誌磚（第五種）　　東晉　0808

滁州市

李瑛為母王妙安買地券磚　　明　1938

鳳陽縣

龍鳳磚　　十國・南唐　1267

和縣

崔貽孫墓誌磚　　唐　1228

壽縣

蔣之神柩磚　　西晉　0751

亳州市（原亳縣）

延熹七年元月磚　　東漢　0178

延熹九年磚　　東漢　0180

建寧三年四月四日磚　　東漢　0183

中平四年七月廿三日作磚　　東漢　0187

熾叩頭死罪磚　　東漢　0353

為曹侯作壁磚　　東漢　0354

東部督王熾字元異磚　　東漢　0355

別駕從事王左叩頭磚　　東漢　0356

留相焰等字磚　　東漢　0357

屬昨自語言等字磚　　東漢　0358

公門磚　　東漢　0359

令左史忠磚　　東漢　0360

唯念王左磚　　東漢　0361

咄戈王左磚　　東漢　0362

癸酉磚　　東漢　0363

必忠磚　　東漢　0364

當令備等字磚　　東漢　0365

再拜再再磚　　東漢　0366

是是是後磚　　東漢　0367

限阿枚雎日磚　　東漢　0368

穎遺逸崇志等字磚　　東漢　0369

作苦心丸磚　　東漢　0370

勉力諷誦磚　　東漢　0371

頃不想思磚　　東漢　0372

大須自有磚　　東漢　0373

樓阿枚丸磚　　東漢　0374

使仁勤勵劇磚　　東漢　0375

復德行者磚　　東漢　0376

堯飲枚千鍾磚　　東漢　0377

曰夙且休干等字磚　　東漢　0378

當起送無有朽磚　　東漢　0379

黃枵一枚磚　　東漢　0380

酸醪五升配酖磚　　東漢　0381

紀絕事止食磚　　東漢　0382

自知久勿還磚　　東漢　0383

當若然等字磚　　東漢　0384

令曰組助路等字磚　　東漢　0385

一曰持書磚　　東漢　0386

今來至王成家等字磚　　東漢　0387

置搩景興侍者等字磚　　東漢　0388

亥子月磚　　東漢　0389

二繭躬育磚　　東漢　0390

得湯都磚　　東漢　0391

高光水郢磚　　東漢　0392

居張薩羊休磚　　東漢　0393

敬持枝磚　　東漢　0394

卒史儔磚　　東漢　0395

月月磚　　　東漢　　0474

兒汝磚　　　東漢　　0475

倪郎磚　　　東漢　　0476

愁戻、揚汲等字磚　　東漢　　0477

文學磚　　　東漢　　0478

買女作壁磚　　東漢　　0479

壁不知□磚　　　東漢　　0480

當如此磚　　東漢　　0481

乃字磚　　　東漢　　0482

字武達磚　　東漢　　0483

陳元坦磚　　　東漢　　0484

陳瓛白磚　　　東漢　　0485

張寧磚　　　東漢　　0486

丁次豪磚　　　東漢　　0487

了忽焉磚　　　東漢　　0488

寫進遺遺緣磚　　東漢　　0489

無想俱然之磚　　　東漢　　0490

比若相磚　　　東漢　　0491

小知貴知磚　　　東漢　　0492

茂誠磚　　東漢　　0493

東西磚　　　東漢　　0494

朱字磚　　　東漢　　0495

日沮芜芜磚　　　東漢　　0496

見尫元元元等字磚　　　東漢　　0497

此二人者等字磚　　　東漢　　0498

恩文沘等字磚　　　東漢　　0499

爭炎湯等字磚　　　東漢　　0500

有倭人等字磚　　　東漢　　0501

獨字磚　　　東漢　　0502

皆字磚　　東漢　　0503

真月其月磚　　　東漢　　0504

以五月十二日作　　　東漢　　0505

張次驕所作壁磚　　　東漢　　0506

雹可作磚　　東漢　　0507

史所作也磚　　　東漢　　0508

長百一十磚　　　東漢　　0509

六十磚　　東漢　　0510

卅磚　　東漢　　0511

五十磚　　東漢　　0512

百字磚　　　東漢　　0513

百一十磚　　　東漢　　0514

四百廿磚　　　東漢　　0515

凡五百良磚　　　東漢　　0516

費亭侯曹忠字巨高磚　　　東漢　　0517

菅舉辟磚　　　東漢　　0518

費阿旦磚　　　東漢　　0519

□百等字磚　　　東漢　　0520

□羔等字磚　　　東漢　　0521

費□月十四日紀耳磚　　　東漢　　0522

沛冢磚　　　東漢　　0523

錢百等字磚　　　東漢　　0524

沛國譙□□磚　　　東漢　　0525

次□等字磚　　　東漢　　0526

朱字磚　　　東漢　　0527

宰張大□磚　　　東漢　　0528

芋更之等字磚　　　東漢　　0529

一百等字磚　　　東漢　　0530

多作此等字磚　　　東漢　　0531

此辟磚　　　東漢　　0532

七尺八寸磚　　　東漢　　0533

殘字磚　　　東漢　　0534

此行調直磚　　　東漢　　0535

將熾磚　　　東漢　　0536

左作磚　　　東漢　　0537

作牛頭此故大磚　　　東漢　　0538

牛頭壁磚　　　東漢　　0539

頃不相等字磚　　　東漢　　0540

代壁磚　　　東漢　　0541

王有興磚　　　東漢　　0542

至喪磚　　　東漢　　0543

名字磚　　　東漢　　0544

弟子磚　　　東漢　　0545

君侯家作磚　　　東漢　　0546

君叩頭磚　　　東漢　　0547

愁奇居世乎磚　　　東漢　　0548

戴子石豪磚　　　東漢　　0549

為上大夫作壁磚　　　東漢　　0550

九月七日作磚　　　東漢　　0551

大者磚　　東漢　　0552

豫州刺史曹水有陵朱謙磚　　東漢　　0553

會稽磚　　東漢　　0554

為字磚　　東漢　　0555

郎中磚　　東漢　　0556

亭部西、男子等字磚　　東漢　　0557

草隸磚　　東漢　　0558

男子王泉等字磚　　東漢　　0559

王泉叩頭磚　　東漢　　0560

心倚者頃不相見磚　　東漢　　0561

家□□作壁等字磚　　東漢　　0562

草隸磚　　東漢　　0563

案章從一磚　　東漢　　0564

譙□里南北七十三磚　　東漢　　0565

再拜叩頭磚　　東漢　　0566

易含五常何磚　　東漢　　0567

譙令鄒□磚　　東漢　　0568

八月廿四日磚　　東漢　　0569

□貧等字磚　　東漢　　0570

二山等字磚　　東漢　　0571

譙在帚等字磚　　東漢　　0572

自虞磚　　東漢　　0573

右行磚　　東漢　　0574

當□索磚　　東漢　　0575

草隸磚　　東漢　　0576

此行長百等字磚　　東漢　　0577

自謂還等字磚　　東漢　　0578

四人具作磚　　東漢　　0579

越騎校尉寵磚　　東漢　　0580

漢子勞獨作磚　　東漢　　0581

譙令磚　　東漢　　0582

豫州從事史磚　　東漢　　0583

周字磚　　東漢　　0584

待事史磚　　東漢　　0585

鳥□磚　　東漢　　0586

七月三磚　　東漢　　0587

一千磚　　東漢　　0588

11. 江西省

南昌市

浩宗買地券磚　　三國·吳　　0720

九江市

蘇漢用等為母舒氏一小娘買地券磚　　元　　1900

瑞昌縣

楊夢斗為母吳氏買地券磚　　南宋　　1682

南康縣

賤子扁磚　　東漢　　0673

江西地區

黃日華為母王氏買地券磚　　南宋　　1680

黃日華為父黃公買地券磚　　南宋　　1681

12. 山東省

濟南市

胡光國墓記磚　　北宋　　1367

淄博市

仙陽弟子字仁作磚　　東漢　　0692

惠字磚　　東漢　　0693

桓台縣

明副恭墓記磚　　北朝·魏　　1056

廣饒縣

鮑朱□墓銘磚　　東漢　　0643

臨朐縣

此塼凡有三千二百等字磚　　西晉　　0732

咸寧三年作磚　　西晉　　0733

濟寧市

丁賣磚　　東漢　　0663
郭雲墓銘磚　　隋　　1123

兗州市

永元十、作壁曰等字磚　　東漢　　0095
劉善墓記磚　　北宋　　1297

鄒城市（原鄒縣）

戰國墓記磚（第一種）　　戰國　　0001
戰國墓記磚（第二種）　　戰國　　0002
張世陵磚　　西晉　　0762

泰安市

窖倉銘文磚　　隋　　1125

諸城市

太康六年作磚　　西晉　　0744

萊州市（原掖縣）

少王邵明等字祭文磚　　東漢　　0685

德州市

劉端等為劉法傳、許氏買地券磚（第一種）　　明
　　1946
劉端等為劉法傳、許氏買地券磚（第二種）　　明
　　1947

樂陵市

刁翔墓誌磚　　北齊　　1034

沂水縣

建武元年三月二日作磚　　十六國・後趙　　0852

東阿縣

陳王曹植陵磚　　三國・魏　　0705

13. 河南省

鄭州市

程平遠祖母李氏柩銘磚　　唐　　1149
垂拱四年五月磚　　唐　　1164
田師愨磚　　唐　　1232
賈潤僧墓記磚　　元　　1899

滎陽市

城皋縣人墓記磚　　北朝・魏　　1051
董保和墓記磚　　北朝・魏　　1052
董康生妻墓記磚　　北朝・魏　　1053
張字墓記磚　　隋　　1138

開封市

鄭胡墓銘磚　　北魏　　0973

通許縣

裴裕墓誌磚　　唐　　1197

洛陽市

西周、八年等字磚　　西漢　　0010
十二磚　　西漢　　0013
十三磚　　西漢　　0014
十三磚　　西漢　　0015
十八磚　　西漢　　0016
廿字磚　　西漢　　0017
左□葬磚　　東漢　　0093
南桑髡、熹平元等字殘葬磚　　東漢　　0185
七年四月十一日等字殘葬磚　　東漢　　0203
老無等字葬磚　　東漢　　0261
二百卅枚磚　　東漢　　0634
五百廿磚　　東漢　　0638
大富磚（甲種）　　東漢　　0654
大富磚（乙種）　　東漢　　0655
大富磚（丙種）　　東漢　　0656

三門峽市

林母楊氏墓記磚　　　明　　1965
身披北斗八言聯磚　　　明　　1980

16. 廣東省

廣州市

建初元年七月十四日治磚　　　東漢　　0021
建初五年八月十一日造磚　　　東漢　　0022
馮佷埋古中磚　　　東漢　　0090
永和元年三月七日磚　　　東漢　　0175
任順叩頭磚　　　東漢　　0683
小兒父子磚　　　東漢　　0694
甄君妻解夫人墓記磚　　　東晉　　0827
乾和十六年殘墓記磚　　　十國・南漢　　1275
龔澄樞題記殘磚　　　十國・南漢　　1276
寶元貳年等字磚　　　北宋　　1287
嚴解元造磚　　　南宋　　1679
顏老師買地券磚　　　宋　　1813
似從工作到如今七言詩磚　　　宋　　1816
□見千重山疊疊七言詩磚　　　宋　　1817
了氣□磚　　　宋　　1818
溫畫磚　　　宋　　1819
新會磚　　　宋　　1820
陳道磚　　　宋　　1850
郎□磚　　　宋　　1851
劉授□磚　　　宋　　1852
彭黑磚　　　宋　　1853

番禺區

三男子磚　　　東漢　　0094
永初五年磚　　　東漢　　0141
番禺男磚　　　東漢　　0142
成孰磚　　　東漢　　0589
番禺都亭長陳誦磚　　　東漢　　0590
番禺磚　　　東漢　　0592
黃苗磚　　　東漢　　0591
郭用等字磚　　　東漢　　0593
書史誦磚　　　東漢　　0594

畫字磚　　　東漢　　0595
黃、昔等字磚　　　東漢　　0596
九具等字磚　　　東漢　　0597
九具磚　　　東漢　　0598
期會磚　　　東漢　　0599
九布磚　　　東漢　　0600
氏字磚　　　東漢　　0601
丸字磚　　　東漢　　0602
物字磚　　　東漢　　0603
相見磚　　　東漢　　0604
用九具磚　　　東漢　　0605
載君行磚　　　東漢　　0606
子字磚　　　東漢　　0607
九字磚　　　東漢　　0625

仁化縣

元嘉廿一年買地券磚　　　南朝・宋　　0873

南雄市

大中祥符二年塔磚　　　北宋　　1284

深圳市

乘法口訣磚　　　東漢　　0651

佛山市

永元八年十月磚　　　東漢　　0089

海康縣

子字畫像磚　　　元　　1908
丑字畫像磚　　　元　　1909
卯字畫像磚　　　元　　1910
辰字畫像磚　　　元　　1911
巳字畫像磚　　　元　　1912
午字畫像磚　　　元　　1913
未字畫像磚　　　元　　1914
申字畫像磚　　　元　　1915
酉字畫像磚　　　元　　1916
亥字畫像磚　　　元　　1917

肇慶市

德慶縣

廣東地區

17. 廣西壯族自治區

貴港市

18.　四川省

成都市

犍為武陽磚　　東漢　　0669
閻氏十八娘買地券磚　　北宋　　1379

新都縣

孫大墓鎮墓券磚　　明　　1959
李元齡為父李廷聲買地券磚　　明　　1960
陳宗孔買地券磚　　明　　1972

綿竹縣

無名氏墓記磚（甲子第三十八字號）　　北宋　　1294

三臺縣

胡功曹墓記磚　　東漢　　0668

19.　重慶市

二年九月搖錢樹座　　東漢　　0703

20.　貴州省

德江縣

田惟城鎮墓券磚　　元　　1893

21.　陝西省

西安市

百卅二磚　　西漢　　0012
長安男子張磚　　東漢　　0023
三百廿八枚磚　　東漢　　0635
三百六十八枚磚　　東漢　　0636

大女史息婦墓記磚　　東漢　　0660
公羊傳磚　　東漢　　0664
謹奏再拜賀磚　　東漢　　0665
魏君妻張氏墓記磚　　西晉　　0763
張長元墓記磚　　十六國・漢（前趙）　　0851
董顯□墓銘磚　　北齊　　1027
郁久閭伏仁墓誌磚　　隋　　1107
梁龕墓銘磚　　隋　　1113
王社惠妻張氏墓銘磚　　隋　　1116
太倉窖銘磚　　唐　　1143
劉世通妻王氏墓銘磚　　唐　　1146
劉君妻郝氏墓誌磚　　唐　　1147
劉皆墓誌磚　　唐　　1148
源君側室趙懿懿墓誌磚　　唐　　1154
許崇藝妻弓氏墓誌磚　　唐　　1157
王藏子妻吳波奈羅墓銘磚　　唐　　1159
楊大娘墓記磚　　唐　　1186
賈君墓誌磚　　唐　　1203
張君妻呂氏墓誌磚　　唐　　1204
孟元簡阿娘墓記磚　　唐　　1226
公吉磚　　唐　　1253
武十郎及妻捨墳地記磚　　金　　1879
元氏買地券磚　　金　　1883
輔昌墓誌磚　　元　　1889
張輔臣壙記磚　　元　　1894
張彥茂墓記磚　　清　　1998

藍田縣

王宗奉為父母買地券磚　　北宋　　1293

戶縣

寶林寺塔銘磚　　北宋　　1292

寶雞市

衣石自愛磚　　東漢　　0696
朱近買地券磚　　南宋　　1669

岐山縣

馬君夫人令狐氏墓誌磚　　唐　　1156

25. 香港特別行政區

九龍

26. 出土地不詳

ANNOTATED TRANSCRIPTIONS OF CARVED INSCRIPTIONS ON BRICKS IN ANCIENT CHINA

SUMMARY

From the beginning of using characters Chinese has relied on engraving inscriptions as a way of preserving the memory of history and culture. Mediums with inscriptions carved on them have varied, including bones, bronzes, stones, woods, bricks, etc. Although bricks were not the medium used as much as stones were, they often played the same role as stones. This was the situation in certain areas during some periods. In varying degrees, inscriptions on bricks were as important as those on stones.

Inscriptions on bricks are of three kinds, written inscriptions, stamped inscriptions and carved inscriptions. Written inscriptions are written on the surface of bricks with a brush directly. Stamped inscriptions are stamped by a mould. They are usually in relief. Bricks made out of the same mould bear the same inscriptions. Carved inscriptions are carved on bricks with a knife, a stick, or something as hard as a stick, before or after bricks are baked. None of them are alike, invariably in intaglio. The aim of this book is to bring together carved inscriptions on bricks scattered through various books and periodicals, or rubbings collected in libraries, so that it is convenient to read up the literature on it. More than 2000 titles of carved inscriptions on bricks are gathered in this book, each with an image, a transcription, a brief description and relevant information on it, such as the provenance, the size, etc.

On account of the limited space of a brick, most of the inscriptions on a brick are not long, the number of characters containing not more than a few dozen. The contents of the inscriptions are not encyclopedic. They are mostly epitaphs, title deeds for land, auspicious words, date of tomb making, memorial inscriptions, marks, or characters with no meaning, etc. Occasionally, a poem, or a few sentences out of a book, appeared on a brick.

From the textual view, epitaphs on bricks have a high historiographical value. They are regarded as simplified biography, performing two functions, the supplementing of and the correction of received historical literature. As early as the Eastern Han period, about 2000 years ago, bricks with carved inscriptions were used in graveyards for executed criminals, providing basic clues to the burial date and nature of the dead. During the Eastern Jin Dynasty in Nanjing, engraving epitaphs on bricks was very common. Epitaphs were usually engraved on bricks which were finely polished and decorated with linear patterns. For lack of stones, epitaph bricks were often used instead of epitaph stones in some areas. Such was the case with some epitaph bricks of the Tang Dynasty unearthed in Tulufan, Xinjiang province. Large quantities of epitaph bricks were excavated now and again from among the ruins of Louzeyuan, the graveyard run by a charity organization under the government for the poor, the homeless, armymen or criminals serving their sentences during the Song Dynasty. They provided simple information about the dead, such as the tomb code, name, age and identity of the dead, and in some cases, with the names of the organization or of the person who picked up the corpses.

A title deed for land is a fictitious document for the god of the underworld stating the ownership of the graveyard. It is often engraved on bricks in some southern and southwestern provinces. Putting a title deed for land in a tomb is one of the burial customs in ancient China. The words of a title deed for land are standardized, often with subtle Taoist influence. Title deeds for land of different dynasties, from the Eastern Han Dynasty to the Qing Dynasty, are provided in this book.

Though inscriptions carved on bricks before bricks were baked are not large in number, they are considered special. The scripts came into being with a stick, or something as hard as a stick, or even a finger, on the soft surface of an unfired brick, so that the sequence of strokes of each character can be seen clearly. They are much close to the characters written on paper with a brush than stone – engraving scripts. They show the folk art of calligraphy. Thus they have fascinated calligraphers and are not to be neglected in the history of art of calligraphy. Most of the scripts on unfired bricks were made by craftsmen. Some are numbers, or simple words which expressed the craftsmen's feeling, or words with no meaning, made intentionally or unintentionally. These reflect the characteristics and certain stylistic changes of scripts of that epoch. For example, scripts on bricks excavated in the Cao clan's graveyard of Eastern Han show that the clerical script began to give way to the running and cursive scripts. Chinese writing is a living art. It changes with the progress of time.

In addition, as many scripts on bricks were made by craftsmen, or for criminals, the poor and the homeless, they were made at will or carelessly. The result from such a practice is that many simplified and un – conventional scripts appear among the inscriptions on bricks. The structure of one character in different forms shows the inconstancy of character structure in Chinese writing. Many paleography scholars have noticed this and pay close attention to scripts on bricks.

後　記

　　這是一部比較側重説明文字的古代刻字磚圖錄。所收既有人們已知曉的一些傳世磚刻，更有大量未刊布的新資料。編者長期從事金石文獻編目工作，深知基礎資料的收集整理對於研究工作之重要、之便利，編撰此书的目的，就是想竭己所能，為研究者提供一部較为全面系統的中國古代磚刻文獻集。

　　磚文多出自社會下層工匠、百姓之手，歷史上人們對它的重視程度遠不及其他铭刻资料。磚刻出土雖衆，但亡佚失傳也多，有限的記載散見於浩繁如海的書刊之中，因此資料收集工作相當不易，加上題材冷僻，出版艱難，從本書着手搜集材料算起，直到出版前的漫長等待，我們已迎送了十二個寒暑。是國家古籍整理出版基金的資助，才使本書最終能夠面世。

　　在書稿即將付梓之際，我們要感谢所有對編寫本書有過幫助的人們與機構。本書資料的來源，不僅得益於前人的開拓，也受惠於衆多當今學人的耕耘。正是許許多多考古、文史工作者的發掘、整理、研究和刊佈工作，才使磚刻資料的最終匯聚成爲可能。北京大學圖書館的豐富收藏，是完成本書最主要的文獻保障基礎，對此我們深懷感激之情。我們会記住許多磚刻及拓本收藏機構與個人在本書選取資料上給予的幫助，如中國國家圖書館、國家博物館、故宮博物院、南京市博物館、亳州市博物館、中國社會科學院考古研究所、三門峽市文物工作隊、文物出版社……等衆單位。還有熱情相助的個人，如亳州博物館侯永、平谷縣文管所楊學林、懷柔縣文管所李建華、濟南聚雅齋徐國衛、淄博拿雲美術博物館劉健、正定墨香閣劉海龍、鄭州李仁清等先生。在此，我們一並致以衷心謝意。

　　最後我們還要感謝宿白先生為本書題寫書名，趙超先生為本書撰寫序言，感謝文物出版社社長蘇士澍、編輯李穆、攝影師鄭華等先生為此書出版所做的工作。

　　限於我們的學力，謬失不可避免，加之著錄信息來源的種種局限，特別是釋文所依據的大量磚文拓片、印刷品圖版，實在是模糊不清，難以辨識，釋讀相當困難。因此書中難免出現不少問題，還祈望得到讀者的指正。

編　者

2005 年 5 月